AF898076

Statistiques des recettes publiques 2024

LES TAXES SUR LES PRODUITS NOCIFS POUR LA SANTÉ DANS LES PAYS DE L'OCDE

1965-2023

OCDE
DES POLITIQUES MEILLEURES
POUR UNE VIE MEILLEURE

Cet ouvrage est publié sous la responsabilité du Secrétaire général de l'OCDE. Les opinions et les arguments exprimés ici ne reflètent pas nécessairement les vues officielles des pays Membres de l'OCDE.

Ce document, ainsi que les données et cartes qu'il peut comprendre, sont sans préjudice du statut de tout territoire, de la souveraineté s'exerçant sur ce dernier, du tracé des frontières et limites internationales, et du nom de tout territoire, ville ou région.

Les données statistiques concernant Israël sont fournies par et sous la responsabilité des autorités israéliennes compétentes. L'utilisation de ces données par l'OCDE est sans préjudice du statut des hauteurs du Golan, de Jérusalem-Est et des colonies de peuplement israéliennes en Cisjordanie aux termes du droit international.

Merci de citer cet ouvrage comme suit :
OCDE (2024), *Statistiques des recettes publiques 2024 : Les taxes sur les produits nocifs pour la santé dans les pays de l'OCDE*, Éditions OCDE, Paris, https://doi.org/10.1787/2ea729a7-fr.

ISBN 978-92-64-31877-9 (imprimé)
ISBN 978-92-64-33180-8 (PDF)
ISBN 978-92-64-93870-0 (HTML)
ISBN 978-92-64-38949-6 (epub)

Statistiques des recettes publiques
ISSN 2522-7084 (imprimé)
ISSN 2522-7092 (en ligne)

Crédits photo : Couverture © certains des éléments graphiques de l'illustration de la couverture principale ont été adaptés de Freepik.com.

Les corrigenda des publications de l'OCDE sont disponibles sur : https://www.oecd.org/fr/publications/support/corrigenda.html.

© OCDE 2024

Attribution 4.0 International (CC BY 4.0)

This work is made available under the Creative Commons Attribution 4.0 International licence. By using this work, you accept to be bound by the terms of this licence (https://creativecommons.org/licenses/by/4.0/).

Attribution – you must cite the work.

Translations – you must cite the original work, identify changes to the original and add the following text: *In the event of any discrepancy between the original work and the translation, only the text of original work should be considered valid.*

Adaptations – you must cite the original work and add the following text: *This is an adaptation of an original work by the OECD. The opinions expressed and arguments employed in this adaptation should not be reported as representing the official views of the OECD or of its Member countries.*

Third-party material – the licence does not apply to third-party material in the work. If using such material, you are responsible for obtaining permission from the third party and for any claims of infringement.

You must not use the OECD logo, visual identity or cover image without express permission or suggest the OECD endorses your use of the work.

Any dispute arising under this licence shall be settled by arbitration in accordance with the Permanent Court of Arbitration (PCA) Arbitration Rules 2012. The seat of arbitration shall be Paris (France). The number of arbitrators shall be one.

Avant-propos

Cette publication annuelle fournit des données permettant d'effectuer des comparaisons internationales sur les niveaux d'imposition et la structure de la fiscalité dans les pays de l'Organisation de coopération et de développement économiques (OCDE). Les impôts perçus dans chaque pays sont présentés sous une forme normalisée selon le modèle de classification des impôts de l'OCDE et son guide d'interprétation qui figure à l'Annexe A de ce rapport. Les données utilisées ont été fournies pour la plupart par les Délégués du Groupe de travail n°2 (GT2) du Comité des affaires fiscales sur l'analyse des politiques et les statistiques fiscales. L'OCDE remercie de sa coopération le Fonds monétaire international dont la classification des recettes publiques établie dans le *Manuel de statistiques de finances publiques de 2014* est à bien des égards semblable à celle de l'OCDE. Parmi les autres classifications actuellement utilisées, les plus importantes sont le Système de comptabilité nationale (appelé ci-après SCN) et le Système européen de comptes économiques intégrés des États membres de l'Union européenne (appelé ci-après SEC) qui constitue essentiellement un approfondissement du SCN bien qu'il en diffère à certains égards. Sous réserve de quelques exceptions mineures, les chiffres du SCN ou du SEC peuvent être rattachés directement à ceux de la présente étude car les critères et définitions du SCN ont été adoptées sauf mention contraire expresse.

Cette publication comprend six chapitres. Le chapitre 1 présente une synthèse de l'évolution des recettes fiscales au cours des six dernières décennies, en mettant l'accent sur les recettes fiscales rapportées au PIB, les structures fiscales et la répartition des impôts par niveau d'administration. Il examine également l'impact des différents traitements des crédits d'impôts récupérables et fournit des informations sur le financement des prestations de sécurité sociale. L'édition de cette année propose également, dans le chapitre 2, une étude spéciale sur les taxes sur les produits nocifs pour la santé dans les pays de l'OCDE. Le chapitre 3 contient une série de tableaux statistiques comparatifs pour les années allant de 1965 à 2023. Le chapitre 4 contient des tableaux statistiques comportant pour chaque pays une ventilation des recettes fiscales et des ratios impôts/PIB pour une sélection de catégories d'impôts et par niveau d'administration pour les années comprises entre 1965 et 2022. Deux tableaux pour mémoire indiquent comment les pays financent leurs régimes de prestations sociales et comment ils reportent les impôts et cotisations sociales versés par les administrations en pourcentage du PIB. Le chapitre 5, qui est disponible en ligne uniquement, contient des tableaux statistiques comportant une ventilation détaillée des recettes fiscales par pays pour les années comprises entre 1965 et 2022. Deux autres tableaux pour mémoire indiquent comment les pays financent leurs régimes de prestations sociales et comment ils reportent les impôts et cotisations sociales versés par les administrations en monnaie nationale. Le chapitre 6, qui est lui aussi disponible en ligne uniquement, ventile les recettes publiques entre les sous-secteurs ci-après : administration fédérale ou centrale, administration des États, administrations locales et de sécurité sociale. Il contient des tableaux comportant une ventilation détaillée des recettes fiscales par pays pour les années comprises entre 1975 et 2022. En raison du manque de place, les chapitres 4, 5 et 6 présentent des données pour une sélection d'années entre 1965 et 2022 ; les données portant sur les autres années sont disponibles en ligne.

Les *Statistiques des recettes publiques 2024* ont été élaborées par le Centre de politique et d'administration fiscales (CTPA) de l'OCDE. La présente édition a été préparée par Alexander Pick,

Nicolás Miranda et Michael Sharratt. L'étude spéciale a été écrite par Alexander Pick. Les auteurs souhaitent remercier leurs collègues de l'OCDE pour leurs précieux commentaires et leur soutien concret au stade de l'établissement de la version finale de la publication, notamment Bert Brys, Stéphane Buydens, Céline Colin, Kurt Van Dender, Rebekka Hviid Kanstrup, Sabine Laudage Teles, Alexandra Le Cam, Michael Sicsic et Jingjing Xia du CTPA. Stephanie Coic, de la Direction de la coopération pour le développement (DCD), en a réalisé la couverture. Les auteurs souhaitent également remercier les délégués du GT2 et leurs collègues travaillant dans les différentes administrations nationales pour leurs contributions et observations avisées.

En mémoire

Cette édition des *Statistiques des recettes publiques* est dédiée à la mémoire de Christian Valenduc, décédé le 1er octobre 2024. Christian a été président du Groupe de travail n° 2 (GT2) sur l'analyse des politiques et les statistiques fiscales ainsi que délégué du GT2 pour la Belgique. Christian était un collègue exceptionnel qui a profondément contribué aux travaux de l'OCDE sur la fiscalité.

Table des matières

GRAPHIQUES

TABLEAUX

Synthèse

En 2023, le ratio moyen impôts/PIB des pays de l'OCDE a reculé de 0.1 point de pourcentage (p.p.) pour s'établir à 33.9 %. C'est la deuxième année consécutive que le ratio moyen impôts/PIB diminue légèrement, même s'il reste supérieur à son niveau de 2019, année précédant une période difficile pour les finances publiques des pays de l'OCDE, marquée notamment par la pandémie de COVID-19, l'invasion illégale de l'Ukraine par la Russie et le niveau d'inflation le plus élevé depuis 30 ans dans les pays de l'OCDE. Les pays de l'OCDE ont continué à utiliser la politique fiscale pour atténuer les défis liés au coût de la vie en 2023, face à des pressions croissantes sur les dépenses liées à des défis à long terme tels que le changement climatique et le vieillissement de la population, qui nécessiteront des revenus plus élevés.

Dans la présente publication, les impôts désignent les versements obligatoires sans contrepartie aux administrations publiques ou à une autorité supranationale. Les impôts sont sans contrepartie car les prestations fournies par les administrations aux contribuables ne sont généralement pas proportionnelles à leurs paiements. Les impôts sont ventilés en fonction de leur assiette : revenu, bénéfices et gains en capital ; salaires ; patrimoine ; biens et services ; et autres impôts. Les cotisations obligatoires de sécurité sociale versées aux administrations publiques sont aussi traitées comme des impôts. Les recettes sont analysées par niveau d'administration : État fédéral ou administration centrale, administration d'un État fédéré, administrations locales et caisses de sécurité sociale. Le Guide d'interprétation à l'annexe A contient des informations détaillées sur la classification des impôts.

Niveaux d'imposition en 2023

Dans les pays de l'OCDE, le ratio impôts/PIB s'échelonne en 2023 de 17.7 % au Mexique à 43.8 % en France. Entre 2022 et 2023, le ratio moyen des recettes fiscales au PIB des pays de l'OCDE a décliné de 34.0 % à 33.9 %.

- En 2023, les recettes fiscales rapportées au PIB ont baissé par rapport à l'année précédente dans 18 des 36 pays pour lesquels on dispose de données préliminaires, ont augmenté dans 17 pays et sont restées inchangées dans un pays.
- La hausse la plus forte en 2023 a été observée au Luxembourg, dont le ratio impôts/PIB a progressé de 2.7 points sous l'effet d'une augmentation, en proportion du PIB, des recettes provenant des impôts sur le revenu des personnes physiques et des cotisations de sécurité sociale. La Colombie, où les recettes fiscales se sont accrues de 2.6 point grâce à la progression des recettes tirées de l'impôt sur les sociétés (IS), se classe au deuxième rang.
- Les contractions les plus nettes du ratio impôts/PIB en 2023 (de 3.2 et 3.1 points respectivement) ont eu lieu au Chili et en Corée. Dans les deux cas, cela s'explique principalement par un fléchissement des recettes de l'impôt sur le revenu. Les Etats-Unis et Israël ont également subi un recul de leur ratio impôts/PIB de plus de 2 points.

En prenant comme période de référence une durée plus longue, on s'aperçoit que 29 pays de l'OCDE affichent, en 2023, des ratios impôts/PIB supérieurs à ce qu'ils étaient en 2010, les mouvements à la hausse les plus prononcés concernant le Japon (8.2 points), la République slovaque (7.6 points) et la Grèce (7.5 points). Parmi les neuf pays restants, notons que l'Irlande et la Hongrie ont enregistré, en 2023, un ratio impôts/PIB inférieur de respectivement 5.8 points et 2.6 points au niveau de 2010.

Structures fiscales en 2022

En 2022, dernière année pour laquelle on dispose de données définitives sur les recettes fiscales pour tous les pays de l'OCDE, les cotisations de sécurité sociale ont représenté la partie la plus importante du total des recettes fiscales dans la zone OCDE, soit un peu moins d'un quart de ce montant (24.8 %) en moyenne, devant les impôts sur le revenu des personnes physiques (23.6 %). La TVA a procuré à peine plus du cinquième du total des recettes fiscales (20.8 %) et les autres impôts sur la consommation, une part moindre (10.8 %). En 2022, 12.0 % des recettes fiscales totales provenaient de l'impôt sur les bénéfices des sociétés, le solde se répartissant entre les impôts sur le patrimoine (5.3 %) et les autres impôts.

Entre 2021 et 2022, la part moyenne des recettes provenant des impôts sur le revenu (IRPP et IS combinés) dans le total des recettes fiscales est passée de 1.4 à 36.5 %, la part des recettes de l'IS ayant augmenté tandis que celle des recettes de l'IRPP a baissé au cours de la période. En 2022, la part moyenne des cotisations de sécurité sociale dans la structure fiscale des pays de l'OCDE a diminué en moyenne de 0.8 point et celle des impôts sur les biens et services de 0.4 point.

Variations par niveau d'administration

En moyenne, la part des recettes perçues par les administrations infranationales a reculé entre 2021 et 2022. Entre 2021 et 2022, la part des recettes de l'administration centrale a progressé de 53.5 % à 53.7 % du total des recettes des administrations publiques dans les pays fédéraux, et de 63.6 % à 64.6 % dans les pays unitaires. Dans les pays fédéraux, 17.8 % des recettes étaient perçues par les administrations des États fédérés en moyenne, contre 7.3 % par les collectivités locales en 2022. Au niveau de l'État, la part moyenne des recettes fiscales était comprise entre 1.9 % en Autriche et 38.9 % au Canada, tandis qu'au niveau des collectivités locales, elle oscillait entre 1.8 % au Mexique et 15.8 % en Suisse. Dans les pays à structure unitaire, la part des recettes perçues par les collectivités locales s'est établie à 10.3 % en moyenne, les chiffres s'échelonnant de 0.6 % en Estonie à 35.1 % en Suède.

Les taxes sur les produits nocifs pour la santé dans les pays de l'OCDE

L'étude spéciale figurant dans la présente édition porte sur les recettes tirées des taxes de santé publique dans les pays de l'OCDE. Les taxes de santé publique, définies par l'Organisation mondiale de la santé comme des taxes prélevées sur des produits ayant un impact négatif sur la santé publique, sont devenues depuis une vingtaine d'années un axe majeur pour les responsables des politiques de finances et de santé publiques. Cette évolution traduit le fait que les taxes de santé publique sont un moyen d'atteindre deux objectifs : non seulement elles constituent une source de recettes, certes modeste, mais stables, utiles pour financer des dépenses publiques, mais en outre, il a été démontré qu'elles sont un moyen efficace par rapport à son coût de réduire la consommation de produits nocifs pour la santé, et donc d'améliorer les résultats en matière de santé. Si tous les pays de l'OCDE appliquent des taxes sur l'alcool et le tabac, les taxes sur les boissons sucrées sont relativement nouvelles et ne sont en revanche pas encore en vigueur dans tous les pays.

Cette étude spéciale a pour objet d'examiner, à partir des données détaillées communiquées par les pays à l'occasion de la présente édition des *Statistiques des recettes publiques*, les recettes tirées des droits d'accise sur l'alcool, le tabac et les boissons sucrées entre 2000 et 2022. Les données sur les recettes publiques constituent un socle essentiel pour la conception des taxes de santé publique et le suivi de leur efficacité, même si les tendances en la matière doivent être interprétées avec prudence car il est parfois difficile de mettre clairement en évidence les facteurs sous-jacents. Les comparaisons internationales des niveaux de recettes devraient également tenir compte des différences, d'un pays à l'autre, entre les modes de consommation. Dans les pays de l'OCDE, les recettes tirées des trois taxes de santé publique susmentionnées ont représenté en moyenne 0.74 % du PIB et 2.24 % du montant total des recettes fiscales en 2022. Dans 27 des 38 pays de l'OCDE, les droits d'accise sur le tabac ont été la principale source des recettes générées par les taxes de santé publique au titre de cette même année. Les recettes provenant des droits d'accise sur la santé ont diminué en moyenne, en proportion du PIB, entre 2000 et 2022 dans la zone OCDE (surtout depuis 2010), le repli le plus marqué étant observé pour les droits d'accise sur l'alcool.

1 Tendances des recettes fiscales, 1965-2023

Le chapitre 1 donne un aperçu des tendances des recettes fiscales dans les pays membres de l'OCDE, dont les évolutions des ratios impôts/PIB, la composition des recettes fiscales, la répartition des recettes fiscales par niveau d'administration, les crédits d'impôt récupérables et le financement des prestations de sécurité sociale.

L'édition 2024 des *Statistiques des recettes publiques* présente des données détaillées permettant de comparer, à l'échelle internationale, les recettes fiscales perçues par tous les niveaux d'administration dans les pays de l'OCDE. Elle contient des données définitives sur les recettes fiscales pour la période allant de 1965 à 2022, année marquée par l'invasion illégale de l'Ukraine par la Russie et par les plus hauts niveaux d'inflation observés dans les pays de l'OCDE depuis plus de trois décennies. En outre, des estimations provisoires relatives aux recettes fiscales pour l'année 2023 sont indiquées pour la plupart des pays de l'OCDE[1]. Les pays de l'OCDE ont continué à utiliser la politique fiscale pour atténuer les défis liés au coût de la vie en 2023, face à des pressions croissantes sur les dépenses liées à des défis à long terme tels que le changement climatique et le vieillissement de la population, qui nécessiteront des revenus plus élevés (OCDE, 2024[1]), (OCDE, 2024[2]).

Encadré 1.1. Statistiques des recettes publiques dans les pays de l'OCDE – définitions et classifications

Dans les *Statistiques des recettes publiques 2024*, les impôts désignent les versements obligatoires sans contrepartie aux administrations publiques ou à une autorité supranationale. Les impôts sont sans contrepartie en ce sens que les prestations fournies par les administrations ne sont pas normalement proportionnelles à leurs paiements.

Dans la classification de l'OCDE, les impôts sont ventilés en fonction de leur base :

- Revenus et bénéfices (rubrique 1000) ;
- Cotisations obligatoires de sécurité sociale versées aux administrations publiques, qui sont traitées comme des impôts (rubrique 2000) ;
- Salaire et main-d'œuvre (rubrique 3000) ;
- Patrimoine (rubrique 4000) ;
- Biens et services (rubrique 5000) ;
- Autres impôts (rubrique 6000).

On trouvera des précisions sur les principes de fiscalité, la classification des impôts et l'enregistrement sur la base des droits constatés dans le *Guide d'interprétation* de l'OCDE qui figure à l'Annexe A du présent rapport.

Les moyennes présentées dans ce rapport ne sont pas pondérées.

Ratios impôts/PIB

Niveaux d'imposition pour 2023 (données provisoires)

D'après les données provisoires fournies par les pays de l'OCDE aux fins de ce rapport, les recettes fiscales exprimées en pourcentage du PIB (c'est-à-dire le ratio impôts/PIB) s'établissaient en moyenne à 33.9 % en 2023, ce qui représente un recul de 0.1 point de pourcentage (p.p.) du PIB par rapport à 2022. Il s'agit de la deuxième légère baisse consécutive du ratio impôts/PIB de la zone OCDE, qui avait reculé de 0.04 point en 2022.

Le ratio impôts/PIB a augmenté dans 18 des 36 pays pour lesquels on dispose d'une série complète de données provisoires relatives à l'année 2023, a diminué dans 17 d'entre eux et est resté inchangé dans un. Toutefois, en moyenne, les baisses ont été plus importantes que les hausses (1.4 point contre 1.1 point). Les hausses les plus marquées ont été observées au Luxembourg (2.7 points), en Colombie (2.6 points) et en Türkiye (2.5 points). La baisse la plus forte s'est produite au Chili, où le ratio impôts/PIB a diminué de 3.2 points en 2023 ; la Corée (3.1 points), Israël (3.0 points) et les États-Unis (2.4 points) ont eux aussi vu leur ratio diminuer de plus de 2.0 points.

Graphique 1.1. Évolution des ratios impôts/PIB, 1965-2023p

En pourcentage du PIB

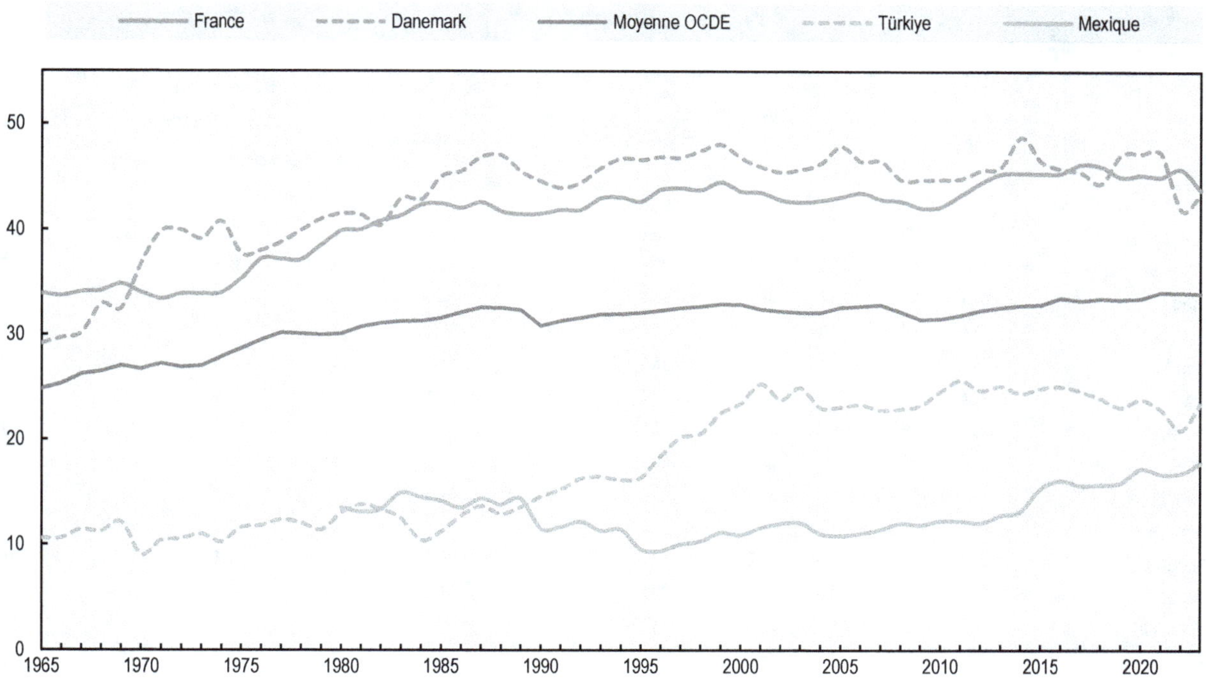

Note : les données relatives à l'année 2023 sont provisoires. La moyenne de l'OCDE pour 2023 est calculée en appliquant le pourcentage moyen non pondéré de variation pour 2023 dans les 36 pays qui ont communiqué des données pour cette année au ratio moyen global impôts/PIB de 2022.
Le ratio moyen impôts/PIB des pays de l'OCDE en 2016 tient compte des recettes exceptionnelles générées par les contributions à la stabilité en Islande. Sans ces recettes, la moyenne du ratio impôts/PIB aurait été de 33.1 % en 2016.
Source : tableau 3.1.

StatLink https://stat.link/cny5qo

En 2023, les ratios impôts/PIB ont considérablement varié d'un pays de l'OCDE à l'autre (Tableau 1.1). Les principales observations sont les suivantes :

- En 2023, la France s'est classée au premier rang du classement des pays de l'OCDE en termes de ratio impôts/PIB (43.8 %), pour la deuxième année consécutive. Le Danemark est arrivé en deuxième position (43.4 %), tandis que le Mexique s'est classé au dernier rang (17.7 %).
- Le Luxembourg a affiché la plus forte hausse du ratio impôts/PIB en 2023 (2.7 points). Cette évolution s'explique en grande partie par une augmentation de 1.2 point des recettes provenant de l'impôt sur le revenu des personnes physiques (IRPP) et par une hausse de 0.8 point des cotisations de sécurité sociale (CSS) (Graphique 1.2).
- L'augmentation du ratio impôts/PIB de la Colombie (2.6 points) s'explique par une hausse de 2.2 points des recettes tirées de l'impôt sur les bénéfices des sociétés (IS), tandis que l'augmentation de 2.5 points en Türkiye tient à une hausse de 1.6 point des impôts sur les biens et services et de 1.1 point des cotisations de sécurité sociale.
- Le Chili est le pays de l'OCDE qui a accusé la plus forte baisse du ratio impôts/PIB entre 2022 et 2023, avec un recul de 3.2 points principalement dû à une baisse des recettes tirées des impôts sur le revenu et les bénéfices.

- Le deuxième plus fort recul a été observé en Corée (3.1 points), où les recettes provenant de l'IRPP, de l'IS et des impôts sur les biens et les services ont diminué respectivement de 0.8, 1.2 et 0.7 point.

Tableau 1.1. Recettes fiscales : chiffres clés

	Recettes fiscales en pourcentage du PIB				Recettes fiscales en % du total des recettes fiscales en 2022						
	2023p	2022	2021	2000	1100 Impôts sur le revenu, personnes physiques (IRPP)	1200 Impôts sur le revenu, sociétés (IS)	2000 Cotisations de sécurité sociale (CSS)	4000 Impôts sur le patrimoine	5111 Taxes sur la valeur ajoutée	Autres impôts sur la consommation[3]	Ensemble des autres impôts[4]
Allemagne	38.1	39.6	39.8	36.4	26.9	6.0	36.9	2.8	18.9	8.5	0.0
Australie	..	29.4	29.2	30.4	40.4	21.8	0.0	9.3	11.5	12.3	4.7
Autriche[1]	42.7	43.2	43.4	42.3	22.3	7.9	34.1	1.4	18.4	8.5	7.4
Belgique[1]	42.6	42.4	42.1	43.8	28.2	9.2	30.4	7.7	15.3	9.1	0.0
Canada	34.8	33.8	34.8	34.7	36.4	13.9	14.0	10.4	13.4	8.4	3.6
Chili	20.6	23.8	22.3	18.7	10.5	23.7	4.1	5.5	39.0	8.8	8.3
Colombie	22.2	19.7	19.2	15.7	7.0	25.4	8.3	7.8	31.8	13.0	6.7
Corée	28.9	32.0	29.8	20.9	20.5	16.8	25.6	11.9	15.3	7.4	2.5
Costa Rica	24.9	25.2	24.8	21.1	6.1	10.5	34.8	2.0	19.4	13.1	14.0
Danemark[1]	43.4	41.9	47.2	46.8	55.8	7.9	0.2	4.1	22.0	8.4	1.7
Espagne	37.3	37.6	37.8	33.0	24.1	7.2	34.1	6.9	18.6	9.0	0.0
Estonie	33.5	32.6	33.5	31.1	19.2	5.0	34.8	0.5	27.9	12.6	-0.0
États-Unis	25.2	27.6	26.7	28.3	44.0	7.4	21.9	10.4	0.0	16.3	0.1
Finlande	42.4	43.2	43.2	45.8	29.9	7.0	27.6	3.3	21.7	10.3	0.1
France[1]	43.8	45.8	45.1	43.7	21.2	6.2	32.4	8.1	16.4	9.7	6.1
Grèce	39.8	41.2	40.0	33.4	13.6	6.0	29.6	6.6	21.9	21.4	0.9
Hongrie	34.2	35.1	33.8	38.5	15.2	4.7	28.0	2.3	28.9	18.6	2.4
Irlande	21.9	20.3	20.0	30.8	31.3	21.5	15.1	4.7	18.2	8.3	0.9
Islande	35.9	35.2	34.8	35.9	39.9	7.4	8.5	5.6	23.7	9.0	5.9
Israël	29.8	32.8	32.3	34.0	22.0	13.1	15.3	12.3	22.5	9.9	4.9
Italie	42.8	42.8	42.5	40.5	25.5	6.7	30.5	5.7	16.5	11.2	3.9
Japon	..	34.4	33.9	25.3	18.8	13.7	38.5	7.9	15.1	5.8	0.2
Lettonie	31.9	30.8	30.7	29.0	19.2	3.3	30.6	2.5	30.8	13.6	0.0
Lituanie[1]	32.6	31.6	31.9	30.8	24.0	7.4	31.1	0.9	26.5	10.1	-0.0
Luxembourg[1]	40.9	38.3	38.2	37.0	27.1	11.5	27.8	9.7	15.8	8.1	0.1
Mexique	17.7	16.8	16.7	10.9	21.6	23.0	13.8	2.1	24.7	8.1	6.8
Norvège	41.4	43.4	41.3	41.8	18.7	42.3	17.3	2.2	15.0	4.5	0.1
Nouvelle-Zélande	34.0	33.1	34.5	32.5	41.6	13.7	0.0	5.8	30.3	5.7	2.9
Pays-Bas	38.5	38.1	38.3	36.9	20.3	12.5	32.9	3.9	18.6	11.5	0.3
Pologne[1]	35.1	34.4	36.7	32.9	13.1	8.1	37.1	3.4	21.1	15.4	1.8
Portugal	35.8	36.0	35.2	30.9	19.4	9.3	28.3	4.3	26.0	12.2	0.5
République slovaque	35.5	35.0	35.4	33.6	10.7	10.4	41.6	1.2	22.0	13.3	0.8
Royaume-Uni	35.3	35.4	34.2	32.7	28.6	9.2	19.9	11.3	20.7	9.9	0.4
Slovénie[1]	36.9	37.4	38.3	37.7	13.8	6.2	42.8	1.6	21.9	13.4	0.1
Suède	41.4	42.5	42.8	50.0	28.0	8.0	20.8	2.2	22.1	6.6	12.2
Suisse[1]	27.1	26.9	28.0	27.0	31.0	11.9	24.8	8.1	11.6	8.3	4.3
Tchéquie	33.7	33.2	33.7	32.2	9.2	12.9	45.9	0.5	22.9	8.6	0.0
Türkiye	23.5	20.9	22.9	23.5	11.3	16.1	24.4	3.5	24.0	19.6	1.1
Moyenne OCDE[2]	**33.9**	**34.0**	**34.1**	**32.9**	**23.6**	**12.0**	**24.8**	**5.3**	**20.8**	**10.8**	**2.8**

.. Non disponible

1. Le total des recettes fiscales a été diminué du montant de tout transfert en capital représentant les impôts non perçus.
2. On calcule la moyenne provisoire pour 2023 en appliquant le pourcentage moyen non pondéré de variation en 2023 dans les 36 pays qui ont communiqué des données pour cette année au ratio moyen global impôts/PIB en 2022.

3. Calculé comme la différence entre les rubriques 5000 Impôts sur les biens et services et 5111 Taxes sur la valeur ajoutée.
4. Inclut les rubriques 1300 Non ventilables entre l'impôt sur le revenu des personnes physiques et des sociétés, 3000 Impôts sur les salaires ou main d'œuvre et 6000 Autres impôts.

Graphique 1.2. Variations des ratios impôts/PIB, 2022-23p et 2010-23p

Points de pourcentage

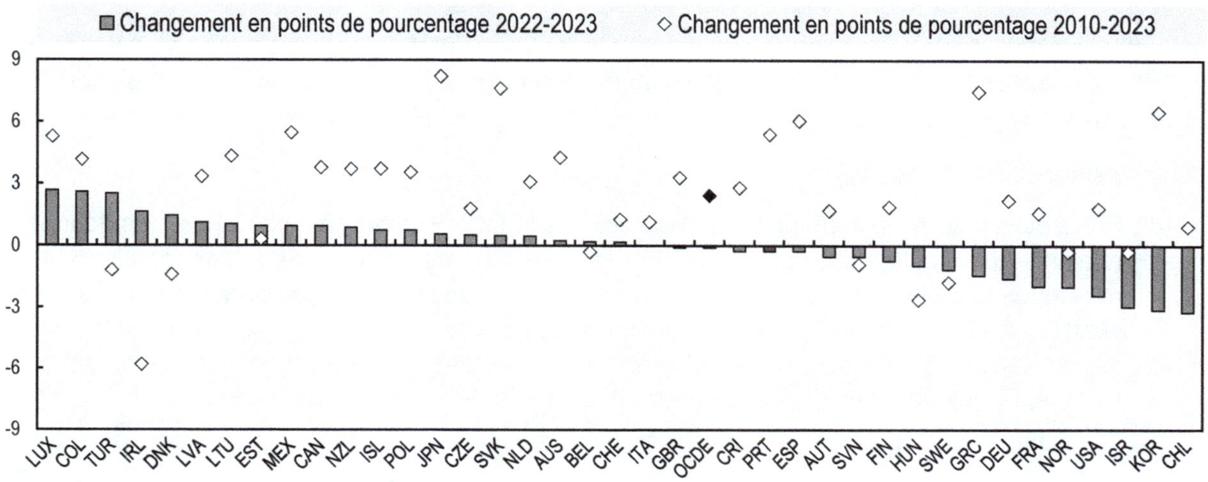

Note : les données provisoires pour l'année 2023 ne sont pas disponibles dans le cas de l'Australie et du Japon. Pour ces pays, la comparaison porte sur les données relatives aux années 2021 à 2022 et 2010 à 2022.
Source : calculs du Secrétariat fondés sur le tableau 3.1.

StatLink https://stat.link/62le3p

Le ratio moyen impôts/PIB des pays de l'OCDE a été plus élevé en 2023 qu'en 2010, année où il s'établissait à 31.5 %. Au cours de cette période, le ratio impôts/PIB a augmenté dans 29 pays (si l'on prend en compte les données relatives à 2022 dans les cas de l'Australie et du Japon) (Graphique 1.2). Sa progression a été la plus forte au Japon (8.2 points), en République slovaque (7.6 points) et en Grèce (7.5 points) ; des hausses supérieures à 5 points ont également été observées en Corée, en Espagne, au Mexique, au Portugal et au Luxembourg. Les neuf autres pays ont vu leur ratio impôts/PIB diminuer entre 2010 et 2023. La baisse la plus marquée s'est produite en Irlande, où le ratio est passé de 27.7 % en 2010 à 21.9 % en 2023, en grande partie sous l'effet d'une augmentation exceptionnelle du PIB en 2015. La deuxième baisse la plus importante a été observée en Hongrie (2.6 points).

Les évolutions du ratio des recettes fiscales rapportées au PIB s'expliquent par les variations relatives des recettes fiscales nominales et du PIB nominal (Encadré 1.2). Si les recettes fiscales progressent plus (ou diminuent moins) que le PIB d'une année sur l'autre, le ratio impôts/PIB augmentera. Si, à l'inverse, les recettes fiscales augmentent moins que le PIB, ou baissent plus que le PIB, le ratio diminuera. Aussi, un ratio impôts/PIB plus élevé ne signifie pas forcément que le montant total des recettes fiscales a augmenté en valeur nominale, voire même en valeur réelle.

En 2023, les recettes fiscales nominales ont augmenté par rapport à l'année précédente dans 31 des 36 pays de l'OCDE pour lesquels on dispose de données, tandis que le PIB nominal a progressé dans 33 d'entre eux. Au Danemark et en Irlande, les recettes fiscales ont augmenté en valeur nominale et le PIB a diminué, tandis que la situation inverse a été observée aux États-Unis, en Israël, en Corée et au Chili (Graphique 1.3). En Norvège, les recettes fiscales et le PIB ont tous deux reculé en valeur nominale en 2023 par rapport à l'année précédente ; le ratio impôts/PIB a diminué, car la baisse des recettes a été plus importante que celle du PIB.

Le Graphique 1.3 illustre les variations intervenues entre 2021 et 2022 en Australie et au Japon, le ratio impôts/PIB de 2023 n'étant pas disponible. Le ratio impôts/PIB de l'Australie a augmenté de 0.2 point entre 2021 et 2022, et celui du Japon de 0.6 point, la hausse des recettes fiscales en valeur nominale ayant été plus marquée que celle du PIB dans les deux pays.

Encadré 1.2. Méthodologie : le ratio impôts/PIB

Les ratios impôts/PIB indiqués dans ce rapport expriment les recettes fiscales globales en pourcentage du PIB. La valeur de ce ratio varie suivant son dénominateur (PIB) et son numérateur (recettes fiscales). Le dénominateur (PIB) est susceptible de faire l'objet de révisions rétrospectives.

Le numérateur (recettes fiscales)

- En ce qui concerne le numérateur, le Secrétariat de l'OCDE utilise pour ce Rapport les données relatives aux recettes fiscales qui lui sont fournies annuellement par les correspondants des ministères des Finances, des administrations fiscales nationales ou des services nationaux de statistiques. Bien que pour la plupart des pays, des chiffres provisoires soient disponibles avec un décalage d'environ six mois, les données définitives le sont dans un délai d'environ dix-huit mois. Ainsi, les données définitives pour 2022 ont été reçues entre mai et août 2024.
- Dans 35 pays de l'OCDE, l'année fiscale coïncide avec l'année civile. Elle en diffère dans trois pays : l'Australie, le Japon et la Nouvelle-Zélande. Les déclarations pour l'année 2022 couvrent la période T2/2022-T1/2023 au Japon et la période T3/2022-T2/2023 en Australie et en Nouvelle-Zélande (T = trimestre).

Le dénominateur (PIB)

- En ce qui concerne le dénominateur, on utilise dans ce rapport les chiffres du PIB les plus récents dont on disposait en octobre 2024. À cette date, les chiffres du PIB pour 2023 étaient disponibles pour tous les pays de l'OCDE.
- L'utilisation de ces chiffres du PIB garantit une cohérence maximale, ainsi qu'une comparabilité internationale, pour les ratios impôts/PIB déclarés.
- Les chiffres du PIB proviennent des Comptes nationaux annuels des pays membres de l'OCDE (CNA-SCN) pour les 35 pays où l'année fiscale coïncide avec l'année civile.
- Lorsque l'année fiscale diffère de l'année civile, les estimations annuelles du PIB sont obtenues par l'agrégation des données trimestrielles fournies par la Direction des statistiques de l'OCDE pour les trimestres correspondants aux années fiscales de chacun des pays.

La moyenne indiquée dans cette publication est une moyenne non pondérée de tous les pays pour lesquels des données sont disponibles. On calcule la moyenne provisoire pour 2023 en appliquant le pourcentage moyen non pondéré de variation en 2023 dans les 36 pays qui ont communiqué des données pour cette année au ratio moyen global impôts/PIB pour tous les pays de l'OCDE en 2022.

Graphique 1.3. Variations relatives des recettes fiscales nominales et du PIB nominal, 2022-23p
Pourcentage

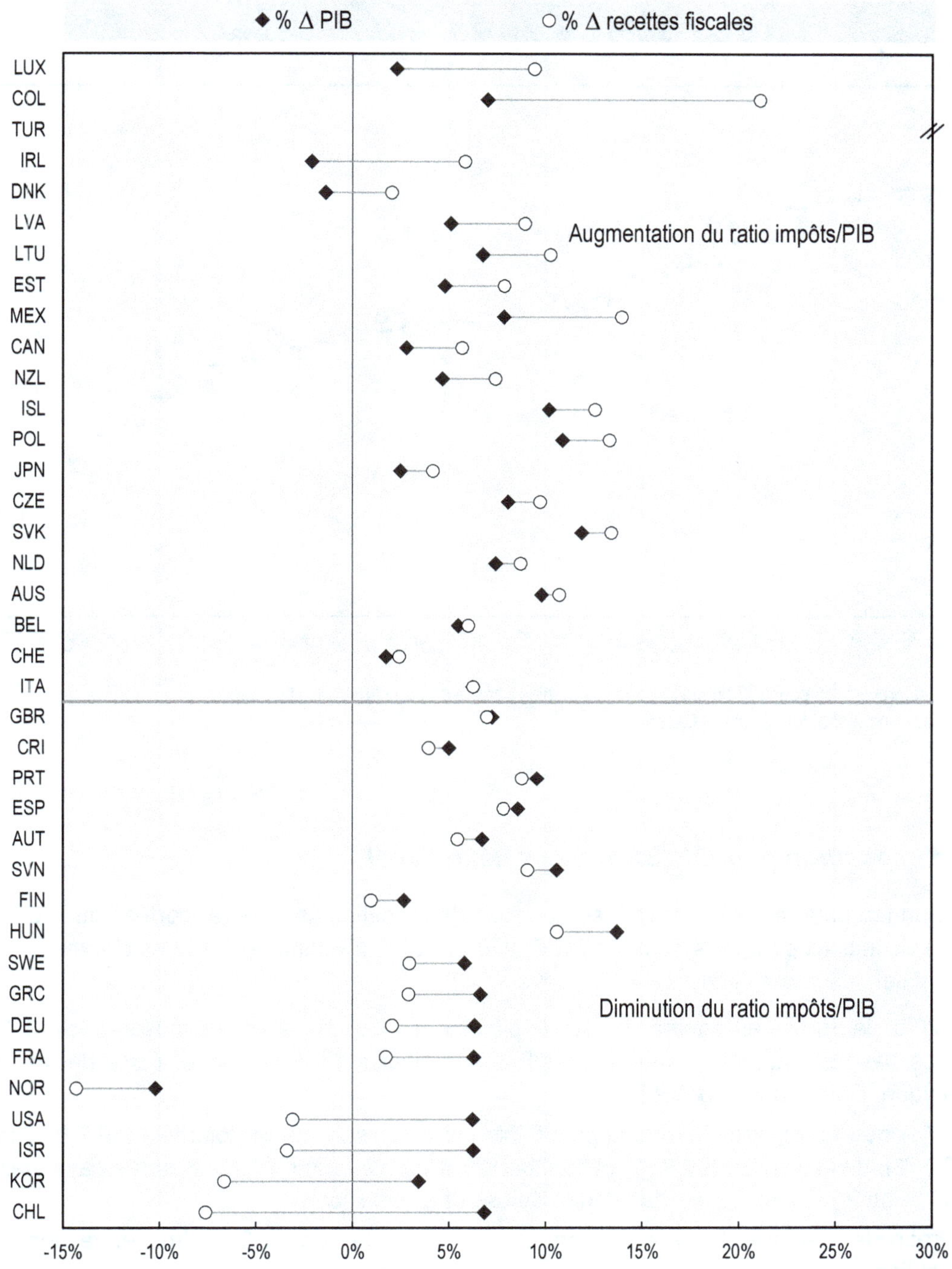

Note : en Türkiye, les recettes fiscales nominales ont augmenté de 96 % en 2023, tandis que le PIB nominal a progressé de 75 %. Les données concernant l'Australie et le Japon illustrent l'évolution intervenue entre 2021 et 2022, car les données provisoires pour 2023 ne sont pas disponibles dans le cas de ces deux pays.
Source : calculs du Secrétariat fondés sur le chapitre 4 (recettes fiscales) et sur le tableau 3.19 (PIB).

StatLink https://stat.link/v13wjg

Graphique 1.4. Ratios impôts/PIB en 2022 et 2023p

Pourcentage du PIB

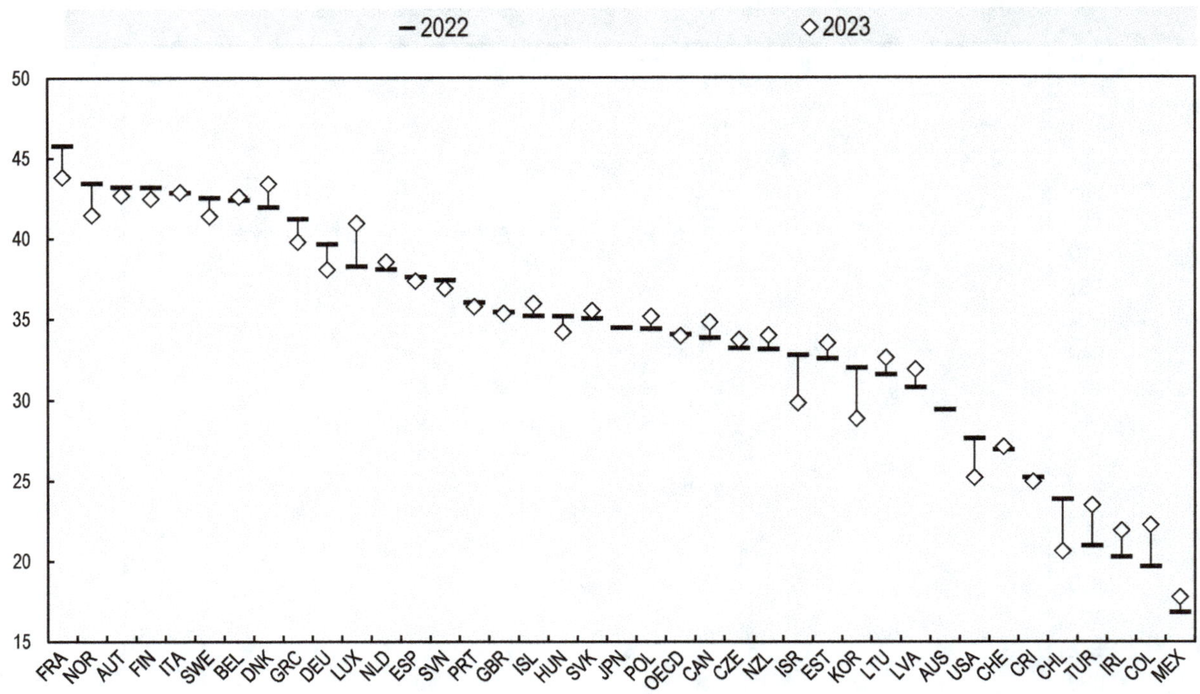

Note : les données provisoires pour 2023 n'étaient pas disponibles dans le cas de l'Australie et du Japon.
Source : calculs du Secrétariat fondés sur le tableau 3.1.

StatLink https://stat.link/7xke2o

Niveaux d'imposition pour 2022 (données définitives)

La dernière année pour laquelle on dispose de ratios des recettes fiscales rapportées au PIB fondés sur des données définitives pour tous les pays de l'OCDE est 2022 (Graphique 1.4). Les chiffres montrent que ces ratios ont sensiblement différé selon les pays :

- En 2022, la France enregistrait le ratio le plus élevé (45.8 %), suivie de la Norvège (43.4 %). Sept autres pays affichaient un ratio impôts/PIB supérieur à 40 % (Autriche, Finlande, Italie, Suède, Belgique, Danemark et Grèce).
- Le Mexique enregistrait le ratio le plus faible (16.8 %), suivi de la Colombie (19.7 %), de l'Irlande (20.3 %), de la Türkiye (20.9 %) et du Chili (23.8 %). Le ratio de quatre autres pays était inférieur à 30 % en 2022 (Australie, États-Unis, Suisse et Costa Rica).
- Le ratio des recettes fiscales rapportées au PIB de la zone OCDE (moyenne non pondérée) s'établissait à 34.0 % en 2022, inchangé par rapport à 2021.
- Par rapport à 2021, le ratio impôts/PIB a augmenté dans 21 pays et a diminué dans 17.
- C'est en Corée (2.2 points) et en Norvège (2.1 points) que les augmentations les plus importantes ont été constatées. Le Chili, la Hongrie, le Royaume-Uni et la Grèce sont les seuls autres pays où la hausse du ratio était supérieure à 1.0 point.
- Les baisses les plus marquées ont été observées au Danemark (5.3 points) et en Pologne (2.3 points).

S'agissant du ratio moyen impôts/PIB des pays de l'OCDE, une hausse de 0.6 point des recettes tirées de l'IS entre 2021 et 2022 a été contrebalancée par des baisses de 0.2 point des recettes tirées des droits d'accise, de 0.2 point des recettes tirées des cotisations de sécurité sociale et de 0.1 point des recettes tirées de l'IRPP (tableau 1.2).

Tableau 1.2. Structure fiscale moyenne dans les pays OCDE, années retenues (moyenne non pondérée, en % du PIB)

	1965	1990	2000	2007	2010	2015	2020	2021	2022
Recettes fiscales totales	24.9	30.9	32.9	32.9	31.5	32.9	33.5	34.1	34.0
1000 Impôts sur le revenu, les bénéfices et les gains en capital	8.7	11.5	11.4	11.7	10.2	10.9	11.3	11.9	12.3
dont :									
1100 Impôts sur le revenu, les bénéfices et les gains en capital des personnes physiques	6.8	9.3	8.5	7.8	7.2	7.8	8.3	8.3	8.2
1200 Impôts sur le revenu, les bénéfices et les gains en capital des sociétés	2.1	2.4	3.1	3.6	2.7	2.8	2.8	3.3	3.9
2000 Cotisations de sécurité sociale (CSS)	4.5	7.1	8.4	8.2	8.6	8.8	9.2	9.0	8.7
3000 Impôts sur les salaires et la main-d'œuvre	0.3	0.4	0.4	0.4	0.4	0.4	0.5	0.5	0.5
4000 Impôts sur le patrimoine	1.9	1.7	1.7	1.7	1.6	1.8	1.9	1.9	1.8
5000 Impôts sur les biens et services	9.4	9.9	10.8	10.7	10.5	10.8	10.6	10.7	10.6
dont :									
5111 Taxes sur la valeur ajoutée	0.7	5.1	6.3	6.5	6.3	6.5	6.7	6.9	7.0
5121 Accises	3.5	2.5	2.9	2.7	2.7	2.6	2.3	2.2	1.9
6000 Autres impôts	0.1	0.4	0.2	0.2	0.2	0.2	0.2	0.1	0.2

Note : part des principales catégories d'impôts dans le PIB (en pourcentage). Les données sont prises en compte à partir de 1965 pour l'Allemagne, l'Australie, l'Autriche, la Belgique, le Canada, le Danemark, l'Espagne, les États-Unis, la Finlande, la France, la Grèce, l'Islande, l'Irlande, l'Italie, le Japon, le Luxembourg, la Nouvelle-Zélande, la Norvège, les Pays-Bas, le Portugal, le Royaume-Uni, la Suède, la Suisse et la Türkiye. Les données sont prises en compte à partir de 1972 pour la Corée, de 1980 pour le Mexique, de 1990 pour le Chili, la Colombie et le Costa Rica, de 1991 pour la Hongrie et la Pologne, de 1993 pour la Tchéquie, et de 1995 pour l'Estonie, Israël, la Lettonie, la Lituanie, la République slovaque et la Slovénie.
Source : OCDE (2024), « Recettes fiscales : Tableaux comparatifs », Statistiques fiscales de l'OCDE (base de données).

Variations de la charge fiscale entre 1965 et 2022

Entre 1965 et 2022, le ratio moyen impôts/PIB dans la zone OCDE s'est hissé de 24.9 % à 34.0 %, ce qui représente une progression de 9.2 points (Graphique 1.1). Avant le premier choc pétrolier (1973-74), une croissance des revenus forte et presque ininterrompue a permis aux niveaux d'imposition d'augmenter dans tous les pays de l'OCDE. Les niveaux d'imposition sont automatiquement montés sous l'effet de la progressivité des barèmes de l'IRPP. Entre 1975 et 1985, la charge fiscale dans la zone OCDE a augmenté de 2.9 points. Après le milieu des années 1970, le ralentissement de la croissance des revenus réels, combiné à l'augmentation du chômage, a limité la capacité des pouvoirs publics à prélever des recettes. Cependant, à partir de la profonde récession qui a suivi le second choc pétrolier (1980), les pays européens ont été amenés à augmenter leurs impôts pour financer la hausse des dépenses de sécurité sociale et s'efforcer de maîtriser les déficits budgétaires.

Après le milieu des années 1980, la plupart des pays de l'OCDE ont sensiblement réduit les taux légaux de leurs impôts sur le revenu des personnes physiques et sur les bénéfices des sociétés, mais l'incidence négative sur les recettes publiques a souvent été compensée par une réduction ou une suppression des déductions fiscales. En 1999, le taux moyen d'imposition dans la zone OCDE avait atteint 33.0 %, soit le niveau le plus élevé enregistré à cette époque. Il s'est ensuite légèrement replié entre 2001 et 2004, avant de repartir à la hausse entre 2005 et 2007, puis de retomber pendant la crise financière mondiale en 2008 et 2009. Entre 2010 et 2022, le ratio impôts/PIB a augmenté chaque année, à l'exception de deux années[2], malgré l'effet de la pandémie de COVID-19 en 2020-21. Pour une analyse plus détaillée de l'évolution sur longue période des recettes fiscales dans la zone OCDE, voir l'étude spéciale contenue dans l'édition 2023 de ce rapport, qui examine le dynamisme des recettes fiscales dans les pays de l'OCDE entre 1980 et 2021 (OCDE, 2023[3]).

Le ratio moyen impôts/PIB de la zone OCDE masque de grandes variations entre les pays. En 1965, les ratios des pays de l'OCDE étaient compris entre 10.6 % en Türkiye et 33.9 % en France. En 2022, ces niveaux oscillaient entre 16.8 % au Mexique et 45.8 % en France. La tendance continue à la hausse des niveaux d'imposition sur cette période reflète le besoin de financer l'augmentation considérable des dépenses du secteur public dans presque tous les pays de l'OCDE.

Structures fiscales

Les structures fiscales sont mesurées par la part des principaux impôts dans les recettes fiscales totales. En 2022, les structures fiscales des pays de l'OCDE affichaient des différences. Dix-huit pays ont tiré l'essentiel de leurs recettes des impôts le revenu des personnes physiques et sur les bénéfices des sociétés, onze pays des recettes liées aux cotisations de sécurité sociale, et neuf autres pays des impôts sur la consommation (TVA comprise). En 2022, les impôts sur le patrimoine et les impôts sur les salaires jouaient un faible rôle dans la structure des recettes des pays de l'OCDE, tant en moyenne que dans la plupart des pays (Graphique 1.5).

Graphique 1.5. Structures fiscales en 2022 (en % du total des recettes fiscales)

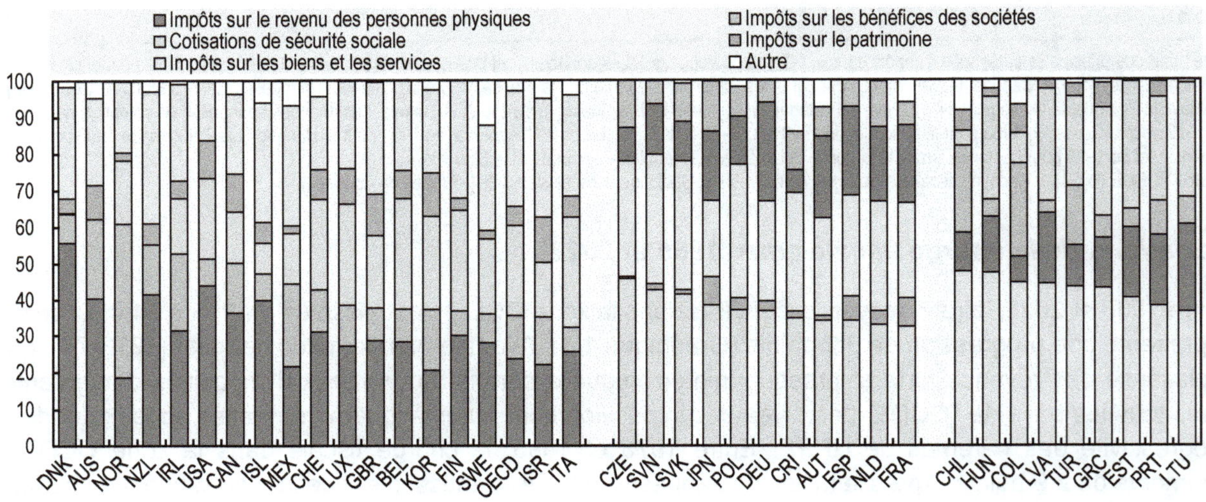

Note : les pays sont groupés et classés en fonction de ceux dans lesquels les recettes des impôts sur le revenu des personnes physiques et sur les bénéfices des sociétés génèrent la fraction la plus élevée du total des recettes fiscales, suivis de ceux dans lesquels les cotisations de sécurité sociale ou les impôts sur les biens et services représentent la part la plus élevée.
Source : calculs du Secrétariat fondés sur les données figurant au chapitre 4.

StatLink https://stat.link/mzdpox

Si le niveau des recettes fiscales a, en moyenne, généralement augmenté dans les pays de l'OCDE, la structure fiscale ou le « dosage » des impôts a fait preuve d'une stabilité remarquable dans le temps. Néanmoins, plusieurs tendances se manifestent jusqu'en 2022 (dernière année pour laquelle on dispose de données concernant les 38 pays de l'OCDE). Celles-ci sont examinées ci-dessous.

Impôts sur le revenu et les bénéfices

En moyenne, en 2022, les pays de l'OCDE collectaient 36.5 % de leurs recettes fiscales via les impôts sur le revenu et les bénéfices (somme de l'IRPP et de l'IS). Ces impôts restent la principale source de recettes utilisées pour financer les dépenses publiques dans 18 des pays de l'OCDE ; dans dix d'entre eux (Australie, Canada, Danemark, États-Unis, Irlande, Islande, Mexique, Norvège, Nouvelle-Zélande et Suisse), leur part dans le total des impôts était supérieure à 40 % en 2022.

Graphique 1.6. Tendances des structures fiscales (1965-2022, en % du total des recettes fiscales)

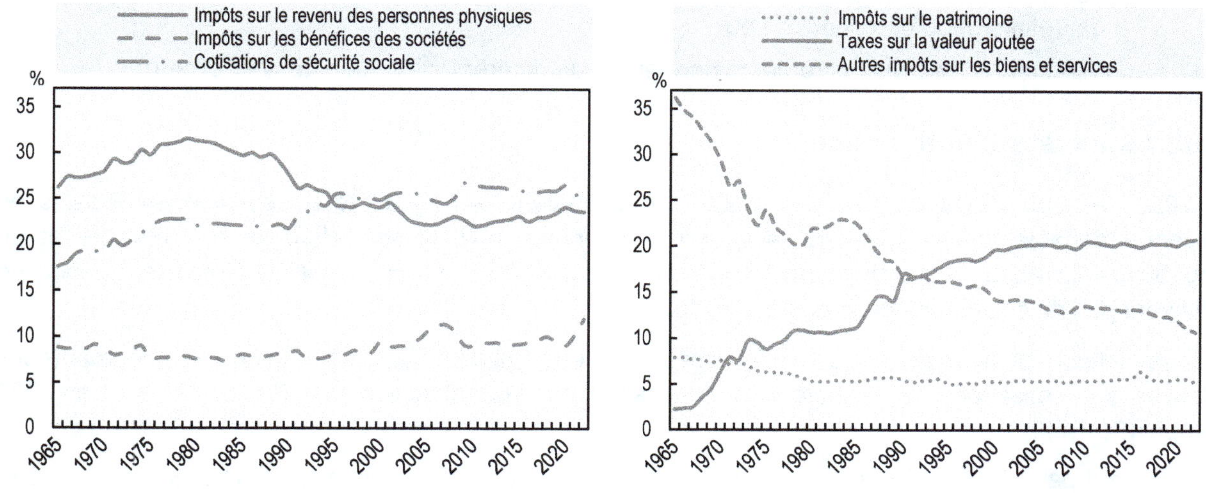

Note : les recettes publiques moyennes de l'OCDE en 2016 pour les catégories principales incluent les recettes ponctuelles des contributions à la stabilité en Islande. Ce facteur concerne principalement les recettes moyennes provenant de l'impôt sur le patrimoine, exprimées en pourcentage du total des recettes fiscales au cours de cette année uniquement.
Source : calculs du Secrétariat fondés sur les tableaux 3.8 à 3.14.

StatLink https://stat.link/1zbsnx

Au sein de la catégorie des impôts sur le revenu et les bénéfices, la part de l'IRPP et de l'IS varie :

- En 2022, les recettes issues de l'IRPP ont représenté en moyenne 23.6 % du total des recettes, contre 30 % environ au cours des années 1980. Environ deux points de ce recul peuvent être attribués à l'inclusion relativement récente dans la zone OCDE de pays d'Europe de l'Est et d'Amérique latine, pour lesquels les données relatives aux recettes fiscales ne sont disponibles qu'à partir des années 1990. Dans ces pays, les recettes générées par l'IRPP tendent à être relativement faibles, alors que celles liées aux cotisations de sécurité sociale ou à l'IS sont plus élevées, mais cet effet concerne seulement les données postérieures à l'année 1990.
- Les différences observées entre les pays sont considérables pour ce qui est de l'importance de l'IRPP. En 2022, la proportion des recettes issues cet impôt s'échelonnait entre 6.1 % au Costa Rica, 44.0 % aux États-Unis et jusqu'à 55.8 % au Danemark (Graphique 1.5).
- Les recettes provenant de l'IS représentaient entre 8 % et 9 % du total des recettes fiscales en moyenne au cours de la période 1965 à 2003. Elles ont ensuite augmenté pour atteindre un plus haut de 11.3 % en 2007, avant de retomber à 9.0 % en 2010, dans le sillage de la crise financière mondiale. Elles sont restées entre 9.0 % et 10.0 % du total des recettes fiscales, avant de se hisser à 10.3 % en 2021 et à 12.0 % en 2022.
- En 2022, la part de l'IS dans les recettes fiscales totales a considérablement varié d'un pays à l'autre, allant de moins de 6 % (Estonie, Hongrie et Lettonie) à plus de 20 % en Irlande (21.5 %), en Australie (21.8 %), au Mexique (23.0 %), au Chili (23.7 %), en Colombie (25.4 %) et en Norvège (42.3 %). Hormis la dispersion des taux légaux de l'IS, ces différences sont au moins partiellement imputables à des facteurs institutionnels ou spécifiques aux pays, tels que :
    - la proportion des entreprises constituées en société ;

- o l'érosion de la base d'imposition des sociétés due, par exemple, à des méthodes généreuses de calcul de l'amortissement et à des incitations fiscales ;
- o le caractère cyclique du système de l'IS, conditionné en partie par les dispositions relatives à la compensation des pertes ;
- o le degré de dépendance à l'égard des recettes fiscales tirées de l'exploitation de gisements pétroliers et/ou de minerais ; ou
- o l'existence d'autres instruments permettant de différer l'imposition des bénéfices.

Cotisations de sécurité sociale

En 2022, les cotisations de sécurité sociale représentaient 24.8 % du total des recettes fiscales en moyenne dans la zone OCDE. Elles étaient supérieures à 40 % en Tchéquie, en Slovénie et en République slovaque (respectivement 45.9 %, 42.8 % et 41.6 %). L'Australie et la Nouvelle-Zélande ne prélèvent pas de cotisations de sécurité sociale.

On a par ailleurs observé de grandes différences entre les pays de l'OCDE pour ce qui est des proportions relatives des cotisations de sécurité sociale versées par les salariés et par les employeurs en 2022 (Graphique 1.7) :

- Neuf pays de l'OCDE (Chili, Grèce, Hongrie, Israël, Lituanie, Luxembourg, Pologne, Slovénie et Suisse) ont mobilisé davantage de recettes à partir des cotisations salariales de sécurité sociale, tandis que les autres pays en ont collecté davantage grâce aux cotisations patronales.
- La Lituanie est le pays où la proportion des recettes fiscales totales générées par les cotisations salariales de sécurité sociale était la plus élevée (23.8 %). Les cotisations salariales de sécurité sociale représentaient également plus de 15 % des recettes fiscales totales en Allemagne, en Grèce, en Hongrie, au Japon, en Pologne et en Slovénie. C'est au Danemark que cette part était la plus faible, s'établissant à 0.1 % du total des recettes. Outre le Danemark, le Chili et l'Estonie sont les deux seuls autres pays où les cotisations salariales de sécurité sociale représentaient moins de 5 % des recettes totales.
- L'Estonie est le pays où la part des recettes fiscales totales générées par les cotisations patronales de sécurité sociale était la plus élevée (31.8 %). La part des cotisations patronales de sécurité sociale dans le total des recettes fiscales était également supérieure à 25 % en Tchéquie (28.3 %) et en Espagne (25.2 %). Le Danemark et le Chili affichaient les parts les plus faibles, soit 0.1 % et 0.2 % du total des recettes.
- S'agissant de la part des cotisations de sécurité sociale acquittée par les travailleurs indépendants et les chômeurs dans le total des recettes fiscales, la Tchéquie affichait le pourcentage le plus élevé (8.4 %), suivie des Pays-Bas et de la Pologne (7.5 % et 7.4 % respectivement).

Graphique 1.7. Composition des cotisations de sécurité sociale, en pourcentage du total des cotisations de sécurité sociale, 2022

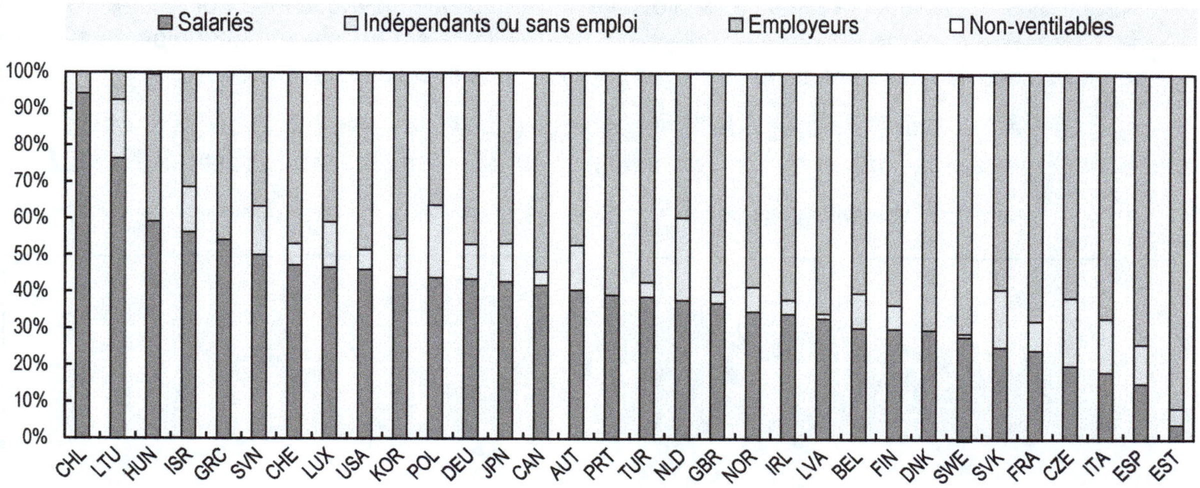

Note : l'Australie, la Colombie, le Costa Rica, l'Islande, le Mexique et la Nouvelle-Zélande ne sont pas inclus dans le graphique 1.7. Bien que la Colombie, le Costa Rica, l'Islande et le Mexique collectent des cotisations de sécurité sociale, les données désagrégées ne sont pas disponibles. L'Australie et la Nouvelle-Zélande ne prélèvent pas de cotisations de sécurité sociale.
Source : calculs du Secrétariat fondés sur les données figurant au chapitre 4.

StatLink https://stat.link/48wa91

Impôts sur le patrimoine

Entre 1965 et 2022, la part des impôts sur le patrimoine a été ramenée de 7.9 % à 5.3 % du total des recettes fiscales en moyenne dans les pays de l'OCDE (Graphique 1.6). En 2022, les recettes provenant des impôts sur le patrimoine représentaient plus de 10 % des recettes fiscales totales au Canada, en Corée, aux États-Unis, en Israël et au Royaume-Uni, et moins de 1 % en Estonie, en Lituanie et en Tchéquie.

Impôts sur la consommation

- La part des impôts sur la consommation (impôts généraux sur la consommation plus impôts spécifiques sur la consommation) a reflué de 38.4 % à 31.5 % entre 1965 et 2022 (Graphique 1.6).
- Pendant cette période, la composition des taxes sur les biens et services a évolué. Les impôts généraux sur la consommation ont vu leur importance en tant que source de recettes s'affirmer rapidement, notamment pour la TVA, qui est prélevée dans 37 des 38 pays de l'OCDE[3].
- Les impôts généraux sur la consommation représentaient 21.4 % des recettes fiscales totales en 2022, contre seulement 13.3 % au milieu des années 1970. En 2022, elles provenaient principalement de la TVA (20.8 % du total des recettes fiscales).
- L'importance accrue de la TVA a compensé la diminution de la part des impôts spécifiques sur la consommation, tels que les droits d'accise et les droits de douane.
- Entre 1975 et 2022, la part des impôts spécifiques sur la consommation (en particulier ceux sur le tabac, les boissons alcoolisées et les carburants, ainsi que certaines taxes liées à l'environnement) a été réduite de plus de moitié, passant de 17.7 % à 8.2 % du total des recettes. En 2022, les droits d'accise constituaient la principale catégorie et généraient 5.7 % du total des recettes (Graphique 1.8). L'étude spéciale figurant au chapitre 2 du présent rapport est consacrée à l'évolution des recettes tirées des droits d'accise sur l'alcool, le tabac et les boissons sucrées, généralement appelés « taxes de santé publique ».

- Les taux des impôts sur les produits importés ont fortement baissé dans tous les pays de l'OCDE, ce qui s'explique par la tendance générale à la suppression des obstacles aux échanges.
- Néanmoins, la Hongrie, la Lettonie, la Slovénie, la République slovaque et la Pologne (entre 10 % et 13 %), la Grèce (15.6 %) et la Türkiye (18.8 %) collectaient encore en 2022 plus de 10 % de leurs recettes fiscales totales via des taxes sur des biens et services spécifiques.

Graphique 1.8. Part des recettes tirées des impôts généraux sur la consommation (gauche) et impôts spécifiques sur la consommation (droite) en % du total des recettes fiscales, 1975-2022

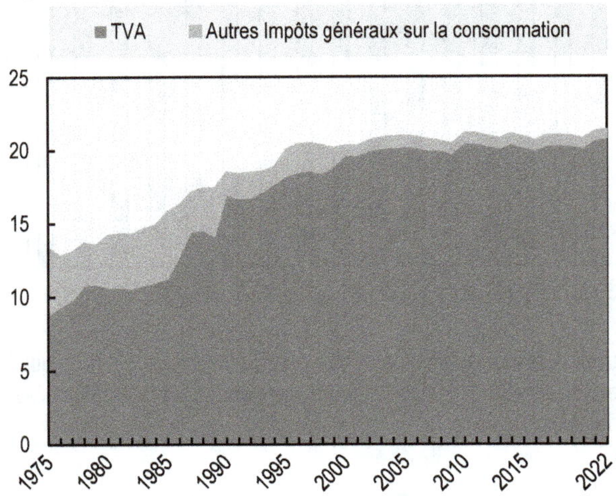

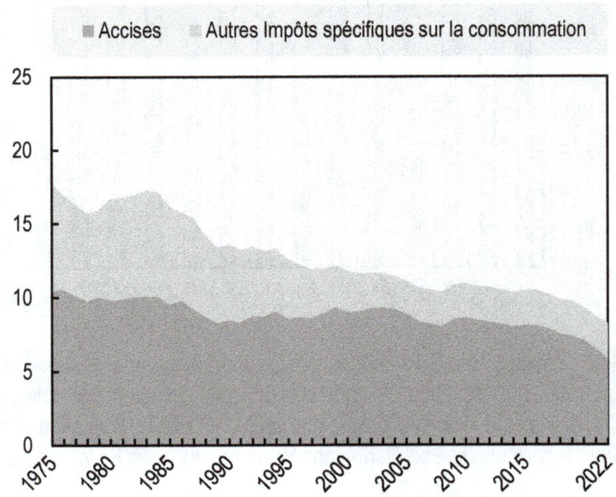

Note : la moyenne non pondérée pour chaque année comprend tous les pays qui communiquent des chiffres sur les recettes dans les catégories indiquées cette même année. Les moyennes de l'OCDE pour 2016 incluent les recettes ponctuelles des contributions à la stabilité en Islande.
Source : calculs du Secrétariat basés sur le chapitre 4.

StatLink https://stat.link/5lmv83

Répartition des impôts par niveau d'administration

Cette section examine la part des recettes fiscales attribuées aux différents sous-secteurs des administrations publiques en 2022. Les sous-secteurs sont les suivants :

- Administration centrale
- Collectivités régionales ou provinciales (pays à structure fédérale ou régionale uniquement)
- Administrations locales
- Caisses de sécurité sociale
- Autorité supranationale (pays de l'UE uniquement)

Les directives suivies pour attribuer les recettes aux différents niveaux d'administration s'appuient sur la version finale du Système de comptabilité nationale 2008. Ces directives sont examinées dans l'étude spéciale S.1 de l'édition 2011 des *Statistiques des recettes publiques*.

Recettes des administrations infranationales dans les pays à structure fédérale et à structure unitaire

Huit pays de l'OCDE ont une structure fédérale. Dans ces pays, les administrations centrales ont perçu en moyenne 53.7 % des recettes totales en 2022. Viennent ensuite les caisses de sécurité sociale, qui constituent un sous-secteur de l'administration centrale et qui ont reçu 21.0 % des recettes totales, suivies des collectivités régionales ou provinciales (17.8 %) et des collectivités locales (7.3 %) (Tableau 1.3).

Au sein des pays à structure fédérale, on constate des variations considérables par rapport à ces moyennes :

- En 2022, dans les huit pays à structure fédérale de l'OCDE, la part des recettes de l'administration centrale allait de 28.9 % en Allemagne à 80.0 % au Mexique et 81.6 % en Australie.
- Toujours en 2022, la part des recettes des collectivités régionales ou provinciales s'échelonnait entre 1.9 % en Autriche, 4.4 % au Mexique et 38.9 % au Canada. Celle des collectivités locales était comprise entre 1.8 % au Mexique et 13.1 % aux États-Unis et 15.8 % en Suisse.
- Entre 1975 et 2022, la part des recettes de l'administration centrale a reculé de plus de 12 points en Belgique, et de plus de 5 points en Espagne.
- En Autriche, la part des recettes de l'administration centrale a augmenté d'un peu moins de 14 points au cours de la même période. Il y a eu peu de changement en Australie.
- Sur les sept pays fédéraux dotés de caisses de sécurité sociale, cinq ont vu leur part des recettes augmenter entre 1975 et 2022. Les exceptions sont le Canada et le Mexique, où la part des recettes a diminué entre 1975 (1980 pour le Mexique en raison de la disponibilité des données) et 2022.

La Colombie et l'Espagne, qui sont constitutionnellement des pays non fédéraux, ont une structure politique très décentralisée, dont la composition de recettes est très variable selon le niveau d'administration. En 2022, la part des recettes en Colombie de l'administration centrale s'élevait à 75.2 %, contre 4.8 % pour les collectivités régionales et 11.8 % pour les collectivités locales. En Espagne, la part des recettes de l'administration centrale s'élevait à 42.5 % en 2022, contre 15.1 % pour les collectivités régionales et 8.2 % pour les collectivités locales.

Tableau 1.3. Recettes fiscales des sous-secteurs des administrations publiques en % du total des recettes fiscales, pays à structure fédérale

Pour cent

	Autorité supranationale			Administration centrale			Administrations d'États fédérés/Régions			Administrations locales			Caisses de sécurité sociale		
	1975	1995	2022	1975	1995	2022	1975	1995	2022	1975	1995	2022	1975	1995	2022
Pays à structure fédérale															
Allemagne	1.2	0.6	0.7	33.5	31.4	28.9	22.3	21.6	24.7	9.0	7.4	8.9	34.0	39.0	36.9
Australie	..	..	..	80.1	77.5	81.6	15.7	19.0	15.5	4.2	3.4	2.9	0.0	0.0	0.0
Autriche[1]	..	0.4	0.5	51.7	64.7	65.6	10.6	1.8	1.9	12.4	4.1	3.0	25.3	29.0	29.0
Belgique[1]	1.4	1.0	1.2	65.3	60.1	52.5	..	1.8	10.1	4.4	4.8	4.5	28.8	32.2	31.7
Canada	..	..	..	47.6	39.1	42.9	32.5	37.1	38.9	9.9	9.8	8.6	10.0	14.0	9.6
États-Unis	..	..	..	45.4	41.4	44.1	19.5	20.0	20.9	14.7	13.3	13.1	20.5	25.2	21.9
Mexique	..	..	..	..	73.9	80.0	..	2.8	4.4	..	1.5	1.8	..	21.8	13.8
Suisse[1]	..	..	..	30.7	31.7	33.8	27.0	24.0	25.6	20.3	17.5	15.8	22.0	26.8	24.8
Moyenne non pondérée	1.3	0.7	0.8	50.6	52.5	53.7	21.3	16.0	17.8	10.7	7.7	7.3	20.1	23.5	21.0
Pays à structure régionale															
Colombie[2]	..	..	..	..	63.2	75.2	..	5.5	4.8	..	8.6	11.8	..	22.7	8.3
Espagne[2]	..	0.8	0.8	48.2	51.1	42.5	..	5.0	15.1	4.3	8.6	8.2	47.5	34.6	33.4

.. Non disponible

1. Le total des recettes fiscales a été diminué du montant de tout transfert en capital représentant les impôts non perçus.

2. La Colombie et l'Espagne ne sont pas des pays constitutionnellement fédéraux, mais tous deux ont une structure politique très décentralisée et confèrent une autonomie importante à leurs entités territoriales.

Les vingt-huit autres pays de l'OCDE ont une structure unitaire (tableau 1.4). Dans ces pays, 64.6 % des recettes en moyenne provenaient en 2022 de l'administration centrale, 24.6 % des caisses de sécurité sociale, et 10.3 % des collectivités locales.

Dans les pays à structure unitaire de l'OCDE :

- En 2022, la part des recettes de l'administration centrale se situait entre 31.1 % en France et 93.6 % en Nouvelle-Zélande.
- Celle des collectivités locales allait de 0.6 % en Estonie à 35.1 % en Suède.
- Entre 1975 et 2022, cette part a progressé de plus de 5 points dans six pays : Corée, France, Islande, Italie, Portugal et Suède. En revanche, une diminution de 5 points ou plus a été observée dans trois pays, à savoir l'Irlande, la Norvège et le Royaume-Uni.
- Entre 1975 et 2022, la part des caisses de sécurité sociale a progressé de 10 points ou plus en Corée et en France, et diminué du même ordre de grandeur en Italie et en Norvège.

Tableau 1.4. Recettes fiscales des sous-secteurs des administrations publiques en % du total des recettes fiscales, pays à structure unitaire

Pour cent

	Autorité supranationale			Administration centrale			Administrations d'États fédérés/Régions			Administrations locales			Caisses de sécurité sociale		
	1975	1995	2022	1975	1995	2022	1975	1995	2022	1975	1995	2022	1975	1995	2022
Pays à structure unitaire															
Chili	..	..	..	..	89.9	89.9	..	..	..	..	6.5	6.9	..	3.6	3.2
Corée	..	..	..	89.0	69.2	57.3	..	..	..	10.1	18.7	17.2	0.9	12.1	25.6
Costa Rica	..	..	..	..	65.5	61.4	..	..	..	..	1.6	2.7	..	33.0	35.9
Danemark[1]	1.0	0.5	0.4	69.5	68.2	73.1	..	..	..	29.4	31.3	26.5	0.1	0.0	0.0
Estonie	..	..	0.8	..	84.3	82.5	..	..	..	..	0.8	0.6	..	14.9	16.0
Finlande	..	0.4	0.5	56.0	46.6	48.8	..	..	..	23.5	22.3	23.0	20.4	30.8	27.6
France[1]	0.7	0.7	0.6	51.2	42.6	31.1	..	..	..	7.6	10.9	14.4	40.6	45.7	54.0
Grèce	..	0.6	0.6	67.1	66.3	67.2	..	..	..	3.4	2.0	2.3	29.5	31.0	29.8
Hongrie	..	..	0.5	..	63.8	67.5	..	..	..	..	2.5	4.7	..	33.6	27.4
Irlande	2.3	1.5	0.8	77.4	83.1	84.1	..	..	..	7.3	2.7	1.6	13.1	12.7	13.5
Islande	..	..	..	81.3	79.2	72.5	..	..	..	18.7	20.8	27.5	0.0	0.0	0.0
Israël	..	..	..	..	79.0	76.5	..	..	..	..	7.1	8.2	..	13.9	15.3
Italie	..	0.4	0.6	53.2	62.7	58.0	..	..	..	0.9	5.4	10.9	45.9	31.5	30.5
Japon	..	..	..	45.5	41.2	39.0	..	..	..	25.6	25.2	22.5	29.0	33.6	38.5
Lettonie	..	..	0.8	..	43.5	53.2	..	..	..	..	19.5	16.4	..	36.9	29.6
Lituanie[1]	..	..	1.0	..	71.7	66.9	..	..	..	..	2.3	1.0	..	26.1	31.1
Luxembourg[1]	0.8	0.4	1.2	63.6	66.4	68.2	..	..	..	6.7	6.5	3.6	29.0	26.6	27.0
Norvège	..	..	..	50.6	57.9	89.7	..	..	..	22.4	19.9	10.3	27.0	22.3	0.0
Nouvelle-Zélande	..	..	..	92.3	94.7	93.6	..	..	..	7.7	5.3	6.4	0.0	0.0	0.0
Pays-Bas	1.5	1.3	1.3	58.9	56.0	62.6	..	..	..	1.2	3.1	3.2	38.4	39.5	32.9
Pologne[1]	..	..	0.8	..	61.2	50.0	..	..	..	..	8.5	11.8	..	30.3	37.3
Portugal	..	0.8	0.6	65.4	68.6	65.1	..	..	..	0.0	9.0	7.1	34.6	21.6	27.2
République slovaque	..	..	0.5	..	62.6	57.2	..	..	..	..	1.3	1.9	..	36.1	40.4
Royaume-Uni	1.0	1.0	..	70.5	77.5	75.2	..	..	..	11.1	3.7	4.9	17.5	17.8	19.9
Slovénie[1]	..	..	0.5	..	50.6	48.6	..	..	..	..	6.2	8.5	..	43.2	42.4
Suède	..	0.4	0.4	51.3	46.9	52.5	..	..	..	29.2	30.9	35.1	19.5	21.8	12.1
Tchéquie	..	..	0.5	..	57.7	52.5	..	..	..	..	0.9	1.0	..	41.4	45.9
Türkiye	..	..	..	..	75.1	65.8	..	..	..	..	12.8	9.7	..	12.1	24.4
Moyenne non pondérée	1.2	0.7	0.7	65.2	65.4	64.6	..	..	..	12.8	10.3	10.3	21.6	24.0	24.6

.. Non disponible

1. Le total des recettes fiscales a été diminué du montant de tout transfert en capital représentant les impôts non perçus.

Composition des recettes de l'administration centrale et des administrations infranationales

Le Graphique 1.9 montre la répartition des recettes de l'administration centrale et des administrations infranationales pour chacune des principales catégories de recettes fiscales. Pour les pays à structure fédérale et régionale, le niveau infranational englobe les recettes perçues à la fois par les collectivités régionales et locales. Le Graphique 1.9 montre que :

- Dans pratiquement tous les pays de l'OCDE, les recettes de l'administration centrale proviennent essentiellement des impôts sur le revenu et sur les biens et services, tandis que les impôts sur le patrimoine ne représentent qu'une part négligeable.
- Les impôts sur le patrimoine procurent une part des recettes beaucoup plus élevée au niveau infranational et représentent plus de 90 % du total des recettes dans quatre pays (Irlande, Israël, Grèce et Royaume-Uni).

- À l'inverse, la part des impôts sur le revenu et des impôts sur les biens et services est en général plus faible au niveau infranational, même si plus de 90 % des recettes perçues par les administrations infranationales en Finlande, au Luxembourg et en Suède provenaient des impôts sur le revenu en 2022.

Graphique 1.9. Composition des recettes de l'administration fédérale ou centrale (gauche) et des administrations infranationales (droite), 2022

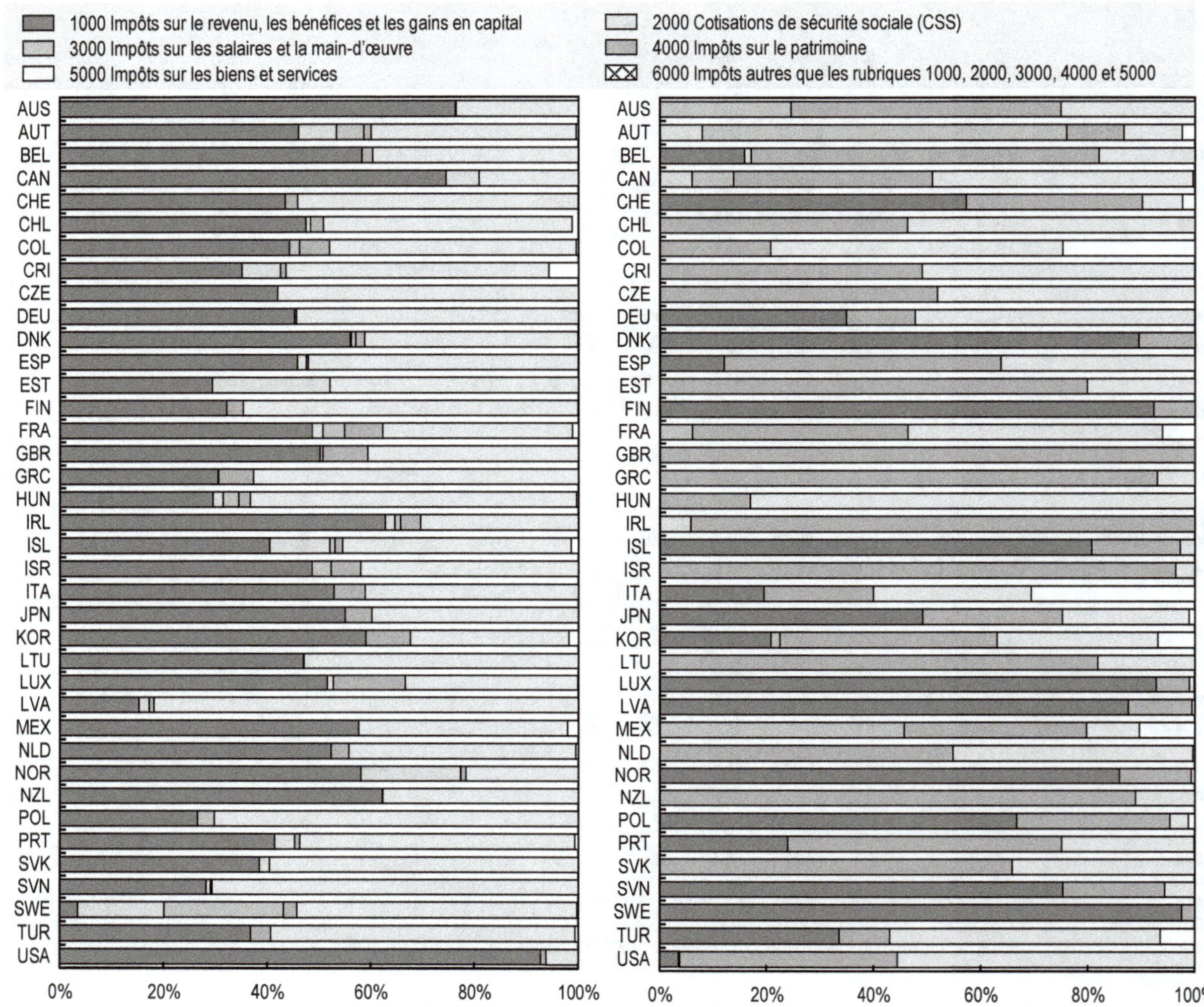

Note : le diagramme de gauche (a) ne tient compte que des impôts des administrations centrales. Les cotisations de sécurité sociale versées au profit des caisses de sécurité sociale sont exclues. Le diagramme de droite (b) ne tient compte que des impôts des administrations infranationales (impôts des collectivités locales et, le cas échéant, régionales ou provinciales). Les cotisations de sécurité sociale versées au profit des caisses de sécurité sociale sont exclues.
Source : calculs du Secrétariat fondés sur les tableaux 3.16 à 3.18.

StatLink https://stat.link/dlrmkn

Recettes collectées pour le compte d'organisations supranationales

Les 22 États membres de l'Union européenne (UE) qui sont également membres de l'OCDE collectent des impôts pour le compte de l'Union européenne (UE), tout comme le faisait le Royaume-Uni avant 2020. Ces impôts se composent principalement des droits de douane et des contributions au Fonds de résolution unique[4]. Ces deux impôts sont collectés pour le compte de l'UE par les administrations fiscales nationales et sont inclus dans le total des impôts sous les rubriques 5123 et 5126 au niveau SUPRA de l'administration. En outre, ils sont mentionnés pour mémoire séparément des chiffres principaux, car ils représentent un impôt prélevé par l'UE et perçu par les administrations nationales[5].

Le Tableau 1.5 indique le niveau des impôts perçus pour le compte d'organisations supranationales dans les pays de l'UE qui sont également membres de l'OCDE, en distinguant les pays de l'UE qui sont membres de la zone euro et ceux qui ne le sont pas.

Tableau 1.5. Contributions collectées pour le compte de l'UE, en % du PIB

Pour cent

	2000	2005	2010	2015	2018	2019	2020	2021	2022	2023p
Membres de la zone euro										
Allemagne, total supranational	0.2	0.2	0.2	0.2	0.2	0.2	0.2	0.2	0.3	0.2
dont : Droits de douane	0.2	0.1	0.2	0.2	0.2	0.1	0.1	0.1	0.2	0.1
dont : Contributions au Fonds de résolution unique	..	..	..	0.1	0.1	0.1	0.1	0.1	0.1	0.1
Autriche, total supranational	0.2	0.1	0.1	0.2	0.2	0.2	0.2	0.2	0.2	0.2
dont : Droits de douane	0.2	0.1	0.1	0.1	0.1	0.1	0.1	0.1	0.1	0.1
dont : Contributions au Fonds de résolution unique	..	..	..	0.1	0.1	0.0	0.1	0.1	0.1	0.1
Belgique, total supranational	0.4	0.4	0.4	0.4	0.4	0.4	0.4	0.4	0.5	0.4
dont : Droits de douane	0.4	0.4	0.3	0.3	0.4	0.4	0.3	0.3	0.4	0.3
dont : Contributions au Fonds de résolution unique	..	..	..	0.1	0.1	0.1	0.1	0.1	0.1	0.1
Espagne, total supranational	0.2	0.2	0.1	0.2	0.2	0.2	0.2	0.2	0.3	0.2
dont : Droits de douane	0.1	0.2	0.1	0.2	0.2	0.2	0.1	0.2	0.2	0.2
dont : Contributions au Fonds de résolution unique	..	..	..	0.1	0.1	0.1	0.1	0.1	0.1	0.1
Estonie, total supranational	..	0.2	0.2	0.2	0.2	0.2	0.2	0.2	0.3	0.1
dont : Droits de douane	..	0.2	0.2	0.2	0.2	0.2	0.2	0.2	0.2	0.1
dont : Contributions au Fonds de résolution unique	..	..	..	..	0.0	0.0	0.0	0.0	0.0	0.0
Finlande, total supranational	0.1	0.1	0.1	0.1	0.1	0.2	0.2	0.2	0.2	0.2
dont : Droits de douane	0.1	0.1	0.1	0.1	0.1	0.1	0.1	0.1	0.1	0.1
dont : Contributions au Fonds de résolution unique	..	..	..	0.0	0.0	0.1	0.1	0.1	0.1	0.1
France, total supranational	0.1	0.1	0.1	0.1	0.2	0.2	0.2	0.2	0.3	0.2
dont : Droits de douane	0.1	0.1	0.1	0.1	0.1	0.1	0.1	0.1	0.1	0.1
dont : Contributions au Fonds de résolution unique	..	..	..	0.0	0.1	0.1	0.1	0.1	0.2	0.1
Grèce, total supranational	0.2	0.1	0.1	0.2	0.2	0.2	0.2	0.2	0.3	0.2
dont : Droits de douane	0.1	0.1	0.1	0.1	0.1	0.2	0.2	0.2	0.2	0.2
dont : Contributions au Fonds de résolution unique	..	..	..	0.1	0.1	0.0	0.1	0.1	0.1	0.0
Irlande, total supranational	0.2	0.1	0.1	0.1	0.1	0.1	0.1	0.2	0.2	0.2
dont : Droits de douane	0.2	0.1	0.1	0.1	0.1	0.1	0.1	0.1	0.1	0.1
dont : Contributions au Fonds de résolution unique[1]	..	..	..	..	0.0	0.0	0.0	0.0	0.0	0.1
Italie, total supranational	0.1	0.1	0.1	0.3	0.2	0.2	0.2	0.2	0.3	0.2
dont : Droits de douane	0.1	0.1	0.1	0.1	0.1	0.1	0.1	0.1	0.2	0.1
dont : Contributions au Fonds de résolution unique[2]	..	..	..	0.1	0.1	0.0	0.1	0.1	0.1	0.1
Lituanie, total supranational	..	0.2	0.2	0.3	0.3	0.3	0.3	0.3	0.3	0.2
dont : Droits de douane	..	0.2	0.2	0.3	0.3	0.2	0.3	0.3	0.3	0.2
dont : Contributions au Fonds de résolution unique	..	..	..	0.0	0.0	0.0	0.0	0.0	0.0	0.0
Lettonie, total supranational	..	0.2	0.1	0.2	0.2	0.2	0.2	0.2	0.2	0.2
dont : Droits de douane	..	0.2	0.1	0.2	0.2	0.2	0.2	0.2	0.2	0.1
dont : Contributions au Fonds de résolution unique	..	..	..	0.0	0.0	0.0	0.0	0.0	0.0	0.0
Luxembourg, total supranational	0.1	0.1	0.0	0.1	0.3	0.3	0.3	0.4	0.4	0.3
dont : Droits de douane	0.1	0.1	0.0	0.0	0.0	0.0	0.0	0.0	0.0	0.0
dont : Contributions au Fonds de résolution unique	..	..	..	0.1	0.2	0.2	0.3	0.3	0.4	0.3
Pays-Bas, total supranational	0.4	0.3	0.3	0.4	0.4	0.4	0.4	0.5	0.5	0.4
dont : Droits de douane	0.3	0.2	0.3	0.3	0.3	0.3	0.3	0.3	0.4	0.3

dont : Contributions au Fonds de résolution unique	..	..	..	0.1	0.1	0.1	0.1	0.1	0.1	0.1
Portugal, total supranational	0.2	0.1	0.1	0.1	0.2	0.2	0.2	0.2	0.2	0.2
dont : Droits de douane	0.2	0.1	0.1	0.1	0.1	0.1	0.1	0.1	0.2	0.1
dont : Contributions au Fonds de résolution unique	..	..	..	..	0.1	0.1	0.1	0.1	0.1	0.0
République slovaque, total supranational	..	0.1	0.2	0.1	0.2	0.2	0.1	0.2	0.2	0.2
dont : Droits de douane	..	0.1	0.2	0.1	0.2	0.1	0.1	0.1	0.1	0.1
dont : Contributions au Fonds de résolution unique	..	..	..	..	0.0	0.0	0.0	0.0	0.0	0.0
Slovénie, total supranational	..	0.1	0.2	0.2	0.1	0.1	0.2	0.2	0.2	0.1
dont : Droits de douane	..	0.1	0.2	0.1	0.1	0.1	0.1	0.2	0.2	0.1
dont : Contributions au Fonds de résolution unique	..	..	..	0.0	0.0	0.0	0.0	0.0	0.0	0.0
Non-membres de la zone euro										
Danemark, total supranational	0.2	0.2	0.2	0.2	0.1	0.1	0.1	0.1	0.2	0.1
dont : Droits de douane	0.2	0.2	0.2	0.2	0.1	0.1	0.1	0.1	0.2	0.1
Hongrie, total supranational	..	0.1	0.1	0.1	0.1	0.1	0.1	0.1	0.2	0.1
dont : Droits de douane	..	0.1	0.1	0.1	0.1	0.1	0.1	0.1	0.2	0.1
Pologne, total supranational	..	0.1	0.1	0.2	0.2	0.2	0.2	0.2	0.3	0.2
dont : Droits de douane	..	0.1	0.1	0.2	0.2	0.2	0.2	0.2	0.3	0.2
Royaume-Uni, total supranational[3]	0.2	0.2	0.2	0.2	0.2	0.1	0.1	..	..	..
dont : Droits de douane	0.2	0.1	0.2	0.2	0.2	0.1	0.1	..	..	..
Suède, total supranational	0.2	0.2	0.2	0.1	0.1	0.1	0.1	0.1	0.2	0.1
dont : Droits de douane	0.1	0.1	0.2	0.1	0.1	0.1	0.1	0.1	0.2	0.1
Tchéquie, total supranational	..	0.2	0.2	0.2	0.2	0.1	0.1	0.2	0.2	0.1
dont : Droits de douane	..	0.2	0.2	0.2	0.2	0.1	0.1	0.2	0.2	0.1

.. Non disponible

Note : les chiffres relatifs au Fonds de résolution unique peuvent différer légèrement de ceux publiés sur le site Web du CRU. Ces différences sont principalement dues aux écarts temporaires dans le traitement des données. Des précisions sur ces recettes sont données aux chapitres 4 et 5 pour chaque pays.

1. 1. En 2016, le chiffre inclut le paiement de 2016 de 99.12 millions EUR, ainsi qu'un paiement de 75.89 millions EUR qui était dû au quatrième trimestre de 2015 mais qui a été payé au premier trimestre de 2016. Les chiffres figurant dans ce tableau ont été communiqués par l'Office central des statistiques et sont des montants bruts ; par conséquent, en raison d'ajustements, ils diffèrent des chiffres figurant sur le site Web du CRU, qui sont des chiffres nets.

2. Le montant de la « contribution de la banque au Fonds européen de résolution unique » comprend non seulement le fonds européen, mais aussi le Fonds national de résolution, comme l'exige la classification Eurostat.

3. Les impôts supranationaux indiqués pour le Royaume-Uni dans ce rapport sont ceux communiqués jusqu'en 2020. En effet, il a été mis fin à ces prélèvements à compter de 2021, à la fin de la période de transition du Brexit, et les impôts mis en place par la suite par le Royaume-Uni figurent dans les catégories d'impôt correspondantes, au niveau national ou infranational selon le cas.

Source : *Statistiques des recettes publiques 2023*, complétées par des discussions avec les délégués.

En 2022, c'est en Belgique et aux Pays-Bas que le total cumulé des paiements perçus pour le compte de l'UE a été le plus élevé en pourcentage du PIB (0.5 % dans les deux pays). Ce total représentait au moins 0.2 % du PIB dans tous les autres pays de l'UE également membres de l'OCDE. Les droits de douane constituaient la principale source de ces recettes dans tous les pays hormis la Finlande, la France et le Luxembourg.

Crédits d'impôt récupérables

Les pays de l'OCDE appliquent deux types de crédits d'impôt aux impôts sur le revenu (revenu des personnes physiques et bénéfices des sociétés) :

- Les crédits d'impôt non récupérables (ou non remboursables) ne peuvent être utilisés que pour réduire ou éliminer le montant de l'impôt à payer. Ils ne peuvent donner lieu à un versement sous forme d'avantage monétaire au profit des contribuables, que ceux-ci soient imposables ou non. Ils sont donc équivalents aux abattements ou déductions fiscales.
- Il existe deux sortes de crédits d'impôt récupérables (ou remboursables). L'une sert à réduire, voire éliminer, le montant de l'impôt à payer de la même manière qu'un crédit d'impôt non remboursable.

L'autre peut donner lieu à un paiement direct au bénéficiaire sous forme monétaire dès lors que le montant de l'avantage fiscal dépasse celui de l'impôt à payer.

La méthode employée par l'OCDE pour le classement des crédits d'impôt récupérables est décrite dans les paragraphes 25 et 26 du *Guide d'interprétation*. Ceux-ci prévoient que seule la fraction du crédit d'impôt récupérable qui sert à réduire ou éliminer le montant de l'impôt dû par un contribuable doit être déduite dans la déclaration des recettes fiscales. Elle est appelée « composante fiscale » ou « élément de dépense fiscale » du crédit d'impôt. À l'inverse, la fraction du crédit d'impôt qui excède le montant de l'impôt dû par ce contribuable et qui lui est payée est considérée comme une dépense et n'est pas déduite dans la déclaration des recettes fiscales. Cette partie est appelée « composante transfert » ou « élément de transfert ».

Tableau 1.6. Effets des différents traitements possibles des crédits d'impôt récupérables, 2022

	Crédits d'impôt récupérables en milliards de monnaie nationale			Recettes fiscales totales en milliards de monnaie nationale			Recettes fiscales totales en pourcentage du PIB		
	Valeur totale	Élément de transfert	Élément de dépense fiscale	Base nette	Base décomposée (selon les instructions en vigueur)	Base brute	Base nette	Base décomposée (selon les instructions en vigueur)	Base brute
Allemagne	51.8	18.6	33.2	1518.5	1537.0	1570.3	39.2	39.6	40.5
Australie	11.9	8.3	3.6	744.9	753.2	756.8	29.1	29.4	29.5
Autriche[1, 2]	0.4	0.2	0.2	192.9	193.1	193.3	43.1	43.2	43.2
Belgique[2]	1.2	0.3	0.9	234.5	234.9	235.8	42.3	42.4	42.5
Canada[3]	21.9	19.2	2.8	932.6	951.8	954.5	33.1	33.8	33.9
Chili[4]	352.8	250.4	102.4	62901.4	63151.8	63254.2	23.8	23.9	24.0
Danemark[2]	2.3	0.1	2.1	1192.6	1192.7	1194.8	41.9	41.9	42.0
Espagne	3.2	1.9	1.3	504.2	506.1	507.4	37.4	37.6	37.7
États-Unis	452.5	324.2	128.3	6782.9	7107.1	7235.4	26.3	27.6	28.1
France[2]	23.5	13.2	10.3	1202.4	1215.5	1225.9	45.3	45.8	46.2
Irlande	0.4	0.0	0.4	..	105.5	105.9	..	20.3	20.3
Islande	11.6	10.9	0.7	1354.5	1365.4	1366.1	34.9	35.2	35.2
Israël	1.9	1.9	0.0	579.2	581.1	581.1	32.7	32.8	32.8
Italie	6.6	2.1	4.5	838.7	840.8	845.3	42.7	42.8	43.1
Luxembourg[2, 5]	0.4	..	..	..	..	29.7	..	..	38.3
Mexique	43.2	0.1	43.1	4948.2	4948.3	4991.4	16.8	16.8	16.9
Norvège	3.5	2.7	0.8	2476.7	2479.5	2480.3	43.4	43.4	43.5
Nouvelle-Zélande	2.9	1.4	1.6	129.4	130.8	132.3	32.8	33.1	33.5
République slovaque[5]	0.5	..	..	..	..	38.4	..	..	35.0
Tchéquie	42.1	12.9	29.2	2326.7	2339.6	2368.8	33.0	33.2	33.6
Royaume-Uni[6]	18.0	14.2	3.8	873.4	887.6	891.5	34.9	35.4	35.6

.. Non disponible

Note : dans les *Statistiques des recettes publiques*, les recettes fiscales sont comptabilisées, sauf indication contraire, sur une base décomposée.

1. Le crédit d'impôt pour enfant à charge n'est pas considéré comme un crédit d'impôt dans les *Statistiques des recettes publiques* et est traité entièrement comme une provision de dépense.
2. Le total des recettes fiscales a été diminué du montant de tout transfert en capital représentant les impôts non perçus.
3. Certains crédits d'impôt récupérables au Canada ne peuvent pas être ventilés entre l'élément de transfert et l'élément de dépense fiscale. Leur valeur totale a été ajoutée à l'élément de transfert.
4. Dans les *Statistiques des recettes publiques*, les recettes fiscales concernant le Chili sont présentées sur une base nette.
5. Dans les *Statistiques des recettes publiques*, les recettes fiscales concernant le Luxembourg et la République slovaque sont comptabilisées avec la méthode de la base brute.
6. Les données relatives aux crédits d'impôt récupérables pour le Royaume-Uni sont en droits constatés et incluent des estimations pour certaines années. Veuillez consulter les notes de bas de page du tableau concernant le Royaume-Uni au chapitre 5 pour obtenir plus d'informations.

Le Tableau 1.6 livre des informations sur les crédits d'impôt récupérables en 2021 pour les pays qui les déclarent dans le présent rapport (il se peut que certains pays accordant des crédits d'impôt récupérables ne les déclarent pas et que ceux-ci n'apparaissent donc pas dans le tableau). Ce tableau indique le montant des crédits d'impôt récupérables et de leurs deux composantes, ainsi que les résultats de l'utilisation des chiffres pour calculer le montant des recettes fiscales et les ratios recettes fiscales-PIB. Le Tableau 1.6 montre en outre les deux différents traitements possibles des crédits d'impôt récupérables :

- La « comptabilisation en chiffres nets », qui assimile les crédits d'impôt récupérables à des dispositions fiscales, de telle sorte que la totalité du crédit d'impôt réduit le montant des recettes fiscales déclarées, comme le montrent les colonnes 4 et 7.
- La « comptabilisation en chiffres bruts », à l'opposé, considère la totalité des crédits d'impôt récupérables comme des dépenses directes, de sorte que, comme le montrent les colonnes 6 et 9, ni l'élément de transfert, ni l'élément de dépense fiscale ne sont déduits des recettes fiscales. C'est l'approche suivie par le Manuel de statistiques des finances publiques (MSFP) du FMI et par le système des comptes nationaux (SCN).

Le Tableau 1.6 montre cependant que, à quelques exceptions près, le choix de la méthode de comptabilisation des crédits d'impôt récupérables n'a qu'une faible incidence sur le ratio recettes fiscales/PIB. Dans les pays pour lesquels on dispose de données, l'écart entre les ratios calculés sur la base du solde net et du montant brut n'est supérieur à un point qu'en Allemagne et aux États-Unis, et il est compris entre un demi-point et un point au Canada, en France, en Nouvelle-Zélande, au Royaume-Uni et en Tchéquie.

Financement des prestations de sécurité sociale dans les pays de l'OCDE

Un tableau fourni pour mémoire[6] dans les *Statistiques des recettes publiques 2024* décrit le financement des prestations de sécurité sociale dans les pays de l'OCDE. Contrairement aux prestations d'aide sociale, qui sont financées par les recettes des administrations publiques, les prestations de sécurité sociale sont financées par des cotisations versées aux caisses de sécurité sociale ou à des régimes d'assurance privés, ou par d'autres sources de financement préaffectées. Ces sources de financement comprennent :

- Les recettes fiscales affectées au financement des prestations de sécurité sociale :
  1. Cotisations de sécurité sociale (catégorie 2000 dans la classification OCDE)
  2. Autres impôts affectés aux prestations de sécurité sociale
- Les recettes non fiscales affectées au financement des prestations de sécurité sociale :
  3. Cotisations facultatives à l'administration
  4. Cotisations obligatoires au secteur privé

Le Graphique 1.10 montre la part relative de chacune de ces sources dans le financement des prestations de sécurité sociale au sein des pays de l'OCDE. Le graphique est basé sur les données fournies par les pays pour inclusion dans le tableau fourni pour mémoire.

Graphique 1.10. Ventilation des différentes catégories dans le financement des prestations de sécurité sociale, 2022

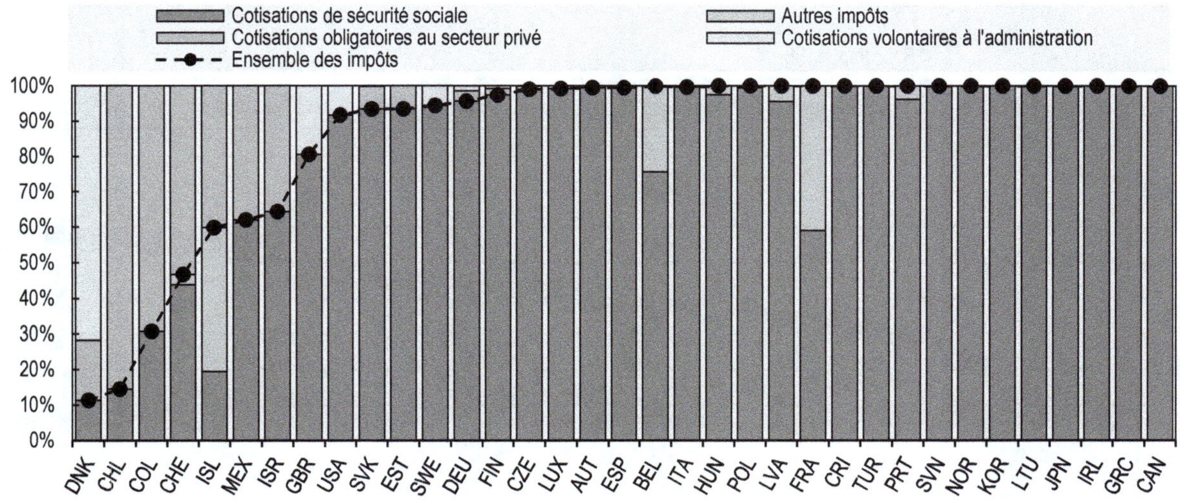

Note : dans deux pays (l'Australie et la Nouvelle-Zélande), les prestations sociales passent par l'aide sociale et non par le prélèvement de cotisations de sécurité sociale. Ces deux pays ne sont donc pas inclus dans le graphique. En outre, les données complètes sur le financement de la sécurité sociale aux Pays-Bas n'étant pas disponibles, les Pays-Bas ne sont pas non plus inclus dans le graphique. Les chiffres du Danemark doivent être interprétés avec prudence, car le niveau des prestations de sécurité sociale est très faible par rapport au niveau des prestations d'aide sociale. De plus, il peut y avoir des cas limites dans certains pays lorsqu'il s'agit de distinguer entre les régimes quasi obligatoires et les régimes volontaires.
Source : calculs du Secrétariat fondés sur le chapitre 4.

StatLink https://stat.link/fwm297

Les impôts représentent la principale source de financement affecté aux prestations de sécurité sociale, principalement par le biais des cotisations de sécurité sociale. Ensemble, les cotisations de sécurité sociale et les autres impôts affectés représentent plus de 90 % du financement des prestations de sécurité sociale dans 27 des 35 pays de l'OCDE qui fournissent de telles données détaillées (dont 10 pays où ils représentent 100 %). Dans six des huit autres pays de l'OCDE qui fournissent ces données, le financement de ces prestations repose en grande partie sur les cotisations obligatoires au secteur privé, notamment au Chili (où ces cotisations représentent 85.5 %), en Colombie (69.3 %) et en Suisse (53.2 %). Les cotisations facultatives représentent une proportion importante du financement dans quelques pays seulement, notamment au Royaume-Uni (19.4 %) et au Danemark (71.8 %).

Le Graphique 1.11 montre les ratios impôts/PIB (comme dans le Tableau 1.1 et le Graphique 1.4), à la fois *hors* financement préaffecté aux prestations de sécurité sociale (c'est-à-dire les ratios impôts/PIB *diminués* des cotisations de sécurité sociale et autres impôts préaffectés) et financements hors impôts préaffectés aux prestations de sécurité sociale *inclus* (c'est-à-dire les ratios impôts/PIB – cotisations de sécurité sociale et autres impôts préaffectés compris – *plus* les cotisations obligatoires au secteur privé et les contributions volontaires au secteur public).

Les pays où la part des régimes de sécurité sociale financés par des contributions non fiscales préaffectées est la plus importante sont la Suisse (8.1 % du PIB), l'Islande (6.1 %) et le Chili (5.8 %), ce qui influe sensiblement sur leur classement :

- La Suisse affiche un ratio impôts/PIB relativement faible, de 26.9 %, mais son ratio combiné se situe juste au-dessous de la médiane de la distribution de l'OCDE.
- L'Islande a un ratio impôts/PIB de 35.2 %, qui la place dans le tiers supérieur des pays de l'OCDE, et un ratio combiné de 41.3 %, soit le neuvième ratio le plus élevé de la zone OCDE.
- Le Chili a le cinquième ratio impôts/PIB le plus bas (23.8 %) et le huitième ratio combiné le plus faible (29.6 %).

Graphique 1.11. Ratios impôts/PIB et financement de la sécurité sociale par des fonds préaffectés (% du PIB, 2022)

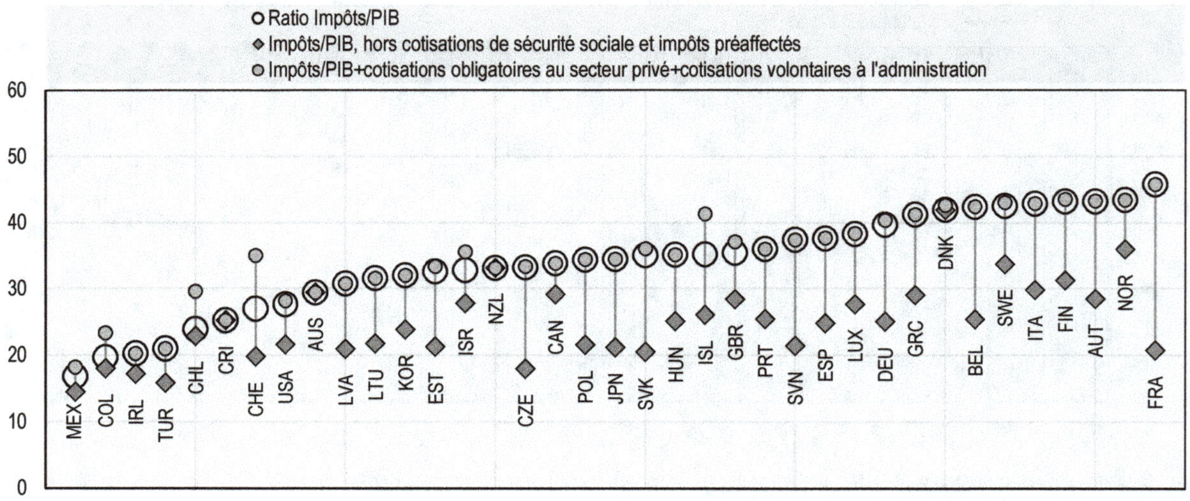

Note : les Pays-Bas ne sont pas inclus dans le graphique car les données complètes sur le financement de la sécurité sociale aux Pays-Bas n'étaient pas disponibles.
Source : calculs du Secrétariat fondés sur les données figurant au chapitre 4.

StatLink https://stat.link/k06ris

La déduction des fonds préaffectés au financement des prestations de sécurité sociale du ratio impôts/PIB n'affecte pas l'Australie et la Nouvelle-Zélande, où les prestations ne sont pas financées par la fiscalité générale. Le Graphique 1.11 montre que c'est en France que la part des fonds préaffectés aux prestations de sécurité sociale est la plus grande, à 25.1 % du PIB, comme l'indique l'écart entre les points les plus élevés et les points les plus bas du graphique. La Belgique, la République slovaque et la Slovénie se situent juste après la France, avec des parts comprises entre 15 % et 17 % du PIB.

Références

OCDE (2024), *Perspectives économiques de l'OCDE, Volume 2024 Numéro 1: L'amorce d'une reprise*, OECD Publishing, Paris, https://doi.org/10.1787/bd18c5ae-fr. [1]

OCDE (2024), *Tax Policy Reforms 2024: OECD and Selected Partner Economies*, OECD Publishing, Paris, https://doi.org/10.1787/c3686f5e-en. [2]

OCDE (2023), *Statistiques des recettes publiques 2023 : Dynamisme des recettes fiscales dans les pays de l'OCDE*, Éditions OCDE, Paris, https://doi.org/10.1787/bcbdaf1a-fr. [3]

OCDE (2022), *Statistiques des recettes publiques 2022 : L'impact du COVID-19 sur les recettes fiscales de l'OCDE*, Éditions OCDE, Paris, https://doi.org/10.1787/96463460-fr. [5]

OCDE (2021), *Statistiques des recettes publiques 2021 : L'impact initial du COVID-19 sur les recettes fiscales de l'OCDE*, Éditions OCDE, Paris, https://doi.org/10.1787/ed5596c6-fr. [4]

Notes

[1] Au moment de la publication de l'édition 2024 des *Statistiques des recettes publiques*, les données provisoires concernant les recettes fiscales de l'Australie et les cotisations de sécurité sociale au Japon n'étaient pas disponibles pour l'année 2023.

[2] En 2016, l'Islande a perçu des recettes provenant de contributions à la stabilité, de nature exceptionnelle, acquittées par des entités qui exerçaient des activités de banque commerciale ou de caisse d'épargne par le passé, et qui cessaient leurs activités. Les recettes provenant de ces contributions ont entraîné une augmentation particulièrement forte des recettes fiscales en 2016. Le ratio islandais des recettes fiscales rapportées au PIB est ainsi passé de 35.1 % en 2015 à 50.3 % en 2016, avant de se replier à 37.1 % en 2017. Il en est résulté un niveau artificiellement élevé de 33.5 % du ratio moyen impôts/PIB de la zone OCDE en 2016. Sans ces recettes exceptionnelles en Islande, la moyenne du ratio des recettes fiscales rapportées au PIB aurait été de 33.1 %, soit une augmentation de 0.2 point par rapport à 2015.

[3] Les expressions « taxe sur la valeur ajoutée » et « TVA » désignent toute taxe nationale qui présente les caractéristiques fondamentales d'une taxe sur la valeur ajoutée, quel que soit son nom ou son acronyme, par exemple « taxe sur les produits et services » (« TPS »).

[4] Le Fonds de résolution unique a été mis en place en 2015. Les pays de la zone euro doivent l'alimenter par des contributions en vertu du mécanisme de résolution unique (règlement (UE) n° 806/2014). Les contributions sont versées sur une base *ex ante* et transférées au Fonds de résolution unique par les autorités nationales. Jusqu'à présent, des contributions ont été collectées pour la période 2015-2023.

[5] De plus, les fonctionnaires européens payent un impôt sur le revenu et des cotisations de sécurité sociale directement à l'Union européenne. Ces recettes ne sont prises en compte dans les données relatives aux totaux des recettes fiscales figurant dans cette publication, dans la mesure où elles ne sont ni versées à, ni collectées par, une administration nationale. Néanmoins, un compte pour mémoire figurant à la fin du tableau par pays correspondant au chapitre 5 donne, pour quatre des pays qui comptent le plus de

fonctionnaires européens (l'Allemagne, la Belgique, l'Italie et le Luxembourg), un aperçu de l'importance de ces paiements.

[6] Le financement des prestations de sécurité sociale est présenté dans le tableau 4.77 en données comparables (pourcentage du PIB) et dans le tableau 5.39 en monnaies nationales.

2 Les taxes sur les produits nocifs pour la santé dans les pays de l'OCDE

Le chapitre 2, qui constitue l'étude spéciale de ce rapport, examine l'importance croissante des taxes sur les produits nocifs pour la santé dans les pays de l'OCDE et leur place dans la composition des recettes. En utilisant les données détaillées des *Statistiques des recettes publiques* sur les droits d'accises sur l'alcool, le tabac et les boissons sucrées, le chapitre étudie l'évolution de ces recettes entre 2000 et 2022.

Introduction

Ces 20 dernières années, la reconnaissance croissante de l'influence que la fiscalité peut exercer sur la situation sanitaire a conduit les pays de l'OCDE à réformer les impôts et taxes existants et à en créer de nouveaux. Le concept de « taxes de santé publique » est apparu pour désigner les instruments budgétaires qui, outre la recherche de recettes publiques, ont pour finalité la réduction de la consommation de produits potentiellement néfastes pour la santé des consommateurs et la société en général. Ce double impact en fait un outil intéressant, non seulement pour les responsables de la politique budgétaire, mais aussi pour les décideurs chargés de la santé, dans les pays de l'OCDE et au-delà.

Cette étude spéciale analyse la trajectoire récente des recettes tirées des taxes de santé publique dans les pays de l'OCDE, exploitant à cette fin les données granulaires fournies par les pays pour les besoins de la présente édition des *Statistiques des recettes publiques*. Le rapport (et la base de données *Statistiques des recettes publiques* qui l'accompagne) échappe ainsi à une difficulté propre à l'étude des taxes de santé publique, à savoir l'absence de données complètes et normalisées sur les recettes tirées de ces taxes et leur évolution dans le temps susceptibles de faciliter la réalisation d'un suivi et de comparaisons au sein d'un même pays ou entre pays. La présente étude spéciale n'a pas vocation à présenter une analyse approfondie, à tirer des conclusions précises ou à formuler des recommandations pour la conception de ces taxes : elle vise plutôt à enrichir les informations à la disposition des spécialistes qui travaillent dans ce domaine.

Elle est organisée de la manière suivante. La première section définit les taxes de santé publique et décrit leur apparition en tant qu'instruments de politique budgétaire et de politique de la santé dans les pays de l'OCDE. La deuxième explique pourquoi il est important d'analyser les recettes tirées de ces taxes, mais souligne les limites de l'analyse. La troisième partie présente la trajectoire de ces recettes dans les pays de l'OCDE, telle qu'elle ressort des données des *Statistiques des recettes publiques*. La quatrième section fait office de conclusion.

Définir les taxes de santé publique

Cette étude reprend la définition formulée par l'Organisation mondiale de la santé (OMS), selon laquelle les « taxes de santé publique » sont des « taxes prélevées sur des produits qui ont un impact négatif sur la santé publique » (Organisation mondiale de la Santé, 2024[1]). Elle repose sur la classification des impôts adoptée dans le Guide d'interprétation des Statistiques des recettes publiques de l'OCDE, qui retient lui-même une définition des impôts compatible avec le Système de comptabilité nationale (SCN), les définissant comme des versements obligatoires sans contrepartie aux administrations publiques ou à une autorité supranationale.

Les taxes de santé publique revêtent généralement la forme de droits d'accise, c'est-à-dire de droits qui (contrairement à d'autres taxes générales sur les biens et services) ne sont prélevés que sur des biens spécifiques. Les droits d'accise s'appliquent généralement aux producteurs plutôt qu'aux consommateurs, mais lorsqu'ils sont répercutés par les producteurs, ils entraînent une modification du prix acquitté par les consommateurs. Dans le cas spécifique des taxes de santé, les droits d'accise peuvent être prélevés directement sur le composant nocif pour la santé (ex. : le volume d'alcool ou les grammes de sucre, de sel ou de graisse insaturée) ou sur le produit qui contient ce composant (ex. : le litre de boisson non alcoolisée ou de boisson alcoolisée ou le paquet de cigarettes). Ils peuvent aussi être appliqués lorsque ces produits sont utilisés comme consommations intermédiaires dans le processus de production.

Ils frappent aussi bien les biens produits sur le territoire national que ceux importés, mais ne s'appliquent pas aux produits exportés. Ils interagissent avec les droits de douane et la taxe sur la valeur ajoutée (TVA), et même si ce chapitre est axé sur les recettes tirées des accises et non sur celles provenant des droits de douane et de la TVA, l'Encadré 2.1 fournit des informations complémentaires sur cette interaction.

Comme le Guide d'interprétation distingue les catégories d'impôts en fonction de leur base d'imposition, il ne contient pas de catégorie spécifique pour les « taxes de santé publique ». Les données fournies par les pays pour les besoins des *Statistiques des recettes publiques* et classées en fonction du Guide interprétatif permettent néanmoins de repérer différents types de taxes correspondant à cette définition. Comme l'étude spéciale sur la fiscalité environnementale contenue dans l'édition 2019 de ce rapport (OCDE, 2019[2]), le présent chapitre prouve que les données harmonisées sont une ressource précieuse parce qu'elles fournissent une image exhaustive et internationalement comparable de recettes tirées d'impôts et taxes ayant en commun un objectif de politique publique qui gagne en importance dans les pays de l'OCDE.

Bien que la définition des taxes de santé publique retenue par l'OMS puisse recouvrir un champ plus étendu[1], le chapitre est axé sur les droits d'accise sur l'alcool, le tabac et les boissons sucrées[2]. À noter que les droits sur l'alcool et le tabac existaient et étaient appliqués dans le monde entier depuis des siècles lorsque le terme « taxes de santé publique » est apparu. Les taxes sur les boissons sucrées sont en revanche relativement récentes et sont moins répandues, mais la situation évolue rapidement à cet égard. Tous les pays de l'OCDE taxent l'alcool et le tabac, et ils sont de plus en plus nombreux à imposer les boissons sucrées, même si les données disponibles pour les besoins de ce chapitre ne concernent que 12 d'entre eux (OCDE, 2023[3])[3].

Le concept de « taxe de santé publique » est apparu dans le cadre de la politique de santé et non dans celui de la politique fiscale (Lauer et al., 2022[4]). L'intérêt porté à l'efficacité des taxes parfois désignées par le terme « taxes comportementales » sur le tabac et l'alcool en tant qu'instruments de la politique de santé date de la période à laquelle les responsables de l'action publique ont commencé à envisager les systèmes de santé publique de manière plus globale. Comme de nombreux éléments montraient que la fiscalité était un moyen rentable d'améliorer les résultats sanitaires en réduisant la consommation de produits néfastes, les décideurs (également encouragés dans ce sens par les difficultés budgétaires qu'ils avaient à affronter au lendemain de la crise financière mondiale) ont cherché à utiliser la taxation des boissons sucrées pour réaliser des progrès sur le plan nutritionnel et faire face à l'augmentation rapide de la prévalence de l'obésité (Lauer et al., 2022[4]).

Les taxes de santé publique poursuivent donc deux grands objectifs. Premièrement, il est établi qu'elles peuvent constituer une source modeste mais stable de financement des dépenses publiques (Lauer et al., 2022[4]). Le deuxième objectif est un objectif de santé publique : elles sont censées faire reculer la consommation de produits mauvais pour la santé. Il existe une contradiction entre ces deux finalités en ce sens que si la consommation d'un bien donné diminue, les recettes fiscales s'amenuisent (toutes choses égales par ailleurs). L'étude des caractéristiques des taxes de santé publique sortirait du cadre de ce chapitre[4], mais il est à noter que les facteurs qui influent sur le taux auquel les responsables de l'action publique fixent ces taxes en recherchant le juste équilibre entre ces deux objectifs dépend (entre autres) de l'élasticité de la demande aux prix des différents produits et des externalités et internalités associées à la consommation du produit.

La question des élasticités illustre l'influence que la double finalité des taxes de santé publique exerce sur la manière dont elles sont conçues. Si la demande d'un produit est inélastique (autrement dit si elle diminue relativement peu en cas de hausse des prix), il est a priori possible de relever le taux de la taxe qui frappe ce produit de façon à obtenir plus de recettes, sans que ce relèvement induise une réduction sensible de la demande (en l'absence d'augmentation des achats transfrontaliers, de la contrebande ou de la production illicite, comme expliqué plus loin). Cependant, à cause de cette inélasticité, l'augmentation du taux de la taxe de santé publique doit être forte pour avoir un réel effet sur la demande.

En pratique, on constate généralement que la demande d'alcool et de tabac est relativement peu élastique aux prix, tandis que la demande de boissons sucrées l'est davantage (Burton et al., 2024[5]). Toutefois, les estimations de l'élasticité pour les différentes taxes varient selon le niveau de revenu du pays, de que même que selon la tranche de revenu à laquelle appartient un individu, l'élasticité étant en principe plus forte parmi les individus dont le revenu est faible, qui réduisent donc davantage leur consommation que les autres en réaction à une hausse des prix (Fuchs, 2019[6]).

Parallèlement, les décideurs publics peuvent vouloir retenir un taux qui tient compte des conséquences négatives de certains produits sur les consommateurs et la société. Dans le cas des taxes de santé publique, les internalités correspondent au préjudice que les individus se causent à eux-mêmes en niant les conséquences négatives à court et long terme de la consommation de ces produits, tandis que les externalités englobent les coûts économiques[5] pour la société non pris en compte par les fumeurs. Il peut s'agir de coûts pour les fumeurs eux-mêmes ou pour les autres – par exemple l'effet du tabagisme passif ou le poids affectif lié à la perte d'un proche malade ou au fait de devoir s'en occuper (DeCicca, Kenkel and Lovenheim, 2022[7]).

Fixer le taux d'accise à un niveau reflétant l'intégralité des externalités n'est pas tâche aisée. Certains de ces coûts externes sont déjà pris en compte dans les mécanismes d'assurance sociale, et il est compliqué d'évaluer en termes monétaires les vies perdues, par exemple celles de fumeurs ou fumeurs passifs victimes du tabagisme. Au lieu de chercher à estimer précisément ces coûts, le plus simple est de définir des objectifs de taux pour la taxe ou des objectifs de réduction de la consommation de tabac. Dans la quasi-totalité des pays de l'OCDE, les taxes représentent au moins 60 % du prix de vente d'un paquet de cigarettes, alors que d'après l'OMS, il faudrait que ce pourcentage soit au moins égal à 75 % (OCDE, 2023[3]).

Le concept de taxes de santé publique recouvre donc des taxes anciennes et nouvelles frappant un large éventail de produits et ayant en commun de reconnaître l'impact de ces instruments sur le comportement des consommateurs, les résultats sanitaires et les finances publiques. Ces effets se manifestent vraisemblablement à un horizon très variable. Ainsi, d'un point de vue budgétaire, une taxe peut rapporter peu de recettes à brève échéance mais permettre à l'État de réaliser des économies à long terme parce qu'un mode de vie plus sain réduit les demandes de santé au fil du temps.

Encadré 2.1. Accises et autres taxes de santé publique

Les accises, qui relèvent du poste 5121 du Guide interprétatif (annexe A), sont des impôts spécifiques perçus par unité produite sur une gamme limitée de biens prédéfinie. Elles sont souvent prélevées sur des biens non essentiels ou de luxe, les boissons alcoolisées, les produits à base de tabac et les produits énergétiques. Elles peuvent être perçues à un stade quelconque de la production ou de la distribution et sont généralement calculées sur la base d'un prélèvement spécifique par unité correspondant aux caractéristiques du produit considéré, par référence à sa valeur, son poids, son degré ou son volume. Elles ne sont cependant pas les seuls droits qui frappent ces produits, également soumis à la TVA, à des droits de douane et autres droits à l'importation. Ainsi, les « droits de douane équivalents à des accises » prélevés par l'Australie et la Nouvelle-Zélande sur l'alcool et le tabac sont inclus dans cette analyse[6].

La TVA est un impôt général sur la consommation qui ne peut pas être classé parmi les taxes de santé publique, si bien qu'elle n'est pas traitée dans ce chapitre. Il ne faut cependant pas oublier son interaction avec les droits d'accise et les conséquences qui peuvent en résulter pour les recettes publiques comme pour les objectifs sanitaires. Le plus souvent, les droits d'accise sont inclus dans l'assiette de la TVA, celle-ci étant en général prélevée sur la valeur totale des produits, accises comprises.

En pareil cas, tout relèvement des droits d'accise entraîne une hausse de la charge et des recettes de TVA perçues au titre des produits concernés. Plus le taux de TVA est élevé, plus l'incidence des accises (de leur hausse) est forte. En revanche, si les taxes de santé publique font reculer la demande de certains produits, les recettes tirées des accises et celles issues de la TVA diminuent. Du fait de cette relation étroite entre TVA et accises, il conviendrait, dans l'idéal, de les étudier ensemble. À titre d'exemple, l'application d'un taux de TVA réduit sur les boissons sucrées risque de compenser en partie l'effet des accises prélevées sur ces produits et de nuire à la cohérence entre politique fiscale et politique de santé publique[7].

Les droits de douane appliqués aux importations de produits nocifs génèrent également des recettes publiques et ont une incidence sur les prix de ces produits à la frontière. Ils ne sont pas traités dans les données et l'analyse présentées dans ce chapitre, mais ils peuvent être à l'origine de recettes non négligeables.

Comme les autres droits d'accise, les taxes de santé publique sont habituellement prélevées au niveau du producteur plutôt qu'à celui du consommateur final. Cette pratique allège la charge administrative et le risque de non-respect, mais offre aux fournisseurs la possibilité de manipuler la base d'imposition et de modifier les prix, ce qui compromet la capacité des taxes de santé publique à atteindre leur objectif sanitaire.

Pourquoi est-il utile de suivre les taxes de santé publique (et pourquoi la prudence s'impose-t-elle) ?

L'idée que les taxes de santé publique peuvent à la fois rapporter des recettes et améliorer les résultats sanitaires – et que ces effets peuvent se manifester à des horizons temporels différents – place les responsables publics face à la nécessité de faire des arbitrages. Bien que les recettes ne représentent qu'un terme de l'équation, il est indispensable de disposer de données normalisées et de qualité sur les recettes pour comprendre le poids de ces taxes dans les finances publiques et évaluer leur efficacité. Les tendances des recettes doivent néanmoins être interprétées avec prudence.

Même si (comme expliqué plus loin) les recettes provenant des taxes de santé publique ne représentent qu'une part relativement faible du PIB et ne constituent qu'une composante marginale de l'ensemble des taxes et impôts dans les pays de l'OCDE, leur diminution peut avoir des conséquences négatives sur le financement des services publics dans les contextes où elles constituaient auparavant une source de revenu stable pour les pouvoirs publics. À plus long terme, dans l'hypothèse où la taxe de santé atteint l'objectif sanitaire visé, cette baisse de recettes peut être compensée par les économies qui seront réalisées sur les dépenses de santé ou par les recettes supplémentaires qui seront recouvrées du fait que la population sera plus productive.

Les données relatives aux recettes sont une information capitale pour la conception des taxes de santé publique et l'évaluation de leur efficacité. L'impact d'une taxe de santé publique sur les recettes dépend de diverses caractéristiques, en particulier son taux, la structure fiscale et la base d'imposition. En outre, les recettes découlant de la fiscalité sanitaire dépendent non seulement de ces caractéristiques, mais aussi du niveau de consommation (ex. : prévalence du tabagisme) et d'autres éléments économiques (ex. : ampleur des achats transfrontaliers). Les recettes que rapporte une taxe de santé publique ne permettent pas, à elles seules, de tirer des conclusions sur le point de savoir si la taxe est bien conçue ou non, mais elles n'en constituent pas moins une variable importante pour évaluer la politique d'un pays sur le plan de la fiscalité sanitaire.

Pour autant, l'analyse de cette variable requiert une certaine prudence. La diminution des recettes engendrées par une taxe de santé frappant un produit spécifique peut être un signe positif si la taxe a pour but de faire reculer la consommation du produit en question. L'effet positif sur la santé est cependant moindre si les consommateurs optent pour un produit de substitution proche tout aussi nuisible pour la santé mais moins cher et non assujetti à la même taxe – par exemple, s'ils remplacent la cigarette par la cigarette électronique.

De même, la mesure dans laquelle la taxe est répercutée sur le consommateur n'apparaît pas dans les statistiques sur les recettes. Comme souligné plus haut, les accises sont en général prélevées au niveau du producteur, et leur impact sur les recettes et sur les résultats sanitaires dépend aussi de la part de la taxe éventuellement répercutée par les détaillants sous la forme de prix à la consommation plus élevés. Cette part « répercutée » est elle-même influencée par de multiples facteurs, dont la structure du secteur d'activité, la possibilité d'éluder la taxe et les caractéristiques de la taxe (Belloni and Sassi, 2022[8]). Si la hausse de la taxe est absorbée par les producteurs sous la forme d'une moindre marge bénéficiaire, elle risque de ne pas faire baisser la consommation comme souhaité.

Par ailleurs, le fait que des personnes traversent la frontière pour acheter un produit à l'étranger en raison d'une différence de prix éventuellement imputable au niveau plus faible des taxes est aussi susceptible de modifier l'impact des taxes de santé sur les recettes (et sur les résultats sanitaires). L'ampleur de ce phénomène est attestée par (Hillion, 2024[9]), qui estime qu'en France, la fermeture des frontières décrétée en raison de la pandémie de COVID-19 a fait progresser les ventes intérieures de tabac de 9.5 % par rapport à ce qu'elles auraient été si les frontières étaient restées ouvertes. Un phénomène analogue peut se produire dans les pays où des juridictions infranationales voisines appliquent des taux différents pour les taxes de santé publique (Bollinger and Sexton, 2023[10]).

Aux achats légaux peut s'ajouter une contrebande transfrontalière qui vise à éluder les taxes et qui a également une incidence sur les recettes fiscales. De même, la production et la vente illicites de certains produits au sein des frontières nationales se traduisent par un manque à gagner et peuvent se solder par une dégradation des résultats sanitaires si ces produits sont de faible qualité.

Tendances des taxes de santé publique dans les pays de l'OCDE

Cette section porte sur la trajectoire des recettes tirées des taxes de santé publique dans les pays de l'OCDE. Comme expliqué dans l'Encadré 2.2, ces données ont été fournies par les délégués pour les besoins de la présente édition des *Statistiques des recettes publiques* et couvrent la période comprise entre 2000 et 2022, dernière année pour laquelle des données définitives sont disponibles pour tous les pays de l'OCDE. Les graphiques 2.1 à 2.3 présentent les recettes tirées des taxes sur l'alcool, le tabac et les boissons sucrées en pourcentage du PIB et du total des recettes fiscales totales (donc leur poids dans la structure fiscale) en 2022, de même que la trajectoire de ces recettes depuis 2000. Le tableau 2.A.1. détaille les pays pris en compte dans les différents graphiques.

Comme souligné plus haut, les résultats présentés dans cette section doivent être interprétés avec prudence. Premièrement, ils n'englobent que les recettes tirées des accises. À noter, en particulier, que les droits d'importation qui frappent l'alcool, le tabac et les boissons sucrées ne sont pas pris en compte, d'où une possible sous-estimation des taxes prélevées sur ces produits. À cela s'ajoutent des problèmes liés à la comparabilité des données, expliqués plus avant dans l'Encadré 2.2.

Deuxièmement, d'autres raisons que ces problèmes liés aux données obligent à faire preuve de prudence lorsque l'on fait des comparaisons entre pays. Le niveau relativement élevé (ou faible) des recettes tirées d'une taxe de santé donnée peut s'expliquer par une consommation forte (ou faible) du produit taxé, plus que par une taxation plus ou moins efficace de ce produit. Ainsi, (OCDE, 2023[11]) fournit un exemple de variation de la prévalence des comportements d'un pays de l'OCDE à l'autre, indiquant que la proportion de fumeurs quotidiens parmi les personnes de 15 ans et plus varie de 7.2 % en Islande à 28 % en Türkiye. Il ne faut en outre pas partir du principe que des recettes plus élevées (plus faibles) provenant des taxes de santé publique dans un ou des pays s'expliquent systématiquement par des taux plus élevés (plus bas) de ces taxes.

Divers autres facteurs peuvent avoir une incidence sur la trajectoire des recettes apparaissant sur les graphiques. À titre d'exemple, une diminution des recettes peut être le signe qu'une mesure fiscale dont la principale finalité est de faire reculer la consommation de tel ou tel produit a atteint son but, mais peut aussi s'expliquer par une augmentation du nombre de consommateurs s'approvisionnant à l'étranger. En outre, selon le dénominateur considéré, cette baisse peut aussi être due à la croissance économique (lorsque les recettes sont exprimées en pourcentage du PIB) ou à la hausse des recettes provenant d'un ou plusieurs autres impôts ou taxes (lorsqu'elles sont exprimées en pourcentage des recettes fiscales totales).

Encadré 2.2. Taxes de santé publique : problèmes liés à la disponibilité et à la comparabilité des données

Si l'intérêt que représente le suivi des recettes provenant des taxes de santé publique est évident, l'absence de répertoire centralisant les données relatives à ces taxes fait de la comparaison des recettes entre pays et entre périodes une entreprise ardue.

Les données figurant dans ce chapitre ont été fournies par les pays dans le cadre de la communication de données pour les besoins de cette édition des *Statistiques sur les recettes publiques*. Bien que les pays ne soient pas tenus de déclarer le détail des recettes issues d'accises spécifiques, les données concernant les recettes tirées des taxes de santé publique fournies pour éclairer cette étude spéciale sont beaucoup plus granulaires, ce qui signifie qu'elles n'ont jamais été publiées par le passé, que ce soit dans cette publication ou ailleurs.

Elles ont été communiquées par tous les pays, mais certains n'ont sans doute pas été en mesure d'indiquer la totalité du produit de ces taxes, par exemple parce que certaines d'entre elles sont recouvrées au niveau infranational et ne sont pas déclarées dans le cadre des *Statistiques des recettes publiques* avec une granularité suffisante pour être incluses dans l'analyse. C'est par exemple le cas des États-Unis, qui taxent l'alcool et le tabac au niveau fédéral, à celui des États et à l'échelon local, mais ne taxent les boissons sucrées qu'au niveau local ; aucune donnée désagrégée sur les recettes tirées de la fiscalité sur les boissons sucrées n'est disponible pour les besoins de cette analyse.

Autre limite à la comparabilité entre pays : les pays de l'OCDE retiennent des dénominations différentes pour désigner les taxes et ne déclarent pas tous dans les mêmes proportions les recettes tirées des taxes de santé. Même au sein des catégories sélectionnées pour réaliser l'analyse présentée ici – alcool, tabac et boissons sucrées –, il existe des différences et des écarts qui limitent la comparabilité des données.

À titre d'exemple, beaucoup de pays ne distinguent pas les taxes par type d'alcool lorsqu'ils déclarent leurs recettes. Certains indiquent un seul chiffre pour l'ensemble des recettes que rapportent les taxes sur l'alcool, quand d'autres fournissent des statistiques pour certains types de boissons alcoolisées – ex. : vin, bière ou spiritueux – et non pour d'autres.

C'est pour les boissons sucrées que les variations sont les plus grandes. Comme souligné plus haut, si beaucoup de pays de l'OCDE ont introduit des taxes sur ces boissons, l'éventail des produits visés varie sensiblement d'un pays à l'autre et tous les pays ne communiquent pas de données désagrégées sur les recettes rapportées par ces taxes, en particulier lorsqu'elles sont appliquées à l'échelon infranational.

Le niveau d'administration compétent en matière d'accises peut constituer une autre source de difficultés. Lorsque cette question relève de l'administration infranationale, les problèmes liés aux données manquantes ou aux différences de classification peuvent être considérablement amplifiés.

Recettes tirées des taxes de santé dans les pays de l'OCDE en 2022

Le Graphique 2.1 présente le détail des recettes rapportées par les droits d'accise sur l'alcool, le tabac et les boissons sucrées dans les pays de l'OCDE en pourcentage du PIB (partie A) et en pourcentage du total des recettes fiscales (partie B) en 2022. Les deux indicateurs montrent que le poids des taxes de santé publique varie fortement d'un pays de l'OCDE à l'autre. Les Graphiques d'annexe 2.A.1 et 2.A.2 présentent les recettes tirées des différents droits d'accise en 2022 en les ventilant par produit, à la fois en part du PIB et en pourcentage des recettes fiscales totales.

Au total, les recettes issues des trois taxes de santé publique étaient comprises entre 0.19 % du PIB aux États-Unis et 1.42 % en Lettonie, et entre 0.70 % des recettes fiscales totales aux États-Unis et 4.62 % en Lettonie et 4.74 % en Türkiye. En moyenne dans les pays de l'OCDE, les accises sur le tabac, l'alcool et les boissons sucrées ont représenté 0.74 % du PIB et 2.24 % des recettes fiscales totales en 2022.

Les droits d'accise sur le tabac ont été la principale source de recettes issues des taxes de santé publique dans 27 des 38 pays de l'OCDE, dépassant 50 % de ces recettes dans 25 de ces pays. Les recettes provenant des taxes sur le tabac ont été comprises entre 1.15 % du PIB au Luxembourg et 0.05 % au Costa Rica. En pourcentage des recettes fiscales totales, elles se sont échelonnées de 3 % voire plus en Türkiye et au Luxembourg à 0.20 % au Costa Rica.

La même année, en tenant compte des autres pays, les droits d'accise sur l'alcool se sont classés en deuxième position en tant que source de recettes fiscales. Le produit des accises sur l'alcool a été compris entre 0.6 % du PIB en Lettonie, en Estonie, en Lituanie et en Islande et 0.1 % en Suisse. Il a varié de 2 % du total des recettes fiscales en Lettonie, Colombie, Lituanie et Estonie à moins de 0.2 % en Suisse, en Autriche et en Italie.

Dans les 12 pays pour lesquels des données sont disponibles pour 2022, les recettes tirées des accises sur les boissons sucrées ont été comprises entre 0.69 % des recettes fiscales totales au Mexique et moins de 0.05 % en France, au Royaume-Uni et en Irlande. Elles ont dépassé 0.1 % du PIB au Mexique (0.12 %) et au Costa Rica (0.11 %).

Graphique 2.1. Niveau et structure des taxes de santé publique dans les pays de l'OCDE, 2022

Partie A : en pourcentage du PIB

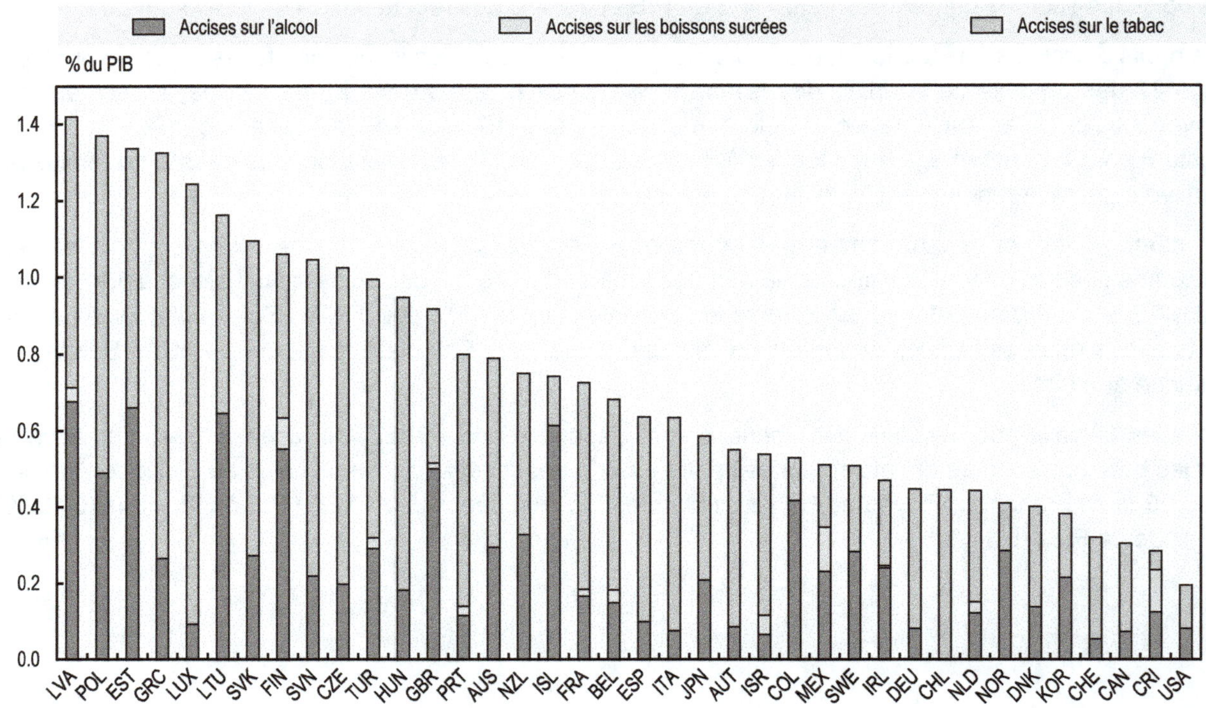

Partie B : en pourcentage des recettes fiscales totales

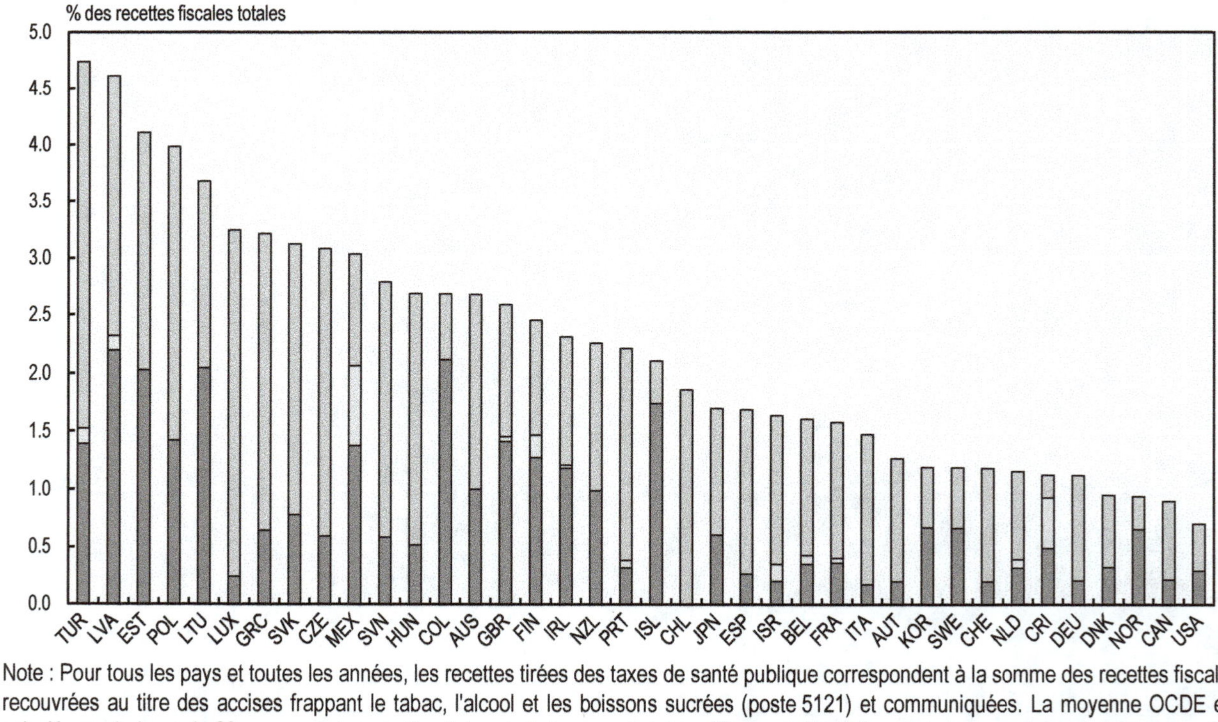

Note : Pour tous les pays et toutes les années, les recettes tirées des taxes de santé publique correspondent à la somme des recettes fiscales recouvrées au titre des accises frappant le tabac, l'alcool et les boissons sucrées (poste 5121) et communiquées. La moyenne OCDE est calculée sur la base de 38 pays pour les recettes tirées de la taxe sur le tabac, 37 pour celles tirées de la taxe sur l'alcool et 12 pour celles provenant de la taxe sur les boissons sucrées (le tableau d'annexe 2.A.1.présente la liste des pays déclarants).

Source : Calculs effectués par les auteurs à partir de données communiquées pour les *Statistiques des recettes publiques de l'OCDE 2024*, pour tous les pays et toutes les années.

StatLink https://stat.link/dvqyf7

Trajectoire à long terme des recettes tirées des taxes de santé publique

Le Graphique 2.2 présente l'évolution des recettes issues des trois types de taxe de santé publique, exprimées en part du PIB, dans les pays de l'OCDE entre 2000 et 2022. En moyenne dans la zone OCDE, les recettes provenant des droits d'accise sur la santé ont diminué en proportion du PIB, au cours de cette période (surtout depuis 2010), en raison d'une baisse des recettes tirées des droits d'accise sur l'alcool et le tabac. Une analyse complète de ces tendances dépasserait le cadre de ce chapitre, mais il est à noter que ces baisses coïncident avec une évolution sensible à la fois de la consommation de tabac et d'alcool et de la taxation de ces produits au cours de cette période.

Ainsi, d'après (OCDE, 2023[11]), la proportion de fumeurs quotidiens parmi les personnes âgées de 15 ans et plus a connu une forte baisse en moyenne dans les pays de l'OCDE : elle est passée de 20.6 % en 2011 à 15.9 % en 2021 et a régressé dans 32 des 37 pays pour lesquels des données sont disponibles. Dans le même temps, entre 2011 et 2021, la consommation moyenne d'alcool dans la zone OCDE est passée de 8.9 litres à 8.6 litres par personne et a régressé dans 23 pays.

Selon le rapport biennal sur les *Tendances des impôts sur la consommation*, qui suit les taux d'accise frappant divers produits du tabac et de l'alcool, les taux des accises prélevées sur ces produits sont orientés à la hausse dans la zone OCDE depuis 2000[8]. Ces taux sont cependant exprimés en unités monétaires, ce qui signifie que dans certains pays, les recettes tirées des droits d'accise ont peut-être diminué en valeur réelle et en pourcentage du PIB sous l'effet de l'inflation. Comme dans le cas des autres impôts et taxes, l'indexation des taxes de santé publique est un moyen important de garantir leur efficacité, à la fois en ce qui concerne la production de recettes fiscales et la réduction de la consommation (OCDE, 2024[12])

Les recettes tirées de la taxe sur le tabac, qui est, des taxes de santé publique, celle qui a rapporté le plus de recettes au cours de la période considérée, se sont contractées, représentant 0.47 % du PIB en 2022 contre 0.57 % en 2000. Ce sont également les recettes qui ont connu l'instabilité la plus forte au cours de cette période : alors qu'elles ont nettement progressé entre 2007 et 2011, elles ont diminué au cours de la plupart des années ultérieures. La tendance à la hausse des taux d'accise mentionnée plus haut a été particulièrement nette pour les produits du tabac. Ainsi, le taux d'accise sur les cigarettes a doublé en termes nominaux entre 2012 et 2022 dans 27 des 30 pays pour lesquels des données étaient disponibles pour 2012 et il a progressé de plus de 200 % dans 10 pays.

En moyenne dans les pays de l'OCDE, ce sont les recettes des accises sur l'alcool qui ont régressé le plus (en valeur absolue comme relative), puisqu'elles ont reculé régulièrement, passant de 0.40 % du PIB en 2000 à 0.26 % en 2022. Les recettes provenant de la taxation des boissons sucrées sont restées stables en pourcentage du PIB (à 0.05 % environ) alors que les taxes sur ces produits ont progressivement gagné en importance au fil du temps.

Le Graphique 2.3 présente la trajectoire des recettes tirées des taxes de santé publique en pourcentage du PIB dans les pays de l'OCDE au cours de la période 2000-22. La partie A montre cette évolution pour l'ensemble des taxes de santé publique dans chaque pays, tandis que les parties B, C et D la représentent pour chacune des trois taxes étudiées ici. Pour tous les graphiques, les pays sont classés en fonction des recettes recouvrées en 2022, dans l'ordre décroissant de la gauche vers la droite.

Graphique 2.2. Moyenne OCDE des recettes tirées des trois catégories de taxes de santé publique, 2000-22

En pourcentage du PIB

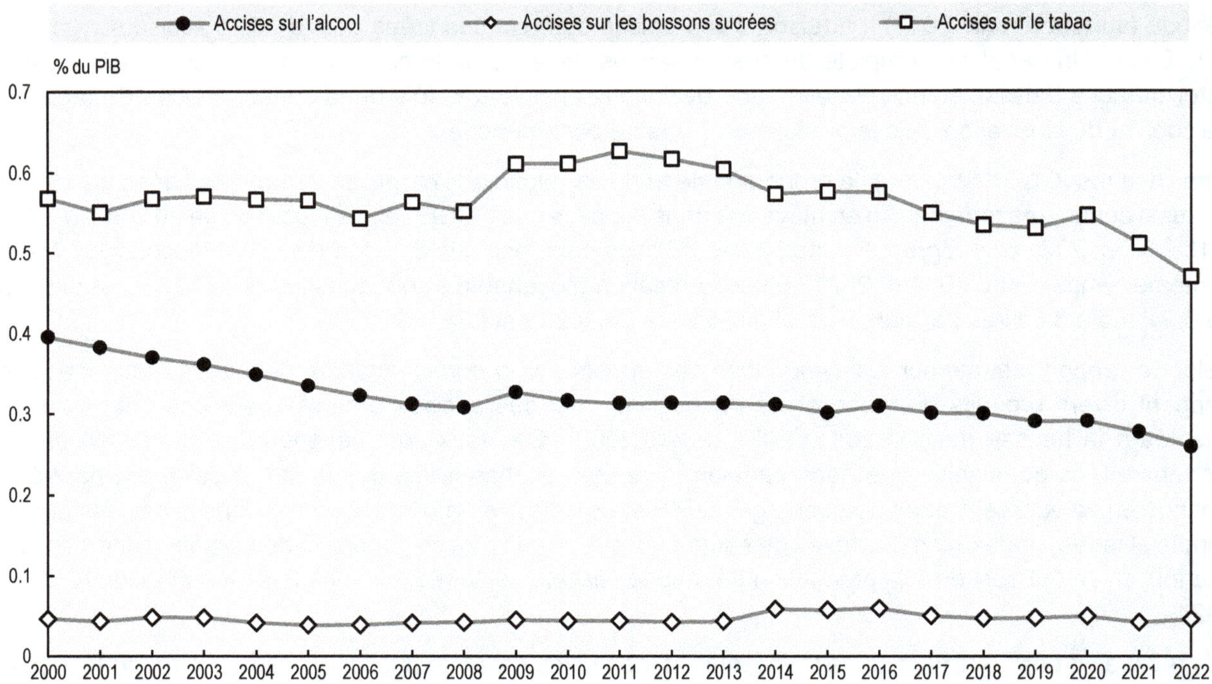

Note : Les recettes tirées des taxes sur le tabac, l'alcool et les boissons sucrées (poste 5121) sont prises en compte pour tous les pays déclarants et toutes les années. La moyenne OCDE est calculée sur la base des pays qui ont communiqué des chiffres positifs concernant les droits d'accise. La liste des pays déclarants en 2000, 2010 et 2022 figure dans le tableau d'annexe 2.A.1.
Source : Calculs effectués par les auteurs à partir de données communiquées pour les *Statistiques des recettes publiques de l'OCDE 2024*, pour tous les pays et toutes les années.

StatLink https://stat.link/h3lnw5

Les recettes issues de l'ensemble des taxes de santé publique ont diminué en part du PIB entre 2000 et 2022 dans tous les pays sauf cinq, en l'occurrence la République tchèque, la Slovénie, le Mexique, la Suisse et le Costa Rica. En République tchèque et en Slovénie, la hausse observée – 0.01 et 0.21 point de pourcentage (p.p.) respectivement – est imputable à une progression des recettes issues des droits d'accise sur le tabac. En Suisse, les recettes tirées des accises sur le tabac et sur l'alcool ont augmenté (0.26 et 0.05 p.p. respectivement), et au Costa Rica, les recettes issues des taxes prélevées sur le tabac et les boissons sucrées ont légèrement progressé. Au Mexique, les recettes tirées des trois taxes de santé publique ont connu une hausse en pourcentage du PIB (les accises sur les boissons sucrées ont été introduites en 2014).

Les recettes tirées des taxes de santé publique en pourcentage du PIB ont accusé une baisse au moins égale à 0.5 % du PIB en Irlande (1.29 p.p.), au Luxembourg (0.75 p.p.), en Norvège (0.70 p.p.) et au Danemark (0.51 p.p.). En Irlande, le produit des accises sur le tabac et l'alcool a diminué de respectivement 0.73 p.p. et 0.56 p.p. En Norvège, les recettes tirées des accises sur le tabac ont régressé de 0.33 p.p., celles provenant des accises sur l'alcool de 0.30 p.p. et celles issues des accises sur les boissons sucrées de 0.07 p.p. Au Danemark, le produit des droits sur le tabac a reculé de 0.31 p.p. et celui des droits sur l'alcool de 0.20 p.p. Au Luxembourg, la baisse des recettes est en grande partie imputable au fait que le produit des accises sur le tabac a perdu 0.73 p.p. entre 2000 et 2022.

Trente-et-un pays ont vu les recettes issues des accises sur l'alcool diminuer en part du PIB entre 2000 et 2022 et 22 pays ont subi une diminution des recettes issues de la taxation du tabac. Sur les 11 pays qui ont fourni des informations sur les recettes issues de la taxation des boissons sucrées en 2022 pour les besoins de la présente édition des *Statistiques des recettes publiques de l'OCDE*, deux seulement (la Belgique et les Pays-Bas) ont vu ces recettes diminuer entre 2000 et 2022. Ces recettes ont connu une hausse relativement importante en pourcentage du PIB au Mexique et au Costa Rica (en raison de l'introduction de la taxe), même si leur montant demeure relativement faible comparativement à ce que rapportent les taxes sur l'alcool et le tabac. Les recettes provenant des accises sur les boissons sucrées ont nettement diminué en Norvège parce que cette taxe a été supprimée en 2021.

Graphique 2.3. Évolution des recettes tirées des différentes taxes de santé publique entre 2000 et 2022, par pays de l'OCDE

En pourcentage du PIB

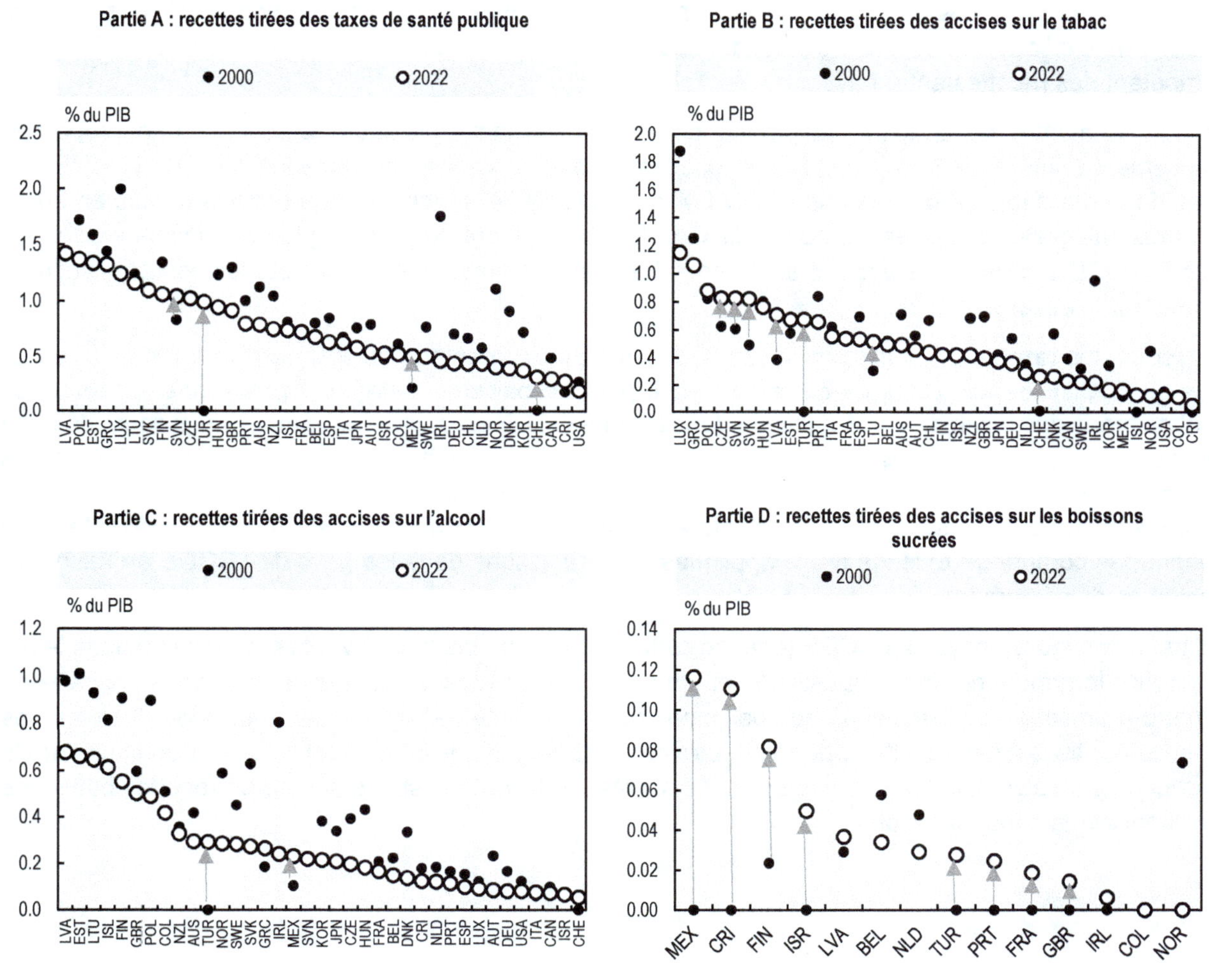

Note : Les recettes tirées des taxes de santé publique correspondent à la somme des recettes fiscales recouvrées et communiquées au titre des accises frappant le tabac, l'alcool et les boissons sucrées. Les estimations du montant total des recettes recouvrées reposent sur les données communiquées par les pays (se reporter au tableau d'annexe 2.A.1. pour une liste des pays déclarants). La moyenne OCDE est calculée sur la base des 37 pays qui ont communiqué des données pour au moins une taxe de santé publique en 2000 (la Türkiye est exclue faute de données). Les données sur les recettes tirées des taxes de santé publique sont extraites des *Statistiques des recettes publiques de l'OCDE* (poste 5121) pour les 37 pays représentés.

Source : Calculs effectués par les auteurs à partir de données communiquées pour les *Statistiques des recettes publiques de l'OCDE 2024*, pour tous les pays et toutes les années.

StatLink https://stat.link/zjvyk8

Conclusion

Dans les pays de l'OCDE, les taxes de santé publique sont désormais considérées comme un levier potentiellement précieux pour les décideurs publics compétents dans le domaine des finances publiques et dans celui de la santé parce qu'elles peuvent à la fois constituer une source de recettes et améliorer les résultats sanitaires. Ce chapitre, qui repose sur les données communiquées par les pays de l'OCDE pour les besoins de l'édition 2024 des *Statistiques des recettes publiques*, porte sur les recettes issues des taxes de santé publique (en se limitant aux recettes tirées des droits d'accise) prélevées sur l'alcool, le tabac et les boissons sucrées dans les pays de l'OCDE entre 2000 et 2022.

Les données présentées sont sans équivalent en termes de granularité, d'exhaustivité et de comparabilité. Pour appréhender l'impact et l'efficacité des taxes de santé publique et en améliorer la conception, il est important de disposer de données détaillées et comparables sur les recettes qu'elles produisent. Il faut cependant interpréter ces données avec prudence en raison de la variété et de la complexité des facteurs qui peuvent expliquer les évolutions et tendances des recettes en question, de même que des différences de montant des recettes entre pays.

Comme le montre ce chapitre, le produit des taxes de santé publique représente une proportion relativement faible du PIB et du total des recettes fiscales. En moyenne dans les pays de l'OCDE, les taxes de santé publique ont représenté 0.74 % du PIB et 2.24 % des recettes fiscales totales en 2022. Des trois catégories d'accises, ce sont celles sur le tabac qui ont rapporté le plus en moyenne dans les pays de l'OCDE, suivies des accises sur l'alcool. Les recettes tirées des accises sur les boissons sucrées demeurent relativement faibles.

Le produit des taxes sur le tabac et l'alcool a diminué en pourcentage du PIB dans la quasi-totalité des pays de l'OCDE depuis 2000, ce qui s'est traduit par une baisse constante, en moyenne, du total des recettes tirées des taxes de santé publique dans la zone OCDE en pourcentage du PIB. Au cours de cette période, en moyenne dans les pays de l'OCDE, la consommation d'alcool et de tabac a été orientée à la baisse, tandis que les taux d'accise (nominaux) ont été orientés à la hausse. Le produit des taxes sur les boissons sucrées est resté quasiment stable au cours de la période, mais les données présentées ne rendent pas compte de tous les droits appliqués à ces boissons dans les pays de l'OCDE en raison de problèmes de déclaration.

Les travaux avec les pays de l'OCDE (et avec certains pays non membres) vont se poursuivre dans le but d'accroître la granularité et l'exhaustivité des données sur les recettes issues de la fiscalité sanitaire de manière à améliorer la formulation des politiques publiques et les analyses internationales. À terme, les données relatives à ces recettes pourraient être complétées par des informations sur le produit des droits de douane sur l'alcool, le tabac et les boissons sucrées, qui sont aussi une source de recettes publiques et influent sur la consommation.

Références

Australian Taxation Office (2024), *Tobacco and excise*, https://www.ato.gov.au/businesses-and-organisations/gst-excise-and-indirect-taxes/tobacco-and-excise. [15]

Bollinger, B. and S. Sexton (2023), "Local excise taxes, sticky prices, and spillovers: evidence from Berkeley's soda tax", *Quantitative Marketing and Economics (QME)*, Vol. vol. 21, n° 2/06, pp. 281-331, https://doi.org/10.1007/s11129-023-09263-y. [10]

Burton, R. et al. (2024), "The relationship between the price and demand of alcohol, tobacco, unhealthy food, sugar-sweetened beverages, and gambling: an umbrella review of systematic reviews", *BMC Public Health*, Vol. 24, https://doi.org/10.1186/s12889-024-18599-3. [5]

Crosetto, P. and L. Muller (2024), *Label or Taxes: Why Not Both? Testing Nutritional Mixed Policies in the Lab*, https://doi.org/10.2139/ssrn.4744950. [14]

DeCicca, P., D. Kenkel and M. Lovenheim (2022), "The Economics of Tobacco Regulation: A Comprehensive Review", *Journal of Economic Literature*, Vol. 09/vol. 60, n° 3, pp. 883-970, https://doi.org/10.1257/jel.20201482. [7]

Fuchs, A. (2019), *Is Tobacco Taxation Regressive? Evidence on Public Health, Domestic Resource Mobilization, and Equity Improvements*, https://doi.org/10.1596/31575. [6]

Goodchild, M., N. Nargis and E. Tursan d'Espaignet (2018), "Global economic cost of smoking-attributable diseases", *Tob Control*, Vol. vol. 27, n° 1, pp. 58-64, https://doi.org/10.1136/tobaccocontrol-2016-053305. [13]

Hillion, M. (2024), *Une évaluation des achats transfrontaliers de tabac et des pertes fiscales associées en France*, Insee. [9]

Lauer, J. et al. (eds.) (2022), *Health taxes : policy and practice*, World Scientific Publishing Europe Ltd, Singapour, https://doi.org/10.1142/q0365. [4]

Lauer, J. et al. (eds.) (2022), *Supply-side responses to health taxes*, World Scientific Publishing Europe Ltd. [8]

New Zealand Customs Service (2024), *https://www.customs.govt.nz/about-us/news/important-notices/new-excise-duty-and-levy-rates-for-alcohol-from-1-july-2024/.* [16]

OCDE (2024), *Tobacco Taxation in Latin America and the Caribbean : A Call for Tobacco Tax Reform*, Éditions OCDE, Paris, https://doi.org/10.1787/080cd662-en. [12]

OCDE (2023), *Panorama de la santé 2023 : Les indicateurs de l'OCDE*, Éditions OCDE, Paris, https://doi.org/10.1787/5108d4c7-fr. [11]

OCDE (2023), *Tendances des impôts sur la consommation 2022 : TVA/TPS et droits d'accises, principales caractéristiques et tendances*, Éditions OCDE, Paris, https://doi.org/10.1787/edb73711-fr. [3]

OCDE (2019), *Statistiques des recettes publiques 2019*, Éditions OCDE, Paris, https://doi.org/10.1787/df3c3b17-fr. [2]

Organisation mondiale de la Santé (2024), *https://www.who.int/data/gho/data/themes/health-taxes#:~:text=Health%20taxes%20are%20excise%20taxes,%2Dsweetened%20beverages%20(SSBs)*.. [1]

Organisation mondiale de la Santé (2023), *Global report on the use of sugar-sweetened beverage taxes, 2023*, Genève : Organisation mondiale de la Santé. [17]

Annexe 2.A. Informations complémentaires sur les données des taxes sur les produits nocifs pour la santé

Tableau d'annexe 2.A.1. Pays de l'OCDE ayant communiqué des données sur les taxes de santé publique en 2000, 2010 et 2022

	2000			2010			2022		
	Tabac	Alcool	Boissons sucrées	Tabac	Alcool	Boissons sucrées	Tabac	Alcool	Boissons sucrées
AUS	✓	✓	×	✓	✓	×	✓	✓	×
AUT	✓	✓	×	✓	✓	×	✓	✓	×
BEL	✓	✓	✓	✓	✓	✓	✓	✓	✓
CAN	✓	✓	×	✓	✓	×	✓	✓	×
CHE	✓	✓	×	✓	✓	×	✓	✓	×
CHL [1]	✓	×	×	✓	×	×	✓	×	×
COL	✓	✓	×	✓	✓	×	✓	✓	×
CRI	×	✓	×	×	✓	✓	✓	✓	✓
CZE	✓	✓	×	✓	✓	×	✓	✓	×
DEU	✓	✓	×	✓	✓	×	✓	✓	×
DNK	✓	✓	×	✓	✓	×	✓	✓	×
ESP	✓	✓	×	✓	✓	×	✓	✓	×
EST	✓	✓	×	✓	✓	×	✓	✓	×
FIN	✓	✓	✓	✓	✓	✓	✓	✓	✓
FRA	✓	✓	×	✓	✓	×	✓	✓	✓
GBR	✓	✓	×	✓	✓	×	✓	✓	✓
GRC	✓	✓	×	✓	✓	×	✓	✓	×
HUN	✓	✓	×	✓	✓	×	✓	✓	×
IRL	✓	✓	×	✓	✓	×	✓	✓	✓
ISL	×	✓	×	✓	✓	×	✓	✓	×
ISR	✓	×	×	✓	×	×	✓	✓	✓
ITA	✓	✓	×	✓	✓	×	✓	✓	×
JPN	✓	✓	×	✓	✓	×	✓	✓	×
KOR [2]	✓	✓	×	✓	✓	×	✓	✓	×
LTU	✓	✓	×	✓	✓	×	✓	✓	×
LUX	✓	✓	×	✓	✓	×	✓	✓	×
LVA	✓	✓	✓	✓	✓	✓	✓	✓	✓
MEX	✓	✓	×	✓	✓	×	✓	✓	✓
NLD	✓	✓	✓	✓	✓	✓	✓	✓	✓
NOR [3]	✓	✓	✓	✓	✓	✓	✓	✓	×
NZL	✓	✓	×	✓	✓	×	✓	✓	×
POL	✓	✓	×	✓	✓	×	✓	✓	×
PRT	✓	✓	×	✓	✓	×	✓	✓	✓
SVK	✓	✓	×	✓	✓	×	✓	✓	×
SVN	✓	✓	×	✓	✓	×	✓	✓	×
SWE	✓	✓	×	✓	✓	×	✓	✓	×
TUR	×	×	×	✓	✓	✓	✓	✓	✓
USA	✓	✓	×	✓	✓	×	✓	✓	×
Nombre de pays	**35**	**35**	**5**	**37**	**36**	**7**	**38**	**37**	**11**

Note : Ce tableau fournit un panorama des pays qui ont communiqué des données sur les recettes tirées des taxes de santé publique au titre de 2000, 2010 et 2022. Toutes ces données sont contenues dans les *Statistiques des recettes publiques de l'OCDE* (poste 5121), sauf celles relatives à la Türkiye avant 2018, qui proviennent de « Budget général », un document qui est publié annuellement depuis 2009 par le gouvernement national et qui, pour les années pour lesquelles les deux sources étaient disponibles, contient des données identiques à celles des *Statistiques des recettes publiques*. Les pays ci-après prélèvent une accise sur les boissons sucrées, mais ne déclarent pas les recettes correspondantes dans un poste distinct dans les *Statistiques sur les recettes publiques* (et ne sont donc pas pris en compte dans l'étude spéciale) : Canada (prélève une taxe au niveau infranational), Hongrie, Pologne, Espagne (niveau infranational) et États-Unis (niveau infranational).

[1] Le Chili est un cas particulier : il prélève, sur l'alcool et sur les boissons sucrées, une taxe indirecte relevant des « *Tasas especiales del impuesto al valor agregado* » (« taux spéciaux de TVA ») dans les déclarations de recettes fiscales officielles. Les recettes tirées de cette taxe ne sont pas classées parmi celles provenant des droits d'accise (poste 5121) dans les *Statistiques des recettes publiques* et ne sont donc pas prises en compte dans les chiffres présentés.

[2] La Corée prélève une « taxe spéciale sur la consommation » sur le tabac, mais les données ne sont pas suffisamment désagrégées pour être prises en compte ici.

[3] La Norvège a déclaré des recettes tirées des accises sur les boissons sucrées dans les *Statistiques des recettes publiques de l'OCDE* jusqu'en 2021 parce que cette taxe a été supprimée cette année-là.

Source : *Statistiques des recettes publiques de l'OCDE 2024.*

Graphique d'annexe 2.A.1. Niveau des recettes tirées des droits d'accise sur le tabac, l'alcool et les boissons sucrées, par pays de l'OCDE, 2022

En pourcentage du PIB

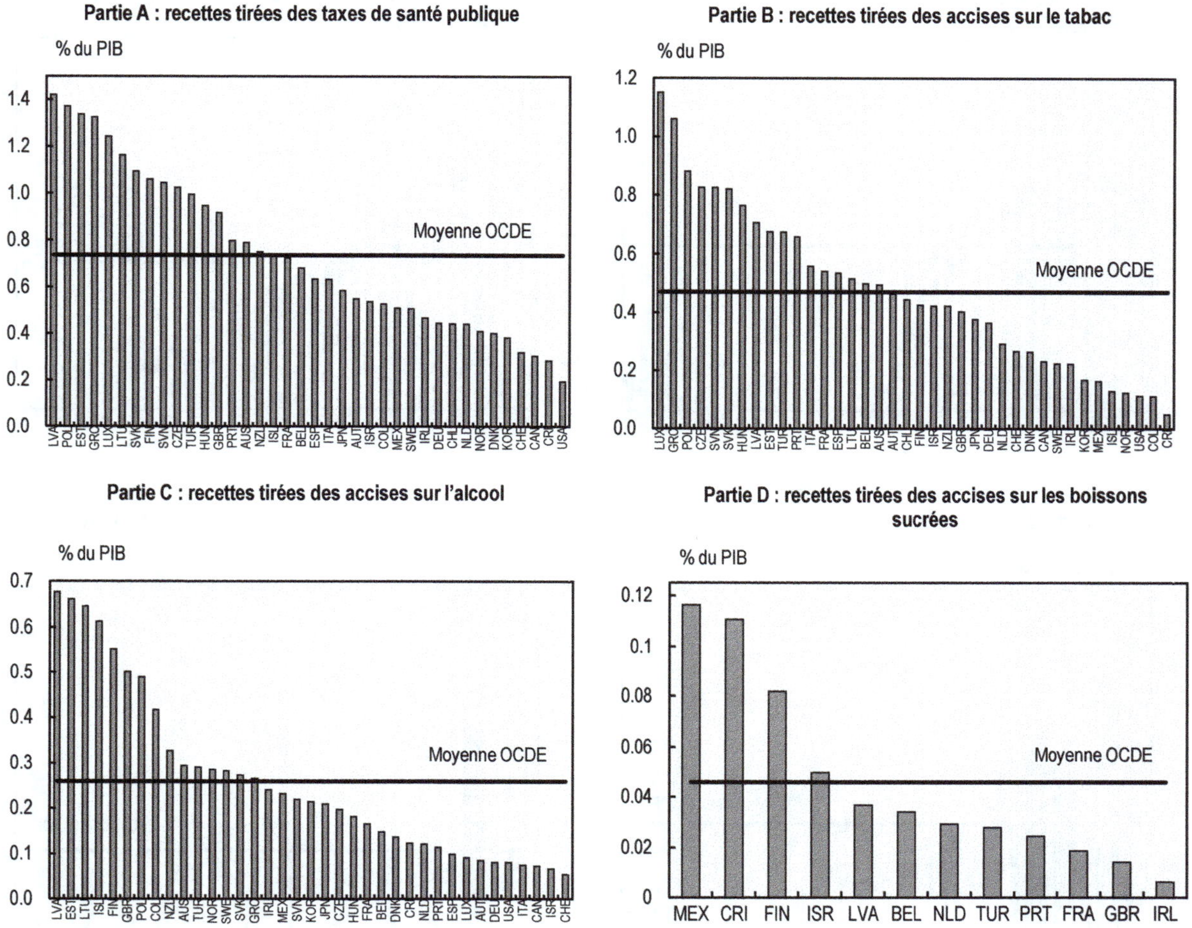

Note : Les recettes tirées des taxes de santé publique (partie A) correspondent à la somme des recettes fiscales recouvrées au titre des accises frappant le tabac (partie B), l'alcool (partie C) et les boissons sucrées (partie D). Les recettes sont estimées à partir des données communiquées par les pays. La moyenne OCDE est calculée sur la base de 38 pays pour le total des recettes tirées des taxes de santé publique, 38 pays pour les recettes tirées de la taxe sur le tabac, 37 pour celles tirées de la taxe sur l'alcool et 12 pour celles provenant de la taxe sur les boissons sucrées (le tableau d'annexe 2.A.1.présente la liste des pays déclarants). Les données sur les recettes tirées des taxes de santé publique sont extraites des *Statistiques des recettes publiques de l'OCDE* (poste 5121) pour tous les pays de l'OCDE en 2022.
Source : Calculs effectués par les auteurs à partir des *Statistiques des recettes publiques de l'OCDE 2024*.

StatLink https://stat.link/euvsf2

Graphique d'annexe 2.A.2. Part des recettes tirées des droits d'accise sur le tabac, l'alcool et les boissons sucrées, par pays de l'OCDE, 2022

Pourcentage des recettes fiscales totales

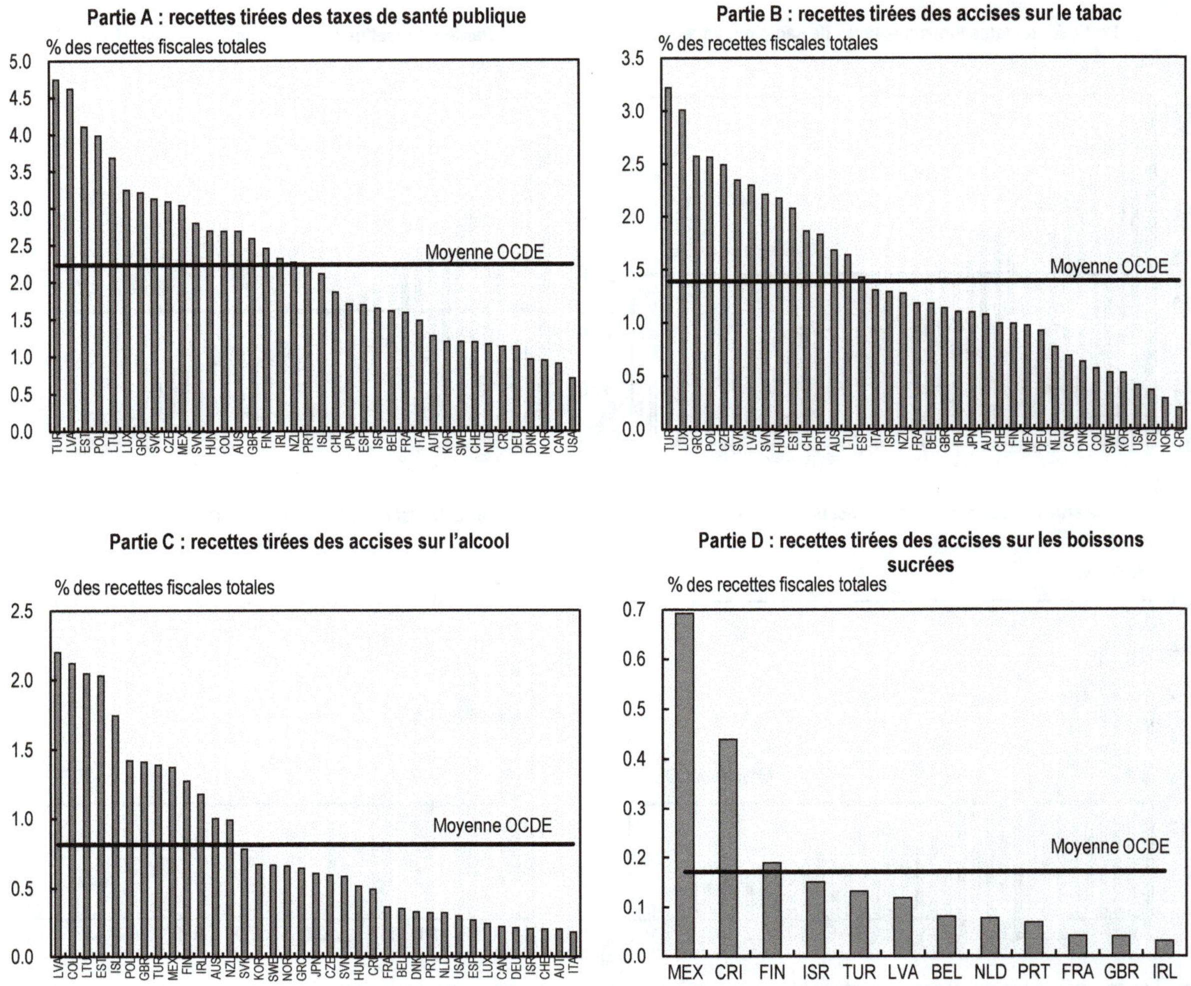

Note : Les recettes tirées des taxes de santé publique (partie A) correspondent à la somme des recettes fiscales recouvrées au titre des accises frappant le tabac (partie B), l'alcool (partie C) et les boissons sucrées (partie D). Les recettes sont estimées à partir des données communiquées par les pays. La moyenne OCDE est calculée sur la base de 38 pays pour le total des recettes tirées des taxes de santé publique, 38 pays pour les recettes tirées de la taxe sur le tabac, 37 pour celles tirées de la taxe sur l'alcool et 12 pour celles provenant de la taxe sur les boissons sucrées (le tableau d'annexe 2.A.1.présente la liste des pays déclarants). Les données sur les recettes tirées des taxes de santé publique sont extraites des *Statistiques des recettes publiques de l'OCDE* (poste 5121) pour tous les pays de l'OCDE en 2022.
Source : Calculs effectués par les auteurs à partir des *Statistiques des recettes publiques de l'OCDE 2024*.

StatLink https://stat.link/xbrkey

Notes

[1] Étant donné l'impact de la pollution sur la santé humaine, la définition pourrait légitimement être élargie aux produits nuisibles à l'environnement (par exemple).

[2] Pour les besoins de cette étude, la définition des boissons sucrées retenue est celle de l'OMS : « tous types de boissons contenant des sucres libres, y compris les boissons gazeuses et non gazeuses, les jus et les boissons à base de fruits ou de légumes, les concentrés liquides ou en poudre, les eaux aromatisées, les boissons énergétiques et pour le sport, le thé et le café prêts à boire, ainsi que les boissons lactées aromatisées » (Organisation mondiale de la Santé, 2023[17]). À noter toutefois que dans les pays de l'OCDE, les produits taxés en tant que boissons sucrées peuvent contenir des édulcorants de synthèse en remplacement du sucre. Dans ce chapitre, ils sont traités comme des boissons sucrées, même si ce terme n'est pas absolument exact.

[3] Outre les 12 pays dont il est question dans ce chapitre, d'autres pays prélèvent des taxes sur les boissons sucrées, mais ne déclarent pas les recettes correspondantes comme une catégorie distincte pour les besoins des *Statistiques sur les recettes publiques*, si bien qu'ils ne sont pas pris en compte dans l'étude spéciale. Il s'agit du Canada (prélève une taxe au niveau infranational), de la Hongrie, de la Pologne, de l'Espagne (au niveau infranational) et des États-Unis (au niveau infranational). La Norvège fait partie des pays dont les recettes tirées des taxes sur les boissons sucrées sont prises en compte dans le chapitre, mais les données relatives à 2022 n'apparaissent pas parce que ce droit d'accise a été supprimé en 2021.

[4] Voir le chapitre 3 de la publication (OCDE, 2023[3]) pour une exploration plus vaste de cette question.

[5] D'après (Goodchild, Nargis and Tursan d'Espaignet, 2018[13]), en 2012, les coûts économiques des maladies imputables au tabac représentaient 2.2 % du PIB en moyenne dans les pays à revenu élevé.

[6] Pour de plus amples informations sur ces droits, voir (Australian Taxation Office, 2024[15]) pour l'Australie et (New Zealand Customs Service, 2024[16]) pour la Nouvelle-Zélande.

[7] Le Chili prélève, sur l'alcool et sur les boissons sucrées, une taxe indirecte relevant des « *Tasas especiales del impuesto al valor agregado* » (« taux spéciaux de TVA »). Les recettes tirées de cette taxe ne sont pas classées parmi celles provenant des droits d'accise dans les *Statistiques des recettes publiques* et ne sont donc pas prises en compte dans ce chapitre.

[8] Voir (OCDE, 2023[3]) et les précédentes éditions de ce rapport pour accéder à des données sur les taux d'accise frappant (entre autres) les cigarettes, les cigares, le tabac à rouler, la bière, le vin non pétillant, le vin pétillant et autres boissons alcoolisées.

3 Niveaux et structures des impôts, 1965-2023

Le chapitre 3 fournit un aperçu des niveaux et structures des impôts dans les pays membres de l'OCDE.

Dans tous les tableaux suivants, le symbole (..) signifie que l'information n'est pas disponible ou qu'elle n'est pas applicable. La principale série chronologique dans ce chapitre couvre une sélection d'années entre 1990 et 2023. Des séries complètes sont, cependant, disponible en ligne. La partie V dans l'édition 1998 de ce Rapport fournit des données pour les années 1955 et 1960 (pour dix-neuf pays de l'OCDE).

Les chiffres du Produit Intérieur Brut (PIB) se fondent sur le Système de comptabilité nationale de 2008 (SCN 2008) pour tous les pays membres de l'OCDE.

Encadré 3.1. Traitements des transferts en capital

Les notes de bas de page des tableaux 3.1 à 3.18 se réfèrent au traitement des transferts en capital que certains pays effectuent pour tenir compte des impôts qui ont été évalués mais non recouvrés. Le transfert en capital a été soustrait directement des impôts spécifiques auxquels il se rapporte, sauf pour la France, où les transferts en capital ont été répartis entre les différentes rubriques en pourcentage de leurs recettes au niveau de l'administration par rapport à laquelle ces transferts ont été enregistrés.

Les pays déclarant des transferts en capital sont les suivants :

- Autriche de 2020 à 2022
- Belgique à partir de 1995
- Danemark à partir de 1971
- France à partir de 1992
- Lituanie à partir de 1999
- Luxembourg à partir de 2013
- Pologne à partir de 1995
- Slovénie à partir de 1995
- Suisse à partir de 1990

Tableau 3.1. Total des recettes fiscales en % du PIB

	1965	1990	2000	2007	2010	2015	2020	2021	2022	2023p
Allemagne	31.7	34.8	36.4	35.7	35.9	38.1	38.7	39.8	39.6	38.1
Australie	20.6	28.1	30.4	29.4	25.1	27.8	28.3	29.2	29.4	..
Autriche[1]	33.5	39.3	42.3	40.5	41.0	43.1	42.1	43.4	43.2	42.7
Belgique[1]	30.8	41.4	43.8	42.9	42.9	44.1	42.2	42.1	42.4	42.6
Canada	25.0	35.1	34.7	32.5	31.0	32.8	34.5	34.8	33.8	34.8
Chili	..	16.8	18.7	22.8	19.7	20.5	19.3	22.3	23.8	20.6
Colombie	..	11.3	15.7	19.3	18.1	19.9	18.8	19.2	19.7	22.2
Corée	..	18.6	20.9	23.7	22.4	23.7	27.7	29.8	32.0	28.9
Costa Rica	..	22.4	21.1	23.1	22.1	22.9	22.6	24.8	25.2	24.9
Danemark[1]	29.1	44.6	46.8	46.5	44.8	46.5	47.2	47.2	41.9	43.4
Espagne	14.3	31.5	33.0	36.4	31.3	33.8	36.8	37.8	37.6	37.3
Estonie	..	..	31.1	31.0	33.2	32.7	32.8	33.5	32.6	33.5
États-Unis	23.6	26.0	28.3	26.7	23.4	26.1	25.6	26.7	27.6	25.2
Finlande	30.0	42.9	45.8	41.4	40.6	43.5	41.8	43.2	43.2	42.4
France[1]	33.9	41.5	43.7	42.9	42.2	45.4	45.2	45.1	45.8	43.8
Grèce	17.1	25.2	33.4	31.8	32.3	36.9	39.5	40.0	41.2	39.8
Hongrie	..	..	38.5	39.2	36.8	38.7	36.0	33.8	35.1	34.2
Irlande	24.5	32.4	30.8	30.8	27.7	22.3	19.4	20.0	20.3	21.9
Islande	25.7	30.5	35.9	38.4	32.2	35.1	36.2	34.8	35.2	35.9
Israël	..	..	34.0	33.2	30.1	31.0	29.6	32.3	32.8	29.8
Italie	24.6	36.3	40.5	41.6	41.7	43.0	42.6	42.5	42.8	42.8
Japon	17.3	27.7	25.3	27.2	26.2	30.2	32.9	33.9	34.4	..
Lettonie	..	..	29.0	28.2	28.5	29.8	31.1	30.7	30.8	31.9
Lituanie[1]	..	..	30.8	30.1	28.3	28.9	31.2	31.9	31.6	32.6
Luxembourg[1]	27.3	34.7	37.0	35.7	35.7	34.8	38.3	38.2	38.3	40.9
Mexique	..	11.5	10.9	11.5	12.3	15.4	17.2	16.7	16.8	17.7
Norvège	29.4	40.4	41.8	42.0	41.7	38.3	38.7	41.3	43.4	41.4
Nouvelle-Zélande	24.5	36.2	32.5	33.9	30.3	31.5	33.7	34.5	33.1	34.0
Pays-Bas	30.4	39.6	36.9	35.5	35.4	36.5	39.0	38.3	38.1	38.5
Pologne[1]	..	..	32.9	34.6	31.6	32.5	35.6	36.7	34.4	35.1
Portugal	15.7	26.5	30.9	31.8	30.4	34.4	35.2	35.2	36.0	35.8
République slovaque	..	..	33.6	29.2	27.9	32.5	34.8	35.4	35.0	35.5
Royaume-Uni	30.1	32.9	32.7	33.0	32.0	31.9	32.8	34.2	35.4	35.3
Slovénie[1]	..	..	37.7	38.0	37.8	37.3	37.6	38.3	37.4	36.9
Suède	31.0	48.8	50.0	45.0	43.1	42.9	42.6	42.8	42.5	41.4
Suisse[1]	16.0	23.2	27.0	25.5	25.8	27.0	27.9	28.0	26.9	27.1
Tchéquie	..	..	32.2	34.1	31.9	32.9	34.0	33.7	33.2	33.7
Türkiye	10.6	14.5	23.5	22.9	24.7	25.0	23.9	22.9	20.9	23.5
Moyenne OCDE[2]	**24.9**	**30.9**	**32.9**	**32.9**	**31.5**	**32.9**	**33.5**	**34.1**	**34.0**	**33.9**

.. Non disponible

Note : Les séries temporelles complètes sont accessibles sur le site web https://oe.cd/series-temporelles-completes.

1. Les transferts en capital ont été directement diminués des impôts spécifiques auxquels ils se rapportent, sauf pour la France, où les transferts en capital ont été répartis entre les différentes rubriques en proportion des recettes fiscales.
2. Calculé en appliquant le pourcentage moyen non pondéré de variation pour 2023 dans les 36 pays qui ont communiqué des données pour cette année au ratio moyen global impôts/PIB en 2022.

Tableau 3.2. Total des recettes fiscales en milliards de dollars des É-U au taux de change du marché

	1965	1990	2000	2007	2010	2015	2020	2021	2022	2023p
Allemagne	..	577.4	708.5	1 222.8	1 219.4	1 277.6	1 502.7	1 702.0	1 618.6	1 696.3
Australie	5.6	90.8	117.4	290.5	346.4	344.3	423.9	490.7	511.2	..
Autriche[1]	..	68.6	83.4	157.8	160.7	164.7	183.2	207.9	203.4	220.2
Belgique[1]	..	89.4	103.8	202.1	206.4	204.0	222.1	252.8	247.3	269.2
Canada	14.2	210.2	259.9	477.3	501.5	510.9	570.7	698.6	731.3	745.1
Chili	..	5.8	14.6	39.4	42.8	49.7	49.0	70.4	72.0	69.2
Colombie	..	5.1	14.7	39.8	51.8	58.4	50.8	61.1	67.9	80.9
Corée	..	52.6	120.6	278.2	255.9	348.0	456.2	541.2	535.3	494.2
Costa Rica	..	1.3	3.2	6.2	8.3	13.0	14.1	16.1	17.4	21.6
Danemark[1]	3.0	61.6	76.8	148.9	144.4	140.3	168.0	193.0	168.6	176.6
Espagne	..	131.6	197.8	536.7	444.9	404.6	470.9	546.6	533.0	590.0
Estonie	..	..	1.8	7.0	6.5	7.6	10.4	12.5	12.5	13.8
États-Unis	167.0	1 552.4	2 900.5	3 868.6	3 517.1	4 772.7	5 452.2	6 301.7	7 107.1	6 887.4
Finlande	..	49.6	57.7	106.1	101.2	102.1	113.8	128.1	121.7	126.2
France[1]	..	550.7	594.3	1 139.9	1 117.7	1 108.0	1 197.9	1 336.7	1 280.0	1 337.1
Grèce	..	14.6	43.6	101.4	96.0	72.3	74.5	86.0	89.7	94.8
Hongrie	..	..	18.2	55.0	48.7	48.4	56.6	61.5	62.2	72.6
Irlande	0.7	15.6	30.8	83.3	61.5	67.6	84.6	106.5	111.1	120.7
Islande	0.1	2.0	3.2	8.3	4.4	6.2	7.8	9.0	10.1	11.1
Israël	..	..	46.4	61.4	72.1	94.2	122.2	159.1	173.0	153.1
Italie	..	336.6	464.7	919.9	890.8	789.0	808.0	915.0	885.4	966.1
Japon	17.1	919.7	1 225.1	1 281.1	1 544.3	1 386.1	1 649.2	1 632.0	1 464.3	..
Lettonie	..	..	1.8	8.8	6.8	8.1	10.7	12.1	12.4	13.9
Lituanie[1]	..	..	3.8	12.0	10.5	12.0	17.8	21.3	22.4	25.4
Luxembourg[1]	..	4.7	7.9	18.4	20.0	20.9	28.2	32.7	31.2	35.1
Mexique	..	36.3	81.1	126.5	135.8	186.4	193.1	219.6	245.9	317.5
Norvège	2.4	48.5	71.7	169.0	179.9	148.8	142.3	208.1	257.9	201.1
Nouvelle-Zélande	1.4	16.1	17.4	46.0	47.0	56.8	78.2	84.1	81.6	86.3
Pays-Bas	..	132.6	154.1	302.8	302.1	283.3	363.9	403.5	398.4	444.7
Pologne[1]	..	..	56.6	148.6	150.3	154.9	213.2	250.0	237.1	285.0
Portugal	..	18.8	36.7	76.6	72.3	68.6	80.5	89.9	91.9	102.7
République slovaque	..	..	9.8	25.3	25.4	28.9	37.1	42.0	40.5	47.1
Royaume-Uni	30.6	359.3	543.9	1 018.9	796.5	934.2	885.2	1075.2	1 094.1	1 180.2
Slovénie[1]	..	..	6.6	18.3	18.2	16.1	20.2	23.7	22.5	25.2
Suède	7.7	127.7	131.5	220.6	212.6	215.3	232.1	272.5	246.5	242.0
Suisse[1]	2.6	61.6	75.5	125.4	154.6	187.1	207.1	228.0	220.2	239.8
Tchéquie	..	..	20.0	64.9	67.4	62.3	85.5	97.9	100.2	115.7
Türkiye	1.3	30.2	64.4	155.8	191.6	215.7	171.9	187.9	190.0	259.6
Moyenne OCDE	**19.5**	**192.1**	**220.3**	**357.1**	**348.3**	**383.4**	**433.0**	**494.1**	**508.3**	**..**

.. Non disponible

Note : Les séries temporelles complètes sont accessibles sur le site web https://oe.cd/series-temporelles-completes.

1. Les transferts en capital ont été directement diminués des impôts spécifiques auxquels ils se rapportent, sauf pour la France, où les transferts en capital ont été répartis entre les différentes rubriques en proportion des recettes fiscales.

Tableau 3.3. Recettes fiscales sous les principales rubriques en % du PIB, 2022

	1000 Revenu & bénéfices	2000 Sécurité sociale	3000 Salaires	4000 Patrimoine	5000 Biens & services[3]	6000 Autres	Pour mémoire : revenus supranationaux
Allemagne	13.1	14.6	0.0	1.1	10.8	0.0	0.3
Australie	18.3	0.0	1.4	2.7	7.0	0.0	..
Autriche[1]	13.4	14.7	2.7	0.6	11.6	0.2	0.2
Belgique[1]	15.9	12.9	0.0	3.3	10.4	0.0	0.5
Canada	17.5	4.7	0.7	3.5	7.4	0.0	..
Chili	10.4	1.0	0.0	1.3	11.4	-0.3	..
Colombie	6.5	1.6	0.3	1.5	8.8	0.9	..
Corée	11.9	8.2	0.1	3.8	7.3	0.7	..
Costa Rica	5.4	8.8	1.4	0.5	8.2	0.9	..
Danemark[1]	27.1	0.1	0.3	1.7	12.8	0.0	0.2
Espagne	11.8	12.8	0.0	2.6	10.4	0.0	0.3
Estonie	7.9	11.3	0.0	0.2	13.2	0.0	0.3
États-Unis	14.2	6.0	0.0	2.9	4.5	0.0	..
Finlande	15.9	11.9	0.0	1.4	13.8	0.0	0.2
France[1]	12.5	14.8	2.0	3.7	11.9	0.8	0.3
Grèce	8.5	12.2	0.0	2.7	17.8	0.0	0.3
Hongrie	7.0	9.8	0.7	0.8	16.7	0.1	0.2
Irlande	10.7	3.1	0.2	1.0	5.4	0.0	0.2
Islande	18.1	3.0	0.3	2.0	11.5	0.4	..
Israël	12.2	5.0	0.9	4.0	10.6	0.0	..
Italie	14.0	13.1	0.0	2.5	11.8	1.4	0.3
Japon	11.2	13.3	0.0	2.7	7.2	0.1	..
Lettonie	6.9	9.4	0.0	0.8	13.7	0.0	0.2
Lituanie[1]	9.9	9.8	0.0	0.3	11.5	0.0	0.3
Luxembourg[1]	14.8	10.6	0.0	3.7	9.1	0.0	0.4
Mexique	7.7	2.3	0.5	0.4	5.5	0.4	..
Norvège	26.5	7.5	0.0	1.0	8.5	0.0	..
Nouvelle-Zélande	19.3	0.0	0.0	1.9	11.9	0.0	..
Pays-Bas	12.5	12.5	0.0	1.5	11.5	0.1	0.5
Pologne[1]	7.3	12.8	0.6	1.2	12.6	0.0	0.3
Portugal	10.3	10.2	0.0	1.5	13.8	0.2	0.2
République slovaque	7.7	14.5	0.0	0.4	12.3	0.0	0.2
Royaume-Uni[2]	13.4	7.1	0.1	4.0	10.8	0.0	..
Slovénie[1]	7.5	16.0	0.0	0.6	13.2	0.0	0.2
Suède	15.3	8.8	5.1	0.9	12.2	0.1	0.2
Suisse[1]	12.5	6.7	0.0	2.2	5.4	0.1	..
Tchéquie	7.3	15.2	0.0	0.2	10.5	0.0	0.2
Türkiye	5.8	5.1	0.0	0.7	9.1	0.2	..
Moyenne OCDE	**12.3**	**8.7**	**0.5**	**1.8**	**10.6**	**0.2**	**0.3**

.. Non disponible

1. Les transferts en capital ont été directement diminués des impôts spécifiques auxquels ils se rapportent, sauf pour la France, où les transferts en capital ont été répartis entre les différentes rubriques en proportion des recettes fiscales.
2. Les recettes fiscales supranationales déclarées par le Royaume-Uni déclarées jusqu'en 2020 dans Les statistiques des recettes publiques. À partir de 2021, à la fin de la période de transition du Brexit, cela prend fin et les taxes introduites ultérieurement par le Royaume-Uni sont reflétées dans la catégorie de taxe appropriée au niveau national ou infranational des administrations publiques, selon le cas.
3. Les chiffres de la catégorie 5000 incluent les revenus supranationaux, qui sont également présentés séparément sous la rubrique Supranationale.

Tableau 3.4. Recettes fiscales sous les principales rubriques en % du total des recettes fiscales, 2022

	1000 Revenu & bénéfices	2000 Sécurité sociale	3000 Salaires	4000 Patrimoine	5000 Biens & services[3]	6000 Autres	Pour mémoire : revenus supranationaux
Allemagne	32.9	36.9	0.0	2.8	27.3	0.0	0.7
Australie	62.3	0.0	4.7	9.3	23.8	0.0	..
Autriche[1]	30.9	34.1	6.3	1.4	26.9	0.4	0.5
Belgique[1]	37.4	30.4	0.0	7.7	24.5	0.0	1.2
Canada	51.6	14.0	2.2	10.4	21.7	0.1	..
Chili	43.7	4.1	0.0	5.5	47.8	-1.1	..
Colombie	33.2	8.3	1.5	7.8	44.8	4.4	..
Corée	37.4	25.6	0.3	11.9	22.7	2.2	..
Costa Rica	21.5	34.8	5.7	2.0	32.6	3.5	..
Danemark[1]	64.6	0.2	0.6	4.1	30.4	0.1	0.4
Espagne	31.4	34.1	0.0	6.9	27.6	0.0	0.8
Estonie	24.2	34.8	0.0	0.5	40.5	0.0	0.8
États-Unis	51.4	21.9	0.1	10.4	16.3	0.0	..
Finlande	36.9	27.6	0.0	3.3	32.0	0.1	0.5
France[1]	27.4	32.4	4.3	8.1	26.1	1.8	0.6
Grèce	20.5	29.6	0.0	6.6	43.3	0.0	0.6
Hongrie	19.9	28.0	2.0	2.3	47.5	0.3	0.5
Irlande	52.8	15.1	0.9	4.7	26.4	0.0	0.8
Islande	51.5	8.5	0.7	5.6	32.7	1.0	..
Israël	37.2	15.3	2.8	12.3	32.4	0.0	..
Italie	32.8	30.5	0.0	5.7	27.6	3.3	0.6
Japon	32.5	38.5	0.0	7.9	20.8	0.2	..
Lettonie	22.5	30.6	0.0	2.5	44.4	0.0	0.8
Lituanie[1]	31.4	31.1	0.0	0.9	36.6	0.0	1.0
Luxembourg[1]	38.6	27.8	0.0	9.7	23.9	0.1	1.2
Mexique	46.1	13.8	2.9	2.1	32.8	2.3	..
Norvège	60.9	17.3	0.1	2.2	19.5	0.0	..
Nouvelle-Zélande	58.2	0.0	0.0	5.8	36.0	0.0	..
Pays-Bas	32.7	32.9	0.0	3.9	30.1	0.3	1.3
Pologne[1]	21.2	37.1	1.6	3.4	36.5	0.1	0.8
Portugal	28.6	28.3	0.0	4.3	38.3	0.5	0.6
République slovaque	22.0	41.6	0.0	1.2	35.2	0.0	0.5
Royaume-Uni[2]	37.8	19.9	0.4	11.3	30.6	0.0	..
Slovénie[1]	20.1	42.8	0.1	1.6	35.3	0.0	0.5
Suède	36.0	20.8	12.1	2.2	28.8	0.1	0.4
Suisse[1]	46.6	24.8	0.0	8.1	19.9	0.6	..
Tchéquie	22.0	45.9	0.0	0.5	31.5	0.0	0.5
Türkiye	27.5	24.4	0.0	3.5	43.6	1.1	..
Moyenne OCDE	**36.5**	**24.8**	**1.3**	**5.3**	**31.5**	**0.6**	**0.7**

.. Non disponible
1. Les transferts en capital ont été directement diminués des impôts spécifiques auxquels ils se rapportent, sauf pour la France, où les transferts en capital ont été répartis entre les différentes rubriques en proportion des recettes fiscales.
2. Les recettes fiscales supranationales déclarées par le Royaume-Uni déclarées jusqu'en 2020 dans Les statistiques des recettes publiques. À partir de 2021, à la fin de la période de transition du Brexit, cela prend fin et les taxes introduites ultérieurement par le Royaume-Uni sont reflétées dans la catégorie de taxe appropriée au niveau national ou infranational des administrations publiques, selon le cas.
3. Les chiffres de la catégorie 5000 incluent les revenus supranationaux, qui sont également présentés séparément sous la rubrique Supranationale.

Tableau 3.5. Recettes fiscales sous les principales rubriques en % du PIB, 2023p

	1000 Revenu & bénéfices	2000 Sécurité sociale	3000 Salaires	4000 Patrimoine	5000 Biens & services[3]	6000 Autres	Pour mémoire : revenus supranationaux
Allemagne	12.4	14.7	0.0	0.9	10.1	0.0	0.2
Australie	..	..	..	..	..	..	..
Autriche[1]	12.9	14.8	2.7	0.5	11.6	0.2	0.2
Belgique[1]	15.8	13.2	0.0	3.1	10.5	0.0	0.4
Canada	17.9	5.2	0.8	3.4	7.5	0.0	..
Chili	7.2	1.2	0.0	1.3	11.2	-0.3	..
Colombie	8.9	1.6	0.3	1.6	8.8	1.0	..
Corée	9.9	8.4	0.1	3.3	6.5	0.6	..
Costa Rica	5.3	8.9	1.5	0.5	8.3	0.5	..
Danemark[1]	29.0	0.1	0.3	1.7	12.3	0.1	0.1
Espagne	12.0	12.9	0.0	2.3	10.0	0.0	0.2
Estonie	8.1	12.0	0.0	0.2	13.2	0.0	0.1
États-Unis	12.1	6.1	0.0	2.8	4.2	0.0	..
Finlande	15.5	12.3	0.0	1.4	13.2	0.0	0.2
France[1]	11.7	14.6	1.9	3.5	11.3	0.9	0.2
Grèce	9.5	11.5	0.0	2.8	16.0	0.0	0.2
Hongrie	7.5	9.6	0.6	0.7	15.6	0.2	0.1
Irlande	11.6	3.4	0.2	1.0	5.7	0.0	0.2
Islande	18.7	3.0	0.3	2.0	11.6	0.4	..
Israël	11.0	5.0	0.9	3.2	9.6	0.0	..
Italie	14.7	12.7	0.0	2.2	11.9	1.4	0.2
Japon	10.4	..	0.0	2.6	6.8	0.1	..
Lettonie	7.6	10.2	0.0	0.7	13.4	0.0	0.2
Lituanie[1]	10.6	10.4	0.0	0.3	11.3	0.0	0.2
Luxembourg[1]	16.6	11.5	0.0	3.5	9.3	0.0	0.3
Mexique	7.9	2.4	0.5	0.3	6.2	0.4	..
Norvège	21.4	9.2	0.1	1.2	9.6	0.0	..
Nouvelle-Zélande	19.9	0.0	0.0	2.0	12.0	0.0	..
Pays-Bas	13.8	12.1	0.0	1.2	11.3	0.1	0.4
Pologne[1]	6.9	13.4	0.5	1.1	11.0	2.1	0.2
Portugal	10.4	10.4	0.0	1.4	13.3	0.2	0.2
République slovaque	7.7	15.1	0.0	0.4	12.4	0.0	0.2
Royaume-Uni[2]	14.2	6.7	0.1	3.7	10.6	0.0	..
Slovénie[1]	7.5	15.8	0.0	0.6	12.9	0.0	0.1
Suède	14.6	8.9	5.3	0.8	11.7	0.0	0.1
Suisse[1]	12.7	6.7	0.0	2.2	5.4	0.1	..
Tchéquie	8.0	15.2	0.0	0.2	10.4	0.0	0.1
Türkiye	5.6	6.2	0.0	0.7	10.7	0.2	..

.. Non disponible

1. Les transferts en capital ont été directement diminués des impôts spécifiques auxquels ils se rapportent, sauf pour la France, où les transferts en capital ont été répartis entre les différentes rubriques en proportion des recettes fiscales.
2. Les recettes fiscales supranationales déclarées par le Royaume-Uni déclarées jusqu'en 2020 dans Les statistiques des recettes publiques. À partir de 2021, à la fin de la période de transition du Brexit, cela prend fin et les taxes introduites ultérieurement par le Royaume-Uni sont reflétées dans la catégorie de taxe appropriée au niveau national ou infranational des administrations publiques, selon le cas.
3. Les chiffres de la catégorie 5000 incluent les revenus supranationaux, qui sont également présentés séparément sous la rubrique Supranationale.

Tableau 3.6. Recettes fiscales sous les principales rubriques en % du total des recettes fiscales, 2023p

	1000 Revenu & bénéfices	2000 Sécurité sociale	3000 Salaires	4000 Patrimoine	5000 Biens & services[3]	6000 Autres	Pour mémoire : revenus supranationaux
Allemagne	32.5	38.5	0.0	2.5	26.5	0.0	0.5
Australie	..	..	..	..	..	..	..
Autriche[1]	30.3	34.8	6.3	1.1	27.2	0.4	0.4
Belgique[1]	37.1	31.0	0.0	7.4	24.6	0.0	0.9
Canada	51.3	14.9	2.2	9.9	21.6	0.1	..
Chili	35.2	5.6	0.0	6.5	54.2	-1.5	..
Colombie	40.1	7.3	1.4	7.4	39.5	4.3	..
Corée	34.2	29.2	0.3	11.5	22.6	2.0	..
Costa Rica	21.2	35.7	5.9	1.9	33.4	1.9	..
Danemark[1]	66.9	0.2	0.6	3.8	28.3	0.1	0.3
Espagne	32.3	34.7	0.0	6.2	26.8	0.0	0.7
Estonie	24.3	35.8	0.0	0.5	39.5	0.0	0.4
États-Unis	48.1	24.0	0.1	11.0	16.8	0.0	..
Finlande	36.6	28.9	0.0	3.3	31.1	0.1	0.4
France[1]	26.8	33.2	4.4	7.9	25.7	1.9	0.5
Grèce	24.0	28.8	0.0	7.1	40.1	0.0	0.5
Hongrie	21.9	28.0	1.7	2.2	45.7	0.6	0.4
Irlande	52.8	15.6	0.9	4.6	26.1	0.0	0.8
Islande	52.0	8.3	0.8	5.6	32.3	1.0	..
Israël	37.1	16.7	3.1	10.9	32.3	0.0	..
Italie	34.2	29.6	0.0	5.3	27.7	3.2	0.5
Japon	..	..	..	..	..	..	..
Lettonie	23.9	31.9	0.0	2.3	42.0	0.0	0.5
Lituanie[1]	32.5	31.9	0.0	0.9	34.7	0.0	0.5
Luxembourg[1]	40.5	28.0	0.0	8.6	22.8	0.1	0.8
Mexique	44.6	13.5	3.0	1.7	35.2	2.0	..
Norvège	51.6	22.2	0.1	2.9	23.2	0.0	..
Nouvelle-Zélande	58.6	0.0	0.0	6.0	35.4	0.0	..
Pays-Bas	35.8	31.4	0.0	3.2	29.2	0.3	1.0
Pologne[1]	19.7	38.1	1.6	3.2	31.4	6.0	0.5
Portugal	29.2	29.1	0.0	4.0	37.3	0.5	0.4
République slovaque	21.6	42.4	0.0	1.2	34.8	0.0	0.4
Royaume-Uni[2]	40.1	19.0	0.4	10.5	30.0	0.0	..
Slovénie[1]	20.4	42.9	0.1	1.5	35.1	0.0	0.4
Suède	35.3	21.4	12.8	2.0	28.4	0.1	0.3
Suisse[1]	46.7	24.7	0.0	8.1	20.0	0.5	..
Tchéquie	23.6	45.2	0.0	0.5	30.7	0.0	0.4
Türkiye	24.0	26.5	0.0	3.0	45.6	0.9	..

.. Non disponible

1. Les transferts en capital ont été directement diminués des impôts spécifiques auxquels ils se rapportent, sauf pour la France, où les transferts en capital ont été répartis entre les différentes rubriques en proportion des recettes fiscales.
2. Les recettes fiscales supranationales déclarées par le Royaume-Uni déclarées jusqu'en 2020 dans Les statistiques des recettes publiques. À partir de 2021, à la fin de la période de transition du Brexit, cela prend fin et les taxes introduites ultérieurement par le Royaume-Uni sont reflétées dans la catégorie de taxe appropriée au niveau national ou infranational des administrations publiques, selon le cas.
3. Les chiffres de la catégorie 5000 incluent les revenus supranationaux, qui sont également présentés séparément sous la rubrique Supranationale.

Tableau 3.7. Impôts sur le revenu et les bénéfices (1000) en % du PIB et en % du total des recettes fiscales

	% du PIB					% du total des recettes fiscales				
	1990	2000	2010	2021	2022	1990	2000	2010	2021	2022
Allemagne	11.3	11.0	10.1	12.8	13.1	32.4	30.1	28.0	32.2	32.9
Australie	16.0	17.6	14.3	17.9	18.3	57.1	57.9	56.7	61.5	62.3
Autriche[1]	10.0	12.0	11.5	12.8	13.4	25.5	28.3	28.1	29.5	30.9
Belgique[1]	15.3	16.9	14.7	15.0	15.9	36.9	38.6	34.2	35.7	37.4
Canada	17.0	17.4	14.5	18.0	17.5	48.6	50.1	46.6	51.6	51.6
Chili	3.9	4.4	7.5	8.5	10.4	23.2	23.3	38.2	38.3	43.7
Colombie	3.4	3.6	4.8	6.1	6.5	29.9	23.2	26.6	32.0	33.2
Corée	6.1	6.0	6.3	9.9	11.9	32.8	28.8	28.0	33.2	37.4
Costa Rica	2.3	2.8	3.8	5.1	5.4	10.0	13.2	17.1	20.6	21.5
Danemark[1]	27.2	28.7	27.6	31.4	27.1	61.1	61.4	61.7	66.4	64.6
Espagne	9.7	9.3	8.7	11.3	11.8	30.6	28.1	28.0	29.8	31.4
Estonie	..	7.7	6.6	8.4	7.9	..	24.8	19.8	24.9	24.2
États-Unis	11.8	14.2	9.9	13.2	14.2	45.2	50.1	42.3	49.5	51.4
Finlande	16.8	19.7	14.4	15.6	15.9	39.2	43.1	35.5	36.1	36.9
France[1]	6.7	10.8	9.6	11.7	12.5	16.1	24.8	22.7	26.1	27.4
Grèce	5.0	9.0	7.1	8.4	8.5	19.9	26.8	22.0	20.9	20.5
Hongrie	..	9.4	7.6	5.5	7.0	..	24.3	20.7	16.2	19.9
Irlande	12.3	13.4	11.1	10.0	10.7	38.0	43.6	40.1	49.7	52.8
Islande	9.0	14.3	14.3	17.4	18.1	29.7	39.9	44.3	50.0	51.5
Israël	..	13.4	8.7	11.5	12.2	..	39.4	29.0	35.6	37.2
Italie	13.2	13.4	13.6	13.5	14.0	36.5	33.2	32.7	31.8	32.8
Japon	13.9	8.8	7.9	10.8	11.2	50.2	34.8	30.2	31.9	32.5
Lettonie	..	7.0	7.1	6.9	6.9	..	24.1	25.0	22.4	22.5
Lituanie[1]	..	8.3	4.6	9.5	9.9	..	27.0	16.2	29.8	31.4
Luxembourg[1]	13.9	13.5	12.9	14.6	14.8	40.2	36.5	36.2	38.3	38.6
Mexique	3.9	3.9	4.9	7.1	7.7	34.0	36.0	39.8	42.7	46.1
Norvège	14.2	18.9	19.7	20.4	26.5	35.0	45.2	47.2	49.3	60.9
Nouvelle-Zélande	21.6	19.5	16.3	20.2	19.3	59.6	60.0	53.8	58.6	58.2
Pays-Bas	12.8	9.6	9.9	12.1	12.5	32.3	25.9	27.9	31.6	32.7
Pologne[1]	..	6.7	6.3	8.0	7.3	..	20.4	20.1	21.7	21.2
Portugal	6.8	9.1	8.1	9.3	10.3	25.7	29.4	26.7	26.5	28.6
République slovaque	..	6.9	5.2	7.7	7.7	..	20.5	18.8	21.6	22.0
Royaume-Uni	12.9	12.9	12.0	12.9	13.4	39.3	39.6	37.4	37.7	37.8
Slovénie[1]	..	6.8	7.4	7.9	7.5	..	18.0	19.6	20.6	20.1
Suède	20.3	21.4	15.4	15.7	15.3	41.6	42.7	35.7	36.7	36.0
Suisse[1]	10.8	11.8	11.8	13.4	12.5	46.8	43.8	45.7	47.7	46.6
Tchéquie	..	7.3	6.4	7.0	7.3	..	22.8	20.2	20.8	22.0
Türkiye	4.9	6.9	5.3	5.5	5.8	33.5	29.5	21.3	23.9	27.5
Moyenne OCDE	**11.5**	**11.4**	**10.2**	**11.9**	**12.3**	**36.2**	**33.9**	**32.2**	**35.1**	**36.5**

.. Non disponible

Note : Les séries temporelles complètes sont accessibles sur le site web https://oe.cd/series-temporelles-completes.

1. Les transferts en capital ont été directement diminués des impôts spécifiques auxquels ils se rapportent, sauf pour la France, où les transferts en capital ont été répartis entre les différentes rubriques en proportion des recettes fiscales.

Tableau 3.8. Impôts sur le revenu des personnes physiques (1100) en % du PIB et en % du total des recettes fiscales

	% du PIB					% du total des recettes fiscales				
	1990	2000	2010	2021	2022	1990	2000	2010	2021	2022
Allemagne	9.6	9.2	8.6	10.5	10.7	27.6	25.3	23.9	26.3	26.9
Australie	12.1	11.4	9.7	11.4	11.9	43.0	37.7	38.7	39.0	40.4
Autriche[1]	8.2	9.3	9.2	9.7	9.6	21.0	22.0	22.4	22.4	22.3
Belgique[1]	13.2	13.8	12.1	11.3	11.9	32.0	31.4	28.2	26.8	28.2
Canada	14.3	12.8	10.9	12.6	12.3	40.8	36.8	35.0	36.3	36.4
Chili	0.9	1.4	1.3	2.4	2.5	5.6	7.6	6.8	10.8	10.5
Colombie	0.2	0.8	1.0	1.3	1.4	1.8	4.9	5.3	6.9	7.0
Corée	3.7	3.1	3.2	6.1	6.6	20.0	14.6	14.2	20.4	20.5
Costa Rica	..	..	1.0	1.5	1.5	..	..	4.6	6.2	6.1
Danemark[1]	24.1	24.6	23.3	24.9	23.4	54.2	52.6	52.0	52.7	55.8
Espagne	6.9	6.4	6.9	8.6	9.1	21.7	19.3	22.1	22.8	24.1
Estonie	..	6.8	5.3	6.8	6.3	..	22.0	15.9	20.4	19.2
États-Unis	9.8	11.9	8.1	11.6	12.1	37.7	42.2	34.8	43.3	44.0
Finlande	14.9	14.0	12.0	12.9	12.9	34.7	30.6	29.5	29.8	29.9
France[1]	4.4	7.9	7.6	9.3	9.7	10.7	18.1	17.9	20.7	21.2
Grèce	3.6	4.3	4.0	6.0	5.6	14.1	13.0	12.4	14.9	13.6
Hongrie	..	7.2	6.4	4.1	5.3	..	18.6	17.4	12.1	15.2
Irlande	10.7	9.8	8.8	6.5	6.3	33.1	31.9	31.6	32.7	31.3
Islande	8.2	12.5	11.7	14.4	14.0	26.9	34.8	36.4	41.4	39.9
Israël	..	9.8	5.4	7.1	7.2	..	28.9	17.9	22.0	22.0
Italie	9.5	10.1	11.2	11.0	10.9	26.3	24.8	26.9	25.9	25.5
Japon	7.7	5.3	4.9	6.4	6.5	27.8	21.0	18.6	18.9	18.8
Lettonie	..	5.5	6.2	6.0	5.9	..	18.8	21.6	19.6	19.2
Lituanie[1]	..	7.6	3.6	7.5	7.6	..	24.8	12.7	23.4	24.0
Luxembourg[1]	8.3	6.8	7.4	10.1	10.4	24.1	18.5	20.9	26.5	27.1
Mexique	..	..	2.2	3.5	3.6	..	..	18.3	21.1	21.6
Norvège	10.5	10.1	9.9	10.6	8.1	26.1	24.2	23.7	25.7	18.7
Nouvelle-Zélande	17.4	14.0	11.4	14.1	13.8	48.0	43.1	37.7	40.9	41.6
Pays-Bas	9.8	5.6	7.6	8.3	7.7	24.7	15.1	21.5	21.8	20.3
Pologne[1]	..	4.3	4.4	5.3	4.5	..	13.2	13.9	14.6	13.1
Portugal	4.2	5.3	5.4	6.9	7.0	15.9	17.0	17.7	19.7	19.4
République slovaque	..	3.3	2.6	3.8	3.8	..	9.9	9.3	10.6	10.7
Royaume-Uni	9.7	9.5	9.1	10.0	10.1	29.4	29.0	28.5	29.1	28.6
Slovénie[1]	..	5.5	5.6	5.4	5.2	..	14.6	14.7	14.1	13.8
Suède	18.8	17.7	12.1	12.4	11.9	38.5	35.4	28.1	28.9	28.0
Suisse[1]	7.5	7.9	8.2	8.5	8.3	32.3	29.4	31.8	30.3	31.0
Tchéquie	..	4.2	3.3	3.2	3.0	..	12.9	10.2	9.4	9.2
Türkiye	3.9	5.2	3.5	3.0	2.4	26.8	22.2	14.0	13.2	11.3
Moyenne OCDE	**9.3**	**8.5**	**7.2**	**8.3**	**8.2**	**27.6**	**24.1**	**22.0**	**23.7**	**23.6**

.. Non disponible

Note : Les séries temporelles complètes sont accessibles sur le site web https://oe.cd/series-temporelles-completes.

1. Les transferts en capital ont été directement diminués des impôts spécifiques auxquels ils se rapportent, sauf pour la France, où les transferts en capital ont été répartis entre les différentes rubriques en proportion des recettes fiscales.

Tableau 3.9. Impôts sur les bénéfices des sociétés (1200) en % du PIB et en % du total des recettes fiscales

	% du PIB					% du total des recettes fiscales				
	1990	2000	2010	2021	2022	1990	2000	2010	2021	2022
Allemagne	1.7	1.8	1.5	2.3	2.4	4.8	4.8	4.2	5.8	6.0
Australie	4.0	6.1	4.5	6.6	6.4	14.1	20.2	17.9	22.5	21.8
Autriche[1]	1.4	1.9	1.9	2.8	3.4	3.6	4.6	4.6	6.4	7.9
Belgique[1]	2.0	3.1	2.5	3.7	3.9	4.8	7.2	5.9	8.9	9.2
Canada	2.5	4.2	3.2	4.9	4.7	7.0	12.2	10.5	14.1	13.9
Chili	2.1	2.1	4.0	3.8	5.6	12.4	11.2	20.4	17.1	23.7
Colombie	1.6	2.6	3.8	4.6	5.0	13.9	16.7	20.7	23.8	25.4
Corée	2.4	3.0	3.1	3.8	5.4	12.8	14.1	13.8	12.8	16.8
Costa Rica	..	..	2.3	2.4	2.7	..	..	10.3	9.7	10.5
Danemark[1]	1.6	3.2	2.3	4.0	3.3	3.6	6.8	5.2	8.4	7.9
Espagne	2.8	2.9	1.8	2.6	2.7	8.8	8.8	5.9	7.0	7.2
Estonie	..	0.9	1.3	1.5	1.6	..	2.8	4.0	4.6	5.0
États-Unis	2.0	2.2	1.8	1.7	2.0	7.5	7.9	7.5	6.2	7.4
Finlande	1.9	5.7	2.4	2.7	3.0	4.5	12.5	6.0	6.3	7.0
France[1]	2.2	2.9	2.0	2.4	2.8	5.3	6.7	4.8	5.3	6.2
Grèce	1.4	4.0	2.6	2.0	2.5	5.5	11.9	7.9	5.0	6.0
Hongrie	..	2.2	1.2	1.4	1.7	..	5.7	3.3	4.1	4.7
Irlande	1.6	3.6	2.4	3.4	4.3	4.9	11.7	8.5	17.0	21.5
Islande	0.8	1.2	0.9	2.0	2.6	2.8	3.3	2.7	5.7	7.4
Israël	..	3.2	2.6	3.5	4.3	..	9.5	8.6	11.0	13.1
Italie	3.6	2.8	2.3	1.9	2.9	10.0	6.9	5.5	4.4	6.7
Japon	6.2	3.5	3.0	4.4	4.7	22.4	13.7	11.6	13.1	13.7
Lettonie	..	1.5	1.0	0.9	1.0	..	5.3	3.4	2.8	3.3
Lituanie[1]	..	0.7	1.0	2.1	2.3	..	2.2	3.5	6.4	7.4
Luxembourg[1]	5.6	6.7	5.4	4.5	4.4	16.1	18.0	15.3	11.8	11.5
Mexique	..	..	1.8	3.4	3.9	..	..	14.4	20.2	23.0
Norvège	3.6	8.8	9.8	9.8	18.4	9.0	21.0	23.5	23.6	42.3
Nouvelle-Zélande	2.3	4.0	3.7	5.4	4.5	6.5	12.4	12.2	15.7	13.7
Pays-Bas	3.0	4.0	2.3	3.7	4.7	7.5	10.9	6.4	9.8	12.5
Pologne[1]	..	2.4	2.0	2.6	2.8	..	7.3	6.2	7.1	8.1
Portugal	2.1	3.7	2.7	2.4	3.3	8.0	11.9	9.0	6.8	9.3
République slovaque	..	2.6	2.4	3.6	3.7	..	7.6	8.7	10.2	10.4
Royaume-Uni	3.3	3.5	2.8	2.9	3.3	9.9	10.6	8.9	8.6	9.2
Slovénie[1]	..	1.1	1.8	2.5	2.3	..	3.0	4.9	6.5	6.2
Suède	1.5	3.6	3.3	3.3	3.4	3.1	7.3	7.6	7.8	8.0
Suisse[1]	1.7	2.4	2.6	3.1	3.2	7.3	8.8	10.1	10.9	11.9
Tchéquie	..	3.2	3.2	3.8	4.3	..	9.9	10.0	11.4	12.9
Türkiye	1.0	1.7	1.8	2.5	3.4	6.7	7.3	7.3	10.7	16.1
Moyenne OCDE	**2.4**	**3.1**	**2.7**	**3.3**	**3.9**	**8.3**	**9.5**	**9.0**	**10.3**	**12.0**

.. Non disponible

Note : Les séries temporelles complètes sont accessibles sur le site web https://oe.cd/series-temporelles-completes.

1. Les transferts en capital ont été directement diminués des impôts spécifiques auxquels ils se rapportent, sauf pour la France, où les transferts en capital ont été répartis entre les différentes rubriques en proportion des recettes fiscales.

Tableau 3.10. Cotisations de sécurité sociale (2000) en % du PIB et en % du total des recettes fiscales

	% du PIB					% du total des recettes fiscales				
	1990	2000	2010	2021	2022	1990	2000	2010	2021	2022
Allemagne	13.0	14.2	13.8	14.8	14.6	37.5	39.0	38.5	37.1	36.9
Australie	0.0	0.0	0.0	0.0	0.0	0.0	0.0	0.0	0.0	0.0
Autriche[1]	12.9	14.3	14.0	15.4	14.7	32.9	33.8	34.2	35.4	34.1
Belgique[1]	13.7	13.5	13.9	12.9	12.9	33.2	30.8	32.4	30.7	30.4
Canada	4.3	4.7	4.6	4.8	4.7	12.1	13.6	14.9	13.8	14.0
Chili	1.5	1.4	1.3	1.2	1.0	9.0	7.3	6.8	5.3	4.1
Colombie	0.9	2.6	2.1	1.8	1.6	7.9	16.3	11.7	9.5	8.3
Corée	1.9	3.5	5.2	7.8	8.2	10.1	16.7	23.3	26.2	25.6
Costa Rica	6.5	6.4	7.3	8.9	8.8	28.9	30.4	33.1	36.0	34.8
Danemark[1]	0.0	0.6	0.1	0.1	0.1	0.0	1.4	0.3	0.2	0.2
Espagne	11.2	11.5	11.9	13.4	12.8	35.4	34.9	37.9	35.4	34.1
Estonie	..	10.9	12.7	11.6	11.3	..	35.1	38.4	34.7	34.8
États-Unis	6.7	6.7	6.1	6.1	6.0	25.6	23.6	26.1	22.7	21.9
Finlande	11.0	11.5	12.0	12.0	11.9	25.6	25.2	29.7	27.9	27.6
France[1]	18.3	15.6	16.0	14.7	14.8	44.1	35.8	37.9	32.7	32.4
Grèce	7.6	10.1	11.0	12.9	12.2	30.2	30.3	34.2	32.2	29.6
Hongrie	..	11.3	11.6	10.5	9.8	..	29.4	31.4	31.0	28.0
Irlande	4.6	3.7	5.1	3.1	3.1	14.1	11.9	18.2	15.3	15.1
Islande	1.0	2.8	3.8	3.0	3.0	3.1	7.7	11.7	8.5	8.5
Israël	..	5.0	5.1	5.0	5.0	..	14.6	16.8	15.5	15.3
Italie	11.9	11.6	13.0	13.2	13.1	32.9	28.5	31.1	31.1	30.5
Japon	7.3	8.9	10.8	13.3	13.3	26.5	35.2	41.1	39.2	38.5
Lettonie	..	9.7	8.6	9.6	9.4	..	33.5	30.1	31.1	30.6
Lituanie[1]	..	9.9	11.6	10.1	9.8	..	32.2	41.1	31.8	31.1
Luxembourg[1]	9.6	9.7	10.3	10.6	10.6	27.5	26.1	29.0	27.7	27.8
Mexique	1.9	2.0	2.0	2.3	2.3	16.8	18.0	16.2	13.7	13.8
Norvège	10.6	8.8	9.3	9.3	7.5	26.2	21.0	22.3	22.5	17.3
Nouvelle-Zélande	0.0	0.0	0.0	0.0	0.0	0.0	0.0	0.0	0.0	0.0
Pays-Bas	14.8	14.3	12.9	12.6	12.5	37.4	38.7	36.3	33.0	32.9
Pologne[1]	..	12.9	10.9	13.0	12.8	..	39.2	34.4	35.3	37.1
Portugal	7.2	7.9	8.6	10.4	10.2	27.2	25.6	28.4	29.6	28.3
République slovaque	..	13.9	11.9	15.2	14.5	..	41.4	42.6	43.0	41.6
Royaume-Uni	5.6	5.5	6.1	6.8	7.1	17.0	16.8	18.9	20.0	19.9
Slovénie[1]	..	14.9	15.8	16.4	16.0	..	39.6	41.8	42.8	42.8
Suède	13.3	12.7	10.8	9.0	8.8	27.2	25.5	25.1	21.0	20.8
Suisse[1]	5.4	6.5	6.1	6.8	6.7	23.3	24.2	23.7	24.2	24.8
Tchéquie	..	14.2	14.3	15.9	15.2	..	44.3	44.8	47.3	45.9
Türkiye	2.9	4.4	6.1	6.6	5.1	19.7	18.7	24.9	28.9	24.4
Moyenne OCDE	**7.1**	**8.4**	**8.6**	**9.0**	**8.7**	**21.8**	**24.9**	**26.6**	**25.6**	**24.8**

.. Non disponible

Note : Les séries temporelles complètes sont accessibles sur le site web https://oe.cd/series-temporelles-completes.

1. Les transferts en capital ont été directement diminués des impôts spécifiques auxquels ils se rapportent, sauf pour la France, où les transferts en capital ont été répartis entre les différentes rubriques en proportion des recettes fiscales.

Tableau 3.11. Impôts sur les salaires ou la main-d'oeuvre (3000) en % du PIB et en % du total des recettes fiscales

	% du PIB					% du total des recettes fiscales				
	1990	2000	2010	2021	2022	1990	2000	2010	2021	2022
Allemagne	0.0	0.0	0.0	0.0	0.0	0.0	0.0	0.0	0.0	0.0
Australie	1.7	1.4	1.3	1.3	1.4	6.1	4.5	5.2	4.3	4.7
Autriche[1]	2.4	2.7	2.8	2.8	2.7	6.0	6.4	6.9	6.5	6.3
Belgique[1]	0.0	0.0	0.0	0.0	0.0	0.0	0.0	0.0	0.0	0.0
Canada	0.8	0.7	0.6	0.8	0.7	2.3	2.1	2.1	2.2	2.2
Chili	0.0	0.0	0.0	0.0	0.0	0.0	0.0	0.0	0.0	0.0
Colombie	0.0	0.7	0.7	0.3	0.3	0.0	4.2	4.1	1.7	1.5
Corée	0.1	0.0	0.1	0.1	0.1	0.4	0.2	0.2	0.3	0.3
Costa Rica	1.4	1.3	1.3	1.4	1.4	6.4	6.3	5.9	5.7	5.7
Danemark[1]	0.3	0.2	0.2	0.3	0.3	0.7	0.4	0.5	0.5	0.6
Espagne	0.0	0.0	0.0	0.0	0.0	0.0	0.0	0.0	0.0	0.0
Estonie	..	0.0	0.0	0.0	0.0	..	0.0	0.0	0.0	0.0
États-Unis	0.0	0.0	0.0	0.0	0.0	0.0	0.0	0.1	0.1	0.1
Finlande	0.0	0.0	0.0	0.0	0.0	0.0	0.0	0.0	0.0	0.0
France[1]	0.8	1.1	1.4	1.9	2.0	1.9	2.5	3.4	4.2	4.3
Grèce	0.2	0.0	0.0	0.0	0.0	0.7	0.0	0.0	0.0	0.0
Hongrie	..	1.4	0.4	1.1	0.7	..	3.6	1.1	3.2	2.0
Irlande	0.4	0.0	0.2	0.2	0.2	1.3	0.0	0.7	0.9	0.9
Islande	1.1	0.0	0.2	0.3	0.3	3.5	0.1	0.5	0.8	0.7
Israël	..	1.2	1.1	1.0	0.9	..	3.6	3.8	3.1	2.8
Italie	0.1	0.0	0.0	0.0	0.0	0.3	0.0	0.0	0.0	0.0
Japon	0.0	0.0	0.0	0.0	0.0	0.0	0.0	0.0	0.0	0.0
Lettonie	..	0.0	0.0	0.0	0.0	..	0.0	0.1	0.0	0.0
Lituanie[1]	..	0.0	0.0	0.0	0.0	..	0.0	0.0	0.0	0.0
Luxembourg[1]	0.0	0.0	0.0	0.0	0.0	0.0	0.0	0.0	0.0	0.0
Mexique	0.2	0.2	0.3	0.4	0.5	1.8	1.5	2.2	2.6	2.9
Norvège	0.0	0.0	0.0	0.1	0.0	0.0	0.0	0.0	0.1	0.1
Nouvelle-Zélande	0.0	0.0	0.0	0.0	0.0	0.0	0.0	0.0	0.0	0.0
Pays-Bas	0.0	0.0	0.0	0.0	0.0	0.0	0.0	0.0	0.0	0.0
Pologne[1]	..	0.2	0.3	0.6	0.6	..	0.7	0.8	1.5	1.6
Portugal	0.0	0.0	0.0	0.0	0.0	0.0	0.0	0.0	0.0	0.0
République slovaque	..	0.0	0.0	0.0	0.0	..	0.0	0.0	0.0	0.0
Royaume-Uni	0.0	0.0	0.0	0.1	0.1	0.0	0.0	0.0	0.4	0.4
Slovénie[1]	..	1.5	0.1	0.0	0.0	..	4.1	0.2	0.1	0.1
Suède	1.2	2.1	3.0	5.1	5.1	2.5	4.2	7.0	12.0	12.1
Suisse[1]	0.0	0.0	0.0	0.0	0.0	0.0	0.0	0.0	0.0	0.0
Tchéquie	..	0.0	0.0	0.0	0.0	..	0.0	0.0	0.0	0.0
Türkiye	0.0	0.0	0.0	0.0	0.0	0.0	0.0	0.0	0.0	0.0
Moyenne OCDE	**0.4**	**0.4**	**0.4**	**0.5**	**0.5**	**1.2**	**1.2**	**1.2**	**1.3**	**1.3**

.. Non disponible

Note : Les séries temporelles complètes sont accessibles sur le site web https://oe.cd/series-temporelles-completes.

1. Les transferts en capital ont été directement diminués des impôts spécifiques auxquels ils se rapportent, sauf pour la France, où les transferts en capital ont été répartis entre les différentes rubriques en proportion des recettes fiscales.

Tableau 3.12. Impôts sur le patrimoine (4000) en % du PIB et en % du total des recettes fiscales

	% du PIB					% du total des recettes fiscales				
	1990	2000	2010	2021	2022	1990	2000	2010	2021	2022
Allemagne	1.2	0.8	0.8	1.2	1.1	3.4	2.3	2.3	3.1	2.8
Australie	2.5	2.7	2.4	3.2	2.7	9.0	8.8	9.4	10.9	9.3
Autriche[1]	1.1	0.6	0.5	0.6	0.6	2.7	1.3	1.3	1.5	1.4
Belgique[1]	1.6	2.1	3.1	3.5	3.3	3.8	4.7	7.2	8.4	7.7
Canada	3.5	3.3	3.8	3.9	3.5	10.0	9.5	12.3	11.2	10.4
Chili	1.0	1.3	0.8	1.2	1.3	6.2	7.0	4.0	5.4	5.5
Colombie	0.2	1.0	1.6	1.7	1.5	2.2	6.6	8.7	9.0	7.8
Corée	2.2	2.6	2.5	4.5	3.8	11.8	12.4	11.3	15.1	11.9
Costa Rica	0.3	0.2	0.3	0.5	0.5	1.3	0.9	1.5	2.1	2.0
Danemark[1]	1.9	1.6	1.8	1.8	1.7	4.3	3.3	4.1	3.9	4.1
Espagne	1.7	2.1	2.1	2.8	2.6	5.5	6.5	6.6	7.3	6.9
Estonie	..	0.4	0.3	0.2	0.2	..	1.2	1.0	0.6	0.5
États-Unis	3.1	2.9	3.1	2.9	2.9	11.7	10.3	13.5	11.0	10.4
Finlande	1.1	1.1	1.1	1.5	1.4	2.4	2.4	2.7	3.5	3.3
France[1]	2.6	3.0	3.5	3.9	3.7	6.3	6.8	8.4	8.6	8.1
Grèce	1.2	2.6	1.7	2.9	2.7	4.6	7.7	5.2	7.3	6.6
Hongrie	..	0.7	1.1	0.9	0.8	..	1.7	3.1	2.6	2.3
Irlande	1.5	1.8	1.4	1.1	1.0	4.6	5.7	5.1	5.4	4.7
Islande	2.6	2.4	2.1	2.1	2.0	8.4	6.6	6.5	5.9	5.6
Israël	..	3.2	3.4	3.9	4.0	..	9.5	11.1	12.1	12.3
Italie	0.8	1.9	2.0	2.5	2.5	2.3	4.6	4.8	5.8	5.7
Japon	2.6	2.7	2.6	2.7	2.7	9.4	10.5	9.7	7.9	7.9
Lettonie	..	1.1	0.9	0.9	0.8	..	3.8	3.0	2.9	2.5
Lituanie[1]	..	0.5	0.4	0.3	0.3	..	1.5	1.3	0.9	0.9
Luxembourg[1]	2.9	4.0	2.5	4.0	3.7	8.4	10.7	7.0	10.5	9.7
Mexique	0.2	0.2	0.3	0.3	0.4	1.9	1.8	2.3	2.0	2.1
Norvège	1.2	0.9	1.1	1.1	1.0	2.9	2.2	2.6	2.7	2.2
Nouvelle-Zélande	2.5	1.7	2.0	1.9	1.9	6.8	5.3	6.6	5.6	5.8
Pays-Bas	1.4	1.9	1.4	1.6	1.5	3.7	5.3	3.8	4.1	3.9
Pologne[1]	..	1.4	1.3	1.3	1.2	..	4.3	4.2	3.5	3.4
Portugal	0.7	1.1	1.1	1.5	1.5	2.7	3.7	3.7	4.4	4.3
République slovaque	..	0.6	0.4	0.5	0.4	..	1.8	1.4	1.3	1.2
Royaume-Uni	2.7	3.7	3.8	3.9	4.0	8.2	11.4	12.0	11.5	11.3
Slovénie[1]	..	0.6	0.6	0.6	0.6	..	1.7	1.6	1.6	1.6
Suède	1.7	1.7	1.0	1.0	0.9	3.5	3.3	2.4	2.2	2.2
Suisse[1]	2.1	2.6	2.0	2.2	2.2	8.9	9.7	7.7	8.0	8.1
Tchéquie	..	0.5	0.4	0.2	0.2	..	1.4	1.3	0.6	0.5
Türkiye	0.3	0.7	1.0	1.0	0.7	2.3	3.2	4.1	4.2	3.5
Moyenne OCDE	**1.7**	**1.7**	**1.6**	**1.9**	**1.8**	**5.5**	**5.3**	**5.4**	**5.6**	**5.3**

.. Non disponible

Note : Les séries temporelles complètes sont accessibles sur le site web https://oe.cd/series-temporelles-completes.

1. Les transferts en capital ont été directement diminués des impôts spécifiques auxquels ils se rapportent, sauf pour la France, où les transferts en capital ont été répartis entre les différentes rubriques en proportion des recettes fiscales.

Tableau 3.13. Impôts sur les biens et services (5000) en % du PIB en % du total des recettes fiscales

	% du PIB					% du total des recettes fiscales				
	1990	2000	2010	2021	2022	1990	2000	2010	2021	2022
Allemagne	9.3	10.4	11.2	11.0	10.8	26.7	28.5	31.2	27.5	27.3
Australie	7.8	8.7	7.2	6.8	7.0	27.8	28.8	28.8	23.3	23.8
Autriche[1]	12.4	12.4	11.7	11.6	11.6	31.5	29.3	28.7	26.7	26.9
Belgique[1]	10.8	11.3	11.2	10.6	10.4	26.1	25.9	26.1	25.2	24.5
Canada	9.1	8.4	7.4	7.4	7.4	25.8	24.2	24.0	21.2	21.7
Chili	10.6	11.9	10.1	11.8	11.4	62.9	63.8	51.3	53.1	47.8
Colombie	6.1	7.3	8.2	8.3	8.8	53.8	46.3	45.1	43.4	44.8
Corée	8.2	8.0	7.5	6.9	7.3	44.3	38.4	33.7	23.1	22.7
Costa Rica	10.2	9.9	8.9	8.7	8.2	45.5	46.7	40.3	34.8	32.6
Danemark[1]	15.1	15.7	14.9	13.6	12.8	34.0	33.5	33.4	28.9	30.4
Espagne	9.0	10.1	8.6	10.4	10.4	28.4	30.6	27.5	27.4	27.6
Estonie	..	12.1	13.5	13.3	13.2	..	38.8	40.7	39.8	40.5
États-Unis	4.5	4.5	4.2	4.5	4.5	17.5	16.0	18.1	16.7	16.3
Finlande	14.0	13.4	13.0	14.0	13.8	32.5	29.2	32.0	32.4	32.0
France[1]	11.8	11.5	11.2	12.2	11.9	28.4	26.3	26.5	27.1	26.1
Grèce	11.2	11.8	12.5	15.9	17.8	44.5	35.2	38.6	39.6	43.3
Hongrie	..	15.6	15.9	15.9	16.7	..	40.6	43.3	47.1	47.5
Irlande	13.6	11.9	9.9	5.8	5.4	41.9	38.8	35.8	28.7	26.4
Islande	15.6	16.3	11.5	11.7	11.5	51.3	45.3	35.8	33.6	32.7
Israël	..	11.2	11.8	10.9	10.6	..	32.9	39.2	33.7	32.4
Italie	10.2	11.4	11.1	12.0	11.8	28.0	28.2	26.6	28.3	27.6
Japon	3.8	4.9	4.9	7.0	7.2	13.7	19.3	18.7	20.8	20.8
Lettonie	..	11.2	11.9	13.4	13.7	..	38.6	41.8	43.6	44.4
Lituanie[1]	..	12.1	11.7	12.0	11.5	..	39.4	41.4	37.5	36.6
Luxembourg[1]	8.2	9.8	9.9	8.9	9.1	23.6	26.6	27.6	23.3	23.9
Mexique	5.1	4.6	4.7	6.2	5.5	44.0	41.7	38.0	37.0	32.8
Norvège	14.5	13.3	11.7	10.5	8.5	35.9	31.7	27.9	25.4	19.5
Nouvelle-Zélande	12.1	11.3	12.0	12.4	11.9	33.6	34.7	39.6	35.9	36.0
Pays-Bas	10.5	10.9	11.2	11.8	11.5	26.4	29.7	31.5	30.9	30.1
Pologne[1]	..	11.6	12.7	13.9	12.6	..	35.3	40.3	37.9	36.5
Portugal	11.7	12.7	12.4	13.7	13.8	44.2	41.0	40.8	39.0	38.3
République slovaque	..	12.2	10.4	12.1	12.3	..	36.3	37.2	34.1	35.2
Royaume-Uni	10.2	10.5	10.2	10.4	10.8	31.0	32.2	31.7	30.4	30.6
Slovénie[1]	..	13.8	13.9	13.3	13.2	..	36.6	36.8	34.9	35.3
Suède	12.2	12.1	12.8	11.9	12.2	25.0	24.2	29.7	27.9	28.8
Suisse[1]	4.8	6.0	5.8	5.5	5.4	20.9	22.2	22.5	19.6	19.9
Tchéquie	..	10.1	10.8	10.5	10.5	..	31.5	33.8	31.3	31.5
Türkiye	4.1	9.9	11.8	9.6	9.1	27.9	42.0	47.7	41.9	43.6
Moyenne OCDE	**9.9**	**10.8**	**10.5**	**10.7**	**10.6**	**33.7**	**33.9**	**34.0**	**31.9**	**31.5**

.. Non disponible

Note : Les séries temporelles complètes sont accessibles sur le site web https://oe.cd/series-temporelles-completes.

1. Les transferts en capital ont été directement diminués des impôts spécifiques auxquels ils se rapportent, sauf pour la France, où les transferts en capital ont été répartis entre les différentes rubriques en proportion des recettes fiscales.

Tableau 3.14. Taxes sur la valeur ajoutée (5111) en % du PIB en % du total des recettes fiscales

	% du PIB					% du total des recettes fiscales				
	1990	2000	2010	2021	2022	1990	2000	2010	2021	2022
Allemagne	5.8	6.7	7.0	7.2	7.5	16.6	18.4	19.6	18.1	18.9
Australie	0.0	3.4	3.3	3.2	3.4	0.0	11.1	13.1	11.1	11.5
Autriche[1]	8.2	7.9	7.7	7.6	8.0	20.8	18.7	18.7	17.5	18.4
Belgique[1]	6.8	7.1	7.0	6.7	6.5	16.4	16.1	16.2	16.0	15.3
Canada	0.0	3.2	4.2	4.6	4.5	0.0	9.2	13.7	13.2	13.4
Chili	6.3	7.8	7.6	9.5	9.3	37.4	41.8	38.5	42.6	39.0
Colombie	2.6	4.3	5.3	5.9	6.2	22.6	27.6	29.3	30.5	31.8
Corée	3.5	3.6	3.9	4.3	4.9	18.7	17.0	17.5	14.4	15.3
Costa Rica	4.1	4.8	4.6	5.1	4.9	18.1	22.8	21.0	20.4	19.4
Danemark[1]	8.4	9.1	9.3	9.5	9.2	18.9	19.5	20.8	20.1	22.0
Espagne	5.0	5.8	5.2	6.8	7.0	15.7	17.6	16.5	18.1	18.6
Estonie	..	8.4	8.5	9.1	9.1	..	27.1	25.7	27.3	27.9
États-Unis	0.0	0.0	0.0	0.0	0.0	0.0	0.0	0.0	0.0	0.0
Finlande	8.3	8.0	8.3	9.4	9.4	19.3	17.4	20.4	21.7	21.7
France[1]	7.7	7.3	6.8	7.4	7.5	18.4	16.6	16.0	16.3	16.4
Grèce	6.2	6.3	7.1	8.4	9.0	24.6	18.9	22.0	20.9	21.9
Hongrie	..	8.7	8.5	9.9	10.1	..	22.5	23.0	29.3	28.9
Irlande	6.6	7.0	6.0	3.7	3.7	20.4	22.9	21.7	18.5	18.2
Islande	8.7	10.2	7.4	8.5	8.3	28.4	28.5	22.8	24.4	23.7
Israël	..	7.2	7.3	7.5	7.4	..	21.0	24.3	23.2	22.5
Italie	5.3	6.2	6.1	6.6	7.1	14.7	15.4	14.5	15.6	16.5
Japon	1.2	2.3	2.5	5.1	5.2	4.4	9.1	9.6	14.9	15.1
Lettonie	..	6.9	6.6	8.6	9.5	..	23.9	23.3	28.1	30.8
Lituanie[1]	..	7.5	7.8	8.3	8.4	..	24.4	27.5	26.0	26.5
Luxembourg[1]	4.2	4.9	6.2	5.7	6.1	12.1	13.2	17.3	14.9	15.8
Mexique	3.0	2.7	3.6	4.2	4.1	26.1	24.7	29.4	25.2	24.7
Norvège	7.6	8.2	7.7	7.8	6.5	18.7	19.7	18.5	19.0	15.0
Nouvelle-Zélande	8.1	8.1	9.3	10.1	10.0	22.4	24.9	30.7	29.3	30.3
Pays-Bas	6.5	6.4	6.6	7.3	7.1	16.5	17.3	18.7	19.2	18.6
Pologne[1]	..	6.9	7.6	8.6	7.3	..	21.0	24.2	23.3	21.1
Portugal	5.2	7.6	7.5	8.9	9.4	19.6	24.5	24.8	25.2	26.0
République slovaque	..	6.8	6.1	7.5	7.7	..	20.4	21.8	21.1	22.0
Royaume-Uni	5.5	5.9	6.1	6.9	7.3	16.9	18.1	18.9	20.2	20.7
Slovénie[1]	..	8.5	8.1	8.2	8.2	..	22.7	21.3	21.5	21.9
Suède	7.3	8.2	9.1	9.1	9.4	14.9	16.4	21.1	21.4	22.1
Suisse[1]	2.7	3.5	3.3	3.2	3.1	11.5	13.0	12.7	11.3	11.6
Tchéquie	..	5.9	6.5	7.3	7.6	..	18.3	20.5	21.8	22.9
Türkiye	2.7	5.7	5.4	5.3	5.0	18.3	24.2	21.7	23.2	24.0
Moyenne OCDE	**5.1**	**6.3**	**6.3**	**6.9**	**7.0**	**17.0**	**19.6**	**20.5**	**20.7**	**20.8**

.. Non disponible

Note : Les séries temporelles complètes sont accessibles sur le site web https://oe.cd/series-temporelles-completes.

1. Les transferts en capital ont été directement diminués des impôts spécifiques auxquels ils se rapportent, sauf pour la France, où les transferts en capital ont été répartis entre les différentes rubriques en proportion des recettes fiscales.

Tableau 3.15. Recettes fiscales des sous-secteurs de l'administration en % du PIB

	Supranationale			Administration centrale			Administrations d'États fédérés/Régions			Administrations locales			Administrations de sécurité sociale		
	1975	1995	2022	1975	1995	2022	1975	1995	2022	1975	1995	2022	1975	1995	2022
Pays fédéraux															
Allemagne	0.4	0.2	0.3	11.5	11.4	11.5	7.6	7.9	9.8	3.1	2.7	3.5	11.7	14.1	14.6
Australie	..	..	..	20.3	21.9	24.0	4.0	5.4	4.6	1.1	1.0	0.9	0.0	0.0	0.0
Autriche[1]	..	0.2	0.2	18.8	26.7	28.3	3.9	0.7	0.8	4.5	1.7	1.3	9.2	12.0	12.5
Belgique[1]	0.6	0.4	0.5	25.4	25.8	22.2	..	0.8	4.3	1.7	2.0	1.9	11.2	13.8	13.4
Canada	..	..	..	14.8	13.5	14.5	10.1	12.8	13.2	3.1	3.4	2.9	3.1	4.8	3.2
États-Unis	..	..	..	11.2	11.0	12.2	4.8	5.3	5.8	3.6	3.5	3.6	5.0	6.7	6.0
Mexique	..	..	..	..	7.1	13.4	..	0.3	0.7	..	0.1	0.3	..	2.1	2.3
Suisse[1]	..	..	..	6.7	7.9	9.1	5.9	6.0	6.9	4.4	4.4	4.2	4.8	6.7	6.7
Moyenne non pondérée	0.5	0.3	0.3	15.5	15.7	16.9	6.0	4.9	5.8	3.1	2.4	2.3	6.4	7.5	7.4
Pays régionaux															
Colombie[2]	..	..	..	..	10.1	14.8	..	0.9	0.9	..	1.4	2.3	..	3.6	1.6
Espagne[2]	..	0.2	0.3	8.6	16.0	16.0	..	1.6	5.7	0.8	2.7	3.1	8.5	10.8	12.5
Pays unitaires															
Chili	..	..	..	..	16.3	21.4	..	..	..	..	1.2	1.6	..	0.7	0.8
Corée	..	..	..	13.2	13.0	18.3	..	..	..	1.5	3.5	5.5	0.1	2.3	8.2
Costa Rica	..	..	..	..	12.4	15.5	..	..	..	..	0.3	0.7	..	6.2	9.0
Danemark[1]	0.4	0.2	0.2	26.2	31.8	30.7	..	..	..	11.1	14.6	11.1	0.0	0.0	0.0
Estonie	..	..	0.3	..	29.5	26.9	..	..	..	..	0.3	0.2	..	5.2	5.2
Finlande	..	0.2	0.2	20.3	20.7	21.1	..	..	..	8.5	9.9	9.9	7.4	13.7	11.9
France[1]	0.2	0.3	0.3	18.1	18.2	14.2	..	..	..	2.7	4.7	6.6	14.3	19.5	24.7
Grèce	..	0.2	0.3	12.5	18.8	27.7	..	..	..	0.6	0.6	0.9	5.5	8.8	12.3
Hongrie	..	..	0.2	..	26.0	23.7	..	..	..	..	1.0	1.7	..	13.7	9.6
Irlande	0.6	0.5	0.2	21.6	26.4	17.0	..	..	..	2.0	0.8	0.3	3.6	4.0	2.7
Islande	..	..	..	24.0	24.3	25.5	..	..	..	5.5	6.4	9.7	0.0	0.0	0.0
Israël	..	..	..	..	26.8	25.1	..	..	..	..	2.4	2.7	..	4.7	5.0
Italie	..	0.1	0.3	13.0	24.1	24.8	..	..	..	0.2	2.1	4.7	11.2	12.1	13.1
Japon	..	..	..	9.0	10.5	13.4	..	..	..	5.1	6.4	7.7	5.7	8.5	13.3
Lettonie	..	..	0.2	..	12.9	16.4	..	..	..	..	5.8	5.1	..	11.0	9.1
Lituanie[1]	..	..	0.3	..	19.8	21.1	..	..	..	..	0.6	0.3	..	7.2	9.8
Luxembourg[1]	0.2	0.2	0.4	20.7	23.9	26.1	..	..	..	2.2	2.3	1.4	9.4	9.6	10.3
Norvège	..	..	..	19.7	22.9	39.0	..	..	..	8.7	7.9	4.5	10.5	8.8	0.0
Nouvelle-Zélande	..	..	..	27.7	33.7	31.0	..	..	..	2.3	1.9	2.1	0.0	0.0	0.0
Pays-Bas	0.6	0.5	0.5	22.2	20.8	23.8	..	..	..	0.4	1.2	1.2	14.5	14.7	12.5
Pologne[1]	..	..	0.3	..	22.4	17.2	..	..	..	..	3.1	4.1	..	11.1	12.8
Portugal	..	0.2	0.2	12.3	20.0	23.5	..	..	..	0.0	2.6	2.5	6.5	6.3	9.8
République slovaque	..	..	0.2	..	24.7	20.0	..	..	..	..	0.5	0.6	..	14.2	14.1
Royaume-Uni	0.3	0.3	..	24.1	22.7	26.6	..	..	..	3.8	1.1	1.7	6.0	5.2	7.1
Slovénie[1]	..	..	0.2	..	19.8	18.2	..	..	..	..	2.4	3.2	..	16.9	15.9
Suède	..	0.2	0.2	19.7	21.2	22.3	..	..	..	11.2	14.0	14.9	7.5	9.8	5.1
Tchéquie	..	..	0.2	..	19.8	17.4	..	..	..	..	0.3	0.3	..	14.2	15.2
Türkiye	..	..	..	..	12.3	13.8	..	..	..	..	2.1	2.0	..	2.0	5.1
Moyenne non pondérée	0.4	0.3	0.2	19.0	21.3	22.2	..	..	..	4.1	3.6	3.8	6.4	8.2	8.7

.. Non disponible

1. Les transferts en capital ont été directement diminués des impôts spécifiques auxquels ils se rapportent, sauf pour la France, où les transferts en capital ont été répartis entre les différentes rubriques en proportion des recettes fiscales.
2. La Colombie et l'Espagne ne sont pas des pays constitutionnellement fédéraux, mais tous deux ont une structure politique très décentralisée, avec une grande autonomie de leurs entités territoriales.

Tableau 3.16. Principales recettes de l'administration centrale en % du total des recettes fiscales de l'administration centrale, 2022

	1000 Revenu & bénéfices	2000 Sécurité sociale[3]	3000 Salaires	4000 Patrimoine	5000 Biens & services	6000 Autres
Pays fédéraux						
Allemagne	45.2	0.0	0.0	0.4	54.5	0.0
Australie	76.3	0.0	0.2	0.0	23.5	0.0
Autriche[1]	46.0	7.4	5.2	1.4	39.5	0.5
Belgique[1]	58.2	0.0	0.0	2.1	39.7	0.0
Canada	74.4	6.5	0.0	0.0	19.1	0.0
États-Unis	92.8	0.0	0.0	1.0	6.2	0.0
Mexique	57.6	0.0	0.0	0.0	40.2	2.1
Suisse[1]	43.4	0.0	0.0	2.4	54.1	0.1
Moyenne non pondérée	61.7	1.7	0.7	0.9	34.6	0.3
Pays régionaux						
Colombie[2]	44.2	0.0	2.0	5.8	47.6	0.4
Espagne[2]	45.8	1.7	0.0	0.4	52.0	0.1
Pays unitaires						
Chili	48.6	1.0	0.0	2.6	49.1	-1.3
Corée	59.0	0.0	0.0	8.6	30.6	1.8
Costa Rica	35.1	7.4	0.0	1.0	50.8	5.7
Danemark[1]	56.0	0.2	0.8	1.8	41.1	0.2
Estonie	29.4	22.7	0.0	0.0	47.9	0.0
Finlande	32.1	0.0	0.0	3.2	64.5	0.2
France[1]	48.7	2.1	4.2	7.4	36.6	1.2
Grèce	30.5	0.1	0.0	6.7	62.7	0.0
Hongrie	29.5	2.0	3.0	2.2	62.9	0.4
Irlande	62.7	1.8	1.1	3.9	30.4	0.0
Islande	40.4	11.7	1.0	1.4	44.1	1.4
Israël	48.7	0.0	3.7	5.7	42.0	0.0
Italie	52.9	0.0	0.0	6.0	41.1	0.0
Japon	55.0	0.0	0.0	5.2	39.8	0.0
Lettonie	15.2	2.0	0.1	0.9	81.9	0.0
Lituanie[1]	46.9	0.0	0.0	0.1	53.0	0.0
Luxembourg[1]	51.6	1.1	0.0	13.8	33.3	0.1
Norvège	58.1	19.3	0.1	0.9	21.6	0.0
Nouvelle-Zélande	62.2	0.0	0.0	0.1	37.7	0.0
Pays-Bas	52.3	0.0	0.0	3.4	43.7	0.5
Pologne[1]	26.6	0.0	3.2	0.0	70.2	0.0
Portugal	41.4	3.9	0.0	1.0	53.0	0.7
République slovaque	38.4	2.0	0.0	0.0	59.6	0.0
Royaume-Uni	50.2	0.0	0.5	8.6	40.6	0.0
Slovénie[1]	28.2	0.9	0.3	0.0	70.6	0.0
Suède	3.5	16.6	23.0	2.6	54.1	0.3
Tchéquie	41.9	0.0	0.0	0.0	58.0	0.0
Türkiye	36.8	0.0	0.0	3.9	58.7	0.7
Moyenne non pondérée	42.2	3.4	1.5	3.3	49.3	0.4

Note : Sont exclues les cotisations de sécurité sociale versées aux administrations de sécurité sociale.

1. Les transferts en capital ont été directement diminués des impôts spécifiques auxquels ils se rapportent, sauf pour la France, où les transferts en capital ont été répartis entre les différentes rubriques en proportion des recettes fiscales.
2. La Colombie et l'Espagne ne sont pas des pays constitutionnellement fédéraux, mais tous deux ont une structure politique très décentralisée, avec une grande autonomie de leurs entités territoriales.
3. Ne sont incluses que les cotisations de sécurité sociale versées à l'administration centrale.

Tableau 3.17. Principaux impôts des administrations d'États fédérés en % du total des recettes fiscales des administrations d'États fédérés, 2022

	1000 Revenu & bénéfices	2000 Sécurité sociale	3000 Salaires	4000 Patrimoine	5000 Biens & services	6000 Autres
Pays fédéraux						
Allemagne[1]	50.8	0.0	0.0	7.4	41.8	0.0
Australie	0.0	0.0	29.1	41.1	29.7	0.0
Autriche[1, 2]	39.2	11.1	32.8	1.3	12.7	2.8
Belgique[1, 2]	46.7	1.2	0.0	37.7	14.4	0.0
Canada	50.6	4.3	5.6	5.1	34.4	0.0
États-Unis	46.2	0.0	0.2	3.2	50.3	0.0
Mexique	0.0	0.0	64.5	15.4	13.4	6.6
Suisse[2]	75.6	0.0	0.0	17.7	5.9	0.8
Moyenne non pondérée	38.6	2.1	16.5	16.1	25.3	1.3
Pays régionaux						
Colombie[3]	0.0	0.0	0.0	0.0	70.8	29.2
Espagne[1, 3]	68.1	0.0	0.0	22.0	9.9	0.0
Pays unitaires						
Chili	..	..	..	..	..	..
Corée	..	..	..	..	..	..
Costa Rica	..	..	..	..	..	..
Danemark	..	..	..	..	..	..
Estonie	..	..	..	..	..	..
Finlande	..	..	..	..	..	..
France	..	..	..	..	..	..
Grèce	..	..	..	..	..	..
Hongrie	..	..	..	..	..	..
Irlande	..	..	..	..	..	..
Islande	..	..	..	..	..	..
Israël	..	..	..	..	..	..
Italie	..	..	..	..	..	..
Japon	..	..	..	..	..	..
Lettonie	..	..	..	..	..	..
Lituanie	..	..	..	..	..	..
Luxembourg	..	..	..	..	..	..
Norvège	..	..	..	..	..	..
Nouvelle-Zélande	..	..	..	..	..	..
Pays-Bas	..	..	..	..	..	..
Pologne	..	..	..	..	..	..
Portugal	..	..	..	..	..	..
République slovaque	..	..	..	..	..	..
Royaume-Uni	..	..	..	..	..	..
Slovénie	..	..	..	..	..	..
Suède	..	..	..	..	..	..
Tchéquie	..	..	..	..	..	..
Türkiye	..	..	..	..	..	..
Moyenne non pondérée	..	..	..	..	..	..

.. Non disponible

1. Les versements à L'Union européenne ne sont pas retenus dans ces comparaisons.
2. Le transfert en capital a été directement diminué des impôts spécifiques auxquels il se rapporte.
3. La Colombie et l'Espagne ne sont pas des pays constitutionnellement fédéraux, mais tous deux ont une structure politique très décentralisée, avec une grande autonomie de leurs entités territoriales.

Tableau 3.18. Principaux impôts locaux en % du total des recettes fiscales des administrations locales, 2022

	1000 Revenu & bénéfices	2000 Sécurité sociale	3000 Salaires	4000 Patrimoine	5000 Biens & services	6000 Autres
Pays fédéraux						
Allemagne[1]	82.7	0.0	0.0	10.1	7.0	0.3
Australie	0.0	0.0	0.0	100.0	0.0	0.0
Autriche[1, 2]	0.0	3.8	73.7	13.9	7.0	1.5
Belgique[1, 2]	34.7	0.2	0.0	58.1	7.0	0.0
Canada	0.0	0.0	0.0	96.9	1.9	1.3
États-Unis	6.5	0.0	0.0	70.4	23.0	0.0
Mexique	0.0	0.0	0.0	79.2	1.5	19.3
Suisse[2]	79.9	0.0	0.0	17.3	0.8	1.9
Moyenne non pondérée	25.5	0.5	9.2	55.7	6.0	3.0
Pays régionaux						
Colombie[3]	0.0	0.0	0.0	29.2	47.9	22.9
Espagne[1, 3]	19.2	0.0	0.0	41.5	39.3	0.0
Pays unitaires						
Chili	0.0	0.0	0.0	46.3	53.7	0.0
Corée	20.8	0.0	1.7	40.5	30.1	6.9
Costa Rica	0.0	0.0	0.0	49.1	50.9	0.1
Danemark[1, 2]	89.5	0.0	0.0	10.5	0.0	0.0
Estonie[1]	0.0	0.0	0.0	79.9	20.1	0.0
Finlande[1]	92.3	0.0	0.0	7.7	0.0	0.0
France[1, 2]	0.0	0.0	6.0	40.4	47.5	6.1
Grèce[1]	0.0	0.0	0.0	93.0	7.0	0.0
Hongrie[1]	0.0	0.0	0.0	16.9	83.1	0.0
Irlande[1]	0.0	5.7	0.0	94.3	0.0	0.0
Islande	80.7	0.0	0.0	16.5	2.8	0.0
Israël	0.0	0.0	0.0	96.4	3.6	0.0
Italie[1]	19.5	0.0	0.0	20.5	29.4	30.6
Japon	49.2	0.0	0.0	26.0	23.7	1.1
Lettonie[1]	87.5	0.0	0.0	11.9	0.6	0.0
Lituanie[2]	0.0	0.0	0.0	81.8	18.2	0.0
Luxembourg[1, 2]	92.8	0.0	0.0	6.2	0.9	0.1
Norvège	85.9	0.0	0.0	13.5	0.7	0.0
Nouvelle-Zélande	0.0	0.0	0.0	88.9	11.1	0.0
Pays-Bas[1]	0.0	0.0	0.0	54.8	44.9	0.4
Pologne[1, 2]	66.7	0.0	0.0	28.6	3.5	1.2
Portugal[1]	23.9	0.0	0.0	51.2	24.7	0.2
République slovaque[1]	0.0	0.0	0.0	65.9	34.1	0.0
Royaume-Uni[1]	0.0	0.0	0.0	100.0	0.0	0.0
Slovénie[1, 2]	75.4	0.0	0.0	19.0	5.6	0.0
Suède[1]	97.5	0.0	0.0	2.5	0.0	0.0
Tchéquie[1]	0.0	0.0	0.0	51.9	48.1	0.0
Türkiye	33.5	0.0	0.0	9.5	50.5	6.4
Moyenne non pondérée	32.7	0.2	0.3	43.7	21.2	1.9

1. Les versements à L'Union européenne ne sont pas retenus dans ces comparaisons.
2. Les transferts en capital ont été directement diminués des impôts spécifiques auxquels ils se rapportent, sauf pour la France, où les transferts en capital ont été répartis entre les différentes rubriques en proportion des recettes fiscales.
3. La Colombie et l'Espagne ne sont pas des pays constitutionnellement fédéraux, mais tous deux ont une structure politique très décentralisée, avec une grande autonomie de leurs entités territoriales.

Tableau 3.19. Produit intérieur brut pour les années de déclaration fiscale au prix du marché, en milliards de monnaie nationale

		1965	1990	2000	2007	2010	2015	2020	2021	2022	2023p
Allemagne	EUR	234.8	1 306.7	2 109.1	2 499.6	2 564.4	3 026.2	3 403.7	3 617.5	3 876.8	4 122.2
Australie[1]	AUD	24.4	415.3	707.4	1 179.6	1 418.7	1 658.9	2 088.9	2 333.2	2 562.1	2 670.3
Autriche	EUR	18.5	137.5	213.6	284.0	295.9	344.3	380.9	405.2	447.2	477.2
Belgique	EUR	20.9	170.1	256.4	343.6	363.1	416.7	460.5	508.1	554.2	584.7
Canada	CAD	61.2	696.1	1 125.5	1 577.7	1 666.0	1 990.4	2 220.5	2 517.1	2 813.3	2 892.1
Chili	CLP	..	10 594.8	42 215.0	90 159.5	110 777.9	158 622.9	201 257.7	239 562.0	263 842.7	281 870.3
Colombie	COP	..	22 731.4	195 108.6	428 506.0	544 060.0	804 692.0	998 471.0	1192 634.0	1 469 791.0	1 572 658.4
Corée[2]	KRW	831.4	200 556.2	651 634.4	1 089 660.2	1 322 611.2	1 658 020.4	1 940 726.2	2 080 198.5	2 161 773.9	2 236 329.5
Costa Rica[3]	CRC	..	525.3	4 627.1	13 889.1	19 802.0	30 171.9	36 495.2	40 326.6	44 810.0	47 059.3
Danemark	DKK	71.5	855.4	1 326.0	1 743.1	1 812.9	2 030.2	2 326.6	2 567.5	2 844.2	2 804.7
Espagne	EUR	8.7	328.7	647.9	1 075.5	1 072.7	1 078.1	1 119.0	1 222.3	1 346.4	1 461.9
Estonie	EUR	..	..	6.2	16.4	14.7	21.0	27.9	31.4	36.4	38.2
États-Unis	USD	709.0	5 963.1	10 251.0	14 474.2	15 049.0	18 295.0	21 323.0	23 594.0	25 744.1	27 348.0
Finlande	EUR	4.5	91.0	136.4	187.1	188.1	211.4	238.0	250.7	267.7	274.9
France	EUR	76.0	1 044.0	1 473.5	1 937.9	1 996.1	2 201.4	2 318.3	2 508.1	2 655.4	2 822.5
Grèce	EUR	0.7	45.5	141.2	232.7	224.1	176.4	165.0	181.5	206.6	220.3
Hongrie	HUF	..	..	13 324.1	25 741.9	27 485.1	34 965.2	48 444.5	55 205.0	65 951.7	74 992.0
Irlande	EUR	1.3	37.9	108.5	197.1	167.4	272.5	382.2	449.2	520.9	510.0
Islande	ISK	0.2	377.0	709.6	1 387.0	1 681.0	2 310.8	2 929.2	3 276.0	3 882.8	4 279.0
Israël	ILS	..	125.1	556.6	758.8	896.2	1 179.5	1 422.4	1 591.2	1 772.8	1 883.6
Italie	EUR	22.4	730.9	1 241.5	1 614.8	1 611.3	1 655.4	1 661.2	1 821.9	1 962.8	2 085.4
Japon[1]	JPY	35 751.0	472 523.8	537 614.3	538 485.4	504 873.8	540 740.9	538 825.7	554 834.2	568 649.5	596 458.9
Lettonie	EUR	..	..	6.9	22.7	18.1	24.6	30.1	33.3	38.4	40.3
Lituanie	EUR	..	..	13.4	29.0	28.0	37.3	49.9	56.5	67.4	72.0
Luxembourg	EUR	1.0	10.6	23.0	37.6	42.4	54.1	64.5	72.4	77.5	79.3
Mexique	MXN	..	885.5	7 016.6	12 046.8	13 968.1	19 228.6	24 081.8	26 619.1	29 452.8	31 768.3
Norvège	NOK	57.2	749.9	1 509.1	2 360.2	2 605.4	3 130.2	3 461.6	4 323.9	5 708.2	5 126.5
Nouvelle-Zélande[1]	NZD	4.1	75.9	122.2	188.8	205.7	258.7	342.7	364.1	394.9	413.3
Pays-Bas	EUR	35.7	263.4	452.2	622.8	643.0	699.2	816.5	891.6	993.8	1067.6
Pologne	PLN	..	62.7	748.5	1 187.5	1 434.4	1 798.5	2 337.7	2 631.3	3 074.8	3 410.1
Portugal	EUR	0.6	56.0	128.4	175.5	179.6	179.7	200.5	216.1	242.3	265.5
République slovaque	EUR	..	10.0	31.7	63.2	68.8	80.1	93.4	100.2	109.8	122.8
Royaume-Uni	GBP	36.4	615.7	1 100.8	1 544.6	1 608.6	1 916.5	2 104.3	2 284.1	2 506.0	2 687.2
Slovénie	EUR	..	0.9	18.9	35.1	36.4	38.9	47.0	52.3	57.0	63.1
Suède	SEK	129.1	1 547.6	2 408.8	3 312.2	3 551.5	4 231.7	5 021.0	5 464.9	5 865.2	6 206.5
Suisse	CHF	70.1	369.2	471.5	589.1	624.5	668.0	696.6	743.3	781.5	795.1
Tchéquie	CZK	..	736.4	2 399.7	3 856.6	4 033.0	4 651.8	5 828.3	6 307.8	7 049.9	7 618.6
Türkiye	TRY	0.0	0.5	171.5	887.7	1 167.7	2 350.9	5 048.6	7 256.1	15 011.8	26 276.3

.. Non disponible

1. PIB se référant à l'année fiscale. L'année A est calculée comme la somme de: T2(A) à T1(A+1) pour le Japon; et T3(A) à T2(A+1) pour l'Australie et la Nouvelle-Zélande.
2. Le PIB de la Corée pour 2023 est extrait des Comptes nationaux de l'OCDE, consultés en octobre 2024, et est une valeur provisoire.
3. Le PIB indiqué pour 1990 pour le Costa Rica est tiré du FMI (World Economic Outlook Database, consulté en octobre 2024). Le PIB pour toutes les autres années est tiré des Comptes nationaux des pays de l'OCDE.

Source : Comptes nationaux de l'OCDE, consultés en octobre 2024.

Tableau 3.20. Taux de change utilisés, unités de monnaie nationale par dollar des É-U au taux de change du marché

		1965	1990	2000	2007	2010	2015	2020	2021	2022	2023p
Allemagne	EUR	..	0.8	1.1	0.7	0.8	0.9	0.9	0.8	0.9	0.9
Australie	AUD	0.9	1.3	1.8	1.2	1.0	1.3	1.4	1.4	1.5	1.5
Autriche	EUR	..	0.8	1.1	0.7	0.8	0.9	0.9	0.8	0.9	0.9
Belgique	EUR	..	0.8	1.1	0.7	0.8	0.9	0.9	0.8	0.9	0.9
Canada	CAD	1.1	1.2	1.5	1.1	1.0	1.3	1.3	1.3	1.3	1.3
Chili	CLP	0.0	304.9	539.6	522.5	510.2	654.1	792.7	759.0	873.3	840.1
Colombie	COP	10.5	502.3	2 087.9	2 077.8	1 899.0	2 741.8	3 693.3	3 744.2	4 256.2	4 326.0
Corée	KRW	266.3	707.8	1 130.4	929.4	1 156.5	1 131.0	1 180.3	1 144.0	1 291.4	1 305.7
Costa Rica	CRC	6.6	91.6	308.2	516.6	525.8	534.6	584.9	620.8	647.1	544.1
Danemark	DKK	6.9	6.2	8.1	5.4	5.6	6.7	6.5	6.3	7.1	6.9
Espagne	EUR	..	0.8	1.1	0.7	0.8	0.9	0.9	0.8	0.9	0.9
Estonie	EUR	..	0.8	1.1	0.7	0.8	0.9	0.9	0.8	0.9	0.9
États-Unis	USD	1.0	1.0	1.0	1.0	1.0	1.0	1.0	1.0	1.0	1.0
Finlande	EUR	..	0.8	1.1	0.7	0.8	0.9	0.9	0.8	0.9	0.9
France	EUR	..	0.8	1.1	0.7	0.8	0.9	0.9	0.8	0.9	0.9
Grèce	EUR	..	0.8	1.1	0.7	0.8	0.9	0.9	0.8	0.9	0.9
Hongrie	HUF	..	63.2	282.2	183.6	207.9	279.3	308.0	303.1	372.6	353.1
Irlande	EUR	0.5	0.8	1.1	0.7	0.8	0.9	0.9	0.8	0.9	0.9
Islande	ISK	0.4	58.3	78.6	64.1	122.2	131.9	135.4	127.0	135.3	137.9
Israël	ILS	0.0	2.0	4.1	4.1	3.7	3.9	3.4	3.2	3.4	3.7
Italie	EUR	..	0.8	1.1	0.7	0.8	0.9	0.9	0.8	0.9	0.9
Japon	JPY	360.0	142.3	111.2	114.2	85.8	118.0	107.5	115.2	133.7	140.5
Lettonie	EUR	..	0.8	1.1	0.7	0.8	0.9	0.9	0.8	0.9	0.9
Lituanie	EUR	..	0.8	1.1	0.7	0.8	0.9	0.9	0.8	0.9	0.9
Luxembourg	EUR	..	0.8	1.1	0.7	0.8	0.9	0.9	0.8	0.9	0.9
Mexique	MXN	0.0	2.8	9.5	10.9	12.6	15.8	21.5	20.3	20.1	17.8
Norvège	NOK	7.1	6.3	8.8	5.9	6.0	8.1	9.4	8.6	9.6	10.6
Nouvelle-Zélande	NZD	0.7	1.7	2.3	1.4	1.3	1.4	1.5	1.5	1.6	1.6
Pays-Bas	EUR	..	0.8	1.1	0.7	0.8	0.9	0.9	0.8	0.9	0.9
Pologne	PLN	0.0	1.0	4.3	2.8	3.0	3.8	3.9	3.9	4.5	4.2
Portugal	EUR	..	0.8	1.1	0.7	0.8	0.9	0.9	0.8	0.9	0.9
République slovaque	EUR	..	0.8	1.1	0.7	0.8	0.9	0.9	0.8	0.9	0.9
Royaume-Uni	GBP	0.4	0.6	0.7	0.5	0.6	0.7	0.8	0.7	0.8	0.8
Slovénie	EUR	..	0.8	1.1	0.7	0.8	0.9	0.9	0.8	0.9	0.9
Suède	SEK	5.2	5.9	9.2	6.8	7.2	8.4	9.2	8.6	10.1	10.6
Suisse	CHF	4.4	1.4	1.7	1.2	1.0	1.0	0.9	0.9	1.0	0.9
Tchéquie	CZK	..	..	38.6	20.3	19.1	24.6	23.2	21.7	23.4	22.2
Türkiye	TRY	0.0	0.0	0.6	1.3	1.5	2.7	7.0	8.9	16.5	23.7

.. Non disponible
Source : Indicateurs financiers de l'OCDE.

4 Tableaux par pays, 1990-2022

Le Chapitre 4 fournit un aperçu des recettes fiscales par catégorie et par sous-secteur d‘administration pour chaque pays membre de l’OCDE.

Recettes fiscales et % du PIB pour une sélection de catégories d'impôts et par niveau d'administration

Dans tous les tableaux suivants, le symbole (..) signifie que l'information n'est pas disponible ou qu'elle n'est pas applicable. La principale série chronologique dans ce chapitre couvre une sélection d'années entre 1990 et 2022. Des séries complètes sont, cependant, disponible en ligne. La partie V dans l'édition 1998 de ce Rapport fournit des données pour les années 1955 et 1960 (pour dix-neuf pays de l'OCDE).

Les chiffres du Produit Intérieur Brut (PIB) se fondent sur le Système de comptabilité nationale de 2008 (SCN 2008) pour tous les pays membres de l'OCDE.

Encadré 4.1. Traitements des transferts en capital.

Les notes de bas de page de certains tableaux se réfèrent au traitement des transferts en capital que certains pays effectuent pour tenir compte des impôts qui ont été évalués mais non recouvrés. Le transfert en capital a été soustrait directement des impôts spécifiques auxquels il se rapporte, sauf pour la France, où les transferts en capital ont été répartis entre les différentes rubriques en pourcentage de leurs recettes au niveau de l'administration par rapport à laquelle ces transferts ont été enregistrés.

Les pays déclarant des transferts en capital sont les suivants :

- Autriche de 2020 à 2022
- Belgique à partir de 1995
- Danemark à partir de 1971
- France à partir de 1992
- Lituanie à partir de 1999
- Luxembourg à partir de 2013
- Pologne à partir de 1995
- Slovénie à partir de 1995
- Suisse à partir de 1990

Tableau 4.1. Australie, recettes fiscales et % du PIB (sélection de catégories d'impôts)

	Milliard AUD					% du PIB				
	1990	2000	2010	2021	2022	1990	2000	2010	2021	2022
Recettes fiscales totales	116.5	214.8	356.7	680.3	753.2	28.1	30.4	25.1	29.2	29.4
1000 Impôts sur le revenu, les bénéfices et les gains en capital	66.5	124.4	202.2	418.3	468.9	16.0	17.6	14.3	17.9	18.3
1100 Des personnes physiques	50.1	81.0	138.2	265.4	304.6	12.1	11.4	9.7	11.4	11.9
1200 Des sociétés	16.5	43.4	64.0	153.0	164.3	4.0	6.1	4.5	6.6	6.4
1300 Non-ventilables entre 1100 et 1200	0.0	0.0	0.0	0.0	0.0	0.0	0.0	0.0	0.0	0.0
2000 Cotisations de sécurité sociale	0.0	0.0	0.0	0.0	0.0	0.0	0.0	0.0	0.0	0.0
2100 À la charge des salariés	0.0	0.0	0.0	0.0	0.0	0.0	0.0	0.0	0.0	0.0
2200 À la charge des employeurs	0.0	0.0	0.0	0.0	0.0	0.0	0.0	0.0	0.0	0.0
2300 À la charge des indép. ou sans emploi	0.0	0.0	0.0	0.0	0.0	0.0	0.0	0.0	0.0	0.0
2400 Non-ventilables entre 2100, 2200 et 2300	0.0	0.0	0.0	0.0	0.0	0.0	0.0	0.0	0.0	0.0
3000 Sur les salaires ou main d'oeuvre	7.1	9.6	18.5	29.4	35.3	1.7	1.4	1.3	1.3	1.4
4000 Impôts sur le patrimoine	10.4	18.8	33.5	74.2	69.9	2.5	2.7	2.4	3.2	2.7
4100 Impôts périodiques sur la propriété immobilière	6.1	9.1	19.9	36.5	40.2	1.5	1.3	1.4	1.6	1.6
4200 Impôts périodiques sur l'actif net	0.0	0.0	0.0	0.0	0.0	0.0	0.0	0.0	0.0	0.0
4300 Impôts sur mut. par décès, succ. et donations	0.0	0.0	0.0	0.0	0.0	0.0	0.0	0.0	0.0	0.0
4400 Impôts sur transact. mobilières et immob.	4.3	9.8	13.6	37.6	29.7	1.0	1.4	1.0	1.6	1.2
4500 Impôts non périodiques sur	0.0	0.0	0.0	0.0	0.0	0.0	0.0	0.0	0.0	0.0
4600 Autres impôts périodiques sur patrimoine	0.0	0.0	0.0	0.0	0.0	0.0	0.0	0.0	0.0	0.0
5000 Impôts sur les biens et services	32.4	61.9	102.6	158.4	179.1	7.8	8.7	7.2	6.8	7.0
5100 Impôts sur production, vente, transfert, etc.	27.2	56.2	90.8	134.8	152.4	6.6	7.9	6.4	5.8	5.9
5110 Impôts généraux	9.4	25.8	48.1	77.7	88.6	2.3	3.7	3.4	3.3	3.5
5111 Taxes sur la valeur ajoutée	0.0	23.9	46.9	75.6	86.3	0.0	3.4	3.3	3.2	3.4
5120 Impôts sur biens et services déterminés	17.8	30.3	42.7	57.1	63.8	4.3	4.3	3.0	2.4	2.5
5121 Accises	12.0	19.8	26.7	23.7	27.6	2.9	2.8	1.9	1.0	1.1
5200 Impôts sur utilisation des biens et exerc. activités	5.2	5.7	11.7	23.6	26.7	1.3	0.8	0.8	1.0	1.0
5300 Non-ventilables entre 5100 et 5200	0.0	0.0	0.0	0.0	0.0	0.0	0.0	0.0	0.0	0.0
6000 Autres impôts	0.0	0.0	0.0	0.0	0.0	0.0	0.0	0.0	0.0	0.0
Crédits d'impôts récupérables										
Crédits d'impôts récupérables contre 1000	..	0.2	6.7	11.0	11.9	..	0.0	0.5	0.5	0.5
Composante transfert	..	0.0	4.4	7.4	8.3	..	0.0	0.3	0.3	0.3
Composante fiscale	..	0.2	2.4	3.6	3.6	..	0.0	0.2	0.2	0.1

.. Non disponible

Note : Des données et des notes plus détaillées par pays sont disponibles dans le chapitre 5 "Tableaux détaillés par pays". Les séries temporelles complètes sont accessibles sur le site web http://data-explorer.oecd.org/s/nv.

Source : Australian Bureau of Statistics.

Tableau 4.2. Australie, recettes fiscales et % du PIB par niveaux d'administration (principaux impôts)

	Milliard AUD					% du PIB				
	1990	2000	2010	2021	2022	1990	2000	2010	2021	2022
Administrations fédérale ou centrale										
Recettes fiscales totales	92.6	175.7	285.9	546.9	614.5	22.3	24.8	20.2	23.4	24.0
1000 Impôts sur revenu, bénéfices et gains en capital	66.5	124.4	202.2	418.3	468.9	16.0	17.6	14.3	17.9	18.3
2000 Cotisations de sécurité sociale	0.0	0.0	0.0	0.0	0.0	0.0	0.0	0.0	0.0	0.0
3000 Sur salaires ou main d'oeuvre	1.3	0.1	0.5	1.1	1.2	0.3	0.0	0.0	0.0	0.0
4000 Impôts sur le patrimoine	0.2	0.0	0.0	0.0	0.0	0.1	0.0	0.0	0.0	0.0
5000 Impôts sur les biens et services	24.5	51.1	83.2	127.5	144.4	5.9	7.2	5.9	5.5	5.6
6000 Autres impôts	0.0	0.0	0.0	0.0	0.0	0.0	0.0	0.0	0.0	0.0
Administrations d'un État/Régions										
Recettes fiscales totales	19.7	32.7	58.4	112.4	116.9	4.7	4.6	4.1	4.8	4.6
1000 Impôts sur revenu, bénéfices et gains en capital	0.0	0.0	0.0	0.0	0.0	0.0	0.0	0.0	0.0	0.0
2000 Cotisations de sécurité sociale	0.0	0.0	0.0	0.0	0.0	0.0	0.0	0.0	0.0	0.0
3000 Sur salaires ou main d'oeuvre	5.8	9.5	18.0	28.3	34.1	1.4	1.3	1.3	1.2	1.3
4000 Impôts sur le patrimoine	6.0	12.4	21.0	53.2	48.1	1.4	1.8	1.5	2.3	1.9
5000 Impôts sur les biens et services	7.9	10.8	19.3	30.9	34.7	1.9	1.5	1.4	1.3	1.4
6000 Autres impôts	0.0	0.0	0.0	0.0	0.0	0.0	0.0	0.0	0.0	0.0
Administrations locales										
Recettes fiscales totales	4.2	6.4	12.4	20.9	21.8	1.0	0.9	0.9	0.9	0.9
1000 Impôts sur revenu, bénéfices et gains en capital	0.0	0.0	0.0	0.0	0.0	0.0	0.0	0.0	0.0	0.0
2000 Cotisations de sécurité sociale	0.0	0.0	0.0	0.0	0.0	0.0	0.0	0.0	0.0	0.0
3000 Sur salaires ou main d'oeuvre	0.0	0.0	0.0	0.0	0.0	0.0	0.0	0.0	0.0	0.0
4000 Impôts sur le patrimoine	4.2	6.4	12.4	20.9	21.8	1.0	0.9	0.9	0.9	0.9
5000 Impôts sur les biens et services	0.0	0.0	0.0	0.0	0.0	0.0	0.0	0.0	0.0	0.0
6000 Autres impôts	0.0	0.0	0.0	0.0	0.0	0.0	0.0	0.0	0.0	0.0
Administrations de sécurité sociale										
Recettes fiscales totales	0.0	0.0	0.0	0.0	0.0	0.0	0.0	0.0	0.0	0.0
1000 Impôts sur revenu, bénéfices et gains en capital	0.0	0.0	0.0	0.0	0.0	0.0	0.0	0.0	0.0	0.0
2000 Cotisations de sécurité sociale	0.0	0.0	0.0	0.0	0.0	0.0	0.0	0.0	0.0	0.0
3000 Sur salaires ou main d'oeuvre	0.0	0.0	0.0	0.0	0.0	0.0	0.0	0.0	0.0	0.0
4000 Impôts sur le patrimoine	0.0	0.0	0.0	0.0	0.0	0.0	0.0	0.0	0.0	0.0
5000 Impôts sur les biens et services	0.0	0.0	0.0	0.0	0.0	0.0	0.0	0.0	0.0	0.0
6000 Autres impôts	0.0	0.0	0.0	0.0	0.0	0.0	0.0	0.0	0.0	0.0

Note : Des données et des notes plus détaillées par pays sont disponibles dans le chapitre 6 "Recettes fiscales des sous-secteurs de l'administration". Les séries temporelles complètessont accessibles sur le site web http://data-explorer.oecd.org/s/nv.

Source : Australian Bureau of Statistics.

Tableau 4.3. Autriche, recettes fiscales et % du PIB (sélection de catégories d'impôts)

	Milliard EUR					% du PIB				
	1990	2000	2010	2021	2022	1990	2000	2010	2021	2022
Recettes fiscales totales	54.0	90.3	121.2	175.8	193.1	39.3	42.3	41.0	43.4	43.2
1000 Impôts sur le revenu, les bénéfices et les gains en capital	13.8	25.6	34.0	51.9	59.7	10.0	12.0	11.5	12.8	13.4
1100 Des personnes physiques	11.3	19.9	27.1	39.4	43.0	8.2	9.3	9.2	9.7	9.6
1200 Des sociétés	1.9	4.2	5.5	11.2	15.3	1.4	1.9	1.9	2.8	3.4
1300 Non-ventilables entre 1100 et 1200	0.5	1.5	1.4	1.3	1.4	0.4	0.7	0.5	0.3	0.3
2000 Cotisations de sécurité sociale	17.8	30.5	41.4	62.3	65.9	12.9	14.3	14.0	15.4	14.7
2100 À la charge des salariés	7.5	12.5	16.8	25.0	26.6	5.5	5.8	5.7	6.2	5.9
2200 À la charge des employeurs	8.8	14.7	19.4	29.2	31.1	6.4	6.9	6.6	7.2	6.9
2300 À la charge des indép. ou sans emploi	0.0	0.0	0.0	0.0	0.0	0.0	0.0	0.0	0.0	0.0
2400 Non-ventilables entre 2100, 2200 et 2300	0.0	0.0	0.0	0.0	0.0	0.0	0.0	0.0	0.0	0.0
3000 Sur les salaires ou main d'oeuvre	3.3	5.8	8.4	11.3	12.1	2.4	2.7	2.8	2.8	2.7
4000 Impôts sur le patrimoine	1.5	1.2	1.6	2.6	2.6	1.1	0.6	0.5	0.6	0.6
4100 Impôts périodiques sur la propriété immobilière	0.4	0.5	0.7	0.9	0.9	0.3	0.2	0.2	0.2	0.2
4200 Impôts périodiques sur l'actif net	0.6	0.0	0.0	0.0	0.0	0.5	0.0	0.0	0.0	0.0
4300 Impôts sur mut. par décès, succ. et donations	0.1	0.1	0.0	0.0	0.0	0.1	0.1	0.0	0.0	0.0
4400 Impôts sur transact. mobilières et immob.	0.4	0.6	0.8	1.7	1.7	0.3	0.3	0.3	0.4	0.4
4500 Impôts non périodiques sur	0.0	0.0	0.0	0.0	0.0	0.0	0.0	0.0	0.0	0.0
4600 Autres impôts périodiques sur patrimoine	0.0	0.0	0.0	0.0	0.0	0.0	0.0	0.0	0.0	0.0
5000 Impôts sur les biens et services	17.0	26.5	34.7	47.0	52.0	12.4	12.4	11.7	11.6	11.6
5100 Impôts sur production, vente, transfert, etc.	16.2	24.6	32.1	42.9	47.6	11.8	11.5	10.9	10.6	10.6
5110 Impôts généraux	11.2	16.9	22.7	30.8	35.7	8.2	7.9	7.7	7.6	8.0
5111 Taxes sur la valeur ajoutée	11.2	16.9	22.7	30.8	35.6	8.2	7.9	7.7	7.6	8.0
5120 Impôts sur biens et services déterminés	4.9	7.7	9.4	12.0	11.8	3.5	3.6	3.2	3.0	2.6
5121 Accises	3.3	5.5	6.9	8.0	7.5	2.4	2.6	2.3	2.0	1.7
5200 Impôts sur utilisation des biens et exerc. activités	0.9	1.9	2.6	4.1	4.4	0.6	0.9	0.9	1.0	1.0
5300 Non-ventilables entre 5100 et 5200	0.0	0.0	0.0	0.0	0.0	0.0	0.0	0.0	0.0	0.0
6000 Autres impôts	0.7	0.8	1.1	0.7	0.8	0.5	0.4	0.4	0.2	0.2
Crédits d'impôts récupérables										
Crédits d'impôts récupérables contre 1000	..	0.7	0.7	0.3	0.4	..	0.3	0.2	0.1	0.1
Composante transfert	..	0.1	0.2	0.1	0.2	..	0.0	0.1	0.0	0.0
Composante fiscale	..	0.6	0.4	0.2	0.2	..	0.3	0.1	0.0	0.0
Recettes fiscales collectés pour le compte de l'UE										
Recettes fiscales collectés pour le compte de l'UE, total	..	0.4	0.3	0.8	1.0	..	0.2	0.1	0.2	0.2
Droits de douane perçus pour le compte de l'UE	..	0.4	0.3	0.5	0.7	..	0.2	0.1	0.1	0.1
Contributions au Fonds de résolution unique collectées pour le compte de l'UE	..	..	..	0.3	0.4	..	..	..	0.1	0.1

.. Non disponible

Note : Le total des recettes fiscales a été diminué du montant de tout transfert en capital représentant les impôts non perçus. Le transfert en capital a été directement diminué des impôts spécifiques auxquels il se rapporte. Par conséquent, les montants des recettes fiscales sont différents de ceux présentés dans le chapitre 5 "Tableaux détaillés par pays".

Des données et des notes plus détaillées par pays sont disponibles dans le chapitre 5 "Tableaux détaillés par pays". Les séries temporelles complètes sont accessibles sur le site web http://data-explorer.oecd.org/s/nv.

Source : Statistics Austria.

Tableau 4.4. Autriche, recettes fiscales et % du PIB par niveaux d'administration (principaux impôts)

	Milliard EUR					% du PIB				
	1990	2000	2010	2021	2022	1990	2000	2010	2021	2022
Administrations fédérale ou centrale										
Recettes fiscales totales	27.2	60.5	80.7	113.5	126.7	19.8	28.3	27.3	28.0	28.3
1000 Impôts sur revenu, bénéfices et gains en capital	8.6	24.9	33.1	50.5	58.3	6.2	11.7	11.2	12.5	13.0
2000 Cotisations de sécurité sociale	2.4	5.1	6.3	8.9	9.3	1.7	2.4	2.1	2.2	2.1
3000 Sur salaires ou main d'oeuvre	2.6	3.9	5.8	6.3	6.6	1.9	1.8	1.9	1.6	1.5
4000 Impôts sur le patrimoine	0.9	0.7	0.9	1.7	1.8	0.6	0.3	0.3	0.4	0.4
5000 Impôts sur les biens et services	12.3	25.3	33.7	45.5	50.1	8.9	11.8	11.4	11.2	11.2
6000 Autres impôts	0.5	0.6	0.9	0.6	0.6	0.4	0.3	0.3	0.1	0.1
Administrations d'un État/Régions										
Recettes fiscales totales	5.8	1.4	2.0	3.5	3.7	4.2	0.7	0.7	0.9	0.8
1000 Impôts sur revenu, bénéfices et gains en capital	2.8	0.6	0.9	1.4	1.5	2.0	0.3	0.3	0.3	0.3
2000 Cotisations de sécurité sociale	0.2	0.4	0.5	0.4	0.4	0.2	0.2	0.2	0.1	0.1
3000 Sur salaires ou main d'oeuvre	0.0	0.1	0.2	1.1	1.2	0.0	0.1	0.1	0.3	0.3
4000 Impôts sur le patrimoine	0.1	0.0	0.0	0.0	0.0	0.0	0.0	0.0	0.0	0.0
5000 Impôts sur les biens et services	2.7	0.2	0.3	0.4	0.5	2.0	0.1	0.1	0.1	0.1
6000 Autres impôts	0.0	0.1	0.1	0.1	0.1	0.0	0.0	0.0	0.0	0.0
Administrations locales										
Recettes fiscales totales	6.1	3.2	3.8	5.3	5.8	4.4	1.5	1.3	1.3	1.3
1000 Impôts sur revenu, bénéfices et gains en capital	2.4	0.0	0.0	0.0	0.0	1.8	0.0	0.0	0.0	0.0
2000 Cotisations de sécurité sociale	0.2	0.3	0.3	0.2	0.2	0.1	0.1	0.1	0.1	0.0
3000 Sur salaires ou main d'oeuvre	0.7	1.8	2.4	3.9	4.3	0.5	0.8	0.8	1.0	1.0
4000 Impôts sur le patrimoine	0.5	0.5	0.6	0.8	0.8	0.4	0.2	0.2	0.2	0.2
5000 Impôts sur les biens et services	2.1	0.6	0.4	0.3	0.4	1.5	0.3	0.1	0.1	0.1
6000 Autres impôts	0.2	0.1	0.1	0.1	0.1	0.1	0.0	0.0	0.0	0.0
Administrations de sécurité sociale										
Recettes fiscales totales	15.0	24.8	34.4	52.7	55.9	10.9	11.6	11.6	13.0	12.5
1000 Impôts sur revenu, bénéfices et gains en capital	0.0	0.0	0.0	0.0	0.0	0.0	0.0	0.0	0.0	0.0
2000 Cotisations de sécurité sociale	15.0	24.8	34.4	52.7	55.9	10.9	11.6	11.6	13.0	12.5
3000 Sur salaires ou main d'oeuvre	0.0	0.0	0.0	0.0	0.0	0.0	0.0	0.0	0.0	0.0
4000 Impôts sur le patrimoine	0.0	0.0	0.0	0.0	0.0	0.0	0.0	0.0	0.0	0.0
5000 Impôts sur les biens et services	0.0	0.0	0.0	0.0	0.0	0.0	0.0	0.0	0.0	0.0
6000 Autres impôts	0.0	0.0	0.0	0.0	0.0	0.0	0.0	0.0	0.0	0.0

Note : Le total des recettes fiscales a été diminué du montant de tout transfert en capital représentant les impôts non perçus. Le transfert en capital a été directement diminué des impôts spécifiques auxquels il se rapporte. Par conséquent, les montants des recettes fiscales sont différents de ceux présentés dans le chapitre 6 "Recettes fiscales des sous-secteurs de l'administration".

Des données et des notes plus détaillées par pays sont disponibles dans le chapitre 6 "Recettes fiscales des sous-secteurs de l'administration". Les séries temporelles complètes sont accessibles sur le site web http://data-explorer.oecd.org/s/nv.

Source : Statistics Austria.

Tableau 4.5. Belgique, recettes fiscales et % du PIB (sélection de catégories d'impôts)

	Milliard EUR					% du PIB				
	1990	2000	2010	2021	2022	1990	2000	2010	2021	2022
Recettes fiscales totales	70.4	112.4	155.7	213.7	234.9	41.4	43.8	42.9	42.1	42.4
1000 Impôts sur le revenu, les bénéfices et les gains en capital	26.0	43.4	53.2	76.3	87.9	15.3	16.9	14.7	15.0	15.9
1100 Des personnes physiques	22.5	35.3	44.0	57.2	66.2	13.2	13.8	12.1	11.3	11.9
1200 Des sociétés	3.4	8.1	9.2	19.0	21.7	2.0	3.1	2.5	3.7	3.9
1300 Non-ventilables entre 1100 et 1200	0.0	0.1	0.0	0.1	0.1	0.0	0.0	0.0	0.0	0.0
2000 Cotisations de sécurité sociale	23.4	34.6	50.5	65.5	71.4	13.7	13.5	13.9	12.9	12.9
2100 À la charge des salariés	7.2	10.9	15.0	19.8	21.6	4.2	4.3	4.1	3.9	3.9
2200 À la charge des employeurs	14.7	20.8	30.9	39.3	43.0	8.6	8.1	8.5	7.7	7.8
2300 À la charge des indép. ou sans emploi	0.0	0.0	0.0	0.0	0.0	0.0	0.0	0.0	0.0	0.0
2400 Non-ventilables entre 2100, 2200 et 2300	0.0	0.0	0.0	0.0	0.0	0.0	0.0	0.0	0.0	0.0
3000 Sur les salaires ou main d'oeuvre	0.0	0.0	0.0	0.0	0.0	0.0	0.0	0.0	0.0	0.0
4000 Impôts sur le patrimoine	2.7	5.3	11.3	18.0	18.0	1.6	2.1	3.1	3.5	3.3
4100 Impôts périodiques sur la propriété immobilière	0.6	1.2	4.6	6.2	6.7	0.4	0.5	1.3	1.2	1.2
4200 Impôts périodiques sur l'actif net	0.0	0.1	0.2	1.0	1.1	0.0	0.0	0.1	0.2	0.2
4300 Impôts sur mut. par décès, succ. et donations	0.5	1.1	2.3	3.7	3.6	0.3	0.4	0.6	0.7	0.6
4400 Impôts sur transact. mobilières et immob.	1.5	2.7	3.5	5.9	5.6	0.9	1.0	1.0	1.2	1.0
4500 Impôts non périodiques sur	0.0	0.0	0.0	0.0	0.0	0.0	0.0	0.0	0.0	0.0
4600 Autres impôts périodiques sur patrimoine	0.1	0.2	0.3	0.7	0.8	0.1	0.1	0.1	0.1	0.1
5000 Impôts sur les biens et services	18.4	29.1	40.7	53.9	57.5	10.8	11.3	11.2	10.6	10.4
5100 Impôts sur production, vente, transfert, etc.	17.4	27.0	38.3	51.1	54.3	10.2	10.5	10.5	10.1	9.8
5110 Impôts généraux	11.6	18.2	25.5	34.6	36.3	6.8	7.1	7.0	6.8	6.6
5111 Taxes sur la valeur ajoutée	11.5	18.1	25.3	34.3	36.0	6.8	7.1	7.0	6.7	6.5
5120 Impôts sur biens et services déterminés	5.8	8.7	12.8	16.4	18.0	3.4	3.4	3.5	3.2	3.3
5121 Accises	3.5	5.7	7.8	9.9	10.0	2.0	2.2	2.1	1.9	1.8
5200 Impôts sur utilisation des biens et exerc. activités	1.0	2.1	2.4	2.8	3.1	0.6	0.8	0.7	0.6	0.6
5300 Non-ventilables entre 5100 et 5200	0.0	0.0	0.0	0.0	0.0	0.0	0.0	0.0	0.0	0.0
6000 Autres impôts	0.0	0.0	0.0	-0.0	0.0	0.0	0.0	0.0	-0.0	0.0
Crédits d'impôts récupérables										
Crédits d'impôts récupérables contre 1000	..	..	1.0	1.1	1.2	..	..	0.3	0.2	0.2
Composante transfert	..	..	0.4	0.3	0.3	..	..	0.1	0.1	0.1
Composante fiscale	..	..	0.6	0.8	0.9	..	..	0.2	0.2	0.2
Recettes fiscales collectés pour le compte de l'UE										
Recettes fiscales collectés pour le compte de l'UE, total	0.9	1.0	1.3	2.0	2.7	0.6	0.4	0.4	0.4	0.5
Droits de douane perçus pour le compte de l'UE	..	1.0	1.2	1.6	2.3	..	0.4	0.3	0.3	0.4
Contributions au Fonds de résolution unique collectées pour le compte de l'UE	..	..	..	0.3	0.4	..	..	..	0.1	0.1

.. Non disponible

Note : Le total des recettes fiscales a été diminué du montant de tout transfert en capital représentant les impôts non perçus. Le transfert en capital a été directement diminué des impôts spécifiques auxquels il se rapporte. Par conséquent, les montants des recettes fiscales sont différents de ceux présentés dans le chapitre 5 "Tableaux détaillés par pays".

Des données et des notes plus détaillées par pays sont disponibles dans le chapitre 5 "Tableaux détaillés par pays". Les séries temporelles complètes sont accessibles sur le site web http://data-explorer.oecd.org/s/nv.

Source : Institut de Comptes Nationaux, Service Public Fédéral des Finances.

Tableau 4.6. Belgique, recettes fiscales et % du PIB par niveaux d'administration (principaux impôts)

	Milliard EUR					% du PIB				
	1990	2000	2010	2021	2022	1990	2000	2010	2021	2022
Administrations fédérale ou centrale										
Recettes fiscales totales	42.5	69.4	87.8	111.9	123.2	25.0	27.1	24.2	22.0	22.2
1000 Impôts sur revenu, bénéfices et gains en capital	23.9	39.6	49.3	62.8	71.8	14.0	15.4	13.6	12.4	12.9
2000 Cotisations de sécurité sociale	0.9	1.3	2.5	0.1	0.1	0.5	0.5	0.7	0.0	0.0
3000 Sur salaires ou main d'oeuvre	0.0	0.0	0.0	0.0	0.0	0.0	0.0	0.0	0.0	0.0
4000 Impôts sur le patrimoine	1.1	2.3	0.9	2.6	2.5	0.6	0.9	0.3	0.5	0.5
5000 Impôts sur les biens et services	16.7	26.3	35.0	46.5	48.9	9.8	10.2	9.7	9.1	8.8
6000 Autres impôts	0.0	0.0	0.0	0.0	0.0	0.0	0.0	0.0	0.0	0.0
Administrations d'un État/Régions										
Recettes fiscales totales	1.2	2.4	8.1	21.8	23.8	0.7	1.0	2.2	4.3	4.3
1000 Impôts sur revenu, bénéfices et gains en capital	0.0	0.1	0.0	9.1	11.1	0.0	0.0	0.0	1.8	2.0
2000 Cotisations de sécurité sociale	0.0	0.0	0.0	0.3	0.3	0.0	0.0	0.0	0.1	0.1
3000 Sur salaires ou main d'oeuvre	0.0	0.0	0.0	0.0	0.0	0.0	0.0	0.0	0.0	0.0
4000 Impôts sur le patrimoine	0.9	1.9	5.6	9.3	9.0	0.5	0.7	1.5	1.8	1.6
5000 Impôts sur les biens et services	0.2	0.5	2.4	3.1	3.4	0.1	0.2	0.7	0.6	0.6
6000 Autres impôts	0.0	0.0	0.0	-0.0	0.0	0.0	0.0	0.0	-0.0	0.0
Administrations locales										
Recettes fiscales totales	3.1	4.6	7.9	9.5	10.6	1.8	1.8	2.2	1.9	1.9
1000 Impôts sur revenu, bénéfices et gains en capital	2.1	3.1	2.9	3.1	3.7	1.2	1.2	0.8	0.6	0.7
2000 Cotisations de sécurité sociale	0.1	0.0	0.0	0.0	0.0	0.1	0.0	0.0	0.0	0.0
3000 Sur salaires ou main d'oeuvre	0.0	0.0	0.0	0.0	0.0	0.0	0.0	0.0	0.0	0.0
4000 Impôts sur le patrimoine	0.6	1.0	4.4	5.8	6.2	0.3	0.4	1.2	1.1	1.1
5000 Impôts sur les biens et services	0.3	0.4	0.6	0.7	0.7	0.2	0.2	0.2	0.1	0.1
6000 Autres impôts	0.0	0.0	0.0	0.0	0.0	0.0	0.0	0.0	0.0	0.0
Administrations de sécurité sociale										
Recettes fiscales totales	22.7	34.9	50.7	68.6	74.5	13.4	13.6	14.0	13.5	13.4
1000 Impôts sur revenu, bénéfices et gains en capital	0.0	0.6	1.0	1.3	1.3	0.0	0.2	0.3	0.3	0.2
2000 Cotisations de sécurité sociale	22.4	33.3	48.0	65.2	71.1	13.2	13.0	13.2	12.8	12.8
3000 Sur salaires ou main d'oeuvre	0.0	0.0	0.0	0.0	0.0	0.0	0.0	0.0	0.0	0.0
4000 Impôts sur le patrimoine	0.1	0.2	0.3	0.3	0.3	0.1	0.1	0.1	0.1	0.1
5000 Impôts sur les biens et services	0.2	0.8	1.3	1.8	1.7	0.1	0.3	0.4	0.3	0.3
6000 Autres impôts	0.0	0.0	0.0	0.0	0.0	0.0	0.0	0.0	0.0	0.0

Note : Le total des recettes fiscales a été diminué du montant de tout transfert en capital représentant les impôts non perçus. Le transfert en capital a été directement diminué des impôts spécifiques auxquels il se rapporte. Par conséquent, les montants des recettes fiscales sont différents de ceux présentés dans le chapitre 6 "Recettes fiscales des sous-secteurs de l'administration".
Des données et des notes plus détaillées par pays sont disponibles dans le chapitre 6 "Recettes fiscales des sous-secteurs de l'administration". Les séries temporelles complètes sont accessibles sur le site web http://data-explorer.oecd.org/s/nv.
Source : Institut de Comptes Nationaux, Service Public Fédéral des Finances.

Tableau 4.7. Canada, recettes fiscales et % du PIB (sélection de catégories d'impôts)

	Milliard CAD					% du PIB				
	1990	2000	2010	2021	2022	1990	2000	2010	2021	2022
Recettes fiscales totales	244.2	390.2	516.6	875.9	951.8	35.1	34.7	31.0	34.8	33.8
1000 Impôts sur le revenu, les bénéfices et les gains en capital	118.6	195.3	241.0	451.8	490.9	17.0	17.4	14.5	18.0	17.5
1100 Des personnes physiques	99.7	143.7	180.9	318.0	346.2	14.3	12.8	10.9	12.6	12.3
1200 Des sociétés	17.2	47.6	54.1	123.3	132.0	2.5	4.2	3.2	4.9	4.7
1300 Non-ventilables entre 1100 et 1200	1.7	4.0	6.0	10.5	12.7	0.2	0.4	0.4	0.4	0.5
2000 Cotisations de sécurité sociale	29.7	53.1	76.8	120.9	133.6	4.3	4.7	4.6	4.8	4.7
2100 À la charge des salariés	10.6	21.4	30.6	50.5	55.8	1.5	1.9	1.8	2.0	2.0
2200 À la charge des employeurs	18.4	30.3	43.5	65.8	72.7	2.7	2.7	2.6	2.6	2.6
2300 À la charge des indép. ou sans emploi	0.0	0.0	0.0	0.0	0.0	0.0	0.0	0.0	0.0	0.0
2400 Non-ventilables entre 2100, 2200 et 2300	0.0	0.0	0.0	0.0	0.0	0.0	0.0	0.0	0.0	0.0
3000 Sur les salaires ou main d'oeuvre	5.5	8.0	10.8	18.9	20.7	0.8	0.7	0.6	0.8	0.7
4000 Impôts sur le patrimoine	24.5	37.2	63.7	98.0	98.5	3.5	3.3	3.8	3.9	3.5
4100 Impôts périodiques sur la propriété immobilière	20.2	30.2	51.7	73.5	74.7	2.9	2.7	3.1	2.9	2.7
4200 Impôts périodiques sur l'actif net	1.9	4.2	1.5	0.5	0.6	0.3	0.4	0.1	0.0	0.0
4300 Impôts sur mut. par décès, succ. et donations	0.0	0.0	0.2	0.4	0.5	0.0	0.0	0.0	0.0	0.0
4400 Impôts sur transact. mobilières et immob.	0.0	0.0	3.1	12.3	10.8	0.0	0.0	0.2	0.5	0.4
4500 Impôts non périodiques sur	0.0	0.0	0.0	0.0	0.0	0.0	0.0	0.0	0.0	0.0
4600 Autres impôts périodiques sur patrimoine	0.0	0.0	0.0	0.0	0.0	0.0	0.0	0.0	0.0	0.0
5000 Impôts sur les biens et services	63.1	94.5	123.8	185.3	207.0	9.1	8.4	7.4	7.4	7.4
5100 Impôts sur production, vente, transfert, etc.	59.6	88.9	116.2	172.0	192.9	8.6	7.9	7.0	6.8	6.9
5110 Impôts généraux	34.5	55.3	72.1	117.0	129.1	5.0	4.9	4.3	4.6	4.6
5111 Taxes sur la valeur ajoutée	0.0	35.9	70.7	115.4	127.2	0.0	3.2	4.2	4.6	4.5
5120 Impôts sur biens et services déterminés	25.2	33.6	44.0	55.0	63.7	3.6	3.0	2.6	2.2	2.3
5121 Accises	14.5	18.4	23.3	29.9	31.7	2.1	1.6	1.4	1.2	1.1
5200 Impôts sur utilisation des biens et exerc. activités	3.5	5.6	7.6	13.3	14.1	0.5	0.5	0.5	0.5	0.5
5300 Non-ventilables entre 5100 et 5200	0.0	0.0	0.0	0.0	0.0	0.0	0.0	0.0	0.0	0.0
6000 Autres impôts	2.9	2.2	0.6	1.0	1.1	0.4	0.2	0.0	0.0	0.0
Crédits d'impôts récupérables										
Crédits d'impôts récupérables contre 1000	..	3.4	11.1	18.8	21.9	..	0.3	0.7	0.7	0.8
Composante transfert	..	3.1	10.2	16.5	19.2	..	0.3	0.6	0.7	0.7
Composante fiscale	..	0.3	0.9	2.3	2.8	..	0.0	0.1	0.1	0.1

.. Non disponible

Note : Des données et des notes plus détaillées par pays sont disponibles dans le chapitre 5 "Tableaux détaillés par pays". Les séries temporelles complètes sont accessibles sur le site web http://data-explorer.oecd.org/s/nv.

Source : Statistics Canada.

Tableau 4.8. Canada, recettes fiscales et % du PIB par niveaux d'administration (principaux impôts)

	Milliard CAD					% du PIB				
	1990	2000	2010	2021	2022	1990	2000	2010	2021	2022
Administrations fédérale ou centrale										
Recettes fiscales totales	101.7	184.4	212.8	373.9	407.9	14.6	16.4	12.8	14.9	14.5
1000 Impôts sur revenu, bénéfices et gains en capital	73.6	126.3	148.7	280.1	303.5	10.6	11.2	8.9	11.1	10.8
2000 Cotisations de sécurité sociale	0.0	18.8	17.9	24.0	26.4	0.0	1.7	1.1	1.0	0.9
3000 Sur salaires ou main d'oeuvre	0.0	0.0	0.0	0.0	0.0	0.0	0.0	0.0	0.0	0.0
4000 Impôts sur le patrimoine	0.0	0.0	0.0	0.0	0.0	0.0	0.0	0.0	0.0	0.0
5000 Impôts sur les biens et services	28.1	39.4	46.2	69.8	78.0	4.0	3.5	2.8	2.8	2.8
6000 Autres impôts	0.0	0.0	0.0	0.0	0.0	0.0	0.0	0.0	0.0	0.0
Administrations d'un État/Régions										
Recettes fiscales totales	89.3	148.2	201.1	339.1	370.5	12.8	13.2	12.1	13.5	13.2
1000 Impôts sur revenu, bénéfices et gains en capital	44.9	69.0	92.2	171.7	187.4	6.5	6.1	5.5	6.8	6.7
2000 Cotisations de sécurité sociale	0.0	8.3	11.7	14.5	15.9	0.0	0.7	0.7	0.6	0.6
3000 Sur salaires ou main d'oeuvre	5.5	8.0	10.8	18.9	20.7	0.8	0.7	0.6	0.8	0.7
4000 Impôts sur le patrimoine	4.2	8.4	9.8	19.9	19.0	0.6	0.7	0.6	0.8	0.7
5000 Impôts sur les biens et services	34.6	54.5	76.7	114.1	127.4	5.0	4.8	4.6	4.5	4.5
6000 Autres impôts	0.0	0.0	0.0	0.0	0.0	0.0	0.0	0.0	0.0	0.0
Administrations locales										
Recettes fiscales totales	23.5	31.5	55.4	80.4	82.1	3.4	2.8	3.3	3.2	2.9
1000 Impôts sur revenu, bénéfices et gains en capital	0.0	0.0	0.0	0.0	0.0	0.0	0.0	0.0	0.0	0.0
2000 Cotisations de sécurité sociale	0.0	0.0	0.0	0.0	0.0	0.0	0.0	0.0	0.0	0.0
3000 Sur salaires ou main d'oeuvre	0.0	0.0	0.0	0.0	0.0	0.0	0.0	0.0	0.0	0.0
4000 Impôts sur le patrimoine	20.3	28.8	53.9	78.0	79.5	2.9	2.6	3.2	3.1	2.8
5000 Impôts sur les biens et services	0.4	0.6	0.9	1.4	1.5	0.1	0.1	0.1	0.1	0.1
6000 Autres impôts	2.9	2.2	0.6	1.0	1.1	0.4	0.2	0.0	0.0	0.0
Administrations de sécurité sociale										
Recettes fiscales totales	29.7	26.0	47.2	82.5	91.3	4.3	2.3	2.8	3.3	3.2
1000 Impôts sur revenu, bénéfices et gains en capital	0.0	0.0	0.0	0.0	0.0	0.0	0.0	0.0	0.0	0.0
2000 Cotisations de sécurité sociale	29.7	26.0	47.2	82.5	91.3	4.3	2.3	2.8	3.3	3.2
3000 Sur salaires ou main d'oeuvre	0.0	0.0	0.0	0.0	0.0	0.0	0.0	0.0	0.0	0.0
4000 Impôts sur le patrimoine	0.0	0.0	0.0	0.0	0.0	0.0	0.0	0.0	0.0	0.0
5000 Impôts sur les biens et services	0.0	0.0	0.0	0.0	0.0	0.0	0.0	0.0	0.0	0.0
6000 Autres impôts	0.0	0.0	0.0	0.0	0.0	0.0	0.0	0.0	0.0	0.0

Note : Des données et des notes plus détaillées par pays sont disponibles dans le chapitre 6 "Recettes fiscales des sous-secteurs de l'administration". Les séries temporelles complètes sont accessibles sur le site web http://data-explorer.oecd.org/s/nv.

Source : Statistics Canada.

Tableau 4.9. Chili, recettes fiscales et % du PIB (sélection de catégories d'impôts)

	Milliard CLP					% du PIB				
	1990	2000	2010	2021	2022	1990	2000	2010	2021	2022
Recettes fiscales totales	1 777.2	7 902.0	21 815.4	53 463.3	62 901.4	16.8	18.7	19.7	22.3	23.8
1000 Impôts sur le revenu, les bénéfices et les gains en capital	413.0	1 841.6	8 329.1	20 456.9	27 491.9	3.9	4.4	7.5	8.5	10.4
1100 Des personnes physiques	99.2	604.1	1 492.8	5 780.4	6 626.6	0.9	1.4	1.3	2.4	2.5
1200 Des sociétés	219.6	882.9	4 448.7	9 145.9	14 900.6	2.1	2.1	4.0	3.8	5.6
1300 Non-ventilables entre 1100 et 1200	94.2	354.6	2 387.5	5530.6	5 964.7	0.9	0.8	2.2	2.3	2.3
2000 Cotisations de sécurité sociale	159.6	576.8	1 494.0	2 815.1	2 585.4	1.5	1.4	1.3	1.2	1.0
2100 À la charge des salariés	154.0	553.9	1 433.2	2 686.0	2 435.4	1.5	1.3	1.3	1.1	0.9
2200 À la charge des employeurs	5.5	22.8	60.8	129.1	150.0	0.1	0.1	0.1	0.1	0.1
2300 À la charge des indép. ou sans emploi	0.0	0.0	0.0	0.0	0.0	0.0	0.0	0.0	0.0	0.0
2400 Non-ventilables entre 2100, 2200 et 2300	0.0	0.0	0.0	0.0	0.0	0.0	0.0	0.0	0.0	0.0
3000 Sur les salaires ou main d'oeuvre	0.0	0.0	0.0	0.0	0.0	0.0	0.0	0.0	0.0	0.0
4000 Impôts sur le patrimoine	109.3	554.0	867.9	2 885.1	3 466.2	1.0	1.3	0.8	1.2	1.3
4100 Impôts périodiques sur la propriété immobilière	60.0	302.2	631.7	2 002.4	2 284.3	0.6	0.7	0.6	0.8	0.9
4200 Impôts périodiques sur l'actif net	0.0	0.0	0.0	0.0	0.0	0.0	0.0	0.0	0.0	0.0
4300 Impôts sur mut. par décès, succ. et donations	3.4	10.9	39.3	291.8	416.2	0.0	0.0	0.0	0.1	0.2
4400 Impôts sur transact. mobilières et immob.	45.9	240.9	196.9	590.8	765.7	0.4	0.6	0.2	0.2	0.3
4500 Impôts non périodiques sur	0.0	0.0	0.0	0.0	0.0	0.0	0.0	0.0	0.0	0.0
4600 Autres impôts périodiques sur patrimoine	0.0	0.0	0.0	0.0	0.0	0.0	0.0	0.0	0.0	0.0
5000 Impôts sur les biens et services	1 118.7	5 041.8	11 185.2	28 368.6	30 080.5	10.6	11.9	10.1	11.8	11.4
5100 Impôts sur production, vente, transfert, etc.	1 074.0	4 789.8	10 532.9	26 628.0	28 078.7	10.1	11.3	9.5	11.1	10.6
5110 Impôts généraux	664.4	3 306.4	8 399.9	22 785.9	24 515.2	6.3	7.8	7.6	9.5	9.3
5111 Taxes sur la valeur ajoutée	664.4	3 306.4	8 399.9	22 785.9	24 515.2	6.3	7.8	7.6	9.5	9.3
5120 Impôts sur biens et services déterminés	409.6	1 483.5	2 133.0	3 842.1	3 563.4	3.9	3.5	1.9	1.6	1.4
5121 Accises	166.0	816.2	1 561.2	2 799.0	2 331.1	1.6	1.9	1.4	1.2	0.9
5200 Impôts sur utilisation des biens et exerc. activités	44.7	251.9	652.3	1 740.6	2 001.8	0.4	0.6	0.6	0.7	0.8
5300 Non-ventilables entre 5100 et 5200	0.0	0.0	0.0	0.0	0.0	0.0	0.0	0.0	0.0	0.0
6000 Autres impôts	-23.4	-112.2	-60.7	-1062.4	-722.6	-0.2	-0.3	-0.1	-0.4	-0.3
Crédits d'impôts récupérables										
Crédits d'impôts récupérables contre 1000	0.0	0.0	0.0	279.4	352.8	0.0	0.0	0.0	0.1	0.1
Composante transfert	..	..	..	215.8	250.4	..	..	..	0.1	0.1
Composante fiscale	..	..	..	63.5	102.4	..	..	..	0.0	0.0

.. Non disponible

Note : Des données et des notes plus détaillées par pays sont disponibles dans le chapitre 5 "Tableaux détaillés par pays". Les séries temporelles complètes sont accessibles sur le site web http://data-explorer.oecd.org/s/nv.

Source : Servicio de Impuestos internos (Chile's Tax Service).

Tableau 4.10. Chili, recettes fiscales et % du PIB par niveaux d'administration (principaux impôts)

	Milliard CLP					% du PIB				
	1990	2000	2010	2021	2022	1990	2000	2010	2021	2022
Administrations fédérale ou centrale										
Recettes fiscales totales	1 579.7	6 936.8	19 214.8	47 410.5	56 529.2	14.9	16.4	17.3	19.8	21.4
1000 Impôts sur revenu, bénéfices et gains en capital	413.0	1 841.6	8 329.1	20 456.9	27 491.9	3.9	4.4	7.5	8.5	10.4
2000 Cotisations de sécurité sociale	66.7	232.7	371.4	511.5	548.6	0.6	0.6	0.3	0.2	0.2
3000 Sur salaires ou main d'oeuvre	0.0	0.0	0.0	0.0	0.0	0.0	0.0	0.0	0.0	0.0
4000 Impôts sur le patrimoine	59.7	255.4	244.6	1187.2	1456.8	0.6	0.6	0.2	0.5	0.6
5000 Impôts sur les biens et services	1 063.7	4 719.3	10 330.4	26 317.2	27 754.6	10.0	11.2	9.3	11.0	10.5
6000 Autres impôts	-23.4	-112.2	-60.7	-1062.4	-722.6	-0.2	-0.3	-0.1	-0.4	-0.3
Administrations d'un État/Régions										
Recettes fiscales totales	..	..	..	..	..	..	..	..	..	..
1000 Impôts sur revenu, bénéfices et gains en capital	..	..	..	..	..	..	..	..	..	..
2000 Cotisations de sécurité sociale	..	..	..	..	..	..	..	..	..	..
3000 Sur salaires ou main d'oeuvre	..	..	..	..	..	..	..	..	..	..
4000 Impôts sur le patrimoine	..	..	..	..	..	..	..	..	..	..
5000 Impôts sur les biens et services	..	..	..	..	..	..	..	..	..	..
6000 Autres impôts	..	..	..	..	..	..	..	..	..	..
Administrations locales										
Recettes fiscales totales	104.7	621.2	1 478.0	3 749.3	4 335.4	1.0	1.5	1.3	1.6	1.6
1000 Impôts sur revenu, bénéfices et gains en capital	0.0	0.0	0.0	0.0	0.0	0.0	0.0	0.0	0.0	0.0
2000 Cotisations de sécurité sociale	0.0	0.0	0.0	0.0	0.0	0.0	0.0	0.0	0.0	0.0
3000 Sur salaires ou main d'oeuvre	0.0	0.0	0.0	0.0	0.0	0.0	0.0	0.0	0.0	0.0
4000 Impôts sur le patrimoine	49.6	298.7	623.3	1 697.9	2 009.4	0.5	0.7	0.6	0.7	0.8
5000 Impôts sur les biens et services	55.0	322.5	854.8	2 051.4	2 325.9	0.5	0.8	0.8	0.9	0.9
6000 Autres impôts	0.0	0.0	0.0	0.0	0.0	0.0	0.0	0.0	0.0	0.0
Administrations de sécurité sociale										
Recettes fiscales totales	92.8	344.0	1 122.6	2 303.6	2 036.9	0.9	0.8	1.0	1.0	0.8
1000 Impôts sur revenu, bénéfices et gains en capital	0.0	0.0	0.0	0.0	0.0	0.0	0.0	0.0	0.0	0.0
2000 Cotisations de sécurité sociale	92.8	344.0	1 122.6	2 303.6	2 036.9	0.9	0.8	1.0	1.0	0.8
3000 Sur salaires ou main d'oeuvre	0.0	0.0	0.0	0.0	0.0	0.0	0.0	0.0	0.0	0.0
4000 Impôts sur le patrimoine	0.0	0.0	0.0	0.0	0.0	0.0	0.0	0.0	0.0	0.0
5000 Impôts sur les biens et services	0.0	0.0	0.0	0.0	0.0	0.0	0.0	0.0	0.0	0.0
6000 Autres impôts	0.0	0.0	0.0	0.0	0.0	0.0	0.0	0.0	0.0	0.0

.. Non disponible

Note : Des données et des notes plus détaillées par pays sont disponibles dans le chapitre 6 "Recettes fiscales des sous-secteurs de l'administration". Les séries temporelles complètes sont accessibles sur le site web http://data-explorer.oecd.org/s/nv.

Source : Servicio de Impuestos internos (Chile's Tax Service).

Tableau 4.11. Colombie, recettes fiscales et % du PIB (sélection de catégories d'impôts)

	Milliard COP					% du PIB				
	1990	2000	2010	2021	2022	1990	2000	2010	2021	2022
Recettes fiscales totales	2 579.4	30 598.6	98 455.3	228 906.8	288 842.3	11.3	15.7	18.1	19.2	19.7
1000 Impôts sur le revenu, les bénéfices et les gains en capital	771.7	7 103.5	26 218.9	73 222.9	95 911.1	3.4	3.6	4.8	6.1	6.5
1100 Des personnes physiques	47.2	1 499.3	5 192.4	15 825.3	20 356.5	0.2	0.8	1.0	1.3	1.4
1200 Des sociétés	359.8	5 119.8	20 405.2	54 442.5	73 300.9	1.6	2.6	3.8	4.6	5.0
1300 Non-ventilables entre 1100 et 1200	364.7	484.4	621.3	2 955.1	2 253.7	1.6	0.2	0.1	0.2	0.2
2000 Cotisations de sécurité sociale	203.6	4 989.0	11 478.1	21 674.0	23 908.5	0.9	2.6	2.1	1.8	1.6
2100 À la charge des salariés	..	..	..	..	..	..	..	..	..	..
2200 À la charge des employeurs	..	..	..	..	..	..	..	..	..	..
2300 À la charge des indép. ou sans emploi	..	..	..	..	..	..	..	..	..	..
2400 Non-ventilables entre 2100, 2200 et 2300	203.6	4 989.0	11 478.1	21 674.0	23 908.5	0.9	2.6	2.1	1.8	1.6
3000 Sur les salaires ou main d'oeuvre	0.0	1 286.8	4 022.5	3 927.1	4 422.0	0.0	0.7	0.7	0.3	0.3
4000 Impôts sur le patrimoine	56.2	2 027.7	8 535.2	20 652.6	22 525.1	0.2	1.0	1.6	1.7	1.5
4100 Impôts périodiques sur la propriété immobilière	56.2	991.1	3 338.9	9 643.7	9 937.0	0.2	0.5	0.6	0.8	0.7
4200 Impôts périodiques sur l'actif net	0.0	0.0	1 970.5	1032.1	73.1	0.0	0.0	0.4	0.1	0.0
4300 Impôts sur mut. par décès, succ. et donations	0.0	0.0	0.0	0.0	0.0	0.0	0.0	0.0	0.0	0.0
4400 Impôts sur transact. mobilières et immob.	0.0	1 036.6	3 225.8	9 831.2	12 281.8	0.0	0.5	0.6	0.8	0.8
4500 Impôts non périodiques sur	0.0	0.0	0.0	0.0	0.0	0.0	0.0	0.0	0.0	0.0
4600 Autres impôts périodiques sur patrimoine	0.0	0.0	0.0	0.0	0.0	0.0	0.0	0.0	0.0	0.0
5000 Impôts sur les biens et services	1 388.7	14 180.5	44 411.6	99 258.0	129 331.9	6.1	7.3	8.2	8.3	8.8
5100 Impôts sur production, vente, transfert, etc.	1 388.7	14 048.7	44 038.1	97 214.9	127 046.4	6.1	7.2	8.1	8.2	8.6
5110 Impôts généraux	672.4	9 585.9	33 333.8	80 093.9	105 084.1	3.0	4.9	6.1	6.7	7.1
5111 Taxes sur la valeur ajoutée	583.1	8 445.8	28 811.7	69 883.4	91 723.3	2.6	4.3	5.3	5.9	6.2
5120 Impôts sur biens et services déterminés	716.3	4 462.8	10 704.3	17 121.0	21 962.3	3.2	2.3	2.0	1.4	1.5
5121 Accises	404.7	2 718.7	6 052.3	12 906.4	15 703.7	1.8	1.4	1.1	1.1	1.1
5200 Impôts sur utilisation des biens et exerc. activités	0.0	131.8	373.6	2 043.1	2 285.6	0.0	0.1	0.1	0.2	0.2
5300 Non-ventilables entre 5100 et 5200	0.0	0.0	0.0	0.0	0.0	0.0	0.0	0.0	0.0	0.0
6000 Autres impôts	159.3	1 011.2	3 789.0	10 172.3	12 743.6	0.7	0.5	0.7	0.9	0.9
Crédits d'impôts récupérables										
Crédits d'impôts récupérables contre 1000	..	..	..	..	..	..	..	..	..	..
Composante transfert	..	..	..	..	..	..	..	..	..	..
Composante fiscale	..	..	..	..	..	..	..	..	..	..

.. Non disponible

Note : Des données et des notes plus détaillées par pays sont disponibles dans le chapitre 5 "Tableaux détaillés par pays". Les séries temporelles complètes sont accessibles sur le site web http://data-explorer.oecd.org/s/nv.

Source : Dirección de Impuestos y Aduanas Nacionales de Colombia, Ministerio de Hacienda y Crédito Público y Banco Central de Colombia. (National Tax and Customs Administration, Ministry of Finance and Public Credit and Central Bank of Colombia).

Tableau 4.12. Colombie, recettes fiscales et % du PIB par niveaux d'administration (principaux impôts)

	Milliard COP					% du PIB				
	1990	2000	2010	2021	2022	1990	2000	2010	2021	2022
Administrations fédérale ou centrale										
Recettes fiscales totales	1 885.9	21 016.3	71 304.3	166 725.8	217 075.6	8.3	10.8	13.1	14.0	14.8
1000 Impôts sur revenu, bénéfices et gains en capital	771.7	7 103.5	26 218.9	73 222.9	95 911.1	3.4	3.6	4.8	6.1	6.5
2000 Cotisations de sécurité sociale	0.0	0.0	0.0	0.0	0.0	0.0	0.0	0.0	0.0	0.0
3000 Sur salaires ou main d'oeuvre	0.0	1 286.8	4 022.5	3 927.1	4 422.0	0.0	0.7	0.7	0.3	0.3
4000 Impôts sur le patrimoine	0.0	1 036.6	5 196.3	11 008.8	12 588.1	0.0	0.5	1.0	0.9	0.9
5000 Impôts sur les biens et services	1 035.9	11 108.6	35 382.9	78 060.1	103 231.3	4.6	5.7	6.5	6.5	7.0
6000 Autres impôts	78.3	480.8	483.8	506.9	923.1	0.3	0.2	0.1	0.0	0.1
Administrations d'un État/Régions										
Recettes fiscales totales	263.4	1723.2	4781.3	11699.6	13 871.0	1.2	0.9	0.9	1.0	0.9
1000 Impôts sur revenu, bénéfices et gains en capital	0.0	0.0	0.0	0.0	0.0	0.0	0.0	0.0	0.0	0.0
2000 Cotisations de sécurité sociale	0.0	0.0	0.0	0.0	0.0	0.0	0.0	0.0	0.0	0.0
3000 Sur salaires ou main d'oeuvre	0.0	0.0	0.0	0.0	0.0	0.0	0.0	0.0	0.0	0.0
4000 Impôts sur le patrimoine	0.0	0.0	0.0	0.0	0.0	0.0	0.0	0.0	0.0	0.0
5000 Impôts sur les biens et services	263.4	1 481.7	3 406.3	8 435.8	9 817.1	1.2	0.8	0.6	0.7	0.7
6000 Autres impôts	0.0	241.5	1 375.0	3 263.7	4 053.9	0.0	0.1	0.3	0.3	0.3
Administrations locales										
Recettes fiscales totales	226.5	2 870.1	10 891.7	28 807.5	33 987.2	1.0	1.5	2.0	2.4	2.3
1000 Impôts sur revenu, bénéfices et gains en capital	0.0	0.0	0.0	0.0	0.0	0.0	0.0	0.0	0.0	0.0
2000 Cotisations de sécurité sociale	0.0	0.0	0.0	0.0	0.0	0.0	0.0	0.0	0.0	0.0
3000 Sur salaires ou main d'oeuvre	0.0	0.0	0.0	0.0	0.0	0.0	0.0	0.0	0.0	0.0
4000 Impôts sur le patrimoine	56.2	991.1	3 338.9	9 643.7	9 937.0	0.2	0.5	0.6	0.8	0.7
5000 Impôts sur les biens et services	89.3	1 590.1	5 622.5	12 762.1	16 283.6	0.4	0.8	1.0	1.1	1.1
6000 Autres impôts	81.0	288.9	1 930.3	6 401.7	7 766.6	0.4	0.1	0.4	0.5	0.5
Administrations de sécurité sociale										
Recettes fiscales totales	203.6	4 989.0	11 478.1	21 674.0	23 908.5	0.9	2.6	2.1	1.8	1.6
1000 Impôts sur revenu, bénéfices et gains en capital	0.0	0.0	0.0	0.0	0.0	0.0	0.0	0.0	0.0	0.0
2000 Cotisations de sécurité sociale	203.6	4 989.0	11 478.1	21 674.0	23 908.5	0.9	2.6	2.1	1.8	1.6
3000 Sur salaires cu main d'oeuvre	0.0	0.0	0.0	0.0	0.0	0.0	0.0	0.0	0.0	0.0
4000 Impôts sur le patrimoine	0.0	0.0	0.0	0.0	0.0	0.0	0.0	0.0	0.0	0.0
5000 Impôts sur les biens et services	0.0	0.0	0.0	0.0	0.0	0.0	0.0	0.0	0.0	0.0
6000 Autres impôts	0.0	0.0	0.0	0.0	0.0	0.0	0.0	0.0	0.0	0.0

Note : Des données et des notes plus détaillées par pays sont disponibles dans le chapitre 6 "Recettes fiscales des sous-secteurs de l'administration". Les séries temporelles complètes sont accessibles sur le site web http://data-explorer.oecd.org/s/nv.

Source : Dirección de Impuestos y Aduanas Nacionales de Colombia, Ministerio de Hacienda y Crédito Público y Banco Central de Colombia. (National Tax and Customs Administration, Ministry of Finance and Public Credit and Central Bank of Colombia).

Tableau 4.13. Costa Rica, recettes fiscales et % du PIB (sélection de catégories d'impôts)

	Milliard CRC					% du PIB				
	1990	2000	2010	2021	2022	1990	2000	2010	2021	2022
Recettes fiscales totales	117.7	978.1	4 382.4	10 019.3	11 286.0	22.4	21.1	22.1	24.8	25.2
1000 Impôts sur le revenu, les bénéfices et les gains en capital	11.8	128.8	748.1	2 063.8	2 430.2	2.3	2.8	3.8	5.1	5.4
1100 Des personnes physiques	..	..	202.8	622.8	691.3	..	..	1.0	1.5	1.5
1200 Des sociétés	..	..	450.3	970.5	1188.8	..	..	2.3	2.4	2.7
1300 Non-ventilables entre 1100 et 1200	11.8	128.8	94.9	470.5	550.1	2.3	2.8	0.5	1.2	1.2
2000 Cotisations de sécurité sociale	34.0	297.1	1 450.5	3 605.7	3 925.7	6.5	6.4	7.3	8.9	8.8
2100 À la charge des salariés	..	..	..	..	..	..	..	..	..	..
2200 À la charge des employeurs	3.4	37.3	207.2	389.2	412.9	0.7	0.8	1.0	1.0	0.9
2300 À la charge des indép. ou sans emploi	..	..	..	..	..	..	..	..	..	..
2400 Non-ventilables entre 2100, 2200 et 2300	30.5	259.8	1 243.3	3 216.5	3 512.8	5.8	5.6	6.3	8.0	7.8
3000 Sur les salaires ou main d'oeuvre	7.6	61.8	260.7	569.3	639.7	1.4	1.3	1.3	1.4	1.4
4000 Impôts sur le patrimoine	1.6	8.4	63.7	208.5	220.7	0.3	0.2	0.3	0.5	0.5
4100 Impôts périodiques sur la propriété immobilière	1.2	5.4	49.0	150.3	154.9	0.2	0.1	0.2	0.4	0.3
4200 Impôts périodiques sur l'actif net	0.0	0.0	0.0	0.0	0.0	0.0	0.0	0.0	0.0	0.0
4300 Impôts sur mut. par décès, succ. et donations	0.0	0.0	0.0	0.0	0.0	0.0	0.0	0.0	0.0	0.0
4400 Impôts sur transact. mobilières et immob.	0.4	3.0	14.7	58.2	65.8	0.1	0.1	0.1	0.1	0.1
4500 Impôts non périodiques sur	0.0	0.0	0.0	0.0	0.0	0.0	0.0	0.0	0.0	0.0
4600 Autres impôts périodiques sur patrimoine	0.0	0.0	0.0	0.0	0.0	0.0	0.0	0.0	0.0	0.0
5000 Impôts sur les biens et services	53.5	456.9	1 766.9	3 488.5	3 674.7	10.2	9.9	8.9	8.7	8.2
5100 Impôts sur production, vente, transfert, etc.	49.9	425.7	1 600.3	3 150.4	3 330.8	9.5	9.2	8.1	7.8	7.4
5110 Impôts généraux	21.3	222.8	920.3	2 065.6	2 217.7	4.1	4.8	4.6	5.1	4.9
5111 Taxes sur la valeur ajoutée	21.3	222.8	920.3	2 040.0	2 193.2	4.1	4.8	4.6	5.1	4.9
5120 Impôts sur biens et services déterminés	28.5	202.9	680.0	1084.8	1 113.0	5.4	4.4	3.4	2.7	2.5
5121 Accises	11.1	157.2	523.6	863.1	883.1	2.1	3.4	2.6	2.1	2.0
5200 Impôts sur utilisation des biens et exerc. activités	3.6	31.1	166.6	338.1	344.0	0.7	0.7	0.8	0.8	0.8
5300 Non-ventilables entre 5100 et 5200	0.0	0.0	0.0	0.0	0.0	0.0	0.0	0.0	0.0	0.0
6000 Autres impôts	9.3	25.2	92.5	83.3	394.9	1.8	0.5	0.5	0.2	0.9
Crédits d'impôts récupérables										
Crédits d'impôts récupérables contre 1000	..	..	..	..	..	..	..	..	..	..
Composante transfert	..	..	..	..	..	..	..	..	..	..
Composante fiscale	..	..	..	..	..	..	..	..	..	..

.. Non disponible

Note : Des données et des notes plus détaillées par pays sont disponibles dans le chapitre 5 "Tableaux détaillés par pays". Les séries temporelles complètes sont accessibles sur le site web http://data-explorer.oecd.org/s/nv.

Source : Secretaría Técnica de la Autoridad Presupuestaria, Ministerio de Finanzas y Contraloría General de la República (Technical Secretary of the Budgeting Authority, Ministry of Finance and National General Comptroller).

Tableau 4.14. Costa Rica, recettes fiscales et % du PIB par niveaux d'administration (principaux impôts)

	Milliard CRC					% du PIB				
	1990	2000	2010	2021	2022	1990	2000	2010	2021	2022
Administrations fédérale ou centrale										
Recettes fiscales totales	75.0	619.3	2 616.6	6 016.8	6 931.1	14.3	13.4	13.2	14.9	15.5
1000 Impôts sur revenu, bénéfices et gains en capital	11.8	128.8	748.1	2 063.8	2 430.2	2.3	2.8	3.8	5.1	5.4
2000 Cotisations de sécurité sociale	1.3	18.7	61.2	469.2	515.7	0.3	0.4	0.3	1.2	1.2
3000 Sur salaires ou main d'oeuvre	0.0	0.0	0.0	0.0	0.0	0.0	0.0	0.0	0.0	0.0
4000 Impôts sur le patrimoine	0.4	3.0	18.3	63.3	71.0	0.1	0.1	0.1	0.2	0.2
5000 Impôts sur les biens et services	52.2	444.9	1 696.6	3 337.3	3 519.5	9.9	9.6	8.6	8.3	7.9
6000 Autres impôts	9.3	24.0	92.5	83.2	394.7	1.8	0.5	0.5	0.2	0.9
Administrations d'un État/Régions										
Recettes fiscales totales	..	..	..	..	..	..	..	..	..	..
1000 Impôts sur revenu, bénéfices et gains en capital	..	..	..	..	..	..	..	..	..	..
2000 Cotisations de sécurité sociale	..	..	..	..	..	..	..	..	..	..
3000 Sur salaires ou main d'oeuvre	..	..	..	..	..	..	..	..	..	..
4000 Impôts sur le patrimoine	..	..	..	..	..	..	..	..	..	..
5000 Impôts sur les biens et services	..	..	..	..	..	..	..	..	..	..
6000 Autres impôts	..	..	..	..	..	..	..	..	..	..
Administrations locales										
Recettes fiscales totales	2.5	18.6	115.8	296.6	305.2	0.5	0.4	0.6	0.7	0.7
1000 Impôts sur revenu, bénéfices et gains en capital	0.0	0.0	0.0	0.0	0.0	0.0	0.0	0.0	0.0	0.0
2000 Cotisations de sécurité sociale	0.0	0.0	0.0	0.0	0.0	0.0	0.0	0.0	0.0	0.0
3000 Sur salaires ou main d'oeuvre	0.0	0.0	0.0	0.0	0.0	0.0	0.0	0.0	0.0	0.0
4000 Impôts sur le patrimoine	1.2	5.4	45.4	145.2	149.7	0.2	0.1	0.2	0.4	0.3
5000 Impôts sur les biens et services	1.3	12.0	70.3	151.3	155.2	0.2	0.3	0.4	0.4	0.3
6000 Autres impôts	0.0	1.2	0.0	0.1	0.2	0.0	0.0	0.0	0.0	0.0
Administrations de sécurité sociale										
Recettes fiscales totales	40.2	340.2	1 650.0	3 705.9	4 049.7	7.7	7.4	8.3	9.2	9.0
1000 Impôts sur revenu, bénéfices et gains en capital	0.0	0.0	0.0	0.0	0.0	0.0	0.0	0.0	0.0	0.0
2000 Cotisations de sécurité sociale	32.6	278.4	1 389.3	3 136.5	3 410.0	6.2	6.0	7.0	7.8	7.6
3000 Sur salaires ou main d'oeuvre	7.6	61.8	260.7	569.3	639.7	1.4	1.3	1.3	1.4	1.4
4000 Impôts sur le patrimoine	0.0	0.0	0.0	0.0	0.0	0.0	0.0	0.0	0.0	0.0
5000 Impôts sur les biens et services	0.0	0.0	0.0	0.0	0.0	0.0	0.0	0.0	0.0	0.0
6000 Autres impôts	0.0	0.0	0.0	0.0	0.0	0.0	0.0	0.0	0.0	0.0

.. Non disponible

Note : Des données et des notes plus détaillées par pays sont disponibles dans le chapitre 6 "Recettes fiscales des sous-secteurs de l'administration". Les séries temporelles complètes sont accessibles sur le site web http://data-explorer.oecd.org/s/nv.

Source : Secretaría Técnica de la Autoridad Presupuestaria, Ministerio de Finanzas y Contraloría General de la República (Technical Secretary of the Budgeting Authority, Ministry of Finance and National General Comptroller).

Tableau 4.15. Tchéquie, recettes fiscales et % du PIB (sélection de catégories d'impôts)

	Milliard CZK					% du PIB				
	1990	2000	2010	2021	2022	1990	2000	2010	2021	2022
Recettes fiscales totales	..	771.6	1 286.9	2 122.8	2 339.6	..	32.2	31.9	33.7	33.2
1000 Impôts sur le revenu, les bénéfices et les gains en capital	..	175.8	259.9	441.1	515.4	..	7.3	6.4	7.0	7.3
1100 Des personnes physiques	..	99.7	131.7	198.8	214.1	..	4.2	3.3	3.2	3.0
1200 Des sociétés	..	76.2	128.2	242.4	301.2	..	3.2	3.2	3.8	4.3
1300 Non-ventilables entre 1100 et 1200	..	0.0	0.0	0.0	0.0	..	0.0	0.0	0.0	0.0
2000 Cotisations de sécurité sociale	..	341.5	576.0	1004.8	1 074.2	..	14.2	14.3	15.9	15.2
2100 À la charge des salariés	..	77.3	116.8	201.0	215.2	..	3.2	2.9	3.2	3.1
2200 À la charge des employeurs	..	220.2	363.1	618.3	661.3	..	9.2	9.0	9.8	9.4
2300 À la charge des indép. ou sans emploi	..	0.0	0.0	0.0	0.0	..	0.0	0.0	0.0	0.0
2400 Non-ventilables entre 2100, 2200 et 2300	..	0.0	0.0	0.0	0.0	..	0.0	0.0	0.0	0.0
3000 Sur les salaires ou main d'oeuvre	..	0.0	0.0	0.0	0.0	..	0.0	0.0	0.0	0.0
4000 Impôts sur le patrimoine	..	10.9	16.4	11.9	12.5	..	0.5	0.4	0.2	0.2
4100 Impôts périodiques sur la propriété immobilière	..	4.5	8.8	11.9	12.4	..	0.2	0.2	0.2	0.2
4200 Impôts périodiques sur l'actif net	..	0.0	0.0	0.0	0.0	..	0.0	0.0	0.0	0.0
4300 Impôts sur mut. par décès, succ. et donations	..	0.6	0.2	0.0	0.0	..	0.0	0.0	0.0	0.0
4400 Impôts sur transact. mobilières et immob.	..	5.8	7.4	0.1	0.1	..	0.2	0.2	0.0	0.0
4500 Impôts non périodiques sur	..	0.0	0.0	0.0	0.0	..	0.0	0.0	0.0	0.0
4600 Autres impôts périodiques sur patrimoine	..	0.0	0.0	0.0	0.0	..	0.0	0.0	0.0	0.0
5000 Impôts sur les biens et services	..	243.0	434.4	664.7	737.3	..	10.1	10.8	10.5	10.5
5100 Impôts sur production, vente, transfert, etc.	..	226.4	408.6	636.0	708.7	..	9.4	10.1	10.1	10.1
5110 Impôts généraux	..	141.2	263.5	463.5	536.9	..	5.9	6.5	7.3	7.6
5111 Taxes sur la valeur ajoutée	..	141.2	263.5	463.5	536.9	..	5.9	6.5	7.3	7.6
5120 Impôts sur biens et services déterminés	..	85.1	145.2	172.5	171.8	..	3.5	3.6	2.7	2.4
5121 Accises	..	71.4	138.4	161.6	158.7	..	3.0	3.4	2.6	2.3
5200 Impôts sur utilisation des biens et exerc. activités	..	16.6	25.7	28.7	28.7	..	0.7	0.6	0.5	0.4
5300 Non-ventilables entre 5100 et 5200	..	0.0	0.0	0.0	0.0	..	0.0	0.0	0.0	0.0
6000 Autres impôts	..	0.4	0.1	0.2	0.2	..	0.0	0.0	0.0	0.0
Crédits d'impôts récupérables										
Crédits d'impôts récupérables contre 1000	..	0.0	25.7	41.1	42.1	..	0.0	0.6	0.7	0.6
Composante transfert	..	..	7.8	12.0	12.9	..	..	0.2	0.2	0.2
Composante fiscale	..	..	17.9	29.2	29.2	..	..	0.4	0.5	0.4
Recettes fiscales collectés pour le compte de l'UE										
Recettes fiscales collectés pour le compte de l'UE, total	..	..	6.6	10.7	12.7	..	..	0.2	0.2	0.2
Droits de douane perçus pour le compte de l'UE	..	..	6.6	10.7	12.7	..	..	0.2	0.2	0.2
Contributions au Fonds de résolution unique collectées pour le compte de l'UE	..	..	..	..	..	..	..	..	..	..

.. Non disponible

Note : Des données et des notes plus détaillées par pays sont disponibles dans le chapitre 5 "Tableaux détaillés par pays". Les séries temporelles complètes sont accessibles sur le site web http://data-explorer.oecd.org/s/nv.

Source : Ministry of Finance, Tax Analyses Department.

Tableau 4.16. Tchéquie, recettes fiscales et % du PIB par niveaux d'administration (principaux impôts)

	Milliard CZK					% du PIB				
	1990	2000	2010	2021	2022	1990	2000	2010	2021	2022
Administrations fédérale ou centrale										
Recettes fiscales totales	..	423.4	687.3	1 087.2	1 228.8	..	17.6	17.0	17.2	17.4
1000 Impôts sur revenu, bénéfices et gains en capital	..	175.8	259.9	441.1	515.4	..	7.3	6.4	7.0	7.3
2000 Cotisations de sécurité sociale	..	0.0	0.0	0.0	0.0	..	0.0	0.0	0.0	0.0
3000 Sur salaires ou main d'oeuvre	..	0.0	0.0	0.0	0.0	..	0.0	0.0	0.0	0.0
4000 Impôts sur le patrimoine	..	6.4	7.6	0.1	0.1	..	0.3	0.2	0.0	0.0
5000 Impôts sur les biens et services	..	241.0	419.6	645.8	713.1	..	10.0	10.4	10.2	10.1
6000 Autres impôts	..	0.1	0.1	0.2	0.2	..	0.0	0.0	0.0	0.0
Administrations d'un État/Régions										
Recettes fiscales totales	..	..	..	..	..	..	..	..	..	..
1000 Impôts sur revenu, bénéfices et gains en capital	..	..	..	..	..	..	..	..	..	..
2000 Cotisations de sécurité sociale	..	..	..	..	..	..	..	..	..	..
3000 Sur salaires ou main d'oeuvre	..	..	..	..	..	..	..	..	..	..
4000 Impôts sur le patrimoine	..	..	..	..	..	..	..	..	..	..
5000 Impôts sur les biens et services	..	..	..	..	..	..	..	..	..	..
6000 Autres impôts	..	..	..	..	..	..	..	..	..	..
Administrations locales										
Recettes fiscales totales	..	6.7	17.0	20.1	23.9	..	0.3	0.4	0.3	0.3
1000 Impôts sur revenu, bénéfices et gains en capital	..	0.0	0.0	0.0	0.0	..	0.0	0.0	0.0	0.0
2000 Cotisations de sécurité sociale	..	0.0	0.0	0.0	0.0	..	0.0	0.0	0.0	0.0
3000 Sur salaires ou main d'oeuvre	..	0.0	0.0	0.0	0.0	..	0.0	0.0	0.0	0.0
4000 Impôts sur le patrimoine	..	4.5	8.7	11.8	12.4	..	0.2	0.2	0.2	0.2
5000 Impôts sur les biens et services	..	2.0	8.2	8.3	11.5	..	0.1	0.2	0.1	0.2
6000 Autres impôts	..	0.3	0.0	0.0	0.0	..	0.0	0.0	0.0	0.0
Administrations de sécurité sociale										
Recettes fiscales totales	..	341.5	576.0	1004.8	1 074.2	..	14.2	14.3	15.9	15.2
1000 Impôts sur revenu, bénéfices et gains en capital	..	0.0	0.0	0.0	0.0	..	0.0	0.0	0.0	0.0
2000 Cotisations de sécurité sociale	..	341.5	576.0	1004.8	1 074.2	..	14.2	14.3	15.9	15.2
3000 Sur salaires ou main d'oeuvre	..	0.0	0.0	0.0	0.0	..	0.0	0.0	0.0	0.0
4000 Impôts sur le patrimoine	..	0.0	0.0	0.0	0.0	..	0.0	0.0	0.0	0.0
5000 Impôts sur les biens et services	..	0.0	0.0	0.0	0.0	..	0.0	0.0	0.0	0.0
6000 Autres impôts	..	0.0	0.0	0.0	0.0	..	0.0	0.0	0.0	0.0

.. Non disponible

Note : Des données et des notes plus détaillées par pays sont disponibles dans le chapitre 6 "Recettes fiscales des sous-secteurs de l'administration". Les séries temporelles complètes sont accessibles sur le site web http://data-explorer.oecd.org/s/nv.

Source : Ministry of Finance, Tax Analyses Department.

Tableau 4.17. Danemark, recettes fiscales et % du PIB (sélection de catégories d'impôts)

	Milliard DKK					% du PIB				
	1990	2000	2010	2021	2022	1990	2000	2010	2021	2022
Recettes fiscales totales	381.1	620.5	812.1	1 213.1	1 192.7	44.6	46.8	44.8	47.2	41.9
1000 Impôts sur le revenu, les bénéfices et les gains en capital	232.7	380.8	501.0	805.4	770.7	27.2	28.7	27.6	31.4	27.1
1100 Des personnes physiques	206.5	326.2	421.9	639.9	665.3	24.1	24.6	23.3	24.9	23.4
1200 Des sociétés	13.6	42.3	42.6	102.1	94.3	1.6	3.2	2.3	4.0	3.3
1300 Non-ventilables entre 1100 et 1200	12.6	12.4	36.5	63.4	11.2	1.5	0.9	2.0	2.5	0.4
2000 Cotisations de sécurité sociale	0.1	8.5	2.3	2.5	2.3	0.0	0.6	0.1	0.1	0.1
2100 À la charge des salariés	0.1	8.2	0.9	0.7	0.7	0.0	0.6	0.0	0.0	0.0
2200 À la charge des employeurs	0.0	0.2	1.4	1.8	1.6	0.0	0.0	0.1	0.1	0.1
2300 À la charge des indép. ou sans emploi	0.0	0.0	0.0	0.0	0.0	0.0	0.0	0.0	0.0	0.0
2400 Non-ventilables entre 2100, 2200 et 2300	0.0	0.0	0.0	0.0	0.0	0.0	0.0	0.0	0.0	0.0
3000 Sur les salaires ou main d'oeuvre	2.5	2.3	4.2	6.7	7.1	0.3	0.2	0.2	0.3	0.3
4000 Impôts sur le patrimoine	16.2	20.7	33.5	47.1	48.4	1.9	1.6	1.8	1.8	1.7
4100 Impôts périodiques sur la propriété immobilière	8.9	13.6	24.2	32.4	33.1	1.0	1.0	1.3	1.3	1.2
4200 Impôts périodiques sur l'actif net	0.9	0.0	0.0	0.0	0.0	0.1	0.0	0.0	0.0	0.0
4300 Impôts sur mut. par décès, succ. et donations	2.2	2.9	3.6	6.1	7.4	0.3	0.2	0.2	0.2	0.3
4400 Impôts sur transact. mobilières et immob.	4.2	4.2	5.7	8.6	8.0	0.5	0.3	0.3	0.3	0.3
4500 Impôts non périodiques sur	0.0	0.0	0.0	0.0	0.0	0.0	0.0	0.0	0.0	0.0
4600 Autres impôts périodiques sur patrimoine	0.0	0.0	0.0	0.0	0.0	0.0	0.0	0.0	0.0	0.0
5000 Impôts sur les biens et services	129.5	207.8	270.9	350.2	362.7	15.1	15.7	14.9	13.6	12.8
5100 Impôts sur production, vente, transfert, etc.	123.5	196.9	251.3	326.4	338.6	14.4	14.9	13.9	12.7	11.9
5110 Impôts généraux	80.5	120.9	169.0	243.8	262.1	9.4	9.1	9.3	9.5	9.2
5111 Taxes sur la valeur ajoutée	72.0	120.9	169.0	243.8	262.1	8.4	9.1	9.3	9.5	9.2
5120 Impôts sur biens et services déterminés	43.0	76.0	82.3	82.5	76.5	5.0	5.7	4.5	3.2	2.7
5121 Accises	38.4	68.8	73.6	73.8	66.7	4.5	5.2	4.1	2.9	2.3
5200 Impôts sur utilisation des biens et exerc. activités	4.4	7.5	14.7	13.8	13.5	0.5	0.6	0.8	0.5	0.5
5300 Non-ventilables entre 5100 et 5200	1.6	3.4	4.9	10.0	10.6	0.2	0.3	0.3	0.4	0.4
6000 Autres impôts	0.0	0.4	0.2	1.3	1.4	0.0	0.0	0.0	0.1	0.0
Crédits d'impôts récupérables										
Crédits d'impôts récupérables contre 1000	..	..	5.0	3.0	2.3	..	..	0.3	0.1	0.1
Composante transfert	..	..	0.2	0.2	0.1	..	..	0.0	0.0	0.0
Composante fiscale	..	..	4.7	2.9	2.1	..	..	0.3	0.1	0.1
Recettes fiscales collectés pour le compte de l'UE										
Recettes fiscales collectés pour le compte de l'UE, total	2.7	2.6	3.3	3.7	4.6	0.3	0.2	0.2	0.1	0.2
Droits de douane perçus pour le compte de l'UE	0.0	2.3	3.2	3.7	4.6	0.0	0.2	0.2	0.1	0.2
Contributions au Fonds de résolution unique collectées pour le compte de l'UE	..	..	..	..	..	..	..	..	..	..

.. Non disponible

Note : Des données et des notes plus détaillées par pays sont disponibles dans le chapitre 5 "Tableaux détaillés par pays". Les séries temporelles complètes sont accessibles sur le site web http://data-explorer.oecd.org/s/nv.

Le total des recettes fiscales a été diminué du montant de tout transfert en capital représentant les impôts non perçus. Le transfert en capital a été directement diminué des impôts spécifiques auxquels il se rapporte. Par conséquent, les montants des recettes fiscales sont différents de ceux présentés dans le chapitre 5 "Tableaux détaillés par pays".

Source : Statistics Denmark.

Tableau 4.18. Danemark, recettes fiscales et % du PIB par niveaux d'administration (principaux impôts)

	Milliard DKK					% du PIB				
	1990	2000	2010	2021	2022	1990	2000	2010	2021	2022
Administrations fédérale ou centrale										
Recettes fiscales totales	260.6	419.1	590.6	897.6	871.9	30.5	31.6	32.6	35.0	30.7
1000 Impôts sur revenu, bénéfices et gains en capital	123.8	202.7	307.9	526.7	488.1	14.5	15.3	17.0	20.5	17.2
2000 Cotisations de sécurité sociale	0.1	1.4	1.4	1.7	1.8	0.0	0.1	0.1	0.1	0.1
3000 Sur salaires ou main d'oeuvre	2.5	2.3	4.2	6.7	7.1	0.3	0.2	0.2	0.3	0.3
4000 Impôts sur le patrimoine	7.4	7.2	9.4	14.7	15.4	0.9	0.5	0.5	0.6	0.5
5000 Impôts sur les biens et services	126.8	205.1	267.6	346.5	358.1	14.8	15.5	14.8	13.5	12.6
6000 Autres impôts	0.0	0.4	0.2	1.3	1.4	0.0	0.0	0.0	0.1	0.0
Administrations d'un État/Régions										
Recettes fiscales totales	..	..	..	..	..	..	..	..	..	..
1000 Impôts sur revenu, bénéfices et gains en capital	..	..	..	..	..	..	..	..	..	..
2000 Cotisations de sécurité sociale	..	..	..	..	..	..	..	..	..	..
3000 Sur salaires ou main d'oeuvre	..	..	..	..	..	..	..	..	..	..
4000 Impôts sur le patrimoine	..	..	..	..	..	..	..	..	..	..
5000 Impôts sur les biens et services	..	..	..	..	..	..	..	..	..	..
6000 Autres impôts	..	..	..	..	..	..	..	..	..	..
Administrations locales										
Recettes fiscales totales	117.8	191.7	217.3	311.1	315.7	13.8	14.5	12.0	12.1	11.1
1000 Impôts sur revenu, bénéfices et gains en capital	108.9	178.1	193.1	278.6	282.6	12.7	13.4	10.7	10.9	9.9
2000 Cotisations de sécurité sociale	0.0	0.0	0.0	0.0	0.0	0.0	0.0	0.0	0.0	0.0
3000 Sur salaires ou main d'oeuvre	0.0	0.0	0.0	0.0	0.0	0.0	0.0	0.0	0.0	0.0
4000 Impôts sur le patrimoine	8.9	13.6	24.2	32.4	33.1	1.0	1.0	1.3	1.3	1.2
5000 Impôts sur les biens et services	0.0	0.0	0.0	0.0	0.0	0.0	0.0	0.0	0.0	0.0
6000 Autres impôts	0.0	0.0	0.0	0.0	0.0	0.0	0.0	0.0	0.0	0.0
Administrations de sécurité sociale										
Recettes fiscales totales	0.0	7.1	0.9	0.8	0.5	0.0	0.5	0.1	0.0	0.0
1000 Impôts sur revenu, bénéfices et gains en capital	0.0	0.0	0.0	0.0	0.0	0.0	0.0	0.0	0.0	0.0
2000 Cotisations de sécurité sociale	0.0	7.1	0.9	0.8	0.5	0.0	0.5	0.1	0.0	0.0
3000 Sur salaires ou main d'oeuvre	0.0	0.0	0.0	0.0	0.0	0.0	0.0	0.0	0.0	0.0
4000 Impôts sur le patrimoine	0.0	0.0	0.0	0.0	0.0	0.0	0.0	0.0	0.0	0.0
5000 Impôts sur les biens et services	0.0	0.0	0.0	0.0	0.0	0.0	0.0	0.0	0.0	0.0
6000 Autres impôts	0.0	0.0	0.0	0.0	0.0	0.0	0.0	0.0	0.0	0.0

.. Non disponible

Note : Des données et des notes plus détaillées par pays sont disponibles dans le chapitre 6 "Recettes fiscales des sous-secteurs de l'administration". Les séries temporelles complètes sont accessibles sur le site web http://data-explorer.oecd.org/s/nv.

Le total des recettes fiscales a été diminué du montant de tout transfert en capital représentant les impôts non perçus. Le transfert en capital a été directement diminué des impôts spécifiques auxquels il se rapporte. Par conséquent, les montants des recettes fiscales sont différents de ceux présentés dans le chapitre 6 "Recettes fiscales des sous-secteurs de l'administration".

Source : Statistics Denmark.

Tableau 4.19. Estonie, recettes fiscales et % du PIB (sélection de catégories d'impôts)

	Milliard EUR					% du PIB				
	1990	2000	2010	2021	2022	1990	2000	2010	2021	2022
Recettes fiscales totales	..	1.9	4.9	10.5	11.9	..	31.1	33.2	33.5	32.6
1000 Impôts sur le revenu, les bénéfices et les gains en capital	..	0.5	1.0	2.6	2.9	..	7.7	6.6	8.4	7.9
1100 Des personnes physiques	..	0.4	0.8	2.1	2.3	..	6.8	5.3	6.8	6.3
1200 Des sociétés	..	0.1	0.2	0.5	0.6	..	0.9	1.3	1.5	1.6
1300 Non-ventilables entre 1100 et 1200	..	0.0	0.0	0.0	0.0	..	0.0	0.0	0.0	0.0
2000 Cotisations de sécurité sociale	..	0.7	1.9	3.7	4.1	..	10.9	12.7	11.6	11.3
2100 À la charge des salariés	..	0.0	0.1	0.2	0.2	..	0.0	0.8	0.5	0.5
2200 À la charge des employeurs	..	0.7	1.7	3.3	3.8	..	10.7	11.8	10.4	10.3
2300 À la charge des indép. ou sans emploi	..	0.0	0.0	0.0	0.0	..	0.0	0.0	0.0	0.0
2400 Non-ventilables entre 2100, 2200 et 2300	..	0.0	0.0	0.0	0.0	..	0.0	0.0	0.0	0.0
3000 Sur les salaires ou main d'oeuvre	..	0.0	0.0	0.0	0.0	..	0.0	0.0	0.0	0.0
4000 Impôts sur le patrimoine	..	0.0	0.1	0.1	0.1	..	0.4	0.3	0.2	0.2
4100 Impôts périodiques sur la propriété immobilière	..	0.0	0.1	0.1	0.1	..	0.4	0.3	0.2	0.2
4200 Impôts périodiques sur l'actif net	..	0.0	0.0	0.0	0.0	..	0.0	0.0	0.0	0.0
4300 Impôts sur mut. par décès, succ. et donations	..	0.0	0.0	0.0	0.0	..	0.0	0.0	0.0	0.0
4400 Impôts sur transact. mobilières et immob.	..	0.0	0.0	0.0	0.0	..	0.0	0.0	0.0	0.0
4500 Impôts non périodiques sur	..	0.0	0.0	0.0	0.0	..	0.0	0.0	0.0	0.0
4600 Autres impôts périodiques sur patrimoine	..	0.0	0.0	0.0	0.0	..	0.0	0.0	0.0	0.0
5000 Impôts sur les biens et services	..	0.7	2.0	4.2	4.8	..	12.1	13.5	13.3	13.2
5100 Impôts sur production, vente, transfert, etc.	..	0.7	1.9	4.0	4.5	..	11.7	13.1	12.7	12.3
5110 Impôts généraux	..	0.5	1.3	2.9	3.3	..	8.4	8.6	9.1	9.1
5111 Taxes sur la valeur ajoutée	..	0.5	1.3	2.9	3.3	..	8.4	8.5	9.1	9.1
5120 Impôts sur biens et services déterminés	..	0.2	0.7	1.1	1.2	..	3.3	4.6	3.6	3.2
5121 Accises	..	0.2	0.6	1.0	1.0	..	3.0	4.2	3.1	2.7
5200 Impôts sur utilisation des biens et exerc. activités	..	0.0	0.1	0.2	0.3	..	0.4	0.4	0.6	0.9
5300 Non-ventilables entre 5100 et 5200	..	0.0	0.0	0.0	0.0	..	0.0	0.0	0.0	0.0
6000 Autres impôts	..	0.0	0.0	0.0	0.0	..	0.0	0.0	0.0	0.0
Crédits d'impôts récupérables										
Crédits d'impôts récupérables contre 1000	..	..	..	..	..	..	..	..	..	..
Composante transfert	..	..	..	..	..	..	..	..	..	..
Composante fiscale	..	..	..	..	..	..	..	..	..	..
Recettes fiscales collectés pour le compte de l'UE										
Recettes fiscales collectés pour le compte de l'UE, total	..	..	0.0	0.1	0.1	..	..	0.2	0.2	0.3
Droits de douane perçus pour le compte de l'UE	..	..	0.0	0.1	0.1	..	..	0.2	0.2	0.2
Contributions au Fonds de résolution unique collectées pour le compte de l'UE	..	..	..	0.0	0.0	..	..	..	0.0	0.0

.. Non disponible

Note : Des données et des notes plus détaillées par pays sont disponibles dans le chapitre 5 "Tableaux détaillés par pays". Les séries temporelles complètes sont accessibles sur le site web http://data-explorer.oecd.org/s/nv.

Source : Statistics Estonia.

Tableau 4.20. Estonie, recettes fiscales et % du PIB par niveaux d'administration (principaux impôts)

	Milliard EUR					% du PIB				
	1990	2000	2010	2021	2022	1990	2000	2010	2021	2022
Administrations fédérale ou centrale										
Recettes fiscales totales	..	1.6	3.9	8.7	9.8	..	26.3	26.7	27.5	26.9
1000 Impôts sur revenu, bénéfices et gains en capital	..	0.5	1.0	2.6	2.9	..	7.7	6.6	8.4	7.9
2000 Cotisations de sécurité sociale	..	0.4	1.0	1.9	2.2	..	6.6	6.8	6.1	6.1
3000 Sur salaires ou main d'oeuvre	..	0.0	0.0	0.0	0.0	..	0.0	0.0	0.0	0.0
4000 Impôts sur le patrimoine	..	0.0	0.0	0.0	0.0	..	0.0	0.0	0.0	0.0
5000 Impôts sur les biens et services	..	0.7	2.0	4.1	4.7	..	12.0	13.2	13.1	12.9
6000 Autres impôts	..	0.0	0.0	0.0	0.0	..	0.0	0.0	0.0	0.0
Administrations d'un État/Régions										
Recettes fiscales totales	..	..	..	..	..	..	..	..	..	..
1000 Impôts sur revenu, bénéfices et gains en capital	..	..	..	..	..	..	..	..	..	..
2000 Cotisations de sécurité sociale	..	..	..	..	..	..	..	..	..	..
3000 Sur salaires ou main d'oeuvre	..	..	..	..	..	..	..	..	..	..
4000 Impôts sur le patrimoine	..	..	..	..	..	..	..	..	..	..
5000 Impôts sur les biens et services	..	..	..	..	..	..	..	..	..	..
6000 Autres impôts	..	..	..	..	..	..	..	..	..	..
Administrations locales										
Recettes fiscales totales	..	0.0	0.1	0.1	0.1	..	0.5	0.5	0.2	0.2
1000 Impôts sur revenu, bénéfices et gains en capital	..	0.0	0.0	0.0	0.0	..	0.0	0.0	0.0	0.0
2000 Cotisations de sécurité sociale	..	0.0	0.0	0.0	0.0	..	0.0	0.0	0.0	0.0
3000 Sur salaires ou main d'oeuvre	..	0.0	0.0	0.0	0.0	..	0.0	0.0	0.0	0.0
4000 Impôts sur le patrimoine	..	0.0	0.1	0.1	0.1	..	0.4	0.3	0.2	0.2
5000 Impôts sur les biens et services	..	0.0	0.0	0.0	0.0	..	0.1	0.1	0.0	0.0
6000 Autres impôts	..	0.0	0.0	0.0	0.0	..	0.0	0.0	0.0	0.0
Administrations de sécurité sociale										
Recettes fiscales totales	..	0.3	0.9	1.7	1.9	..	4.3	5.9	5.5	5.2
1000 Impôts sur revenu, bénéfices et gains en capital	..	0.0	0.0	0.0	0.0	..	0.0	0.0	0.0	0.0
2000 Cotisations de sécurité sociale	..	0.3	0.9	1.7	1.9	..	4.3	5.9	5.5	5.2
3000 Sur salaires ou main d'oeuvre	..	0.0	0.0	0.0	0.0	..	0.0	0.0	0.0	0.0
4000 Impôts sur le patrimoine	..	0.0	0.0	0.0	0.0	..	0.0	0.0	0.0	0.0
5000 Impôts sur les biens et services	..	0.0	0.0	0.0	0.0	..	0.0	0.0	0.0	0.0
6000 Autres impôts	..	0.0	0.0	0.0	0.0	..	0.0	0.0	0.0	0.0

.. Non disponible

Note : Des données et des notes plus détaillées par pays sont disponibles dans le chapitre 6 "Recettes fiscales des sous-secteurs de l'administration". Les séries temporelles complètes sont accessibles sur le site web http://data-explorer.oecd.org/s/nv.

Source : Statistics Estonia.

Tableau 4.21. Finlande, recettes fiscales et % du PIB (sélection de catégories d'impôts)

	Milliard EUR					% du PIB				
	1990	2000	2010	2021	2022	1990	2000	2010	2021	2022
Recettes fiscales totales	39.1	62.4	76.3	108.3	115.6	42.9	45.8	40.6	43.2	43.2
1000 Impôts sur le revenu, les bénéfices et les gains en capital	15.3	26.9	27.1	39.1	42.7	16.8	19.7	14.4	15.6	15.9
1100 Des personnes physiques	13.6	19.1	22.5	32.3	34.6	14.9	14.0	12.0	12.9	12.9
1200 Des sociétés	1.8	7.8	4.6	6.8	8.1	1.9	5.7	2.4	2.7	3.0
1300 Non-ventilables entre 1100 et 1200	0.0	0.0	0.0	0.0	0.0	0.0	0.0	0.0	0.0	0.0
2000 Cotisations de sécurité sociale	10.0	15.8	22.6	30.2	32.0	11.0	11.5	12.0	12.0	11.9
2100 À la charge des salariés	1.2	2.9	4.7	9.1	9.6	1.3	2.1	2.5	3.6	3.6
2200 À la charge des employeurs	8.1	11.6	16.0	18.9	20.3	8.9	8.5	8.5	7.5	7.6
2300 À la charge des indép. ou sans emploi	0.0	0.0	0.0	0.0	0.0	0.0	0.0	0.0	0.0	0.0
2400 Non-ventilables entre 2100, 2200 et 2300	0.0	0.0	0.0	0.0	0.0	0.0	0.0	0.0	0.0	0.0
3000 Sur les salaires ou main d'oeuvre	0.0	0.0	0.0	0.0	0.0	0.0	0.0	0.0	0.0	0.0
4000 Impôts sur le patrimoine	1.0	1.5	2.1	3.8	3.9	1.1	1.1	1.1	1.5	1.4
4100 Impôts périodiques sur la propriété immobilière	0.1	0.6	1.2	2.0	2.0	0.1	0.4	0.6	0.8	0.8
4200 Impôts périodiques sur l'actif net	0.0	0.2	0.0	0.0	0.0	0.0	0.1	0.0	0.0	0.0
4300 Impôts sur mut. par décès, succ. et donations	0.1	0.4	0.4	0.8	0.9	0.2	0.3	0.2	0.3	0.3
4400 Impôts sur transact. mobilières et immob.	0.7	0.4	0.5	1.0	0.9	0.8	0.3	0.3	0.4	0.3
4500 Impôts non périodiques sur	0.0	0.0	0.0	0.0	0.0	0.0	0.0	0.0	0.0	0.0
4600 Autres impôts périodiques sur patrimoine	0.0	0.0	0.0	0.0	0.0	0.0	0.0	0.0	0.0	0.0
5000 Impôts sur les biens et services	12.7	18.2	24.4	35.1	37.0	14.0	13.4	13.0	14.0	13.8
5100 Impôts sur production, vente, transfert, etc.	12.6	17.8	23.6	33.7	35.3	13.8	13.0	12.6	13.4	13.2
5110 Impôts généraux	7.5	10.9	15.5	23.6	25.1	8.3	8.0	8.3	9.4	9.4
5111 Taxes sur la valeur ajoutée	7.5	10.9	15.5	23.6	25.1	8.3	8.0	8.3	9.4	9.4
5120 Impôts sur biens et services déterminés	5.0	6.9	8.1	10.1	10.3	5.5	5.1	4.3	4.0	3.8
5121 Accises	3.8	5.6	6.3	7.8	7.9	4.2	4.1	3.3	3.1	2.9
5200 Impôts sur utilisation des biens et exerc. activités	0.2	0.4	0.8	1.4	1.7	0.2	0.3	0.4	0.6	0.6
5300 Non-ventilables entre 5100 et 5200	0.0	0.0	0.0	0.0	0.0	0.0	0.0	0.0	0.0	0.0
6000 Autres impôts	0.1	0.0	0.1	0.1	0.1	0.1	0.0	0.0	0.0	0.0
Crédits d'impôts récupérables										
Crédits d'impôts récupérables contre 1000	..	..	..	..	..	..	..	..	..	..
Composante transfert	..	..	..	..	..	..	..	..	..	..
Composante fiscale	..	..	..	..	..	..	..	..	..	..
Recettes fiscales collectés pour le compte de l'UE										
Recettes fiscales collectés pour le compte de l'UE, total	..	0.1	0.2	0.5	0.6	..	0.1	0.1	0.2	0.2
Droits de douane perçus pour le compte de l'UE	..	0.1	0.2	0.2	0.3	..	0.1	0.1	0.1	0.1
Contributions au Fonds de résolution unique collectées pour le compte de l'UE	..	..	..	0.3	0.3	..	..	..	0.1	0.1

.. Non disponible

Note : Des données et des notes plus détaillées par pays sont disponibles dans le chapitre 5 "Tableaux détaillés par pays". Les séries temporelles complètes sont accessibles sur le site web http://data-explorer.oecd.org/s/nv.

Source : Statistics Finland, basing on data from State Treasury, Tax Administration, Finnish Customs, Finnish Transport and Communication Agency, Financial Stability Authority and Financial Supervisory Authority. Supplementary information from unpublished sources.

Tableau 4.22. Finlande, recettes fiscales et % du PIB par niveaux d'administration (principaux impôts)

	Milliard EUR					% du PIB				
	1990	2000	2010	2021	2022	1990	2000	2010	2021	2022
Administrations fédérale ou centrale										
Recettes fiscales totales	20.7	33.1	35.0	51.8	56.4	22.7	24.2	18.6	20.7	21.1
1000 Impôts sur revenu, bénéfices et gains en capital	7.0	14.0	9.8	15.2	18.1	7.7	10.3	5.2	6.1	6.8
2000 Cotisations de sécurité sociale	0.0	0.0	0.0	0.0	0.0	0.0	0.0	0.0	0.0	0.0
3000 Sur salaires ou main d'oeuvre	0.0	0.0	0.0	0.0	0.0	0.0	0.0	0.0	0.0	0.0
4000 Impôts sur le patrimoine	0.9	0.9	0.9	1.8	1.8	1.0	0.7	0.5	0.7	0.7
5000 Impôts sur les biens et services	12.7	18.1	24.3	34.6	36.4	14.0	13.2	12.9	13.8	13.6
6000 Autres impôts	0.1	0.0	0.1	0.1	0.1	0.1	0.0	0.0	0.0	0.0
Administrations d'un État/Régions										
Recettes fiscales totales	..	..	..	..	..	..	..	..	..	..
1000 Impôts sur revenu, bénéfices et gains en capital	..	..	..	..	..	..	..	..	..	..
2000 Cotisations de sécurité sociale	..	..	..	..	..	..	..	..	..	..
3000 Sur salaires ou main d'oeuvre	..	..	..	..	..	..	..	..	..	..
4000 Impôts sur le patrimoine	..	..	..	..	..	..	..	..	..	..
5000 Impôts sur les biens et services	..	..	..	..	..	..	..	..	..	..
6000 Autres impôts	..	..	..	..	..	..	..	..	..	..
Administrations locales										
Recettes fiscales totales	8.4	13.5	18.5	25.8	26.6	9.2	9.9	9.8	10.3	9.9
1000 Impôts sur revenu, bénéfices et gains en capital	8.3	12.9	17.3	23.9	24.5	9.1	9.4	9.2	9.5	9.2
2000 Cotisations de sécurité sociale	0.0	0.0	0.0	0.0	0.0	0.0	0.0	0.0	0.0	0.0
3000 Sur salaires ou main d'oeuvre	0.0	0.0	0.0	0.0	0.0	0.0	0.0	0.0	0.0	0.0
4000 Impôts sur le patrimoine	0.1	0.6	1.2	2.0	2.0	0.1	0.4	0.6	0.8	0.8
5000 Impôts sur les biens et services	0.0	0.0	0.0	0.0	0.0	0.0	0.0	0.0	0.0	0.0
6000 Autres impôts	0.0	0.0	0.0	0.0	0.0	0.0	0.0	0.0	0.0	0.0
Administrations de sécurité sociale										
Recettes fiscales totales	10.0	15.8	22.6	30.2	32.0	11.0	11.5	12.0	12.0	11.9
1000 Impôts sur revenu, bénéfices et gains en capital	0.0	0.0	0.0	0.0	0.0	0.0	0.0	0.0	0.0	0.0
2000 Cotisations de sécurité sociale	10.0	15.8	22.6	30.2	32.0	11.0	11.5	12.0	12.0	11.9
3000 Sur salaires ou main d'oeuvre	0.0	0.0	0.0	0.0	0.0	0.0	0.0	0.0	0.0	0.0
4000 Impôts sur le patrimoine	0.0	0.0	0.0	0.0	0.0	0.0	0.0	0.0	0.0	0.0
5000 Impôts sur les biens et services	0.0	0.0	0.0	0.0	0.0	0.0	0.0	0.0	0.0	0.0
6000 Autres impôts	0.0	0.0	0.0	0.0	0.0	0.0	0.0	0.0	0.0	0.0

.. Non disponible

Note : Des données et des notes plus détaillées par pays sont disponibles dans le chapitre 6 "Recettes fiscales des sous-secteurs de l'administration". Les séries temporelles complètes sont accessibles sur le site web http://data-explorer.oecd.org/s/nv.

Source : Statistics Finland, basing on data from State Treasury, Tax Administration, Finnish Customs, Finnish Transport and Communication Agency, Financial Stability Authority and Financial Supervisory Authority. Supplementary information from unpublished sources.

Tableau 4.23. France, recettes fiscales et % du PIB (sélection de catégories d'impôts)

	Milliard EUR					% du PIB				
	1990	2000	2010	2021	2022	1990	2000	2010	2021	2022
Recettes fiscales totales	433.8	643.4	843.1	1 130.1	1 215.5	41.5	43.7	42.2	45.1	45.8
1000 Impôts sur le revenu, les bénéfices et les gains en capital	69.6	159.5	191.3	294.5	333.1	6.7	10.8	9.6	11.7	12.5
1100 Des personnes physiques	46.3	116.3	150.8	234.3	257.5	4.4	7.9	7.6	9.3	9.7
1200 Des sociétés	23.1	43.1	40.5	60.2	75.5	2.2	2.9	2.0	2.4	2.8
1300 Non-ventilables entre 1100 et 1200	0.3	0.0	0.0	0.0	0.0	0.0	0.0	0.0	0.0	0.0
2000 Cotisations de sécurité sociale	191.1	230.2	319.8	369.2	393.3	18.3	15.6	16.0	14.7	14.8
2100 À la charge des salariés	57.3	57.3	76.9	89.1	95.0	5.5	3.9	3.9	3.6	3.6
2200 À la charge des employeurs	118.1	158.3	217.3	251.6	266.5	11.3	10.7	10.9	10.0	10.0
2300 À la charge des indép. ou sans emploi	0.0	0.0	0.0	0.0	0.0	0.0	0.0	0.0	0.0	0.0
2400 Non-ventilables entre 2100, 2200 et 2300	0.0	0.0	0.0	0.0	0.0	0.0	0.0	0.0	0.0	0.0
3000 Sur les salaires ou main d'oeuvre	8.3	16.1	28.4	47.1	51.9	0.8	1.1	1.4	1.9	2.0
4000 Impôts sur le patrimoine	27.4	44.1	70.8	97.5	98.3	2.6	3.0	3.5	3.9	3.7
4100 Impôts périodiques sur la propriété immobilière	14.8	27.4	47.7	52.0	51.8	1.4	1.9	2.4	2.1	2.0
4200 Impôts périodiques sur l'actif net	2.6	2.4	4.4	2.0	2.3	0.3	0.2	0.2	0.1	0.1
4300 Impôts sur mut. par décès, succ. et donations	4.1	6.9	7.7	19.0	19.0	0.4	0.5	0.4	0.8	0.7
4400 Impôts sur transact. mobilières et immob.	5.9	7.4	11.0	24.5	25.3	0.6	0.5	0.6	1.0	1.0
4500 Impôts non périodiques sur	0.0	0.0	0.0	0.0	0.0	0.0	0.0	0.0	0.0	0.0
4600 Autres impôts périodiques sur patrimoine	0.0	0.0	0.0	0.0	0.0	0.0	0.0	0.0	0.0	0.0
5000 Impôts sur les biens et services	123.2	169.2	223.1	305.8	317.2	11.8	11.5	11.2	12.2	11.9
5100 Impôts sur production, vente, transfert, etc.	119.2	163.1	215.2	295.4	309.3	11.4	11.1	10.8	11.8	11.6
5110 Impôts généraux	81.3	109.7	150.5	196.3	212.8	7.8	7.4	7.5	7.8	8.0
5111 Taxes sur la valeur ajoutée	80.0	106.9	135.1	184.7	198.9	7.7	7.3	6.8	7.4	7.5
5120 Impôts sur biens et services déterminés	37.9	53.4	64.7	99.1	96.5	3.6	3.6	3.2	4.0	3.6
5121 Accises	26.8	39.7	45.9	65.7	59.4	2.6	2.7	2.3	2.6	2.2
5200 Impôts sur utilisation des biens et exerc. activités	4.0	6.2	7.9	10.4	7.9	0.4	0.4	0.4	0.4	0.3
5300 Non-ventilables entre 5100 et 5200	0.0	0.0	0.0	0.0	0.0	0.0	0.0	0.0	0.0	0.0
6000 Autres impôts	14.1	24.4	9.7	16.1	21.8	1.3	1.7	0.5	0.6	0.8
Crédits d'impôts récupérables										
Crédits d'impôts récupérables contre 1000	..	0.5	17.4	22.6	23.5	..	0.0	0.9	0.9	0.9
Composante transfert	..	..	10.8	13.8	13.2	..	..	0.5	0.6	0.5
Composante fiscale	..	..	6.6	8.8	10.3	..	..	0.3	0.4	0.4
Recettes fiscales collectés pour le compte de l'UE										
Recettes fiscales collectés pour le compte de l'UE, total	2.6	1.9	2.0	5.5	6.9	0.2	0.1	0.1	0.2	0.3
Droits de douane perçus pour le compte de l'UE	..	1.5	1.8	2.1	2.3	..	0.1	0.1	0.1	0.1
Contributions au Fonds de résolution unique collectées pour le compte de l'UE	..	..	..	3.3	4.7	..	..	..	0.1	0.2

.. Non disponible

Note : Des données et des notes plus détaillées par pays sont disponibles dans le chapitre 5 "Tableaux détaillés par pays". Les séries temporelles complètes sont accessibles sur le site web http://data-explorer.oecd.org/s/nv.

Le total des recettes fiscales a été diminué du montant de tout transfert en capital représentant les impôts non perçus. Le transfert en capital a été réparti entre les différentes rubriques en proportion des recettes fiscales. Par conséquent, les montants des recettes fiscales sont différents de ceux présentés dans le chapitre 5 "Tableaux détaillés par pays".

Source : Comptes nationaux de la France, Insee.

Tableau 4.24. France, recettes fiscales et % du PIB par niveaux d'administration (principaux impôts)

	Milliard EUR					% du PIB				
	1990	2000	2010	2021	2022	1990	2000	2010	2021	2022
Administrations fédérale ou centrale										
Recettes fiscales totales	200.1	271.4	303.1	348.0	377.4	19.2	18.4	15.2	13.9	14.2
1000 Impôts sur revenu, bénéfices et gains en capital	69.6	94.8	99.6	157.8	183.6	6.7	6.4	5.0	6.3	6.9
2000 Cotisations de sécurité sociale	3.2	5.4	7.6	8.0	7.8	0.3	0.4	0.4	0.3	0.3
3000 Sur salaires ou main d'oeuvre	6.2	11.6	5.4	13.9	15.7	0.6	0.8	0.3	0.6	0.6
4000 Impôts sur le patrimoine	8.6	11.4	13.4	30.0	27.8	0.8	0.8	0.7	1.2	1.0
5000 Impôts sur les biens et services	112.1	145.2	169.6	137.5	138.0	10.7	9.9	8.5	5.5	5.2
6000 Autres impôts	0.4	3.1	7.4	0.8	4.4	0.0	0.2	0.4	0.0	0.2
Administrations d'un État/Régions										
Recettes fiscales totales	..	..	..	..	..	..	..	..	..	..
1000 Impôts sur revenu, bénéfices et gains en capital	..	..	..	..	..	..	..	..	..	..
2000 Cotisations de sécurité sociale	..	..	..	..	..	..	..	..	..	..
3000 Sur salaires ou main d'oeuvre	..	..	..	..	..	..	..	..	..	..
4000 Impôts sur le patrimoine	..	..	..	..	..	..	..	..	..	..
5000 Impôts sur les biens et services	..	..	..	..	..	..	..	..	..	..
6000 Autres impôts	..	..	..	..	..	..	..	..	..	..
Administrations locales										
Recettes fiscales totales	40.2	64.7	89.2	163.7	174.6	3.9	4.4	4.5	6.5	6.6
1000 Impôts sur revenu, bénéfices et gains en capital	0.0	0.0	0.1	0.0	0.0	0.0	0.0	0.0	0.0	0.0
2000 Cotisations de sécurité sociale	0.0	0.0	0.0	0.0	0.0	0.0	0.0	0.0	0.0	0.0
3000 Sur salaires ou main d'oeuvre	1.7	3.9	7.5	9.7	10.5	0.2	0.3	0.4	0.4	0.4
4000 Impôts sur le patrimoine	18.8	32.7	57.4	67.4	70.5	1.8	2.2	2.9	2.7	2.7
5000 Impôts sur les biens et services	6.0	7.1	22.4	76.8	82.9	0.6	0.5	1.1	3.1	3.1
6000 Autres impôts	13.7	21.0	1.9	9.8	10.6	1.3	1.4	0.1	0.4	0.4
Administrations de sécurité sociale										
Recettes fiscales totales	190.9	305.4	448.8	612.9	656.5	18.3	20.7	22.5	24.4	24.7
1000 Impôts sur revenu, bénéfices et gains en capital	0.0	64.7	91.6	136.6	149.4	0.0	4.4	4.6	5.4	5.6
2000 Cotisations de sécurité sociale	187.9	224.8	312.2	361.2	385.4	18.0	15.3	15.6	14.4	14.5
3000 Sur salaires ou main d'oeuvre	0.4	0.6	15.5	23.6	25.6	0.0	0.0	0.8	0.9	1.0
4000 Impôts sur le patrimoine	0.0	0.0	0.0	0.0	0.0	0.0	0.0	0.0	0.0	0.0
5000 Impôts sur les biens et services	2.5	15.0	29.0	86.1	89.3	0.2	1.0	1.5	3.4	3.4
6000 Autres impôts	0.0	0.3	0.5	5.5	6.7	0.0	0.0	0.0	0.2	0.3

.. Non disponible

Note : Des données et des notes plus détaillées par pays sont disponibles dans le chapitre 6 "Recettes fiscales des sous-secteurs de l'administration". Les séries temporelles complètes sont accessibles sur le site web http://data-explorer.oecd.org/s/nv.

Le total des recettes fiscales a été diminué du montant de tout transfert en capital représentant les impôts non perçus. Le transfert en capital a été réparti entre les différentes rubriques en proportion des recettes fiscales. Par conséquent, les montants des recettes fiscales sont différents de ceux présentés dans le chapitre 6 "Recettes fiscales des sous-secteurs de l'administration".

Source : Comptes nationaux de la France, Insee.

Tableau 4.25. Allemagne, recettes fiscales et % du PIB (sélection de catégories d'impôts)

	Milliard EUR					% du PIB				
	1990	2000	2010	2021	2022	1990	2000	2010	2021	2022
Recettes fiscales totales	454.8	767.0	919.8	1 439.1	1 537.0	34.8	36.4	35.9	39.8	39.6
1000 Impôts sur le revenu, les bénéfices et les gains en capital	147.3	231.2	257.8	463.3	506.0	11.3	11.0	10.1	12.8	13.1
1100 Des personnes physiques	125.3	194.2	219.4	379.1	413.4	9.6	9.2	8.6	10.5	10.7
1200 Des sociétés	22.0	37.1	38.4	84.2	92.6	1.7	1.8	1.5	2.3	2.4
1300 Non-ventilables entre 1100 et 1200	0.0	0.0	0.0	0.0	0.0	0.0	0.0	0.0	0.0	0.0
2000 Cotisations de sécurité sociale	170.4	299.4	354.3	534.4	567.1	13.0	14.2	13.8	14.8	14.6
2100 À la charge des salariés	73.6	131.6	152.8	229.1	246.4	5.6	6.2	6.0	6.3	6.4
2200 À la charge des employeurs	86.7	147.4	165.5	253.5	266.7	6.6	7.0	6.5	7.0	6.9
2300 À la charge des indép. ou sans emploi	0.0	0.0	0.0	0.0	0.0	0.0	0.0	0.0	0.0	0.0
2400 Non-ventilables entre 2100, 2200 et 2300	0.0	0.0	0.0	0.0	0.0	0.0	0.0	0.0	0.0	0.0
3000 Sur les salaires ou main d'oeuvre	0.0	0.0	0.0	0.0	0.0	0.0	0.0	0.0	0.0	0.0
4000 Impôts sur le patrimoine	15.3	17.5	21.0	44.8	43.2	1.2	0.8	0.8	1.2	1.1
4100 Impôts périodiques sur la propriété immobilière	4.5	8.8	11.3	15.0	15.3	0.3	0.4	0.4	0.4	0.4
4200 Impôts périodiques sur l'actif net	6.2	0.4	0.0	1.8	1.6	0.5	0.0	0.0	0.0	0.0
4300 Impôts sur mut. par décès, succ. et donations	1.5	3.0	4.4	9.8	9.2	0.1	0.1	0.2	0.3	0.2
4400 Impôts sur transact. mobilières et immob.	3.1	5.2	5.3	18.3	17.1	0.2	0.2	0.2	0.5	0.4
4500 Impôts non périodiques sur	0.0	0.0	0.0	0.0	0.0	0.0	0.0	0.0	0.0	0.0
4600 Autres impôts périodiques sur patrimoine	0.0	0.0	0.0	0.0	0.0	0.0	0.0	0.0	0.0	0.0
5000 Impôts sur les biens et services	121.6	218.7	286.6	396.3	420.3	9.3	10.4	11.2	11.0	10.8
5100 Impôts sur production, vente, transfert, etc.	117.2	211.4	269.9	375.5	389.2	9.0	10.0	10.5	10.4	10.0
5110 Impôts généraux	75.5	140.9	180.5	260.7	290.0	5.8	6.7	7.0	7.2	7.5
5111 Taxes sur la valeur ajoutée	75.5	140.9	180.5	260.7	290.0	5.8	6.7	7.0	7.2	7.5
5120 Impôts sur biens et services déterminés	41.7	70.6	89.0	114.6	98.9	3.2	3.3	3.5	3.2	2.6
5121 Accises	31.2	57.2	72.2	87.9	67.6	2.4	2.7	2.8	2.4	1.7
5200 Impôts sur utilisation des biens et exerc. activités	4.4	7.2	16.7	20.8	31.2	0.3	0.3	0.7	0.6	0.8
5300 Non-ventilables entre 5100 et 5200	0.0	0.0	0.0	0.0	0.0	0.0	0.0	0.0	0.0	0.0
6000 Autres impôts	0.2	0.2	0.1	0.3	0.4	0.0	0.0	0.0	0.0	0.0
Crédits d'impôts récupérables										
Crédits d'impôts récupérables contre 1000	..	39.3	46.3	52.1	51.8	..	1.9	1.8	1.4	1.3
Composante transfert	..	..	17.7	19.2	18.6	..	..	0.7	0.5	0.5
Composante fiscale	..	..	28.6	32.9	33.2	..	..	1.1	0.9	0.9
Recettes fiscales collectés pour le compte de l'UE										
Recettes fiscales collectés pour le compte de l'UE, total	4.1	3.7	4.2	7.8	10.1	0.3	0.2	0.2	0.2	0.3
Droits de douane perçus pour le compte de l'UE	3.7	3.4	4.2	5.3	6.7	0.3	0.2	0.2	0.1	0.2
Contributions au Fonds de résolution unique collectées pour le compte de l'UE	..	..	..	2.5	3.4	..	..	..	0.1	0.1

.. Non disponible

Note : Des données et des notes plus détaillées par pays sont disponibles dans le chapitre 5 "Tableaux détaillés par pays". Les séries temporelles complètes sont accessibles sur le site web http://data-explorer.oecd.org/s/nv.

Source : Finanzbericht, Bonn; Tax Statistics. Unpublished estimates by the Ministry of Finance.

Tableau 4.26. Allemagne, recettes fiscales et % du PIB par niveaux d'administration (principaux impôts)

	Milliard EUR					% du PIB				
	1990	2000	2010	2021	2022	1990	2000	2010	2021	2022
Administrations fédérale ou centrale										
Recettes fiscales totales	143.9	234.8	291.8	419.7	444.3	11.0	11.1	11.4	11.6	11.5
1000 Impôts sur revenu, bénéfices et gains en capital	58.2	97.9	104.5	184.3	200.6	4.5	4.6	4.1	5.1	5.2
2000 Cotisations de sécurité sociale	0.0	0.0	0.0	0.0	0.0	0.0	0.0	0.0	0.0	0.0
3000 Sur salaires ou main d'oeuvre	0.0	0.0	0.0	0.0	0.0	0.0	0.0	0.0	0.0	0.0
4000 Impôts sur le patrimoine	1.2	0.0	0.0	1.8	1.6	0.1	0.0	0.0	0.0	0.0
5000 Impôts sur les biens et services	84.6	136.9	187.3	233.6	242.1	6.5	6.5	7.3	6.5	6.2
6000 Autres impôts	0.0	0.0	0.0	0.0	0.0	0.0	0.0	0.0	0.0	0.0
Administrations d'un État/Régions										
Recettes fiscales totales	97.8	172.1	199.4	352.0	379.4	7.5	8.2	7.8	9.7	9.8
1000 Impôts sur revenu, bénéfices et gains en capital	58.2	88.9	97.6	177.6	192.8	4.5	4.2	3.8	4.9	5.0
2000 Cotisations de sécurité sociale	0.0	0.0	0.0	0.0	0.0	0.0	0.0	0.0	0.0	0.0
3000 Sur salaires ou main d'oeuvre	0.0	0.0	0.0	0.0	0.0	0.0	0.0	0.0	0.0	0.0
4000 Impôts sur le patrimoine	7.0	8.5	11.0	29.6	27.9	0.5	0.4	0.4	0.8	0.7
5000 Impôts sur les biens et services	32.6	74.6	90.8	144.8	158.7	2.5	3.5	3.5	4.0	4.1
6000 Autres impôts	0.0	0.0	0.0	0.0	0.0	0.0	0.0	0.0	0.0	0.0
Administrations locales										
Recettes fiscales totales	38.4	57.0	70.0	125.2	136.1	2.9	2.7	2.7	3.5	3.5
1000 Impôts sur revenu, bénéfices et gains en capital	30.9	44.4	55.7	101.4	112.5	2.4	2.1	2.2	2.8	2.9
2000 Cotisations de sécurité sociale	0.0	0.0	0.0	0.0	0.0	0.0	0.0	0.0	0.0	0.0
3000 Sur salaires ou main d'oeuvre	0.0	0.0	0.0	0.0	0.0	0.0	0.0	0.0	0.0	0.0
4000 Impôts sur le patrimoine	7.2	9.0	10.0	13.4	13.7	0.5	0.4	0.4	0.4	0.4
5000 Impôts sur les biens et services	0.3	3.4	4.3	10.1	9.5	0.0	0.2	0.2	0.3	0.2
6000 Autres impôts	0.2	0.1	0.1	0.3	0.4	0.0	0.0	0.0	0.0	0.0
Administrations de sécurité sociale										
Recettes fiscales totales	170.4	299.4	354.3	534.4	567.1	13.0	14.2	13.8	14.8	14.6
1000 Impôts sur revenu, bénéfices et gains en capital	0.0	0.0	0.0	0.0	0.0	0.0	0.0	0.0	0.0	0.0
2000 Cotisations de sécurité sociale	170.4	299.4	354.3	534.4	567.1	13.0	14.2	13.8	14.8	14.6
3000 Sur salaires ou main d'oeuvre	0.0	0.0	0.0	0.0	0.0	0.0	0.0	0.0	0.0	0.0
4000 Impôts sur le patrimoine	0.0	0.0	0.0	0.0	0.0	0.0	0.0	0.0	0.0	0.0
5000 Impôts sur les biens et services	0.0	0.0	0.0	0.0	0.0	0.0	0.0	0.0	0.0	0.0
6000 Autres impôts	0.0	0.0	0.0	0.0	0.0	0.0	0.0	0.0	0.0	0.0

Note : Des données et des notes plus détaillées par pays sont disponibles dans le chapitre 6 "Recettes fiscales des sous-secteurs de l'administration". Les séries temporelles complètes sont accessibles sur le site web http://data-explorer.oecd.org/s/nv.
Source : Finanzbericht, Bonn; Tax Statistics. Unpublished estimates by the Ministry of Finance.

Tableau 4.27. Grèce, recettes fiscales et % du PIB (sélection de catégories d'impôts)

	Milliard EUR					% du PIB				
	1990	2000	2010	2021	2022	1990	2000	2010	2021	2022
Recettes fiscales totales	11.5	47.2	72.4	72.7	85.2	25.2	33.4	32.3	40.0	41.2
1000 Impôts sur le revenu, les bénéfices et les gains en capital	2.3	12.7	16.0	15.2	17.5	5.0	9.0	7.1	8.4	8.5
1100 Des personnes physiques	1.6	6.1	9.0	10.8	11.5	3.6	4.3	4.0	6.0	5.6
1200 Des sociétés	0.6	5.6	5.7	3.6	5.1	1.4	4.0	2.6	2.0	2.5
1300 Non-ventilables entre 1100 et 1200	0.0	0.9	1.2	0.7	0.8	0.1	0.6	0.5	0.4	0.4
2000 Cotisations de sécurité sociale	3.5	14.3	24.7	23.4	25.2	7.6	10.1	11.0	12.9	12.2
2100 À la charge des salariés	1.7	7.6	13.3	12.2	13.6	3.8	5.4	5.9	6.7	6.6
2200 À la charge des employeurs	1.7	6.7	11.5	11.2	11.6	3.8	4.7	5.1	6.2	5.6
2300 À la charge des indép. ou sans emploi	0.0	0.0	0.0	0.0	0.0	0.0	0.0	0.0	0.0	0.0
2400 Non-ventilables entre 2100, 2200 et 2300	0.0	0.0	0.0	0.0	0.0	0.0	0.0	0.0	0.0	0.0
3000 Sur les salaires ou main d'oeuvre	0.1	0.0	0.0	0.0	0.0	0.2	0.0	0.0	0.0	0.0
4000 Impôts sur le patrimoine	0.5	3.6	3.7	5.3	5.7	1.2	2.6	1.7	2.9	2.7
4100 Impôts périodiques sur la propriété immobilière	0.0	0.4	0.6	3.2	3.2	0.0	0.3	0.2	1.8	1.5
4200 Impôts périodiques sur l'actif net	0.0	0.7	1.3	1.2	1.3	0.0	0.5	0.6	0.6	0.6
4300 Impôts sur mut. par décès, succ. et donations	0.1	0.4	0.2	0.2	0.2	0.3	0.3	0.1	0.1	0.1
4400 Impôts sur transact. mobilières et immob.	0.4	2.0	1.1	0.7	0.9	0.8	1.4	0.5	0.4	0.5
4500 Impôts non périodiques sur	0.0	0.0	0.0	0.0	0.0	0.0	0.0	0.0	0.0	0.0
4600 Autres impôts périodiques sur patrimoine	0.0	0.1	0.6	0.0	0.0	0.0	0.1	0.3	0.0	0.0
5000 Impôts sur les biens et services	5.1	16.6	28.0	28.8	36.8	11.2	11.8	12.5	15.9	17.8
5100 Impôts sur production, vente, transfert, etc.	4.9	14.8	25.5	24.6	32.2	10.7	10.5	11.4	13.5	15.6
5110 Impôts généraux	3.0	9.2	16.5	15.3	18.9	6.7	6.5	7.4	8.4	9.1
5111 Taxes sur la valeur ajoutée	2.8	8.9	16.0	15.2	18.6	6.2	6.3	7.1	8.4	9.0
5120 Impôts sur biens et services déterminés	1.8	5.5	8.9	9.2	13.3	3.9	3.9	4.0	5.1	6.4
5121 Accises	1.4	4.1	7.6	7.5	7.8	3.0	2.9	3.4	4.1	3.8
5200 Impôts sur utilisation des biens et exerc. activités	0.2	1.3	1.7	3.6	4.0	0.5	0.9	0.8	2.0	1.9
5300 Non-ventilables entre 5100 et 5200	0.0	0.5	0.8	0.7	0.7	0.0	0.4	0.4	0.4	0.3
6000 Autres impôts	0.0	0.0	0.0	0.0	0.0	0.0	0.0	0.0	0.0	0.0
Crédits d'impôts récupérables										
Crédits d'impôts récupérables contre 1000	..	..	..	..	..	..	..	..	..	..
Composante transfert	..	..	..	..	..	..	..	..	..	..
Composante fiscale	..	..	..	..	..	..	..	..	..	..
Recettes fiscales collectés pour le compte de l'UE										
Recettes fiscales collectés pour le compte de l'UE, total	0.1	0.2	0.3	0.4	0.6	0.2	0.2	0.1	0.2	0.3
Droits de douane perçus pour le compte de l'UE	0.1	0.2	0.3	0.3	0.4	0.2	0.1	0.1	0.2	0.2
Contributions au Fonds de résolution unique collectées pour le compte de l'UE	..	..	..	0.1	0.1	..	..	..	0.1	0.1

.. Non disponible

Note : Des données et des notes plus détaillées par pays sont disponibles dans le chapitre 5 "Tableaux détaillés par pays". Les séries temporelles complètes sont accessibles sur le site web http://data-explorer.oecd.org/s/nv.

Source : Ministry of Finance, General Accounting Office, Directorate of General Government Budget in collaboration with the National Statistical Authority (ELSTAT).

Tableau 4.28. Grèce, recettes fiscales et % du PIB par niveaux d'administration (principaux impôts)

	Milliard EUR					% du PIB				
	1990	2000	2010	2021	2022	1990	2000	2010	2021	2022
Administrations fédérale ou centrale										
Recettes fiscales totales	7.8	31.9	46.5	47.1	57.2	17.1	22.6	20.7	25.9	27.7
1000 Impôts sur revenu, bénéfices et gains en capital	2.3	12.7	15.9	15.2	17.5	5.0	9.0	7.1	8.4	8.4
2000 Cotisations de sécurité sociale	0.0	0.7	1.3	0.1	0.1	0.1	0.5	0.6	0.0	0.0
3000 Sur salaires ou main d'oeuvre	0.0	0.0	0.0	0.0	0.0	0.0	0.0	0.0	0.0	0.0
4000 Impôts sur le patrimoine	0.5	2.6	2.1	3.7	3.8	1.2	1.8	0.9	2.0	1.9
5000 Impôts sur les biens et services	4.9	16.0	27.1	28.2	35.9	10.9	11.3	12.1	15.5	17.4
6000 Autres impôts	0.0	0.0	0.0	0.0	0.0	0.0	0.0	0.0	0.0	0.0
Administrations d'un État/Régions										
Recettes fiscales totales	..	..	..	..	..	..	..	..	..	..
1000 Impôts sur revenu, bénéfices et gains en capital	..	..	..	..	..	..	..	..	..	..
2000 Cotisations de sécurité sociale	..	..	..	..	..	..	..	..	..	..
3000 Sur salaires ou main d'oeuvre	..	..	..	..	..	..	..	..	..	..
4000 Impôts sur le patrimoine	..	..	..	..	..	..	..	..	..	..
5000 Impôts sur les biens et services	..	..	..	..	..	..	..	..	..	..
6000 Autres impôts	..	..	..	..	..	..	..	..	..	..
Administrations locales										
Recettes fiscales totales	0.1	1.0	1.7	1.7	2.0	0.3	0.7	0.8	0.9	0.9
1000 Impôts sur revenu, bénéfices et gains en capital	0.0	0.0	0.0	0.0	0.0	0.0	0.0	0.0	0.0	0.0
2000 Cotisations de sécurité sociale	0.0	0.0	0.0	0.0	0.0	0.0	0.0	0.0	0.0	0.0
3000 Sur salaires ou main d'oeuvre	0.1	0.0	0.0	0.0	0.0	0.2	0.0	0.0	0.0	0.0
4000 Impôts sur le patrimoine	0.0	0.8	1.5	1.6	1.8	0.0	0.6	0.7	0.9	0.9
5000 Impôts sur les biens et services	0.1	0.2	0.2	0.1	0.1	0.1	0.1	0.1	0.1	0.1
6000 Autres impôts	0.0	0.0	0.0	0.0	0.0	0.0	0.0	0.0	0.0	0.0
Administrations de sécurité sociale										
Recettes fiscales totales	3.4	14.1	24.0	23.5	25.4	7.5	10.0	10.7	13.0	12.3
1000 Impôts sur revenu, bénéfices et gains en capital	0.0	0.0	0.0	0.0	0.0	0.0	0.0	0.0	0.0	0.0
2000 Cotisations de sécurité sociale	3.4	13.6	23.4	23.4	25.1	7.5	9.6	10.5	12.9	12.2
3000 Sur salaires ou main d'oeuvre	0.0	0.0	0.0	0.0	0.0	0.0	0.0	0.0	0.0	0.0
4000 Impôts sur le patrimoine	0.0	0.2	0.1	0.0	0.0	0.0	0.1	0.1	0.0	0.0
5000 Impôts sur les biens et services	0.0	0.3	0.4	0.2	0.3	0.0	0.2	0.2	0.1	0.1
6000 Autres impôts	0.0	0.0	0.0	0.0	0.0	0.0	0.0	0.0	0.0	0.0

.. Non disponible

Note : Des données et des notes plus détaillées par pays sont disponibles dans le chapitre 6 "Recettes fiscales des sous-secteurs de l'administration". Les séries temporelles complètes sont accessibles sur le site web http://data-explorer.oecd.org/s/nv.

Source : Ministry of Finance, General Accounting Office, Directorate of General Government Budget in collaboration with the National Statistical Authority (ELSTAT).

Tableau 4.29. Hongrie, recettes fiscales et % du PIB (sélection de catégories d'impôts)

	Milliard HUF					% du PIB				
	1990	2000	2010	2021	2022	1990	2000	2010	2021	2022
Recettes fiscales totales	..	5 132.6	10 121.7	18 646.4	23 181.3	..	38.5	36.8	33.8	35.1
1000 Impôts sur le revenu, les bénéfices et les gains en capital	..	1 247.4	2 093.8	3 011.8	4 618.4	..	9.4	7.6	5.5	7.0
1100 Des personnes physiques	..	954.7	1 764.1	2 255.0	3 524.5	..	7.2	6.4	4.1	5.3
1200 Des sociétés	..	292.7	329.7	756.9	1093.9	..	2.2	1.2	1.4	1.7
1300 Non-ventilables entre 1100 et 1200	..	0.0	0.0	0.0	0.0	..	0.0	0.0	0.0	0.0
2000 Cotisations de sécurité sociale	..	1 506.8	3 179.5	5 781.5	6 481.8	..	11.3	11.6	10.5	9.8
2100 À la charge des salariés	..	275.3	1 112.6	3 165.8	3 829.8	..	2.1	4.0	5.7	5.8
2200 À la charge des employeurs	..	1 213.2	2 043.8	2 585.7	2 619.4	..	9.1	7.4	4.7	4.0
2300 À la charge des indép. ou sans emploi	..	0.0	0.0	0.0	0.0	..	0.0	0.0	0.0	0.0
2400 Non-ventilables entre 2100, 2200 et 2300	..	17.4	23.2	30.0	32.7	..	0.1	0.1	0.1	0.0
3000 Sur les salaires ou main d'oeuvre	..	183.4	113.7	598.8	472.4	..	1.4	0.4	1.1	0.7
4000 Impôts sur le patrimoine	..	89.0	312.1	482.7	531.9	..	0.7	1.1	0.9	0.8
4100 Impôts périodiques sur la propriété immobilière	..	30.8	92.5	236.0	238.1	..	0.2	0.3	0.4	0.4
4200 Impôts périodiques sur l'actif net	..	0.0	135.7	52.3	66.7	..	0.0	0.5	0.1	0.1
4300 Impôts sur mut. par décès, succ. et donations	..	5.5	6.3	9.1	11.4	..	0.0	0.0	0.0	0.0
4400 Impôts sur transact. mobilières et immob.	..	52.8	77.6	185.3	215.8	..	0.4	0.3	0.3	0.3
4500 Impôts non périodiques sur	..	0.0	0.0	0.0	0.0	..	0.0	0.0	0.0	0.0
4600 Autres impôts périodiques sur patrimoine	..	0.0	0.0	0.0	0.0	..	0.0	0.0	0.0	0.0
5000 Impôts sur les biens et services	..	2 081.4	4 383.9	8 790.4	11 002.0	..	15.6	15.9	15.9	16.7
5100 Impôts sur production, vente, transfert, etc.	..	2 052.7	4 272.3	8 550.6	10 716.2	..	15.4	15.5	15.5	16.2
5110 Impôts généraux	..	1 340.6	3 010.8	6 420.3	7 796.7	..	10.1	11.0	11.6	11.8
5111 Taxes sur la valeur ajoutée	..	1 153.7	2 325.6	5 460.2	6 691.2	..	8.7	8.5	9.9	10.1
5120 Impôts sur biens et services déterminés	..	712.1	1 261.5	2 130.4	2 919.5	..	5.3	4.6	3.9	4.4
5121 Accises	..	533.5	929.9	1 352.1	1 389.6	..	4.0	3.4	2.4	2.1
5200 Impôts sur utilisation des biens et exerc. activités	..	28.7	111.6	239.8	285.9	..	0.2	0.4	0.4	0.4
5300 Non-ventilables entre 5100 et 5200	..	0.0	0.0	0.0	0.0	..	0.0	0.0	0.0	0.0
6000 Autres impôts	..	24.5	38.7	-18.8	74.6	..	0.2	0.1	-0.0	0.1
Crédits d'impôts récupérables										
Crédits d'impôts récupérables contre 1000	..	..	..	..	..	..	..	..	..	..
Composante transfert	..	..	..	..	..	..	..	..	..	..
Composante fiscale	..	..	..	..	..	..	..	..	..	..
Recettes fiscales collectés pour le compte de l'UE										
Recettes fiscales collectés pour le compte de l'UE, total	..	..	25.7	72.8	104.9	..	..	0.1	0.1	0.2
Droits de douane perçus pour le compte de l'UE	..	..	25.0	72.8	104.9	..	..	0.1	0.1	0.2
Contributions au Fonds de résolution unique collectées pour le compte de l'UE	..	..	..	..	..	..	..	..	..	..

.. Non disponible

Note : Des données et des notes plus détaillées par pays sont disponibles dans le chapitre 5 "Tableaux détaillés par pays". Les séries temporelles complètes sont accessibles sur le site web http://data-explorer.oecd.org/s/nv.

Source : Ministry of Finance, Economic Department.

Tableau 4.30. Hongrie, recettes fiscales et % du PIB par niveaux d'administration (principaux impôts)

	Milliard HUF					% du PIB				
	1990	2000	2010	2021	2022	1990	2000	2010	2021	2022
Administrations fédérale ou centrale										
Recettes fiscales totales	..	3 308.0	6 379.4	11 966.0	15 641.7	..	24.8	23.2	21.7	23.7
1000 Impôts sur revenu, bénéfices et gains en capital	..	1 230.8	2 064.3	3 011.7	4 618.4	..	9.2	7.5	5.5	7.0
2000 Cotisations de sécurité sociale	..	136.6	182.0	253.6	307.5	..	1.0	0.7	0.5	0.5
3000 Sur salaires ou main d'oeuvre	..	15.4	103.1	590.2	463.5	..	0.1	0.4	1.1	0.7
4000 Impôts sur le patrimoine	..	29.1	182.8	300.8	347.3	..	0.2	0.7	0.5	0.5
5000 Impôts sur les biens et services	..	1 878.6	3 808.5	7 834.9	9 841.0	..	14.1	13.9	14.2	14.9
6000 Autres impôts	..	17.5	38.7	-25.2	64.0	..	0.1	0.1	-0.0	0.1
Administrations d'un État/Régions										
Recettes fiscales totales	..	..	..	..	..	..	..	..	..	..
1000 Impôts sur revenu, bénéfices et gains en capital	..	..	..	..	..	..	..	..	..	..
2000 Cotisations de sécurité sociale	..	..	..	..	..	..	..	..	..	..
3000 Sur salaires ou main d'oeuvre	..	..	..	..	..	..	..	..	..	..
4000 Impôts sur le patrimoine	..	..	..	..	..	..	..	..	..	..
5000 Impôts sur les biens et services	..	..	..	..	..	..	..	..	..	..
6000 Autres impôts	..	..	..	..	..	..	..	..	..	..
Administrations locales										
Recettes fiscales totales	..	266.0	652.2	944.8	1092.6	..	2.0	2.4	1.7	1.7
1000 Impôts sur revenu, bénéfices et gains en capital	..	2.2	0.1	0.0	0.0	..	0.0	0.0	0.0	0.0
2000 Cotisations de sécurité sociale	..	0.0	0.0	0.0	0.0	..	0.0	0.0	0.0	0.0
3000 Sur salaires ou main d'oeuvre	..	1.2	1.2	0.0	0.0	..	0.0	0.0	0.0	0.0
4000 Impôts sur le patrimoine	..	59.9	129.3	181.8	184.6	..	0.4	0.5	0.3	0.3
5000 Impôts sur les biens et services	..	202.8	521.6	763.0	907.9	..	1.5	1.9	1.4	1.4
6000 Autres impôts	..	0.0	0.0	0.0	0.0	..	0.0	0.0	0.0	0.0
Administrations de sécurité sociale										
Recettes fiscales totales	..	1 558.6	3 064.5	5 662.7	6 342.2	..	11.7	11.1	10.3	9.6
1000 Impôts sur revenu, bénéfices et gains en capital	..	14.5	29.4	0.2	-0.0	..	0.1	0.1	0.0	-0.0
2000 Cotisations de sécurité sociale	..	1 370.2	2 997.5	5 527.8	6 174.4	..	10.3	10.9	10.0	9.4
3000 Sur salaires ou main d'oeuvre	..	166.9	9.4	8.6	8.9	..	1.3	0.0	0.0	0.0
4000 Impôts sur le patrimoine	..	0.0	0.0	0.0	0.0	..	0.0	0.0	0.0	0.0
5000 Impôts sur les biens et services	..	0.0	28.1	119.8	148.3	..	0.0	0.1	0.2	0.2
6000 Autres impôts	..	7.0	0.0	6.4	10.6	..	0.1	0.0	0.0	0.0

.. Non disponible

Note : Des données et des notes plus détaillées par pays sont disponibles dans le chapitre 6 "Recettes fiscales des sous-secteurs de l'administration". Les séries temporelles complètes sont accessibles sur le site web http://data-explorer.oecd.org/s/nv.

Source : Ministry of Finance, Economic Department.

Tableau 4.31. Islande, recettes fiscales et % du PIB (sélection de catégories d'impôts)

	Milliard ISK					% du PIB				
	1990	2000	2010	2021	2022	1990	2000	2010	2021	2022
Recettes fiscales totales	114.9	254.6	541.6	1 140.0	1 365.4	30.5	35.9	32.2	34.8	35.2
1000 Impôts sur le revenu, les bénéfices et les gains en capital	34.1	101.5	239.7	569.6	703.0	9.0	14.3	14.3	17.4	18.1
1100 Des personnes physiques	30.9	88.5	197.3	471.9	545.1	8.2	12.5	11.7	14.4	14.0
1200 Des sociétés	3.2	8.4	14.6	65.5	100.9	0.8	1.2	0.9	2.0	2.6
1300 Non-ventilables entre 1100 et 1200	0.0	4.6	27.7	32.3	56.9	0.0	0.7	1.7	1.0	1.5
2000 Cotisations de sécurité sociale	3.6	19.7	63.6	97.4	115.6	1.0	2.8	3.8	3.0	3.0
2100 À la charge des salariés	0.3	..	..	..	..	0.1	..	..	..	..
2200 À la charge des employeurs	3.3	..	..	..	..	0.9	..	..	..	..
2300 À la charge des indép. ou sans emploi	0.0	..	..	..	..	0.0	..	..	..	..
2400 Non-ventilables entre 2100, 2200 et 2300	0.0	19.7	63.6	97.4	115.6	0.0	2.8	3.8	3.0	3.0
3000 Sur les salaires ou main d'oeuvre	4.1	0.2	2.8	9.2	10.0	1.1	0.0	0.2	0.3	0.3
4000 Impôts sur le patrimoine	9.7	16.8	35.4	67.8	76.2	2.6	2.4	2.1	2.1	2.0
4100 Impôts périodiques sur la propriété immobilière	4.1	10.1	28.5	58.2	62.4	1.1	1.4	1.7	1.8	1.6
4200 Impôts périodiques sur l'actif net	2.4	5.2	3.8	0.0	0.0	0.6	0.7	0.2	0.0	0.0
4300 Impôts sur mut. par décès, succ. et donations	0.2	0.8	2.6	8.4	12.2	0.1	0.1	0.2	0.3	0.3
4400 Impôts sur transact. mobilières et immob.	2.9	0.0	0.0	0.0	0.0	0.8	0.0	0.0	0.0	0.0
4500 Impôts non périodiques sur	0.0	0.0	0.0	0.0	0.0	0.0	0.0	0.0	0.0	0.0
4600 Autres impôts périodiques sur patrimoine	0.0	0.7	0.3	0.6	0.8	0.0	0.1	0.0	0.0	0.0
5000 Impôts sur les biens et services	58.9	115.4	194.1	382.8	446.5	15.6	16.3	11.5	11.7	11.5
5100 Impôts sur production, vente, transfert, etc.	56.6	103.8	183.0	361.4	419.4	15.0	14.6	10.9	11.0	10.8
5110 Impôts généraux	37.1	75.8	126.4	284.5	329.6	9.8	10.7	7.5	8.7	8.5
5111 Taxes sur la valeur ajoutée	32.7	72.7	123.7	277.8	323.5	8.7	10.2	7.4	8.5	8.3
5120 Impôts sur biens et services déterminés	19.5	28.0	56.6	76.8	89.9	5.2	3.9	3.4	2.3	2.3
5121 Accises	2.3	23.6	46.7	66.6	77.1	0.6	3.3	2.8	2.0	2.0
5200 Impôts sur utilisation des biens et exerc. activités	2.4	11.6	11.1	21.4	27.1	0.6	1.6	0.7	0.7	0.7
5300 Non-ventilables entre 5100 et 5200	0.0	0.0	0.0	0.0	0.0	0.0	0.0	0.0	0.0	0.0
6000 Autres impôts	4.5	1.0	6.0	13.3	14.2	1.2	0.1	0.4	0.4	0.4
Crédits d'impôts récupérables										
Crédits d'impôts récupérables contre 1000	..	..	..	10.4	11.6	..	..	..	0.3	0.3
Composante transfert	..	..	..	9.7	10.9	..	..	..	0.3	0.3
Composante fiscale	..	..	..	0.7	0.7	..	..	..	0.0	0.0

.. Non disponible

Note : Des données et des notes plus détaillées par pays sont disponibles dans le chapitre 5 "Tableaux détaillés par pays". Les séries temporelles complètes sont accessibles sur le site web http://data-explorer.oecd.org/s/nv.

Source : Statistics Iceland.

Tableau 4.32. Islande, recettes fiscales et % du PIB par niveaux d'administration (principaux impôts)

	Milliard ISK					% du PIB				
	1990	2000	2010	2021	2022	1990	2000	2010	2021	2022
Administrations fédérale ou centrale										
Recettes fiscales totales	91.6	195.1	403.6	798.9	990.0	24.3	27.5	24.0	24.4	25.5
1000 Impôts sur revenu, bénéfices et gains en capital	19.9	55.5	132.9	295.6	400.1	5.3	7.8	7.9	9.0	10.3
2000 Cotisations de sécurité sociale	3.6	19.7	63.6	97.4	115.6	1.0	2.8	3.8	3.0	3.0
3000 Sur salaires ou main d'oeuvre	4.1	0.2	2.8	9.2	10.0	1.1	0.0	0.2	0.3	0.3
4000 Impôts sur le patrimoine	6.0	6.7	7.0	9.8	14.0	1.6	0.9	0.4	0.3	0.4
5000 Impôts sur les biens et services	57.7	112.0	191.3	373.6	436.1	15.3	15.8	11.4	11.4	11.2
6000 Autres impôts	0.4	1.0	6.0	13.3	14.2	0.1	0.1	0.4	0.4	0.4
Administrations d'un État/Régions										
Recettes fiscales totales	..	..	..	..	..	..	..	..	..	..
1000 Impôts sur revenu, bénéfices et gains en capital	..	..	..	..	..	..	..	..	..	..
2000 Cotisations de sécurité sociale	..	..	..	..	..	..	..	..	..	..
3000 Sur salaires ou main d'oeuvre	..	..	..	..	..	..	..	..	..	..
4000 Impôts sur le patrimoine	..	..	..	..	..	..	..	..	..	..
5000 Impôts sur les biens et services	..	..	..	..	..	..	..	..	..	..
6000 Autres impôts	..	..	..	..	..	..	..	..	..	..
Administrations locales										
Recettes fiscales totales	23.3	59.4	138.0	341.1	375.4	6.2	8.4	8.2	10.4	9.7
1000 Impôts sur revenu, bénéfices et gains en capital	14.2	46.0	106.8	274.0	302.9	3.8	6.5	6.4	8.4	7.8
2000 Cotisations de sécurité sociale	0.0	0.0	0.0	0.0	0.0	0.0	0.0	0.0	0.0	0.0
3000 Sur salaires ou main d'oeuvre	0.0	0.0	0.0	0.0	0.0	0.0	0.0	0.0	0.0	0.0
4000 Impôts sur le patrimoine	3.7	10.1	28.4	57.9	62.1	1.0	1.4	1.7	1.8	1.6
5000 Impôts sur les biens et services	1.2	3.3	2.8	9.1	10.4	0.3	0.5	0.2	0.3	0.3
6000 Autres impôts	4.1	0.0	0.0	0.0	0.0	1.1	0.0	0.0	0.0	0.0
Administrations de sécurité sociale										
Recettes fiscales totales	0.0	0.0	0.0	0.0	0.0	0.0	0.0	0.0	0.0	0.0
1000 Impôts sur revenu, bénéfices et gains en capital	0.0	0.0	0.0	0.0	0.0	0.0	0.0	0.0	0.0	0.0
2000 Cotisations de sécurité sociale	0.0	0.0	0.0	0.0	0.0	0.0	0.0	0.0	0.0	0.0
3000 Sur salaires ou main d'oeuvre	0.0	0.0	0.0	0.0	0.0	0.0	0.0	0.0	0.0	0.0
4000 Impôts sur le patrimoine	0.0	0.0	0.0	0.0	0.0	0.0	0.0	0.0	0.0	0.0
5000 Impôts sur les biens et services	0.0	0.0	0.0	0.0	0.0	0.0	0.0	0.0	0.0	0.0
6000 Autres impôts	0.0	0.0	0.0	0.0	0.0	0.0	0.0	0.0	0.0	0.0

.. Non disponible

Note : Des données et des notes plus détaillées par pays sont disponibles dans le chapitre 5 "Tableaux détaillés par pays". Les séries temporelles complètes sont accessibles sur le site web http://data-explorer.oecd.org/s/nv.

Source : Statistics Iceland.

Tableau 4.33. Irlande, recettes fiscales et % du PIB (sélection de catégories d’impôts)

	Milliard EUR					% du PIB				
	1990	2000	2010	2021	2022	1990	2000	2010	2021	2022
Recettes fiscales totales	12.3	33.4	46.4	90.0	105.5	32.4	30.8	27.7	20.0	20.3
1000 Impôts sur le revenu, les bénéfices et les gains en capital	4.7	14.6	18.6	44.7	55.7	12.3	13.4	11.1	10.0	10.7
1100 Des personnes physiques	4.1	10.6	14.7	29.4	33.0	10.7	9.8	8.8	6.5	6.3
1200 Des sociétés	0.6	3.9	3.9	15.3	22.6	1.6	3.6	2.4	3.4	4.3
1300 Non-ventilables entre 1100 et 1200	0.0	0.0	0.0	0.0	0.0	0.0	0.0	0.0	0.0	0.0
2000 Cotisations de sécurité sociale	1.7	4.0	8.5	13.8	16.0	4.6	3.7	5.1	3.1	3.1
2100 À la charge des salariés	0.6	1.0	3.2	4.2	5.4	1.5	0.9	1.9	0.9	1.0
2200 À la charge des employeurs	1.1	2.8	4.9	8.9	9.9	2.9	2.6	2.9	2.0	1.9
2300 À la charge des indép. ou sans emploi	0.0	0.0	0.0	0.0	0.0	0.0	0.0	0.0	0.0	0.0
2400 Non-ventilables entre 2100, 2200 et 2300	0.0	0.0	0.0	0.0	0.0	0.0	0.0	0.0	0.0	0.0
3000 Sur les salaires ou main d'oeuvre	0.2	0.0	0.3	0.8	1.0	0.4	0.0	0.2	0.2	0.2
4000 Impôts sur le patrimoine	0.6	1.9	2.4	4.8	5.0	1.5	1.8	1.4	1.1	1.0
4100 Impôts périodiques sur la propriété immobilière	0.3	0.6	1.3	1.7	2.1	0.8	0.5	0.8	0.4	0.4
4200 Impôts périodiques sur l'actif net	0.0	0.0	0.0	0.0	0.0	0.0	0.0	0.0	0.0	0.0
4300 Impôts sur mut. par décès, succ. et donations	0.0	0.2	0.2	0.6	0.6	0.1	0.2	0.1	0.1	0.1
4400 Impôts sur transact. mobilières et immob.	0.2	1.1	0.8	2.6	2.3	0.6	1.0	0.5	0.6	0.4
4500 Impôts non périodiques sur	0.0	0.0	0.0	0.0	0.0	0.0	0.0	0.0	0.0	0.0
4600 Autres impôts périodiques sur patrimoine	0.0	0.0	0.0	0.0	0.0	0.0	0.0	0.0	0.0	0.0
5000 Impôts sur les biens et services	5.1	12.9	16.6	25.8	27.9	13.6	11.9	9.9	5.8	5.4
5100 Impôts sur production, vente, transfert, etc.	4.9	12.4	15.3	23.8	26.2	13.0	11.4	9.1	5.3	5.0
5110 Impôts généraux	2.5	7.6	10.1	16.6	19.2	6.6	7.0	6.0	3.7	3.7
5111 Taxes sur la valeur ajoutée	2.5	7.6	10.1	16.6	19.2	6.6	7.0	6.0	3.7	3.7
5120 Impôts sur biens et services déterminés	2.4	4.7	5.3	7.2	7.0	6.4	4.4	3.1	1.6	1.3
5121 Accises	2.1	4.4	4.9	5.9	5.6	5.5	4.1	2.9	1.3	1.1
5200 Impôts sur utilisation des biens et exerc. activités	0.2	0.6	1.3	2.0	1.7	0.5	0.5	0.8	0.4	0.3
5300 Non-ventilables entre 5100 et 5200	0.0	0.0	0.0	0.0	0.0	0.0	0.0	0.0	0.0	0.0
6000 Autres impôts	0.0	0.0	0.0	0.0	0.0	0.0	0.0	0.0	0.0	0.0
Crédits d'impôts récupérables										
Crédits d'impôts récupérables contre 1000	..	..	1.1	0.4	0.4	..	..	0.6	0.1	0.1
Composante transfert	..	..	0.0	0.0	0.0	..	..	0.0	0.0	0.0
Composante fiscale	..	..	1.1	0.4	0.4	..	..	0.6	0.1	0.1
Recettes fiscales collectés pour le compte de l'UE										
Recettes fiscales collectés pour le compte de l'UE, total	0.2	0.2	0.2	0.7	0.9	0.5	0.2	0.1	0.2	0.2
Droits de douane perçus pour le compte de l'UE	0.1	0.2	0.2	0.5	0.6	0.4	0.2	0.1	0.1	0.1
Contributions au Fonds de résolution unique collectées pour le compte de l'UE	..	..	..	0.2	0.3	..	..	..	0.0	0.0

.. Non disponible

Note : Des données et des notes plus détaillées par pays sont disponibles dans le chapitre 5 "Tableaux détaillés par pays". Les séries temporelles complètes sont accessibles sur le site web http://data-explorer.oecd.org/s/nv.

Source : Annual Report of the Revenue Commissioners, Financial Accounts and National Income and Expenditure Accounts.

Tableau 4.34. Irlande, recettes fiscales et % du PIB par niveaux d'administration (principaux impôts)

	Milliard EUR					% du PIB				
	1990	2000	2010	2021	2022	1990	2000	2010	2021	2022
Administrations fédérale ou centrale										
Recettes fiscales totales	10.1	28.7	37.9	75.9	88.8	26.7	26.5	22.6	16.9	17.0
1000 Impôts sur revenu, bénéfices et gains en capital	4.7	14.6	18.6	44.7	55.7	12.3	13.4	11.1	10.0	10.7
2000 Cotisations de sécurité sociale	0.1	0.1	1.5	1.5	1.6	0.2	0.1	0.9	0.3	0.3
3000 Sur salaires ou main d'oeuvre	0.2	0.0	0.3	0.8	1.0	0.4	0.0	0.2	0.2	0.2
4000 Impôts sur le patrimoine	0.3	1.3	1.1	3.7	3.5	0.7	1.2	0.6	0.8	0.7
5000 Impôts sur les biens et services	5.0	12.7	16.4	25.1	27.0	13.1	11.7	9.8	5.6	5.2
6000 Autres impôts	0.0	0.0	0.0	0.0	0.0	0.0	0.0	0.0	0.0	0.0
Administrations d'un État/Régions										
Recettes fiscales totales	..	..	..	..	..	..	..	..	..	..
1000 Impôts sur revenu, bénéfices et gains en capital	..	..	..	..	..	..	..	..	..	..
2000 Cotisations de sécurité sociale	..	..	..	..	..	..	..	..	..	..
3000 Sur salaires ou main d'oeuvre	..	..	..	..	..	..	..	..	..	..
4000 Impôts sur le patrimoine	..	..	..	..	..	..	..	..	..	..
5000 Impôts sur les biens et services	..	..	..	..	..	..	..	..	..	..
6000 Autres impôts	..	..	..	..	..	..	..	..	..	..
Administrations locales										
Recettes fiscales totales	0.3	0.7	1.5	1.2	1.6	0.9	0.6	0.9	0.3	0.3
1000 Impôts sur revenu, bénéfices et gains en capital	0.0	0.0	0.0	0.0	0.0	0.0	0.0	0.0	0.0	0.0
2000 Cotisations de sécurité sociale	0.0	0.1	0.2	0.1	0.1	0.1	0.1	0.1	0.0	0.0
3000 Sur salaires ou main d'oeuvre	0.0	0.0	0.0	0.0	0.0	0.0	0.0	0.0	0.0	0.0
4000 Impôts sur le patrimoine	0.3	0.6	1.3	1.1	1.6	0.8	0.5	0.8	0.2	0.3
5000 Impôts sur les biens et services	0.0	0.0	0.0	0.0	0.0	0.0	0.0	0.0	0.0	0.0
6000 Autres impôts	0.0	0.0	0.0	0.0	0.0	0.0	0.0	0.0	0.0	0.0
Administrations de sécurité sociale										
Recettes fiscales totales	1.6	3.8	6.7	12.2	14.2	4.3	3.5	4.0	2.7	2.7
1000 Impôts sur revenu, bénéfices et gains en capital	0.0	0.0	0.0	0.0	0.0	0.0	0.0	0.0	0.0	0.0
2000 Cotisations de sécurité sociale	1.6	3.8	6.7	12.2	14.2	4.3	3.5	4.0	2.7	2.7
3000 Sur salaires ou main d'oeuvre	0.0	0.0	0.0	0.0	0.0	0.0	0.0	0.0	0.0	0.0
4000 Impôts sur le patrimoine	0.0	0.0	0.0	0.0	0.0	0.0	0.0	0.0	0.0	0.0
5000 Impôts sur les biens et services	0.0	0.0	0.0	0.0	0.0	0.0	0.0	0.0	0.0	0.0
6000 Autres impôts	0.0	0.0	0.0	0.0	0.0	0.0	0.0	0.0	0.0	0.0

.. Non disponible

Note : Des données et des notes plus détaillées par pays sont disponibles dans le chapitre 6 "Recettes fiscales des sous-secteurs de l'administration". Les séries temporelles complètes sont accessibles sur le site web http://data-explorer.oecd.org/s/nv.

Source : Annual Report of the Revenue Commissioners, Financial Accounts and National Income and Expenditure Accounts.

Tableau 4.35. Israël, recettes fiscales et % du PIB (sélection de catégories d'impôts)

	Milliard ILS					% du PIB				
	1990	2000	2010	2021	2022	1990	2000	2010	2021	2022
Recettes fiscales totales	..	189.3	269.7	514.0	581.1	..	34.0	30.1	32.3	32.8
1000 Impôts sur le revenu, les bénéfices et les gains en capital	..	74.6	78.3	182.9	216.4	..	13.4	8.7	11.5	12.2
1100 Des personnes physiques	..	54.8	48.2	113.2	127.9	..	9.8	5.4	7.1	7.2
1200 Des sociétés	..	18.0	23.1	56.5	76.2	..	3.2	2.6	3.5	4.3
1300 Non-ventilables entre 1100 et 1200	..	1.8	6.9	13.2	12.3	..	0.3	0.8	0.8	0.7
2000 Cotisations de sécurité sociale	..	27.6	45.3	79.6	88.8	..	5.0	5.1	5.0	5.0
2100 À la charge des salariés	..	15.8	27.8	44.4	49.9	..	2.8	3.1	2.8	2.8
2200 À la charge des employeurs	..	8.2	11.4	24.7	27.8	..	1.5	1.3	1.6	1.6
2300 À la charge des indép. ou sans emploi	..	0.0	0.0	0.0	0.0	..	0.0	0.0	0.0	0.0
2400 Non-ventilables entre 2100, 2200 et 2300	..	0.0	0.0	0.0	0.0	..	0.0	0.0	0.0	0.0
3000 Sur les salaires ou main d'oeuvre	..	6.8	10.3	16.1	16.3	..	1.2	1.1	1.0	0.9
4000 Impôts sur le patrimoine	..	18.0	30.0	62.0	71.4	..	3.2	3.4	3.9	4.0
4100 Impôts périodiques sur la propriété immobilière	..	11.3	18.8	29.0	31.5	..	2.0	2.1	1.8	1.8
4200 Impôts périodiques sur l'actif net	..	0.0	0.0	0.0	0.0	..	0.0	0.0	0.0	0.0
4300 Impôts sur mut. par décès, succ. et donations	..	0.0	0.0	0.0	0.0	..	0.0	0.0	0.0	0.0
4400 Impôts sur transact. mobilières et immob.	..	3.2	4.1	12.6	14.4	..	0.6	0.5	0.8	0.8
4500 Impôts non périodiques sur	..	0.0	0.0	0.0	0.0	..	0.0	0.0	0.0	0.0
4600 Autres impôts périodiques sur patrimoine	..	0.0	0.0	0.0	0.0	..	0.0	0.0	0.0	0.0
5000 Impôts sur les biens et services	..	62.3	105.8	173.4	188.3	..	11.2	11.8	10.9	10.6
5100 Impôts sur production, vente, transfert, etc.	..	57.9	98.1	162.1	176.4	..	10.4	10.9	10.2	9.9
5110 Impôts généraux	..	39.8	65.5	119.3	130.8	..	7.2	7.3	7.5	7.4
5111 Taxes sur la valeur ajoutée	..	39.8	65.5	119.3	130.8	..	7.2	7.3	7.5	7.4
5120 Impôts sur biens et services déterminés	..	18.1	32.6	42.8	45.6	..	3.2	3.6	2.7	2.6
5121 Accises	..	16.7	29.9	39.1	42.7	..	3.0	3.3	2.5	2.4
5200 Impôts sur utilisation des biens et exerc. activités	..	4.5	7.7	11.3	12.0	..	0.8	0.9	0.7	0.7
5300 Non-ventilables entre 5100 et 5200	..	0.0	0.0	0.0	0.0	..	0.0	0.0	0.0	0.0
6000 Autres impôts	..	0.0	0.0	0.0	0.0	..	0.0	0.0	0.0	0.0
Crédits d'impôts récupérables										
Crédits d'impôts récupérables contre 1000	..	..	0.1	0.9	1.9	..	..	0.0	0.1	0.1
Composante transfert	..	..	0.1	0.9	1.9	..	..	0.0	0.1	0.1
Composante fiscale	..	..	0.0	0.0	0.0	..	..	0.0	0.0	0.0

.. Non disponible

Note : Des données et des notes plus détaillées par pays sont disponibles dans le chapitre 5 "Tableaux détaillés par pays". Les séries temporelles complètes sont accessibles sur le site web http://data-explorer.oecd.org/s/nv.

Source : Israel Central Bureau of Statistics and Israel Ministry of Finance.

Tableau 4.36. Israël, recettes fiscales et % du PIB par niveaux d'administration (principaux impôts)

	Milliard ILS					% du PIB				
	1990	2000	2010	2021	2022	1990	2000	2010	2021	2022
Administrations fédérale ou centrale										
Recettes fiscales totales	..	148.0	199.9	391.6	444.6	..	26.6	22.3	24.6	25.1
1000 Impôts sur revenu, bénéfices et gains en capital	..	74.6	78.3	182.9	216.4	..	13.4	8.7	11.5	12.2
2000 Cotisations de sécurité sociale	..	0.0	0.0	0.0	0.0	..	0.0	0.0	0.0	0.0
3000 Sur salaires ou main d'oeuvre	..	6.8	10.3	16.1	16.3	..	1.2	1.1	1.0	0.9
4000 Impôts sur le patrimoine	..	4.8	6.6	20.8	25.3	..	0.9	0.7	1.3	1.4
5000 Impôts sur les biens et services	..	61.8	104.7	171.8	186.6	..	11.1	11.7	10.8	10.5
6000 Autres impôts	..	0.0	0.0	0.0	0.0	..	0.0	0.0	0.0	0.0
Administrations d'un État/Régions										
Recettes fiscales totales	..	..	..	..	..	..	..	..	..	..
1000 Impôts sur revenu, bénéfices et gains en capital	..	..	..	..	..	..	..	..	..	..
2000 Cotisations de sécurité sociale	..	..	..	..	..	..	..	..	..	..
3000 Sur salaires ou main d'oeuvre	..	..	..	..	..	..	..	..	..	..
4000 Impôts sur le patrimoine	..	..	..	..	..	..	..	..	..	..
5000 Impôts sur les biens et services	..	..	..	..	..	..	..	..	..	..
6000 Autres impôts	..	..	..	..	..	..	..	..	..	..
Administrations locales										
Recettes fiscales totales	..	13.7	24.5	42.8	47.8	..	2.5	2.7	2.7	2.7
1000 Impôts sur revenu, bénéfices et gains en capital	..	0.0	0.0	0.0	0.0	..	0.0	0.0	0.0	0.0
2000 Cotisations de sécurité sociale	..	0.0	0.0	0.0	0.0	..	0.0	0.0	0.0	0.0
3000 Sur salaires ou main d'oeuvre	..	0.0	0.0	0.0	0.0	..	0.0	0.0	0.0	0.0
4000 Impôts sur le patrimoine	..	13.2	23.5	41.2	46.0	..	2.4	2.6	2.6	2.6
5000 Impôts sur les biens et services	..	0.6	1.0	1.6	1.7	..	0.1	0.1	0.1	0.1
6000 Autres impôts	..	0.0	0.0	0.0	0.0	..	0.0	0.0	0.0	0.0
Administrations de sécurité sociale										
Recettes fiscales totales	..	27.6	45.3	79.6	88.8	..	5.0	5.1	5.0	5.0
1000 Impôts sur revenu, bénéfices et gains en capital	..	0.0	0.0	0.0	0.0	..	0.0	0.0	0.0	0.0
2000 Cotisations de sécurité sociale	..	27.6	45.3	79.6	88.8	..	5.0	5.1	5.0	5.0
3000 Sur salaires ou main d'oeuvre	..	0.0	0.0	0.0	0.0	..	0.0	0.0	0.0	0.0
4000 Impôts sur le patrimoine	..	0.0	0.0	0.0	0.0	..	0.0	0.0	0.0	0.0
5000 Impôts sur les biens et services	..	0.0	0.0	0.0	0.0	..	0.0	0.0	0.0	0.0
6000 Autres impôts	..	0.0	0.0	0.0	0.0	..	0.0	0.0	0.0	0.0

.. Non disponible

Note : Des données et des notes plus détaillées par pays sont disponibles dans le chapitre 6 "Recettes fiscales des sous-secteurs de l'administration". Les séries temporelles complètes sont accessibles sur le site web http://data-explorer.oecd.org/s/nv.

Source : Israel Central Bureau of Statistics and Israel Ministry of Finance.

Tableau 4.37. Italie, recettes fiscales et % du PIB (sélection de catégories d'impôts)

	Milliard EUR					% du PIB				
	1990	2000	2010	2021	2022	1990	2000	2010	2021	2022
Recettes fiscales totales	265.1	503.1	671.9	773.6	840.8	36.3	40.5	41.7	42.5	42.8
1000 Impôts sur le revenu, les bénéfices et les gains en capital	96.7	166.9	219.5	246.1	275.7	13.2	13.4	13.6	13.5	14.0
1100 Des personnes physiques	69.7	124.9	180.5	200.0	214.5	9.5	10.1	11.2	11.0	10.9
1200 Des sociétés	26.6	34.7	36.7	34.4	56.3	3.6	2.8	2.3	1.9	2.9
1300 Non-ventilables entre 1100 et 1200	0.4	7.3	2.3	11.7	4.9	0.1	0.6	0.1	0.6	0.2
2000 Cotisations de sécurité sociale	87.3	143.6	209.1	240.7	256.4	11.9	11.6	13.0	13.2	13.1
2100 À la charge des salariés	16.8	27.3	37.6	45.6	47.0	2.3	2.2	2.3	2.5	2.4
2200 À la charge des employeurs	62.5	99.9	144.3	161.0	171.8	8.6	8.0	9.0	8.8	8.8
2300 À la charge des indép. ou sans emploi	0.0	0.0	0.0	0.0	0.0	0.0	0.0	0.0	0.0	0.0
2400 Non-ventilables entre 2100, 2200 et 2300	0.0	0.0	0.0	0.0	0.0	0.0	0.0	0.0	0.0	0.0
3000 Sur les salaires ou main d'oeuvre	0.9	0.0	0.0	0.0	0.0	0.1	0.0	0.0	0.0	0.0
4000 Impôts sur le patrimoine	6.0	23.4	32.4	45.1	48.2	0.8	1.9	2.0	2.5	2.5
4100 Impôts périodiques sur la propriété immobilière	0.0	9.4	9.7	22.4	22.7	0.0	0.8	0.6	1.2	1.2
4200 Impôts périodiques sur l'actif net	0.0	0.0	2.1	0.6	0.4	0.0	0.0	0.1	0.0	0.0
4300 Impôts sur mut. par décès, succ. et donations	0.4	1.0	0.5	0.9	1.1	0.1	0.1	0.0	0.0	0.1
4400 Impôts sur transact. mobilières et immob.	5.6	12.3	17.4	19.6	21.2	0.8	1.0	1.1	1.1	1.1
4500 Impôts non périodiques sur	0.0	0.0	0.0	0.0	0.0	0.0	0.0	0.0	0.0	0.0
4600 Autres impôts périodiques sur patrimoine	0.0	0.6	1.9	1.5	2.5	0.0	0.0	0.1	0.1	0.1
5000 Impôts sur les biens et services	74.3	141.9	178.9	219.1	232.5	10.2	11.4	11.1	12.0	11.8
5100 Impôts sur production, vente, transfert, etc.	67.1	127.3	160.8	189.6	201.8	9.2	10.3	10.0	10.4	10.3
5110 Impôts généraux	38.9	77.5	97.6	121.3	138.9	5.3	6.2	6.1	6.7	7.1
5111 Taxes sur la valeur ajoutée	38.9	77.5	97.6	121.0	138.5	5.3	6.2	6.1	6.6	7.1
5120 Impôts sur biens et services déterminés	28.0	49.8	63.2	68.3	62.9	3.8	4.0	3.9	3.7	3.2
5121 Accises	20.3	31.5	36.4	42.4	32.1	2.8	2.5	2.3	2.3	1.6
5200 Impôts sur utilisation des biens et exerc. activités	4.5	8.5	10.5	15.3	16.0	0.6	0.7	0.7	0.8	0.8
5300 Non-ventilables entre 5100 et 5200	2.7	6.1	7.6	14.2	14.7	0.4	0.5	0.5	0.8	0.7
6000 Autres impôts	0.0	27.3	31.9	22.6	28.1	0.0	2.2	2.0	1.2	1.4
Crédits d'impôts récupérables										
Crédits d'impôts récupérables contre 1000	..	..	0.0	14.4	6.6	..	..	0.0	0.8	0.3
Composante transfert	..	..	0.1	2.1	2.1	..	..	0.0	0.1	0.1
Composante fiscale	..	..	-0.1	12.3	4.5	..	..	-0.0	0.7	0.2
Recettes fiscales collectés pour le compte de l'UE										
Recettes fiscales collectés pour le compte de l'UE, total	1.3	1.5	2.2	3.5	5.1	0.2	0.1	0.1	0.2	0.3
Droits de douane perçus pour le compte de l'UE	0.8	1.5	2.2	2.4	3.7	0.1	0.1	0.1	0.1	0.2
Contributions au Fonds de résolution unique collectées pour le compte de l'UE	..	..	..	1.1	1.4	..	..	..	0.1	0.1

.. Non disponible

Note : Des données et des notes plus détaillées par pays sont disponibles dans le chapitre 5 "Tableaux détaillés par pays". Les séries temporelles complètes sont accessibles sur le site web http://data-explorer.oecd.org/s/nv.

Source : Ministero dell'economia e delle finanze; Istituto nazionale di statistica.

Tableau 4.38. Italie, recettes fiscales et % du PIB par niveaux d'administration (principaux impôts)

	Milliard EUR					% du PIB				
	1990	2000	2010	2021	2022	1990	2000	2010	2021	2022
Administrations fédérale ou centrale										
Recettes fiscales totales	168.9	280.8	357.3	444.5	487.4	23.1	22.6	22.2	24.4	24.8
1000 Impôts sur revenu, bénéfices et gains en capital	92.7	154.2	193.9	229.4	257.7	12.7	12.4	12.0	12.6	13.1
2000 Cotisations de sécurité sociale	0.0	0.0	0.0	0.0	0.0	0.0	0.0	0.0	0.0	0.0
3000 Sur salaires ou main d'oeuvre	0.9	0.0	0.0	0.0	0.0	0.1	0.0	0.0	0.0	0.0
4000 Impôts sur le patrimoine	6.0	12.9	21.0	26.2	29.4	0.8	1.0	1.3	1.4	1.5
5000 Impôts sur les biens et services	69.3	113.6	142.5	188.8	200.3	9.5	9.2	8.8	10.4	10.2
6000 Autres impôts	0.0	0.0	0.0	0.0	0.0	0.0	0.0	0.0	0.0	0.0
Administrations d'un État/Régions										
Recettes fiscales totales	..	..	..	..	..	..	..	..	..	..
1000 Impôts sur revenu, bénéfices et gains en capital	..	..	..	..	..	..	..	..	..	..
2000 Cotisations de sécurité sociale	..	..	..	..	..	..	..	..	..	..
3000 Sur salaires ou main d'oeuvre	..	..	..	..	..	..	..	..	..	..
4000 Impôts sur le patrimoine	..	..	..	..	..	..	..	..	..	..
5000 Impôts sur les biens et services	..	..	..	..	..	..	..	..	..	..
6000 Autres impôts	..	..	..	..	..	..	..	..	..	..
Administrations locales										
Recettes fiscales totales	7.7	77.2	103.2	85.0	91.9	1.1	6.2	6.4	4.7	4.7
1000 Impôts sur revenu, bénéfices et gains en capital	4.0	12.7	25.6	16.8	17.9	0.6	1.0	1.6	0.9	0.9
2000 Cotisations de sécurité sociale	0.0	0.0	0.0	0.0	0.0	0.0	0.0	0.0	0.0	0.0
3000 Sur salaires ou main d'oeuvre	0.0	0.0	0.0	0.0	0.0	0.0	0.0	0.0	0.0	0.0
4000 Impôts sur le patrimoine	0.0	10.5	11.5	18.8	18.8	0.0	0.8	0.7	1.0	1.0
5000 Impôts sur les biens et services	3.7	26.7	34.2	26.7	27.0	0.5	2.1	2.1	1.5	1.4
6000 Autres impôts	0.0	27.3	31.9	22.6	28.1	0.0	2.2	2.0	1.2	1.4
Administrations de sécurité sociale										
Recettes fiscales totales	87.3	143.6	209.1	240.7	256.4	11.9	11.6	13.0	13.2	13.1
1000 Impôts sur revenu, bénéfices et gains en capital	0.0	0.0	0.0	0.0	0.0	0.0	0.0	0.0	0.0	0.0
2000 Cotisations de sécurité sociale	87.3	143.6	209.1	240.7	256.4	11.9	11.6	13.0	13.2	13.1
3000 Sur salaires ou main d'oeuvre	0.0	0.0	0.0	0.0	0.0	0.0	0.0	0.0	0.0	0.0
4000 Impôts sur le patrimoine	0.0	0.0	0.0	0.0	0.0	0.0	0.0	0.0	0.0	0.0
5000 Impôts sur les biens et services	0.0	0.0	0.0	0.0	0.0	0.0	0.0	0.0	0.0	0.0
6000 Autres impôts	0.0	0.0	0.0	0.0	0.0	0.0	0.0	0.0	0.0	0.0

.. Non disponible

Note : Des données et des notes plus détaillées par pays sont disponibles dans le chapitre 6 "Recettes fiscales des sous-secteurs de l'administration". Les séries temporelles complètes sont accessibles sur le site web http://data-explorer.oecd.org/s/nv.

Source : Ministero dell'economia e delle finanze; Istituto nazionale di statistica.

Tableau 4.39. Japon, recettes fiscales et % du PIB (sélection de catégories d'impôts)

	Milliard JPY					% du PIB				
	1990	2000	2010	2021	2022	1990	2000	2010	2021	2022
Recettes fiscales totales	130 842.7	136 235.8	132 484.2	187 991.9	195 847.8	27.7	25.3	26.2	33.9	34.4
1000 Impôts sur le revenu, les bénéfices et les gains en capital	65 681.6	47 398.2	40 034.3	60 005.8	63 669.2	13.9	8.8	7.9	10.8	11.2
1100 Des personnes physiques	36 393.6	28 677.3	24 662.7	35 439.0	36 835.4	7.7	5.3	4.9	6.4	6.5
1200 Des sociétés	29 288.0	18 720.9	15 371.6	24 566.8	26 833.8	6.2	3.5	3.0	4.4	4.7
1300 Non-ventilables entre 1100 et 1200	0.0	0.0	0.0	0.0	0.0	0.0	0.0	0.0	0.0	0.0
2000 Cotisations de sécurité sociale	34 612.6	47 968.3	54 460.5	73 701.9	75 458.0	7.3	8.9	10.8	13.3	13.3
2100 À la charge des salariés	13 895.0	19 829.9	22 686.7	31 461.1	32 194.0	2.9	3.7	4.5	5.7	5.7
2200 À la charge des employeurs	16 648.8	22 455.5	24 689.1	34 310.8	35 265.4	3.5	4.2	4.9	6.2	6.2
2300 À la charge des indép. ou sans emploi	0.0	0.0	0.0	0.0	0.0	0.0	0.0	0.0	0.0	0.0
2400 Non-ventilables entre 2100, 2200 et 2300	0.0	0.0	0.0	0.0	0.0	0.0	0.0	0.0	0.0	0.0
3000 Sur les salaires ou main d'oeuvre	0.0	0.0	0.0	0.0	0.0	0.0	0.0	0.0	0.0	0.0
4000 Impôts sur le patrimoine	12 296.3	14 294.4	12 878.3	14 778.6	15 414.4	2.6	2.7	2.6	2.7	2.7
4100 Impôts périodiques sur la propriété immobilière	7 098.5	10 413.7	10 225.0	10 655.5	11 044.4	1.5	1.9	2.0	1.9	1.9
4200 Impôts périodiques sur l'actif net	0.0	0.0	0.0	0.0	0.0	0.0	0.0	0.0	0.0	0.0
4300 Impôts sur mut. par décès, succ. et donations	1 918.0	1 782.2	1 250.4	2 770.2	2 969.4	0.4	0.3	0.2	0.5	0.5
4400 Impôts sur transact. mobilières et immob.	3 279.8	2 098.5	1 402.9	1 352.9	1 400.6	0.7	0.4	0.3	0.2	0.2
4500 Impôts non périodiques sur	0.0	0.0	0.0	0.0	0.0	0.0	0.0	0.0	0.0	0.0
4600 Autres impôts périodiques sur patrimoine	0.0	0.0	0.0	0.0	0.0	0.0	0.0	0.0	0.0	0.0
5000 Impôts sur les biens et services	17 916.8	26 227.2	24 730.2	39 009.7	40 827.0	3.8	4.9	4.9	7.0	7.2
5100 Impôts sur production, vente, transfert, etc.	15 646.5	23 180.2	22 160.4	36 408.7	38 148.9	3.3	4.3	4.4	6.6	6.7
5110 Impôts généraux	5 778.3	12 350.3	12 675.2	28 058.9	29 494.4	1.2	2.3	2.5	5.1	5.2
5111 Taxes sur la valeur ajoutée	5 778.3	12 350.3	12 675.2	28 058.9	29 494.4	1.2	2.3	2.5	5.1	5.2
5120 Impôts sur biens et services déterminés	9 868.2	10 829.9	9 485.2	8 349.9	8 654.5	2.1	2.0	1.9	1.5	1.5
5121 Accises	8 637.2	9 837.0	8 622.4	7 397.9	7 581.9	1.8	1.8	1.7	1.3	1.3
5200 Impôts sur utilisation des biens et exerc. activités	2 270.3	3 047.0	2 569.8	2 601.0	2 678.1	0.5	0.6	0.5	0.5	0.5
5300 Non-ventilables entre 5100 et 5200	0.0	0.0	0.0	0.0	0.0	0.0	0.0	0.0	0.0	0.0
6000 Autres impôts	335.4	347.7	381.1	495.9	479.2	0.1	0.1	0.1	0.1	0.1
Crédits d'impôts récupérables										
Crédits d'impôts récupérables contre 1000	..	..	..	..	..	..	..	..	..	..
Composante transfert	..	..	..	..	..	..	..	..	..	..
Composante fiscale	..	..	..	..	..	..	..	..	..	..

.. Non disponible

Note : Des données et des notes plus détaillées par pays sont disponibles dans le chapitre 5 "Tableaux détaillés par pays". Les séries temporelles complètes sont accessibles sur le site web http://data-explorer.oecd.org/s/nv.

Source : Tax Bureau, Ministry of Finance.

Tableau 4.40. Japon, recettes fiscales et % du PIB par niveaux d'administration (principaux impôts)

	Milliard JPY					% du PIB				
	1990	2000	2010	2021	2022	1990	2000	2010	2021	2022
Administrations fédérale ou centrale										
Recettes fiscales totales	62 779.7	52 720.8	43 707.4	71 881.1	76 337.7	13.3	9.8	8.7	13.0	13.4
1000 Impôts sur revenu, bénéfices et gains en capital	44 379.1	30 536.2	23 372.1	39 184.7	41 988.7	9.4	5.7	4.6	7.1	7.4
2000 Cotisations de sécurité sociale	0.0	0.0	0.0	0.0	0.0	0.0	0.0	0.0	0.0	0.0
3000 Sur salaires ou main d'oeuvre	0.0	0.0	0.0	0.0	0.0	0.0	0.0	0.0	0.0	0.0
4000 Impôts sur le patrimoine	4 601.6	3 314.9	2 274.5	3 731.1	3 951.5	1.0	0.6	0.5	0.7	0.7
5000 Impôts sur les biens et services	13 799.0	18 869.7	18 060.9	28 930.1	30 389.9	2.9	3.5	3.6	5.2	5.3
6000 Autres impôts	0.0	0.0	0.0	35.2	7.6	0.0	0.0	0.0	0.0	0.0
Administrations d'un État/Régions										
Recettes fiscales totales	..	..	..	..	..	..	..	..	..	..
1000 Impôts sur revenu, bénéfices et gains en capital	..	..	..	..	..	..	..	..	..	..
2000 Cotisations de sécurité sociale	..	..	..	..	..	..	..	..	..	..
3000 Sur salaires ou main d'oeuvre	..	..	..	..	..	..	..	..	..	..
4000 Impôts sur le patrimoine	..	..	..	..	..	..	..	..	..	..
5000 Impôts sur les biens et services	..	..	..	..	..	..	..	..	..	..
6000 Autres impôts	..	..	..	..	..	..	..	..	..	..
Administrations locales										
Recettes fiscales totales	33 450.4	35 546.7	34 316.3	42 408.9	44 052.2	7.1	6.6	6.8	7.6	7.7
1000 Impôts sur revenu, bénéfices et gains en capital	21 302.5	16 862.0	16 662.2	20 821.1	21 680.5	4.5	3.1	3.3	3.8	3.8
2000 Cotisations de sécurité sociale	0.0	0.0	0.0	0.0	0.0	0.0	0.0	0.0	0.0	0.0
3000 Sur salaires ou main d'oeuvre	0.0	0.0	0.0	0.0	0.0	0.0	0.0	0.0	0.0	0.0
4000 Impôts sur le patrimoine	7 694.7	10 979.5	10 603.8	11 047.5	11 462.9	1.6	2.0	2.1	2.0	2.0
5000 Impôts sur les biens et services	4 117.8	7 357.5	6 669.3	10 079.7	10 437.1	0.9	1.4	1.3	1.8	1.8
6000 Autres impôts	335.4	347.7	381.1	460.7	471.6	0.1	0.1	0.1	0.1	0.1
Administrations de sécurité sociale										
Recettes fiscales totales	34 612.6	47 968.3	54 460.5	73 701.9	75 458.0	7.3	8.9	10.8	13.3	13.3
1000 Impôts sur revenu, bénéfices et gains en capital	0.0	0.0	0.0	0.0	0.0	0.0	0.0	0.0	0.0	0.0
2000 Cotisations de sécurité sociale	34 612.6	47 968.3	54 460.5	73 701.9	75 458.0	7.3	8.9	10.8	13.3	13.3
3000 Sur salaires ou main d'oeuvre	0.0	0.0	0.0	0.0	0.0	0.0	0.0	0.0	0.0	0.0
4000 Impôts sur le patrimoine	0.0	0.0	0.0	0.0	0.0	0.0	0.0	0.0	0.0	0.0
5000 Impôts sur les biens et services	0.0	0.0	0.0	0.0	0.0	0.0	0.0	0.0	0.0	0.0
6000 Autres impôts	0.0	0.0	0.0	0.0	0.0	0.0	0.0	0.0	0.0	0.0

.. Non disponible

Note : Des données et des notes plus détaillées par pays sont disponibles dans le chapitre 6 "Recettes fiscales des sous-secteurs de l'administration". Les séries temporelles complètes sont accessibles sur le site web http://data-explorer.oecd.org/s/nv.

Source : Tax Bureau, Ministry of Finance.

Tableau 4.41. Corée, recettes fiscales et % du PIB (sélection de catégories d'impôts)

	Milliard KRW					% du PIB				
	1990	2000	2010	2021	2022	1990	2000	2010	2021	2022
Recettes fiscales totales	37 261.7	136 295.0	295 968.0	619 084.0	691 257.0	18.6	20.9	22.4	29.8	32.0
1000 Impôts sur le revenu, les bénéfices et les gains en capital	12 203.5	39 254.0	82 905.0	205 574.0	258 193.0	6.1	6.0	6.3	9.9	11.9
1100 Des personnes physiques	7 440.4	19 950.0	42 098.0	126 210.0	141 926.0	3.7	3.1	3.2	6.1	6.6
1200 Des sociétés	4 756.6	19 271.0	40 807.0	79 364.0	116 267.0	2.4	3.0	3.1	3.8	5.4
1300 Non-ventilables entre 1100 et 1200	6.5	33.0	0.0	0.0	0.0	0.0	0.0	0.0	0.0	0.0
2000 Cotisations de sécurité sociale	3 760.0	22 759.0	69 090.0	162 209.0	176 747.0	1.9	3.5	5.2	7.8	8.2
2100 À la charge des salariés	1 464.0	8 578.0	28 213.0	70 297.0	77 530.0	0.7	1.3	2.1	3.4	3.6
2200 À la charge des employeurs	1 694.0	9 409.0	30 856.0	72 773.0	80 600.0	0.8	1.4	2.3	3.5	3.7
2300 À la charge des indép. ou sans emploi	0.0	0.0	0.0	0.0	0.0	0.0	0.0	0.0	0.0	0.0
2400 Non-ventilables entre 2100, 2200 et 2300	0.0	0.0	0.0	0.0	0.0	0.0	0.0	0.0	0.0	0.0
3000 Sur les salaires ou main d'oeuvre	152.8	258.0	714.0	1 755.0	1 982.0	0.1	0.0	0.1	0.1	0.1
4000 Impôts sur le patrimoine	4 388.9	16 846.0	33 516.0	93 263.0	82 065.0	2.2	2.6	2.5	4.5	3.8
4100 Impôts périodiques sur la propriété immobilière	980.0	3 385.0	9 270.0	24 486.0	26 510.0	0.5	0.5	0.7	1.2	1.2
4200 Impôts périodiques sur l'actif net	0.0	0.0	0.0	0.0	0.0	0.0	0.0	0.0	0.0	0.0
4300 Impôts sur mut. par décès, succ. et donations	353.9	989.0	3 076.0	15 006.0	14 594.0	0.2	0.2	0.2	0.7	0.7
4400 Impôts sur transact. mobilières et immob.	2 959.7	11 935.0	21 170.0	53 771.0	40 961.0	1.5	1.8	1.6	2.6	1.9
4500 Impôts non périodiques sur	0.0	0.0	0.0	0.0	0.0	0.0	0.0	0.0	0.0	0.0
4600 Autres impôts périodiques sur patrimoine	0.0	0.0	0.0	0.0	0.0	0.0	0.0	0.0	0.0	0.0
5000 Impôts sur les biens et services	16 497.5	52 271.0	99 769.0	143 100.0	156 778.0	8.2	8.0	7.5	6.9	7.3
5100 Impôts sur production, vente, transfert, etc.	16 023.5	50 023.0	96 573.0	134 745.0	149 448.0	8.0	7.7	7.3	6.5	6.9
5110 Impôts généraux	6 964.4	23 212.0	51 800.0	89 022.0	105 558.0	3.5	3.6	3.9	4.3	4.9
5111 Taxes sur la valeur ajoutée	6 964.4	23 212.0	51 800.0	89 022.0	105 558.0	3.5	3.6	3.9	4.3	4.9
5120 Impôts sur biens et services déterminés	9 059.1	26 811.0	44 773.0	45 723.0	43 890.0	4.5	4.1	3.4	2.2	2.0
5121 Accises	4 923.7	18 155.0	31 340.0	35 792.0	30 834.0	2.5	2.8	2.4	1.7	1.4
5200 Impôts sur utilisation des biens et exerc. activités	473.9	2 248.0	3 196.0	8 355.0	7 330.0	0.2	0.3	0.2	0.4	0.3
5300 Non-ventilables entre 5100 et 5200	0.0	0.0	0.0	0.0	0.0	0.0	0.0	0.0	0.0	0.0
6000 Autres impôts	259.1	4 907.0	9 974.0	13 183.0	15 492.0	0.1	0.8	0.8	0.6	0.7
Crédits d'impôts récupérables										
Crédits d'impôts récupérables contre 1000	..	..	..	..	..	..	..	..	..	..
Composante transfert	..	..	..	..	..	..	..	..	..	..
Composante fiscale	..	..	..	..	..	..	..	..	..	..

.. Non disponible

Note : Des données et des notes plus détaillées par pays sont disponibles dans le chapitre 5 "Tableaux détaillés par pays". Les séries temporelles complètes sont accessibles sur le site web http://data-explorer.oecd.org/s/nv.

Source : Ministry of Finance and Economy, Ministry of Home Affairs.

Tableau 4.42. Corée, recettes fiscales et % du PIB par niveaux d'administration (principaux impôts)

	Milliard KRW					% du PIB				
	1990	2000	2010	2021	2022	1990	2000	2010	2021	2022
Administrations fédérale ou centrale										
Recettes fiscales totales	27 140.8	92 935.0	177 718.0	344 077.0	395 939.0	13.5	14.3	13.4	16.5	18.3
1000 Impôts sur revenu, bénéfices et gains en capital	11 655.2	35 824.0	75 352.0	185 459.0	233 535.0	5.8	5.5	5.7	8.9	10.8
2000 Cotisations de sécurité sociale	0.0	0.0	0.0	0.0	0.0	0.0	0.0	0.0	0.0	0.0
3000 Sur salaires ou main d'oeuvre	29.3	0.0	0.0	0.0	0.0	0.0	0.0	0.0	0.0	0.0
4000 Impôts sur le patrimoine	866.3	5 866.0	11 288.0	40 207.0	34 042.0	0.4	0.9	0.9	1.9	1.6
5000 Impôts sur les biens et services	14 377.5	46 812.0	86 629.0	113 264.0	121 046.0	7.2	7.2	6.5	5.4	5.6
6000 Autres impôts	212.5	4 433.0	4 449.0	5 147.0	7 316.0	0.1	0.7	0.3	0.2	0.3
Administrations d'un État/Régions										
Recettes fiscales totales	..	..	..	..	..	..	..	..	..	..
1000 Impôts sur revenu, bénéfices et gains en capital	..	..	..	..	..	..	..	..	..	..
2000 Cotisations de sécurité sociale	..	..	..	..	..	..	..	..	..	..
3000 Sur salaires ou main d'oeuvre	..	..	..	..	..	..	..	..	..	..
4000 Impôts sur le patrimoine	..	..	..	..	..	..	..	..	..	..
5000 Impôts sur les biens et services	..	..	..	..	..	..	..	..	..	..
6000 Autres impôts	..	..	..	..	..	..	..	..	..	..
Administrations locales										
Recettes fiscales totales	6 360.9	20 601.0	49 160.0	112 798.0	118 571.0	3.2	3.2	3.7	5.4	5.5
1000 Impôts sur revenu, bénéfices et gains en capital	548.3	3 430.0	7 553.0	20 115.0	24 658.0	0.3	0.5	0.6	1.0	1.1
2000 Cotisations de sécurité sociale	0.0	0.0	0.0	0.0	0.0	0.0	0.0	0.0	0.0	0.0
3000 Sur salaires ou main d'oeuvre	123.5	258.0	714.0	1 755.0	1 982.0	0.1	0.0	0.1	0.1	0.1
4000 Impôts sur le patrimoine	3 522.6	10 980.0	22 228.0	53 056.0	48 023.0	1.8	1.7	1.7	2.6	2.2
5000 Impôts sur les biens et services	2 120.0	5 459.0	13 140.0	29 836.0	35 732.0	1.1	0.8	1.0	1.4	1.7
6000 Autres impôts	46.6	474.0	5 525.0	8 036.0	8 176.0	0.0	0.1	0.4	0.4	0.4
Administrations de sécurité sociale										
Recettes fiscales totales	3 760.0	22 759.0	69 090.0	162 209.0	176 747.0	1.9	3.5	5.2	7.8	8.2
1000 Impôts sur revenu, bénéfices et gains en capital	0.0	0.0	0.0	0.0	0.0	0.0	0.0	0.0	0.0	0.0
2000 Cotisations de sécurité sociale	3 760.0	22 759.0	69 090.0	162 209.0	176 747.0	1.9	3.5	5.2	7.8	8.2
3000 Sur salaires ou main d'oeuvre	0.0	0.0	0.0	0.0	0.0	0.0	0.0	0.0	0.0	0.0
4000 Impôts sur le patrimoine	0.0	0.0	0.0	0.0	0.0	0.0	0.0	0.0	0.0	0.0
5000 Impôts sur les biens et services	0.0	0.0	0.0	0.0	0.0	0.0	0.0	0.0	0.0	0.0
6000 Autres impôts	0.0	0.0	0.0	0.0	0.0	0.0	0.0	0.0	0.0	0.0

.. Non disponible

Note : Des données et des notes plus détaillées par pays sont disponibles dans le chapitre 6 "Recettes fiscales des sous-secteurs de l'administration". Les séries temporelles complètes sont accessibles sur le site web http://data-explorer.oecd.org/s/nv.

Source : Ministry of Finance and Economy, Ministry of Home Affairs.

Tableau 4.43. Lettonie, recettes fiscales et % du PIB (sélection de catégories d'impôts)

	Milliard EUR					% du PIB				
	1990	2000	2010	2021	2022	1990	2000	2010	2021	2022
Recettes fiscales totales	..	2.0	5.2	10.3	11.8	..	29.0	28.5	30.7	30.8
1000 Impôts sur le revenu, les bénéfices et les gains en capital	..	0.5	1.3	2.3	2.7	..	7.0	7.1	6.9	6.9
1100 Des personnes physiques	..	0.4	1.1	2.0	2.3	..	5.5	6.2	6.0	5.9
1200 Des sociétés	..	0.1	0.2	0.3	0.4	..	1.5	1.0	0.9	1.0
1300 Non-ventilables entre 1100 et 1200	..	0.0	0.0	0.0	0.0	..	0.0	0.0	0.0	0.0
2000 Cotisations de sécurité sociale	..	0.7	1.6	3.2	3.6	..	9.7	8.6	9.6	9.4
2100 À la charge des salariés	..	0.2	0.4	1.0	1.2	..	2.4	2.2	3.1	3.1
2200 À la charge des employeurs	..	0.5	1.2	2.1	2.4	..	7.3	6.4	6.3	6.2
2300 À la charge des indép. ou sans emploi	..	0.0	0.0	0.0	0.0	..	0.0	0.0	0.0	0.0
2400 Non-ventilables entre 2100, 2200 et 2300	..	0.0	0.0	0.0	0.0	..	0.0	0.0	0.0	0.0
3000 Sur les salaires ou main d'oeuvre	..	0.0	0.0	0.0	0.0	..	0.0	0.0	0.0	0.0
4000 Impôts sur le patrimoine	..	0.1	0.2	0.3	0.3	..	1.1	0.9	0.9	0.8
4100 Impôts périodiques sur la propriété immobilière	..	0.1	0.1	0.2	0.2	..	0.9	0.7	0.7	0.6
4200 Impôts périodiques sur l'actif net	..	0.0	0.0	0.0	0.0	..	0.0	0.0	0.0	0.0
4300 Impôts sur mut. par décès, succ. et donations	..	0.0	0.0	0.0	0.0	..	0.0	0.0	0.0	0.0
4400 Impôts sur transact. mobilières et immob.	..	0.0	0.0	0.0	0.0	..	0.2	0.1	0.1	0.1
4500 Impôts non périodiques sur	..	0.0	0.0	0.0	0.0	..	0.0	0.0	0.0	0.0
4600 Autres impôts périodiques sur patrimoine	..	0.0	0.0	0.0	0.0	..	0.0	0.0	0.0	0.0
5000 Impôts sur les biens et services	..	0.8	2.2	4.5	5.2	..	11.2	11.9	13.4	13.7
5100 Impôts sur production, vente, transfert, etc.	..	0.7	2.0	4.2	5.0	..	10.8	11.2	12.7	12.9
5110 Impôts généraux	..	0.5	1.3	3.0	3.7	..	6.9	7.2	9.0	9.5
5111 Taxes sur la valeur ajoutée	..	0.5	1.2	2.9	3.6	..	6.9	6.6	8.6	9.5
5120 Impôts sur biens et services déterminés	..	0.3	0.7	1.2	1.3	..	3.8	4.0	3.7	3.4
5121 Accises	..	0.2	0.7	1.1	1.1	..	3.4	3.6	3.3	3.0
5200 Impôts sur utilisation des biens et exerc. activités	..	0.0	0.1	0.2	0.3	..	0.5	0.7	0.7	0.7
5300 Non-ventilables entre 5100 et 5200	..	0.0	0.0	0.0	0.0	..	0.0	0.0	0.0	0.0
6000 Autres impôts	..	0.0	0.0	0.0	0.0	..	0.0	0.0	0.0	0.0
Crédits d'impôts récupérables										
Crédits d'impôts récupérables contre 1000	..	..	..	..	..	..	..	..	..	..
Composante transfert	..	..	..	..	..	..	..	..	..	..
Composante fiscale	..	..	..	..	..	..	..	..	..	..
Recettes fiscales collectés pour le compte de l'UE										
Recettes fiscales collectés pour le compte de l'UE, total	..	..	0.0	0.1	0.1	..	..	0.1	0.2	0.2
Droits de douane perçus pour le compte de l'UE	..	..	0.0	0.1	0.1	..	..	0.1	0.2	0.2
Contributions au Fonds de résolution unique collectées pour le compte de l'UE	..	..	..	0.0	0.0	..	..	..	0.0	0.0

.. Non disponible

Note : Des données et des notes plus détaillées par pays sont disponibles dans le chapitre 5 "Tableaux détaillés par pays". Les séries temporelles complètes sont accessibles sur le site web http://data-explorer.oecd.org/s/nv.

Source : Ministry of Finance.

Tableau 4.44. Lettonie, recettes fiscales et % du PIB par niveaux d'administration (principaux impôts)

	Milliard EUR					% du PIB				
	1990	2000	2010	2021	2022	1990	2000	2010	2021	2022
Administrations fédérale ou centrale										
Recettes fiscales totales	..	1.0	2.5	5.3	6.3	..	14.4	14.1	15.9	16.4
1000 Impôts sur revenu, bénéfices et gains en capital	..	0.2	0.4	0.8	1.0	..	3.1	2.2	2.3	2.5
2000 Cotisations de sécurité sociale	..	0.0	0.0	0.1	0.1	..	0.0	0.0	0.3	0.3
3000 Sur salaires ou main d'oeuvre	..	0.0	0.0	0.0	0.0	..	0.0	0.0	0.0	0.0
4000 Impôts sur le patrimoine	..	0.0	0.0	0.1	0.1	..	0.2	0.2	0.2	0.1
5000 Impôts sur les biens et services	..	0.8	2.1	4.4	5.1	..	11.1	11.7	13.1	13.4
6000 Autres impôts	..	0.0	0.0	0.0	0.0	..	0.0	0.0	0.0	0.0
Administrations d'un État/Régions										
Recettes fiscales totales	..	..	..	..	..	..	..	..	..	..
1000 Impôts sur revenu, bénéfices et gains en capital	..	..	..	..	..	..	..	..	..	..
2000 Cotisations de sécurité sociale	..	..	..	..	..	..	..	..	..	..
3000 Sur salaires ou main d'oeuvre	..	..	..	..	..	..	..	..	..	..
4000 Impôts sur le patrimoine	..	..	..	..	..	..	..	..	..	..
5000 Impôts sur les biens et services	..	..	..	..	..	..	..	..	..	..
6000 Autres impôts	..	..	..	..	..	..	..	..	..	..
Administrations locales										
Recettes fiscales totales	..	0.3	1.0	1.8	1.9	..	4.9	5.7	5.3	5.1
1000 Impôts sur revenu, bénéfices et gains en capital	..	0.3	0.9	1.5	1.7	..	3.9	4.9	4.6	4.4
2000 Cotisations de sécurité sociale	..	0.0	0.0	0.0	0.0	..	0.0	0.0	0.0	0.0
3000 Sur salaires ou main d'oeuvre	..	0.0	0.0	0.0	0.0	..	0.0	0.0	0.0	0.0
4000 Impôts sur le patrimoine	..	0.1	0.1	0.2	0.2	..	0.9	0.7	0.7	0.6
5000 Impôts sur les biens et services	..	0.0	0.0	0.0	0.0	..	0.1	0.1	0.0	0.0
6000 Autres impôts	..	0.0	0.0	0.0	0.0	..	0.0	0.0	0.0	0.0
Administrations de sécurité sociale										
Recettes fiscales totales	..	0.7	1.6	3.1	3.5	..	9.7	8.6	9.3	9.1
1000 Impôts sur revenu, bénéfices et gains en capital	..	0.0	0.0	0.0	0.0	..	0.0	0.0	0.0	0.0
2000 Cotisations de sécurité sociale	..	0.7	1.6	3.1	3.5	..	9.7	8.6	9.3	9.1
3000 Sur salaires ou main d'oeuvre	..	0.0	0.0	0.0	0.0	..	0.0	0.0	0.0	0.0
4000 Impôts sur le patrimoine	..	0.0	0.0	0.0	0.0	..	0.0	0.0	0.0	0.0
5000 Impôts sur les biens et services	..	0.0	0.0	0.0	0.0	..	0.0	0.0	0.0	0.0
6000 Autres impôts	..	0.0	0.0	0.0	0.0	..	0.0	0.0	0.0	0.0

.. Non disponible

Note : Des données et des notes plus détaillées par pays sont disponibles dans le chapitre 6 "Recettes fiscales des sous-secteurs de l'administration". Les séries temporelles complètes sont accessibles sur le site web http://data-explorer.oecd.org/s/nv.

Source : Ministry of Finance.

Tableau 4.45. Lituanie, recettes fiscales et % du PIB (sélection de catégories d'impôts)

	Milliard EUR					% du PIB				
	1990	2000	2010	2021	2022	1990	2000	2010	2021	2022
Recettes fiscales totales	..	4.1	7.9	18.0	21.3	..	30.8	28.3	31.9	31.6
1000 Impôts sur le revenu, les bénéfices et les gains en capital	..	1.1	1.3	5.4	6.7	..	8.3	4.6	9.5	9.9
1100 Des personnes physiques	..	1.0	1.0	4.2	5.1	..	7.6	3.6	7.5	7.6
1200 Des sociétés	..	0.1	0.3	1.2	1.6	..	0.7	1.0	2.1	2.3
1300 Non-ventilables entre 1100 et 1200	..	0.0	0.0	0.0	0.0	..	0.0	0.0	0.0	0.0
2000 Cotisations de sécurité sociale	..	1.3	3.3	5.7	6.6	..	9.9	11.6	10.1	9.8
2100 À la charge des salariés	..	0.1	0.6	4.3	5.1	..	0.8	2.2	7.7	7.5
2200 À la charge des employeurs	..	1.1	2.1	0.4	0.5	..	8.1	7.4	0.7	0.7
2300 À la charge des indép. ou sans emploi	..	0.0	0.0	0.0	0.0	..	0.0	0.0	0.0	0.0
2400 Non-ventilables entre 2100, 2200 et 2300	..	0.0	0.0	0.0	0.0	..	0.0	0.0	0.0	0.0
3000 Sur les salaires ou main d'oeuvre	..	0.0	0.0	0.0	0.0	..	0.0	0.0	0.0	0.0
4000 Impôts sur le patrimoine	..	0.1	0.1	0.2	0.2	..	0.5	0.4	0.3	0.3
4100 Impôts périodiques sur la propriété immobilière	..	0.1	0.1	0.2	0.2	..	0.5	0.4	0.3	0.3
4200 Impôts périodiques sur l'actif net	..	0.0	0.0	0.0	0.0	..	0.0	0.0	0.0	0.0
4300 Impôts sur mut. par décès, succ. et donations	..	0.0	0.0	0.0	0.0	..	0.0	0.0	0.0	0.0
4400 Impôts sur transact. mobilières et immob.	..	0.0	0.0	0.0	0.0	..	0.0	0.0	0.0	0.0
4500 Impôts non périodiques sur	..	0.0	0.0	0.0	0.0	..	0.0	0.0	0.0	0.0
4600 Autres impôts périodiques sur patrimoine	..	0.0	0.0	0.0	0.0	..	0.0	0.0	0.0	0.0
5000 Impôts sur les biens et services	..	1.6	3.3	6.8	7.8	..	12.1	11.7	12.0	11.5
5100 Impôts sur production, vente, transfert, etc.	..	1.6	3.2	6.6	7.6	..	11.7	11.4	11.7	11.3
5110 Impôts généraux	..	1.1	2.2	4.7	5.7	..	8.1	7.8	8.4	8.4
5111 Taxes sur la valeur ajoutée	..	1.0	2.2	4.7	5.6	..	7.5	7.8	8.3	8.4
5120 Impôts sur biens et services déterminés	..	0.5	1.0	1.9	1.9	..	3.5	3.6	3.4	2.9
5121 Accises	..	0.4	0.9	1.7	1.7	..	3.2	3.2	3.0	2.5
5200 Impôts sur utilisation des biens et exerc. activités	..	0.1	0.1	0.1	0.2	..	0.5	0.3	0.2	0.2
5300 Non-ventilables entre 5100 et 5200	..	0.0	0.0	0.0	0.0	..	0.0	0.0	0.0	0.0
6000 Autres impôts	..	0.0	0.0	0.0	0.0	..	0.0	0.0	0.0	0.0
Crédits d'impôts récupérables										
Crédits d'impôts récupérables contre 1000	..	..	..	..	..	..	..	..	..	..
Composante transfert	..	..	..	..	..	..	..	..	..	..
Composante fiscale	..	..	..	..	..	..	..	..	..	..
Recettes fiscales collectés pour le compte de l'UE										
Recettes fiscales collectés pour le compte de l'UE, total	..	..	0.1	0.2	0.2	..	..	0.2	0.3	0.3
Droits de douane perçus pour le compte de l'UE	..	..	0.1	0.2	0.2	..	..	0.2	0.3	0.3
Contributions au Fonds de résolution unique collectées pour le compte de l'UE	..	..	..	0.0	0.0	..	..	..	0.0	0.0

.. Non disponible

Note : Des données et des notes plus détaillées par pays sont disponibles dans le chapitre 5 "Tableaux détaillés par pays". Les séries temporelles complètes sont accessibles sur le site web http://data-explorer.oecd.org/s/nv.

Le total des recettes fiscales a été diminué du montant de tout transfert en capital représentant les impôts non perçus. Le transfert en capital a été directement diminué des impôts spécifiques auxquels il se rapporte. Par conséquent, les montants des recettes fiscales sont différents de ceux présentés dans le chapitre 5 "Tableaux détaillés par pays".

Source : Ministry of Finance.

Tableau 4.46. Lituanie, recettes fiscales et % du PIB par niveaux d'administration (principaux impôts)

	Milliard EUR					% du PIB				
	1990	2000	2010	2021	2022	1990	2000	2010	2021	2022
Administrations fédérale ou centrale										
Recettes fiscales totales	..	2.7	4.5	11.9	14.2	..	20.3	16.0	21.1	21.1
1000 Impôts sur revenu, bénéfices et gains en capital	..	1.1	1.3	5.4	6.7	..	8.3	4.6	9.5	9.9
2000 Cotisations de sécurité sociale	..	0.0	0.0	0.0	0.0	..	0.0	0.0	0.0	0.0
3000 Sur salaires ou main d'oeuvre	..	0.0	0.0	0.0	0.0	..	0.0	0.0	0.0	0.0
4000 Impôts sur le patrimoine	..	0.0	0.0	0.0	0.0	..	0.0	0.0	0.0	0.0
5000 Impôts sur les biens et services	..	1.6	3.2	6.5	7.5	..	12.0	11.4	11.6	11.2
6000 Autres impôts	..	0.0	0.0	0.0	0.0	..	0.0	0.0	0.0	0.0
Administrations d'un État/Régions										
Recettes fiscales totales	..	..	..	..	..	..	..	..	..	..
1000 Impôts sur revenu, bénéfices et gains en capital	..	..	..	..	..	..	..	..	..	..
2000 Cotisations de sécurité sociale	..	..	..	..	..	..	..	..	..	..
3000 Sur salaires ou main d'oeuvre	..	..	..	..	..	..	..	..	..	..
4000 Impôts sur le patrimoine	..	..	..	..	..	..	..	..	..	..
5000 Impôts sur les biens et services	..	..	..	..	..	..	..	..	..	..
6000 Autres impôts	..	..	..	..	..	..	..	..	..	..
Administrations locales										
Recettes fiscales totales	..	0.1	0.1	0.2	0.2	..	0.6	0.5	0.3	0.3
1000 Impôts sur revenu, bénéfices et gains en capital	..	0.0	0.0	0.0	0.0	..	0.0	0.0	0.0	0.0
2000 Cotisations de sécurité sociale	..	0.0	0.0	0.0	0.0	..	0.0	0.0	0.0	0.0
3000 Sur salaires ou main d'oeuvre	..	0.0	0.0	0.0	0.0	..	0.0	0.0	0.0	0.0
4000 Impôts sur le patrimoine	..	0.1	0.1	0.2	0.2	..	0.5	0.4	0.3	0.3
5000 Impôts sur les biens et services	..	0.0	0.0	0.0	0.0	..	0.1	0.1	0.1	0.1
6000 Autres impôts	..	0.0	0.0	0.0	0.0	..	0.0	0.0	0.0	0.0
Administrations de sécurité sociale										
Recettes fiscales totales	..	1.3	3.3	5.7	6.6	..	9.9	11.6	10.1	9.8
1000 Impôts sur revenu, bénéfices et gains en capital	..	0.0	0.0	0.0	0.0	..	0.0	0.0	0.0	0.0
2000 Cotisations de sécurité sociale	..	1.3	3.3	5.7	6.6	..	9.9	11.6	10.1	9.8
3000 Sur salaires ou main d'oeuvre	..	0.0	0.0	0.0	0.0	..	0.0	0.0	0.0	0.0
4000 Impôts sur le patrimoine	..	0.0	0.0	0.0	0.0	..	0.0	0.0	0.0	0.0
5000 Impôts sur les biens et services	..	0.0	0.0	0.0	0.0	..	0.0	0.0	0.0	0.0
6000 Autres impôts	..	0.0	0.0	0.0	0.0	..	0.0	0.0	0.0	0.0

.. Non disponible

Note : Des données et des notes plus détaillées par pays sont disponibles dans le chapitre 6 "Recettes fiscales des sous-secteurs de l'administration". Les séries temporelles complètes sont accessibles sur le site web http://data-explorer.oecd.org/s/nv.

Le total des recettes fiscales a été diminué du montant de tout transfert en capital représentant les impôts non perçus. Le transfert en capital a été directement diminué des impôts spécifiques auxquels il se rapporte. Par conséquent, les montants des recettes fiscales sont différents de ceux présentés dans le chapitre 6 "Recettes fiscales des sous-secteurs de l'administration".

Source : Ministry of Finance.

Tableau 4.47. Luxembourg, recettes fiscales et % du PIB (sélection de catégories d'impôts)

	Milliard EUR					% du PIB				
	1990	2000	2010	2021	2022	1990	2000	2010	2021	2022
Recettes fiscales totales	3.7	8.5	15.1	27.6	29.7	34.7	37.0	35.7	38.2	38.3
1000 Impôts sur le revenu, les bénéfices et les gains en capital	1.5	3.1	5.5	10.6	11.4	13.9	13.5	12.9	14.6	14.8
1100 Des personnes physiques	0.9	1.6	3.2	7.3	8.0	8.3	6.8	7.4	10.1	10.4
1200 Des sociétés	0.6	1.5	2.3	3.3	3.4	5.6	6.7	5.4	4.5	4.4
1300 Non-ventilables entre 1100 et 1200	0.0	0.0	0.0	0.0	0.0	0.0	0.0	0.0	0.0	0.0
2000 Cotisations de sécurité sociale	1.0	2.2	4.4	7.7	8.2	9.6	9.7	10.3	10.6	10.6
2100 À la charge des salariés	0.4	1.0	2.0	3.5	3.8	3.7	4.3	4.8	4.9	5.0
2200 À la charge des employeurs	0.5	1.0	1.9	3.1	3.4	4.7	4.2	4.5	4.4	4.4
2300 À la charge des indép. ou sans emploi	0.0	0.0	0.0	0.0	0.0	0.0	0.0	0.0	0.0	0.0
2400 Non-ventilables entre 2100, 2200 et 2300	0.0	0.0	0.0	0.0	0.0	0.0	0.0	0.0	0.0	0.0
3000 Sur les salaires ou main d'oeuvre	0.0	0.0	0.0	0.0	0.0	0.0	0.0	0.0	0.0	0.0
4000 Impôts sur le patrimoine	0.3	0.9	1.1	2.9	2.9	2.9	4.0	2.5	4.0	3.7
4100 Impôts périodiques sur la propriété immobilière	0.0	0.0	0.0	0.0	0.0	0.1	0.1	0.1	0.1	0.1
4200 Impôts périodiques sur l'actif net	0.2	0.6	0.8	2.1	2.1	1.6	2.8	2.0	2.9	2.7
4300 Impôts sur mut. par décès, succ. et donations	0.0	0.0	0.1	0.1	0.1	0.1	0.1	0.1	0.2	0.2
4400 Impôts sur transact. mobilières et immob.	0.1	0.2	0.2	0.6	0.6	1.1	1.0	0.4	0.9	0.7
4500 Impôts non périodiques sur	0.0	0.0	0.0	0.0	0.0	0.0	0.0	0.0	0.0	0.0
4600 Autres impôts périodiques sur patrimoine	0.0	0.0	0.0	0.0	0.0	0.0	0.0	0.0	0.0	0.0
5000 Impôts sur les biens et services	0.9	2.3	4.2	6.4	7.1	8.2	9.8	9.9	8.9	9.1
5100 Impôts sur production, vente, transfert, etc.	0.8	2.2	4.1	6.4	7.0	8.0	9.7	9.7	8.8	9.0
5110 Impôts généraux	0.4	1.1	2.6	4.1	4.7	4.2	4.9	6.2	5.7	6.1
5111 Taxes sur la valeur ajoutée	0.4	1.1	2.6	4.1	4.7	4.2	4.9	6.2	5.7	6.1
5120 Impôts sur biens et services déterminés	0.4	1.1	1.5	2.2	2.3	3.8	4.8	3.5	3.1	3.0
5121 Accises	0.4	1.0	1.4	1.8	1.8	3.4	4.5	3.3	2.5	2.3
5200 Impôts sur utilisation des biens et exerc. activités	0.0	0.0	0.1	0.1	0.1	0.2	0.1	0.2	0.1	0.1
5300 Non-ventilables entre 5100 et 5200	0.0	0.0	0.0	0.0	0.0	0.0	0.0	0.0	0.0	0.0
6000 Autres impôts	0.0	0.0	0.0	0.0	0.0	0.1	0.0	0.1	0.0	0.0
Crédits d'impôts récupérables										
Crédits d'impôts récupérables contre 1000	..	..	..	0.2	0.4	..	..	..	0.3	0.6
Composante transfert	..	..	..	..	..	..	..	..	..	..
Composante fiscale	..	..	..	..	..	..	..	..	..	..
Recettes fiscales collectés pour le compte de l'UE										
Recettes fiscales collectés pour le compte de l'UE, total	0.0	0.0	0.0	0.3	0.3	0.2	0.1	0.0	0.4	0.4
Droits de douane perçus pour le compte de l'UE	0.0	0.0	0.0	0.0	0.0	0.1	0.1	0.0	0.0	0.0
Contributions au Fonds de résolution unique collectées pour le compte de l'UE	..	..	..	0.2	0.3	..	..	..	0.3	0.4

.. Non disponible

Note : Le total des recettes fiscales a été diminué du montant de tout transfert en capital représentant les impôts non perçus. Le transfert en capital a été directement diminué des impôts spécifiques auxquels il se rapporte. Par conséquent, les montants des recettes fiscales sont différents de ceux présentés dans le chapitre 5 "Tableaux détaillés par pays".

Des données et des notes plus détaillées par pays sont disponibles dans le chapitre 5 "Tableaux détaillés par pays". Les séries temporelles complètes sont accessibles sur le site web http://data-explorer.oecd.org/s/nv.

Source : Compte Général de l'État.

Tableau 4.48. Luxembourg, recettes fiscales et % du PIB par niveaux d'administration (principaux impôts)

	Milliard EUR					% du PIB				
	1990	2000	2010	2021	2022	1990	2000	2010	2021	2022
Administrations fédérale ou centrale										
Recettes fiscales totales	2.4	5.8	10.2	18.8	20.2	22.9	25.4	24.0	26.0	26.1
1000 Impôts sur revenu, bénéfices et gains en capital	1.3	2.6	4.9	9.6	10.4	12.0	11.5	11.5	13.2	13.5
2000 Cotisations de sécurité sociale	0.0	0.1	0.1	0.2	0.2	0.2	0.3	0.3	0.3	0.3
3000 Sur salaires cu main d'oeuvre	0.0	0.0	0.0	0.0	0.0	0.0	0.0	0.0	0.0	0.0
4000 Impôts sur le patrimoine	0.3	0.9	1.0	2.8	2.8	2.7	3.8	2.4	3.9	3.6
5000 Impôts sur les biens et services	0.8	2.2	4.2	6.2	6.7	8.0	9.7	9.8	8.5	8.7
6000 Autres impôts	0.0	0.0	0.0	0.0	0.0	0.1	0.0	0.0	0.0	0.0
Administrations d'un État/Régions										
Recettes fiscales totales	..	..	..	..	..	..	..	..	..	..
1000 Impôts sur revenu, bénéfices et gains en capital	..	..	..	..	..	..	..	..	..	..
2000 Cotisations de sécurité sociale	..	..	..	..	..	..	..	..	..	..
3000 Sur salaires ou main d'oeuvre	..	..	..	..	..	..	..	..	..	..
4000 Impôts sur le patrimoine	..	..	..	..	..	..	..	..	..	..
5000 Impôts sur les biens et services	..	..	..	..	..	..	..	..	..	..
6000 Autres impôts	..	..	..	..	..	..	..	..	..	..
Administrations locales										
Recettes fiscales totales	0.2	0.5	0.7	1.1	1.1	2.2	2.2	1.5	1.5	1.4
1000 Impôts sur revenu, bénéfices et gains en capital	0.2	0.5	0.6	1.0	1.0	2.0	2.0	1.4	1.4	1.3
2000 Cotisations de sécurité sociale	0.0	0.0	0.0	0.0	0.0	0.0	0.0	0.0	0.0	0.0
3000 Sur salaires ou main d'oeuvre	0.0	0.0	0.0	0.0	0.0	0.0	0.0	0.0	0.0	0.0
4000 Impôts sur le patrimoine	0.0	0.0	0.0	0.1	0.1	0.2	0.1	0.1	0.1	0.1
5000 Impôts sur les biens et services	0.0	0.0	0.0	0.0	0.0	0.0	0.0	0.0	0.0	0.0
6000 Autres impôts	0.0	0.0	0.0	0.0	0.0	0.0	0.0	0.0	0.0	0.0
Administrations de sécurité sociale										
Recettes fiscales totales	1.0	2.2	4.3	7.4	8.0	9.4	9.4	10.1	10.3	10.3
1000 Impôts sur revenu, bénéfices et gains en capital	0.0	0.0	0.0	0.0	0.0	0.0	0.0	0.0	0.0	0.0
2000 Cotisations de sécurité sociale	1.0	2.2	4.3	7.4	8.0	9.4	9.4	10.1	10.3	10.3
3000 Sur salaires ou main d'oeuvre	0.0	0.0	0.0	0.0	0.0	0.0	0.0	0.0	0.0	0.0
4000 Impôts sur le patrimoine	0.0	0.0	0.0	0.0	0.0	0.0	0.0	0.0	0.0	0.0
5000 Impôts sur les biens et services	0.0	0.0	0.0	0.0	0.0	0.0	0.0	0.0	0.0	0.0
6000 Autres impôts	0.0	0.0	0.0	0.0	0.0	0.0	0.0	0.0	0.0	0.0

.. Non disponible

Note : Le total des recettes fiscales a été diminué du montant de tout transfert en capital représentant les impôts non perçus. Le transfert en capital a été directement diminué des impôts spécifiques auxquels il se rapporte. Par conséquent, les montants des recettes fiscales sont différents de ceux présentés dans le chapitre 6 "Recettes fiscales des sous-secteurs de l'administration".

Des données et des notes plus détaillées par pays sont disponibles dans le chapitre 6 "Recettes fiscales des sous-secteurs de l'administration". Les séries temporelles complètes sont accessibles sur le site web http://data-explorer.oecd.org/s/nv.

Source : Compte Général de l'État.

Tableau 4.49. Mexique, recettes fiscales et % du PIB (sélection de catégories d'impôts)

	Milliard MXN					% du PIB				
	1990	2000	2010	2021	2022	1990	2000	2010	2021	2022
Recettes fiscales totales	102.0	767.2	1 716.2	4 452.4	4 948.3	11.5	10.9	12.3	16.7	16.8
1000 Impôts sur le revenu, les bénéfices et les gains en capital	34.7	276.5	683.6	1 903.0	2 280.8	3.9	3.9	4.9	7.1	7.7
1100 Des personnes physiques	..	..	313.5	938.6	1067.0	..	..	2.2	3.5	3.6
1200 Des sociétés	..	..	246.7	898.8	1136.6	..	..	1.8	3.4	3.9
1300 Non-ventilables entre 1100 et 1200	34.7	276.5	123.4	65.7	77.2	3.9	3.9	0.9	0.2	0.3
2000 Cotisations de sécurité sociale	17.2	138.2	277.5	612.2	681.7	1.9	2.0	2.0	2.3	2.3
2100 À la charge des salariés	..	..	..	..	..	..	..	..	..	..
2200 À la charge des employeurs	..	..	..	..	..	..	..	..	..	..
2300 À la charge des indép. ou sans emploi	..	..	..	..	..	..	..	..	..	..
2400 Non-ventilables entre 2100, 2200 et 2300	17.2	138.2	277.5	612.2	681.7	1.9	2.0	2.0	2.3	2.3
3000 Sur les salaires ou main d'oeuvre	1.8	11.2	36.9	116.9	141.2	0.2	0.2	0.3	0.4	0.5
4000 Impôts sur le patrimoine	1.9	14.0	39.0	90.2	105.2	0.2	0.2	0.3	0.3	0.4
4100 Impôts périodiques sur la propriété immobilière	1.0	9.9	25.7	56.1	64.9	0.1	0.1	0.2	0.2	0.2
4200 Impôts périodiques sur l'actif net	0.0	0.0	0.0	0.0	0.0	0.0	0.0	0.0	0.0	0.0
4300 Impôts sur mut. par décès, succ. et donations	0.0	0.0	0.0	0.0	0.0	0.0	0.0	0.0	0.0	0.0
4400 Impôts sur transact. mobilières et immob.	0.9	4.0	13.2	34.1	40.3	0.1	0.1	0.1	0.1	0.1
4500 Impôts non périodiques sur	0.0	0.0	0.0	0.0	0.0	0.0	0.0	0.0	0.0	0.0
4600 Autres impôts périodiques sur patrimoine	0.0	0.0	0.0	0.0	0.0	0.0	0.0	0.0	0.0	0.0
5000 Impôts sur les biens et services	44.8	319.6	651.9	1 647.9	1 623.6	5.1	4.6	4.7	6.2	5.5
5100 Impôts sur production, vente, transfert, etc.	44.2	310.3	630.1	1 630.6	1 606.1	5.0	4.4	4.5	6.1	5.5
5110 Impôts généraux	26.6	189.6	504.5	1123.7	1 221.8	3.0	2.7	3.6	4.2	4.1
5111 Taxes sur la valeur ajoutée	26.6	189.6	504.5	1123.7	1 221.8	3.0	2.7	3.6	4.2	4.1
5120 Impôts sur biens et services déterminés	17.5	120.7	125.6	506.9	384.3	2.0	1.7	0.9	1.9	1.3
5121 Accises	10.1	86.2	86.1	410.4	259.3	1.1	1.2	0.6	1.5	0.9
5200 Impôts sur utilisation des biens et exerc. activités	0.7	9.3	21.8	17.3	17.5	0.1	0.1	0.2	0.1	0.1
5300 Non-ventilables entre 5100 et 5200	0.0	0.0	0.0	0.0	0.0	0.0	0.0	0.0	0.0	0.0
6000 Autres impôts	1.6	7.7	27.4	82.1	115.8	0.2	0.1	0.2	0.3	0.4
Crédits d'impôts récupérables										
Crédits d'impôts récupérables contre 1000	..	..	40.3	53.4	43.2	..	..	0.3	0.2	0.1
Composante transfert	..	..	9.7	0.5	0.1	..	..	0.1	0.0	0.0
Composante fiscale	..	..	30.6	52.9	43.1	..	..	0.2	0.2	0.1

.. Non disponible
Note : Des données et des notes plus détaillées par pays sont disponibles dans le chapitre 5 "Tableaux détaillés par pays". Les séries temporelles complètes sont accessibles sur le site web http://data-explorer.oecd.org/s/nv.
Source : Ministry of Finance, Economic Department.

Tableau 4.50. Mexique, recettes fiscales et % du PIB par niveaux d'administration (principaux impôts)

	Milliard MXN					% du PIB				
	1990	2000	2010	2021	2022	1990	2000	2010	2021	2022
Administrations fédérale ou centrale										
Recettes fiscales totales	81.4	600.5	1 351.5	3 579.5	3 957.6	9.2	8.6	9.7	13.4	13.4
1000 Impôts sur revenu, bénéfices et gains en capital	34.7	276.5	683.6	1 903.0	2 280.8	3.9	3.9	4.9	7.1	7.7
2000 Cotisations de sécurité sociale	0.0	0.0	0.0	0.0	0.0	0.0	0.0	0.0	0.0	0.0
3000 Sur salaires ou main d'oeuvre	0.8	0.0	0.0	0.0	0.0	0.1	0.0	0.0	0.0	0.0
4000 Impôts sur le patrimoine	0.0	0.0	0.0	0.0	0.0	0.0	0.0	0.0	0.0	0.0
5000 Impôts sur les biens et services	44.6	318.1	645.6	1 621.9	1 592.9	5.0	4.5	4.6	6.1	5.4
6000 Autres impôts	1.3	5.9	22.2	54.5	83.9	0.2	0.1	0.2	0.2	0.3
Administrations d'un État/Régions										
Recettes fiscales totales	2.2	20.5	58.3	182.6	218.7	0.2	0.3	0.4	0.7	0.7
1000 Impôts sur revenu, bénéfices et gains en capital	0.0	0.0	0.0	0.0	0.0	0.0	0.0	0.0	0.0	0.0
2000 Cotisations de sécurité sociale	0.0	0.0	0.0	0.0	0.0	0.0	0.0	0.0	0.0	0.0
3000 Sur salaires ou main d'oeuvre	1.0	11.2	36.8	116.9	141.2	0.1	0.2	0.3	0.4	0.5
4000 Impôts sur le patrimoine	0.9	7.0	13.1	30.1	33.7	0.1	0.1	0.1	0.1	0.1
5000 Impôts sur les biens et services	0.1	1.3	5.8	25.4	29.4	0.0	0.0	0.0	0.1	0.1
6000 Autres impôts	0.2	0.9	2.5	10.2	14.5	0.0	0.0	0.0	0.0	0.0
Administrations locales										
Recettes fiscales totales	1.3	8.0	29.0	78.1	90.3	0.1	0.1	0.2	0.3	0.3
1000 Impôts sur revenu, bénéfices et gains en capital	0.0	0.0	0.0	0.0	0.0	0.0	0.0	0.0	0.0	0.0
2000 Cotisations de sécurité sociale	0.0	0.0	0.0	0.0	0.0	0.0	0.0	0.0	0.0	0.0
3000 Sur salaires ou main d'oeuvre	0.0	0.0	0.1	0.0	0.0	0.0	0.0	0.0	0.0	0.0
4000 Impôts sur le patrimoine	1.0	6.9	25.8	60.1	71.6	0.1	0.1	0.2	0.2	0.2
5000 Impôts sur les biens et services	0.1	0.2	0.5	0.6	1.3	0.0	0.0	0.0	0.0	0.0
6000 Autres impôts	0.1	0.9	2.6	17.4	17.4	0.0	0.0	0.0	0.1	0.1
Administrations de sécurité sociale										
Recettes fiscales totales	17.2	138.2	277.5	612.2	681.7	1.9	2.0	2.0	2.3	2.3
1000 Impôts sur revenu, bénéfices et gains en capital	0.0	0.0	0.0	0.0	0.0	0.0	0.0	0.0	0.0	0.0
2000 Cotisations de sécurité sociale	17.2	138.2	277.5	612.2	681.7	1.9	2.0	2.0	2.3	2.3
3000 Sur salaires ou main d'oeuvre	0.0	0.0	0.0	0.0	0.0	0.0	0.0	0.0	0.0	0.0
4000 Impôts sur le patrimoine	0.0	0.0	0.0	0.0	0.0	0.0	0.0	0.0	0.0	0.0
5000 Impôts sur les biens et services	0.0	0.0	0.0	0.0	0.0	0.0	0.0	0.0	0.0	0.0
6000 Autres impôts	0.0	0.0	0.0	0.0	0.0	0.0	0.0	0.0	0.0	0.0

Note : Des données et des notes plus détaillées par pays sont disponibles dans le chapitre 6 "Recettes fiscales des sous-secteurs de l'administration". Les séries temporelles complètes sont accessibles sur le site web http://data-explorer.oecd.org/s/nv.

Source : Ministry of Finance, Economic Department.

Tableau 4.51. Pays-Bas, recettes fiscales et % du PIB (sélection de catégories d'impôts)

	Milliard EUR					% du PIB				
	1990	2000	2010	2021	2022	1990	2000	2010	2021	2022
Recettes fiscales totales	104.4	166.8	227.9	341.1	378.3	39.6	36.9	35.4	38.3	38.1
1000 Impôts sur le revenu, les bénéfices et les gains en capital	33.7	43.3	63.6	107.8	123.8	12.8	9.6	9.9	12.1	12.5
1100 Des personnes physiques	25.8	25.1	49.0	74.4	76.7	9.8	5.6	7.6	8.3	7.7
1200 Des sociétés	7.9	18.1	14.6	33.4	47.2	3.0	4.0	2.3	3.7	4.7
1300 Non-ventilables entre 1100 et 1200	0.0	0.0	0.0	0.0	0.0	0.0	0.0	0.0	0.0	0.0
2000 Cotisations de sécurité sociale	39.1	64.5	82.7	112.7	124.5	14.8	14.3	12.9	12.6	12.5
2100 À la charge des salariés	24.1	35.3	41.6	42.2	46.9	9.2	7.8	6.5	4.7	4.7
2200 À la charge des employeurs	7.8	18.7	29.4	45.1	49.3	3.0	4.1	4.6	5.1	5.0
2300 À la charge des indép. ou sans emploi	0.0	0.0	0.0	0.0	0.0	0.0	0.0	0.0	0.0	0.0
2400 Non-ventilables entre 2100, 2200 et 2300	0.0	0.0	0.0	0.0	0.0	0.0	0.0	0.0	0.0	0.0
3000 Sur les salaires ou main d'oeuvre	0.0	0.0	0.0	0.0	0.0	0.0	0.0	0.0	0.0	0.0
4000 Impôts sur le patrimoine	3.8	8.8	8.8	14.1	14.8	1.4	1.9	1.4	1.6	1.5
4100 Impôts périodiques sur la propriété immobilière	1.7	3.1	4.2	7.8	7.6	0.6	0.7	0.7	0.9	0.8
4200 Impôts périodiques sur l'actif net	0.6	0.8	0.0	0.0	0.0	0.2	0.2	0.0	0.0	0.0
4300 Impôts sur mut. par décès, succ. et donations	0.5	1.5	1.7	2.5	2.6	0.2	0.3	0.3	0.3	0.3
4400 Impôts sur transact. mobilières et immob.	1.0	3.4	2.8	3.8	4.6	0.4	0.8	0.4	0.4	0.5
4500 Impôts non périodiques sur	0.0	0.0	0.0	0.0	0.0	0.0	0.0	0.0	0.0	0.0
4600 Autres impôts périodiques sur patrimoine	0.0	0.0	0.0	0.0	0.0	0.0	0.0	0.0	0.0	0.0
5000 Impôts sur les biens et services	27.6	49.5	71.9	105.5	114.0	10.5	10.9	11.2	11.8	11.5
5100 Impôts sur production, vente, transfert, etc.	25.1	44.9	64.2	95.7	103.6	9.5	9.9	10.0	10.7	10.4
5110 Impôts généraux	17.2	28.9	42.7	65.5	70.5	6.5	6.4	6.6	7.3	7.1
5111 Taxes sur la valeur ajoutée	17.2	28.8	42.7	65.4	70.5	6.5	6.4	6.6	7.3	7.1
5120 Impôts sur biens et services déterminés	7.9	16.0	21.6	30.3	33.1	3.0	3.5	3.4	3.4	3.3
5121 Accises	6.0	13.8	18.4	21.1	22.4	2.3	3.0	2.9	2.4	2.3
5200 Impôts sur utilisation des biens et exerc. activités	2.5	4.6	7.6	9.8	10.5	1.0	1.0	1.2	1.1	1.1
5300 Non-ventilables entre 5100 et 5200	0.0	0.0	0.0	0.0	0.0	0.0	0.0	0.0	0.0	0.0
6000 Autres impôts	0.3	0.8	1.0	1.0	1.2	0.1	0.2	0.1	0.1	0.1
Crédits d'impôts récupérables										
Crédits d'impôts récupérables contre 1000	..	..	..	..	..	..	..	..	..	..
Composante transfert	..	..	..	..	..	..	..	..	..	..
Composante fiscale	..	..	..	..	..	..	..	..	..	..
Recettes fiscales collectés pour le compte de l'UE										
Recettes fiscales collectés pour le compte de l'UE, total	1.5	1.6	2.0	4.1	5.1	0.6	0.4	0.3	0.5	0.5
Droits de douane perçus pour le compte de l'UE	..	1.3	1.7	3.0	3.8	..	0.3	0.3	0.3	0.4
Contributions au Fonds de résolution unique collectées pour le compte de l'UE	..	..	..	0.8	1.0	..	..	..	0.1	0.1

.. Non disponible

Note : Des données et des notes plus détaillées par pays sont disponibles dans le chapitre 5 "Tableaux détaillés par pays". Les séries temporelles complètes sont accessibles sur le site web http://data-explorer.oecd.org/s/nv.

Source : Social security contributions and local taxes: Central Bureau of Statistics. Other taxes: Ministry of Finance.

Tableau 4.52. Pays-Bas, recettes fiscales et % du PIB par niveaux d'administration (principaux impôts)

	Milliard EUR					% du PIB				
	1990	2000	2010	2021	2022	1990	2000	2010	2021	2022
Administrations fédérale ou centrale										
Recettes fiscales totales	61.4	95.1	135.1	212.8	236.6	23.3	21.0	21.0	23.9	23.8
1000 Impôts sur revenu, bénéfices et gains en capital	33.7	43.3	63.6	107.8	123.8	12.8	9.6	9.9	12.1	12.5
2000 Cotisations de sécurité sociale	0.0	0.0	0.0	0.0	0.0	0.0	0.0	0.0	0.0	0.0
3000 Sur salaires ou main d'oeuvre	0.0	0.0	0.0	0.0	0.0	0.0	0.0	0.0	0.0	0.0
4000 Impôts sur le patrimoine	2.1	5.7	4.6	7.8	8.1	0.8	1.3	0.7	0.9	0.8
5000 Impôts sur les biens et services	25.3	45.4	66.2	96.2	103.5	9.6	10.0	10.3	10.8	10.4
6000 Autres impôts	0.3	0.8	0.8	1.0	1.2	0.1	0.2	0.1	0.1	0.1
Administrations d'un État/Régions										
Recettes fiscales totales	..	..	..	..	..	..	..	..	..	..
1000 Impôts sur revenu, bénéfices et gains en capital	..	..	..	..	..	..	..	..	..	..
2000 Cotisations de sécurité sociale	..	..	..	..	..	..	..	..	..	..
3000 Sur salaires ou main d'oeuvre	..	..	..	..	..	..	..	..	..	..
4000 Impôts sur le patrimoine	..	..	..	..	..	..	..	..	..	..
5000 Impôts sur les biens et services	..	..	..	..	..	..	..	..	..	..
6000 Autres impôts	..	..	..	..	..	..	..	..	..	..
Administrations locales										
Recettes fiscales totales	2.5	5.6	8.1	11.6	12.1	0.9	1.2	1.3	1.3	1.2
1000 Impôts sur revenu, bénéfices et gains en capital	0.0	0.0	0.0	0.0	0.0	0.0	0.0	0.0	0.0	0.0
2000 Cotisations de sécurité sociale	0.0	0.0	0.0	0.0	0.0	0.0	0.0	0.0	0.0	0.0
3000 Sur salaires ou main d'oeuvre	0.0	0.0	0.0	0.0	0.0	0.0	0.0	0.0	0.0	0.0
4000 Impôts sur le patrimoine	1.7	3.1	4.2	6.3	6.6	0.6	0.7	0.6	0.7	0.7
5000 Impôts sur les biens et services	0.8	2.5	3.7	5.3	5.4	0.3	0.6	0.6	0.6	0.5
6000 Autres impôts	0.0	0.0	0.2	0.0	0.0	0.0	0.0	0.0	0.0	0.0
Administrations de sécurité sociale										
Recettes fiscales totales	39.1	64.5	82.7	112.7	124.5	14.8	14.3	12.9	12.6	12.5
1000 Impôts sur revenu, bénéfices et gains en capital	0.0	0.0	0.0	0.0	0.0	0.0	0.0	0.0	0.0	0.0
2000 Cotisations de sécurité sociale	39.1	64.5	82.7	112.7	124.5	14.8	14.3	12.9	12.6	12.5
3000 Sur salaires ou main d'oeuvre	0.0	0.0	0.0	0.0	0.0	0.0	0.0	0.0	0.0	0.0
4000 Impôts sur le patrimoine	0.0	0.0	0.0	0.0	0.0	0.0	0.0	0.0	0.0	0.0
5000 Impôts sur les biens et services	0.0	0.0	0.0	0.0	0.0	0.0	0.0	0.0	0.0	0.0
6000 Autres impôts	0.0	0.0	0.0	0.0	0.0	0.0	0.0	0.0	0.0	0.0

.. Non disponible

Note : Des données et des notes plus détaillées par pays sont disponibles dans le chapitre 6 "Recettes fiscales des sous-secteurs de l'administration". Les séries temporelles complètes sont accessibles sur le site web http://data-explorer.oecd.org/s/nv.

Source : Social security contributions and local taxes: Central Bureau of Statistics. Other taxes: Ministry of Finance.

Tableau 4.53. Nouvelle-Zélande, recettes fiscales et % du PIB (sélection de catégories d'impôts)

	Milliard NZD					% du PIB				
	1990	2000	2010	2021	2022	1990	2000	2010	2021	2022
Recettes fiscales totales	27.5	39.8	62.3	125.8	130.8	36.2	32.5	30.3	34.5	33.1
1000 Impôts sur le revenu, les bénéfices et les gains en capital	16.4	23.9	33.5	73.6	76.1	21.6	19.5	16.3	20.2	19.3
1100 Des personnes physiques	13.2	17.1	23.5	51.4	54.4	17.4	14.0	11.4	14.1	13.8
1200 Des sociétés	1.8	4.9	7.6	19.8	17.9	2.3	4.0	3.7	5.4	4.5
1300 Non-ventilables entre 1100 et 1200	1.4	1.8	2.4	2.5	3.8	1.9	1.5	1.2	0.7	1.0
2000 Cotisations de sécurité sociale	0.0	0.0	0.0	0.0	0.0	0.0	0.0	0.0	0.0	0.0
2100 À la charge des salariés	0.0	0.0	0.0	0.0	0.0	0.0	0.0	0.0	0.0	0.0
2200 À la charge des employeurs	0.0	0.0	0.0	0.0	0.0	0.0	0.0	0.0	0.0	0.0
2300 À la charge des indép. ou sans emploi	0.0	0.0	0.0	0.0	0.0	0.0	0.0	0.0	0.0	0.0
2400 Non-ventilables entre 2100, 2200 et 2300	0.0	0.0	0.0	0.0	0.0	0.0	0.0	0.0	0.0	0.0
3000 Sur les salaires ou main d'oeuvre	0.0	0.0	0.0	0.0	0.0	0.0	0.0	0.0	0.0	0.0
4000 Impôts sur le patrimoine	1.9	2.1	4.1	7.0	7.6	2.5	1.7	2.0	1.9	1.9
4100 Impôts périodiques sur la propriété immobilière	1.7	2.0	4.0	6.9	7.4	2.3	1.7	2.0	1.9	1.9
4200 Impôts périodiques sur l'actif net	0.0	0.0	0.0	0.0	0.0	0.0	0.0	0.0	0.0	0.0
4300 Impôts sur mut. par décès, succ. et donations	0.1	0.0	0.0	0.0	0.0	0.1	0.0	0.0	0.0	0.0
4400 Impôts sur transact. mobilières et immob.	0.1	0.1	0.1	0.1	0.2	0.1	0.0	0.0	0.0	0.0
4500 Impôts non périodiques sur	0.0	0.0	0.0	0.0	0.0	0.0	0.0	0.0	0.0	0.0
4600 Autres impôts périodiques sur patrimoine	0.0	0.0	0.0	0.0	0.0	0.0	0.0	0.0	0.0	0.0
5000 Impôts sur les biens et services	9.2	13.8	24.7	45.1	47.1	12.1	11.3	12.0	12.4	11.9
5100 Impôts sur production, vente, transfert, etc.	8.7	12.9	23.1	42.4	44.7	11.4	10.5	11.2	11.6	11.3
5110 Impôts généraux	6.2	9.9	19.1	36.9	39.7	8.1	8.1	9.3	10.1	10.0
5111 Taxes sur la valeur ajoutée	6.2	9.9	19.1	36.9	39.7	8.1	8.1	9.3	10.1	10.0
5120 Impôts sur biens et services déterminés	2.5	3.0	4.0	5.5	5.0	3.3	2.5	1.9	1.5	1.3
5121 Accises	1.9	2.1	1.8	1.7	1.0	2.5	1.8	0.9	0.5	0.2
5200 Impôts sur utilisation des biens et exerc. activités	0.5	0.9	1.6	2.8	2.4	0.7	0.7	0.8	0.8	0.6
5300 Non-ventilables entre 5100 et 5200	0.0	0.0	0.0	0.0	0.0	0.0	0.0	0.0	0.0	0.0
6000 Autres impôts	0.0	0.0	0.0	0.0	0.0	0.0	0.0	0.0	0.0	0.0
Crédits d'impôts récupérables										
Crédits d'impôts récupérables contre 1000	..	1.1	2.8	2.8	2.9	..	0.9	1.4	0.8	0.7
Composante transfert	..	0.7	1.8	1.3	1.4	..	0.6	0.9	0.4	0.4
Composante fiscale	..	0.3	1.0	1.5	1.6	..	0.3	0.5	0.4	0.4

.. Non disponible

Note : Des données et des notes plus détaillées par pays sont disponibles dans le chapitre 5 "Tableaux détaillés par pays". Les séries temporelles complètes sont accessibles sur le site web http://data-explorer.oecd.org/s/nv.

Source : Statistics New Zealand.

Tableau 4.54. Nouvelle-Zélande, recettes fiscales et % du PIB par niveaux d'administration (principaux impôts)

	Milliard NZD					% du PIB				
	1990	2000	2010	2021	2022	1990	2000	2010	2021	2022
Administrations fédérale ou centrale										
Recettes fiscales totales	25.8	37.5	57.9	118.0	122.4	34.0	30.7	28.1	32.4	31.0
1000 Impôts sur revenu, bénéfices et gains en capital	16.4	23.9	33.5	73.6	76.1	21.6	19.5	16.3	20.2	19.3
2000 Cotisations de sécurité sociale	0.0	0.0	0.0	0.0	0.0	0.0	0.0	0.0	0.0	0.0
3000 Sur salaires ou main d'oeuvre	0.0	0.0	0.0	0.0	0.0	0.0	0.0	0.0	0.0	0.0
4000 Impôts sur le patrimoine	0.3	0.1	0.1	0.1	0.2	0.4	0.1	0.0	0.0	0.0
5000 Impôts sur les biens et services	9.1	13.6	24.3	44.3	46.1	12.0	11.1	11.8	12.2	11.7
6000 Autres impôts	0.0	0.0	0.0	0.0	0.0	0.0	0.0	0.0	0.0	0.0
Administrations d'un État/Régions										
Recettes fiscales totales	..	..	..	..	..	..	..	..	..	..
1000 Impôts sur revenu, bénéfices et gains en capital	..	..	..	..	..	..	..	..	..	..
2000 Cotisations de sécurité sociale	..	..	..	..	..	..	..	..	..	..
3000 Sur salaires ou main d'oeuvre	..	..	..	..	..	..	..	..	..	..
4000 Impôts sur le patrimoine	..	..	..	..	..	..	..	..	..	..
5000 Impôts sur les biens et services	..	..	..	..	..	..	..	..	..	..
6000 Autres impôts	..	..	..	..	..	..	..	..	..	..
Administrations locales										
Recettes fiscales totales	1.7	2.3	4.5	7.8	8.3	2.2	1.9	2.2	2.1	2.1
1000 Impôts sur revenu, bénéfices et gains en capital	0.0	0.0	0.0	0.0	0.0	0.0	0.0	0.0	0.0	0.0
2000 Cotisations de sécurité sociale	0.0	0.0	0.0	0.0	0.0	0.0	0.0	0.0	0.0	0.0
3000 Sur salaires ou main d'oeuvre	0.0	0.0	0.0	0.0	0.0	0.0	0.0	0.0	0.0	0.0
4000 Impôts sur le patrimoine	1.6	2.0	4.0	6.9	7.4	2.0	1.7	2.0	1.9	1.9
5000 Impôts sur les biens et services	0.1	0.2	0.4	0.9	0.9	0.2	0.2	0.2	0.2	0.2
6000 Autres impôts	0.0	0.0	0.0	0.0	0.0	0.0	0.0	0.0	0.0	0.0
Administrations de sécurité sociale										
Recettes fiscales totales	0.0	0.0	0.0	0.0	0.0	0.0	0.0	0.0	0.0	0.0
1000 Impôts sur revenu, bénéfices et gains en capital	0.0	0.0	0.0	0.0	0.0	0.0	0.0	0.0	0.0	0.0
2000 Cotisations de sécurité sociale	0.0	0.0	0.0	0.0	0.0	0.0	0.0	0.0	0.0	0.0
3000 Sur salaires ou main d'oeuvre	0.0	0.0	0.0	0.0	0.0	0.0	0.0	0.0	0.0	0.0
4000 Impôts sur le patrimoine	0.0	0.0	0.0	0.0	0.0	0.0	0.0	0.0	0.0	0.0
5000 Impôts sur les biens et services	0.0	0.0	0.0	0.0	0.0	0.0	0.0	0.0	0.0	0.0
6000 Autres impôts	0.0	0.0	0.0	0.0	0.0	0.0	0.0	0.0	0.0	0.0

.. Non disponible

Note : Des données et des notes plus détaillées par pays sont disponibles dans le chapitre 6 "Recettes fiscales des sous-secteurs de l'administration". Les séries temporelles complètes sont accessibles sur le site web http://data-explorer.oecd.org/s/nv.

Source : Statistics New Zealand.

Tableau 4.55. Norvège, recettes fiscales et % du PIB (sélection de catégories d'impôts)

	Milliard NOK					% du PIB				
	1990	2000	2010	2021	2022	1990	2000	2010	2021	2022
Recettes fiscales totales	303.3	630.8	1 087.4	1 787.7	2 479.5	40.4	41.8	41.7	41.3	43.4
1000 Impôts sur le revenu, les bénéfices et les gains en capital	106.3	284.9	512.9	881.3	1510.7	14.2	18.9	19.7	20.4	26.5
1100 Des personnes physiques	79.1	152.7	257.2	459.4	463.0	10.5	10.1	9.9	10.6	8.1
1200 Des sociétés	27.2	132.2	255.7	421.9	1047.7	3.6	8.8	9.8	9.8	18.4
1300 Non-ventilables entre 1100 et 1200	0.0	0.0	0.0	0.0	0.0	0.0	0.0	0.0	0.0	0.0
2000 Cotisations de sécurité sociale	79.4	132.2	243.0	402.0	428.5	10.6	8.8	9.3	9.3	7.5
2100 À la charge des salariés	25.3	45.2	81.0	142.1	148.3	3.4	3.0	3.1	3.3	2.6
2200 À la charge des employeurs	50.1	79.2	148.0	232.6	251.0	6.7	5.3	5.7	5.4	4.4
2300 À la charge des indép. ou sans emploi	0.0	0.0	0.0	0.0	0.0	0.0	0.0	0.0	0.0	0.0
2400 Non-ventilables entre 2100, 2200 et 2300	0.0	0.0	0.0	0.0	0.0	0.0	0.0	0.0	0.0	0.0
3000 Sur les salaires ou main d'oeuvre	0.0	0.0	0.0	2.2	2.4	0.0	0.0	0.0	0.1	0.0
4000 Impôts sur le patrimoine	8.9	13.8	27.9	47.6	55.2	1.2	0.9	1.1	1.1	1.0
4100 Impôts périodiques sur la propriété immobilière	2.2	2.7	7.1	15.6	16.1	0.3	0.2	0.3	0.4	0.3
4200 Impôts périodiques sur l'actif net	5.1	7.0	12.5	18.9	26.9	0.7	0.5	0.5	0.4	0.5
4300 Impôts sur mut. par décès, succ. et donations	0.4	1.3	2.4	0.0	0.0	0.1	0.1	0.1	0.0	0.0
4400 Impôts sur transact. mobilières et immob.	1.1	2.7	5.9	13.1	12.2	0.1	0.2	0.2	0.3	0.2
4500 Impôts non périodiques sur	0.0	0.0	0.0	0.0	0.0	0.0	0.0	0.0	0.0	0.0
4600 Autres impôts périodiques sur patrimoine	0.0	0.0	0.0	0.0	0.0	0.0	0.0	0.0	0.0	0.0
5000 Impôts sur les biens et services	108.7	200.0	303.6	454.6	482.7	14.5	13.3	11.7	10.5	8.5
5100 Impôts sur production, vente, transfert, etc.	102.9	185.9	284.6	430.6	458.1	13.7	12.3	10.9	10.0	8.0
5110 Impôts généraux	56.7	125.0	201.8	340.4	373.5	7.6	8.3	7.7	7.9	6.5
5111 Taxes sur la valeur ajoutée	56.7	124.2	201.2	338.9	371.7	7.6	8.2	7.7	7.8	6.5
5120 Impôts sur biens et services déterminés	46.2	60.9	82.8	90.2	84.6	6.2	4.0	3.2	2.1	1.5
5121 Accises	37.5	54.9	76.3	79.6	72.7	5.0	3.6	2.9	1.8	1.3
5200 Impôts sur utilisation des biens et exerc. activités	5.8	14.1	18.9	23.9	24.6	0.8	0.9	0.7	0.6	0.4
5300 Non-ventilables entre 5100 et 5200	0.0	0.0	0.0	0.0	0.0	0.0	0.0	0.0	0.0	0.0
6000 Autres impôts	0.0	0.0	0.0	0.0	0.0	0.0	0.0	0.0	0.0	0.0
Crédits d'impôts récupérables										
Crédits d'impôts récupérables contre 1000	..	..	1.2	3.7	3.5	..	..	0.0	0.1	0.1
Composante transfert	..	..	1.2	3.0	2.7	..	..	0.0	0.1	0.0
Composante fiscale	..	..	0.1	0.8	0.8	..	..	0.0	0.0	0.0
Recettes fiscales collectés pour le compte de l'UE										
Recettes fiscales collectés pour le compte de l'UE, total	..	..	..	..	..	..	..	..	..	..
Droits de douane perçus pour le compte de l'UE	..	..	..	..	..	..	..	..	..	..
Contributions au Fonds de résolution unique collectées pour le compte de l'UE	..	..	..	..	..	..	..	..	..	..

.. Non disponible

Note : Des données et des notes plus détaillées par pays sont disponibles dans le chapitre 5 "Tableaux détaillés par pays". Les séries temporelles complètes sont accessibles sur le site web http://data-explorer.oecd.org/s/nv.

Source : Statistics Norway; National Accounts.

Tableau 4.56. Norvège, recettes fiscales et % du PIB par niveaux d'administration (principaux impôts)

	Milliard NOK					% du PIB				
	1990	2000	2010	2021	2022	1990	2000	2010	2021	2022
Administrations fédérale ou centrale										
Recettes fiscales totales	166.9	535.3	939.7	1 504.1	2 224.6	22.3	35.5	36.1	34.8	39.0
1000 Impôts sur revenu, bénéfices et gains en capital	50.6	199.1	381.7	630.1	1291.8	6.8	13.2	14.7	14.6	22.6
2000 Cotisations de sécurité sociale	4.7	132.2	243.0	402.0	428.5	0.6	8.8	9.3	9.3	7.5
3000 Sur salaires ou main d'oeuvre	0.0	0.0	0.0	2.2	2.4	0.0	0.0	0.0	0.1	0.0
4000 Impôts sur le patrimoine	3.4	6.2	13.0	16.9	20.9	0.5	0.4	0.5	0.4	0.4
5000 Impôts sur les biens et services	108.2	197.9	302.0	452.9	481.0	14.4	13.1	11.6	10.5	8.4
6000 Autres impôts	0.0	0.0	0.0	0.0	0.0	0.0	0.0	0.0	0.0	0.0
Administrations d'un État/Régions										
Recettes fiscales totales	..	..	..	..	..	..	..	..	..	..
1000 Impôts sur revenu, bénéfices et gains en capital	..	..	..	..	..	..	..	..	..	..
2000 Cotisations de sécurité sociale	..	..	..	..	..	..	..	..	..	..
3000 Sur salaires ou main d'oeuvre	..	..	..	..	..	..	..	..	..	..
4000 Impôts sur le patrimoine	..	..	..	..	..	..	..	..	..	..
5000 Impôts sur les biens et services	..	..	..	..	..	..	..	..	..	..
6000 Autres impôts	..	..	..	..	..	..	..	..	..	..
Administrations locales										
Recettes fiscales totales	61.6	95.5	147.7	283.6	254.9	8.2	6.3	5.7	6.6	4.5
1000 Impôts sur revenu, bénéfices et gains en capital	55.7	85.8	131.2	251.2	218.9	7.4	5.7	5.0	5.8	3.8
2000 Cotisations de sécurité sociale	0.0	0.0	0.0	0.0	0.0	0.0	0.0	0.0	0.0	0.0
3000 Sur salaires ou main d'oeuvre	0.0	0.0	0.0	0.0	0.0	0.0	0.0	0.0	0.0	0.0
4000 Impôts sur le patrimoine	5.5	7.6	14.9	30.8	34.3	0.7	0.5	0.6	0.7	0.6
5000 Impôts sur les biens et services	0.4	2.1	1.6	1.7	1.7	0.1	0.1	0.1	0.0	0.0
6000 Autres impôts	0.0	0.0	0.0	0.0	0.0	0.0	0.0	0.0	0.0	0.0
Administrations de sécurité sociale										
Recettes fiscales totales	74.8	0.0	0.0	0.0	0.0	10.0	0.0	0.0	0.0	0.0
1000 Impôts sur revenu, bénéfices et gains en capital	0.0	0.0	0.0	0.0	0.0	0.0	0.0	0.0	0.0	0.0
2000 Cotisations de sécurité sociale	74.6	0.0	0.0	0.0	0.0	10.0	0.0	0.0	0.0	0.0
3000 Sur salaires ou main d'oeuvre	0.0	0.0	0.0	0.0	0.0	0.0	0.0	0.0	0.0	0.0
4000 Impôts sur le patrimoine	0.0	0.0	0.0	0.0	0.0	0.0	0.0	0.0	0.0	0.0
5000 Impôts sur les biens et services	0.2	0.0	0.0	0.0	0.0	0.0	0.0	0.0	0.0	0.0
6000 Autres impôts	0.0	0.0	0.0	0.0	0.0	0.0	0.0	0.0	0.0	0.0

.. Non disponible

Note : Des données et des notes plus détaillées par pays sont disponibles dans le chapitre 6 "Recettes fiscales des sous-secteurs de l'administration". Les séries temporelles complètes sont accessibles sur le site web http://data-explorer.oecd.org/s/nv.

Source : Statistics Norway; National Accounts.

Tableau 4.57. Pologne, recettes fiscales et % du PIB (sélection de catégories d'impôts)

	Milliard PLN					% du PIB				
	1990	2000	2010	2021	2022	1990	2000	2010	2021	2022
Recettes fiscales totales	..	246.0	453.3	965.6	1057.1	..	32.9	31.6	36.7	34.4
1000 Impôts sur le revenu, les bénéfices et les gains en capital	..	50.3	91.0	209.3	224.0	..	6.7	6.3	8.0	7.3
1100 Des personnes physiques	..	32.4	62.9	140.7	138.3	..	4.3	4.4	5.3	4.5
1200 Des sociétés	..	17.9	28.1	68.6	85.8	..	2.4	2.0	2.6	2.8
1300 Non-ventilables entre 1100 et 1200	..	0.0	0.0	0.0	0.0	..	0.0	0.0	0.0	0.0
2000 Cotisations de sécurité sociale	..	96.4	156.0	341.2	392.5	..	12.9	10.9	13.0	12.8
2100 À la charge des salariés	..	42.2	59.6	148.3	171.8	..	5.6	4.2	5.6	5.6
2200 À la charge des employeurs	..	41.4	66.3	124.6	142.6	..	5.5	4.6	4.7	4.6
2300 À la charge des indép. ou sans emploi	..	0.0	0.0	0.0	0.0	..	0.0	0.0	0.0	0.0
2400 Non-ventilables entre 2100, 2200 et 2300	..	0.0	0.0	0.0	0.0	..	0.0	0.0	0.0	0.0
3000 Sur les salaires ou main d'oeuvre	..	1.6	3.7	14.5	17.2	..	0.2	0.3	0.6	0.6
4000 Impôts sur le patrimoine	..	10.6	19.1	33.6	35.8	..	1.4	1.3	1.3	1.2
4100 Impôts périodiques sur la propriété immobilière	..	8.4	16.4	28.1	30.1	..	1.1	1.1	1.1	1.0
4200 Impôts périodiques sur l'actif net	..	0.0	0.0	0.0	0.0	..	0.0	0.0	0.0	0.0
4300 Impôts sur mut. par décès, succ. et donations	..	0.2	0.3	0.4	0.6	..	0.0	0.0	0.0	0.0
4400 Impôts sur transact. mobilières et immob.	..	2.0	2.4	5.1	5.2	..	0.3	0.2	0.2	0.2
4500 Impôts non périodiques sur	..	0.0	0.0	0.0	0.0	..	0.0	0.0	0.0	0.0
4600 Autres impôts périodiques sur patrimoine	..	0.0	0.0	0.0	0.0	..	0.0	0.0	0.0	0.0
5000 Impôts sur les biens et services	..	86.9	182.8	365.7	386.1	..	11.6	12.7	13.9	12.6
5100 Impôts sur production, vente, transfert, etc.	..	84.9	176.0	344.7	351.5	..	11.3	12.3	13.1	11.4
5110 Impôts généraux	..	51.6	109.7	228.1	226.7	..	6.9	7.6	8.7	7.4
5111 Taxes sur la valeur ajoutée	..	51.6	109.7	225.1	223.4	..	6.9	7.6	8.6	7.3
5120 Impôts sur biens et services déterminés	..	33.3	66.3	116.6	124.8	..	4.4	4.6	4.4	4.1
5121 Accises	..	27.2	62.0	98.4	102.1	..	3.6	4.3	3.7	3.3
5200 Impôts sur utilisation des biens et exerc. activités	..	2.0	6.8	21.1	34.6	..	0.3	0.5	0.8	1.1
5300 Non-ventilables entre 5100 et 5200	..	0.0	0.0	0.0	0.0	..	0.0	0.0	0.0	0.0
6000 Autres impôts	..	0.3	0.6	1.3	1.5	..	0.0	0.0	0.0	0.0
Crédits d'impôts récupérables										
Crédits d'impôts récupérables contre 1000	..	..	..	..	..	..	..	..	..	..
Composante transfert	..	..	..	..	..	..	..	..	..	..
Composante fiscale	..	..	..	..	..	..	..	..	..	..
Recettes fiscales collectés pour le compte de l'UE										
Recettes fiscales collectés pour le compte de l'UE, total	..	..	1.7	5.9	8.4	..	..	0.1	0.2	0.3
Droits de douane perçus pour le compte de l'UE	..	..	1.6	5.9	8.4	..	..	0.1	0.2	0.3
Contributions au Fonds de résolution unique collectées pour le compte de l'UE	..	..	..	..	..	..	..	..	..	..

.. Non disponible

Note : Le total des recettes fiscales a été diminué du montant de tout transfert en capital représentant les impôts non perçus. Le transfert en capital a été directement diminué des impôts spécifiques auxquels il se rapporte. Par conséquent, les montants des recettes fiscales sont différents de ceux présentés dans le chapitre 5 "Tableaux détaillés par pays".

Des données et des notes plus détaillées par pays sont disponibles dans le chapitre 5 "Tableaux détaillés par pays". Les séries temporelles complètes sont accessibles sur le site web http://data-explorer.oecd.org/s/nv.

Source : Ministry of Finance, Economic Department.

Tableau 4.58. Pologne, recettes fiscales et % du PIB par niveaux d'administration (principaux impôts)

	Milliard PLN					% du PIB				
	1990	2000	2010	2021	2022	1990	2000	2010	2021	2022
Administrations fédérale ou centrale										
Recettes fiscales totales	..	126.9	238.4	502.4	529.0	..	17.0	16.6	19.1	17.2
1000 Impôts sur revenu, bénéfices et gains en capital	..	40.0	57.7	133.9	140.5	..	5.3	4.0	5.1	4.6
2000 Cotisations de sécurité sociale	..	0.0	0.0	0.0	0.0	..	0.0	0.0	0.0	0.0
3000 Sur salaires ou main d'oeuvre	..	1.6	3.7	14.5	17.2	..	0.2	0.3	0.6	0.6
4000 Impôts sur le patrimoine	..	0.0	0.0	0.0	0.0	..	0.0	0.0	0.0	0.0
5000 Impôts sur les biens et services	..	85.3	177.0	354.0	371.3	..	11.4	12.3	13.5	12.1
6000 Autres impôts	..	0.0	0.0	0.0	0.0	..	0.0	0.0	0.0	0.0
Administrations d'un État/Régions										
Recettes fiscales totales	..	..	..	..	..	..	..	..	..	..
1000 Impôts sur revenu, bénéfices et gains en capital	..	..	..	..	..	..	..	..	..	..
2000 Cotisations de sécurité sociale	..	..	..	..	..	..	..	..	..	..
3000 Sur salaires ou main d'oeuvre	..	..	..	..	..	..	..	..	..	..
4000 Impôts sur le patrimoine	..	..	..	..	..	..	..	..	..	..
5000 Impôts sur les biens et services	..	..	..	..	..	..	..	..	..	..
6000 Autres impôts	..	..	..	..	..	..	..	..	..	..
Administrations locales										
Recettes fiscales totales	..	22.7	57.1	114.6	125.2	..	3.0	4.0	4.4	4.1
1000 Impôts sur revenu, bénéfices et gains en capital	..	10.3	33.3	75.4	83.5	..	1.4	2.3	2.9	2.7
2000 Cotisations de sécurité sociale	..	0.0	0.0	0.0	0.0	..	0.0	0.0	0.0	0.0
3000 Sur salaires ou main d'oeuvre	..	0.0	0.0	0.0	0.0	..	0.0	0.0	0.0	0.0
4000 Impôts sur le patrimoine	..	10.6	19.1	33.6	35.8	..	1.4	1.3	1.3	1.2
5000 Impôts sur les biens et services	..	1.5	4.1	4.3	4.3	..	0.2	0.3	0.2	0.1
6000 Autres impôts	..	0.3	0.6	1.3	1.5	..	0.0	0.0	0.0	0.0
Administrations de sécurité sociale										
Recettes fiscales totales	..	96.4	156.0	342.8	394.5	..	12.9	10.9	13.0	12.8
1000 Impôts sur revenu, bénéfices et gains en capital	..	0.0	0.0	0.0	0.0	..	0.0	0.0	0.0	0.0
2000 Cotisations de sécurité sociale	..	96.4	156.0	341.2	392.5	..	12.9	10.9	13.0	12.8
3000 Sur salaires ou main d'oeuvre	..	0.0	0.0	0.0	0.0	..	0.0	0.0	0.0	0.0
4000 Impôts sur le patrimoine	..	0.0	0.0	0.0	0.0	..	0.0	0.0	0.0	0.0
5000 Impôts sur les biens et services	..	0.0	0.0	1.5	2.0	..	0.0	0.0	0.1	0.1
6000 Autres impôts	..	0.0	0.0	0.0	0.0	..	0.0	0.0	0.0	0.0

.. Non disponible

Note : Le total des recettes fiscales a été diminué du montant de tout transfert en capital représentant les impôts non perçus. Le transfert en capital a été directement diminué des impôts spécifiques auxquels il se rapporte. Par conséquent, les montants des recettes fiscales sont différents de ceux présentés dans le chapitre 6 "Recettes fiscales des sous-secteurs de l'administration".

Des données et des notes plus détaillées par pays sont disponibles dans le chapitre 6 "Recettes fiscales des sous-secteurs de l'administration". Les séries temporelles complètes sont accessibles sur le site web http://data-explorer.oecd.org/s/nv.

Source : Ministry of Finance, Economic Department.

Tableau 4.59. Portugal, recettes fiscales et % du PIB (sélection de catégories d'impôts)

	Milliard EUR					% du PIB				
	1990	2000	2010	2021	2022	1990	2000	2010	2021	2022
Recettes fiscales totales	14.8	39.7	54.5	76.0	87.3	26.5	30.9	30.4	35.2	36.0
1000 Impôts sur le revenu, les bénéfices et les gains en capital	3.8	11.7	14.6	20.2	25.0	6.8	9.1	8.1	9.3	10.3
1100 Des personnes physiques	2.4	6.8	9.6	15.0	16.9	4.2	5.3	5.4	6.9	7.0
1200 Des sociétés	1.2	4.7	4.9	5.2	8.1	2.1	3.7	2.7	2.4	3.3
1300 Non-ventilables entre 1100 et 1200	0.3	0.2	0.0	0.0	0.0	0.5	0.1	0.0	0.0	0.0
2000 Cotisations de sécurité sociale	4.0	10.2	15.5	22.5	24.7	7.2	7.9	8.6	10.4	10.2
2100 À la charge des salariés	1.5	4.3	6.7	9.0	9.7	2.6	3.3	3.7	4.2	4.0
2200 À la charge des employeurs	2.4	5.9	8.8	13.5	15.0	4.3	4.6	4.9	6.2	6.2
2300 À la charge des indép. ou sans emploi	0.0	0.0	0.0	0.0	0.0	0.0	0.0	0.0	0.0	0.0
2400 Non-ventilables entre 2100, 2200 et 2300	0.0	0.0	0.0	0.0	0.0	0.0	0.0	0.0	0.0	0.0
3000 Sur les salaires ou main d'oeuvre	0.0	0.0	0.0	0.0	0.0	0.0	0.0	0.0	0.0	0.0
4000 Impôts sur le patrimoine	0.4	1.5	2.0	3.3	3.7	0.7	1.1	1.1	1.5	1.5
4100 Impôts périodiques sur la propriété immobilière	0.1	0.5	1.1	1.6	1.6	0.2	0.4	0.6	0.7	0.7
4200 Impôts périodiques sur l'actif net	0.0	0.0	0.0	0.0	0.0	0.0	0.0	0.0	0.0	0.0
4300 Impôts sur mut. par décès, succ. et donations	0.1	0.1	0.0	0.0	0.0	0.1	0.1	0.0	0.0	0.0
4400 Impôts sur transact. mobilières et immob.	0.2	0.9	0.9	1.7	2.1	0.3	0.7	0.5	0.8	0.9
4500 Impôts non périodiques sur	0.0	0.0	0.0	0.0	0.0	0.0	0.0	0.0	0.0	0.0
4600 Autres impôts périodiques sur patrimoine	0.0	0.0	0.0	0.0	0.0	0.0	0.0	0.0	0.0	0.0
5000 Impôts sur les biens et services	6.6	16.3	22.2	29.6	33.4	11.7	12.7	12.4	13.7	13.8
5100 Impôts sur production, vente, transfert, etc.	6.4	15.9	21.5	28.1	31.4	11.5	12.3	12.0	13.0	13.0
5110 Impôts généraux	2.9	9.7	13.5	19.2	22.7	5.2	7.6	7.5	8.9	9.4
5111 Taxes sur la valeur ajoutée	2.9	9.7	13.5	19.2	22.7	5.2	7.6	7.5	8.9	9.4
5120 Impôts sur biens et services déterminés	3.5	6.1	8.0	8.9	8.7	6.3	4.8	4.4	4.1	3.6
5121 Accises	2.1	4.5	5.7	5.8	5.2	3.7	3.5	3.1	2.7	2.2
5200 Impôts sur utilisation des biens et exerc. activités	0.1	0.4	0.7	1.5	2.0	0.2	0.3	0.4	0.7	0.8
5300 Non-ventilables entre 5100 et 5200	0.0	0.0	0.0	0.0	0.0	0.0	0.0	0.0	0.0	0.0
6000 Autres impôts	0.0	0.1	0.2	0.4	0.4	0.1	0.1	0.1	0.2	0.2
Crédits d'impôts récupérables										
Crédits d'impôts récupérables contre 1000	..	..	..	..	..	..	..	..	..	..
Composante transfert	..	..	..	..	..	..	..	..	..	..
Composante fiscale	..	..	..	..	..	..	..	..	..	..
Recettes fiscales collectés pour le compte de l'UE										
Recettes fiscales collectés pour le compte de l'UE, total	0.2	0.2	0.2	0.4	0.5	0.3	0.2	0.1	0.2	0.2
Droits de douane perçus pour le compte de l'UE	..	0.2	0.2	0.2	0.4	..	0.2	0.1	0.1	0.2
Contributions au Fonds de résolution unique collectées pour le compte de l'UE	..	..	..	0.1	0.2	..	..	..	0.1	0.1

.. Non disponible

Note : Des données et des notes plus détaillées par pays sont disponibles dans le chapitre 5 "Tableaux détaillés par pays". Les séries temporelles complètes sont accessibles sur le site web http://data-explorer.oecd.org/s/nv.

Source : Instituto Nacional de Estatística.

Tableau 4.60. Portugal, recettes fiscales et % du PIB par niveaux d'administration (principaux impôts)

	Milliard EUR					% du PIB				
	1990	2000	2010	2021	2022	1990	2000	2010	2021	2022
Administrations fédérale ou centrale										
Recettes fiscales totales	9.8	26.5	34.7	48.8	56.9	17.6	20.6	19.3	22.6	23.5
1000 Impôts sur revenu, bénéfices et gains en capital	3.6	11.1	13.5	18.9	23.5	6.4	8.7	7.5	8.7	9.7
2000 Cotisations de sécurité sociale	0.0	0.2	0.3	2.2	2.2	0.0	0.1	0.2	1.0	0.9
3000 Sur salaires ou main d'oeuvre	0.0	0.0	0.0	0.0	0.0	0.0	0.0	0.0	0.0	0.0
4000 Impôts sur le patrimoine	0.1	0.3	0.3	0.5	0.6	0.1	0.2	0.2	0.2	0.2
5000 Impôts sur les biens et services	6.1	14.8	20.4	26.7	30.2	10.9	11.5	11.4	12.4	12.4
6000 Autres impôts	0.0	0.1	0.2	0.4	0.4	0.1	0.1	0.1	0.2	0.2
Administrations d'un État/Régions										
Recettes fiscales totales	..	..	..	..	..	..	..	..	..	..
1000 Impôts sur revenu, bénéfices et gains en capital	..	..	..	..	..	..	..	..	..	..
2000 Cotisations de sécurité sociale	..	..	..	..	..	..	..	..	..	..
3000 Sur salaires ou main d'oeuvre	..	..	..	..	..	..	..	..	..	..
4000 Impôts sur le patrimoine	..	..	..	..	..	..	..	..	..	..
5000 Impôts sur les biens et services	..	..	..	..	..	..	..	..	..	..
6000 Autres impôts	..	..	..	..	..	..	..	..	..	..
Administrations locales										
Recettes fiscales totales	0.8	3.7	5.3	5.5	6.2	1.5	2.8	2.9	2.5	2.5
1000 Impôts sur revenu, bénéfices et gains en capital	0.2	0.6	1.1	1.3	1.5	0.4	0.4	0.6	0.6	0.6
2000 Cotisations de sécurité sociale	0.0	1.1	1.7	0.0	0.0	0.0	0.9	0.9	0.0	0.0
3000 Sur salaires ou main d'oeuvre	0.0	0.0	0.0	0.0	0.0	0.0	0.0	0.0	0.0	0.0
4000 Impôts sur le patrimoine	0.3	1.2	1.7	2.8	3.2	0.6	0.9	1.0	1.3	1.3
5000 Impôts sur les biens et services	0.3	0.7	0.8	1.4	1.5	0.5	0.6	0.4	0.6	0.6
6000 Autres impôts	0.0	0.0	0.0	0.0	0.0	0.0	0.0	0.0	0.0	0.0
Administrations de sécurité sociale										
Recettes fiscales totales	4.0	9.4	14.4	21.4	23.7	7.2	7.3	8.0	9.9	9.8
1000 Impôts sur revenu, bénéfices et gains en capital	0.0	0.0	0.0	0.0	0.0	0.0	0.0	0.0	0.0	0.0
2000 Cotisations de sécurité sociale	4.0	8.8	13.5	20.2	22.5	7.2	6.9	7.5	9.4	9.3
3000 Sur salaires ou main d'oeuvre	0.0	0.0	0.0	0.0	0.0	0.0	0.0	0.0	0.0	0.0
4000 Impôts sur le patrimoine	0.0	0.0	0.0	0.0	0.0	0.0	0.0	0.0	0.0	0.0
5000 Impôts sur les biens et services	0.0	0.5	0.8	1.1	1.2	0.0	0.4	0.5	0.5	0.5
6000 Autres impôts	0.0	0.0	0.0	0.0	0.0	0.0	0.0	0.0	0.0	0.0

.. Non disponible

Note : Des données et des notes plus détaillées par pays sont disponibles dans le chapitre 6 "Recettes fiscales des sous-secteurs de l'administration". Les séries temporelles complètes sont accessibles sur le site web http://data-explorer.oecd.org/s/nv.

Source : Instituto Nacional de Estatística.

Tableau 4.61. République slovaque, recettes fiscales et % du PIB (sélection de catégories d'impôts)

	Milliard EUR					% du PIB				
	1990	2000	2010	2021	2022	1990	2000	2010	2021	2022
Recettes fiscales totales	..	10.6	19.2	35.5	38.4	..	33.6	27.9	35.4	35.0
1000 Impôts sur le revenu, les bénéfices et les gains en capital	..	2.2	3.6	7.7	8.5	..	6.9	5.2	7.7	7.7
1100 Des personnes physiques	..	1.1	1.8	3.8	4.1	..	3.3	2.6	3.8	3.8
1200 Des sociétés	..	0.8	1.7	3.6	4.0	..	2.6	2.4	3.6	3.7
1300 Non-ventilables entre 1100 et 1200	..	0.3	0.2	0.3	0.3	..	1.0	0.2	0.3	0.3
2000 Cotisations de sécurité sociale	..	4.4	8.2	15.3	16.0	..	13.9	11.9	15.2	14.5
2100 À la charge des salariés	..	0.9	2.1	3.7	4.0	..	2.8	3.0	3.7	3.7
2200 À la charge des employeurs	..	2.9	4.6	9.1	9.5	..	9.0	6.7	9.1	8.6
2300 À la charge des indép. ou sans emploi	..	0.0	0.0	0.0	0.0	..	0.0	0.0	0.0	0.0
2400 Non-ventilables entre 2100, 2200 et 2300	..	0.0	0.0	0.0	0.0	..	0.0	0.0	0.0	0.0
3000 Sur les salaires ou main d'oeuvre	..	0.0	0.0	0.0	0.0	..	0.0	0.0	0.0	0.0
4000 Impôts sur le patrimoine	..	0.2	0.3	0.5	0.5	..	0.6	0.4	0.5	0.4
4100 Impôts périodiques sur la propriété immobilière	..	0.1	0.3	0.5	0.5	..	0.5	0.4	0.5	0.4
4200 Impôts périodiques sur l'actif net	..	0.0	0.0	0.0	0.0	..	0.0	0.0	0.0	0.0
4300 Impôts sur mut. par décès, succ. et donations	..	0.0	0.0	0.0	0.0	..	0.0	0.0	0.0	0.0
4400 Impôts sur transact. mobilières et immob.	..	0.0	0.0	0.0	0.0	..	0.1	0.0	0.0	0.0
4500 Impôts non périodiques sur	..	0.0	0.0	0.0	0.0	..	0.0	0.0	0.0	0.0
4600 Autres impôts périodiques sur patrimoine	..	0.0	0.0	0.0	0.0	..	0.0	0.0	0.0	0.0
5000 Impôts sur les biens et services	..	3.9	7.1	12.1	13.5	..	12.2	10.4	12.1	12.3
5100 Impôts sur production, vente, transfert, etc.	..	3.6	6.6	11.1	12.5	..	11.5	9.6	11.1	11.4
5110 Impôts généraux	..	2.2	4.2	7.5	8.4	..	6.8	6.1	7.5	7.7
5111 Taxes sur la valeur ajoutée	..	2.2	4.2	7.5	8.4	..	6.8	6.1	7.5	7.7
5120 Impôts sur biens et services déterminés	..	1.5	2.4	3.6	4.1	..	4.6	3.5	3.6	3.7
5121 Accises	..	1.0	2.1	3.0	2.8	..	3.1	3.0	3.0	2.5
5200 Impôts sur utilisation des biens et exerc. activités	..	0.2	0.4	0.7	0.8	..	0.7	0.6	0.7	0.7
5300 Non-ventilables entre 5100 et 5200	..	0.0	0.1	0.2	0.2	..	0.0	0.2	0.2	0.2
6000 Autres impôts	..	0.0	0.0	0.0	0.0	..	0.0	0.0	0.0	0.0
Crédits d'impôts récupérables										
Crédits d'impôts récupérables contre 1000	..	..	0.3	0.4	0.5	..	..	0.4	0.4	0.5
Composante transfert	..	..	..	..	..	..	..	..	..	..
Composante fiscale	..	..	..	..	..	..	..	..	..	..
Recettes fiscales collectés pour le compte de l'UE										
Recettes fiscales collectés pour le compte de l'UE, total	..	..	0.1	0.2	0.2	..	..	0.2	0.2	0.2
Droits de douane perçus pour le compte de l'UE	..	..	0.1	0.1	0.2	..	..	0.2	0.1	0.1
Contributions au Fonds de résolution unique collectées pour le compte de l'UE	..	..	..	0.0	0.0	..	..	..	0.0	0.0

.. Non disponible

Note : Des données et des notes plus détaillées par pays sont disponibles dans le chapitre 5 "Tableaux détaillés par pays". Les séries temporelles complètes sont accessibles sur le site web http://data-explorer.oecd.org/s/nv.

Source : Ministry of Finance.

Tableau 4.62. République slovaque, recettes fiscales et % du PIB par niveaux d'administration (principaux impôts)

	Milliard EUR					% du PIB				
	1990	2000	2010	2021	2022	1990	2000	2010	2021	2022
Administrations fédérale ou centrale										
Recettes fiscales totales	..	6.2	10.5	19.8	22.0	..	19.5	15.3	19.8	20.0
1000 Impôts sur revenu, bénéfices et gains en capital	..	2.2	3.6	7.7	8.5	..	6.9	5.2	7.7	7.7
2000 Cotisations de sécurité sociale	..	0.1	0.2	0.4	0.4	..	0.3	0.3	0.4	0.4
3000 Sur salaires ou main d'oeuvre	..	0.0	0.0	0.0	0.0	..	0.0	0.0	0.0	0.0
4000 Impôts sur le patrimoine	..	0.1	0.0	0.0	0.0	..	0.2	0.0	0.0	0.0
5000 Impôts sur les biens et services	..	3.9	6.7	11.7	13.1	..	12.2	9.8	11.7	11.9
6000 Autres impôts	..	0.0	0.0	0.0	0.0	..	0.0	0.0	0.0	0.0
Administrations d'un État/Régions										
Recettes fiscales totales	..	..	..	..	..	..	..	..	..	..
1000 Impôts sur revenu, bénéfices et gains en capital	..	..	..	..	..	..	..	..	..	..
2000 Cotisations de sécurité sociale	..	..	..	..	..	..	..	..	..	..
3000 Sur salaires ou main d'oeuvre	..	..	..	..	..	..	..	..	..	..
4000 Impôts sur le patrimoine	..	..	..	..	..	..	..	..	..	..
5000 Impôts sur les biens et services	..	..	..	..	..	..	..	..	..	..
6000 Autres impôts	..	..	..	..	..	..	..	..	..	..
Administrations locales										
Recettes fiscales totales	..	0.1	0.5	0.7	0.7	..	0.5	0.8	0.7	0.6
1000 Impôts sur revenu, bénéfices et gains en capital	..	0.0	0.0	0.0	0.0	..	0.0	0.0	0.0	0.0
2000 Cotisations de sécurité sociale	..	0.0	0.0	0.0	0.0	..	0.0	0.0	0.0	0.0
3000 Sur salaires ou main d'oeuvre	..	0.0	0.0	0.0	0.0	..	0.0	0.0	0.0	0.0
4000 Impôts sur le patrimoine	..	0.1	0.3	0.5	0.5	..	0.4	0.4	0.5	0.4
5000 Impôts sur les biens et services	..	0.0	0.3	0.2	0.2	..	0.0	0.4	0.2	0.2
6000 Autres impôts	..	0.0	0.0	0.0	0.0	..	0.0	0.0	0.0	0.0
Administrations de sécurité sociale										
Recettes fiscales totales	..	4.3	7.9	14.8	15.5	..	13.6	11.5	14.8	14.1
1000 Impôts sur revenu, bénéfices et gains en capital	..	0.0	0.0	0.0	0.0	..	0.0	0.0	0.0	0.0
2000 Cotisations de sécurité sociale	..	4.3	7.9	14.8	15.5	..	13.6	11.5	14.8	14.1
3000 Sur salaires ou main d'oeuvre	..	0.0	0.0	0.0	0.0	..	0.0	0.0	0.0	0.0
4000 Impôts sur le patrimoine	..	0.0	0.0	0.0	0.0	..	0.0	0.0	0.0	0.0
5000 Impôts sur les biens et services	..	0.0	0.0	0.0	0.0	..	0.0	0.0	0.0	0.0
6000 Autres impôts	..	0.0	0.0	0.0	0.0	..	0.0	0.0	0.0	0.0

.. Non disponible

Note : Des données et des notes plus détaillées par pays sont disponibles dans le chapitre 6 "Recettes fiscales des sous-secteurs de l'administration". Les séries temporelles complètes sont accessibles sur le site web http://data-explorer.oecd.org/s/nv.

Source : Ministry of Finance.

Tableau 4.63. Slovénie, recettes fiscales et % du PIB (sélection de catégories d'impôts)

	Milliard EUR					% du PIB				
	1990	2000	2010	2021	2022	1990	2000	2010	2021	2022
Recettes fiscales totales	..	7.1	13.7	20.0	21.3	..	37.7	37.8	38.3	37.4
1000 Impôts sur le revenu, les bénéfices et les gains en capital	..	1.3	2.7	4.1	4.3	..	6.8	7.4	7.9	7.5
1100 Des personnes physiques	..	1.0	2.0	2.8	3.0	..	5.5	5.6	5.4	5.2
1200 Des sociétés	..	0.2	0.7	1.3	1.3	..	1.1	1.8	2.5	2.3
1300 Non-ventilables entre 1100 et 1200	..	0.0	0.0	0.0	0.0	..	0.1	0.0	0.0	0.0
2000 Cotisations de sécurité sociale	..	2.8	5.7	8.6	9.1	..	14.9	15.8	16.4	16.0
2100 À la charge des salariés	..	1.4	2.8	4.3	4.6	..	7.7	7.7	8.2	8.0
2200 À la charge des employeurs	..	1.0	2.1	3.1	3.3	..	5.3	5.7	6.0	5.9
2300 À la charge des indép. ou sans emploi	..	0.0	0.0	0.0	0.0	..	0.0	0.0	0.0	0.0
2400 Non-ventilables entre 2100, 2200 et 2300	..	0.0	0.0	0.0	0.0	..	0.0	0.0	0.0	0.0
3000 Sur les salaires ou main d'oeuvre	..	0.3	0.0	0.0	0.0	..	1.5	0.1	0.0	0.0
4000 Impôts sur le patrimoine	..	0.1	0.2	0.3	0.3	..	0.6	0.6	0.6	0.6
4100 Impôts périodiques sur la propriété immobilière	..	0.1	0.2	0.3	0.3	..	0.4	0.5	0.5	0.5
4200 Impôts périodiques sur l'actif net	..	0.0	0.0	0.0	0.0	..	0.0	0.0	0.0	0.0
4300 Impôts sur mut. par décès, succ. et donations	..	0.0	0.0	0.0	0.0	..	0.0	0.0	0.0	0.0
4400 Impôts sur transact. mobilières et immob.	..	0.0	0.0	0.1	0.1	..	0.1	0.1	0.1	0.1
4500 Impôts non périodiques sur	..	0.0	0.0	0.0	0.0	..	0.0	0.0	0.0	0.0
4600 Autres impôts périodiques sur patrimoine	..	0.0	0.0	0.0	0.0	..	0.0	0.0	0.0	0.0
5000 Impôts sur les biens et services	..	2.6	5.1	7.0	7.5	..	13.8	13.9	13.3	13.2
5100 Impôts sur production, vente, transfert, etc.	..	2.5	4.8	6.5	7.0	..	13.2	13.3	12.5	12.4
5110 Impôts généraux	..	1.6	2.9	4.3	4.7	..	8.7	8.1	8.2	8.2
5111 Taxes sur la valeur ajoutée	..	1.6	2.9	4.3	4.7	..	8.5	8.1	8.2	8.2
5120 Impôts sur biens et services déterminés	..	0.8	1.9	2.2	2.4	..	4.5	5.3	4.2	4.1
5121 Accises	..	0.6	1.6	1.7	1.7	..	3.1	4.3	3.2	3.0
5200 Impôts sur utilisation des biens et exerc. activités	..	0.1	0.2	0.4	0.5	..	0.6	0.6	0.9	0.9
5300 Non-ventilables entre 5100 et 5200	..	0.0	0.0	0.0	0.0	..	0.0	0.0	0.0	0.0
6000 Autres impôts	..	0.0	0.0	0.0	0.0	..	0.0	0.0	0.0	0.0
Crédits d'impôts récupérables										
Crédits d'impôts récupérables contre 1000	..	..	..	..	..	..	..	..	..	..
Composante transfert	..	..	..	..	..	..	..	..	..	..
Composante fiscale	..	..	..	..	..	..	..	..	..	..
Recettes fiscales collectés pour le compte de l'UE										
Recettes fiscales collectés pour le compte de l'UE, total	..	..	0.1	0.1	0.1	..	..	0.2	0.2	0.2
Droits de douane perçus pour le compte de l'UE	..	..	0.1	0.1	0.1	..	..	0.2	0.2	0.2
Contributions au Fonds de résolution unique collectées pour le compte de l'UE	..	..	..	0.0	0.0	..	..	..	0.0	0.0

.. Non disponible

Note : Le total des recettes fiscales a été diminué du montant de tout transfert en capital représentant les impôts non perçus. Le transfert en capital a été directement diminué des impôts spécifiques auxquels il se rapporte. Par conséquent, les montants des recettes fiscales sont différents de ceux présentés dans le chapitre 5 "Tableaux détaillés par pays".

Des données et des notes plus détaillées par pays sont disponibles dans le chapitre 5 "Tableaux détaillés par pays". Les séries temporelles complètes sont accessibles sur le site web http://data-explorer.oecd.org/s/nv.

Source : Statistical Office of the Republic of Slovenia.

Tableau 4.64. Slovénie, recettes fiscales et % du PIB par niveaux d'administration (principaux impôts)

	Milliard EUR					% du PIB				
	1990	2000	2010	2021	2022	1990	2000	2010	2021	2022
Administrations fédérale ou centrale										
Recettes fiscales totales	..	3.8	6.5	9.7	10.4	..	20.2	18.0	18.6	18.2
1000 Impôts sur revenu, bénéfices et gains en capital	..	0.9	1.6	2.8	2.9	..	4.8	4.3	5.3	5.1
2000 Cotisations de sécurité sociale	..	0.0	0.1	0.1	0.1	..	0.1	0.2	0.2	0.2
3000 Sur salaires ou main d'oeuvre	..	0.3	0.0	0.0	0.0	..	1.5	0.1	0.0	0.0
4000 Impôts sur le patrimoine	..	0.0	0.0	0.0	0.0	..	0.1	0.0	0.0	0.0
5000 Impôts sur les biens et services	..	2.6	4.9	6.8	7.3	..	13.7	13.5	13.0	12.8
6000 Autres impôts	..	0.0	0.0	0.0	0.0	..	0.0	0.0	0.0	0.0
Administrations d'un État/Régions										
Recettes fiscales totales	..	..	..	..	..	..	..	..	..	..
1000 Impôts sur revenu, bénéfices et gains en capital	..	..	..	..	..	..	..	..	..	..
2000 Cotisations de sécurité sociale	..	..	..	..	..	..	..	..	..	..
3000 Sur salaires ou main d'oeuvre	..	..	..	..	..	..	..	..	..	..
4000 Impôts sur le patrimoine	..	..	..	..	..	..	..	..	..	..
5000 Impôts sur les biens et services	..	..	..	..	..	..	..	..	..	..
6000 Autres impôts	..	..	..	..	..	..	..	..	..	..
Administrations locales										
Recettes fiscales totales	..	0.5	1.5	1.7	1.8	..	2.7	4.0	3.3	3.2
1000 Impôts sur revenu, bénéfices et gains en capital	..	0.4	1.1	1.3	1.4	..	2.0	3.1	2.6	2.4
2000 Cotisations de sécurité sociale	..	0.0	0.0	0.0	0.0	..	0.0	0.0	0.0	0.0
3000 Sur salaires ou main d'oeuvre	..	0.0	0.0	0.0	0.0	..	0.0	0.0	0.0	0.0
4000 Impôts sur le patrimoine	..	0.1	0.2	0.3	0.3	..	0.6	0.6	0.6	0.6
5000 Impôts sur les biens et services	..	0.0	0.1	0.1	0.1	..	0.1	0.3	0.1	0.2
6000 Autres impôts	..	0.0	0.0	0.0	0.0	..	0.0	0.0	0.0	0.0
Administrations de sécurité sociale										
Recettes fiscales totales	..	2.8	5.7	8.5	9.0	..	14.8	15.6	16.2	15.9
1000 Impôts sur revenu, bénéfices et gains en capital	..	0.0	0.0	0.0	0.0	..	0.0	0.0	0.0	0.0
2000 Cotisations de sécurité sociale	..	2.8	5.7	8.5	9.0	..	14.8	15.6	16.2	15.9
3000 Sur salaires ou main d'oeuvre	..	0.0	0.0	0.0	0.0	..	0.0	0.0	0.0	0.0
4000 Impôts sur le patrimoine	..	0.0	0.0	0.0	0.0	..	0.0	0.0	0.0	0.0
5000 Impôts sur les biens et services	..	0.0	0.0	0.0	0.0	..	0.0	0.0	0.0	0.0
6000 Autres impôts	..	0.0	0.0	0.0	0.0	..	0.0	0.0	0.0	0.0

.. Non disponible

Note : Le total des recettes fiscales a été diminué du montant de tout transfert en capital représentant les impôts non perçus. Le transfert en capital a été directement diminué des impôts spécifiques auxquels il se rapporte. Par conséquent, les montants des recettes fiscales sont différents de ceux présentés dans le chapitre 6 "Recettes fiscales des sous-secteurs de l'administration".

Des données et des notes plus détaillées par pays sont disponibles dans le chapitre 6 "Recettes fiscales des sous-secteurs de l'administration". Les séries temporelles complètes sont accessibles sur le site web http://data-explorer.oecd.org/s/nv.

Source : Statistical Office of the Republic of Slovenia.

Tableau 4.65. Espagne, recettes fiscales et % du PIB (sélection de catégories d'impôts)

	Milliard EUR					% du PIB				
	1990	2000	2010	2021	2022	1990	2000	2010	2021	2022
Recettes fiscales totales	103.7	214.1	335.6	462.2	506.1	31.5	33.0	31.3	37.8	37.6
1000 Impôts sur le revenu, les bénéfices et les gains en capital	31.8	60.1	93.8	137.7	158.7	9.7	9.3	8.7	11.3	11.8
1100 Des personnes physiques	22.5	41.2	74.1	105.4	122.2	6.9	6.4	6.9	8.6	9.1
1200 Des sociétés	9.1	18.9	19.7	32.3	36.6	2.8	2.9	1.8	2.6	2.7
1300 Non-ventilables entre 1100 et 1200	0.1	0.0	0.0	0.0	0.0	0.0	0.0	0.0	0.0	0.0
2000 Cotisations de sécurité sociale	36.7	74.7	127.2	163.8	172.4	11.2	11.5	11.9	13.4	12.8
2100 À la charge des salariés	6.0	11.7	19.4	24.1	26.3	1.8	1.8	1.8	2.0	2.0
2200 À la charge des employeurs	26.4	54.2	89.7	118.8	127.6	8.0	8.4	8.4	9.7	9.5
2300 À la charge des indép. ou sans emploi	0.0	0.0	0.0	0.0	0.0	0.0	0.0	0.0	0.0	0.0
2400 Non-ventilables entre 2100, 2200 et 2300	0.0	0.0	0.0	0.0	0.0	0.0	0.0	0.0	0.0	0.0
3000 Sur les salaires ou main d'oeuvre	0.0	0.0	0.0	0.0	0.0	0.0	0.0	0.0	0.0	0.0
4000 Impôts sur le patrimoine	5.7	13.8	22.2	33.7	34.9	1.7	2.1	2.1	2.8	2.6
4100 Impôts périodiques sur la propriété immobilière	1.5	4.0	9.7	14.0	14.1	0.4	0.6	0.9	1.1	1.0
4200 Impôts périodiques sur l'actif net	0.6	1.4	0.7	2.4	2.6	0.2	0.2	0.1	0.2	0.2
4300 Impôts sur mut. par décès, succ. et donations	0.4	1.4	2.4	3.5	3.7	0.1	0.2	0.2	0.3	0.3
4400 Impôts sur transact. mobilières et immob.	2.5	5.9	7.6	11.1	12.7	0.8	0.9	0.7	0.9	0.9
4500 Impôts non périodiques sur	0.0	0.0	0.0	0.0	0.0	0.0	0.0	0.0	0.0	0.0
4600 Autres impôts périodiques sur patrimoine	0.0	0.0	0.0	0.0	0.0	0.0	0.0	0.0	0.0	0.0
5000 Impôts sur les biens et services	29.4	65.5	92.3	126.8	139.8	9.0	10.1	8.6	10.4	10.4
5100 Impôts sur production, vente, transfert, etc.	26.7	59.4	85.0	116.3	128.3	8.1	9.2	7.9	9.5	9.5
5110 Impôts généraux	16.6	37.8	55.6	83.9	94.7	5.1	5.8	5.2	6.9	7.0
5111 Taxes sur la valeur ajoutée	16.3	37.8	55.3	83.5	94.2	5.0	5.8	5.2	6.8	7.0
5120 Impôts sur biens et services déterminés	10.1	21.6	29.4	32.4	33.6	3.1	3.3	2.7	2.7	2.5
5121 Accises	6.0	18.0	24.4	24.1	23.8	1.8	2.8	2.3	2.0	1.8
5200 Impôts sur utilisation des biens et exerc. activités	2.6	6.1	7.4	10.5	11.5	0.8	0.9	0.7	0.9	0.9
5300 Non-ventilables entre 5100 et 5200	0.1	0.0	0.0	0.0	0.0	0.0	0.0	0.0	0.0	0.0
6000 Autres impôts	0.0	0.0	0.0	0.2	0.2	0.0	0.0	0.0	0.0	0.0
Crédits d'impôts récupérables										
Crédits d'impôts récupérables contre 1000	..	..	1.9	4.1	3.2	..	..	0.2	0.3	0.2
Composante transfert	..	..	1.2	2.9	1.9	..	..	0.1	0.2	0.1
Composante fiscale	..	..	0.7	1.2	1.3	..	..	0.1	0.1	0.1
Recettes fiscales collectés pour le compte de l'UE										
Recettes fiscales collectés pour le compte de l'UE, total	0.5	1.0	1.5	3.0	3.9	0.2	0.2	0.1	0.2	0.3
Droits de douane perçus pour le compte de l'UE	..	1.0	1.5	2.0	2.8	..	0.1	0.1	0.2	0.2
Contributions au Fonds de résolution unique collectées pour le compte de l'UE	..	..	..	1.0	1.1	..	..	..	0.1	0.1

.. Non disponible

Note : Des données et des notes plus détaillées par pays sont disponibles dans le chapitre 5 "Tableaux détaillés par pays". Les séries temporelles complètes sont accessibles sur le site web http://data-explorer.oecd.org/s/nv.

Source : Information from the Ministry of Finance for taxes and from Social Security System for social security contributions up to 1994. Since 1995 (accrual basis), national account data (IGAE-Ministry of Finance).

Tableau 4.66. Espagne, recettes fiscales et % du PIB par niveaux d'administration (principaux impôts)

	Milliard EUR					% du PIB				
	1990	2000	2010	2021	2022	1990	2000	2010	2021	2022
Administrations fédérale ou centrale										
Recettes fiscales totales	53.7	104.7	135.9	186.1	215.3	16.3	16.2	12.7	15.2	16.0
1000 Impôts sur revenu, bénéfices et gains en capital	29.5	51.0	60.6	79.0	98.6	9.0	7.9	5.6	6.5	7.3
2000 Cotisations de sécurité sociale	0.4	2.3	3.5	3.5	3.6	0.1	0.4	0.3	0.3	0.3
3000 Sur salaires ou main d'oeuvre	0.0	0.0	0.0	0.0	0.0	0.0	0.0	0.0	0.0	0.0
4000 Impôts sur le patrimoine	0.4	0.4	0.1	0.7	0.8	0.1	0.1	0.0	0.1	0.1
5000 Impôts sur les biens et services	23.4	51.1	71.7	102.7	112.0	7.1	7.9	6.7	8.4	8.3
6000 Autres impôts	0.0	0.0	0.0	0.1	0.2	0.0	0.0	0.0	0.0	0.0
Administrations d'un État/Régions										
Recettes fiscales totales	5.0	16.9	44.1	72.7	76.6	1.5	2.6	4.1	5.9	5.7
1000 Impôts sur revenu, bénéfices et gains en capital	0.4	5.6	28.1	51.4	52.1	0.1	0.9	2.6	4.2	3.9
2000 Cotisations de sécurité sociale	0.0	0.0	0.0	0.0	0.0	0.0	0.0	0.0	0.0	0.0
3000 Sur salaires ou main d'oeuvre	0.0	0.0	0.0	0.0	0.0	0.0	0.0	0.0	0.0	0.0
4000 Impôts sur le patrimoine	3.0	7.7	9.7	15.2	16.9	0.9	1.2	0.9	1.2	1.3
5000 Impôts sur les biens et services	1.6	3.6	6.3	6.1	7.6	0.5	0.6	0.6	0.5	0.6
6000 Autres impôts	0.0	0.0	0.0	0.0	0.0	0.0	0.0	0.0	0.0	0.0
Administrations locales										
Recettes fiscales totales	8.1	19.0	30.3	40.1	41.5	2.5	2.9	2.8	3.3	3.1
1000 Impôts sur revenu, bénéfices et gains en capital	1.9	3.5	5.2	7.3	8.0	0.6	0.5	0.5	0.6	0.6
2000 Cotisations de sécurité sociale	0.0	0.0	0.0	0.0	0.0	0.0	0.0	0.0	0.0	0.0
3000 Sur salaires ou main d'oeuvre	0.0	0.0	0.0	0.0	0.0	0.0	0.0	0.0	0.0	0.0
4000 Impôts sur le patrimoine	2.3	5.8	12.4	17.8	17.2	0.7	0.9	1.2	1.5	1.3
5000 Impôts sur les biens et services	3.9	9.7	12.8	14.9	16.3	1.2	1.5	1.2	1.2	1.2
6000 Autres impôts	0.0	0.0	0.0	0.0	0.0	0.0	0.0	0.0	0.0	0.0
Administrations de sécurité sociale										
Recettes fiscales totales	36.4	72.4	123.7	160.4	168.8	11.1	11.2	11.5	13.1	12.5
1000 Impôts sur revenu, bénéfices et gains en capital	0.0	0.0	0.0	0.0	0.0	0.0	0.0	0.0	0.0	0.0
2000 Cotisations de sécurité sociale	36.4	72.4	123.7	160.4	168.8	11.1	11.2	11.5	13.1	12.5
3000 Sur salaires ou main d'oeuvre	0.0	0.0	0.0	0.0	0.0	0.0	0.0	0.0	0.0	0.0
4000 Impôts sur le patrimoine	0.0	0.0	0.0	0.0	0.0	0.0	0.0	0.0	0.0	0.0
5000 Impôts sur les biens et services	0.0	0.0	0.0	0.0	0.0	0.0	0.0	0.0	0.0	0.0
6000 Autres impôts	0.0	0.0	0.0	0.0	0.0	0.0	0.0	0.0	0.0	0.0

Note : Des données et des notes plus détaillées par pays sont disponibles dans le chapitre 6 "Recettes fiscales des sous-secteurs de l'administration". Les séries temporelles complètes sont accessibles sur le site web http://data-explorer.oecd.org/s/nv.

Source : Information from the Ministry of Finance for taxes and from Social Security System for social security contributions up to 1994. Since 1995 (accrual basis), national account data (IGAE-Ministry of Finance).

Tableau 4.67. Suède, recettes fiscales et % du PIB (sélection de catégories d'impôts)

	Milliard SEK					% du PIB				
	1990	2000	2010	2021	2022	1990	2000	2010	2021	2022
Recettes fiscales totales	756.0	1 204.8	1 532.3	2 336.8	2 493.4	48.8	50.0	43.1	42.8	42.5
1000 Impôts sur le revenu, les bénéfices et les gains en capital	314.8	514.7	546.7	858.4	897.9	20.3	21.4	15.4	15.7	15.3
1100 Des personnes physiques	291.1	427.0	430.9	676.2	697.2	18.8	17.7	12.1	12.4	11.9
1200 Des sociétés	23.7	87.8	115.8	182.3	200.7	1.5	3.6	3.3	3.3	3.4
1300 Non-ventilables entre 1100 et 1200	0.0	0.0	0.0	0.0	0.0	0.0	0.0	0.0	0.0	0.0
2000 Cotisations de sécurité sociale	205.9	307.0	384.7	489.9	518.4	13.3	12.7	10.8	9.0	8.8
2100 À la charge des salariés	0.8	63.1	89.2	137.3	145.3	0.1	2.6	2.5	2.5	2.5
2200 À la charge des employeurs	196.9	237.6	288.3	348.6	370.4	12.7	9.9	8.1	6.4	6.3
2300 À la charge des indép. ou sans emploi	0.0	0.0	0.0	0.0	0.0	0.0	0.0	0.0	0.0	0.0
2400 Non-ventilables entre 2100, 2200 et 2300	0.0	0.8	-0.4	-0.7	-2.0	0.0	0.0	-0.0	-0.0	-0.0
3000 Sur les salaires ou main d'oeuvre	18.7	50.1	107.5	280.8	301.3	1.2	2.1	3.0	5.1	5.1
4000 Impôts sur le patrimoine	26.6	39.9	36.5	52.2	55.0	1.7	1.7	1.0	1.0	0.9
4100 Impôts périodiques sur la propriété immobilière	8.9	23.3	26.4	36.1	38.6	0.6	1.0	0.7	0.7	0.7
4200 Impôts périodiques sur l'actif net	3.2	8.2	0.0	0.0	0.0	0.2	0.3	0.0	0.0	0.0
4300 Impôts sur mut. par décès, succ. et donations	1.4	2.5	0.0	0.0	0.0	0.1	0.1	0.0	0.0	0.0
4400 Impôts sur transact. mobilières et immob.	13.1	5.8	10.1	16.1	16.4	0.8	0.2	0.3	0.3	0.3
4500 Impôts non périodiques sur	0.0	0.0	0.0	0.0	0.0	0.0	0.0	0.0	0.0	0.0
4600 Autres impôts périodiques sur patrimoine	0.0	0.0	0.0	0.0	0.0	0.0	0.0	0.0	0.0	0.0
5000 Impôts sur les biens et services	188.7	291.6	455.4	652.9	717.5	12.2	12.1	12.8	11.9	12.2
5100 Impôts sur production, vente, transfert, etc.	181.6	284.2	439.1	630.4	695.0	11.7	11.8	12.4	11.5	11.8
5110 Impôts généraux	112.4	199.6	326.7	499.5	552.4	7.3	8.3	9.2	9.1	9.4
5111 Taxes sur la valeur ajoutée	112.4	197.5	322.6	499.4	552.2	7.3	8.2	9.1	9.1	9.4
5120 Impôts sur biens et services déterminés	69.2	84.6	112.4	130.9	142.6	4.5	3.5	3.2	2.4	2.4
5121 Accises	55.3	70.3	91.5	108.7	118.6	3.6	2.9	2.6	2.0	2.0
5200 Impôts sur utilisation des biens et exerc. activités	7.1	7.4	16.4	22.5	22.5	0.5	0.3	0.5	0.4	0.4
5300 Non-ventilables entre 5100 et 5200	0.0	0.0	0.0	0.0	0.0	0.0	0.0	0.0	0.0	0.0
6000 Autres impôts	1.3	1.5	1.4	2.6	3.3	0.1	0.1	0.0	0.0	0.1
Crédits d'impôts récupérables										
Crédits d'impôts récupérables contre 1000	..	..	..	..	..	..	..	..	..	..
Composante transfert	..	..	..	..	..	..	..	..	..	..
Composante fiscale	..	..	..	..	..	..	..	..	..	..
Recettes fiscales collectés pour le compte de l'UE										
Recettes fiscales collectés pour le compte de l'UE, total	..	3.8	5.7	7.3	9.3	..	0.2	0.2	0.1	0.2
Droits de douane perçus pour le compte de l'UE	..	3.4	5.4	7.3	9.3	..	0.1	0.2	0.1	0.2
Contributions au Fonds de résolution unique collectées pour le compte de l'UE	..	..	..	..	..	..	..	..	..	..

.. Non disponible

Note : Des données et des notes plus détaillées par pays sont disponibles dans le chapitre 5 "Tableaux détaillés par pays". Les séries temporelles complètes sont accessibles sur le site web http://data-explorer.oecd.org/s/nv.

Source : National Financial Management Authority, Stockholm.

Tableau 4.68. Suède, recettes fiscales et % du PIB par niveaux d'administration (principaux impôts)

	Milliard SEK					% du PIB				
	1990	2000	2010	2021	2022	1990	2000	2010	2021	2022
Administrations fédérale ou centrale										
Recettes fiscales totales	383.9	737.9	806.2	1 218.9	1 309.6	24.8	30.6	22.7	22.3	22.3
1000 Impôts sur revenu, bénéfices et gains en capital	94.7	178.4	23.8	52.0	45.4	6.1	7.4	0.7	1.0	0.8
2000 Cotisations de sécurité sociale	54.8	180.2	201.2	206.4	217.9	3.5	7.5	5.7	3.8	3.7
3000 Sur salaires cu main d'oeuvre	18.7	50.1	107.5	280.8	301.3	1.2	2.1	3.0	5.1	5.1
4000 Impôts sur le patrimoine	26.6	39.9	22.5	31.6	33.6	1.7	1.7	0.6	0.6	0.6
5000 Impôts sur les biens et services	187.8	287.8	449.8	645.6	708.2	12.1	11.9	12.7	11.8	12.1
6000 Autres impôts	1.3	1.5	1.4	2.6	3.3	0.1	0.1	0.0	0.0	0.1
Administrations d'un État/Régions										
Recettes fiscales totales	..	..	..	..	..	..	..	..	..	..
1000 Impôts sur revenu, bénéfices et gains en capital	..	..	..	..	..	..	..	..	..	..
2000 Cotisations de sécurité sociale	..	..	..	..	..	..	..	..	..	..
3000 Sur salaires cu main d'oeuvre	..	..	..	..	..	..	..	..	..	..
4000 Impôts sur le patrimoine	..	..	..	..	..	..	..	..	..	..
5000 Impôts sur les biens et services	..	..	..	..	..	..	..	..	..	..
6000 Autres impôts	..	..	..	..	..	..	..	..	..	..
Administrations locales										
Recettes fiscales totales	221.0	336.3	536.9	827.1	873.9	14.3	14.0	15.1	15.1	14.9
1000 Impôts sur revenu, bénéfices et gains en capital	220.1	336.3	522.9	806.4	852.5	14.2	14.0	14.7	14.8	14.5
2000 Cotisations de sécurité sociale	0.0	0.0	0.0	0.0	0.0	0.0	0.0	0.0	0.0	0.0
3000 Sur salaires cu main d'oeuvre	0.0	0.0	0.0	0.0	0.0	0.0	0.0	0.0	0.0	0.0
4000 Impôts sur le patrimoine	0.0	0.0	14.0	20.6	21.4	0.0	0.0	0.4	0.4	0.4
5000 Impôts sur les biens et services	0.9	0.0	0.0	0.0	0.0	0.1	0.0	0.0	0.0	0.0
6000 Autres impôts	0.0	0.0	0.0	0.0	0.0	0.0	0.0	0.0	0.0	0.0
Administrations de sécurité sociale										
Recettes fiscales totales	151.1	126.8	183.5	283.5	300.5	9.8	5.3	5.2	5.2	5.1
1000 Impôts sur revenu, bénéfices et gains en capital	0.0	0.0	0.0	0.0	0.0	0.0	0.0	0.0	0.0	0.0
2000 Cotisations de sécurité sociale	151.1	126.8	183.5	283.5	300.5	9.8	5.3	5.2	5.2	5.1
3000 Sur salaires cu main d'oeuvre	0.0	0.0	0.0	0.0	0.0	0.0	0.0	0.0	0.0	0.0
4000 Impôts sur le patrimoine	0.0	0.0	0.0	0.0	0.0	0.0	0.0	0.0	0.0	0.0
5000 Impôts sur les biens et services	0.0	0.0	0.0	0.0	0.0	0.0	0.0	0.0	0.0	0.0
6000 Autres impôts	0.0	0.0	0.0	0.0	0.0	0.0	0.0	0.0	0.0	0.0

.. Non disponible

Note : Des données et des notes plus détaillées par pays sont disponibles dans le chapitre 6 "Recettes fiscales des sous-secteurs de l'administration". Les séries temporelles complètes sont accessibles sur le site web http://data-explorer.oecd.org/s/nv.

Source : National Financial Management Authority, Stockholm.

Stat https://stat.link/57c3iv

Tableau 4.69. Suisse, recettes fiscales et % du PIB (sélection de catégories d'impôts)

	Milliard CHF					% du PIB				
	1990	2000	2010	2021	2022	1990	2000	2010	2021	2022
Recettes fiscales totales	85.5	127.5	161.2	208.4	210.3	23.2	27.0	25.8	28.0	26.9
1000 Impôts sur le revenu, les bénéfices et les gains en capital	40.0	55.8	73.6	99.4	98.1	10.8	11.8	11.8	13.4	12.5
1100 Des personnes physiques	27.7	37.5	51.2	63.2	65.1	7.5	7.9	8.2	8.5	8.3
1200 Des sociétés	6.3	11.2	16.2	22.8	25.0	1.7	2.4	2.6	3.1	3.2
1300 Non-ventilables entre 1100 et 1200	6.1	7.1	6.2	13.4	7.9	1.6	1.5	1.0	1.8	1.0
2000 Cotisations de sécurité sociale	19.9	30.8	38.3	50.5	52.2	5.4	6.5	6.1	6.8	6.7
2100 À la charge des salariés	9.3	14.5	17.5	24.0	24.6	2.5	3.1	2.8	3.2	3.1
2200 À la charge des employeurs	9.3	14.5	17.6	23.2	24.5	2.5	3.1	2.8	3.1	3.1
2300 À la charge des indép. ou sans emploi	0.0	0.0	0.0	0.0	0.0	0.0	0.0	0.0	0.0	0.0
2400 Non-ventilables entre 2100, 2200 et 2300	0.0	0.0	0.0	0.0	0.0	0.0	0.0	0.0	0.0	0.0
3000 Sur les salaires ou main d'oeuvre	0.0	0.0	0.0	0.0	0.0	0.0	0.0	0.0	0.0	0.0
4000 Impôts sur le patrimoine	7.6	12.3	12.4	16.6	17.0	2.1	2.6	2.0	2.2	2.2
4100 Impôts périodiques sur la propriété immobilière	0.4	0.7	1.0	1.4	1.5	0.1	0.2	0.2	0.2	0.2
4200 Impôts périodiques sur l'actif net	3.4	5.3	7.1	10.3	10.6	0.9	1.1	1.1	1.4	1.4
4300 Impôts sur mut. par décès, succ. et donations	0.9	1.2	1.0	1.4	1.5	0.2	0.3	0.2	0.2	0.2
4400 Impôts sur transact. mobilières et immob.	2.2	4.3	2.4	2.2	2.1	0.6	0.9	0.4	0.3	0.3
4500 Impôts non périodiques sur	0.0	0.0	0.0	0.0	0.0	0.0	0.0	0.0	0.0	0.0
4600 Autres impôts périodiques sur patrimoine	0.6	0.8	0.9	1.4	1.4	0.2	0.2	0.1	0.2	0.2
5000 Impôts sur les biens et services	17.9	28.3	36.4	40.8	41.9	4.8	6.0	5.8	5.5	5.4
5100 Impôts sur production, vente, transfert, etc.	16.0	25.3	32.1	35.4	36.4	4.3	5.4	5.1	4.8	4.7
5110 Impôts généraux	9.9	16.9	20.9	23.8	24.8	2.7	3.6	3.3	3.2	3.2
5111 Taxes sur la valeur ajoutée	9.9	16.6	20.5	23.5	24.5	2.7	3.5	3.3	3.2	3.1
5120 Impôts sur biens et services déterminés	6.1	8.3	11.2	11.6	11.5	1.6	1.8	1.8	1.6	1.5
5121 Accises	4.6	6.8	8.3	8.5	8.2	1.2	1.4	1.3	1.1	1.1
5200 Impôts sur utilisation des biens et exerc. activités	1.9	3.0	4.2	5.4	5.5	0.5	0.6	0.7	0.7	0.7
5300 Non-ventilables entre 5100 et 5200	0.0	0.0	0.0	0.0	0.0	0.0	0.0	0.0	0.0	0.0
6000 Autres impôts	0.1	0.2	0.6	1.1	1.2	0.0	0.0	0.1	0.1	0.1
Crédits d'impôts récupérables										
Crédits d'impôts récupérables contre 1000	..	..	..	..	..	..	..	..	..	..
Composante transfert	..	..	..	..	..	..	..	..	..	..
Composante fiscale	..	..	..	..	..	..	..	..	..	..

.. Non disponible

Note : Des données et des notes plus détaillées par pays sont disponibles dans le chapitre 5 "Tableaux détaillés par pays". Les séries temporelles complètes sont accessibles sur le site web http://data-explorer.oecd.org/s/nv.

Le total des recettes fiscales a été diminué du montant de tout transfert en capital représentant les impôts non perçus. Le transfert en capital a été directement diminué des impôts spécifiques auxquels il se rapporte. Par conséquent, les montants des recettes fiscales sont différents de ceux présentés dans le chapitre 5 "Tableaux détaillés par pays".

Source : Statistique financière, Administration fédérale des finances.

Tableau 4.70. Suisse, recettes fiscales et % du PIB par niveaux d'administration (principaux impôts)

	Milliard CHF					% du PIB				
	1990	2000	2010	2021	2022	1990	2000	2010	2021	2022
Administrations fédérale ou centrale										
Recettes fiscales totales	29.4	47.3	58.5	75.0	71.1	8.0	10.0	9.4	10.1	9.1
1000 Impôts sur revenu, bénéfices et gains en capital	10.9	17.0	22.7	35.6	30.9	2.9	3.6	3.6	4.8	3.9
2000 Cotisations de sécurité sociale	0.0	0.0	0.0	0.0	0.0	0.0	0.0	0.0	0.0	0.0
3000 Sur salaires ou main d'oeuvre	0.0	0.0	0.0	0.0	0.0	0.0	0.0	0.0	0.0	0.0
4000 Impôts sur le patrimoine	2.1	4.1	2.2	1.9	1.7	0.6	0.9	0.4	0.3	0.2
5000 Impôts sur les biens et services	16.4	26.1	33.5	37.5	38.5	4.4	5.5	5.4	5.0	4.9
6000 Autres impôts	0.0	0.0	0.0	0.1	0.1	0.0	0.0	0.0	0.0	0.0
Administrations d'un État/Régions										
Recettes fiscales totales	21.3	28.9	39.9	51.0	53.8	5.8	6.1	6.4	6.9	6.9
1000 Impôts sur revenu, bénéfices et gains en capital	16.4	21.7	30.8	38.4	40.7	4.4	4.6	4.9	5.2	5.2
2000 Cotisations de sécurité sociale	0.0	0.0	0.0	0.0	0.0	0.0	0.0	0.0	0.0	0.0
3000 Sur salaires ou main d'oeuvre	0.0	0.0	0.0	0.0	0.0	0.0	0.0	0.0	0.0	0.0
4000 Impôts sur le patrimoine	3.5	5.1	6.4	9.2	9.5	0.9	1.1	1.0	1.2	1.2
5000 Impôts sur les biens et services	1.4	2.1	2.7	3.1	3.2	0.4	0.4	0.4	0.4	0.4
6000 Autres impôts	0.0	0.0	0.0	0.4	0.4	0.0	0.0	0.0	0.1	0.1
Administrations locales										
Recettes fiscales totales	14.9	20.5	24.6	31.8	33.2	4.0	4.3	3.9	4.3	4.2
1000 Impôts sur revenu, bénéfices et gains en capital	12.7	17.1	20.1	25.5	26.5	3.4	3.6	3.2	3.4	3.4
2000 Cotisations de sécurité sociale	0.0	0.0	0.0	0.0	0.0	0.0	0.0	0.0	0.0	0.0
3000 Sur salaires ou main d'oeuvre	0.0	0.0	0.0	0.0	0.0	0.0	0.0	0.0	0.0	0.0
4000 Impôts sur le patrimoine	2.0	3.1	3.8	5.6	5.8	0.5	0.7	0.6	0.7	0.7
5000 Impôts sur les biens et services	0.1	0.1	0.1	0.2	0.3	0.0	0.0	0.0	0.0	0.0
6000 Autres impôts	0.1	0.2	0.6	0.6	0.6	0.0	0.0	0.1	0.1	0.1
Administrations de sécurité sociale										
Recettes fiscales totales	19.9	30.8	38.3	50.5	52.2	5.4	6.5	6.1	6.8	6.7
1000 Impôts sur revenu, bénéfices et gains en capital	0.0	0.0	0.0	0.0	0.0	0.0	0.0	0.0	0.0	0.0
2000 Cotisations de sécurité sociale	19.9	30.8	38.3	50.5	52.2	5.4	6.5	6.1	6.8	6.7
3000 Sur salaires ou main d'oeuvre	0.0	0.0	0.0	0.0	0.0	0.0	0.0	0.0	0.0	0.0
4000 Impôts sur le patrimoine	0.0	0.0	0.0	0.0	0.0	0.0	0.0	0.0	0.0	0.0
5000 Impôts sur les biens et services	0.0	0.0	0.0	0.0	0.0	0.0	0.0	0.0	0.0	0.0
6000 Autres impôts	0.0	0.0	0.0	0.0	0.0	0.0	0.0	0.0	0.0	0.0

Note : Des données et des notes plus détaillées par pays sont disponibles dans le chapitre 6 "Recettes fiscales des sous-secteurs de l'administration". Les séries temporelles complètes sont accessibles sur le site web http://data-explorer.oecd.org/s/nv.
Le total des recettes fiscales a été diminué du montant de tout transfert en capital représentant les impôts non perçus. Le transfert en capital a été directement diminué des impôts spécifiques auxquels il se rapporte. Par conséquent, les montants des recettes fiscales sont différents de ceux présentés dans le chapitre 6 "Recettes fiscales des sous-secteurs de l'administration".
Source : Statistique financière, Administration fédérale des finances.

Tableau 4.71. Türkiye, recettes fiscales et % du PIB (sélection de catégories d'impôts)

	Milliard TRY					% du PIB				
	1990	2000	2010	2021	2022	1990	2000	2010	2021	2022
Recettes fiscales totales	0.1	40.3	287.9	1 662.7	3 144.3	14.5	23.5	24.7	22.9	20.9
1000 Impôts sur le revenu, les bénéfices et les gains en capital	0.0	11.9	61.3	397.6	863.9	4.9	6.9	5.3	5.5	5.8
1100 Des personnes physiques	0.0	9.0	40.4	219.7	356.5	3.9	5.2	3.5	3.0	2.4
1200 Des sociétés	0.0	2.9	20.9	178.0	507.5	1.0	1.7	1.8	2.5	3.4
1300 Non-ventilables entre 1100 et 1200	0.0	0.0	0.0	0.0	0.0	0.0	0.0	0.0	0.0	0.0
2000 Cotisations de sécurité sociale	0.0	7.5	71.7	481.2	767.5	2.9	4.4	6.1	6.6	5.1
2100 À la charge des salariés	0.0	2.7	26.9	182.7	296.0	1.1	1.6	2.3	2.5	2.0
2200 À la charge des employeurs	0.0	3.6	39.4	272.4	440.6	1.6	2.1	3.4	3.8	2.9
2300 À la charge des indép. ou sans emploi	0.0	0.0	0.0	0.0	0.0	0.0	0.0	0.0	0.0	0.0
2400 Non-ventilables entre 2100, 2200 et 2300	0.0	0.0	0.0	0.0	0.0	0.0	0.0	0.0	0.0	0.0
3000 Sur les salaires ou main d'oeuvre	0.0	0.0	0.0	0.0	0.0	0.0	0.0	0.0	0.0	0.0
4000 Impôts sur le patrimoine	0.0	1.3	11.7	70.2	109.5	0.3	0.7	1.0	1.0	0.7
4100 Impôts périodiques sur la propriété immobilière	0.0	0.2	2.7	13.6	18.6	0.0	0.1	0.2	0.2	0.1
4200 Impôts périodiques sur l'actif net	0.0	0.0	0.0	0.0	0.0	0.0	0.0	0.0	0.0	0.0
4300 Impôts sur mut. par décès, succ. et donations	0.0	0.0	0.2	2.3	2.9	0.0	0.0	0.0	0.0	0.0
4400 Impôts sur transact. mobilières et immob.	0.0	1.1	8.8	54.3	87.9	0.3	0.6	0.8	0.7	0.6
4500 Impôts non périodiques sur	0.0	0.0	0.0	0.0	0.0	0.0	0.0	0.0	0.0	0.0
4600 Autres impôts périodiques sur patrimoine	0.0	0.0	0.0	0.0	0.0	0.0	0.0	0.0	0.0	0.0
5000 Impôts sur les biens et services	0.0	16.9	137.3	696.3	1370.1	4.1	9.9	11.8	9.6	9.1
5100 Impôts sur production, vente, transfert, etc.	0.0	16.3	131.9	676.0	1344.2	4.0	9.5	11.3	9.3	9.0
5110 Impôts généraux	0.0	9.7	62.5	385.3	754.1	2.9	5.7	5.4	5.3	5.0
5111 Taxes sur la valeur ajoutée	0.0	9.7	62.5	385.3	754.1	2.7	5.7	5.4	5.3	5.0
5120 Impôts sur biens et services déterminés	0.0	6.6	69.3	290.6	590.1	1.1	3.8	5.9	4.0	3.9
5121 Accises	0.0	4.7	57.3	205.4	419.8	0.1	2.8	4.9	2.8	2.8
5200 Impôts sur utilisation des biens et exerc. activités	0.0	0.6	5.4	20.4	25.9	0.1	0.3	0.5	0.3	0.2
5300 Non-ventilables entre 5100 et 5200	0.0	0.0	0.0	0.0	0.0	0.0	0.0	0.0	0.0	0.0
6000 Autres impôts	0.0	2.7	5.9	17.4	33.2	2.4	1.6	0.5	0.2	0.2
Crédits d'impôts récupérables										
Crédits d'impôts récupérables contre 1000	..	..	..	..	..	..	..	..	..	..
Composante transfert	..	..	..	..	..	..	..	..	..	..
Composante fiscale	..	..	..	..	..	..	..	..	..	..

.. Non disponible

Note : Des données et des notes plus détaillées par pays sont disponibles dans le chapitre 5 "Tableaux détaillés par pays". Les séries temporelles complètes sont accessibles sur le site web http://data-explorer.oecd.org/s/nv.

Source : Bulletin of national accounts and the Budget revenue Bulletin.

Tableau 4.72. Türkiye, recettes fiscales et % du PIB par niveaux d'administration (principaux impôts)

	Milliard TRY					% du PIB				
	1990	2000	2010	2021	2022	1990	2000	2010	2021	2022
Administrations fédérale ou centrale										
Recettes fiscales totales	0.1	29.1	189.4	1024.0	2 070.5	10.4	17.0	16.2	14.1	13.8
1000 Impôts sur revenu, bénéfices et gains en capital	0.0	10.5	54.6	350.2	761.2	4.3	6.1	4.7	4.8	5.1
2000 Cotisations de sécurité sociale	0.0	0.0	0.0	0.0	0.0	0.0	0.0	0.0	0.0	0.0
3000 Sur salaires ou main d'oeuvre	0.0	0.0	0.0	0.0	0.0	0.0	0.0	0.0	0.0	0.0
4000 Impôts sur le patrimoine	0.0	0.9	8.1	50.0	80.3	0.3	0.5	0.7	0.7	0.5
5000 Impôts sur les biens et services	0.0	15.2	124.0	616.2	1215.4	3.6	8.9	10.6	8.5	8.1
6000 Autres impôts	0.0	2.5	2.7	7.6	13.6	2.2	1.4	0.2	0.1	0.1
Administrations d'un État/Régions										
Recettes fiscales totales	..	..	..	..	..	..	..	..	..	..
1000 Impôts sur revenu, bénéfices et gains en capital	..	..	..	..	..	..	..	..	..	..
2000 Cotisations de sécurité sociale	..	..	..	..	..	..	..	..	..	..
3000 Sur salaires ou main d'oeuvre	..	..	..	..	..	..	..	..	..	..
4000 Impôts sur le patrimoine	..	..	..	..	..	..	..	..	..	..
5000 Impôts sur les biens et services	..	..	..	..	..	..	..	..	..	..
6000 Autres impôts	..	..	..	..	..	..	..	..	..	..
Administrations locales										
Recettes fiscales totales	0.0	3.6	26.8	157.5	306.2	1.3	2.1	2.3	2.2	2.0
1000 Impôts sur revenu, bénéfices et gains en capital	0.0	1.4	6.7	47.4	102.7	0.6	0.8	0.6	0.7	0.7
2000 Cotisations de sécurité sociale	0.0	0.0	0.0	0.0	0.0	0.0	0.0	0.0	0.0	0.0
3000 Sur salaires ou main d'oeuvre	0.0	0.0	0.0	0.0	0.0	0.0	0.0	0.0	0.0	0.0
4000 Impôts sur le patrimoine	0.0	0.3	3.6	20.2	29.1	0.0	0.2	0.3	0.3	0.2
5000 Impôts sur les biens et services	0.0	1.7	13.3	80.1	154.8	0.5	1.0	1.1	1.1	1.0
6000 Autres impôts	0.0	0.2	3.2	9.8	19.6	0.2	0.1	0.3	0.1	0.1
Administrations de sécurité sociale										
Recettes fiscales totales	0.0	7.5	71.7	481.2	767.5	2.9	4.4	6.1	6.6	5.1
1000 Impôts sur revenu, bénéfices et gains en capital	0.0	0.0	0.0	0.0	0.0	0.0	0.0	0.0	0.0	0.0
2000 Cotisations de sécurité sociale	0.0	7.5	71.7	481.2	767.5	2.9	4.4	6.1	6.6	5.1
3000 Sur salaires ou main d'oeuvre	0.0	0.0	0.0	0.0	0.0	0.0	0.0	0.0	0.0	0.0
4000 Impôts sur le patrimoine	0.0	0.0	0.0	0.0	0.0	0.0	0.0	0.0	0.0	0.0
5000 Impôts sur les biens et services	0.0	0.0	0.0	0.0	0.0	0.0	0.0	0.0	0.0	0.0
6000 Autres impôts	0.0	0.0	0.0	0.0	0.0	0.0	0.0	0.0	0.0	0.0

.. Non disponible

Note : Des données et des notes plus détaillées par pays sont disponibles dans le chapitre 6 "Recettes fiscales des sous-secteurs de l'administration". Les séries temporelles complètes sont accessibles sur le site web http://data-explorer.oecd.org/s/nv.

Source : Bulletin of national accounts and the Budget revenue Bulletin.

Tableau 4.73. Royaume-Uni, recettes fiscales et % du PIB (sélection de catégories d'impôts)

	Milliard GBP					% du PIB				
	1990	2000	2010	2021	2022	1990	2000	2010	2021	2022
Recettes fiscales totales	202.4	359.5	515.5	781.8	887.6	32.9	32.7	32.0	34.2	35.4
1000 Impôts sur le revenu, les bénéfices et les gains en capital	79.6	142.3	192.8	295.1	335.2	12.9	12.9	12.0	12.9	13.4
1100 Des personnes physiques	59.5	104.1	147.0	227.9	253.6	9.7	9.5	9.1	10.0	10.1
1200 Des sociétés	20.1	38.2	45.8	67.2	81.6	3.3	3.5	2.8	2.9	3.3
1300 Non-ventilables entre 1100 et 1200	0.0	0.0	0.0	0.0	0.0	0.0	0.0	0.0	0.0	0.0
2000 Cotisations de sécurité sociale	34.5	60.3	97.3	156.2	177.0	5.6	5.5	6.1	6.8	7.1
2100 À la charge des salariés	13.3	24.2	38.7	60.0	65.3	2.2	2.2	2.4	2.6	2.6
2200 À la charge des employeurs	20.0	34.0	55.9	91.0	106.0	3.2	3.1	3.5	4.0	4.2
2300 À la charge des indép. ou sans emploi	0.0	0.0	0.0	0.0	0.0	0.0	0.0	0.0	0.0	0.0
2400 Non-ventilables entre 2100, 2200 et 2300	0.0	0.0	0.0	0.0	0.0	0.0	0.0	0.0	0.0	0.0
3000 Sur les salaires ou main d'oeuvre	0.0	0.0	0.0	3.1	3.5	0.0	0.0	0.0	0.1	0.1
4000 Impôts sur le patrimoine	16.5	41.1	61.8	89.6	100.6	2.7	3.7	3.8	3.9	4.0
4100 Impôts périodiques sur la propriété immobilière	13.5	30.5	50.0	64.6	71.7	2.2	2.8	3.1	2.8	2.9
4200 Impôts périodiques sur l'actif net	0.0	0.0	0.0	0.0	0.0	0.0	0.0	0.0	0.0	0.0
4300 Impôts sur mut. par décès, succ. et donations	1.3	2.2	2.6	6.0	6.8	0.2	0.2	0.2	0.3	0.3
4400 Impôts sur transact. mobilières et immob.	1.8	8.4	9.1	18.7	21.7	0.3	0.8	0.6	0.8	0.9
4500 Impôts non périodiques sur	0.0	0.0	0.0	0.0	0.0	0.0	0.0	0.0	0.0	0.0
4600 Autres impôts périodiques sur patrimoine	0.0	0.0	0.0	0.0	0.0	0.0	0.0	0.0	0.0	0.0
5000 Impôts sur les biens et services	62.8	115.8	163.6	237.8	271.3	10.2	10.5	10.2	10.4	10.8
5100 Impôts sur production, vente, transfert, etc.	59.4	110.8	156.1	228.9	257.6	9.6	10.1	9.7	10.0	10.3
5110 Impôts généraux	34.1	65.0	97.6	158.6	184.3	5.5	5.9	6.1	6.9	7.4
5111 Taxes sur la valeur ajoutée	34.1	65.0	97.6	158.1	183.6	5.5	5.9	6.1	6.9	7.3
5120 Impôts sur biens et services déterminés	25.2	45.8	58.5	70.3	73.4	4.1	4.2	3.6	3.1	2.9
5121 Accises	19.7	37.3	45.5	48.3	47.8	3.2	3.4	2.8	2.1	1.9
5200 Impôts sur utilisation des biens et exerc. activités	3.4	5.0	7.4	8.8	13.7	0.6	0.5	0.5	0.4	0.5
5300 Non-ventilables entre 5100 et 5200	0.0	0.0	0.0	0.0	0.0	0.0	0.0	0.0	0.0	0.0
6000 Autres impôts	9.0	0.0	0.0	0.0	0.0	1.5	0.0	0.0	0.0	0.0
Crédits d'impôts récupérables										
Crédits d'impôts récupérables contre 1000	7.5	4.7	30.2	19.0	18.0	1.2	0.4	1.9	0.8	0.7
Composante transfert	0.5	3.4	23.7	15.2	14.2	0.1	0.3	1.5	0.7	0.6
Composante fiscale	7.0	1.2	6.5	3.7	3.8	1.1	0.1	0.4	0.2	0.2
Recettes fiscales collectés pour le compte de l'UE										
Recettes fiscales collectés pour le compte de l'UE, total	1.8	2.1	2.9	..	..	0.3	0.2	0.2	..	..
Droits de douane perçus pour le compte de l'UE	..	1.8	2.9	..	..	..	0.2	0.2	..	..
Contributions au Fonds de résolution unique collectées pour le compte de l'UE	..	..	..	..	..	..	..	..	..	..

.. Non disponible

Note : Veuillez noter que les données relatives aux crédits d'impôt récupérables pour le Royaume-Uni sont sur la base d'encaissements et incluent des estimations pour certaines années. Veuillez consulter les notes de bas de page du tableau pour le Royaume-Uni au chapitre 5 pour plus d'informations.

Les recettes fiscales supranationales déclarées par le Royaume-Uni sont déclarées jusqu'en 2020 dans Les statistiques des recettes publiques. À partir de 2021, à la fin de la période de transition du Brexit, cela prend fin et les taxes introduites ultérieurement par le Royaume-Uni sont reflétées dans la catégorie de taxe appropriée au niveau national ou infranational des administrations publiques, selon le cas.

Des données et des notes plus détaillées par pays sont disponibles dans le chapitre 5 "Tableaux détaillés par pays". Les séries temporelles complètes sont accessibles sur le site web http://data-explorer.oecd.org/s/nv.

Source : National Income and Expenditure; Central Statistical Office; Annual reports of His Majesty's Revenue and Customs.

Tableau 4.74. Royaume-Uni, recettes fiscales et % du PIB par niveaux d'administration (principaux impôts)

	Milliard GBP					% du PIB				
	1990	2000	2010	2021	2022	1990	2000	2010	2021	2022
Administrations fédérale ou centrale										
Recettes fiscales totales	151.9	282.9	388.9	584.6	667.6	24.7	25.7	24.2	25.6	26.6
1000 Impôts sur revenu, bénéfices et gains en capital	79.6	142.3	192.8	295.1	335.2	12.9	12.9	12.0	12.9	13.4
2000 Cotisations de sécurité sociale	0.0	0.0	0.0	0.0	0.0	0.0	0.0	0.0	0.0	0.0
3000 Sur salaires ou main d'oeuvre	0.0	0.0	0.0	3.1	3.5	0.0	0.0	0.0	0.1	0.1
4000 Impôts sur le patrimoine	11.4	26.9	35.5	48.6	57.5	1.9	2.4	2.2	2.1	2.3
5000 Impôts sur les biens et services	60.9	113.7	160.6	237.8	271.3	9.9	10.3	10.0	10.4	10.8
6000 Autres impôts	0.0	0.0	0.0	0.0	0.0	0.0	0.0	0.0	0.0	0.0
Administrations d'un État/Régions										
Recettes fiscales totales	..	..	..	..	..	..	..	..	..	..
1000 Impôts sur revenu, bénéfices et gains en capital	..	..	..	..	..	..	..	..	..	..
2000 Cotisations de sécurité sociale	..	..	..	..	..	..	..	..	..	..
3000 Sur salaires ou main d'oeuvre	..	..	..	..	..	..	..	..	..	..
4000 Impôts sur le patrimoine	..	..	..	..	..	..	..	..	..	..
5000 Impôts sur les biens et services	..	..	..	..	..	..	..	..	..	..
6000 Autres impôts	..	..	..	..	..	..	..	..	..	..
Administrations locales										
Recettes fiscales totales	14.1	14.2	26.2	41.0	43.1	2.3	1.3	1.6	1.8	1.7
1000 Impôts sur revenu, bénéfices et gains en capital	0.0	0.0	0.0	0.0	0.0	0.0	0.0	0.0	0.0	0.0
2000 Cotisations de sécurité sociale	0.0	0.0	0.0	0.0	0.0	0.0	0.0	0.0	0.0	0.0
3000 Sur salaires ou main d'oeuvre	0.0	0.0	0.0	0.0	0.0	0.0	0.0	0.0	0.0	0.0
4000 Impôts sur le patrimoine	5.1	14.2	26.2	41.0	43.1	0.8	1.3	1.6	1.8	1.7
5000 Impôts sur les biens et services	0.0	0.0	0.0	0.0	0.0	0.0	0.0	0.0	0.0	0.0
6000 Autres impôts	9.0	0.0	0.0	0.0	0.0	1.5	0.0	0.0	0.0	0.0
Administrations de sécurité sociale										
Recettes fiscales totales	34.5	60.3	97.3	156.2	177.0	5.6	5.5	6.1	6.8	7.1
1000 Impôts sur revenu, bénéfices et gains en capital	0.0	0.0	0.0	0.0	0.0	0.0	0.0	0.0	0.0	0.0
2000 Cotisations de sécurité sociale	34.5	60.3	97.3	156.2	177.0	5.6	5.5	6.1	6.8	7.1
3000 Sur salaires ou main d'oeuvre	0.0	0.0	0.0	0.0	0.0	0.0	0.0	0.0	0.0	0.0
4000 Impôts sur le patrimoine	0.0	0.0	0.0	0.0	0.0	0.0	0.0	0.0	0.0	0.0
5000 Impôts sur les biens et services	0.0	0.0	0.0	0.0	0.0	0.0	0.0	0.0	0.0	0.0
6000 Autres impôts	0.0	0.0	0.0	0.0	0.0	0.0	0.0	0.0	0.0	0.0

.. Non disponible

Note : Des données et des notes plus détaillées par pays sont disponibles dans le chapitre 6 "Recettes fiscales des sous-secteurs de l'administration". Les séries temporelles complètes sont accessibles sur le site web http://data-explorer.oecd.org/s/nv.

Source : National Income and Expenditure; Central Statistical Office; Annual reports of His Majesty's Revenue and Customs.

Tableau 4.75. États-Unis, recettes fiscales et % du PIB (sélection de catégories d'impôts)

	Milliard USD					% du PIB				
	1990	2000	2010	2021	2022	1990	2000	2010	2021	2022
Recettes fiscales totales	1 552.4	2 900.5	3 517.1	6 301.7	7 107.1	26.0	28.3	23.4	26.7	27.6
1000 Impôts sur le revenu, les bénéfices et les gains en capital	701.7	1 453.9	1 488.7	3 122.1	3 654.9	11.8	14.2	9.9	13.2	14.2
1100 Des personnes physiques	584.7	1 224.5	1 223.2	2 731.2	3 127.3	9.8	11.9	8.1	11.6	12.1
1200 Des sociétés	117.0	229.3	265.5	390.8	527.5	2.0	2.2	1.8	1.7	2.0
1300 Non-ventilables entre 1100 et 1200	0.0	0.0	0.0	0.0	0.0	0.0	0.0	0.0	0.0	0.0
2000 Cotisations de sécurité sociale	397.0	683.1	917.4	1 430.3	1 556.7	6.7	6.7	6.1	6.1	6.0
2100 À la charge des salariés	173.9	305.6	406.4	658.0	716.4	2.9	3.0	2.7	2.8	2.8
2200 À la charge des employeurs	204.1	343.2	461.7	699.6	757.1	3.4	3.3	3.1	3.0	2.9
2300 À la charge des indép. ou sans emploi	0.0	0.0	0.0	0.0	0.0	0.0	0.0	0.0	0.0	0.0
2400 Non-ventilables entre 2100, 2200 et 2300	0.0	0.0	0.0	0.0	0.0	0.0	0.0	0.0	0.0	0.0
3000 Sur les salaires ou main d'oeuvre	0.0	0.0	2.3	3.4	3.6	0.0	0.0	0.0	0.0	0.0
4000 Impôts sur le patrimoine	182.4	299.5	473.4	691.6	736.8	3.1	2.9	3.1	2.9	2.9
4100 Impôts périodiques sur la propriété immobilière	161.5	254.7	438.6	621.7	660.0	2.7	2.5	2.9	2.6	2.6
4200 Impôts périodiques sur l'actif net	0.0	0.0	0.0	0.0	0.0	0.0	0.0	0.0	0.0	0.0
4300 Impôts sur mut. par décès, succ. et donations	15.8	35.6	19.7	34.4	40.6	0.3	0.3	0.1	0.1	0.2
4400 Impôts sur transact. mobilières et immob.	2.1	4.4	7.5	24.5	24.6	0.0	0.0	0.0	0.1	0.1
4500 Impôts non périodiques sur	0.0	0.0	0.0	0.0	0.0	0.0	0.0	0.0	0.0	0.0
4600 Autres impôts périodiques sur patrimoine	3.0	4.8	7.7	10.9	11.6	0.0	0.0	0.1	0.0	0.0
5000 Impôts sur les biens et services	271.3	464.0	635.3	1054.5	1 155.1	4.5	4.5	4.2	4.5	4.5
5100 Impôts sur production, vente, transfert, etc.	235.2	404.1	546.7	919.2	1005.7	3.9	3.9	3.6	3.9	3.9
5110 Impôts généraux	125.6	221.4	295.1	514.5	570.8	2.1	2.2	2.0	2.2	2.2
5111 Taxes sur la valeur ajoutée	0.0	0.0	0.0	0.0	0.0	0.0	0.0	0.0	0.0	0.0
5120 Impôts sur biens et services déterminés	109.7	182.7	251.6	404.7	434.9	1.8	1.8	1.7	1.7	1.7
5121 Accises	65.0	108.6	146.6	174.6	171.6	1.1	1.1	1.0	0.7	0.7
5200 Impôts sur utilisation des biens et exerc. activités	36.1	59.9	88.6	135.3	149.4	0.6	0.6	0.6	0.6	0.6
5300 Non-ventilables entre 5100 et 5200	0.0	0.0	0.0	0.0	0.0	0.0	0.0	0.0	0.0	0.0
6000 Autres impôts	0.0	0.0	0.0	0.0	0.0	0.0	0.0	0.0	0.0	0.0
Crédits d'impôts récupérables										
Crédits d'impôts récupérables contre 1000	6.2	36.5	171.9	562.5	452.5	0.1	0.4	1.1	2.4	1.8
Composante transfert	4.4	26.9	101.8	450.7	324.2	0.1	0.3	0.7	1.9	1.3
Composante fiscale	1.8	9.6	70.1	111.8	128.3	0.0	0.1	0.5	0.5	0.5

Note : Des données et des notes plus détaillées par pays sont disponibles dans le chapitre 5 "Tableaux détaillés par pays". Les séries temporelles complètes sont accessibles sur le site web http://data-explorer.oecd.org/s/nv.

Source : Federal estimates are derived from the US Budget, the Final Monthly Treasury Statement and the Annual Report of the US Treasury Department. The State and Local estimates are derived from Government Finances, published by the Bureau of the Census.

Tableau 4.76. États-Unis, recettes fiscales et % du PIB par niveaux d'administration (principaux impôts)

	Milliard USD					% du PIB				
	1990	2000	2010	2021	2022	1990	2000	2010	2021	2022
Administrations fédérale ou centrale										
Recettes fiscales totales	632.2	1 316.6	1 288.7	2 666.2	3 135.1	10.6	12.8	8.6	11.3	12.2
1000 Impôts sur revenu, bénéfices et gains en capital	569.7	1 201.3	1 176.8	2 460.3	2 908.1	9.6	11.7	7.8	10.4	11.3
2000 Cotisations de sécurité sociale	0.0	0.0	0.0	0.0	0.0	0.0	0.0	0.0	0.0	0.0
3000 Sur salaires ou main d'oeuvre	0.0	0.0	0.0	0.0	0.0	0.0	0.0	0.0	0.0	0.0
4000 Impôts sur le patrimoine	11.6	28.1	15.1	27.3	32.8	0.2	0.3	0.1	0.1	0.1
5000 Impôts sur les biens et services	50.9	87.3	96.8	178.6	194.2	0.9	0.9	0.6	0.8	0.8
6000 Autres impôts	0.0	0.0	0.0	0.0	0.0	0.0	0.0	0.0	0.0	0.0
Administrations d'un État/Régions										
Recettes fiscales totales	309.7	547.6	723.9	1330.1	1 483.2	5.2	5.3	4.8	5.6	5.8
1000 Impôts sur revenu, bénéfices et gains en capital	120.2	231.0	279.4	606.5	685.9	2.0	2.3	1.9	2.6	2.7
2000 Cotisations de sécurité sociale	0.0	0.0	0.0	0.0	0.0	0.0	0.0	0.0	0.0	0.0
3000 Sur salaires ou main d'oeuvre	0.0	0.0	2.3	3.4	3.6	0.0	0.0	0.0	0.0	0.0
4000 Impôts sur le patrimoine	12.2	21.9	23.1	45.6	47.4	0.2	0.2	0.2	0.2	0.2
5000 Impôts sur les biens et services	177.3	294.7	419.1	674.6	746.2	3.0	2.9	2.8	2.9	2.9
6000 Autres impôts	0.0	0.0	0.0	0.0	0.0	0.0	0.0	0.0	0.0	0.0
Administrations locales										
Recettes fiscales totales	213.6	353.2	587.2	875.2	932.2	3.6	3.4	3.9	3.7	3.6
1000 Impôts sur revenu, bénéfices et gains en capital	11.9	21.6	32.5	55.3	60.9	0.2	0.2	0.2	0.2	0.2
2000 Cotisations de sécurité sociale	0.0	0.0	0.0	0.0	0.0	0.0	0.0	0.0	0.0	0.0
3000 Sur salaires ou main d'oeuvre	0.0	0.0	0.0	0.0	0.0	0.0	0.0	0.0	0.0	0.0
4000 Impôts sur le patrimoine	158.6	249.5	435.3	618.6	656.6	2.7	2.4	2.9	2.6	2.6
5000 Impôts sur les biens et services	43.1	82.0	119.4	201.2	214.7	0.7	0.8	0.8	0.9	0.8
6000 Autres impôts	0.0	0.0	0.0	0.0	0.0	0.0	0.0	0.0	0.0	0.0
Administrations de sécurité sociale										
Recettes fiscales totales	397.0	683.1	917.4	1 430.3	1 556.7	6.7	6.7	6.1	6.1	6.0
1000 Impôts sur revenu, bénéfices et gains en capital	0.0	0.0	0.0	0.0	0.0	0.0	0.0	0.0	0.0	0.0
2000 Cotisations de sécurité sociale	397.0	683.1	917.4	1 430.3	1 556.7	6.7	6.7	6.1	6.1	6.0
3000 Sur salaires ou main d'oeuvre	0.0	0.0	0.0	0.0	0.0	0.0	0.0	0.0	0.0	0.0
4000 Impôts sur le patrimoine	0.0	0.0	0.0	0.0	0.0	0.0	0.0	0.0	0.0	0.0
5000 Impôts sur les biens et services	0.0	0.0	0.0	0.0	0.0	0.0	0.0	0.0	0.0	0.0
6000 Autres impôts	0.0	0.0	0.0	0.0	0.0	0.0	0.0	0.0	0.0	0.0

Note : Des données et des notes plus détaillées par pays sont disponibles dans le chapitre 6 "Recettes fiscales des sous-secteurs de l'administration". Les séries temporelles complètes sont accessibles sur le site web http://data-explorer.oecd.org/s/nv.

Source : Federal estimates are derived from the US Budget, the Final Monthly Treasury Statement and the Annual Report of the US Treasury Department. The State and Local estimates are derived from Government Finances, published by the Bureau of the Census.

Tableaux pour mémoire

Le Tableau 4.77 présente les différentes sources de financement des prestations sociales, au-delà des cotisations obligatoires de sécurité sociale reportées dans la section 4.1. Cette table montre également les données concernant les autres impôts, les cotisations volontaires aux administrations et les cotisations obligatoires au secteur privé.

Le Tableau 4.78 contient les cotisations de sécurité sociale et les impôts sur les salaires acquittés par les administrations. Lors de la révision du Guide d'interprétation en 1984, la question s'est posée de savoir comment il convenait de traiter les impôts acquittés par les administrations. Les deux exemples les plus marquants d'impôts de ce type sont les cotisations de sécurité sociale et les impôts sur les salaires acquittés par les administrations au titre de leurs agents. Après un échange de vues approfondi, il a été décidé que les données présentées dans cette publication continueraient d'inclure les impôts acquittés par les administrations (voir le §7 du Guide d'interprétation dans l'Annexe A).

Alors qu'il a été admis qu'à certaines fins (par exemple, pour mesurer le flux de paiements allant du secteur privé au secteur des administrations), il conviendrait d'exclure les impôts payés par un secteur de l'administration à un autre ou les impôts acquittés entre les différentes unités d'un même secteur de l'administration, il a été décidé que les impôts acquittés par les administrations devaient être inclus dans les données lorsque l'on comptabilise tous les flux d'impôts de l'ensemble de l'économie. Cette prise en compte permet d'être sûr que les différents flux de ressources d'une économie, y compris la valeur de la production des administrations, sont bien mesurés de façon cohérente nette d'impôt.

Il a été toutefois décidé que les données sur les impôts acquittés par les administrations et que l'on pouvait identifier isolément seraient présentées séparément dans un poste pour mémoire et c'est l'objet des tableaux par pays qui suivent.

Les données reproduites dans les tableaux suivants ont trait aux montants effectifs versés par les administrations publiques au titre de leurs agents. Les cotisations fictives, volontaires et imputées sont exclues de ces données. Les définitions des cotisations de sécurité sociale, des impôts sur les salaires et des administrations publiques correspondent aux définitions données aux §40 á § 46, §47 et §3 á § 4 du Guide d'interprétation. Les informations sur les autres impôts payés par les administrations (à savoir impôts sur la propriété et impôts sur la consommation) ne sont pas disponibles pour la plupart des pays, même s'il semble bien que, dans tous les pays, les impôts assis sur les salaires sont les impôts les plus importants qu'acquittent les administrations. Dans beaucoup de cas, les données sont estimées et ne sont pas toujours établies sur une base compatible avec celle utilisée dans les tableaux principaux.

Tableau 4.77. Financement des prestations de sécurité sociale

En % du PIB

	Total					2022				
	1990	2000	2010	2021	2022	Cotisations de sécurité sociale	Autres impôts	Contributions volontaires au gouvernement	Contributions obligatoires au secteur privé	Total
Allemagne	14.2	15.6	14.4	15.4	15.3	14.6	0.0	0.2	0.4	15.3
Australie	0.0	0.0	0.0	0.0	0.0	..	..	..	..	0.0
Autriche	13.0	14.4	14.1	15.5	14.8	14.7	0.0	0.1	0.0	14.8
Belgique	14.2	15.6	18.5	17.5	17.0	12.9	4.1	0.0	0.0	17.0
Canada	4.3	4.7	4.6	4.8	4.7	4.7	0.0	0.0	0.0	4.7
Chili	4.6	6.2	6.2	6.9	6.7	1.0	0.0	0.0	5.8	6.7
Colombie	0.9	2.6	7.1	5.8	5.3	1.6	0.0	0.0	3.7	5.3
Corée	1.9	3.5	5.2	7.8	8.2	8.2	0.0	0.0	0.0	8.2
Costa Rica	6.5	6.4	7.3	8.9	8.8	8.8	..	..	..	8.8
Danemark	1.1	2.0	1.3	0.8	0.7	0.1	0.0	0.5	0.1	0.7
Espagne	11.2	11.6	12.0	13.5	12.9	12.8	0.0	0.1	0.0	12.9
Estonie	..	10.9	13.0	12.6	12.1	11.3	0.0	0.0	0.8	12.1
États-Unis	6.9	6.9	6.5	6.6	6.6	6.0	0.0	0.5	0.0	6.6
Finlande	12.2	12.4	12.5	12.4	12.3	11.9	0.0	0.1	0.2	12.3
France	18.6	21.1	22.9	24.9	25.1	14.8	10.3	0.0	0.0	25.1
Grèce	7.6	10.1	11.0	12.9	12.2	12.2	0.0	0.0	0.0	12.2
Hongrie	..	13.2	12.9	10.7	10.1	9.8	0.3	0.0	0.0	10.1
Irlande	4.6	3.7	5.1	3.0	3.1	3.1	0.0	0.0	0.0	3.1
Islande	10.0	13.4	14.1	17.8	15.3	3.0	6.2	0.0	6.1	15.3
Israël	..	5.0	6.1	7.7	7.8	5.0	0.0	0.0	2.8	7.8
Italie	11.9	11.6	13.0	13.3	13.1	13.1	0.0	0.0	0.0	13.1
Japon	7.3	8.9	10.8	13.3	13.3	13.3	0.0	0.0	0.0	13.3
Lettonie	..	9.9	8.8	10.0	9.8	9.4	0.4	0.0	0.0	9.8
Lituanie	..	9.9	12.0	10.1	9.8	9.8	0.0	0.0	0.0	9.8
Luxembourg	9.6	9.8	10.4	10.7	10.7	10.6	0.0	0.1	0.0	10.7
Mexique	2.4	2.9	3.0	3.7	3.7	2.3	0.0	0.0	1.4	3.7
Norvège	10.6	8.8	9.3	9.3	7.5	7.5	0.0	0.0	0.0	7.5
Nouvelle-Zélande	0.0	0.0	0.0	0.0	0.0	..	..	..	..	0.0
Pays-Bas	17.1	22.5	12.9	12.6	12.2	12.2	0.0	0.0	..	12.2
Pologne	..	12.9	10.9	13.0	12.8	12.8	0.1	0.0	0.0	12.8
Portugal	7.2	8.3	9.0	10.8	10.6	10.2	0.4	0.0	0.0	10.6
République slovaque	..	13.9	12.9	16.2	15.6	14.5	0.0	0.0	1.0	15.6
Royaume-Uni	7.4	7.0	8.0	8.6	8.8	7.1	0.0	1.7	0.0	8.8
Slovénie	..	14.9	15.8	16.4	16.0	16.0	0.0	0.0	0.0	16.0
Suède	13.3	13.1	11.2	9.5	9.4	8.8	0.0	0.5	0.0	9.4
Suisse	11.3	13.8	14.6	15.5	15.2	6.7	0.4	0.0	8.1	15.2
Tchéquie	..	14.4	14.5	16.1	15.4	15.2	0.0	0.0	0.1	15.4
Türkiye	2.9	4.4	6.1	6.6	5.1	5.1	0.0	0.0	0.0	5.1

.. Non disponible

Tableau 4.78. Les cotisations de sécurité sociale et impôts sur les salaires payés par les administrations publiques, totaux

En % du PIB

	Total					2022				
	1990	2000	2010	2021	2022	Administrations fédérale ou centrale	Administrations d'un État/ Régions	Administrations locales	Administrations de sécurité sociale	Total
Allemagne	1.0	0.8	0.8	0.9	0.9	0.1	0.3	0.4	0.1	0.9
Australie[1]	0.0	0.0	0.0	0.0	0.0	0.0	0.0	0.0	0.0	0.0
Autriche	1.0	1.4	1.9	2.1	2.0	0.7	0.6	0.6	0.1	2.0
Belgique	1.0	1.2	1.5	1.8	1.8	0.2	0.6	0.9	0.1	1.8
Canada	..	0.6	0.6	0.6	0.6	0.1	0.3	0.2	0.0	0.6
Chili	..	0.1	0.2	0.1	0.1	0.1	..	0.0	0.0	0.1
Colombie	..	..	..	0.2	0.2	0.0	0.0	0.0	0.2	0.2
Corée	..	..	..	..	..	..	..	..	..	..
Costa Rica	0.7	0.9	1.1	1.0	1.0	0.9	0.0	0.1	0.0	1.0
Danemark	0.0	0.0	0.0	0.0	0.0	..	..	..	..	0.0
Espagne	1.2	1.5	1.7	2.1	2.0	0.2	1.3	0.5	0.0	2.0
Estonie	..	2.6	2.9	3.0	2.8	1.7	..	1.1	0.0	2.8
États-Unis	0.5	0.4	0.5	0.4	0.4	0.1	0.2	0.0	0.0	0.4
Finlande	2.1	2.8	3.0	2.4	2.3	0.5	..	1.7	0.0	2.3
France	2.2	2.5	2.7	2.7	2.7	0.7	..	0.9	1.0	2.7
Grèce	0.3	0.5	0.8	1.6	1.4	1.2	..	0.2	0.0	1.4
Hongrie	..	2.8	2.4	1.2	1.0	0.8	..	0.2	0.0	1.0
Irlande	0.4	0.4	0.7	0.4	0.4	0.1	..	0.3	0.0	0.4
Islande	..	..	..	..	..	..	..	..	..	..
Israël	..	0.8	0.7	0.8	0.7	0.6	..	0.1	0.0	0.7
Italie	..	3.0	3.1	3.0	2.9	0.0	..	0.0	2.9	2.9
Japon	0.4	0.5	0.6	0.6	0.6	0.2	0.0	0.5	0.0	0.6
Lettonie	..	0.6	1.0	1.1	1.1	..	..	..	..	1.1
Lituanie	..	2.7	2.5	0.2	0.2	0.1	..	0.1	0.0	0.2
Luxembourg	2.5	1.3	1.2	1.2	1.2	1.2	..	0.0	0.0	1.2
Mexique	0.3	0.6	0.7	0.7	0.7	0.7	0.0	0.0	0.0	0.7
Norvège	2.4	2.4	2.9	3.0	2.4	1.1	..	1.3	0.0	2.4
Nouvelle-Zélande	0.0	0.0	0.0	0.0	0.0	..	..	..	..	0.0
Pays-Bas	0.1	0.4	0.0	0.0	0.0	..	..	..	..	0.0
Pologne	..	1.5	1.3	1.3	1.3	0.5	..	0.7	0.0	1.3
Portugal	0.1	0.2	0.0	0.0	0.0	..	..	..	..	0.0
République slovaque	..	2.0	2.0	2.8	2.4	1.4	..	1.0	0.1	2.4
Royaume-Uni	0.7	0.6	0.7	0.8	0.8	0.6	..	0.3	0.0	0.8
Slovénie	..	1.9	1.7	1.7	1.5	1.0	..	0.5	0.0	1.5
Suède	4.5	4.2	3.9	3.8	3.7	0.9	..	2.8	0.0	3.7
Suisse	0.4	0.4	0.5	0.5	0.5	0.1	0.3	0.1	0.0	0.5
Tchéquie	..	1.4	1.4	2.1	1.9	0.8	..	1.1	0.0	1.9
Türkiye	1.6	2.1	3.4	3.8	2.9	2.9	..	0.0	0.0	2.9

.. Non disponible

1. Pour l'Australie, le total diffère de la somme des quatre niveaux d'administration publique. La différence résulte de l'existence d'un secteur multi-juridictionnel (université) spécifique à ce pays. Ce secteur contient des unités où la juridiction est partagée entre deux administrations publiques au moins, ou contient des unités dont le classement dans une juridiction n'est pas clair. Les universités publiques sont le principal type d'unités appartenant actuellement à cette catégorie.

5 Tableaux détaillés par pays, 1965-2022

Le Chapitre 5 fournit des tableaux détaillés sur les recettes fiscales de chaque pays membre de l'OCDE.

Recettes fiscales

Dans tous les tableaux suivants, le symbole (..) signifie que l'information n'est pas disponible ou qu'elle n'est pas applicable. La principale série chronologique des statistiques de recettes fiscales couvre une sélection d'années entre 1965 et 2022. Des séries complètes sont disponible en ligne. La partie V dans l'édition 1998 de ce Rapport fournit des données pour les années 1955 et 1960 (pour dix-neuf pays de l'OCDE).

Tableau 5.1. Australie : recettes fiscales détaillées, 1965-2022

Million AUD

	1965	1980	1990	2000	2007	2010	2015	2020	2021	2022
Recettes fiscales totales	5 024	39 878	116 500	214 753	346 772	356 747	460 729	590 140	680 262	753 193
1000 Impôts sur le revenu, les bénéfices et les gains en capital	2 547	22 383	66 542	124 427	206 134	202 184	261 345	347 854	418 320	468 871
1100 Impôts sur le revenu, les bénéfices et les gains en capital des personnes physiques	1 729	17 532	50 062	80 991	127 587	138 163	191 720	236 868	265 367	304 566
1110 Sur le revenu et les bénéfices des personnes physiques	1 729	17 532	49 888	80 991	127 587	138 163	191 720	236 868	265 367	304 566
1120 Sur les gains en capital des personnes physiques	0	0	174	0	0	0	0	0	0	0
1200 Impôts sur le revenu, les bénéfices et les gains en capital des sociétés	818	4 851	16 480	43 436	78 547	64 021	69 625	110 985	152 952	164 305
1210 Sur le revenu et les bénéfices des sociétés	818	4 851	16 315	43 436	78 547	64 021	69 625	110 985	152 952	164 305
Income tax on companies	791	4 574	15 220	42 221	76 655	62 549	67 794	109 456	151 315	161 846
Dividend and interest taxes	17	161	899	846	1 892	1 472	1 831	1 529	1 637	2 459
Other withholding taxes	0	116	196	369	..	..	..	..	..	..
1220 Sur les gains en capital des sociétés	0	0	165	0	0	0	0	0	0	0
1300 Non ventilables entres les rubriques 1100 et 1200	0	0	0	0	0	0	0	0	0	0
2000 Cotisations de sécurité sociale (CSS)	0	0	0	0	0	0	0	0	0	0
2100 CSS à la charge des salariés	0	0	0	0	0	0	0	0	0	0
2110 CSS à la charge des salariés - sur la base du salaire	..	..	..	..	..	..	..	..	..	..
2120 CSS à la charge des salariés - sur la base de l'impôt sur le revenu	..	..	..	..	..	..	..	..	..	..
2200 CSS à la charge des employeurs	0	0	0	0	0	0	0	0	0	0
2210 CSS à la charge des employeurs - sur la base du salaire	..	..	..	..	..	..	..	..	..	..
2220 CSS à la charge des employeurs - sur la base de l'impôt sur le revenu	..	..	..	..	..	..	..	..	..	..
2300 CSS à la charge des indépendants ou des sans emploi	0	0	0	0	0	0	0	0	0	0
2310 CSS à la charge des indépendants ou des sans emploi - sur la base du salaire	..	..	..	..	..	..	..	..	..	..
2320 CSS à la charge des indépendants ou des sans emploi - Sur la base de l'impôt sur le revenu	..	..	..	..	..	..	..	..	..	..
2400 CSS Non ventilables entre les rubriques 2100, 2200 et 2300	0	0	0	0	0	0	0	0	0	0
2410 CSS Non ventilables entre les rubriques 2100, 2200 et 2300 - sur la base du salaire	..	..	..	..	..	..	..	..	..	..
2420 CSS Non ventilables entre les rubriques 2100, 2200 et 2300 - sur la base de l'impôt sur le revenu	..	..	..	..	..	..	..	..	..	..
3000 Impôts sur les salaires et la main-d'oeuvre	157	1 988	7 115	9 624	16 407	18 492	23 354	26 383	29 399	35 309
4000 Impôts sur le patrimoine	576	3 105	10 427	18 825	31 130	33 498	49 168	59 509	74 152	69 904
4100 Impôts périodiques sur la propriété immobilière	341	1 886	6 148	9 067	15 615	19 907	26 649	34 471	36 521	40 188
4110 Impôts périodiques sur la propriété immobilière – Ménages	..	..	..	..	..	..	..	..	..	..
4120 Impôts périodiques sur la propriété immobilière – Autres agents	..	..	..	..	..	..	..	..	..	..
4200 Impôts périodiques sur l'actif net	0	0	0	0	0	0	0	0	0	0
4210 Impôts périodiques sur l'actif net – Personnes physiques	..	..	..	..	..	..	..	..	..	..
4220 Impôts périodiques sur l'actif net – Sociétés	..	..	..	..	..	..	..	..	..	..
4300 Impôts sur les mutations par décès, les successions et les donations	137	175	0	0	0	0	0	0	0	0
4310 Impôts sur les mutations par décès et les successions	131	174	..	..	..	..	..	..	..	..
Estate duty central government	36	17	..	..	..	..	..	..	..	..
St. and loc. estate probate and succession	95	157	..	..	..	..	..	..	..	..
4320 Impôts sur les donations	7	1	..	..	..	..	..	..	..	..
4400 Impôts sur les transactions mobilières et immobilières	98	1 044	4 279	9 758	15 515	13 591	22 519	25 038	37 631	29 716
4500 Impôts non périodiques sur le patrimoine	0	0	0	0	0	0	0	0	0	0
4510 Impôts non périodiques sur l'actif net	..	..	..	..	..	..	..	..	..	..
4520 Impôts non périodiques sur le patrimoine autre que sur l'actif net	..	..	..	..	..	..	..	..	..	..
4600 Autres impôts périodiques sur le patrimoine hors rubriques 4100 et 4200	0	0	0	0	0	0	0	0	0	0
5000 Impôts sur les biens et services	1 744	12 402	32 416	61 877	93 101	102 573	126 862	156 394	158 391	179 109
5100 Impôts sur la production, la vente, le transfert, la location et la livraison des biens et la prestation de services	1 508	11 097	27 213	56 179	84 104	90 824	109 050	134 792	134 780	152 421
5110 Impôts généraux sur les biens et services	370	2 102	9 365	25 830	44 739	48 146	60 680	75 298	77 661	88 602
5111 Taxes sur la valeur ajoutée	0	0	0	23 854	43 634	46 910	59 177	73 297	75 565	86 274

	1965	1980	1990	2000	2007	2010	2015	2020	2021	2022
5112 Impôts sur les ventes	370	2 102	9 365	1 976	1 105	1 236	1 503	2 001	2 096	2 328
5113 Autres impôts généraux sur les biens et services	0	0	0	0	0	0	0	0	0	0
5120 Impôts sur des biens et des services déterminés	1 138	8 995	17 848	30 349	39 365	42 678	48 370	59 494	57 119	63 819
5121 Accises	781	6 183	11 975	19 768	24 357	26 689	22 541	25 548	23 721	27 626
Excises central government	752	5 834	10 359	19 019	23 526	25 803	21 625	24 503	22 562	26 281
Excise on beer	0	0	0	1 697	1 862	1 957	1 998	2 185	2 136	2 284
Excise on spirits	0	0	0	238	205	253	477	786	809	883
Excise on other alcoholic beverages	0	0	0	0	744	900	896	1 282	1 391	1 591
Excise on tobacco	0	0	0	4 637	5 631	6 387	290	0	0	0
Other excise	0	0	0	12 447	15 085	16 305	17 964	20 250	18 226	21 523
Statutory corporate payments	0	83	378	295	231	452	405	511	513	668
Primary production charges	29	266	1 238	454	600	434	511	534	646	677
5122 Bénéfices des monopoles fiscaux	0	0	0	0	0	0	0	0	0	0
5123 Droits de douane et droits à l'importation	271	1 799	3 319	4 606	6 070	5 828	14 046	18 123	16 945	17 079
Customs duties central government	271	1 799	3 319	4 606	6 070	5 828	14 046	18 123	16 945	17 079
Excise equivalent customs duty on beer	0	0	0	37	164	221	388	363	328	283
Excise equivalent customs duty on spirits	0	0	0	975	1 265	1 544	1 594	2 375	2 706	2 474
Excise equivalent customs duty on other alcoholic beverages	0	0	0	0	0	0	22	21	66	35
Excise equivalent customs duty on tobacco	0	0	0	386	621	1 215	9 639	14 264	12 659	12 667
Other customs duty	0	0	0	3 208	4 021	2 849	2 404	1 100	1 186	1 619
5124 Taxes à l'exportation	1	117	57	0	10	11	11	0	0	0
Customs duties on coal exports	0	85	54	..	0	0	0	..	..	..
Other	1	32	3	..	10	11	11	..	..	..
5125 Impôts sur les biens d'équipement	0	0	0	0	0	0	0	0	0	0
5126 Impôts sur des services déterminés	85	896	2 497	5 975	8 928	10 150	11 772	15 823	16 453	19 114
Taxes race meetings	31	240	651	301	359	373	265	795	931	1 155
Poker machines	16	140	295	2 074	3 009	3 125	3 684	3 935	3 856	5 313
Lotteries	7	122	325	890	1 118	1 141	1 362	1 813	2 005	1 951
Levies on fire insurance companies	16	157	363	574	937	1 232	786	1 115	942	1 213
Other	15	237	863	2 136	3 505	4 279	5 675	8 165	8 719	9 482
5127 Autres impôts sur les transactions et les échanges internationaux non couverts par les rubriques 5121 à 5126	0	0	0	0	0	0	0	0	0	0
5128 Autres impôts non couverts par les rubriques 5121 à 5127	0	0	0	0	0	0	0	0	0	0
5130 Non ventilables entre les rubriques 5110 et 5120	0	0	0	0	0	0	0	0	0	0
5200 Impôts sur l'utilisation des biens ou l'autorisation d'utiliser des biens ou d'exercer des activités	236	1 305	5 203	5 698	8 997	11 749	17 812	21 602	23 611	26 688
5210 Impôts périodiques sur l'utilisation des biens ou l'exercice d'activités	197	1 260	5 109	5 698	8 997	11 749	15 898	19 969	21 629	23 532
5211 Impôts périodiques à la charge des ménages: véhicules à moteur	65	448	1 373	2 748	4 381	5 064	7 253	8 723	9 194	9 927
5212 Impôts périodiques à la charge d'autres agents: véhicules à moteur	65	351	937	1 285	2 005	2 397	2 649	3 409	3 661	3 996
Fees on motor vehicle registry	46	312	794	778	1 165	1 499	1 530	1 957	2 126	2 248
Drivers licences	12	30	111	0	0	0	0	0	0	0
Stamp duty on vehicle registry	6	9	32	506	839	898	1 119	1 452	1 535	1 748
5213 Sur l'utilisation des biens ou l'exercice d'activités autres que les véhicules à moteur	67	461	2 799	1 665	2 611	4 288	5 996	7 837	8 774	9 609
Broadcasting tv licences	37	21	125	210	288	150	128	14	46	44
Business franchise lic. tobac. fuel	0	221	2 016	227	0	0	1	0	0	0
Other taxes	2	12	33	1 129	2 321	4 136	5 846	7 813	8 697	9 544
Liquor taxes	28	206	603	97	2	1	22	10	31	21
Dog licenses	0	1	22	0	0	0	0	0	0	0
5220 Impôts non périodiques sur l'utilisation des biens ou l'exercice d'activités	39	45	94	0	0	0	1 914	1 633	1 982	3 156
5300 Non ventilables entre les rubriques 5100 et 5200	0	0	0	0	0	0	0	0	0	0
6000 Impôts autres que les rubriques 1000, 2000, 3000, 4000 et 5000	0	0	0	0	0	0	0	0	0	0
6100 À la charge exclusive des entreprises	..	..	..	..	..	..	..	..	..	..
6200 À la charge d'autre agents que les entreprises ou non identifiables	..	..	..	..	..	..	..	..	..	..
Non-wastable tax credits against 1110	..	..	..	195	2 585	991	460	446	414	346
Tax expenditure component	..	..	..	175	178	110	334	310	288	245
Transfer component	..	..	..	20	2 407	881	126	136	126	101
Non-wastable tax credits against 1210	..	..	..	0	4 564	5 726	8 951	10 582	10 599	11 542
Tax expenditure component	..	..	..	..	1 922	2 253	3 438	3 621	3 325	3 388
Transfer component	..	..	..	..	2 642	3 473	5 513	6 961	7 275	8 154

	1965	1980	1990	2000	2007	2010	2015	2020	2021	2022
Recettes fiscales totales sur la base d'encaissements	5 024	39 878	116 500	..	..	..	..	..	..	..
Recettes fiscales totales sur la base des droits constatés	..	..	..	214 753	346 772	356 747	460 729	590 140	680 262	753 193
Impôts additionnels inclus dans les comptes nationaux	..	..	..	0	0	0	0	0	0	0
Impôts exclus des comptes nationaux	..	..	..	0	0	0	0	0	0	0
Différence dans les traitements des crédits d'impôts	..	..	..	175	2 100	2 363	3 772	3 930	3 612	3 633
Transfert en capital des recettes non collectées	..	..	..	0	0	0	0	0	0	0
Cotisations de sécurité sociale volontaires	..	..	..	0	0	0	0	0	0	0
Différences diverses	..	..	..	0	0	0	0	0	0	0
Comptes nationaux : impôts et cotisations sociales effectives	..	..	..	214 928	348 872	359 110	464 501	594 070	683 874	756 826
Cotisations sociales imputées	..	..	..	0	0	0	0	0	0	0
Comptes nationaux : impôts et toutes les cotisations sociales	..	..	..	214 928	348 872	359 110	464 501	594 070	683 874	756 826

.. Non disponible

Note : Data are on a fiscal year basis beginning 1st July.

From 1998 taxes are recorded on an accrual basis; prior to that they were on a cash basis.

Direct taxes paid by public trading enterprises are excluded from receipts.

The figures for total tax revenue do not match the published totals in Taxation Revenue Australia. The latter is based on an accrual IMF GFS methodology and there are some differences between that and the OECD equivalent.

Heading 5213 includes radio and television licenses fees, though these are usually not regarded as a tax revenue in the OECD list.

Headings for non-wastable tax credits 1110 and 1210 include the private health insurance tax offset, family benefit, baby bonus tax offsets (paid during the 2003-04 budget year), film tax offset, and research and development tax offsets. The estimation of non-wastable credits into the expenditure and transfer components is in accordance with the OECD guidelines on the treatment and the data for this memorandum item has been provided by the Australian Taxation Office.

Source : Australian Bureau of Statistics.

Tableau 5.2. Autriche : recettes fiscales détaillées, 1965-2022

Million EUR

	1965	1980	1990	2000	2007	2010	2015	2020	2021	2022
Recettes fiscales totales	6 210	29 759	54 040	90 324	115 146	121 192	148 469	160 713	176 120	193 204
Recettes fiscales totales excluant les taxes collectés pour le compte de l'UE	..	..	54 040	89 897	114 728	120 843	147 841	159 995	175 343	192 164
1000 Impôts sur le revenu, les bénéfices et les gains en capital	1 584	7 959	13 797	25 553	34 319	34 021	44 796	44 597	51 922	59 732
1100 Impôts sur le revenu, les bénéfices et les gains en capital des personnes physiques	1 240	6 899	11 326	19 890	25 741	27 098	35 841	35 595	39 442	43 039
1110 Sur le revenu et les bénéfices des personnes physiques	1 240	6 899	11 326	19 890	25 741	27 098	35 841	35 595	39 442	43 039
Income tax	415	1 576	2 501	3 202	3 253	3 358	4 274	4 210	4 690	6 619
Special income tax	0	0	0	0	0	0	0	0	0	0
Wage tax	417	4 626	7 823	15 630	20 607	21 783	28 429	28 686	31 096	32 595
Tax on industry and trade	196	402	454	7	0	0	0	0	0	0
Tax on capital yields	2	14	46	354	970	938	1 979	1 342	2 205	2 274
Contribution to chambers	60	279	501	697	910	1 018	1 159	1 358	1 451	1 552
Water supply fund	151	0	0	0	0	0	0	0	0	0
Contribution emergency fund	0	0	0	0	0	0	0	0	0	0
1120 Sur les gains en capital des personnes physiques	0	0	0	0	0	0	0	0	0	0
1200 Impôts sur le revenu, les bénéfices et les gains en capital des sociétés	334	1 049	1 930	4 157	6 622	5 519	7 659	8 182	11 168	15 325
1210 Sur le revenu et les bénéfices des sociétés	334	1 049	1 930	4 157	6 622	5 519	7 659	8 182	11 168	15 325
Corporation tax	195	698	998	3 865	6 094	4 978	6 752	7 526	10 180	14 216
Tax on industry and trade	83	254	624	10	0	1	0	0	0	0
Special tax on income	0	0	0	0	0	0	0	0	0	0
Tax on capital yields	5	33	108	118	346	347	684	447	735	758
Water supply fund	35	0	0	0	0	0	0	0	0	0
Contribution emergency fund	0	0	0	0	0	0	0	0	0	0
Contribution to chambers	14	58	200	164	182	193	224	210	253	272
Directors tax	2	6	0	0	0	0	0	0	0	0
Energy surtaxes	0	0	0	0	0	0	0	0	0	79
1220 Sur les gains en capital des sociétés	0	0	0	0	0	0	0	0	0	0
1300 Non ventilables entres les rubriques 1100 et 1200	10	12	540	1 506	1 956	1 405	1 295	819	1 312	1 367
Fines related to tax offences	10	12	18	33	77	99	70	28	34	62
Tax on interest	0	0	522	1 473	1 879	1 305	1 225	791	1 278	1 305
2000 Cotisations de sécurité sociale (CSS)	1 548	9 200	17 763	30 510	38 453	41 423	49 867	59 094	62 312	65 893
2100 CSS à la charge des salariés	686	3 792	7 512	12 477	15 612	16 846	20 115	23 857	25 030	26 601
2110 CSS à la charge des salariés - sur la base du salaire	..	..	..	12 477	15 612	16 846	20 115	23 857	25 030	26 601
Health insurance contributions	..	..	..	2 606	3 326	3 675	4 347	5 249	5 487	5 853
Pension insurance contributions	..	..	..	6 410	8 274	8 986	10 896	13 350	14 042	15 043
Pension contributions, civil servants	..	..	..	1 489	1 579	1 625	1 629	1 504	1 451	1 400
Unemployment insurance contributions	..	..	..	1 854	2 284	2 385	3 040	3 504	3 786	4 025
Health insurance contributions, local government employees	..	..	..	100	130	156	181	222	232	246
Special unemployment insurance contributions	..	..	..	17	19	20	23	29	33	34
2120 CSS à la charge des salariés - sur la base de l'impôt sur le revenu	..	..	..	0	0	0	0	0	0	0
2200 CSS à la charge des employeurs	721	4 563	8 768	14 651	18 091	19 421	23 281	27 733	29 189	31 080
2210 CSS à la charge des employeurs - sur la base du salaire	..	..	..	14 651	18 091	19 421	23 281	27 733	29 189	31 080
Health insurance contributions	..	..	..	2 667	3 395	3 669	4 339	5 240	5 477	5 842
Pension insurance contributions	..	..	..	7 888	10 214	11 145	13 549	16 648	17 517	18 777
Pension contributions, civil servants	..	..	..	438	376	361	298	244	230	217
Accident insurance contributions	..	..	..	952	1 157	1 254	1 394	1 459	1 519	1 625
Unemployment insurance contributions	..	..	..	1 854	2 284	2 385	3 040	3 504	3 786	4 025
Health insurance contributions, local government employees	..	..	..	101	141	157	181	222	232	246
Contributions to sickness benefit fund	..	..	..	341	0	0	0	0	0	0
Special pension contributions, nightshift workers	..	..	..	11	18	15	38	46	48	57
Contributions to insolvency fund	..	..	..	381	488	416	419	234	226	130
Special unemployment insurance contributions construction workers	..	..	..	17	19	20	23	136	154	160
2220 CSS à la charge des employeurs - sur la base de l'impôt sur le revenu	..	..	..	0	0	0	0	0	0	0

	1965	1980	1990	2000	2007	2010	2015	2020	2021	2022
2300 CSS à la charge des indépendants ou des sans emploi	141	845	1 482	3 382	4 750	5 155	6 470	7 504	8 093	8 212
2310 CSS à la charge des indépendants ou des sans emploi - sur la base du salaire	..	..	..	3 382	4 750	5 155	6 470	7 504	8 093	8 212
Health insurance contributions	..	..	..	1 971	2 724	3 090	3 664	4 219	4 422	4 426
Pension insurance contributions	..	..	..	1 117	1 527	1 524	2 210	2 574	2 945	3 049
Pension contributions, civil servants (retired)	..	..	..	116	274	297	317	311	307	305
Accident insurance contributions	..	..	..	77	85	88	98	178	187	187
Health insurance contributions, local government employees	..	..	..	101	140	156	181	222	232	246
2320 CSS à la charge des indépendants ou des sans emploi - Sur la base de l'impôt sur le revenu	..	..	..	0	0	0	0	0	0	0
2400 CSS Non ventilables entre les rubriques 2100, 2200 et 2300	0	0	0	0	0	0	0	0	0	0
2410 CSS Non-ventilables entre les rubriques 2100, 2200 et 2300 - sur la base du salaire	..	..	..	..	..	..	..	..	..	..
2420 CSS Non-ventilables entre les rubriques 2100, 2200 et 2300 - sur la base de l'impôt sur le revenu	..	..	..	..	..	..	..	..	..	..
3000 Impôts sur les salaires et la main-d'oeuvre	472	2 097	3 259	5 788	7 266	8 359	10 040	10 447	11 348	12 111
Emplr. contr. equaliz. of family.burdens	318	1 397	2 147	3 140	3 915	4 762	5 623	5 389	5 989	6 316
Tax on sum of wages	82	375	669	1 735	2 238	2 402	2 911	3 326	3 531	3 867
Promotion residential buildings	44	217	389	595	754	811	965	1 149	1 229	1 301
Tax on employment (Vienna undergr.)	0	20	21	21	22	22	65	69	65	70
Special levy for households allowances	26	80	0	0	0	0	0	0	0	0
Disabled persons equalization levy	2	8	34	54	83	91	148	163	159	167
Contributions to chambers	0	0	0	242	253	271	327	352	374	390
4000 Impôts sur le patrimoine	246	858	1 473	1 206	1 572	1 555	1 965	2 195	2 558	2 634
4100 Impôts périodiques sur la propriété immobilière	92	231	355	526	626	682	761	861	889	897
4110 Impôts périodiques sur la propriété immobilière – Ménages	47	66	84	87	92	93	107	142	145	134
Duty on farms	9	15	20	20	20	20	30	32	36	26
Farm contr. equaliz. of family burdens	5	6	6	6	6	6	6	7	7	6
Farm contribution to chambers	14	23	32	32	39	40	44	49	47	49
Contr. residential buildings reconstruction	4	0	0	0	0	0	0	0	0	0
Land tax A	16	22	25	28	26	26	26	31	31	30
Tax on secondary residences	0	0	0	0	0	0	0	23	23	23
4120 Impôts périodiques sur la propriété immobilière – Autres agents	45	165	271	440	534	589	654	719	744	764
Tax on vacant plots	1	4	5	5	5	6	6	5	5	9
Land tax B	44	161	266	435	529	583	649	714	738	754
4200 Impôts périodiques sur l'actif net	103	401	642	1	0	0	0	0	0	0
4210 Impôts périodiques sur l'actif net – Personnes physiques	37	140	189	1	..	..	..	..	..	..
Capital tax	25	109	189	1	..	..	..	..	..	..
Contribution emergency fund	0	0	0	0	..	..	..	..	..	..
Tax on industry and trade	10	26	0	0	..	..	..	..	..	..
Contribution to chambers	2	6	0	0	..	..	..	..	..	..
4220 Impôts périodiques sur l'actif net – Sociétés	66	260	453	0	..	..	..	..	..	..
Capital tax	24	139	322	0	..	..	..	..	..	..
Capital death duty	20	53	131	0	..	..	..	..	..	..
Contribution emergency fund	0	0	0	0	..	..	..	..	..	..
Tax on industry and trade	19	56	0	0	..	..	..	..	..	..
Contribution to chambers	3	13	0	0	..	..	..	..	..	..
4300 Impôts sur les mutations par décès, les successions et les donations	16	50	77	111	155	35	12	0	0	0
4310 Impôts sur les mutations par décès et les successions	..	..	..	..	..	..	..	..	..	..
4320 Impôts sur les donations	..	..	..	..	..	..	..	..	..	..
4400 Impôts sur les transactions mobilières et immobilières	35	176	399	568	791	828	1 116	1 320	1 657	1 694
Land transfer tax	30	150	251	452	644	727	1 014	1 319	1 658	1 693
Capital transfer tax	5	27	148	115	147	102	102	1	- 1	0
4500 Impôts non périodiques sur le patrimoine	0	0	0	0	0	10	76	14	13	43
4510 Impôts non périodiques sur l'actif net	..	..	..	..	..	0	4	0	0	0
Withholding Tax	..	..	..	..	..	..	4	0	0	..
4520 Impôts non périodiques sur le patrimoine autre que sur l'actif net	..	..	..	..	..	10	72	14	13	43
Foundation tax	..	..	..	..	..	10	72	14	13	43
4600 Autres impôts périodiques sur le patrimoine hors rubriques 4100 et 4200	0	0	0	0	0	0	0	0	0	0
5000 Impôts sur les biens et services	2 321	9 379	17 034	26 497	32 609	34 740	41 064	43 691	47 238	52 055

	1965	1980	1990	2000	2007	2010	2015	2020	2021	2022
5100 Impôts sur la production, la vente, le transfert, la location et la livraison des biens et la prestation de services	2 275	9 006	16 169	24 616	30 180	32 114	37 633	39 626	43 107	47 646
5110 Impôts généraux sur les biens et services	1 160	5 984	11 229	16 857	20 941	22 711	26 282	28 480	31 060	35 802
5111 Taxes sur la valeur ajoutée	0	5 984	11 229	16 857	20 941	22 711	26 282	28 437	30 980	35 706
5112 Impôts sur les ventes	0	0	0	0	0	0	0	0	0	0
5113 Autres impôts généraux sur les biens et services	1 160	0	0	0	0	0	0	43	80	96
Turnover tax	664	..	..	..	..	..	..	0	0	0
Additional federal levy-turnover	332	..	..	..	..	..	..	0	0	0
Additional lieu invoice stp.	164	..	..	..	..	..	..	0	0	0
Tax on online advertisement	0	0	..	..	..	..	..	43	80	96
5120 Impôts sur des biens et des services déterminés	1 115	2 996	4 873	7 721	9 236	9 400	11 348	11 144	12 043	11 838
5121 Accises	610	2 219	3 290	5 484	6 760	6 921	7 749	7 246	8 001	7 506
Tax on beer	39	44	56	161	200	198	189	194	178	206
Tax on wine	7	0	0	0	0	0	0	0	0	0
Tax on sparkling wine	1	7	25	25	1	1	19	13	3	2
Tax on tobacco	188	519	820	1 197	1 446	1 502	1 782	1 983	2 073	2 075
Tax on mineral oils	50	136	1 426	2 726	3 689	3 854	4 218	3 579	4 201	3 994
Additional federal levy mineral oils	202	876	0	0	0	0	0	0	0	0
Special duty alcoholic drinks	0	142	193	0	0	0	0	0	0	0
Special duty vehicles	0	0	0	0	0	0	0	0	0	0
Duty on starch products	0	4	12	0	0	0	0	0	0	0
Beverage tax	46	216	364	178	3	- 1	0	0	0	0
Other receipts-Market Organisation Act	26	35	9	0	1	0	0	0	0	0
Transport equality levy	0	5	1	0	0	0	0	0	0	0
Market Organisation Act - milk	35	177	192	0	0	0	0	0	0	0
Market Organisation Act - livestock	0	0	0	0	0	0	0	0	0	0
Market Organisation Act - grain	16	23	142	0	0	0	0	0	0	0
Duty promotion milk distrib.	0	34	13	0	0	0	0	0	0	0
Special tax on mineral oils	0	0	37	0	0	0	0	0	0	0
Duty on vehicles (fuel consumption)	0	0	0	433	457	453	395	440	406	423
Agricultural fund	0	0	0	23	16	18	17	17	17	18
Tax on energy	0	0	0	562	764	726	931	836	925	300
Social contributions to the artists' fund	0	0	0	0	11	6	13	8	9	13
Duty on exceeding milk-quota	0	0	0	36	24	6	11	0	0	0
Car registration taxes	0	0	0	143	148	158	174	175	189	161
Tax on Non-ETS emissions (carbon tax)	0	0	0	0	0	0	0	0	0	313
5122 Bénéfices des monopoles fiscaux	37	57	52	130	122	129	328	380	459	428
Duty on spirits	5	14	17	130	122	129	120	138	161	174
Federal monopolies salt	1	0	0	0	0	0	0	0	0	0
Federal monopolies spirits	30	43	35	0	0	0	0	0	0	0
Federal monopolies gambling	0	0	0	0	0	0	208	242	298	254
5123 Droits de douane et droits à l'importation	332	354	677	351	390	340	415	476	497	665
Customs duties	310	237	418	352	390	339	415	476	497	665
Other import duties	0	21	61	0	0	0	0	0	0	0
Contribution promote foreign trade	10	63	171	0	0	0	0	0	0	0
Import equalization duties	12	33	27	0	0	0	0	0	0	0
5124 Taxes à l'exportation	8	36	1	0	0	0	0	0	0	0
Contribution to promote foreign trade	8	36	1	..	..	..	..	..	..	..
5125 Impôts sur les biens d'équipement	0	33	0	0	0	0	0	0	0	0
5126 Impôts sur des services déterminés	129	297	854	1 720	1 967	2 005	2 852	3 043	3 085	3 239
Insurance tax	25	135	384	745	993	1 017	1 122	1 240	1 287	1 366
Transport tax	63	0	0	0	0	0	0	0	0	0
Duty on casinos	2	28	64	105	71	55	70	80	45	96
Fire protection tax	5	24	50	45	54	56	61	67	70	75
Advertisement tax	7	31	65	62	0	0	0	0	0	0
Entertainment tax	2	2	2	5	8	9	18	0	0	0
Tax on tourism	8	43	71	103	142	171	186	235	251	258
Amusement tax	13	17	51	73	94	107	30	9	8	14
Announcement tax	3	18	40	81	0	1	0	0	0	0
Tax on interest yields	0	0	0	0	0	0	0	0	0	0
Tax on gambling stakes - licenses	0	0	116	197	202	221	254	276	318	307
Tax on advertisement	0	0	0	33	108	110	107	88	101	98
Levy on dangerous waste	0	0	10	71	72	51	56	57	66	66
Duty for airways security	0	0	0	28	56	30	0	0	0	0
Tax on gambling stakes - gains	0	0	0	171	166	176	0	0	0	0
Flight Charge	0	0	0	0	0	0	109	23	46	117
Financial Institutions Stability Fee	0	0	0	0	0	0	640	724	613	466
SRF Contributions	0	0	0	0	0	0	198	242	280	374

	1965	1980	1990	2000	2007	2010	2015	2020	2021	2022
5127 Autres impôts sur les transactions et les échanges internationaux non couverts par les rubriques 5121 à 5126	0	0	0	0	0	0	0	0	0	0
5128 Autres impôts non couverts par les rubriques 5121 à 5127	0	0	0	34	- 3	4	4	0	0	0
Levy on sugar	..	..	..	34	- 3	4	4	..	..	..
5130 Non ventilables entre les rubriques 5110 et 5120	0	26	66	38	3	4	4	2	4	6
Fines related to tax offenses	..	26	66	38	3	4	4	2	4	6
5200 Impôts sur l'utilisation des biens ou l'autorisation d'utiliser des biens ou d'exercer des activités	46	373	865	1 881	2 429	2 626	3 431	4 065	4 131	4 409
5210 Impôts périodiques sur l'utilisation des biens ou l'exercice d'activités	38	335	757	1 733	2 253	2 416	3 124	3 631	3 711	3 803
5211 Impôts périodiques à la charge des ménages: véhicules à moteur	22	156	366	811	1 173	1 293	1 814	2 172	2 230	2 271
5212 Impôts périodiques à la charge d'autres agents: véhicules à moteur	13	41	97	298	370	334	421	496	514	524
5213 Sur l'utilisation des biens ou l'exercice d'activités autres que les véhicules à moteur	3	138	294	624	710	789	890	963	967	1 008
Hunting and fishing duties	1	4	7	10	10	10	22	15	14	16
Dog tax	1	4	6	8	10	11	18	21	22	22
Contribution to promotion of arts	1	3	8	71	120	132	143	162	166	173
Tax on radio and tv - licenses	0	15	46	450	571	636	708	765	765	784
Road transport duty	0	112	226	84	0	0	0	0	0	0
Mandatory cap on market revenues for electricity	0	0	0	0	0	0	0	0	0	13
5220 Impôts non périodiques sur l'utilisation des biens ou l'exercice d'activités	8	38	108	147	175	210	307	434	420	605
Certain user fees	8	38	108	147	175	210	307	434	420	605
5300 Non ventilables entre les rubriques 5100 et 5200	0	0	0	0	0	0	0	0	0	0
6000 Impôts autres que les rubriques 1000, 2000, 3000, 4000 et 5000	38	266	714	770	928	1 095	737	688	741	780
Tax on financial institutions	0	0	123	- 3	0	0	0	0	0	0
Administration duties	4	17	32	278	366	521	302	352	365	370
Stamp fees	7	46	76	135	92	84	32	25	24	32
Contributions of interested persons	0	0	130	0	0	0	0	0	0	0
Parking duty	0	0	6	0	0	0	0	0	0	0
Contrbutions to students' associations	0	0	0	4	8	11	11	14	15	17
Duty on contribution to political parties	0	0	0	0	- 1	1	0	0	0	0
Other fees, taxes on production n.e.c.	0	0	0	272	346	353	252	223	262	278
Embossing fee	0	0	0	0	1	1	1	0	0	0
Other taxes	28	202	347	82	115	124	137	70	71	79
Compensation levy according to the Vienna Tree Protection Act	0	0	0	1	1	2	2	3	5	6
6100 À la charge exclusive des entreprises	..	..	..	..	..	..	..	..	..	..
6200 À la charge d'autre agents que les entreprises ou non identifiables	..	..	..	..	..	..	..	..	..	..
Custom duties collected for the EU	..	..	..	352	390	339	415	476	497	665
Contributions au Fonds de résolution unique collectées pour le compte de l'UE	0	0	..	..	..	..	198	242	280	374
Non-wastable tax credits against 1110	..	..	..	650	650	650	540	330	325	350
Tax expenditure component	..	..	..	590	450	422	295	210	190	185
Transfer component	..	..	..	60	200	228	245	120	135	165
Non-wastable tax credits against 1210	..	..	..	..	..	..	..	..	..	..
Tax expenditure component	..	..	..	..	..	..	..	..	..	..
Transfer component	..	..	..	..	..	..	..	..	..	..
Recettes fiscales totales sur la base d'encaissements	6 210	29 759	54 040	90 299	115 045	120 735	148 036	158 727	176 063	193 158
Recettes fiscales totales sur la base des droits constatés	..	..	..	90 324	115 146	121 192	148 469	160 713	176 120	193 204
Impôts additionnels inclus dans les comptes nationaux	..	..	..	..	..	..	..	..	..	..
Impôts exclus des comptes nationaux	..	..	..	..	..	..	..	..	..	..
Différence dans les traitements des crédits d'impôts	..	..	..	590	450	422	295	210	190	185
Transfert en capital des recettes non collectées	..	..	..	..	..	..	..	- 349	- 314	- 92
Cotisations de sécurité sociale volontaires	..	..	..	206	256	339	321	344	358	373
Différences diverses	..	..	..	0	0	0	0	0	0	0
Comptes nationaux : impôts et cotisations sociales effectives	..	..	..	91 120	115 853	121 953	149 085	160 917	176 354	193 670
Cotisations sociales imputées	..	..	..	2 485	2 177	2 106	1 925	1 640	1 567	1 526
Comptes nationaux : impôts et toutes les cotisations sociales	..	..	..	93 605	118 030	124 060	151 010	162 557	177 920	195 196

.. Non disponible

Note : Year ending 31st December.
From 1995 data are on accrual basis.
The pre-1995 figures are not in all cases comparable with those from the following years (due to the switch to the new System of National Accounts implemented only from 1995 onwards).
Source : Statistics Austria.

Tableau 5.3. Belgique : recettes fiscales détaillées, 1965-2022

Million EUR

	1965	1980	1990	2000	2007	2010	2015	2020	2021	2022
Recettes fiscales totales	6 421	37 443	70 408	112 710	147 861	156 317	184 374	195 050	214 264	235 398
Recettes fiscales totales excluant les taxes collectés pour le compte de l'UE	..	..	..	111 675	146 411	155 042	182 758	193 204	212 313	232 671
1000 Impôts sur le revenu, les bénéfices et les gains en capital	1 774	15 379	25 983	43 461	52 854	53 313	65 572	69 204	76 329	87 956
1100 Impôts sur le revenu, les bénéfices et les gains en capital des personnes physiques	1 317	13 626	22 538	35 318	41 020	44 027	51 877	54 136	57 234	66 196
1110 Sur le revenu et les bénéfices des personnes physiques	1 317	13 626	22 538	35 318	41 020	44 027	51 877	54 136	57 234	66 196
Précompte immobilier	148	532	1 053	1 857	0	0	0	0	0	0
Précompte mobilier	119	1 062	3 014	1 755	2 351	2 426	4 104	3 066	3 694	4 376
Précompte professionnel	740	9 119	15 422	27 778	36 022	39 829	45 658	48 417	50 846	57 353
Impôt versé par non-salariés	125	1 776	2 144	1 959	1 747	1 611	1 547	1 474	1 503	1 482
Impôt des non-résidents	0	- 3	4	585	792	810	926	1 229	1 256	1 246
Impôt sur revenu global	183	1 128	878	774	- 915	- 1 697	- 1 512	- 1 327	- 1 414	359
Cotisation spéciale séc. sociale	0	0	19	602	957	1 032	1 106	1 223	1 327	1 347
Autres (personnes physiques)	0	12	2	8	65	17	48	54	21	33
1120 Sur les gains en capital des personnes physiques	0	0	0	0	0	0	0	0	0	0
1200 Impôts sur le revenu, les bénéfices et les gains en capital des sociétés	397	1 744	3 405	8 065	11 749	9 249	13 644	15 001	19 020	21 679
1210 Sur le revenu et les bénéfices des sociétés	397	1 744	3 405	8 065	11 749	9 249	13 644	15 001	19 020	21 679
Précompte immobilier	33	0	0	0	0	0	0	0	0	0
Précompte mobilier	41	367	1 206	527	686	315	466	254	356	466
Versements anticipés (sociétés)	262	1 273	2 735	7 112	9 733	7 691	8 539	12 426	15 539	18 011
Impôt sur revenu global	60	79	- 553	404	1 270	1 196	4 466	2 246	2 964	3 160
Impôt des non-résidents (sociétés)	0	- 6	18	17	41	43	154	52	149	31
Autres (sociétés)	0	32	- 2	5	19	4	19	24	12	11
1220 Sur les gains en capital des sociétés	0	0	0	0	0	0	0	0	0	0
1300 Non-ventilables entres les rubriques 1110 et 1200	61	9	40	77	85	38	51	67	75	81
Anciens impôts sur revenu	51	0	0	0	0	0	0	0	0	0
Amendes	3	0	0	0	0	0	0	0	0	0
Autres	7	9	40	77	85	38	51	67	75	81
2000 Cotisations de sécurité sociale (CSS)	2 018	10 798	23 386	34 865	45 929	50 674	58 812	62 293	65 580	71 520
2100 CSS à la charge des salariés	569	3 130	7 152	10 932	13 847	14 996	17 036	18 837	19 841	21 645
2110 CSS à la charge des salariés - sur la base du salaire	..	3 130	7 152	10 932	13 847	14 996	17 036	18 837	19 841	21 645
Sur les salaires et traitements bruts	..	3 130	7 062	10 932	13 847	14 996	17 036	18 837	19 841	21 645
Sur les prestations sociales	..	0	89	0	0	0	0	0	0	0
2120 CSS à la charge des salariés - sur la base de l'impôt sur le revenu	..	0	0	0	0	0	0	0	0	0
2200 CSS à la charge des employeurs	1 320	6 791	14 689	21 027	28 216	31 041	36 240	37 352	39 412	43 137
2210 CSS à la charge des employeurs - sur la base du salaire	..	6 791	14 689	21 027	28 216	31 041	36 240	37 352	39 412	43 137
A la charge des administrations publiques	..	1 059	1 769	3 105	4 493	5 381	7 686	8 824	9 158	9 741
A la charge des autres secteurs	..	5 732	12 920	17 922	23 723	25 661	28 554	28 528	30 254	33 396
2220 CSS à la charge des employeurs - sur la base de l'impôt sur le revenu	..	0	0	0	0	0	0	0	0	0
2300 CSS à la charge des indépendants ou des sans emploi	129	877	1 546	2 906	3 866	4 637	5 537	6 104	6 328	6 738
Travailleurs indépendants	..	803	1 230	2 053	2 678	3 342	3 975	4 088	4 433	4 596
Sans emploi	..	0	0	0	0	0	0	0	0	0
Pensionnés, retraités	..	29	198	709	1 012	1 134	1 449	1 890	1 762	1 996
Autres	..	45	118	144	176	161	113	127	133	146
2310 CSS à la charge des indépendants ou des sans emploi - sur la base du salaire	..	877	1 546	2 906	3 866	4 637	5 537	6 104	6 328	6 738
2320 CSS à la charge des indépendants ou des sans emploi - Sur la base de l'impôt sur le revenu	..	0	0	0	0	0	0	0	0	0
2400 CSS Non-ventilables entre les rubriques 2100, 2200 et 2300	0	0	0	0	0	0	0	0	0	0
2410 CSS Non-ventilables entre les rubriques 2100, 2200 et 2300 - sur la base du salaire	..	..	..	..	..	..	..	..	..	..
2420 CSS Non-ventilables entre les rubriques 2100, 2200 et 2300 - sur la base de l'impôt sur le revenu	..	..	..	..	..	..	..	..	..	..
3000 Impôts sur les salaires et la main-d'oeuvre	0	0	0	0	6	7	8	5	5	5
Cotisation mandats publics	..	..	..	..	6	7	8	5	5	5
4000 Impôts sur le patrimoine	240	1 161	2 679	5 282	10 550	11 252	14 408	15 616	18 002	18 031
4100 Impôts périodiques sur la propriété immobilière	2	210	599	1 164	4 146	4 632	5 433	6 059	6 249	6 663
4110 Impôts périodiques sur la propriété immobilière – Ménages	0	26	63	102	2 779	3 115	3 651	4 129	4 263	4 554

	1965	1980	1990	2000	2007	2010	2015	2020	2021	2022
4120 Impôts périodiques sur la propriété immobilière – Autres agents	2	184	536	1 063	1 367	1 517	1 782	1 930	1 986	2 110
Taxes sur associations sans but lucratif	2	7	17	41	32	33	41	50	51	54
Précompte immobilier	0	177	519	929	1 269	1 416	1 651	1 794	1 841	1 965
Taxe régionale (Br.)	0	0	0	94	66	68	90	86	94	90
4200 Impôts périodiques sur l'actif net	0	0	0	92	253	237	661	984	1 031	1 096
4210 Impôts périodiques sur l'actif net – Personnes physiques	..	..	..	0	0	0	0	0	0	0
4220 Impôts périodiques sur l'actif net – Sociétés	..	..	..	92	253	237	661	984	1 031	1 096
4300 Impôts sur les mutations par décès, les successions et les donations	75	309	504	1 101	2 053	2 269	2 996	2 967	3 663	3 578
4310 Impôts sur les mutations par décès et les successions	69	281	475	1 042	1 702	1 939	2 504	2 411	2 948	2 801
4320 Impôts sur les donations	6	29	29	59	351	330	492	556	716	777
4400 Impôts sur les transactions mobilières et immobilières	163	633	1 478	2 669	3 704	3 493	4 358	4 961	5 943	5 617
Droits d'enregistrement	153	527	1 213	1 967	3 325	3 210	3 899	4 403	5 337	5 098
Droits d'hypothèque	2	10	29	37	76	75	93	84	93	92
Droits de greffe	2	8	29	38	31	34	41	19	30	39
Fonds d'expansion économique	0	0	0	0	0	0	0	0	0	0
Taxe sur opérations de bourse	4	31	92	386	234	134	287	413	435	335
Taxe sur titres cotés en bourse	2	4	21	0	0	0	0	0	0	0
Taxe sur les titres au porteur	0	0	0	79	3	0	0	0	0	0
Droits de timbre, droits d'écriture	0	53	94	161	35	40	38	42	48	54
4500 Impôts non périodiques sur le patrimoine	0	0	0	74	163	327	643	321	416	325
4510 Impôts non périodiques sur l'actif net	..	..	..	0	0	0	0	0	0	0
4520 Impôts non périodiques sur le patrimoine autre que sur l'actif net	..	..	..	74	163	327	643	321	416	325
Taxe sur l'épargne à long terme	..	..	..	74	163	194	413	203	207	212
Déclaration libératoire unique (DLU)	..	..	..	0	0	0	0	0	0	0
Déclaration libératoire unique (Diamant)	..	..	..	0	0	0	0	0	0	0
Régularisation fiscale (DLU bis)	..	..	..	0	0	133	152	26	37	10
Régularisation fiscale (DLU ter)	..	..	..	0	0	0	78	92	172	103
Contr. spéciale associations de crédit	..	..	..	0	0	0	0	0	0	0
4600 Autres impôts périodiques sur le patrimoine hors rubriques 4100 et 4200	0	8	99	182	232	294	318	325	700	752
Prélèvement visant à lutter contre la non-utilisation d'un site de production d'électricité par un producteur	..	..	..	0	- 17	0	0	0	0	0
Transfert au Fonds des Accidents de Travail en provenance des caisses privées d'assurance contre les accidents de travail	..	..	..	182	249	294	318	297	321	343
Taxe sur les comptes titres	..	..	..	0	0	0	0	27	379	410
Droits de douane perçus pour l'UE	..	..	..	960	1 388	1 234	1 373	1 545	1 604	2 280
Crédits d'impôts récupérables contre 1110: valeur totale	..	..	..	..	348	1 037	830	1 449	1 099	1 229
Crédits d'impôts récupérables contre 1110: élément de dépense fiscale	..	..	..	..	78	588	537	1 073	799	895
Crédits d'impôts récupérables contre 1110: élément de transfert	..	..	..	..	270	449	293	376	300	333
Crédits d'impôts récupérables contre 1210: valeur totale	..	..	..	..	..	..	..	..	..	..
Crédits d'impôts récupérables contre 1210: élément de dépense fiscale	..	..	..	..	..	..	..	..	..	..
Crédits d'impôts récupérables contre 1210: élément de transfert	..	..	..	..	..	..	..	..	..	..
5000 Impôts sur les biens et services	2 386	10 105	18 360	29 103	38 462	41 035	45 535	47 932	54 348	57 886
5100 Impôts sur la production, la vente, le transfert, la location et la livraison des biens et la prestation de services	2 187	9 606	17 387	27 000	36 091	38 646	43 043	45 182	51 524	54 727
5110 Impôts généraux sur les biens et services	1 355	6 321	11 570	18 258	24 411	25 882	28 170	29 785	35 076	36 714

	1965	1980	1990	2000	2007	2010	2015	2020	2021	2022
5111 Taxes sur la valeur ajoutée	0	6 321	11 547	18 132	24 140	25 628	27 952	29 538	34 713	36 442
T V A	..	6 293	11 491	18 132	24 140	25 628	27 952	29 538	34 713	36 442
Taxe d'immatriculation	..	28	56	0	0	0	0	0	0	0
5112 Impôts sur les ventes	0	0	23	126	271	253	219	247	363	272
5113 Autres impôts généraux sur les biens et services	1 355	0	0	0	0	0	0	0	0	0
Taxes assimilées au timbre	1 355	..	..	..	..	..	..	..	..	..
5120 Impôts sur des biens et des services déterminés	832	3 285	5 818	8 742	11 680	12 764	14 873	15 397	16 448	18 013
5121 Accises	531	1 997	3 478	5 690	7 367	7 783	8 649	9 031	9 858	9 970
Huiles minérales	278	1 109	2 017	3 392	3 891	4 148	4 556	4 401	5 202	5 147
Gaz de pétrole, hydroc. liquéfiés, benzoles	0	4	0	0	0	0	0	0	0	0
Sur le tabac	132	501	868	1 342	1 821	1 885	2 262	2 451	2 580	2 767
Eaux de vie	23	123	191	206	225	235	318	344	322	334
Taxe consommation alcools, eaux de vie	26	54	0	0	0	0	0	0	0	0
Boissons fermentées mousseuses	1	7	11	24	39	57	92	90	106	105
Boissons fermentées de fruits	18	57	88	101	115	116	148	186	169	170
Bières	38	93	170	208	191	188	194	180	167	191
Eaux de boisson et limonades	10	44	113	148	49	54	56	186	164	189
Sucres et sirops de raffinage + café	5	5	22	13	12	13	14	15	14	14
Cotisation sur l'énergie	0	0	0	193	341	383	343	321	340	431
Produits intermédiaires alcoolisés	0	0	0	32	28	26	26	26	24	22
Redevance de contrôle fuel domestique	0	0	0	29	43	51	36	32	30	25
Ecotaxes	0	0	0	2	1	0	0	0	0	0
Cotisation d'emballage	0	0	0	0	296	320	336	372	321	349
Cotisation fédérale sur l'électricité et le gaz naturel	0	0	0	0	311	292	269	430	418	226
Cotisation environnementale	0	0	0	0	5	15	1	0	0	0
5122 Bénéfices des monopoles fiscaux	0	0	0	0	0	0	0	0	0	0
5123 Droits de douane et droits à l'importation	272	627	809	960	1 388	1 234	1 373	1 545	1 604	2 280
Droits d'entrée	206	0	0	0	0	0	0	0	0	0
Prélèvements agricoles	63	0	0	0	0	0	0	0	0	0
Prélèvements CECA	2	0	0	0	0	0	0	0	0	0
Prélèvements UE, droit d'entrée	0	383	716	932	1 365	1 210	1 368	1 545	1 604	2 280
Prélèvements agricoles UE	0	244	93	28	23	23	5	0	0	0
5124 Taxes à l'exportation	0	1	0	0	0	0	0	0	0	0
5125 Impôts sur les biens d'équipement	0	0	0	0	0	0	0	0	0	0
5126 Impôts sur des services déterminés	29	452	937	1 365	2 044	2 454	3 210	3 398	3 551	3 793
Taxes jeux et paris	9	47	51	45	64	77	80	93	104	136
Taxe annuelle contrats assurances	19	404	885	1 282	1 930	2 123	2 307	2 566	2 653	2 728
Taxe d'affichage	0	0	1	1	3	3	3	3	2	4
Protection des dépots	0	0	0	36	48	252	441	435	446	457
Fonds de résolution	..	..	..	0	0	0	380	302	347	448
5127 Autres impôts sur les transactions et les échanges internationaux non couverts par les rubriques 5121 à 5126	0	0	0	0	0	0	0	0	0	0
5128 Autres impôts non couverts par les rubriques 5121 à 5127	0	208	593	726	881	1 294	1 640	1 424	1 435	1 971
5130 Non-ventilables entre les rubriques 5110 et 5120	0	0	0	0	0	0	0	0	0	0
5200 Impôts sur l'utilisation des biens ou l'autorisation d'utiliser des biens ou d'exercer des activités	199	496	966	2 096	2 363	2 384	2 482	2 738	2 812	3 145
5210 Impôts périodiques sur l'utilisation des biens ou l'exercice d'activités	199	496	966	1 887	2 032	2 005	2 032	1 934	1 946	2 034
Taxe de circulation	100	368	712	1 413	1 693	1 702	1 851	1 880	1 909	1 956
5211 Impôts périodiques à la charge des ménages: véhicules à moteur	0	204	458	889	1 051	1 054	1 163	1 260	1 279	1 310
5212 Impôts périodiques à la charge d'autres agents: véhicules à moteur	0	164	254	525	642	648	689	620	630	646
5213 Sur l'utilisation des biens ou l'exercice d'activités autres que les véhicules à moteur	99	127	254	474	338	303	181	54	37	78
Taxe appareils de divertissement	6	20	20	71	56	58	56	30	13	53
Taxe débits de boissons	1	5	24	18	0	0	0	0	0	0
Taxe sur la chasse	2	0	0	0	0	0	0	0	0	0
Collectivités locales	90	15	19	38	99	112	22	24	24	25
Radio, TV	0	87	191	347	184	133	103	0	0	0
5220 Impôts non périodiques sur l'utilisation des biens ou l'exercice d'activités	0	0	0	209	332	379	451	804	866	1 112
Taxe de mise en circulation	..	..	..	209	332	379	349	455	479	406
Ménages	..	..	..	139	221	252	233	303	320	271
Autres agents	..	..	..	70	111	126	116	152	160	135

	1965	1980	1990	2000	2007	2010	2015	2020	2021	2022
Droits d'émission	..	..	..	0	0	0	101	349	387	705
5300 Non-ventilables entre les rubriques 5100 et 5200	0	3	7	7	7	6	9	12	13	13
6000 Impôts autres que les rubriques 1000, 2000, 3000, 4000 et 5000	2	0	0	0	61	36	40	0	0	0
6100 À la charge exclusive des entreprises	0	..	..	..	0	0	0	..	0	..
6200 À la charge d'autre agents que les entreprises ou non identifiables	2	..	..	..	61	36	40	..	0	..
Amendes et intérets	2	..	..	..	0	0	0	..	0	..
Autres taxes pour le compte de l'UE	0	0	0	75	62	42	9	..	..	..
Contributions au Fonds de résolution unique collectées pour le compte de l'UE	0	0	0	..	..	..	380	302	347	448
Impôts sur le revenu et cotisations sociales obligatoires (UE)	0	0	0	310	521	685	731	951	939	957
Impôts sur le revenu (UE)	0	0	0	174	270	345	370	482	475	485
Cotisations sociales obligatoires (UE)	0	0	0	136	250	340	360	469	464	472
Recettes fiscales totales sur la base d'encaissements	6 421	37 438	70 268	..	..	..	..	..	..	..
Recettes fiscales totales sur la base des droits constatés	..	37 443	70 408	112 710	147 861	156 317	184 374	195 050	214 264	235 398
Impôts additionnels inclus dans les comptes nationaux	..	107	447	1 300	1 740	2 458	3 670	5 248	5 490	5 241
Bénéfices de la loterie nationale	..	107	262	279	225	243	206	185	185	200
Taxes sur les eaux (RF, RW et RB-C)	..	0	66	378	119	137	104	135	144	136
Cot. producteurs produits animaux (Sanitel)	..	0	0	14	13	15	6	12	12	12
Taxe sur les déchets industriels	..	0	27	74	68	54	55	76	77	93
Taxe sur le lisier (RF)	..	0	0	11	11	5	1	4	6	5
Taxe sur les déchets ménagers (RW)	..	0	0	20	..	..	..	..	..	..
Retenue à la source sur salaires (UE)	..	0	93	174	270	345	370	482	475	485
Cotisations de sécurité sociale (UE)	..	0	0	136	250	340	360	469	464	472
Cotisations sociale imputées (UE)	..	0	0	213	431	508	554	721	723	735
Certificats verts	0	0	0	..	354	812	1 959	2 433	2 528	1 847
Conventions article 81 (Managed Entry Agreements)	0	0	0	..	..	..	55	733	876	1 257
Impôts exclus des comptes nationaux	..	0	0	0	0	0	0	0	0	0
Protection des dépots	..	..	..	..	..	..	..	..	..	..
Différence dans les traitements des crédits d'impôts	..	0	..	..	78	588	537	1 073	799	895
Transfert en capital des recettes non collectées	..	0	0	- 291	- 381	- 597	- 547	- 617	- 547	- 540
TVA grevant les produits non recouvrable	0	0	0	- 18	- 276	- 367	- 357	- 477	- 430	- 411
Précompte professionnel non recouvrable	0	0	0	- 40	- 53	- 71	- 49	- 44	- 44	- 39
Cotisations sociales effectives à la charge des employeurs dues non recouvrables	0	0	0	- 233	- 52	- 159	- 141	- 97	- 73	- 90
Cotisations de sécurité sociale volontaires	..	41	52	58	57	59	70	82	83	72
Différences diverses	..	0	0	0	0	0	0	0	0	0
Réallocation niveaux d'administration nationaux	..	..	..	..	..	..	..	..	..	..
Réallocation UE	..	..	..	..	..	..	..	..	..	..
Comptes nationaux : impôts et cotisations sociales effectives	..	37 590	70 907	113 564	148 924	158 318	187 550	200 116	219 366	240 332
Cotisations sociales imputées	..	1 497	2 886	5 377	7 568	8 713	9 812	11 446	11 722	12 733
Comptes nationaux : impôts et toutes les cotisations sociales	..	39 087	73 793	118 940	156 492	167 031	197 362	211 562	231 088	253 065

..

Non disponible

Note : Données établies sur la base de l'année civile se terminant le 31 décembre. A partir de 1970, les données sont sur la base des droits constatés.

Source : Institut de Comptes Nationaux, Service Public Fédéral des Finances.

Tableau 5.4. Canada : recettes fiscales détaillées, 1965-2022

Millions CAD

	1965	1980	1990	2000	2007	2010	2015	2020	2021	2022
Recettes fiscales totales	15 318	101 015	244 152	390 234	512 663	516 591	653 269	765 375	875 924	951 779
1000 Impôts sur le revenu, les bénéfices et les gains en capital	5 910	47 064	118 566	195 320	251 198	240 961	314 841	386 815	451 841	490 947
1100 Impôts sur le revenu, les bénéfices et les gains en capital des personnes physiques	3 464	34 451	99 722	143 652	190 025	180 894	240 304	287 205	318 034	346 169
1110 Sur le revenu et les bénéfices des personnes physiques	3 464	34 451	99 722	143 652	190 025	180 894	240 304	287 205	318 034	346 169
Taxes federal government	2 635	21 231	60 252	90 694	116 395	109 341	143 315	173 110	191 964	207 161
Taxes on individuals - province	829	13 220	39 470	52 958	73 630	71 553	96 989	114 095	126 070	139 008
1120 Sur les gains en capital des personnes physiques	0	0	0	0	0	0	0	0	0	0
1200 Impôts sur le revenu, les bénéfices et les gains en capital des sociétés	2 276	11 741	17 190	47 643	54 272	54 101	67 894	92 132	123 325	132 032
1210 Sur le revenu et les bénéfices des sociétés	2 276	11 741	17 190	47 643	54 272	54 101	67 894	92 132	123 325	132 032
Taxes federal government (1)	1 752	8 110	11 726	31 570	37 093	33 419	41 726	57 424	77 697	83 597
Taxes on corporations - province	524	3 631	5 464	16 073	17 179	20 682	26 168	34 708	45 628	48 435
1220 Sur les gains en capital des sociétés	0	0	0	0	0	0	0	0	0	0
1300 Non ventilables entres les rubriques 1100 et 1200	170	872	1 654	4 025	6 901	5 966	6 643	7 479	10 483	12 747
Non-resident withhold taxes - federal	170	872	1 654	4 025	6 901	5 966	6 643	7 479	10 483	12 747
2000 Cotisations de sécurité sociale (CSS)	854	10 649	29 653	53 109	73 722	76 787	96 371	107 496	120 919	133 578
2100 CSS à la charge des salariés	318	3 756	10 634	21 361	29 361	30 626	38 685	44 348	50 463	55 762
Canada pension plan	47	1 265	3 745	9 401	16 194	16 852	21 491	25 606	29 667	32 259
Quebec pension plan	15	431	1 108	2 897	4 124	5 449	6 293	8 026	9 257	10 832
Employment insurance	164	1 393	5 284	7 782	7 084	7 388	9 772	9 331	9 900	10 922
Hospital insurance premiums	92	667	496	1 281	1 959	937	1 128	1 385	1 639	1 749
2110 CSS à la charge des salariés - sur la base du salaire	..	..	10 634	20 976	28 654	29 689	37 557	42 963	48 824	54 013
2120 CSS à la charge des salariés - sur la base de l'impôt sur le revenu	..	..	0	385	707	937	1 128	1 385	1 639	1 749
2200 CSS à la charge des employeurs	536	6 697	18 449	30 307	41 922	43 525	54 380	59 165	65 843	72 737
Canada pension plan	48	1 266	3 745	9 401	16 194	16 852	21 491	25 606	29 667	32 259
Quebec pension plan	15	432	1 108	2 897	4 124	5 449	6 293	8 026	9 257	10 832
Employment insurance	164	2 006	7 398	10 894	9 917	10 343	13 681	13 064	13 861	15 290
Hospital insurance premiums	92	1 270	496	897	1 252	0	0	0	0	0
Social insurance levies	217	1 723	5 702	6 218	10 434	10 881	12 914	12 469	13 059	14 356
2210 CSS à la charge des employeurs - sur la base du salaire	..	..	18 449	30 307	41 922	43 525	54 380	59 165	65 843	72 737
2220 CSS à la charge des employeurs - sur la base de l'impôt sur le revenu	..	..	0	0	0	0	0	0	0	0
2300 CSS à la charge des indépendants ou des sans emploi	0	196	570	1 442	2 440	2 636	3 307	3 984	4 612	5 079
Canada pension plan	..	153	478	1 200	2 096	2 181	2 781	3 313	3 839	4 174
Quebec pension plan	..	43	92	242	344	455	525	670	773	904
2310 CSS à la charge des indépendants ou des sans emploi - sur la base du salaire	..	196	570	1 442	2 440	2 636	3 307	3 984	4 612	5 079
2320 CSS à la charge des indépendants ou des sans emploi - Sur la base de l'impôt sur le revenu	..	0	0	0	0	0	0	0	0	0
2400 CSS Non ventilables entre les rubriques 2100, 2200 et 2300	0	0	0	0	0	0	0	0	0	0
2410 CSS Non-ventilables entre les rubriques 2100, 2200 et 2300 - sur la base du salaire	..	..	..	..	..	..	..	..	..	..
2420 CSS Non-ventilables entre les rubriques 2100, 2200 et 2300 - sur la base de l'impôt sur le revenu	..	..	..	..	..	..	..	..	..	..
3000 Impôts sur les salaires et la main-d'oeuvre	0	0	5 499	8 013	10 038	10 760	13 256	17 198	18 890	20 697
4000 Impôts sur le patrimoine	2 186	9 195	24 467	37 157	54 507	63 735	77 778	89 816	97 959	98 540
4100 Impôts périodiques sur la propriété immobilière	1 830	8 315	20 189	30 242	44 567	51 702	62 651	71 797	73 455	74 700
On property provincial government	11	133	1 645	3 078	3 164	4 476	5 410	6 707	7 220	7 791
Personal property local government	17	0	18 544	27 165	41 403	47 226	57 241	65 090	66 235	66 909
Real property local government	1 802	8 182	0	0	0	0	0	0	0	0
4110 Impôts périodiques sur la propriété immobilière – Ménages	..	..	..	..	..	..	..	..	..	..
4120 Impôts périodiques sur la propriété immobilière – Autres agents	..	..	..	..	..	..	..	..	..	..
4200 Impôts périodiques sur l'actif net	25	512	1 911	4 171	2 970	1 523	372	464	490	561
4210 Impôts périodiques sur l'actif net – Personnes physiques	0	0	0	0	0	0	0	0	0	0
4220 Impôts périodiques sur l'actif net – Sociétés	25	512	1 911	4 171	2 970	1 523	372	464	490	561
4300 Impôts sur les mutations par décès, les successions et les donations	223	75	3	2	0	178	268	339	443	489

	1965	1980	1990	2000	2007	2010	2015	2020	2021	2022
4310 Impôts sur les mutations par décès et les successions	216	75	3	2	..	178	268	339	443	489
On inheritances federal government	108	0	0	0	..	0	0	0	0	0
Succession duties provincial government	108	75	3	2	..	178	268	339	443	489
4320 Impôts sur les donations	7	0	0	0	..	0	0	0	0	0
On gifts federal government	7	..	..	..	..	..	..	..	..	..
4400 Impôts sur les transactions mobilières et immobilières	0	0	0	0	2 868	3 077	4 975	8 121	12 296	10 818
4500 Impôts non périodiques sur le patrimoine	108	293	2 365	2 742	4 102	7 254	9 512	9 095	11 275	11 972
4510 Impôts non périodiques sur l'actif net	0	0	0	0	0	0	0	0	0	0
4520 Impôts non périodiques sur le patrimoine autre que sur l'actif net	108	293	2 365	2 742	4 102	7 254	9 512	9 095	11 275	11 972
Special assessments and charges local govt.	108	293	2 365	2 742	4 102	7 254	9 512	9 095	11 275	11 972
4600 Autres impôts périodiques sur le patrimoine hors rubriques 4100 et 4200	0	0	0	0	0	0	0	0	0	0
5000 Impôts sur les biens et services	6 202	32 909	63 092	94 468	122 855	123 752	150 275	163 156	185 298	206 964
5100 Impôts sur la production, la vente, le transfert, la location et la livraison des biens et la prestation de services	5 310	24 808	59 627	88 879	114 701	116 160	140 750	152 702	172 000	192 866
5110 Impôts généraux sur les biens et services	2 730	11 658	34 475	55 313	71 242	72 130	90 598	102 805	117 021	129 139
5111 Taxes sur la valeur ajoutée	0	0	0	35 884	46 072	70 712	86 694	100 493	115 366	127 188
5112 Impôts sur les ventes	2 730	11 658	34 475	19 429	25 170	1 418	3 904	2 311	1 655	1 951
Sales taxes federal government	813	5 429	16 866	0	0	0	0	0	0	0
Sales taxes provincial, local govt.	1 917	6 229	17 609	19 429	25 170	1 418	3 904	2 311	1 655	1 951
5113 Autres impôts généraux sur les biens et services	0	0	0	0	0	0	0	0	0	0
5120 Impôts sur des biens et des services déterminés	2 580	13 150	25 153	33 565	43 459	44 030	50 152	49 897	54 979	63 727
5121 Accises	1 499	6 805	14 473	18 417	22 759	23 281	25 284	28 384	29 922	31 703
Excises federal government	740	3 850	6 405	8 377	9 249	10 244	10 372	14 705	16 272	19 105
Liquor	..	..	926	1 103	1 224	1 554	1 521	2 023	1 991	2 045
Tobacco	..	..	2 247	2 176	2 466	3 025	2 875	3 024	3 223	2 936
Gasoline and motive fuel	..	..	2 472	4 807	5 272	5 306	5 678	4 917	5 091	5 511
Remitted gaming profits	..	..	45	0	0	0	0	0	0	0
Miscellaneous consumption taxes	..	..	715	291	287	358	297	4 741	5 967	8 613
Excises provincial government	759	2 955	8 067	10 039	13 510	13 037	14 912	13 679	13 650	12 598
Motor fuel	680	1 863	4 674	7 031	8 065	8 198	9 727	8 611	8 771	8 018
Tobacco	53	772	2 776	2 279	4 181	4 620	5 108	4 556	4 128	3 589
Other	26	320	617	730	1 264	219	77	512	751	991
5122 Bénéfices des monopoles fiscaux	294	1 406	3 758	8 756	11 565	11 565	13 016	10 450	12 072	15 707
Own enterprises contributions	294	1 406	3 758	8 756	11 565	11 565	13 016	10 450	12 072	15 707
5123 Droits de douane et droits à l'importation	686	3 199	4 021	2 824	3 829	3 441	5 181	4 025	5 188	6 100
Customs and import duties federal govt.	686	3 199	4 021	2 824	3 829	3 441	5 181	4 025	5 188	6 100
5124 Taxes à l'exportation	0	842	0	0	0	0	0	0	0	0
5125 Impôts sur les biens d'équipement	0	0	0	0	0	0	0	0	0	0
5126 Impôts sur des services déterminés	84	575	2 385	2 524	4 088	4 489	5 213	5 799	6 363	8 253
Tax on insurance premiums, provincial govt.	45	261	1 141	1 740	2 796	3 305	3 962	5 401	5 729	6 849
Tax on insurance premiums, federal govt.	0	1	1	1	11	28	10	13	18	21
Amusement and admission taxes	4	25	126	538	537	322	291	74	81	179
Air transportation taxes	0	166	488	0	403	600	722	146	256	691
Racetrack betting	35	122	155	55	36	36	33	19	21	21
Tax on meals and hotels	0	0	473	191	305	198	195	146	258	492
5127 Autres impôts sur les transactions et les échanges internationaux non couverts par les rubriques 5121 à 5126	0	0	0	0	0	0	0	0	0	0
5128 Autres impôts non couverts par les rubriques 5121 à 5127	17	323	517	1 045	1 217	1 255	1 458	1 238	1 434	1 964
Other taxes federal government	0	98	272	758	762	557	544	349	318	325
Other taxes provincial government	17	225	245	287	455	698	914	889	1 116	1 639
5130 Non ventilables entre les rubriques 5110 et 5120	0	0	0	0	0	0	0	0	0	0
5200 Impôts sur l'utilisation des biens ou l'autorisation d'utiliser des biens ou d'exercer des activités	892	8 101	3 465	5 589	8 154	7 592	9 525	10 454	13 298	14 098
5210 Impôts périodiques sur l'utilisation des biens ou l'exercice d'activités	306	1 500	2 393	3 644	4 368	4 452	5 589	6 272	6 323	5 354
5211 Impôts périodiques à la charge des ménages: véhicules à moteur	103	666	1 056	1 696	2 241	1 986	2 478	2 992	2 988	2 017
5212 Impôts périodiques à la charge d'autres agents: véhicules à moteur	141	509	697	1 039	1 242	1 153	1 552	1 710	1 743	1 740
5213 Sur l'utilisation des biens ou l'exercice d'activités autres que les véhicules à moteur	62	325	640	909	885	1 313	1 559	1 570	1 592	1 597

	1965	1980	1990	2000	2007	2010	2015	2020	2021	2022
5220 Impôts non périodiques sur l'utilisation des biens ou l'exercice d'activités	586	6 601	1 072	1 945	3 786	3 140	3 936	4 182	6 975	8 744
Licences and permits local govt.	36	132	317	499	889	807	1 023	1 057	1 189	1 186
Licences and permits provincial govt.	550	6 469	755	1 446	2 897	2 333	2 913	3 125	5 786	7 558
5300 Non ventilables entre les rubriques 5100 et 5200	0	0	0	0	0	0	0	0	0	0
6000 Impôts autres que les rubriques 1000, 2000, 3000, 4000 et 5000	166	1 198	2 875	2 167	342	596	748	894	1 017	1 053
6100 À la charge exclusive des entreprises	139	943	2 386	1 280	0	0	0	0	0	0
6200 À la charge d'autre agents que les entreprises ou non identifiables	27	255	489	887	342	596	748	894	1 017	1 053
Poll tax local government	5	0	0	0	0	0	0	0	0	0
Miscellaneous local government	11	358	489	887	342	596	748	894	1 017	1 053
Other federal government	11	- 103	0	0	0	0	0	0	0	0
Non-wastable tax credits against 1110	..	..	..	1 633	5 550	6 415	7 510	8 364	14 096	16 875
Tax expenditure component	..	..	..	276	824	875	968	1 246	2 307	2 735
Transfer component	..	..	..	1 357	4 726	5 540	6 542	7 118	11 789	14 140
Non-wastable tax credits against 1210	..	..	..	1 758	3 445	4 726	3 768	4 775	4 727	5 069
Tax expenditure component	..	..	..	20	12	19	15	25	31	27
Transfer component	..	..	..	1 738	3 433	4 707	3 753	4 750	4 696	5 042
Recettes fiscales totales sur la base d'encaissements	15 318	101 015	244 152	388 833	527 734	..	0	0	0	0
Recettes fiscales totales sur la base des droits constatés	..	..	..	390 234	512 663	516 591	653 269	765 375	875 924	951 779
Impôts additionnels inclus dans les comptes nationaux	..	..	..	0	0	0	0	0	0	0
Impôts exclus des comptes nationaux	..	..	..	0	0	0	0	0	0	0
Différence dans les traitements des crédits d'impôts	..	..	..	296	836	894	983	1 272	2 338	2 762
Transfert en capital des recettes non collectées	..	..	..	0	0	0	0	0	0	0
Cotisations de sécurité sociale volontaires	..	..	..	0	0	0	0	0	0	0
Différences diverses	..	..	..	0	0	0	0	0	0	0
Comptes nationaux : impôts et cotisations sociales effectives	..	..	..	390 234	513 499	517 485	654 252	766 647	878 262	954 541
Cotisations sociales imputées	..	..	..	0	0	0	0	0	0	0
Comptes nationaux : impôts et toutes les cotisations sociales	..	..	..	390 234	513 499	517 485	654 252	766 647	878 262	954 541

.. Non disponible

Note : From 2001, all data are for the year ending 31st December. For 2000 and earlier years, data for the Federal, Provincial and Territorial governments and Social security funds are on a fiscal year basis commencing 1st April. Data for local government are on a fiscal year basis commencing 1st January.

From 1999 data are on accrual basis.

There are some minor differences between the data for the years 1965 to 1978 and those for subsequent years. These mostly relate to the inclusion of fines and penalities or late payment of taxes and deductions for the child tax credits in the data for the years 1979 to 1983.

Heading 1210 - Taxes federal government: Federal corporate taxes include capital taxes.

Heading 2000: Includes receipts from the Canadian Pension Plan, Quebec Pension Plan, Unemployment Insurance Fund and Provincial Health Insurance. Premiums, Medicare Premiums and Social Insurance levies but excludes that part of the taxes on income and sales taxes earmarked for old age security. The practice of earmarking these taxes was discontinued in June 1975.

Heading 4400: From 2002 onward includes land transfer taxes of the provincial, territorial and local governments. Prior to 2002 land transfer taxes of the local government were included in line 6000 and those provincial and territorial governments were included in line 4520.

Heading 5121: The large increase in this heading between 1980 and 1981 is due to the introduction of a 'special petroleum compensation charge', a 'Canadian ownership special charge' and to an increase in the natural gas tax of C$ 2399 millions.

Heading 5122: From 1988, profits on fiscal monopolies include lottery profits.

Heading 5128: From 1988, other taxes of Federal Government does not include the annual fees for managing the spectrum (airwaves) allocation to the cellular industry.

Heading 5211: Some Québec motor vehicle licence administrative fees are included in sales of goods and services for the period 1988-89 to 1997-98. From 1998-99 onward, these fees are included under other taxes - motor vehicle licences.

Source : Statistics Canada.

Tableau 5.5. Chili : recettes fiscales détaillées, 1965-2022

Million CLP

	1965	1980	1990	2000	2007	2010	2015	2020	2021	2022
Recettes fiscales totales	..	..	1 777 218	7 901 998	20 598 963	21 815 391	32 533 542	38 823 397	53 463 334	62 901 438
1000 Impôts sur le revenu, les bénéfices et les gains en capital	..	..	412 974	1 841 630	9 412 056	8 329 058	11 840 521	12 540 342	20 456 920	27 491 879
1100 Impôts sur le revenu, les bénéfices et les gains en capital des personnes physiques	..	..	99 154	604 100	989 348	1 492 837	3 199 876	3 976 009	5 780 432	6 626 617
Second category tax	..	..	65 552	490 980	993 129	1 449 099	2 350 120	3 051 177	3 442 651	3 914 343
Global complementary tax	..	..	33 603	113 120	- 3 781	43 738	- 36 757	132 551	620 904	1 087 034
Others	..	..	0	0	0	0	886 513	792 281	1 716 877	1 625 240
1110 Sur le revenu et les bénéfices des personnes physiques	..	..	..	..	..	..	..	..	..	..
1120 Sur les gains en capital des personnes physiques	..	..	..	..	..	..	..	..	..	..
1200 Impôts sur le revenu, les bénéfices et les gains en capital des sociétés	..	..	219 586	882 896	6 054 487	4 448 745	6 839 133	9 429 787	9 145 873	14 900 568
First category tax	..	..	200 891	815 747	5 084 996	3 913 870	6 183 830	8 745 612	8 360 928	13 034 540
Surtax on state owned enterprises	..	..	16 074	47 634	113 334	194 203	132 352	203 416	249 073	475 034
Mining tax	..	..	0	0	835 452	298 558	323 507	267 544	393 548	1 223 807
Other	..	..	2 621	19 516	20 705	42 114	199 444	213 216	142 323	167 188
1210 Sur le revenu et les bénéfices des sociétés	..	..	..	..	..	..	..	..	..	..
1220 Sur les gains en capital des sociétés	..	..	..	..	..	..	..	..	..	..
1300 Non ventilables entres les rubriques 1100 et 1200	..	..	94 233	354 634	2 368 221	2 387 477	1 801 512	- 865 454	5 530 616	5 964 694
Adicionel tax	..	..	59 082	350 301	1 462 715	1 414 057	1 429 758	2 063 149	2 534 906	2 731 170
Other	..	..	35 151	4 332	905 507	973 420	371 755	-2 928 603	2 995 710	3 233 524
2000 Cotisations de sécurité sociale (CSS)	..	..	159 559	576 758	1 148 647	1 493 987	2 252 489	3 104 866	2 815 090	2 585 421
2100 CSS à la charge des salariés	..	..	154 021	553 937	1 098 620	1 433 159	2 188 575	2 994 036	2 686 021	2 435 398
2110 CSS à la charge des salariés - sur la base du salaire	..	..	154 021	553 937	1 098 620	1 433 159	2 188 575	2 994 036	2 686 021	2 435 398
2120 CSS à la charge des salariés - sur la base de l'impôt sur le revenu	..	..	0	0	0	0	0	0	0	0
2200 CSS à la charge des employeurs	..	..	5 538	22 821	50 027	60 828	63 914	110 830	129 068	150 023
2210 CSS à la charge des employeurs - sur la base du salaire	..	..	5 538	22 821	50 027	60 828	63 914	110 830	129 068	150 023
2220 CSS à la charge des employeurs - sur la base de l'impôt sur le revenu	..	..	0	0	0	0	0	0	0	0
2300 CSS à la charge des indépendants ou des sans emploi	..	..	0	0	0	0	0	0	0	0
2310 CSS à la charge des indépendants ou des sans emploi - sur la base du salaire	..	..	..	..	..	..	..	..	..	..
2320 CSS à la charge des indépendants ou des sans emploi - Sur la base de l'impôt sur le revenu	..	..	..	..	..	..	..	..	..	..
2400 CSS Non ventilables entre les rubriques 2100, 2200 et 2300	..	..	0	0	0	0	0	0	0	0
2410 CSS Non-ventilables entre les rubriques 2100, 2200 et 2300 - sur la base du salaire	..	..	..	..	..	..	..	..	..	..
2420 CSS Non-ventilables entre les rubriques 2100, 2200 et 2300 - sur la base de l'impôt sur le revenu	..	..	..	..	..	..	..	..	..	..
3000 Impôts sur les salaires et la main-d'oeuvre	..	..	0	0	0	0	0	0	0	0
4000 Impôts sur le patrimoine	..	..	109 319	554 037	1 013 571	867 908	1 419 338	2 262 822	2 885 059	3 466 181
4100 Impôts périodiques sur la propriété immobilière	..	..	59 968	302 244	496 311	631 669	1 054 984	1 753 218	2 002 413	2 284 253
4110 Impôts périodiques sur la propriété immobilière – Ménages	..	..	..	..	..	..	..	..	..	..
4120 Impôts périodiques sur la propriété immobilière – Autres agents	..	..	..	..	..	..	..	..	..	..
4200 Impôts périodiques sur l'actif net	..	..	0	0	0	0	0	0	0	0
4210 Impôts périodiques sur l'actif net – Personnes physiques	..	..	..	..	..	..	..	..	..	..
4220 Impôts périodiques sur l'actif net – Sociétés	..	..	..	..	..	..	..	..	..	..
4300 Impôts sur les mutations par décès, les successions et les donations	..	..	3 444	10 906	28 501	39 338	92 236	155 433	291 830	416 219
4310 Impôts sur les mutations par décès et les successions	..	..	..	..	..	..	..	..	..	..
4320 Impôts sur les donations	..	..	..	..	..	..	..	..	..	..
4400 Impôts sur les transactions mobilières et immobilières	..	..	45 907	240 886	488 759	196 901	272 118	354 171	590 816	765 709
4500 Impôts non périodiques sur le patrimoine	..	..	0	0	0	0	0	0	0	0
4510 Impôts non périodiques sur l'actif net	..	..	..	..	..	..	..	..	..	..
4520 Impôts non périodiques sur le patrimoine autre que sur l'actif net	..	..	..	..	..	..	..	..	..	..
4600 Autres impôts périodiques sur le patrimoine hors rubriques 4100 et 4200	..	..	0	0	0	0	0	0	0	0
5000 Impôts sur les biens et services	..	..	1 118 722	5 041 769	9 023 666	11 185 157	17 598 086	21 275 452	28 368 617	30 080 511
5100 Impôts sur la production, la vente, le transfert, la location et la livraison des biens et la prestation de services	..	..	1 074 009	4 789 827	8 578 636	10 532 905	16 516 194	19 613 567	26 628 027	28 078 680
5110 Impôts généraux sur les biens et services	..	..	664 421	3 306 350	6 781 501	8 399 927	13 273 958	15 963 032	22 785 935	24 515 246

	1965	1980	1990	2000	2007	2010	2015	2020	2021	2022
5111 Taxes sur la valeur ajoutée	..	..	664 421	3 306 350	6 781 501	8 399 927	13 273 958	15 963 032	22 785 935	24 515 246
5112 Impôts sur les ventes	..	..	0	0	0	0	0	0	0	0
5113 Autres impôts généraux sur les biens et services	..	..	0	0	0	0	0	0	0	0
5120 Impôts sur des biens et des services déterminés	..	..	409 588	1 483 477	1 797 135	2 132 978	3 242 236	3 650 535	3 842 092	3 563 434
5121 Accises	..	..	166 050	816 160	1 299 844	1 561 205	2 413 482	2 899 252	2 799 017	2 331 072
Cigarettes and tobacco	..	..	60 604	283 275	455 595	647 637	982 609	1 021 917	1 201 968	1 171 382
Gasolene and diesel	..	..	105 445	532 885	844 249	913 568	1 388 218	1 799 846	1 507 872	1 028 982
Oil stabilisation fund	..	..	0	0	0	0	0	0	0	1 547
Fisheries Law Extraction Rights	..	..	0	0	0	0	8 558	33 104	8 967	21 566
Additional tax on new motor vehicles	..	..	0	0	0	0	34 097	44 385	80 210	107 596
5122 Bénéfices des monopoles fiscaux	..	..	0	0	0	0	0	0	0	0
5123 Droits de douane et droits à l'importation	..	..	222 486	548 571	300 416	267 331	343 491	294 204	468 128	555 863
5124 Taxes à l'exportation	..	..	0	0	0	0	0	0	0	0
5125 Impôts sur les biens d'équipement	..	..	0	0	0	0	0	0	0	0
5126 Impôts sur des services déterminés	..	..	21 052	118 746	196 875	304 442	485 263	457 079	574 947	676 499
5127 Autres impôts sur les transactions et les échanges internationaux non couverts par les rubriques 5121 à 5126	..	..	0	0	0	0	0	0	0	0
5128 Autres impôts non couverts par les rubriques 5121 à 5127	..	..	0	0	0	0	0	0	0	0
5130 Non ventilables entre les rubriques 5110 et 5120	..	..	0	0	0	0	0	0	0	0
5200 Impôts sur l'utilisation des biens ou l'autorisation d'utiliser des biens ou d'exercer des activités	..	..	44 714	251 942	445 030	652 252	1 081 893	1 661 885	1 740 590	2 001 831
5210 Impôts périodiques sur l'utilisation des biens ou l'exercice d'activités	..	..	44 714	251 942	445 030	652 252	1 081 893	1 504 291	1 617 710	1 855 378
Motor vehicles	..	..	24 469	93 880	155 158	218 219	397 608	585 651	671 258	821 559
5211 Impôts périodiques à la charge des ménages: véhicules à moteur	..	..	0	0	0	0	0	0	0	0
5212 Impôts périodiques à la charge d'autres agents: véhicules à moteur	..	..	0	0	0	0	0	0	0	0
5213 Sur l'utilisation des biens ou l'exercice d'activités autres que les véhicules à moteur	..	..	20 245	158 062	289 872	434 033	684 285	918 640	946 452	1 033 819
Municipal permits	..	..	18 401	136 138	263 996	396 944	630 943	862 685	885 324	967 043
Mining patents	..	..	3 374	34 730	25 184	36 213	51 767	54 932	59 801	65 122
Other	..	..	- 1 530	- 12 806	692	876	1 575	1 023	1 327	1 653
5220 Impôts non périodiques sur l'utilisation des biens ou l'exercice d'activités	..	..	0	0	0	0	0	157 594	122 880	146 453
Tax on polluting fixed sources	0	0	..	..	..	..	..	157 594	122 880	146 453
5300 Non ventilables entre les rubriques 5100 et 5200	..	..	0	0	0	0	0	0	0	0
6000 Impôts autres que les rubriques 1000, 2000, 3000, 4000 et 5000	..	..	- 23 356	- 112 195	1 023	- 60 720	- 576 893	- 360 084	-1 062 352	- 722 555
6100 À la charge exclusive des entreprises	..	..	0	0	0	0	0	0	0	0
6200 À la charge d'autre agents que les entreprises ou non identifiables	..	..	- 23 356	- 112 195	1 023	- 60 720	- 576 893	- 360 084	-1 062 352	- 722 555
Non-wastable tax credits against 1110	..	..	0	0	0	0	0	0	0	0
Tax expenditure component	..	..	..	..	..	..	..	..	..	..
Transfer component	..	..	..	..	..	..	..	..	..	..
Non-wastable tax credits against 1210	..	..	0	0	0	0	175 468	297 981	279 353	352 801
Tax expenditure component	..	..	..	..	..	..	45 774	74 949	63 520	102 393
Transfer component	..	..	..	..	..	..	129 694	223 032	215 833	250 407
Recettes fiscales totales sur la base d'encaissements	..	..	1 777 218	7 901 998	20 598 963	21 815 391	32 533 542	38 823 397	53 463 334	62 901 438
Recettes fiscales totales sur la base des droits constatés	..	..	..	..	..	..	..	..	..	..
Impôts additionnels inclus dans les comptes nationaux	..	..	..	..	..	..	..	..	..	..
Impôts exclus des comptes nationaux	..	..	..	..	..	..	..	..	..	..
Différence dans les traitements des crédits d'impôts	..	..	..	..	..	..	..	..	..	..
Transfert en capital des recettes non collectées	..	..	..	..	..	..	..	..	..	..
Cotisations de sécurité sociale volontaires	..	..	..	..	..	..	..	..	..	..
Différences diverses	..	..	..	..	..	..	..	..	..	..
Comptes nationaux : impôts et cotisations sociales effectives	..	..	..	..	..	..	..	..	..	..
Cotisations sociales imputées	..	..	..	..	..	..	..	..	..	..
Comptes nationaux : impôts et toutes les cotisations sociales	..	..	..	..	..	..	..	..	..	..

.. Non disponible

Note : Year ending 31st December.

The data are on a cash basis.

Source : Servicio de Impuestos internos (Chile's Tax Service).

Tableau 5.6. Colombie : recettes fiscales détaillées, 1965-2022

Million COP

	1965	1980	1990	2000	2007	2010	2015	2020	2021	2022
Recettes fiscales totales	..	..	2 579 426	30 598 630	82 697 457	98 455 335	160 157 693	187 438 661	228 906 840	288 842 327
1000 Impôts sur le revenu, les bénéfices et les gains en capital	..	..	771 694	7 103 525	24 010 404	26 218 852	52 656 876	61 812 525	73 222 876	95 911 106
1100 Impôts sur le revenu, les bénéfices et les gains en capital des personnes physiques	..	..	47 210	1 499 345	4 751 580	5 192 384	9 218 735	14 340 067	15 825 275	20 356 452
1110 Sur le revenu et les bénéfices des personnes physiques	..	..	47 210	1 499 345	4 751 580	5 192 384	9 218 735	14 340 067	15 825 275	20 356 452
Income tax	0	0	47 210	1 499 345	4 751 580	5 192 384	9 218 735	14 304 469	15 754 931	20 224 214
Simple tax regime	0	0	0	0	0	0	0	35 598	70 344	132 238
1120 Sur les gains en capital des personnes physiques	..	..	..	..	..	..	..	..	..	..
1200 Impôts sur le revenu, les bénéfices et les gains en capital des sociétés	..	..	359 758	5 119 828	18 427 899	20 405 209	41 406 848	43 257 502	54 442 473	73 300 918
1210 Sur le revenu et les bénéfices des sociétés	..	..	359 758	5 119 828	18 427 899	20 405 209	41 406 848	43 257 502	54 442 473	73 300 918
Income tax	..	..	359 758	5 119 828	18 427 899	20 405 209	27 480 679	43 131 163	54 248 966	72 907 780
Pro Equity Income Tax - CREE	..	..	0	0	0	0	13 926 169	39 871	28 428	56 854
Simple tax regime	0	0	0	0	0	0	0	86 469	165 079	336 285
1220 Sur les gains en capital des sociétés	..	..	..	..	..	..	..	..	..	..
1300 Non-ventilables entres les rubriques 1110 et 1200	..	..	364 726	484 352	830 925	621 258	2 031 293	4 214 956	2 955 127	2 253 735
Income tax	..	..	364 726	484 352	830 925	621 258	2 031 293	4 214 956	2 955 127	2 253 735
Pro equity income tax -CREE	..	..	0	0	0	0	0	0	0	0
2000 Cotisations de sécurité sociale (CSS)	..	..	203 596	4 989 000	9 694 000	11 478 085	13 585 138	18 389 481	21 673 981	23 908 538
2100 CSS à la charge des salariés	..	..	..	..	..	..	..	..	..	..
2110 CSS à la charge des salariés - sur la base du salaire	..	..	..	..	..	..	..	..	..	..
2120 CSS à la charge des salariés - sur la base de l'impôt sur le revenu	..	..	..	..	..	..	..	..	..	..
2200 CSS à la charge des employeurs	..	..	..	..	..	..	..	..	..	..
2210 CSS à la charge des employeurs - sur la base du salaire	..	..	..	..	..	..	..	..	..	..
2220 CSS à la charge des employeurs - sur la base de l'impôt sur le revenu	..	..	..	..	..	..	..	..	..	..
2300 CSS à la charge des indépendants ou des sans emploi	..	..	..	..	..	..	..	..	..	..
2310 CSS à la charge des indépendants ou des sans emploi - sur la base du salaire	..	..	..	..	..	..	..	..	..	..
2320 CSS à la charge des indépendants ou des sans emploi - Sur la base de l'impôt sur le revenu	..	..	..	..	..	..	..	..	..	..
2400 CSS Non-ventilables entre les rubriques 2100, 2200 et 2300	..	..	203 596	4 989 000	9 694 000	11 478 085	13 585 138	18 389 481	21 673 981	23 908 538
2410 CSS Non-ventilables entre les rubriques 2100, 2200 et 2300 - sur la base du salaire	..	..	203 596	4 989 000	9 694 000	11 478 085	13 585 138	18 389 481	21 673 981	23 908 538
2420 CSS Non-ventilables entre les rubriques 2100, 2200 et 2300 - sur la base de l'impôt sur le revenu	..	..	0	0	0	0	0	0	0	0
3000 Impôts sur les salaires et la main-d'oeuvre	..	..	0	1 286 803	2 798 906	4 022 503	2 797 308	3 670 490	3 927 070	4 421 997
4000 Impôts sur le patrimoine	..	..	56 160	2 027 654	6 459 259	8 535 238	18 156 105	18 167 358	20 652 565	22 525 146
4100 Impôts périodiques sur la propriété immobilière	..	..	56 160	991 070	2 298 829	3 338 935	6 061 965	9 109 598	9 643 729	9 937 041
4110 Impôts périodiques sur la propriété immobilière – Ménages	..	..	0	0	0	0	0	0	0	0
4120 Impôts périodiques sur la propriété immobilière – Autres agents	..	..	56 160	991 070	2 298 829	3 338 935	6 061 965	9 109 598	9 643 729	9 937 041
4200 Impôts périodiques sur l'actif net	..	..	0	0	1 170 908	1 970 530	5 352 940	957 137	1 032 058	73 113
4210 Impôts périodiques sur l'actif net – Personnes physiques	..	..	..	..	..	..	..	..	..	..
4220 Impôts périodiques sur l'actif net – Sociétés	..	..	..	..	..	..	..	..	..	..
4300 Impôts sur les mutations par décès, les successions et les donations	..	..	0	0	0	0	0	0	0	0
4310 Impôts sur les mutations par décès et les successions	..	..	..	..	..	..	..	..	..	..
4320 Impôts sur les donations	..	..	..	..	..	..	..	..	..	..
4400 Impôts sur les transactions mobilières et immobilières	..	..	0	1 036 584	2 989 522	3 225 773	6 741 200	7 476 295	9 831 204	12 281 751
4500 Impôts non périodiques sur le patrimoine	..	..	0	0	0	0	0	624 327	145 573	233 241
4510 Impôts non périodiques sur l'actif net	..	..	..	..	..	..	..	0	0	0
4520 Impôts non périodiques sur le patrimoine autre que sur l'actif net	..	..	..	..	..	..	..	624 327	145 573	233 241
4600 Autres impôts périodiques sur le patrimoine hors rubriques 4100 et 4200	..	..	0	0	0	0	0	0	0	0
5000 Impôts sur les biens et services	..	..	1 388 653	14 180 450	36 766 741	44 411 642	65 716 566	77 752 543	99 258 009	129 331 933

	1965	1980	1990	2000	2007	2010	2015	2020	2021	2022
5100 Impôts sur la production, la vente, le transfert, la location et la livraison des biens et la prestation de services	..	..	1 388 653	14 048 655	36 447 297	44 038 074	64 688 081	75 960 351	97 214 920	127 046 376
5110 Impôts généraux sur les biens et services	..	..	672 368	9 585 866	26 910 512	33 333 802	48 684 900	62 866 653	80 093 904	105 084 119
5111 Taxes sur la valeur ajoutée	..	..	583 078	8 445 776	23 377 821	28 811 682	41 659 696	53 912 648	69 883 378	91 723 278
5112 Impôts sur les ventes	..	..	89 290	1 140 090	3 532 691	4 522 121	7 025 204	8 954 004	10 210 526	13 360 841
Industry and commerce tax (State)	..	..	89 290	1 140 090	3 532 691	4 522 121	7 025 204	8 954 004	10 210 526	13 360 841
5113 Autres impôts généraux sur les biens et services	..	..	0	0	0	0	0	0	0	0
5120 Impôts sur des biens et des services déterminés	..	..	716 285	4 462 789	9 536 785	10 704 271	16 003 181	13 093 698	17 121 016	21 962 257
5121 Accises	..	..	404 699	2 718 692	5 276 999	6 052 273	11 412 250	10 159 930	12 906 426	15 703 712
Diesel surcharge	0	0	0	85 716	388 091	500 405	598 993	505 000	570 600	655 000
Sugar-sweetened ultra-processed beverages	0	0	0	0	0	0	0	0	0	0
Ultra-processed foods and/or with high content of added sugars, sodium or saturated fats	0	0	0	0	0	0	0	0	0	0
Petrol surcharge	0	0	0	595 031	1 309 154	1 380 848	1 747 969	1 737 050	2 265 855	2 690 737
Petrol	..	..	141 270	833 004	1 211 511	1 418 766	3 297 392	1 205 806	1 732 540	1 650 801
Restaurant service, vehicle sale and mobile telephone service	..	..	0	0	0	0	1 684 179	1 226 863	1 279 312	2 531 110
Tobacco (State)	..	..	52 898	213 412	330 016	390 472	524 357	1 239 269	1 451 431	1 638 694
Beer (State)	..	..	85 722	471 135	1 203 838	1 432 453	2 305 895	2 243 811	2 723 800	3 049 682
Liquors (State)	..	..	124 808	520 394	834 390	929 328	1 253 466	1 675 472	2 503 248	3 075 170
Carbon	0	0	0	0	0	0	0	281 911	330 567	361 899
Plastic bags	0	0	0	0	0	0	0	43 777	48 079	49 697
Medicinal cannabis	0	0	0	0	0	0	0	972	993	921
Comptes nationaux : impôts et toutes les cotisations sociales	..	..	..	..	..	..	..	..	..	..
5122 Bénéfices des monopoles fiscaux	..	..	0	0	0	0	0	0	0	0
5123 Droits de douane et droits à l'importation	..	..	311 586	1 744 097	4 259 786	4 651 999	4 590 931	2 933 768	4 214 590	6 258 546
Custom duties	..	..	180 989	1 744 097	4 259 786	4 651 999	4 590 931	2 933 768	4 214 590	6 258 546
Imports surcharge	..	..	130 597	0	0	0	0	0	0	0
5124 Taxes à l'exportation	..	..	0	0	0	0	0	0	0	0
5125 Impôts sur les biens d'équipement	..	..	0	0	0	0	0	0	0	0
5126 Impôts sur des services déterminés	..	..	0	0	0	0	0	0	0	0
5127 Autres impôts sur les transactions et les échanges internationaux non couverts par les rubriques 5121 à 5126	..	..	0	0	0	0	0	0	0	0
5128 Autres impôts non couverts par les rubriques 5121 à 5127	..	..	0	0	0	0	0	0	0	0
5130 Non-ventilables entre les rubriques 5110 et 5120	..	..	0	0	0	0	0	0	0	0
5200 Impôts sur l'utilisation des biens ou l'autorisation d'utiliser des biens ou d'exercer des activités	..	..	0	131 795	319 444	373 568	1 028 485	1 792 192	2 043 090	2 285 557
5210 Impôts périodiques sur l'utilisation des biens ou l'exercice d'activités	..	..	..	131 795	319 444	373 568	1 028 485	1 792 192	2 043 090	2 285 557
5211 Impôts périodiques à la charge des ménages: véhicules à moteur	..	..	..	131 795	319 444	373 568	1 028 485	1 792 192	2 043 090	2 285 557
Tax on motor vehicle ownership	0	0	..	131 795	319 444	373 568	1 028 485	1 792 192	2 043 090	2 285 557
5212 Impôts périociques à la charge d'autres agents: véhicules à moteur	..	..	..	..	..	..	..	..	..	..
5213 Sur l'utilisation des biens ou l'exercice d'activités autres que les véhicules à moteur	..	..	..	..	..	..	..	..	..	..
5220 Impôts non périodiques sur l'utilisation des biens ou l'exercice d'activités	..	..	..	..	..	..	..	..	..	..
5300 Non-ventilables entre les rubriques 5100 et 5200	..	..	0	0	0	0	0	0	0	0
6000 Impôts autres que les rubriques 1000, 2000, 3000, 4000 et 5000	..	..	159 323	1 011 197	2 968 147	3 789 014	7 245 701	7 646 264	10 172 339	12 743 607
6100 À la charge exclusive des entreprises	..	..	0	0	0	0	0	0	0	0
6200 À la charge d'autre agents que les entreprises ou non identifiables	..	..	159 323	1 011 197	2 968 147	3 789 014	7 245 701	7 646 264	10 172 339	12 743 607
Stamp tax	..	..	0	401 497	759 787	357 160	101 668	41 373	83 115	134 457
Other	..	..	78 306	79 287	86 297	126 602	318 271	245 541	423 822	788 653

	1965	1980	1990	2000	2007	2010	2015	2020	2021	2022
Other (sub-national)	..	..	81 017	530 413	2 122 062	3 305 252	6 825 762	7 359 350	9 665 402	11 820 497
Recettes fiscales totales sur la base d'encaissements	..	..	2 579 426	30 598 630	82 697 457	98 455 335	160 157 693	187 438 661	228 906 840	288 842 327
Recettes fiscales totales sur la base des droits constatés	..	..	..	..	..	..	..	..	..	..
Impôts additionnels inclus dans les comptes nationaux	..	..	..	..	..	..	..	..	..	..
Impôts exclus des comptes nationaux	..	..	..	..	..	..	..	..	..	..
Différence dans les traitements des crédits d'impôts	..	..	..	..	..	..	..	..	..	..
Transfert en capital des recettes non collectées	..	..	..	..	..	..	..	..	..	..
Cotisations de sécurité sociale volontaires	..	..	..	..	..	..	..	..	..	..
Différences diverses	..	..	..	..	..	..	..	..	..	..
Comptes nationaux : impôts et cotisations sociales effectives	..	..	..	..	..	..	..	..	..	..

.. Non disponible

Note : Year ending 31st December.

Data on an cash basis.

Includes the reported consolidated revenues of the territorial entities (departments and municipalities).

Heading 2000: Before 2013, social security contributions did not include all the contributions entering FOSYGA (Solidarity and Guarantee Fund). Only the portion of the contributions used to finance the subsidised regime (up to 1.5 pp of the 12.5% of the monthly wage paid by employers and employees as an obligatory health contribution) was included. The part of the contributions entering FOSYGA to finance the contributory regime was classified in the social security sector as “other incomes”.

From 2013 onwards, all of the health contributions entering FOSYGA are classified as social security contributions. The portion of the contributions not entering FOSYGA that is both collected and spent by the health insurers – EPS - is not part of the fiscal accounts.

Headings 1100 and 1200: The data for the preliminary year are estimates.

Source : Dirección de Impuestos y Aduanas Nacionales de Colombia, Ministerio de Hacienda y Crédito Público y Banco Central de Colombia.

(National Tax and Customs Administration, Ministry of Finance and Public Credit and Central Bank of Colombia).

Tableau 5.7. Costa Rica : recettes fiscales détaillées, 1965-2022

Million CRC

	1965	1980	1990	2000	2007	2010	2015	2020	2021	2022
Recettes fiscales totales	..	..	117 711	978 114	3 213 401	4 382 367	6 923 575	8 235 528	10 019 264	11 285 967
Comptes nationaux : impôts et toutes les cotisations sociales	..	..	..	..	..	..	..	..	..	..
1000 Impôts sur le revenu, les bénéfices et les gains en capital	..	..	11 820	128 805	531 552	748 093	1 247 308	1 651 249	2 063 810	2 430 200
1100 Impôts sur le revenu, les bénéfices et les gains en capital des personnes physiques	..	..	..	..	123 194	202 849	386 241	556 084	622 772	691 305
1110 Sur le revenu et les bénéfices des personnes physiques	..	..	..	..	123 194	202 849	386 241	554 486	618 550	682 875
1120 Sur les gains en capital des personnes physiques	..	..	..	..	0	0	0	1 598	4 222	8 430
1200 Impôts sur le revenu, les bénéfices et les gains en capital des sociétés	..	..	..	..	348 826	450 312	659 951	692 551	970 546	1 188 835
1210 Sur le revenu et les bénéfices des sociétés	..	..	..	..	348 826	450 312	659 951	685 470	952 951	1 162 697
1220 Sur les gains en capital des sociétés	..	..	..	..	0	0	0	7 081	17 595	26 138
1300 Non ventilables entres les rubriques 1100 et 1200	..	..	11 820	128 805	59 531	94 932	201 116	402 613	470 492	550 059
2000 Cotisations de sécurité sociale (CSS)	..	..	33 990	297 069	885 053	1 450 531	2 305 133	2 971 589	3 605 731	3 925 692
2100 CSS à la charge des salariés	..	..	..	..	..	..	..	..	..	..
2110 CSS à la charge des salariés - sur la base du salaire	..	..	..	..	..	..	..	..	..	..
2120 CSS à la charge des salariés - sur la base de l'impôt sur le revenu	..	..	..	..	..	..	..	..	..	..
2200 CSS à la charge des employeurs	..	..	3 447	37 313	107 398	207 206	318 652	387 840	389 183	412 852
Government contributions	..	..	3 447	37 313	107 398	207 206	318 652	387 840	389 183	412 852
2210 CSS à la charge des employeurs - sur la base du salaire	..	..	..	..	..	..	..	..	..	..
2220 CSS à la charge des employeurs - sur la base de l'impôt sur le revenu	..	..	..	..	..	..	..	..	..	..
2300 CSS à la charge des indépendants ou des sans emploi	..	..	..	..	..	..	..	..	..	..
2310 CSS à la charge des indépendants ou des sans emploi - sur la base du salaire	..	..	..	..	..	..	..	..	..	..
2320 CSS à la charge des indépendants ou des sans emploi - Sur la base de l'impôt sur le revenu	..	..	..	..	..	..	..	..	..	..
2400 CSS Non ventilables entre les rubriques 2100, 2200 et 2300	..	..	30 543	259 756	777 654	1 243 325	1 986 481	2 583 749	3 216 548	3 512 840
Contributions by employees and non-government employers	..	..	30 543	249 182	727 844	1 139 265	1 785 522	2 212 249	2 447 640	2 697 026
Contributions for the special regimes	..	..	0	10 574	49 811	104 060	200 959	292 072	299 713	300 083
2410 CSS Non-ventilables entre les rubriques 2100, 2200 et 2300 - sur la base du salaire	..	..	..	..	..	..	..	..	..	..
2420 CSS Non-ventilables entre les rubriques 2100, 2200 et 2300 - sur la base de l'impôt sur le revenu	..	..	..	..	..	..	..	..	..	..
3000 Impôts sur les salaires et la main-d'oeuvre	..	..	7 575	61 796	170 996	260 664	423 616	537 654	569 339	639 737
Contributions by non-government employers	..	..	7 484	59 129	165 677	248 259	406 296	515 624	546 262	616 504
Contributions by government employers	..	..	91	2 666	5 320	12 405	17 321	22 030	23 077	23 233
4000 Impôts sur le patrimoine	..	..	1 566	8 396	42 658	63 706	123 261	162 950	208 531	220 741
4100 Impôts périodiques sur la propriété immobilière	..	..	1 200	5 390	23 293	48 963	90 003	127 625	150 279	154 930
Land tax	..	..	0	0	0	0	0	0	0	0
Additional land tax	..	..	0	0	0	0	0	0	0	0
Tax on sumptuary constructions	..	..	0	0	0	0	0	0	0	0
Immovable property tax	..	..	0	0	0	3 527	4 076	4 655	5 108	5 206
Municipal immovable property tax	..	..	1 200	5 390	23 293	45 436	85 927	122 970	145 171	149 724
4110 Impôts périodiques sur la propriété immobilière – Ménages	..	..	..	..	..	..	..	..	..	..
4120 Impôts périodiques sur la propriété immobilière – Autres agents	..	..	..	..	..	..	..	..	..	..
4200 Impôts périodiques sur l'actif net	..	..	0	0	0	0	0	0	0	0
4210 Impôts périodiques sur l'actif net – Personnes physiques	..	..	..	..	..	..	..	..	..	..
4220 Impôts périodiques sur l'actif net – Sociétés	..	..	..	..	..	..	..	..	..	..
4300 Impôts sur les mutations par décès, les successions et les donations	..	..	0	0	0	0	0	0	0	0
4310 Impôts sur les mutations par décès et les successions	..	..	..	..	..	..	..	..	..	..
4320 Impôts sur les donations	..	..	..	..	..	..	..	..	..	..
4400 Impôts sur les transactions mobilières et immobilières	..	..	366	3 007	19 366	14 743	33 258	35 300	58 206	65 802
4500 Impôts non périodiques sur le patrimoine	..	..	0	0	0	0	0	24	46	8
4510 Impôts non périodiques sur l'actif net	..	..	..	..	..	..	..	0	0	0

	1965	1980	1990	2000	2007	2010	2015	2020	2021	2022
4520 Impôts non périodiques sur le patrimoine autre que sur l'actif net	..	..	..	..	..	..	..	24	46	8
4600 Autres impôts périodiques sur le patrimoine hors rubriques 4100 et 4200	..	..	0	0	0	0	0	0	0	0
5000 Impôts sur les biens et services	..	..	53 509	456 851	1 505 510	1 766 914	2 661 902	2 745 118	3 488 535	3 674 723
5100 Impôts sur la production, la vente, le transfert, la location et la livraison des biens et la prestation de services	..	..	49 867	425 713	1 406 100	1 600 302	2 388 900	2 500 510	3 150 398	3 330 772
5110 Impôts généraux sur les biens et services	..	..	21 326	222 775	797 850	920 298	1 368 601	1 649 531	2 065 623	2 217 743
5111 Taxes sur la valeur ajoutée	..	..	21 326	222 775	797 850	920 298	1 336 075	1 623 695	2 039 997	2 193 160
5112 Impôts sur les ventes	..	..	0	0	0	0	0	0	0	0
5113 Autres impôts généraux sur les biens et services	..	..	0	0	0	0	32 526	25 836	25 626	24 583
5120 Impôts sur des biens et des services déterminés	..	..	28 541	202 939	608 250	680 004	1 020 299	850 979	1 084 775	1 113 029
5121 Accises	..	..	11 096	157 204	447 168	523 617	798 412	688 784	863 133	883 105
Fuels and energy	..	..	0	0	250 577	320 638	457 827	436 384	522 063	530 195
Alcoholic beverages	..	..	0	8 229	23 802	28 035	43 095	44 373	53 118	55 539
Non alcoholic beverages	..	..	0	0	18 263	26 566	36 353	38 510	43 234	49 556
Soaps	..	..	0	0	883	1 317	2 562	3 052	3 200	2 810
Cement	..	..	0	0	0	227	304	123	0	5 358
Tobacco	..	..	0	0	0	0	33 681	23 896	27 019	22 336
Abolished specific taxes on production and consumption	..	..	0	0	0	0	0	0	0	0
Other specific taxes on consumption	..	..	11 096	148 975	153 643	146 834	224 590	142 447	214 499	217 311
5122 Bénéfices des monopoles fiscaux	..	..	0	0	0	0	0	0	0	0
5123 Droits de douane et droits à l'importation	..	..	15 052	40 485	134 576	126 134	174 568	133 733	177 948	164 137
Import duties	..	..	13 977	32 336	107 565	103 851	148 666	114 777	152 133	137 668
Custom duties	..	..	1 075	8 149	27 011	22 284	25 902	18 956	25 815	26 469
Import duties on animals	..	..	0	0	0	0	0	0	0	0
5124 Taxes à l'exportation	..	..	2 113	2 238	2 432	3 973	4 468	5 471	6 274	4 842
Export duties	..	..	2 113	2 088	2 260	3 816	2 701	3 777	4 064	3 100
Export duties Law 133	..	..	0	0	0	0	0	0	0	0
Export duties Law 5519	..	..	0	0	0	0	0	0	0	0
Tax on banana exports	..	..	0	150	172	157	156	199	203	150
Export tax on ground transportation	..	..	0	0	0	0	1 611	1 494	2 007	1 593
5125 Impôts sur les biens d'équipement	..	..	0	0	0	0	0	0	0	0
5126 Impôts sur des services déterminés	..	..	280	2 929	23 242	24 767	38 687	18 463	31 742	55 167
Casinos and gambling	..	..	0	225	442	445	1 455	378	431	455
Port cargo movements	..	..	0	6	0	0	0	0	0	0
Overseas departure tax	..	..	0	0	22 799	24 322	37 232	18 085	31 311	54 711
10% on public shows	..	..	0	0	0	0	0	0	0	0
Pro-national airports stamp tax	..	..	0	0	0	0	0	0	0	0
Stamp tax on the use of borders and ports	..	..	280	2 697	0	0	0	0	0	0
5127 Autres impôts sur les transactions et les échanges internationaux non couverts par les rubriques 5121 à 5126	..	..	0	83	832	1 513	3 093	3 304	3 916	3 919
5128 Autres impôts non couverts par les rubriques 5121 à 5127	..	..	0	0	0	0	1 071	1 225	1 761	1 860
5130 Non ventilables entre les rubriques 5110 et 5120	..	..	0	0	0	0	0	0	0	0
5200 Impôts sur l'utilisation des biens ou l'autorisation d'utiliser des biens ou d'exercer des activités	..	..	3 642	31 138	99 410	166 612	273 003	244 608	338 138	343 951
5210 Impôts périodiques sur l'utilisation des biens ou l'exercice d'activités	..	..	3 642	31 138	99 410	166 612	273 003	244 608	338 138	343 951
5211 Impôts périodiques à la charge des ménages: véhicules à moteur	..	..	0	0	0	0	0	0	0	0
5212 Impôts périodiques à la charge d'autres agents: véhicules à moteur	..	..	1 425	15 374	52 511	94 102	145 894	108 198	183 368	186 226
Property tax on vehicles, aircraft and boats	..	..	1 425	15 374	52 511	94 102	145 894	108 198	183 368	186 226
5213 Sur l'utilisation des biens ou l'exercice d'activités autres que les véhicules à moteur	..	..	2 217	15 763	46 899	72 510	127 109	136 410	154 769	157 725
Local taxes	..	..	1 262	11 898	43 874	68 808	122 248	130 332	147 349	151 320
Hunting and fishing licences	..	..	0	0	0	0	0	0	0	0
Spirits license	..	..	0	0	0	0	0	0	0	0
Revenue stamps	..	..	955	3 866	3 025	3 702	4 861	6 078	7 421	6 405
Sport stamp tax	..	..	0	0	0	0	0	0	0	0
5220 Impôts non périodiques sur l'utilisation des biens ou l'exercice d'activités	..	..	0	0	0	0	0	0	0	0
5300 Non ventilables entre les rubriques 5100 et 5200	..	..	0	0	0	0	0	0	0	0
6000 Impôts autres que les rubriques 1000, 2000, 3000, 4000 et 5000	..	..	9 251	25 198	77 632	92 460	162 355	166 969	83 319	394 874

	1965	1980	1990	2000	2007	2010	2015	2020	2021	2022
6100 À la charge exclusive des entreprises	..	..	0	0	0	0	0	0	0	0
6200 À la charge d'autre agents que les entreprises ou non identifiables	..	..	9 251	25 198	77 632	92 460	162 355	166 969	83 319	394 874
Transfers of vehicles, aircraft and boats	..	..	497	2 530	9 937	12 311	20 999	22 593	28 064	27 597
Tax revenue from decentralised units	..	..	2 764	15 048	22 257	29 969	49 334	60 054	0	0
Other taxes	..	..	5 990	7 620	45 438	50 180	92 022	84 266	55 122	367 079
Recettes fiscales totales sur la base d'encaissements	..	..	..	..	..	..	..	..	..	..
Recettes fiscales totales sur la base des droits constatés	..	..	..	..	..	..	..	..	..	..
Impôts additionnels inclus dans les comptes nationaux	..	..	..	..	..	..	..	..	..	..
Impôts exclus des comptes nationaux	..	..	..	..	..	..	..	..	..	..
Différence dans les traitements des crédits d'impôts	..	..	..	..	..	..	..	..	..	..
Transfert en capital des recettes non collectées	..	..	..	..	..	..	..	..	..	..
Cotisations de sécurité sociale volontaires	..	..	..	..	..	..	..	..	..	..
Différences diverses	..	..	..	..	..	..	..	..	..	..
Comptes nationaux : impôts et cotisations sociales effectives	..	..	..	..	..	..	..	..	..	..
Cotisations sociales imputées	..	..	..	..	..	..	..	..	..	..

.. Non disponible

Note : Note: Year ending 31st December.

Data on an cash basis.

Heading 2000: The data include social security contributions paid by the governments for their employees as well as the contributions for special regimes (teachers and magistrates). In ECLAC data, social security contributions also include INA (National Institute of Apprenticeship), IMAS (Joint Social Aid Institute) and FODESAF (Social Development and Family Allowances Fund).

Heading 3000: In Costa Rica and for ECLAC, payments from decentralised institutions are classified under heading 2000.

Heading 5212: In ECLAC data, tax on ownership of vehicles, aircraft and boats is classified in category 4000.

In ECLAC data, the tax on the transfer of used vehicles Law No. 7088 of 30/11/87 is classified as a property tax.

Source : Secretaría Técnica de la Autoridad Presupuestaria, Ministerio de Finanzas y Contraloría General de la República.

(Technical Secretary of the Budgeting Authority, Ministry of Finance and National General Comptroller).

Tableau 5.8. Tchéquie : recettes fiscales détaillées, 1965-2022

Million CZK

	1965	1980	1990	2000	2007	2010	2015	2020	2021	2022
Recettes fiscales totales	..	..	..	771 596	1 316 197	1 286 861	1 532 565	1 984 321	2 122 826	2 339 641
Total tax revenue exclusive of taxes collected for the EU	..	..	..	771 596	1 309 754	1 280 288	1 524 653	1 976 244	2 112 170	2 326 909
1000 Impôts sur le revenu, les bénéfices et les gains en capital	..	..	..	175 846	327 771	259 934	329 768	454 979	441 143	515 371
1100 Impôts sur le revenu, les bénéfices et les gains en capital des personnes physiques	..	..	..	99 668	155 817	131 706	164 678	268 362	198 761	214 131
1110 Sur le revenu et les bénéfices des personnes physiques	..	..	..	99 668	155 817	131 706	164 678	268 362	198 761	214 131
Wages and salaries withholding	..	..	..	73 474	127 524	115 755	139 888	233 421	155 614	161 419
Of unincorporated individuals	..	..	..	17 254	19 568	5 747	9 100	13 929	18 183	19 751
Withheld on interest and dividends paid to individuals	..	..	..	8 940	8 725	10 204	15 691	21 012	24 964	32 962
1120 Sur les gains en capital des personnes physiques	..	..	..	0	0	0	0	0	0	0
1200 Impôts sur le revenu, les bénéfices et les gains en capital des sociétés	..	..	..	76 178	171 954	128 228	165 090	186 617	242 381	301 240
1210 Sur le revenu et les bénéfices des sociétés	..	..	..	76 178	171 954	128 228	165 090	186 617	242 381	301 240
Profit tax	..	..	..	68 945	164 016	118 248	147 157	172 720	224 588	276 947
Withheld on interest and dividends paid to corporations	..	..	..	7 233	7 162	9 156	9 415	4 187	4 775	6 996
Levy on lottery revenue	..	..	..	0	776	824	8 518	9 709	13 019	17 298
Temporary windfall tax	0	0	0	0	0	0	0	0	0	0
1220 Sur les gains en capital des sociétés	..	..	..	0	0	0	0	0	0	0
1300 Non ventilables entres les rubriques 1100 et 1200	..	..	..	0	0	0	0	0	0	0
2000 Cotisations de sécurité sociale (CSS)	..	..	..	341 544	573 417	576 029	659 743	901 670	1 004 804	1 074 201
2100 CSS à la charge des salariés	..	..	..	77 272	127 662	116 818	133 878	187 733	200 968	215 214
2110 CSS à la charge des salariés - sur la base du salaire	..	..	..	77 272	127 662	116 818	133 878	187 733	200 968	215 214
Retirement	..	..	..	40 489	66 644	69 272	78 120	107 988	117 893	126 039
State employment policy	..	..	..	2 492	4 101	0	0	0	0	0
Sick leave	..	..	..	6 852	11 279	0	0	0	0	0
Health insurance	..	..	..	27 439	45 638	47 546	55 758	79 745	83 075	89 175
2120 CSS à la charge des salariés - sur la base de l'impôt sur le revenu	..	..	..	0	0	0	0	0	0	0
2200 CSS à la charge des employeurs	..	..	..	220 207	359 493	363 074	417 778	573 753	618 255	661 335
2210 CSS à la charge des employeurs - sur la base du salaire	..	..	..	220 207	359 493	363 074	417 778	573 753	618 255	661 335
Retirement	..	..	..	121 547	220 591	229 450	261 786	357 887	390 597	417 557
State employment policy	..	..	..	19 933	12 303	12 756	14 604	19 961	21 789	23 293
Sick leave	..	..	..	20 555	33 834	24 332	27 851	34 687	37 870	40 474
Health insurance	..	..	..	54 879	91 275	95 095	111 517	159 493	166 150	178 342
Penalties	..	..	..	3 293	1 490	1 441	2 020	1 725	1 849	1 669
2220 CSS à la charge des employeurs - sur la base de l'impôt sur le revenu	..	..	..	0	0	0	0	0	0	0
2300 CSS à la charge des indépendants ou des sans emploi	..	..	..	44 065	86 262	96 137	108 088	140 184	185 581	197 653
2310 CSS à la charge des indépendants ou des sans emploi - sur la base du salaire	..	..	..	44 065	86 262	96 137	108 088	140 184	185 581	197 653
Retirement	..	..	..	7 819	19 508	20 510	22 472	20 882	28 297	32 935
State employment policy	..	..	..	1 082	1 114	1 173	962	896	1 213	1 412
Sick leave	..	..	..	0	0	0	0	0	0	0
Health insurance	..	..	..	34 992	65 483	74 299	84 460	118 288	155 924	163 153
Self-employed	..	..	..	7 328	15 921	17 603	20 748	17 846	26 326	30 076
Non-employed	..	..	..	200	2 103	3 996	2 768	3 180	3 275	3 681
Government	..	..	..	27 464	47 459	52 700	60 944	97 262	126 323	129 396
Penalties	..	..	..	172	157	155	193	118	147	153
2320 CSS à la charge des indépendants ou des sans emploi - Sur la base de l'impôt sur le revenu	..	..	..	0	0	0	0	0	0	0
2400 CSS Non ventilables entre les rubriques 2100, 2200 et 2300	..	..	..	0	0	0	0	0	0	0
2410 CSS Non-ventilables entre les rubriques 2100, 2200 et 2300 - sur la base du salaire	..	..	..	..	..	..	..	..	..	..
2420 CSS Non-ventilables entre les rubriques 2100, 2200 et 2300 - sur la base de l'impôt sur le revenu	..	..	..	..	..	..	..	..	..	..
3000 Impôts sur les salaires et la main-d'oeuvre	..	..	..	0	0	0	0	0	0	0
4000 Impôts sur le patrimoine	..	..	..	10 890	15 495	16 364	21 920	11 615	11 939	12 501
4100 Impôts périodiques sur la propriété immobilière	..	..	..	4 469	5 126	8 752	10 333	11 606	11 864	12 446
4110 Impôts périodiques sur la propriété immobilière – Ménages	..	..	..	1 452	2 228	4 302	5 433	6 079	6 253	6 460
Real property tax	..	..	..	1 452	2 228	4 302	5 433	6 079	6 253	6 460
4120 Impôts périodiques sur la propriété immobilière – Autres agents	..	..	..	3 017	2 898	4 450	4 900	5 526	5 611	5 986
Levy collected by Winery Fund	..	..	..	0	2	5	20	26	28	27
Real property tax	..	..	..	3 017	2 895	4 445	4 880	5 501	5 583	5 959
4200 Impôts périodiques sur l'actif net	..	..	..	0	0	0	0	0	0	0

	1965	1980	1990	2000	2007	2010	2015	2020	2021	2022
4210 Impôts périodiques sur l'actif net – Personnes physiques	..	..	..	..	..	..	..	..	..	..
4220 Impôts périodiques sur l'actif net – Sociétés	..	..	..	..	..	..	..	..	..	..
4300 Impôts sur les mutations par décès, les successions et les donations	..	..	..	587	460	218	20	7	1	0
4310 Impôts sur les mutations par décès et les successions	..	..	..	112	115	78	10	8	0	..
Inheritance tax	..	..	..	112	115	78	10	8	0	..
4320 Impôts sur les donations	..	..	..	475	345	140	10	- 2	0	..
Gift tax	..	..	..	475	345	140	10	- 2	0	..
4400 Impôts sur les transactions mobilières et immobilières	..	..	..	5 834	9 909	7 394	11 566	3	74	55
Real property transfer tax	..	..	..	5 834	9 909	7 394	11 566	3	74	55
4500 Impôts non périodiques sur le patrimoine	..	..	..	0	0	0	0	0	0	0
4510 Impôts non périodiques sur l'actif net	..	..	..	..	..	..	..	..	..	..
4520 Impôts non périodiques sur le patrimoine autre que sur l'actif net	..	..	..	..	..	..	..	..	..	..
4600 Autres impôts périodiques sur le patrimoine hors rubriques 4100 et 4200	..	..	..	0	0	0	0	0	0	0
5000 Impôts sur les biens et services	..	..	..	242 960	399 484	434 386	520 747	615 888	664 721	737 336
5100 Impôts sur la production, la vente, le transfert, la location et la livraison des biens et la prestation de services	..	..	..	226 354	372 441	408 645	495 291	588 343	635 978	708 671
5110 Impôts généraux sur les biens et services	..	..	..	141 235	232 288	263 457	333 274	422 479	463 521	536 896
5111 Taxes sur la valeur ajoutée	..	..	..	141 235	232 288	263 457	333 274	422 479	463 521	536 896
5112 Impôts sur les ventes	..	..	..	0	0	0	0	0	0	0
5113 Autres impôts généraux sur les biens et services	..	..	..	0	0	0	0	0	0	0
Previous turnover tax	..	..	..	..	..	..	..	..	..	..
5120 Impôts sur des biens et des services déterminés	..	..	..	85 119	140 153	145 188	162 017	165 864	172 457	171 775
5121 Accises	..	..	..	71 404	133 492	138 401	153 785	157 444	161 597	158 695
On mineral oils	..	..	..	46 998	81 661	80 508	83 460	83 308	83 147	78 114
On alcohol and liquor	..	..	..	5 629	7 201	5 820	7 203	6 787	8 789	8 810
On beer	..	..	..	3 410	3 564	4 396	4 648	4 344	4 308	4 551
On wine	..	..	..	350	342	317	332	439	530	532
On tobacco products	..	..	..	14 984	40 713	44 062	53 380	57 148	59 168	58 297
Duty on CFC	..	..	..	33	0	0	0	0	0	0
Levy collected by Winery Fund	..	..	..	0	11	24	0	5	5	5
On electricity	..	..	..	0	0	1 433	1 229	1 497	1 600	1 537
On natural gas	..	..	..	0	0	1 347	1 146	1 434	1 601	1 410
On solid fuels	..	..	..	0	0	495	415	323	350	349
Fee on electricity from solar radiation	..	..	..	0	0	0	1 972	2 159	2 100	5 090
5122 Bénéfices des monopoles fiscaux	..	..	..	0	0	0	0	0	0	0
5123 Droits de douane et droits à l'importation	..	..	..	13 572	6 443	6 573	7 912	8 077	10 656	12 733
Customs duties	..	..	..	13 572	6 443	6 573	7 912	8 077	10 656	12 733
Previous import surcharge	..	..	..	0	0	0	0	0	0	0
5124 Taxes à l'exportation	..	..	..	0	0	0	0	0	0	0
5125 Impôts sur les biens d'équipement	..	..	..	0	0	0	0	0	0	0
5126 Impôts sur des services déterminés	..	..	..	143	218	214	320	343	204	348
Fees on entry tickets	..	..	..	65	61	53	53	19	15	65
Fees on recreational units (based on capacity)	..	..	..	69	144	147	240	132	6	72
Fees on advertising facilities	..	..	..	0	0	0	0	0	0	0
Restaurant sale alcoh. beverages and tobac. products	..	..	..	0	0	0	0	0	0	0
Fees collected by the cinematography EBF	..	..	..	9	13	14	27	0	0	0
Fees on advertisement	0	0	0	0	0	0	191	191	183	210
Revenue from abolished local fees	0	0	0	0	0	0	0	0	0	0
5127 Autres impôts sur les transactions et les échanges internationaux non couverts par les rubriques 5121 à 5126	..	..	..	0	0	0	0	0	0	0
5128 Autres impôts non couverts par les rubriques 5121 à 5127	..	..	..	0	0	0	0	0	0	0
5130 Non ventilables entre les rubriques 5110 et 5120	..	..	..	0	0	0	0	0	0	0
5200 Impôts sur l'utilisation des biens ou l'autorisation d'utiliser des biens ou d'exercer des activités	..	..	..	16 606	27 043	25 740	25 456	27 545	28 743	28 665
5210 Impôts périodiques sur l'utilisation des biens ou l'exercice d'activités	..	..	..	10 788	18 100	18 461	19 023	20 999	21 343	21 313
Highway fee	..	..	..	1 753	2 429	3 061	4 397	4 930	5 356	5 839
5211 Impôts périodiques à la charge des ménages: véhicules à moteur	..	..	..	0	0	0	0	0	0	0

	1965	1980	1990	2000	2007	2010	2015	2020	2021	2022
5212 Impôts périodiques à la charge d'autres agents: véhicules à moteur	..	..	..	5 456	5 882	5 138	5 868	5 933	5 430	1 071
Road tax (commercial)	..	..	..	5 456	5 882	5 138	5 868	5 933	5 430	1 071
5213 Sur l'utilisation des biens ou l'exercice d'activités autres que les véhicules à moteur	..	..	..	3 579	9 790	10 262	8 758	10 137	10 557	14 403
Resort and recreation fees on visitors	..	..	..	232	312	284	327	322	397	1 092
Dog fees	..	..	..	191	277	281	277	287	300	297
Motor vehicle entry fees	..	..	..	32	25	23	13	14	11	13
Water pollution fee	..	..	..	520	404	202	173	228	236	191
Air pollution fee	..	..	..	685	525	399	283	451	339	338
Waste deposit fee	..	..	..	454	5 728	5 948	6 218	7 065	7 453	9 369
Levy on temp. withdrawal of land from agriculture	..	..	..	94	40	34	39	68	79	85
Radioactive waste fee	..	..	..	642	1 310	1 430	1 393	1 668	1 708	1 703
Fees on operated gambling machines	..	..	..	722	1 145	927	0	0	0	0
Fees on registration and recording of packaging	..	..	..	0	17	17	18	17	17	17
Levy on temp. withdrawal of land from forestry	..	..	..	7	6	6	7	11	7	8
Other environmental fees	..	..	..	0	0	710	11	5	10	10
Temporary mandatory cap on market revenues	0	0	0	0	0	0	0	0	0	1 279
Other levies on selected activities and services	0	0	0	0	0	0	0	0	0	0
5220 Impôts non périodiques sur l'utilisation des biens ou l'exercice d'activités	..	..	..	5 818	8 943	7 280	6 433	6 546	7 400	7 352
Levy on withdrawal of land from agriculture	..	..	..	532	361	306	348	609	707	767
Levy on withdrawal of land from forestry	..	..	..	40	57	57	59	103	63	72
Tax on use of public space	..	..	..	645	639	626	632	506	579	716
Misc. licence and permit fees	..	..	..	4 601	7 881	6 279	5 382	5 293	6 031	5 772
Land betterment fee	..	..	..	0	4	11	11	35	21	25
Licence for lorry transport	..	..	..	0	1	1	1	0	0	0
Levy on substances that deplete or threaten the Earth's ozone layer	0	0	0	0	0	0	0	0	0	0
Fee for the use of natural mineral water	0	0	0	0	0	0	0	0	0	0
Other levies on selected activities and services	0	0	0	0	0	0	0	0	0	0
5300 Non ventilables entre les rubriques 5100 et 5200	..	..	..	0	0	0	0	0	0	0
6000 Impôts autres que les rubriques 1000, 2000, 3000, 4000 et 5000	..	..	..	356	29	149	387	170	219	232
Unallocated previous taxes and levies	..	..	..	0	0	0	0	0	0	0
6100 À la charge exclusive des entreprises	..	..	..	0	0	0	0	0	0	0
6200 À la charge d'autre agents que les entreprises ou non identifiables	..	..	..	356	29	149	387	170	219	232
Other taxes, fees and related payments	..	..	..	356	29	149	387	170	219	232
Recettes fiscales totales sur la base d'encaissements	..	..	..	772 272	1 310 618	1 273 676	1 478 758	1 937 606	2 055 661	2 264 745
Recettes fiscales totales sur la base des droits constatés	..	..	..	771 596	1 316 197	1 286 861	1 532 565	1 984 321	2 122 826	2 339 641
Impôts additionnels inclus dans les comptes nationaux	..	..	..	2 837	5 757	6 094	0	0	0	0
Compulsory injury insurance	..	..	..	2 837	5 757	6 094	0	0	0	0
Driving licence fees	..	..	..	0	0	0	0	0	0	0
Impôts exclus des comptes nationaux	..	..	..	- 9 488	- 17 797	- 20 096	- 20 314	- 21 838	- 23 382	- 26 015
Tax on use of public space	..	..	..	- 645	- 639	- 632	- 632	- 506	- 579	- 716
Waste deposit fee	..	..	..	- 454	- 5 728	- 5 948	- 6 218	- 7 065	- 7 453	- 9 369
Misc. licence and permit fees	..	..	..	- 2 301	- 3 940	- 3 139	- 2 691	- 2 646	- 3 015	- 2 886
Radioactive waste fee	..	..	..	- 642	- 1 310	- 1 430	- 1 393	- 1 668	- 1 708	- 1 703
Health insurance: non-employed	..	..	..	- 200	- 2 103	- 3 996	- 2 768	- 3 180	- 3 275	- 3 681
Health insurance: government	..	..	..	0	0	0	0	0	0	0
Soc. Security contr. employers: Penalties	..	..	..	- 3 293	- 1 490	- 1 441	- 2 020	- 1 725	- 1 849	- 1 669
Soc. Security contr. Self-employed or non-employed: Penalties	..	..	..	- 200	- 157	- 155	- 193	- 118	- 147	- 153
Licence for lorry transport	..	..	..	0	- 1	- 1	- 1	0	0	0
Highway fee	..	..	..	- 1 753	- 2 429	- 3 061	- 4 397	- 4 930	- 5 356	- 5 839
Other environmental fees	..	..	..	0	0	- 105	0	0	0	0
Levy on loterry revenue	..	..	..	0	0	- 187	0	0	0	0
Value added taxes	..	..	..	0	0	0	0	0	0	0
Différence dans les traitements des crédits d'impôts	..	..	..	0	- 127	451	118	1 734	- 198	- 643
Transfert en capital des recettes non collectées	..	..	..	0	0	0	0	0	0	0
Cotisations de sécurité sociale volontaires	..	..	..	1 099	974	661	386	537	573	618
Différences diverses	..	..	..	2 162	0	0	0	0	0	0
Comptes nationaux : impôts et cotisations sociales effectives	..	..	..	768 206	1 305 004	1 273 971	1 512 755	1 964 755	2 099 819	2 313 601
Cotisations sociales imputées	..	..	..	423	299	600	1 027	3 179	3 557	4 803
Comptes nationaux : impôts et toutes les cotisations sociales	..	..	..	768 629	1 305 303	1 274 571	1 513 782	1 967 934	2 103 376	2 318 404

.. Non disponible

Note : Year ending 31st December.

From 1995 data are on accrual basis.

Source : Ministry of Finance, Tax Analyses Department.

Tableau 5.9. Danemark : recettes fiscales détaillées, 1965-2022

Million DKK

	1965	1980	1990	2000	2007	2010	2015	2020	2021	2022
Recettes fiscales totales	20 821	165 753	381 079	623 197	813 613	816 787	964 234	1 109 759	1 222 051	1 202 275
Total tax revenue exclusive of taxes collected for the EU	..	164 363	378 393	620 561	809 961	813 512	960 915	1 106 670	1 218 338	1 197 692
1000 Impôts sur le revenu, les bénéfices et les gains en capital	9 712	92 098	232 729	382 555	489 765	503 083	609 743	716 667	806 312	776 225
1100 Impôts sur le revenu, les bénéfices et les gains en capital des personnes physiques	8 758	86 958	206 531	327 864	427 372	423 958	525 168	600 682	640 823	670 771
1110 Sur le revenu et les bénéfices des personnes physiques	8 758	86 909	206 387	327 637	427 030	423 637	524 880	600 415	640 507	670 370
Central government income tax	5 020	33 351	91 638	77 473	155 441	125 790	169 557	208 075	227 519	248 241
County income tax	0	10 742	31 361	56 131	0	0	0	0	0	0
Municipality income tax	2 948	33 555	77 571	121 967	173 110	193 097	221 084	263 055	278 619	282 574
Seaman's income tax	66	457	0	0	0	0	0	0	0	0
Old-age pension fund contributions	592	2 163	0	0	0	0	0	0	0	0
Social pension fund contributions	0	3 340	0	0	0	0	0	0	0	0
Sickness benefit fund contributions	0	1 804	0	0	0	0	0	0	0	0
Pension schemes and annuity insurance	22	355	2 687	6 242	9 017	9 571	22 160	6 342	6 296	7 223
Special income tax	101	1 054	2 802	0	0	0	0	0	0	0
Duty on canceled pension schemes	9	82	0	0	0	0	0	0	0	0
Duty on feed rent increases	0	8	5	0	0	0	0	0	0	0
Duty on employees' remuneration compens. fund releases	0	0	325	632	1 183	963	11 091	1 608	1 419	775
Duty on interest on consumer loans	0	0	0	0	0	0	0	0	0	0
Labour market contributions	0	0	0	56 794	76 564	81 604	87 392	106 260	112 454	117 116
Imputed income from owner-occupied dwelling	0	0	0	8 399	11 714	12 613	13 596	15 074	14 199	14 442
1120 Sur les gains en capital des personnes physiques	0	49	144	226	343	321	289	267	316	402
Tax on winnings from lotteries, pools, etc.	..	49	144	226	343	321	289	267	316	402
1200 Impôts sur le revenu, les bénéfices et les gains en capital des sociétés	954	5 139	13 597	42 258	57 928	42 590	61 854	67 720	102 130	94 281
1210 Sur le revenu et les bénéfices des sociétés	954	5 139	13 597	42 258	57 928	42 590	61 854	67 720	102 130	94 281
1220 Sur les gains en capital des sociétés	0	0	0	0	0	0	0	0	0	0
1300 Non ventilables entres les rubriques 1100 et 1200	0	0	12 601	12 434	4 465	36 535	22 721	48 265	63 359	11 173
2000 Cotisations de sécurité sociale (CSS)	690	710	101	8 453	2 030	2 280	1 874	2 156	2 493	2 340
2100 CSS à la charge des salariés	567	1	98	8 209	1 057	900	826	751	736	697
Sickness benefit fund contributions	30	0	0	0	0	0	0	0	0	0
Sickday benefit contributions, ordinary	534	0	0	0	0	0	0	0	0	0
Sickday benefit contributions, special	3	0	0	0	0	0	0	0	0	0
Contribution to merchant marine's welf. board	0	1	1	0	0	0	0	0	0	0
Special pension scheme savings	0	0	0	6 846	0	0	0	0	0	0
Contr. to pension funds from officials in companies	0	0	0	879	555	450	438	402	428	409
Contr. to pension funds from officials in non-profit institutions	0	0	96	485	502	450	388	349	308	288
2110 CSS à la charge des salariés - sur la base du salaire	..	..	..	..	..	..	..	..	..	..
2120 CSS à la charge des salariés - sur la base de l'impôt sur le revenu	..	..	..	..	..	..	..	..	..	..
2200 CSS à la charge des employeurs	123	709	3	244	973	1 379	1 048	1 406	1 758	1 643
Unemployment insurance contributions	41	598	0	0	0	0	0	0	0	0
Disablement insurance contributions	21	58	0	0	0	0	0	0	0	0
Sickness benefit fund contributions	61	0	0	0	0	0	0	0	0	0
Contribution to employee's wage guarantee fund	0	50	0	241	227	908	542	601	802	544
Contribution to merchant marine's welf. board	0	1	1	0	0	0	0	0	0	0
Shipping owners contr. sickness assist. seamen	0	1	2	3	2	6	10	8	4	5
Contribution to maternity/paternity compensation scheme	0	..	0	0	744	465	496	797	952	1 095
2210 CSS à la charge des employeurs - sur la base du salaire	..	..	..	..	..	..	..	..	..	..
2220 CSS à la charge des employeurs - sur la base de l'impôt sur le revenu	..	..	..	..	..	..	..	..	..	..
2300 CSS à la charge des indépendants ou des sans emploi	0	0	0	0	0	0	0	0	0	0
2310 CSS à la charge des indépendants ou des sans emploi - sur la base du salaire	..	..	..	..	..	..	..	..	..	..
2320 CSS à la charge des indépendants ou des sans emploi - Sur la base de l'impôt sur le revenu	..	..	..	..	..	..	..	..	..	..
2400 CSS Non ventilables entre les rubriques 2100, 2200 et 2300	0	0	0	0	0	0	0	0	0	0
2410 CSS Non-ventilables entre les rubriques 2100, 2200 et 2300 - sur la base du salaire	..	..	..	..	..	..	..	..	..	..

	1965	1980	1990	2000	2007	2010	2015	2020	2021	2022
2420 CSS Non-ventilables entre les rubriques 2100, 2200 et 2300 - sur la base de l'impôt sur le revenu	..	..	..	..	..	..	..	..	..	..
3000 Impôts sur les salaires et la main-d'oeuvre	0	0	2 494	2 258	3 975	4 160	5 894	4 230	6 656	7 150
4000 Impôts sur le patrimoine	1 691	9 490	16 242	20 737	31 556	33 533	39 361	45 629	47 605	48 475
4100 Impôts périodiques sur la propriété immobilière	1 029	5 412	8 891	13 565	18 996	24 161	28 085	31 581	32 432	33 080
Central government land tax	130	0	0	0	0	0	0	0	0	0
County land tax	169	2 315	2 915	4 070	0	0	0	0	0	0
Municipal land tax	408	2 257	4 123	7 049	15 601	19 645	24 707	28 440	29 270	29 964
Centr. Govt. fixed tax on real property	32	11	0	0	0	0	0	0	0	0
County fixed tax on real property	45	0	0	0	0	0	0	0	0	0
Municipal fixed tax on real property	190	91	0	0	0	0	0	0	0	0
County duty on land (public property)	4	22	22	25	0	0	0	0	0	0
County duty on buildings (public property)	0	53	88	97	0	0	0	0	0	0
Municipal duty on land (public property)	26	103	244	383	393	434	364	332	332	885
Municipal duty on buildings (residential)	0	195	335	381	757	814	599	567	575	1
Municipal duty on buildings (business)	25	366	1 165	1 560	2 244	3 269	2 416	2 242	2 255	2 230
4110 Impôts périodiques sur la propriété immobilière – Ménages	..	..	..	..	..	..	..	..	..	..
4120 Impôts périodiques sur la propriété immobilière – Autres agents	..	..	..	..	..	..	..	..	..	..
4200 Impôts périodiques sur l'actif net	306	965	922	0	0	0	0	0	0	0
4210 Impôts périodiques sur l'actif net – Personnes physiques	306	965	922	..	..	..	..	..	..	..
4220 Impôts périodiques sur l'actif net – Sociétés	0	0	0	..	..	..	..	..	..	..
4300 Impôts sur les mutations par décès, les successions et les donations	137	738	2 197	2 863	3 896	3 646	5 177	6 676	6 616	7 444
4310 Impôts sur les mutations par décès et les successions	..	..	..	..	..	..	..	..	..	..
4320 Impôts sur les donations	..	..	..	..	..	..	..	..	..	..
4400 Impôts sur les transactions mobilières et immobilières	219	2 259	4 151	4 170	8 659	5 726	6 099	7 372	8 557	7 951
Stamp duties	214	2 189	2 838	4 125	8 574	5 695	6 071	7 313	8 500	7 897
Duty on share capital creation	0	32	477	0	0	0	0	0	0	0
Duty to land registry office	5	38	27	45	85	30	28	59	57	54
Duty on transfers of shares	0	0	809	0	0	0	0	0	0	0
4500 Impôts non périodiques sur le patrimoine	0	116	81	140	6	0	0	0	0	0
4510 Impôts non périodiques sur l'actif net	..	0	0	0	0	0	..	..	..	..
4520 Impôts non périodiques sur le patrimoine autre que sur l'actif net	..	116	81	140	6	0	..	..	..	..
4600 Autres impôts périodiques sur le patrimoine hors rubriques 4100 et 4200	0	0	0	0	0	0	0	0	0	0
5000 Impôts sur les biens et services	8 727	63 456	129 514	208 803	286 096	273 526	304 582	339 877	357 646	366 703
5100 Impôts sur la production, la vente, le transfert, la location et la livraison des biens et la prestation de services	8 239	60 563	123 529	197 967	266 797	253 848	280 875	315 199	333 805	342 575
5110 Impôts généraux sur les biens et services	2 139	37 727	80 508	121 955	174 639	171 583	191 328	231 650	251 278	266 040
5111 Taxes sur la valeur ajoutée	2 139	37 727	71 978	121 955	174 639	171 583	191 328	231 650	251 278	266 040
5112 Impôts sur les ventes	0	0	0	0	0	0	0	0	0	0
5113 Autres impôts généraux sur les biens et services	0	0	8 530	0	0	0	0	0	0	0
Labour market contrib. concerning imports	..	..	4 903	..	..	..	..	..	..	..
Labour market contrib. concerning value added	..	..	3 627	..	..	..	..	..	..	..
5120 Impôts sur des biens et des services déterminés	6 100	22 836	43 021	76 012	92 159	82 265	89 546	83 549	82 527	76 535
5121 Accises	5 466	20 487	38 364	68 775	82 835	73 597	81 784	76 027	73 789	66 743
Duty on petrol	1 016	3 713	5 637	10 005	9 155	8 029	7 348	7 055	7 367	7 317
Motor vehicle registration duty	818	2 989	7 917	13 858	24 289	13 587	17 988	18 683	16 381	11 541
Cigarettes and tobacco duties	1 469	4 483	6 470	7 595	7 169	7 896	7 561	9 371	8 554	7 303
Duties on cigars, cheroots and cigarillos	234	220	128	75	43	32	113	51	52	45
Sale of revenue labels	0	3	12	7	4	7	0	0	0	0
Sales duties on chocolate and sugar	254	331	801	1 201	1 282	1 455	2 156	2 285	2 410	2 366
Raw material duty on chocolate and sugar	11	14	54	59	92	143	187	0	0	0
Special tax on chocolate and sugar	0	2	13	76	46	50	103	121	109	119
Duty on ice-cream	33	58	135	168	180	201	297	408	393	380
Duty on coffee	5	249	224	263	250	253	280	274	284	283
Duty on mineral water	68	195	466	506	418	383	0	0	0	0
Duty on beer	622	1 983	3 100	1 510	1 080	895	916	781	846	843
Duty on wine	122	611	1 448	1 166	1 032	1 071	1 764	1 803	1 822	1 670
Duty on spirits	412	1 432	1 982	1 756	1 213	1 028	1 201	1 179	1 330	1 375
Duty on restaurant sales of alcoholic bev.	150	0	0	0	0	0	0	0	0	0
Duty on wireless sets	55	67	0	0	0	0	0	0	0	0
Duty on television sets	0	93	0	0	0	0	0	0	0	0
Duty on video recorders	0	17	0	0	0	0	0	0	0	0

	1965	1980	1990	2000	2007	2010	2015	2020	2021	2022
Duty on major household appliances	0	199	0	0	0	0	0	0	0	0
Duty on grammophone records	10	46	86	0	0	0	0	0	0	0
Duty on playing cards	1	2	0	0	0	0	0	0	0	0
Duty on matches	5	3	0	0	0	0	0	0	0	0
Duty on lighters	1	8	0	0	0	0	0	0	0	0
Duty on electric bulbs	36	67	152	177	211	117	86	38	33	27
Duty on perfumery and toilet articles	91	214	506	0	0	0	0	0	0	0
Duty on almanacs	3	0	0	0	0	0	0	0	0	0
Duty on salmon	0	0	0	0	0	0	0	0	0	0
Duty on paper and cardboard	45	0	0	0	0	0	0	0	0	0
Duty on sugar	0	174	0	0	0	0	0	0	0	0
Duty on tea	0	12	10	9	8	8	8	0	0	0
Duty on electricity	0	1 222	4 317	7 533	8 665	10 195	11 501	11 203	11 693	9 760
Duty on certain oil products	0	1 719	2 938	6 451	8 549	8 623	9 347	9 467	10 171	9 927
Duty on certain retail containers	0	100	397	611	725	705	316	132	146	134
Duty on gas	0	56	47	0	0	0	0	0	0	0
Duty on extraction and import of raw materials	0	16	108	172	220	119	148	183	200	188
Duty on disposable tableware	0	0	72	65	126	120	138	267	303	334
Duty on insecticides, herbicides, etc.	0	0	13	368	499	466	598	563	614	670
Duty on videotapes	0	0	0	0	0	0	0	0	0	0
Duty on coal, etc.	0	0	849	1 225	1 450	2 587	2 255	1 600	1 797	1 801
Other duties on goods and services	5	191	- 36	10	117	146	179	119	139	158
Duty on waste	0	0	492	1 025	1 225	51	130	158	193	155
Duty on CFC	0	0	28	0	53	56	65	41	52	55
Duty on CO2	0	0	0	4 698	5 108	5 822	3 652	3 306	3 502	3 388
Duty on cigarette paper	0	0	0	68	32	28	38	30	28	30
Duty on nicotine products	0	..	0	0	0	0	0	0	0	146
Energy producers payback in relation to extraordinary high energy prices	0	..	0	0	0	0	0	0	0	2 000
Duty on rechargeable Ni-Cd batteries	0	0	0	24	17	4	2	1	1	0
Duty on piped water	0	0	0	1 392	1 371	1 334	1 688	1 687	1 704	1 696
Duty on carrier bags made of paper, plastic, etc.	0	0	0	160	210	201	208	324	307	254
Duty on tires	0	0	0	29	45	61	57	56	54	52
Duty on sulpher	0	0	0	165	110	48	42	35	38	33
Duty on chlorinated solvents	0	0	0	2	0	0	0	0	0	0
Duty on natural gas	0	0	0	2 625	3 375	4 524	3 160	2 784	2 934	2 476
Duty on nitrogen	0	0	0	30	27	26	17	15	22	17
Duty on specific growth stimulants	0	0	0	0	0	0	0	0	0	0
Duty on PVC-film	0	0	0	7	12	11	11	0	17	21
Duty on PVC and phathalates	0	0	0	31	42	23	19	0	17	20
Duty on lead accumulators	0	0	0	14	0	0	0	0	0	0
Duty on mineral phosphorus	0	0	0	0	51	51	52	0	0	0
Surcharge on alcoholic soft drinks	0	0	0	0	17	26	33	0	0	0
Duty on nitrogen oxides	0	0	0	0	0	212	820	155	165	157
Duty on saturated fat	0	0	0	0	0	0	0	0	0	0
Duty on PSO (Public Service Obligations)	0	0	0	3 641	4 319	3 004	7 302	1 853	114	0
5122 Bénéfices des monopoles fiscaux	16	183	404	1 402	1 565	1 445	1 247	1 334	1 507	1 479
5123 Droits de douane et droits à l'importation	556	1 113	1 849	2 325	3 282	3 242	3 285	3 089	3 713	4 583
Customs duties	0	1 032	1 779	2 325	3 282	3 242	3 285	3 089	3 713	4 583
Temporary import surcharge	556	0	0	0	0	0	0	0	0	0
Import duties on agricultural produce	0	81	70	0	0	0	0	0	0	0
5124 Taxes à l'exportation	0	0	0	0	0	0	0	0	0	0
5125 Impôts sur les biens d'équipement	0	0	0	0	0	0	0	0	0	0
5126 Impôts sur des services déterminés	62	775	1 568	3 198	4 503	3 949	3 196	3 098	3 518	3 730
Sales tax on gambling stakes races	17	28	20	11	19	16	13	0	0	0
Tax on football pools	31	156	285	954	1 127	1 088	0	0	0	0
Tax on cinema tickets	14	0	0	0	0	0	0	0	0	0
Duty on motor vehicle compl. insurance	0	470	923	1 494	2 104	1 854	1 529	1 444	1 420	1 413
Duty on insurance on pleasure boats	0	13	57	66	100	122	126	104	105	117
Duty on charter flight	0	109	283	0	0	0	0	0	0	0
Turnover tax on 6-win horse race betting	0	0	0	0	0	0	0	0	0	0
Duty on casinos	0	0	0	180	261	173	200	132	117	195
Passenger duty	0	0	0	477	0	0	0	0	0	0
Duty on the Danish State Lottery	0	0	0	16	35	41	44	45	45	45
Duty on slot machines	0	0	0	0	858	656	618	414	328	484
Duty on gambling	0	0	0	0	0	0	402	460	690	669
Duty on online casinos	0	0	0	0	0	0	263	501	813	807

	1965	1980	1990	2000	2007	2010	2015	2020	2021	2022
5127 Autres impôts sur les transactions et les échanges internationaux non couverts par les rubriques 5121 à 5126	0	0	0	0	0	0	0	0	0	0
5128 Autres impôts non couverts par les rubriques 5121 à 5127	0	277	837	312	- 26	33	33	0	0	0
Duty paid to ECSC	..	4	5	0	0	0	0	..	..	..
Sugar storing duty	..	83	113	62	0	0	0	..	..	..
Duty on the production of sugar	..	81	145	249	- 26	33	33	..	..	..
Duty on milk co-reponsibility levy	..	109	255	0	0	0	0	..	..	..
Grain co-reponsibility levy	..	0	319	0	0	0	0	..	..	..
Restructuring scheme for EU sugar system	..	0	0	0	397	0	0	..	..	..
5130 Non ventilables entre les rubriques 5110 et 5120	0	0	0	0	0	0	0	0	0	0
5200 Impôts sur l'utilisation des biens ou l'autorisation d'utiliser des biens ou d'exercer des activités	488	2 893	4 410	7 468	14 575	14 730	16 530	15 073	13 864	13 546
5210 Impôts périodiques sur l'utilisation des biens ou l'exercice d'activités	488	2 893	4 410	7 468	14 484	14 730	16 171	13 833	12 624	11 368
5211 Impôts périodiques à la charge des ménages: véhicules à moteur	199	1 874	2 922	5 485	7 105	7 613	8 136	7 135	7 113	7 093
Weight duty automobiles	199	1 874	2 922	5 318	6 954	7 467	7 859	6 879	6 852	6 829
Recycling fee on cars	0	0	0	167	151	147	277	256	261	263
5212 Impôts périodiques à la charge d'autres agents: véhicules à moteur	287	1 014	1 441	1 919	3 125	2 980	3 483	3 946	4 188	4 173
Weight duty automobiles	287	1 014	1 441	1 612	2 652	2 611	3 088	3 391	3 617	3 605
Road charges	0	0	0	307	473	370	395	555	571	569
5213 Sur l'utilisation des biens ou l'exercice d'activités autres que les véhicules à moteur	2	5	47	64	4 255	4 137	4 552	2 752	1 323	102
5220 Impôts non périodiques sur l'utilisation des biens ou l'exercice d'activités	0	0	0	0	91	0	359	1 240	1 241	2 178
5300 Non ventilables entre les rubriques 5100 et 5200	0	0	1 575	3 368	4 724	4 948	7 177	9 606	9 976	10 582
6000 Impôts autres que les rubriques 1000, 2000, 3000, 4000 et 5000	0	0	0	391	190	206	2 781	1 199	1 339	1 382
6100 À la charge exclusive des entreprises	..	..	..	391	190	206	2 781	1 199	1 339	1 382
6200 À la charge d'autre agents que les entreprises ou non identifiables	..	..	..	0	0	0	0	0	0	0
Custom duties collected for the EU	..	..	0	2 325	3 282	3 242	3 285	3 089	3 713	4 583
Non-wastable tax credits against 1110	..	..	..	..	..	4 959	4 230	3 026	3 020	2 260
Tax expenditure component	..	..	..	..	..	4 711	4 018	2 874	2 869	2 147
Transfer component	..	..	..	..	..	248	211	151	151	113
Non-wastable tax credits against 1210	..	..	..	..	..	0	0	0	0	0
Tax expenditure component	..	..	..	..	..	..	..	..	..	..
Transfer component	..	..	..	..	..	..	..	..	..	..
Recettes fiscales totales sur la base d'encaissements	..	..	..	..	..	..	..	..	..	..
Recettes fiscales totales sur la base des droits constatés	20 821	165 753	381 079	623 197	813 613	816 787	964 234	1 109 759	1 222 051	1 202 275
Impôts additionnels inclus dans les comptes nationaux	0	0	..	..	..	..	..	..	..	..
Impôts exclus des comptes nationaux	0	0	..	..	..	..	..	..	..	..
Différence dans les traitements des crédits d'impôts	0	0	0	0	0	4 711	4 018	2 874	2 869	2 147
Transfert en capital des recettes non collectées	0	- 1 363	- 3 091	- 2 744	- 3 251	- 4 712	- 20 451	- 10 754	- 8 927	- 9 576
Cotisations de sécurité sociale volontaires	0	1 673	8 177	16 633	17 061	17 192	14 721	14 873	15 277	14 844
Différences diverses	0	0	..	..	..	..	..	..	..	..
Comptes nationaux : impôts et cotisations sociales effectives	20 821	166 063	386 165	637 086	827 423	833 978	962 522	1 116 752	1 231 270	1 209 691
Cotisations sociales imputées	0	5 958	4 351	6 223	5 693	5 356	4 063	3 094	2 999	2 955
Comptes nationaux : impôts et toutes les cotisations sociales	20 821	172 021	390 515	643 309	833 116	839 335	966 585	1 119 846	1 234 269	1 212 646

.. Non disponible

Note : Year ending 31st December.

The figures are on an accrual basis.

Heading 2300 includes a small amount of voluntary contributions which cannot be isolated.

Source : Statistics Denmark.

Tableau 5.10. Estonie : recettes fiscales détaillées, 1965-2022

Million EUR

	1965	1980	1990	2000	2007	2010	2015	2020	2021	2022
Recettes fiscales totales	..	..	..	1 919	5 082	4 894	6 874	9 134	10 536	11 862
Recettes fiscales totales excluant les taxes collectés pour le compte de l'UE	..	..	..	1 919	5 047	4 870	6 840	9 084	10 462	11 761
1000 Impôts sur le revenu, les bénéfices et les gains en capital	..	..	..	476	1 197	970	1 607	2 102	2 627	2 876
1100 Impôts sur le revenu, les bénéfices et les gains en capital des personnes physiques	..	..	..	421	936	776	1 182	1 652	2 146	2 279
1110 Sur le revenu et les bénéfices des personnes physiques	..	..	..	421	936	776	1 182	1 652	2 146	2 279
1120 Sur les gains en capital des personnes physiques	..	..	..	0	0	0	0	0	0	0
1200 Impôts sur le revenu, les bénéfices et les gains en capital des sociétés	..	..	..	55	261	194	424	450	481	596
1210 Sur le revenu et les bénéfices des sociétés	..	..	..	55	65	35	38	82	96	110
1220 Sur les gains en capital des sociétés	..	..	..	0	196	159	386	368	386	486
1300 Non ventilables entres les rubriques 1100 et 1200	..	..	..	0	0	0	0	0	0	0
2000 Cotisations de sécurité sociale (CSS)	..	..	..	674	1 683	1 879	2 300	3 331	3 652	4 122
2100 CSS à la charge des salariés	..	..	..	0	28	116	99	139	150	171
2110 CSS à la charge des salariés - sur la base du salaire	..	..	..	..	28	116	99	139	150	171
2120 CSS à la charge des salariés - sur la base de l'impôt sur le revenu	..	..	..	..	0	0	0	0	0	0
2200 CSS à la charge des employeurs	..	..	..	662	1 635	1 742	2 181	2 974	3 280	3 771
2210 CSS à la charge des employeurs - sur la base du salaire	..	..	..	662	1 635	1 742	2 181	2 974	3 280	3 771
2220 CSS à la charge des employeurs - sur la base de l'impôt sur le revenu	..	..	..	0	0	0	0	0	0	0
2300 CSS à la charge des indépendants ou des sans emploi	..	..	..	12	21	21	20	217	221	180
2310 CSS à la charge des indépendants ou des sans emploi - sur la base du salaire	..	..	..	12	21	21	20	217	221	180
2320 CSS à la charge des indépendants ou des sans emploi - Sur la base de l'impôt sur le revenu	..	..	..	0	0	0	0	0	0	0
2400 CSS Non ventilables entre les rubriques 2100, 2200 et 2300	..	..	..	0	0	0	0	0	0	0
2410 CSS Non-ventilables entre les rubriques 2100, 2200 et 2300 - sur la base du salaire	..	..	..	..	..	..	..	..	..	..
2420 CSS Non-ventilables entre les rubriques 2100, 2200 et 2300 - sur la base de l'impôt sur le revenu	..	..	..	..	..	..	..	..	..	..
3000 Impôts sur les salaires et la main-d'oeuvre	..	..	..	0	0	0	0	0	0	0
4000 Impôts sur le patrimoine	..	..	..	24	35	51	58	58	59	59
4100 Impôts périodiques sur la propriété immobilière	..	..	..	24	35	51	58	58	59	59
Land tax	..	..	..	24	35	51	58	58	59	59
4110 Impôts périodiques sur la propriété immobilière – Ménages	..	..	..	..	..	..	..	..	..	..
4120 Impôts périodiques sur la propriété immobilière – Autres agents	..	..	..	..	..	..	..	..	..	..
4200 Impôts périodiques sur l'actif net	..	..	..	0	0	0	0	0	0	0
4210 Impôts périodiques sur l'actif net – Personnes physiques	..	..	..	..	..	..	..	..	..	..
4220 Impôts périodiques sur l'actif net – Sociétés	..	..	..	..	..	..	..	..	..	..
4300 Impôts sur les mutations par décès, les successions et les donations	..	..	..	0	0	0	0	0	0	0
4310 Impôts sur les mutations par décès et les successions	..	..	..	..	..	..	..	..	..	..
4320 Impôts sur les donations	..	..	..	..	..	..	..	..	..	..
4400 Impôts sur les transactions mobilières et immobilières	..	..	..	0	0	0	0	0	0	0
4500 Impôts non périodiques sur le patrimoine	..	..	..	0	0	0	0	0	0	0
4510 Impôts non périodiques sur l'actif net	..	..	..	..	..	..	..	..	..	..
4520 Impôts non périodiques sur le patrimoine autre que sur l'actif net	..	..	..	..	..	..	..	..	..	..
4600 Autres impôts périodiques sur le patrimoine hors rubriques 4100 et 4200	..	..	..	0	0	0	0	0	0	0
5000 Impôts sur les biens et services	..	..	..	745	2 166	1 993	2 909	3 643	4 198	4 805
5100 Impôts sur la production, la vente, le transfert, la location et la livraison des biens et la prestation de services	..	..	..	723	2 099	1 938	2 829	3 438	3 994	4 482
5110 Impôts généraux sur les biens et services	..	..	..	521	1 423	1 263	1 873	2 439	2 877	3 309
5111 Taxes sur la valeur ajoutée	..	..	..	520	1 423	1 257	1 873	2 439	2 877	3 309
5112 Impôts sur les ventes	..	..	..	0	0	6	0	0	0	0

	1965	1980	1990	2000	2007	2010	2015	2020	2021	2022
5113 Autres impôts généraux sur les biens et services	..	..	..	0	0	0	0	0	0	0
5120 Impôts sur des biens et des services déterminés	..	..	..	202	675	675	956	999	1 117	1 173
5121 Accises	..	..	..	183	577	619	869	897	981	996
Alcohol	..	..	..	62	153	154	207	211	223	241
Tobacco	..	..	..	36	134	91	183	231	242	246
Fuel	..	..	..	76	290	343	444	437	507	500
Motor vehicle	..	..	..	9	0	0	0	0	0	0
Package	..	..	..	0	0	0	1	0	0	0
Fur	..	..	..	0	0	0	0	0	0	0
Electricity	..	..	..	0	0	31	34	18	8	8
5122 Bénéfices des monopoles fiscaux	..	..	..	0	0	0	0	0	0	0
5123 Droits de douane et droits à l'importation	..	..	..	2	35	24	34	42	62	85
5124 Taxes à l'exportation	..	..	..	0	0	0	0	0	0	0
5125 Impôts sur les biens d'équipement	..	..	..	0	0	0	0	0	0	0
5126 Impôts sur des services déterminés	..	..	..	17	64	33	53	60	73	93
Gambling tax	..	..	..	7	30	21	23	28	33	47
Advertising tax	..	..	..	1	3	2	4	0	0	0
Postal service payment	..	..	..	0	0	0	0	5	7	7
Liquid fuel stockpiling fee	..	..	..	0	2	5	5	4	5	6
Contributions to the Guarantee Fund	..	..	..	9	29	5	20	23	28	33
5127 Autres impôts sur les transactions et les échanges internationaux non couverts par les rubriques 5121 à 5126	..	..	..	0	0	0	0	0	0	0
5128 Autres impôts non couverts par les rubriques 5121 à 5127	..	..	..	0	0	0	0	0	0	0
5130 Non ventilables entre les rubriques 5110 et 5120	..	..	..	0	0	0	0	0	0	0
5200 Impôts sur l'utilisation des biens ou l'autorisation d'utiliser des biens ou d'exercer des activités	..	..	..	22	68	55	80	204	204	323
5210 Impôts périodiques sur l'utilisation des biens ou l'exercice d'activités	..	..	..	22	68	55	73	61	62	79
Car registration fee	..	..	..	2	5	4	7	6	8	8
Heavy vehicle tax	..	..	..	0	4	4	5	5	5	5
5211 Impôts périodiques à la charge des ménages: véhicules à moteur	..	..	..	..	..	..	..	..	..	..
5212 Impôts périodiques à la charge d'autres agents: véhicules à moteur	..	..	..	..	..	..	..	..	..	..
5213 Sur l'utilisation des biens ou l'exercice d'activités autres que les véhicules à moteur	..	..	..	20	58	47	61	50	49	66
Business and professional licenses	..	..	..	3	2	1	1	4	5	5
Pollution fee	..	..	..	10	44	31	44	29	25	43
Specific use of water	..	..	..	4	9	13	13	14	14	15
Fees for closure of roads, streets and squares	..	..	..	0	1	1	2	2	2	2
Fishing fees	..	..	..	1	1	1	2	2	2	2
Tax on motor vehicle	..	..	..	2	0	0	0	0	0	0
Boat tax	..	..	..	0	0	0	0	0	0	0
Animal tax	..	..	..	0	0	0	0	0	0	0
5220 Impôts non périodiques sur l'utilisation des biens ou l'exercice d'activités	..	..	..	0	0	0	7	143	142	244
Revenue from the sale of emission permits	..	..	..	..	..	..	7	143	142	244
5300 Non ventilables entre les rubriques 5100 et 5200	..	..	..	0	0	0	0	0	0	0
6000 Impôts autres que les rubriques 1000, 2000, 3000, 4000 et 5000	..	..	..	0	0	0	0	0	0	0
6100 À la charge exclusive des entreprises	..	..	..	..	..	..	..	..	..	..
6200 À la charge d'autre agents que les entreprises ou non identifiables	..	..	..	..	..	..	..	..	..	..
Other taxes	..	..	..	..	..	..	..	..	..	..
Customs duties collected for the EU	..	..	..	..	35	24	34	42	62	85
Contributions au Fonds de résolution unique collectées pour le compte de l'UE	0	0	0	..	..	..	..	8	12	16
Recettes fiscales totales sur la base d'encaissements	..	..	..	1 907	5 003	4 921	6 848	9 204	10 426	11 807
Recettes fiscales totales sur la base des droits constatés	..	..	..	1 919	5 082	4 894	6 874	9 134	10 536	11 862
Impôts additionnels inclus dans les comptes nationaux	..	..	..	0	0	0	0	0	0	0

	1965	1980	1990	2000	2007	2010	2015	2020	2021	2022
Impôts exclus des comptes nationaux	..	..	..	0	0	0	0	0	0	0
Différence dans les traitements des crédits d'impôts	..	..	..	0	0	0	0	0	0	0
Transfert en capital des recettes non collectées	..	..	..	0	0	0	0	0	0	0
Cotisations de sécurité sociale volontaires	..	..	..	0	0	0	0	0	0	0
Différences diverses	..	..	..	0	0	0	0	0	0	0
Comptes nationaux : impôts et cotisations sociales effectives	..	..	..	1 919	5 082	4 894	6 874	9 134	10 536	11 862
Cotisations sociales imputées	..	..	..	4	20	30	49	86	95	108
Comptes nationaux : impôts et toutes les cotisations sociales	..	..	..	1 922	5 102	4 924	6 923	9 220	10 631	11 970

.. Non disponible

Note : Year ending 31st December.

Data on an accrual basis.

Source : Statistics Estonia.

Tableau 5.11. Finlande : recettes fiscales détaillées, 1965-2022

Million EUR

	1965	1980	1990	2000	2007	2010	2015	2020	2021	2022
Recettes fiscales totales	1 362	11 895	39 052	62 435	77 447	76 315	92 003	99 610	108 314	115 575
Total tax revenue exclusive of taxes collected for the EU	..	..	39 052	62 296	77 247	76 163	91 760	99 201	107 839	114 958
1000 Impôts sur le revenu, les bénéfices et les gains en capital	564	4 654	15 323	26 910	30 358	27 104	32 371	34 962	39 115	42 660
1100 Impôts sur le revenu, les bénéfices et les gains en capital des personnes physiques	453	4 248	13 562	19 118	23 396	22 545	27 824	29 873	32 270	34 604
1110 Sur le revenu et les bénéfices des personnes physiques	453	4 234	13 520	19 118	23 396	22 545	27 824	29 873	32 270	34 604
Tax on income	125	1 827	5 917	9 036	9 086	6 465	9 138	9 360	11 417	12 828
The final withdrawal tax on interest income	0	0	0	92	254	205	110	36	26	15
Communal tax	279	2 376	7 603	9 990	14 056	15 875	18 576	20 477	20 827	21 761
Seaman's tax	3	31	0	0	0	0	0	0	0	0
National pension contributions	32	0	0	0	0	0	0	0	0	0
National health insurance contributions	15	0	0	0	0	0	0	0	0	0
1120 Sur les gains en capital des personnes physiques	0	14	42	0	0	0	0	0	0	0
Tax on lottery prizes	..	14	42	..	..	..	..	..	..	..
1200 Impôts sur le revenu, les bénéfices et les gains en capital des sociétés	111	405	1 761	7 792	6 962	4 559	4 547	5 089	6 845	8 056
1210 Sur le revenu et les bénéfices des sociétés	111	405	1 761	7 792	6 962	4 559	4 547	5 089	6 845	8 056
Tax on income	72	202	1 001	4 758	5 298	2 972	2 761	2 933	3 797	5 279
Communal tax	36	187	699	2 900	1 541	1 471	1 668	2 156	3 048	2 777
Church tax	3	16	61	134	123	116	118	0	0	0
1220 Sur les gains en capital des sociétés	0	0	0	0	0	0	0	0	0	0
1300 Non ventilables entres les rubriques 1100 et 1200	0	0	0	0	0	0	0	0	0	0
2000 Cotisations de sécurité sociale (CSS)	93	2 776	10 012	15 756	21 384	22 648	26 639	27 326	30 186	31 954
2100 CSS à la charge des salariés	1	394	1 152	2 926	4 050	4 710	6 364	8 553	9 133	9 580
For employment pension schemes	1	10	23	2 120	2 950	3 386	4 714	6 239	6 546	6 972
For unemployment schemes	0	0	0	435	369	267	489	1 072	1 239	1 421
2110 CSS à la charge des salariés - sur la base du salaire	..	10	23	2 565	3 319	3 653	5 203	7 311	7 785	8 393
2120 CSS à la charge des salariés - sur la base de l'impôt sur le revenu	..	384	1 129	361	731	1 057	1 161	1 242	1 348	1 187
National pension contributions	..	251	502	2	0	0	0	0	0	0
National health insurance contributions	..	133	627	359	731	1 057	1 161	1 242	1 348	1 187
2200 CSS à la charge des employeurs	93	2 230	8 127	11 571	15 715	16 041	18 232	16 704	18 890	20 283
For national pension schemes	29	685	1 502	1 566	1 331	0	0	0	0	0
For national health insurance	10	244	792	839	1 142	1 590	1 662	1 197	1 445	1 347
For unemployment schemes	3	106	206	1 143	1 346	1 377	1 676	1 006	1 172	1 344
For employment pension schemes	50	1 195	5 627	8 023	11 896	13 074	14 894	14 501	16 273	17 592
For accident and group life insurance premiums	0	0	0	0	0	0	0	0	0	0
2210 CSS à la charge des employeurs - sur la base du salaire	..	2 230	8 127	11 571	15 715	16 041	18 232	16 704	18 890	20 283
2220 CSS à la charge des employeurs - sur la base de l'impôt sur le revenu	..	0	0	0	0	0	0	0	0	0
2300 CSS à la charge des indépendants ou des sans emploi	0	152	733	1 259	1 619	1 897	2 043	2 069	2 163	2 091
For employment pension schemes	..	84	394	576	817	932	1 269	1 241	1 246	1 280
2310 CSS à la charge des indépendants ou des sans emploi - sur la base du salaire	..	84	394	576	817	932	1 269	1 241	1 246	1 280
2320 CSS à la charge des indépendants ou des sans emploi - Sur la base de l'impôt sur le revenu	..	68	339	683	802	965	774	828	917	811
National pension contributions	..	43	151	5	0	0	0	0	0	0
National health insurance contributions	..	25	188	678	802	965	774	828	917	811
2400 CSS Non ventilables entre les rubriques 2100, 2200 et 2300	0	0	0	0	0	0	0	0	0	0
2410 CSS Non-ventilables entre les rubriques 2100, 2200 et 2300 - sur la base du salaire	..	..	..	..	..	..	..	..	..	..
2420 CSS Non-ventilables entre les rubriques 2100, 2200 et 2300 - sur la base de l'impôt sur le revenu	..	..	..	..	..	..	..	..	..	..
3000 Impôts sur les salaires et la main-d'oeuvre	70	22	0	0	0	0	0	0	0	0
Soc. Sec. contr. for children allowance	70	22	..	..	..	..	..	..	..	..
4000 Impôts sur le patrimoine	54	221	956	1 518	2 012	2 087	3 017	3 569	3 788	3 864
4100 Impôts périodiques sur la propriété immobilière	0	0	76	570	855	1 169	1 603	1 950	1 960	2 046
4110 Impôts périodiques sur la propriété immobilière – Ménages	..	..	46	273	405	576	733	899	904	940
4120 Impôts périodiques sur la propriété immobilière – Autres agents	..	..	30	297	450	593	870	1 051	1 056	1 106
4200 Impôts périodiques sur l'actif net	24	24	27	179	0	0	0	0	0	0

	1965	1980	1990	2000	2007	2010	2015	2020	2021	2022
4210 Impôts périodiques sur l'actif net – Personnes physiques	11	23	25	175	..	..	..	..	..	..
4220 Impôts périodiques sur l'actif net – Sociétés	13	2	2	4	..	..	..	..	..	..
4300 Impôts sur les mutations par décès, les successions et les donations	3	26	146	368	459	387	631	797	826	901
4310 Impôts sur les mutations par décès et les successions	3	21	121	307	384	324	528	650	662	705
4320 Impôts sur les donations	1	5	25	61	75	63	103	147	164	196
4400 Impôts sur les transactions mobilières et immobilières	27	170	707	401	698	531	783	822	1 002	917
Stamp duty excluded entertainment	27	170	688	- 20	0	0	0	0	0	0
Credit tax	0	0	19	0	0	0	0	0	0	0
Transfer tax	0	0	0	421	698	531	783	822	1 002	917
4500 Impôts non périodiques sur le patrimoine	0	0	0	0	0	0	0	0	0	0
4510 Impôts non périodiques sur l'actif net	..	..	..	..	..	..	..	..	..	..
4520 Impôts non périodiques sur le patrimoine autre que sur l'actif net	..	..	..	..	..	..	..	..	..	..
4600 Autres impôts périodiques sur le patrimoine hors rubriques 4100 et 4200	0	0	0	0	0	0	0	0	0	0
5000 Impôts sur les biens et services	578	4 202	12 711	18 221	23 624	24 407	29 895	33 680	35 117	37 010
5100 Impôts sur la production, la vente, le transfert, la location et la livraison des biens et la prestation de services	570	4 158	12 555	17 781	22 953	23 642	28 836	32 224	33 680	35 333
5110 Impôts généraux sur les biens et services	251	2 062	7 519	10 869	15 207	15 533	18 974	22 005	23 551	25 061
5111 Taxes sur la valeur ajoutée	251	2 062	7 519	10 869	15 207	15 533	18 974	22 005	23 551	25 061
Value added taxes	251	2 062	7 519	9 616	13 657	13 691	16 680	18 802	20 226	21 409
VAT repayments of local government	0	0	0	849	1 550	1 842	2 294	3 203	3 325	3 652
Social Insur. Institutions' part of VAT revenue	0	0	0	404	0	0	0	0	0	0
5112 Impôts sur les ventes	0	0	0	0	0	0	0	0	0	0
5113 Autres impôts généraux sur les biens et services	0	0	0	0	0	0	0	0	0	0
Suppl. sales tax on consumer durables	..	..	..	..	..	..	..	..	..	..
5120 Impôts sur des biens et des services déterminés	319	2 096	5 036	6 912	7 746	8 109	9 862	10 219	10 129	10 272
5121 Accises	183	1 615	3 813	5 613	6 013	6 286	7 678	8 006	7 834	7 893
Excise on tobacco products	52	206	473	561	622	655	885	1 054	1 019	1 140
Excise on sweetments	6	23	26	0	0	0	0	0	0	0
Excise on medium, strong beer	3	109	419	0	0	0	0	0	0	0
Excise on non-alcoholic beverages	2	17	22	32	35	37	250	209	221	219
Excise on certain foodstuffs	3	218	36	0	0	0	0	0	0	0
Excise on liquid fuels	58	504	986	2 583	2 907	3 167	4 054	4 253	4 272	4 316
Excise on motor cars	28	238	697	1 059	1 217	941	882	713	515	477
Tax on alcoholic beverages	29	353	813	1 239	1 016	1 279	1 356	1 521	1 543	1 478
Levies on pharmacy	2	16	46	85	113	122	165	198	202	208
Levies for price reduction on butter	0	3	0	0	0	0	0	0	0	0
Levies for marketing of milk	0	12	58	0	0	0	0	0	0	0
Excise on margarines	0	18	55	0	0	0	0	0	0	0
Stock-building levies on liquid fuels	0	15	44	46	50	48	43	40	44	40
Excise on sugar products	0	18	34	0	0	0	0	0	0	0
Excise on feeding stuffs	0	0	0	0	0	0	0	0	0	0
Excise on fertilizers	0	21	21	0	0	0	0	0	0	0
Excise on oil-based concentrated feed	0	1	0	0	0	0	0	0	0	0
Excise on protein feed	0	0	0	0	0	0	0	0	0	0
Equalization fee agricultural products	0	8	29	0	0	0	0	0	0	0
Excise on albumen	0	0	30	0	0	0	0	0	0	0
Tax on electricity	0	65	0	0	0	0	0	0	0	0
Oil damage levy	0	0	7	5	8	20	24	2	0	0
Oil waste levy	0	0	4	3	4	4	4	0	0	0
Price difference compensations	0	- 231	0	0	0	0	0	0	0	0
The milk quota charge	0	0	6	0	0	0	0	0	0	0
Levies for marketing of special agric. prod.	0	0	0	0	0	0	0	0	0	0
Excise on phosphorous fertilizers	0	0	7	0	0	0	0	0	0	0
Excise on certain beverage packages	0	0	0	0	41	13	15	16	18	15
5122 Bénéfices des monopoles fiscaux	38	86	202	0	0	0	0	0	0	0
Excess profits on alcohol	38	86	202	..	..	..	..	..	..	..
5123 Droits de douane et droits à l'importation	88	235	423	130	199	151	166	174	205	297
Import duties	62	126	232	0	0	0	0	0	0	0
Import levies on agricultural products	26	6	12	0	0	0	0	0	0	0
Local import duties (Town dues)	1	0	0	0	0	0	0	0	0	0
Import levies price stabilisation fund	0	3	0	0	0	0	0	0	0	0
Agricultural levies	0	0	0	0	0	0	0	0	0	0
Equalization tax	0	100	179	0	0	0	0	0	0	0
Custom duties	0	0	0	130	199	151	166	174	205	297

	1965	1980	1990	2000	2007	2010	2015	2020	2021	2022
5124 Taxes à l'exportation	0	0	0	0	0	0	0	0	0	0
Export duties	..	..	..	..	..	..	..	..	..	..
Levies on export	..	..	..	..	..	..	..	..	..	..
Counter-cyclical tax exports	..	..	..	..	..	..	..	..	..	..
5125 Impôts sur les biens d'équipement	0	0	0	0	0	0	0	0	0	0
Investment tax on buildings	..	..	..	..	..	..	..	..	..	..
5126 Impôts sur des services déterminés	9	161	598	1 160	1 533	1 671	2 017	2 039	2 090	2 082
Net revenue of betting	8	94	328	704	807	874	967	746	819	748
Tax on motion pictures	0	0	0	0	0	0	0	0	0	0
Stamp duties on entertainment	2	5	0	0	0	0	0	0	0	0
Fire protection levy	0	3	7	6	8	9	11	11	12	12
Tax on waste	0	0	0	33	56	42	32	7	3	4
Rail tax	0	0	0	0	18	18	6	0	0	0
Tax on insurance premiums	0	58	263	337	509	584	777	820	848	875
Tax on lottery prizes	0	0	0	80	135	144	222	163	67	42
Tax on telecommunications	0	0	0	0	0	0	0	0	0	0
Bank tax	0	0	0	0	0	0	- 74	- 2	- 1	- 1
Contributions to the Resolution Fund	..	..	0	0	0	0	76	235	270	320
Contributions to the Deposit Guarantee Fund	0	0	0	0	0	0	0	59	72	82
5127 Autres impôts sur les transactions et les échanges internationaux non couverts par les rubriques 5121 à 5126	0	0	0	0	0	0	0	0	0	0
Tax on charter flights	..	..	..	..	..	..	..	..	..	..
5128 Autres impôts non couverts par les rubriques 5121 à 5127	0	0	0	9	1	1	1	0	0	0
Sugar levy	..	..	..	9	1	1	1	..	..	..
Steel and coal levy	..	..	..	0	0	0	0	..	..	..
5130 Non ventilables entre les rubriques 5110 et 5120	0	0	0	0	0	0	0	0	0	0
5200 Impôts sur l'utilisation des biens ou l'autorisation d'utiliser des biens ou d'exercer des activités	8	44	156	440	671	765	1 059	1 456	1 437	1 677
5210 Impôts périodiques sur l'utilisation des biens ou l'exercice d'activités	8	44	156	423	637	725	960	1 208	1 170	1 144
5211 Impôts périodiques à la charge des ménages: véhicules à moteur	0	2	5	165	486	541	748	965	938	916
5212 Impôts périodiques à la charge d'autres agents: véhicules à moteur	7	32	135	235	126	150	182	203	196	193
5213 Sur l'utilisation des biens ou l'exercice d'activités autres que les véhicules à moteur	1	10	16	23	25	34	30	40	36	35
Dog licenses	1	2	4	5	3	2	1	0	0	0
Hunting and fishing licenses	1	7	12	17	17	24	22	28	27	26
Seamens welfare and rescue levy	0	0	0	1	1	1	0	0	0	0
Nuclear energy research levy	0	0	0	0	4	7	7	12	9	9
5220 Impôts non périodiques sur l'utilisation des biens ou l'exercice d'activités	0	0	0	17	34	40	99	248	267	533
Vehicle registration tax	..	..	..	17	34	40	36	27	29	30
Income from auction of emission allowances	..	..	..	0	0	0	63	221	238	503
5300 Non ventilables entre les rubriques 5100 et 5200	0	0	0	0	0	0	0	0	0	0
6000 Impôts autres que les rubriques 1000, 2000, 3000, 4000 et 5000	2	21	50	30	69	69	81	73	108	87
6100 À la charge exclusive des entreprises	0	0	0	0	0	0	0	0	0	0
6200 À la charge d'autre agents que les entreprises ou non identifiables	2	21	50	30	69	69	81	73	108	87
Custom duties collected for the EU	..	..	..	130	199	151	166	174	205	297
Contributions au Fonds de résolution unique collectées pour le compte de l'UE	0	0	..	..	..	..	76	235	270	320
Recettes fiscales totales sur la base d'encaissements	1 362	11 895	39 396	61 638	77 110	76 176	91 846	98 048	107 070	116 092
Recettes fiscales totales sur la base des droits constatés	..	..	39 052	62 435	77 447	76 315	92 003	99 610	108 314	115 575
Impôts additionnels inclus dans les comptes nationaux	..	0	0	0	0	0	0	0	0	0
Impôts exclus des comptes nationaux	..	0	0	0	0	0	0	0	0	0
Différence dans les traitements des crédits d'impôts	..	0	0	0	0	0	0	0	0	0
Transfert en capital des recettes non collectées	..	0	0	0	0	0	0	0	0	0
Cotisations de sécurité sociale volontaires	..	262	632	236	228	254	303	235	261	246
Différences diverses	..	0	0	0	0	0	0	0	0	0
Comptes nationaux : impôts et cotisations sociales effectives	..	12 157	39 684	62 671	77 675	76 569	92 306	99 845	108 575	115 821
Cotisations sociales imputées	..	513	688	30	0	0	0	..	..	..
Comptes nationaux : impôts et toutes les cotisations sociales	..	12 670	40 372	62 701	77 675	76 569	92 306	99 845	108 575	115 821

.. Non disponible

Note : Year ending 31st December.
From 1988 data are on accrual basis.
The comparability of the time series to earlier years is slightly lower.
Headings 2120 and 2320: The breakdown of contributions paid by employees and self-employed or non-employed is estimated, except for the healthcare fee of students in higher education included also into 2320 (in effect from 2021).
Headings 4110 and 4120: The breakdown of contributions paid by households and others is estimated.
Heading 4400: Negative values in Stamp duties are due to repayments during transition time from Stamp duties to Transfer tax.
Heading 5121: Negative items in Price difference compensations were due to subsidies under the price compensation scheme, which could be offset against any positive tax liability.
Heading 5126: Negative values are due to repayments temporary bank tax.
Heading 5212: Prior to 1990, a part of the tax was paid by households.
Source : Statistics Finland, basing on data from State Treasury, Tax Administration, Finnish Customs, Finnish Transport and Communication Agency, Financial Stability Authority and Financial Supervisory Authority. Supplementary information from unpublished sources.

Tableau 5.12. France : recettes fiscales détaillées, 1965-2022

Million EUR

	1965	1980	1990	2000	2007	2010	2015	2020	2021	2022
Recettes fiscales totales	25 776	178 576	433 771	646 630	836 425	847 878	1 004 517	1 058 550	1 136 864	1 219 771
Recettes fiscales totales excluant les droits de douane	..	..	..	644 757	834 610	845 906	1 001 450	1 053 496	1 131 396	1 212 830
1000 Impôts sur le revenu, les bénéfices et les gains en capital	4 095	30 019	69 649	160 298	202 472	192 477	235 080	274 251	296 111	334 170
1100 Impôts sur le revenu, les bénéfices et les gains en capital des personnes physiques	2 736	20 734	46 272	116 989	148 328	151 762	192 051	221 534	235 813	258 542
1110 Sur le revenu et les bénéfices des personnes physiques	2 723	20 674	46 252	116 988	148 328	151 762	192 051	221 534	235 813	258 542
Impôt sur revenu personnes physiques	..	18 207	39 237	49 548	53 295	52 511	74 712	75 901	80 915	90 730
Retenue source sur B.N.C.	..	51	189	293	559	446	927	603	833	784
Retenue sur capitaux mobiliers	..	2 333	3 971	1 460	3 492	5 952	3 933	3 207	4 695	3 498
CSG, FSV, CRDS	..	0	0	65 597	90 937	92 763	112 379	131 251	137 461	150 175
Taxe forfaitaire sur métaux précieux,	..	70	58	47	37	52	71	79	95	108
Ressources sur cumuls rémunérations	..	7	20	38	0	0	0	0	0	0
Prélèvements de solidarité	..	0	2 207	5	0	0	0	10 219	11 480	12 771
Autres	..	6	571	0	8	38	29	274	334	476
1120 Sur les gains en capital des personnes physiques	14	59	20	1	0	0	0	0	0	0
Sur les gains en capital	..	0	0	0	..	..	..	..	..	..
Prélèv. sur bénéf. construction immobilière	..	59	20	1	..	..	..	..	..	..
1200 Impôts sur le revenu, les bénéfices et les gains en capital des sociétés	1 358	9 158	23 117	43 309	54 144	40 715	43 029	52 717	60 298	75 628
1210 Sur le revenu et les bénéfices des sociétés	1 358	9 158	23 117	43 309	54 144	40 715	43 029	52 717	60 298	75 628
Impôts sur les sociétés (émission de rôles)	..	8 524	20 804	40 046	52 165	38 842	39 758	50 425	58 652	73 556
3% dividendes	..	0	0	0	0	0	2 165	0	0	0
Retenue sur capitaux mobiliers	..	487	1 333	0	0	0	0	0	0	0
Précomptes sur bénéfices distribués (devenu prélèvement exceptionnel de 25% en 2005)	..	36	247	1 135	88	28	4	0	20	0
Prélèv. except. entrep. travail temporaire	..	0	0	0	0	0	0	0	0	0
Contribution Sociale sur les Bénéfices des Sociétés	..	0	0	589	158	842	971	1 171	1 042	1 589
Imposition annuelle forfaitaire	..	111	658	1 484	1 656	599	4	0	0	0
Prélèvement except. assurances	..	0	61	55	64	94	127	1 121	584	105
Contribution sur la rente inframarginale de la production d'électricité	0	0	0	0	0	0	0	0	0	378
Autres (prélèv. except. entrep. pétrol.)	..	0	14	0	13	310	0	0	0	0
1220 Sur les gains en capital des sociétés	0	0	0	0	0	0	0	0	0	0
1300 Non-ventilables entres les rubriques 1110 et 1200	0	127	260	0	0	0	0	0	0	0
2000 Cotisations de sécurité sociale (CSS)	8 804	76 235	191 141	231 766	305 929	322 078	368 660	346 095	372 809	395 489
2100 CSS à la charge des salariés	1 701	19 851	57 347	57 686	76 012	77 407	92 853	83 369	89 938	95 535
Cotisations effectives	0	19 851	57 347	57 686	76 012	77 407	92 853	83 369	89 938	95 535
2110 CSS à la charge des salariés - sur la base du salaire	0	0	0	57 686	76 012	77 407	92 853	83 369	89 938	95 535
2120 CSS à la charge des salariés - sur la base de l'impôt sur le revenu	0	0	0	0	0	0	0	0	0	0
2200 CSS à la charge des employeurs	6 525	50 742	118 079	159 367	207 757	218 810	247 372	235 532	254 127	268 049
Cotisations effectives	0	50 742	118 079	159 367	207 757	218 810	247 372	235 532	254 127	268 049
2210 CSS à la charge des employeurs - sur la base du salaire	0	0	0	159 367	207 757	218 810	247 372	235 532	254 127	268 049
2220 CSS à la charge des employeurs - sur la base de l'impôt sur le revenu	0	0	0	0	0	0	0	0	0	0
2300 CSS à la charge des indépendants ou des sans emploi	578	5 642	15 714	14 713	22 160	25 861	28 435	27 194	28 744	31 905
Cotisations effectives	..	5 642	15 714	14 713	22 160	25 861	28 435	27 194	28 744	31 905
2310 CSS à la charge des indépendants ou des sans emploi - sur la base du salaire	0	0	0	14 713	22 160	25 861	28 435	27 194	28 744	31 905
2320 CSS à la charge des indépendants ou des sans emploi - Sur la base de l'impôt sur le revenu	0	0	0	0	0	0	0	0	0	0
2400 CSS Non-ventilables entre les rubriques 2100, 2200 et 2300	0	0	0	0	0	0	0	0	0	0
2410 CSS Non-ventilables entre les rubriques 2100, 2200 et 2300 - sur la base du salaire	0	0	0	..	..	..	..	..	..	..
2420 CSS Non-ventilables entre les rubriques 2100, 2200 et 2300 - sur la base de l'impôt sur le revenu	0	0	0	..	..	..	..	..	..	..

	1965	1980	1990	2000	2007	2010	2015	2020	2021	2022
3000 Impôts sur les salaires et la main-d'oeuvre	1 189	3 935	8 254	16 118	24 243	28 531	36 354	45 242	47 381	52 035
Taxe sur les salaires	0	2 413	5 208	7 583	10 272	11 440	13 165	14 537	15 206	15 971
Forfait social	0	0	0	0	0	657	5 019	5 428	5 137	6 193
Taxe d'apprentissage	0	172	101	102	964	1 130	1 436	0	0	0
Divers contributions directes	0	263	379	551	736	1 759	1 479	798	865	936
Taxe de formation professionnelle	0	236	30	97	19	13	17	8 441	9 093	10 695
Fonds national d'aide au logement	0	120	754	1 506	2 412	2 465	2 629	2 478	2 648	2 687
Participation des employeurs à l'effort de construction	0	0	0	1 032	1 171	1 211	1 450	1 368	1 310	1 392
Autres	0	0	159	1 021	298	290	227	230	258	278
Versement au profit de l'UNEDIC	0	0	23	24	0	0	0	0	0	0
Taxe sur salaires retraités réemployés	0	0	0	0	0	0	0	0	0	0
Contributions sur indemnités de licenciement, de préretraites, et sur retraites chapeau	0	0	0	415	773	1 120	415	282	309	290
Versement mobilité	0	731	1 600	3 786	5 738	6 344	7 842	9 042	9 642	10 505
Contribution additionnelle de solidarité pour l'autonomie	0	0	0	0	1 860	1 917	1 891	1 993	2 115	2 262
Contribution employeurs pour le FCAATA	0	0	0	0	0	0	0	0	0	0
Contributions patronales sur stock-options	0	0	0	0	0	185	430	644	795	826
Taxe exceptionnelle de solidarité sur les hautes rémunérations	0	0	0	0	0	0	354	1	3	0
4000 Impôts sur le patrimoine	1 105	8 591	27 434	44 115	65 453	70 864	89 883	92 798	97 530	98 333
4100 Impôts périodiques sur la propriété immobilière	506	5 358	14 808	27 375	39 925	47 674	57 527	55 384	51 971	51 806
4110 Impôts périodiques sur la propriété immobilière – Ménages	198	4 454	11 493	20 221	30 633	36 565	43 957	40 353	38 409	37 543
Taxe d'habitation	0	2 306	5 100	8 366	12 433	15 254	18 424	10 456	7 889	5 416
Contributions foncieres (bâti)	0	1 034	4 040	8 460	11 983	14 403	17 557	20 879	21 396	22 530
Taxe d'enlèvement ordures ménagères	0	534	1 219	3 103	5 117	5 699	6 567	7 490	7 763	8 269
Taxe sur les terrains non bâtis	0	506	979	172	851	919	980	1 001	1 011	1 048
Imposition foncier non-bâti	0	0	0	53	59	61	61	69	69	69
Taxe au profit chambre d'agriculture	0	0	0	68	74	75	109	112	115	116
Taxe de balayage	0	74	156	- 1	116	154	259	346	166	95
Autres (prélèv. except. entrep. pétrol.)	308	904	3 315	7 154	9 291	11 109	13 570	15 031	13 562	14 263
4120 Impôts périodiques sur la propriété immobilière – Autres agents	0	759	3 032	6 256	9 054	10 865	13 246	14 751	13 285	13 986
Contributions foncieres (bâti)	0	127	245	688	0	0	0	0	0	0
Imposition foncier non-bâti	0	18	39	210	237	244	242	204	205	203
Taxe au profit chambre d'agriculture	0	0	0	0	0	0	82	76	72	74
Autres (prélèv. except. entrep. pétrol.)	0	0	2 615	2 440	4 390	4 461	5 224	1 997	2 025	2 283
4200 Impôts périodiques sur l'actif net	..	..	938	2 440	4 390	4 461	5 224	1 997	2 025	2 283
4210 Impôts périodiques sur l'actif net – Personnes physiques	..	..	1 677	0	0	0	0	0	0	0
4220 Impôts périodiques sur l'actif net – Sociétés	145	1 010	4 124	6 907	8 910	7 738	12 477	15 365	19 054	18 981
4300 Impôts sur les mutations par décès, les successions et les donations	140	875	3 490	5 508	7 853	6 862	10 850	12 904	15 189	15 651
4310 Impôts sur les mutations par décès et les successions	0	861	3 453	5 428	7 794	6 806	10 540	12 527	14 719	15 182
Mutations à titre gratuit	0	0	0	0	0	0	160	336	346	364
Prélèvements sur sommes versées par les assurances en cas de décès	0	14	37	80	59	56	150	41	124	105
Recettes diverses et pénalités	5	135	634	1 399	1 057	876	1 627	2 461	3 865	3 330
4320 Impôts sur les donations	0	113	568	1 399	1 057	876	1 627	2 461	3 865	3 330
Donations	0	0	0	0	0	0	0	0	0	0
Recettes diverses et pénalités	0	22	66	0	0	0	0	0	0	0
Autres (prélèv. except. entrep. pétrol.)	447	2 224	5 886	7 393	12 228	10 991	14 655	20 052	24 480	25 263
4400 Impôts sur les transactions mobilières et immobilières	0	30	209	279	443	279	335	322	452	507
Créances rentes offices	0	253	518	199	268	154	132	159	153	189
Fonds de commerce	0	14	18	0	0	1	1	0	0	0
Meubles corporels	0	63	4	2	2	3	1	0	0	1
Immeubles et droits immobiliers	0	95	218	4	5	8	7	0	0	0
Sociétés	0	35	60	367	179	253	6	1	1	1
Recettes diverses et pénalités	0	6	10	0	0	0	0	0	0	0
Actes judiciaires et extra-judiciaires	0	781	38	68	130	140	770	991	1 175	1 188
Taxe de publicité foncière	0	94	242	0	0	0	0	0	0	0
Droits et timbre divers	0	168	525	407	271	0	0	0	0	0
Impôts sur opérations de bourse	0	0	0	0	0	0	917	1 290	1 204	1 314
Taxe sur les transactions financières	0	679	4 002	5 349	10 481	9 733	11 934	16 931	21 033	21 628
Taxe additionnelle droits d'enregistrement	0	5	44	718	449	420	552	358	462	435
Autres droits et recettes	8	0	0	0	0	0	0	0	0	0
4500 Impôts non périodiques sur le patrimoine	8	..	..	..	..	..	..	..	..	..
4510 Impôts non périodiques sur l'actif net	0	..	..	..	..	..	..	..	..	..

	1965	1980	1990	2000	2007	2010	2015	2020	2021	2022
4520 Impôts non périodiques sur le patrimoine autre que sur l'actif net	0	0	0	0	0	0	0	0	0	0
4600 Autres impôts périodiques sur le patrimoine hors rubriques 4100 et 4200	9 902	54 317	123 235	169 922	210 532	224 158	262 430	284 575	306 924	317 902
5000 Impôts sur les biens et services	9 676	52 719	119 201	163 725	203 138	216 239	253 138	274 277	296 490	309 989
5100 Impôts sur la production, la vente, le transfert, la location et la livraison des biens et la prestation de services	5 994	37 760	81 341	110 118	141 779	151 269	169 530	181 560	197 017	213 259
5110 Impôts généraux sur les biens et services	5 173	37 282	79 972	107 334	136 883	135 833	152 167	162 090	185 350	199 362
5111 Taxes sur la valeur ajoutée	0	36 895	78 902	103 223	137 059	135 833	152 167	162 090	185 350	199 362
TVA (budget général)	0	62	101	4 111	0	0	0	0	0	0
TVA (BAPSA)	0	325	969	0	0	0	0	0	0	0
Autres TVA	0	0	0	0	- 248	0	0	0	0	0
Sous-compensation TVA agriculture	0	0	0	0	72	0	0	0	0	0
TVA sur subventions	822	0	0	0	0	0	0	0	0	0
5112 Impôts sur les ventes	0	477	1 369	2 784	4 896	15 436	17 363	19 470	11 667	13 897
5113 Autres impôts généraux sur les biens et services	..	477	1 369	2 784	4 896	5 090	4 390	4 109	3 664	4 274
Contribution sociale de solidarité	0	0	0	0	0	10 346	12 973	14 986	7 529	9 002
Cotisation sur la valeur ajoutée des entreprises	0	0	0	0	0	0	0	375	474	621
Taxe sur les services numériques	3 682	14 960	37 860	53 606	61 360	64 970	83 608	92 717	99 473	96 730
5120 Impôts sur des biens et des services déterminés	2 775	11 013	26 834	39 881	44 512	46 102	57 487	61 323	65 931	59 507
5121 Accises	0	7 136	17 476	23 493	24 232	23 330	26 029	26 187	30 001	30 370
Taxe sur les produits pétroliers	0	0	0	0	0	0	0	0	0	0
Prélèv. except. sur entrep. produits pétroliers	0	97	174	0	121	121	123	100	109	109
Droits sur vins, cidres et hydromels	0	1 238	1 593	3 025	2 649	2 578	3 033	2 969	3 113	3 102
Droits sur alcools	0	58	91	20	409	538	931	1 048	1 096	1 186
Droits sur bière et eaux minérales	0	136	38	19	4	4	33	0	0	0
Autres droits et recettes	0	1 188	2 989	7 965	9 473	10 912	12 130	15 417	15 326	14 361
Impôts et taxes sur tabacs et allumettes	0	0	0	0	0	0	378	433	456	497
Contribution sur boissons sucrées et eaux en bouteille	0	2	1	0	0	0	0	0	0	0
Amendes et confiscations	0	5	8	241	247	325	126	95	76	102
Taxe locale	0	16	0	0	0	0	0	0	0	0
Contrib. except. pharmacies et laboratoires	0	0	0	0	0	0	0	0	0	0
Taxe au profit du FIRS (marché du sucre)	0	217	609	1 624	1 821	1 763	2 268	2 169	2 325	2 276
Taxe au profit agences financières de bassin	0	30	772	78	102	55	199	558	559	565
Autres (prélèv. except. entrep. pétrol.)	0	25	36	0	19	1	0	0	0	0
Taxe sur les viandes	0	34	51	74	5	11	2	0	0	5
Taxe sur consommation eau au profit FNAE	0	23	0	0	0	0	0	0	0	0
Taxe au profit Caisse Nationale des Lettres	0	32	89	99	114	112	126	0	0	0
Taxe sur corps gras alimentaires	0	8	41	0	0	0	0	0	0	0
Taxe solidarité sur graines oléagineuses	0	22	400	0	0	0	0	0	0	0
Taxe sur betterave, sucre et alcool	0	4	559	553	585	515	755	757	696	813
Taxes sur les ventes de produits pharmaceutiques et dispositifs médicaux	0	12	17	0	0	0	0	0	0	0
Surtaxe sur les apéritifs	0	426	1 340	1 061	2 990	3 717	8 703	9 047	9 356	3 108
Taxe sur électricité et chauffage	0	16	59	43	23	25	16	18	17	17
Redevances des mines	0	11	0	0	0	0	0	0	0	0
Taxe sur produit exploitations forestières	0	7	17	0	0	0	0	0	0	0
Taxe au profit du Fonds National du Livre	0	36	32	453	485	495	493	499	547	551
Redevances incluses dans prix carburants	0	0	0	38	72	59	62	0	0	0
Taxe sur les farines	0	0	0	0	0	0	0	0	0	0
Redevances sur sel de potasse	0	0	0	0	0	0	0	0	0	0
Redevances débits de tabac	0	147	275	19	19	24	14	0	0	0
Taxe sur les céréales	0	0	0	48	46	43	43	41	42	40
Taxe sanitaire et d'org. marché des viandes	0	84	147	89	0	0	0	0	0	0
Taxes au profit de l'ANDA	0	6	19	29	2	0	0	0	0	0
Garantie matières or et argent	0	0	0	193	0	0	0	0	0	0
Institut français du pétrole (IFP)	0	0	0	183	322	324	375	376	377	378
Contribution des distributeurs énergie électrique basse tension au profit du FACE (fonds d'amortissement des charges d'électrification rurale)	0	0	0	80	212	489	449	0	0	0
Taxe au profit de l'ADEME (Agence de l'environnement et de la maîtrise de l'énergie) - taxe générale sur les activités polluantes	0	0	0	449	544	645	703	833	881	880
Octroi de mer	0	0	0	6	16	16	117	392	594	775
Taxe générale sur les activités polluantes	0	0	0	0	0	0	379	384	360	372
Stocks sur les produits pétroliers	0	0	0	0	0	0	0	0	0	0
5122 Bénéfices des monopoles fiscaux	471	966	1 669	1 810	2 188	2 281	2 549	2 507	2 657	2 929
5123 Droits de douane et droits à l'importation	0	0	0	0	0	0	0	0	0	0
Droits à l'importation (Etat)	0	873	1 623	0	0	0	0	0	0	0
Droits à l'importation (UE)	0	0	0	267	327	297	397	402	488	601

	1965	1980	1990	2000	2007	2010	2015	2020	2021	2022
Octroi de mer	0	94	46	30	204	232	220	39	46	48
Autres (prélèv. except. entrep. pétrol.)	0	0	0	1 513	1 657	1 752	1 932	2 066	2 123	2 280
Droits de douane perçus pour l'UE	0	75	15	0	0	0	0	0	0	0
5124 Taxes à l'exportation	..	0	0	..	..	..	..	..	..	..
Prélèv. agricoles (part de l'Etat)	..	75	15	..	..	..	..	..	..	..
Prélèv. agricoles (part UE)	0	0	0	0	0	0	0	0	0	0
5125 Impôts sur les biens d'équipement	431	2 690	8 373	11 556	14 647	16 532	23 518	28 887	30 885	34 294
5126 Impôts sur des services déterminés	0	446	545	502	719	626	446	362	395	417
Prélèvements sur le PMU	0	0	0	727	1 022	748	691	476	388	861
Prélèv. produit jeux et casinos	0	200	702	1 305	1 982	1 968	2 305	2 113	2 706	2 869
Prélèv. sur loterie nationale et loto	0	0	0	0	0	0	0	0	0	0
Prélèv. except. sur banque et établ. crédit	0	1 292	4 782	5 097	6 571	7 099	7 923	8 956	9 434	9 950
Taxe sur convention d'assurance	0	264	633	573	29	- 5	0	0	1	0
Baux enregistrement	0	11	32	14	11	12	12	15	7	7
Taxes funéraires	0	9	77	10	0	0	0	0	0	0
Droits de timbre contrat transport	0	0	0	0	0	0	0	0	0	0
Expertises et vérifications techniques	0	0	0	33	58	129	146	0	0	0
Taxe au profit de l'ANAEM	0	0	0	73	20	8	- 6	0	0	0
Taxes sur l'utilisation des voies navigables	0	98	272	249	449	288	794	2 280	2 295	2 086
Autres taxes diverses	0	75	195	664	1 004	997	1 359	1 712	2 142	2 480
Taxes sur les jeux et spectacles	0	32	135	223	274	323	450	783	823	808
Taxe sur fonds de garantie automobile (FGAC)	0	0	0	55	0	0	0	0	0	0
Taxes assurance auto. (Etat + Séc. Soc.)	0	0	0	261	96	101	125	70	71	75
Taxe Fonds National Calamités Agricoles	0	114	258	678	604	604	932	999	991	1 057
Taxe sur les surfaces commerciales	0	52	207	299	26	594	547	476	515	620
Cotisat. des entrep. au Centre Nat. du Cinéma	0	0	0	0	0	0	0	0	0	0
Taxe alimentation au Fonds Assurances Agricoles	0	3	0	0	0	0	0	0	0	0
Taxe au profit du Fonds National Sportif	0	15	0	0	0	0	0	0	0	0
Taxe Fonds de Revalorisation Rentes et Pensions	0	0	0	0	0	0	0	0	0	0
Taxe annuelle sur encours de crédits	0	0	26	52	38	156	232	173	194	209
Taxe sur la publicité	0	67	188	0	0	0	0	0	0	0
Prélèv. sur salaires des conserv. hypothèques	0	0	0	220	353	459	574	261	362	647
Taxe de sécurité et sûreté	0	0	0	0	0	0	591	28	28	28
Taxe de risque systémique	0	0	0	262	680	1 802	4 422	5 770	5 773	5 781
Taxe de solidarité additionnelle	0	0	0	0	0	0	205	223	135	194
Taxe au profit du FPRNM (Fonds de prévention des risques naturels majeurs)	0	0	0	0	0	0	916	2 988	3 345	4 661
Contributions au Fonds de résolution unique collectées pour le compte de l'UE	0	0	0	0	0	239	201	230	236	247
Taxe due par les opérateurs de communications électroniques	0	0	0	100	143	166	246	531	540	539
Contributions sur les loyers	0	10	320	159	568	218	407	441	504	758
Autres (prélèv. except. entrep. pétrol.)	0	0	0	0	0	0	0	0	0	0
5127 Autres impôts sur les transactions et les échanges internationaux non couverts par les rubriques 5121 à 5126	5	215	970	360	13	55	54	0	0	0
5128 Autres impôts non couverts par les rubriques 5121 à 5127	0	48	119	0	0	0	0	..	..	..
Taxe de co-responsabilité sur le lait	0	0	520	0	0	0	0	..	..	..
Taxe de co-responsabilité sur les céréales	0	14	0	0	0	0	0	..	..	..
Prélèvement pour la CECA	0	9	24	0	0	0	0	..	..	..
Receveur des douanes	0	0	0	0	0	0	0	..	..	..
Divers (collect. locales)	0	68	185	270	0	42	41	..	..	..
Cotisations sur les sucres	0	76	120	76	0	0	0	..	..	..
Taxe au profit du FIRS (marché du sucre)	0	0	2	14	13	13	13	..	..	..
Autres (prélèv. except. entrep. pétrol.)	0	0	0	0	0	0	0	0	0	0

	1965	1980	1990	2000	2007	2010	2015	2020	2021	2022
5130 Non-ventilables entre les rubriques 5110 et 5120	226	1 598	4 034	6 198	7 394	7 919	9 292	10 298	10 434	7 913
5200 Impôts sur l'utilisation des biens ou l'autorisation d'utiliser des biens ou d'exercer des activités	178	1 226	3 024	4 562	4 785	4 776	5 294	5 266	5 259	2 341
5210 Impôts périodiques sur l'utilisation des biens ou l'exercice d'activités	27	545	1 236	126	0	0	0	0	0	0
5211 Impôts périodiques à la charge des ménages: véhicules à moteur	0	545	1 236	126	..	..	..	..	..	..
Taxe différentielle (budget gén. et collect. loc.)	79	545	1 086	1 280	1 559	1 269	1 028	997	945	900
5212 Impôts périodiques à la charge d'autres agents: véhicules à moteur	0	197	345	644	891	992	753	801	756	693
Taxe sur les véhicules des sociétés	0	348	741	636	668	277	275	196	189	207
Taxe sur les véhicules (budg. gén. et coll. loc.)	72	136	702	3 156	3 226	3 507	4 266	4 269	4 314	1 441
5213 Sur l'utilisation des biens ou l'exercice d'activités autres que les véhicules à moteur	0	0	0	420	526	539	574	535	611	843
Taxe spéciale usage des routes	0	17	14	0	0	0	0	0	0	0
Droit de pesage	0	7	33	0	0	0	0	0	0	0
Divers (collect. locales)	0	0	0	0	0	0	0	0	0	0
Taxe magnétoscopes	0	8	41	0	0	0	0	0	0	0
Redev. pour surveillance centrales nucléaires	0	19	13	0	0	0	0	0	0	0
Taxe d'usage des abattoirs	0	0	20	0	0	0	34	0	10	8
Contrib. des entrepr. à la prépa. médicaments	0	1	66	128	183	213	231	283	290	299
Taxe sur les pylones électriques	0	8	22	23	0	0	0	0	0	0
Licence débit de boisson	0	0	0	0	0	39	37	43	43	44
Droits annuel de francisation et de navigation	0	0	0	0	0	0	0	0	0	0
Redevance d'usage des fréquences radioélectriques	0	0	0	2 181	2 350	2 574	3 122	3 157	3 109	0
Contribution à l'audiovisuel public	0	75	493	404	167	142	268	251	251	247
Autres (prélèv. except. entrep. pétrol.)	47	372	1 010	1 636	2 609	3 143	3 998	5 032	5 175	5 572
5220 Impôts non périodiques sur l'utilisation des biens ou l'exercice d'activités	0	75	0	0	0	0	0	0	0	0
Récépissés de mise en circulation	0	0	0	0	0	0	215	727	728	1 469
Quotas d'émission carbone	0	38	270	38	45	82	52	0	0	0
Dépassement plafond légal de densité	0	35	423	0	0	0	0	0	0	0
Autres (prélèv. except. entrep. pétrol.)	0	0	0	3	0	0	0	0	0	0
Taxes et licences débits de boissons	0	79	53	72	0	18	0	0	0	0
Redevance pour droit de construire	0	146	263	150	625	940	1 343	1 606	1 801	1 726
Taxe d'aménagement	0	0	0	1 373	1 939	1 917	2 086	2 130	2 167	1 891
Taxe sur les certificats d'immatriculation des véhicules	0	0	0	0	0	186	302	569	479	486
Taxe additionnelle à la taxe sur les certificats d'immatriculation des véhicules	0	0	0	0	0	0	0	0	0	0
5300 Non-ventilables entre les rubriques 5100 et 5200	681	5 480	14 060	24 412	27 796	9 770	12 110	15 589	16 109	21 842
6000 Impôts autres que les rubriques 1000, 2000, 3000, 4000 et 5000	678	5 480	14 060	22 726	27 787	9 764	12 104	15 567	16 089	21 823
6100 À la charge exclusive des entreprises	0	43	67	115	156	165	193	234	129	102
Taxes au profit de l'INPI	0	0	0	0	0	0	0	0	0	0
Taxe sur les frais généraux	0	5 152	13 381	19 641	22 035	0	0	0	0	0
Taxe professionnelle	0	36	197	293	0	0	0	0	0	0
Taxe des prestations des syndicats (collect. loc.)	0	0	0	61	236	255	649	848	919	876
Taxes diverses (budget gén. et org. div. adm. cent.)	0	110	0	0	0	0	0	0	0	0
Taxe annuelle sur encours de crédits	0	0	0	0	0	0	0	0	0	0
Prélèv. except. sur entreprises d'assurances	0	36	125	155	203	275	253	201	190	213
Produit de l'imposition (Chambre des Métiers)	0	4	240	204	33	10	0	0	0	0
Contribution au FNE	0	0	0	32	0	0	0	0	0	0
Taxe ANDA - ADAR	0	0	0	0	0	4 941	6 356	7 142	5 951	6 540
Cotisation foncière des entreprises	0	0	0	0	0	1 223	1 297	1 444	1 395	1 588
Imposition forfaitaire sur les entreprises de réseaux	0	0	0	770	835	1 103	458	644	531	511
Exit taxe sur les assurances	0	0	0	0	0	0	400	227	0	0
Produit de l'imposition (Chambre des Métiers)	0	0	0	122	217	232	197	172	179	99
Rabais des sociétés pharmaceutiques	0	0	0	85	178	255	632	3 281	5 275	6 597
Taxe sur le résultat des entreprises ferroviaires	0	0	0	0	0	0	0	0	0	3 554
Taxe sur dépenses de publicité des laboratoires pharmaceutiques	0	98	50	1 248	3 894	1 305	1 669	1 374	1 520	1 743
Remises des laboratoires pharmaceutiques	3	0	0	1 686	8	6	6	22	20	19
Ventes d'énergie renouvelable à prix contractuels	0	..	..	1 686	8	6	6	22	20	19
Autres (prélèv. except. entrep. pétrol.)	0	..	..	0	0	0	0	0	0	0
6200 À la charge d'autre agents que les entreprises ou non identifiables	..	..	..	1 513	1 657	1 752	1 932	2 066	2 123	2 280
Autres (prélèv. except. entrep. pétrol.)	0	0	0	..	..	..	916	2 988	3 345	4 661
Ecart aux comptes de secteurs	..	..	..	0	7 663	10 761	8 041	7 848	6 644	7 490
Droits de douane perçus pour l'UE	..	..	..	..	4 698	5 463	4 334	1 483	1 715	1 995

	1965	1980	1990	2000	2007	2010	2015	2020	2021	2022
Contributions au Fonds de résolution unique collectées pour le compte de l'UE	..	..	..	..	2 965	5 298	3 707	6 365	4 929	5 495
Crédits d'impôts récupérables contre 1110: valeur totale	..	..	..	457	1 860	6 655	19 007	18 564	15 972	16 009
Crédits d'impôts récupérables contre 1110: élément de transfert	..	..	..	88	357	1 277	10 949	5 704	3 884	4 850
Crédits d'impôts récupérables contre 1110: élément de dépense fiscale	..	..	..	369	1 503	5 378	8 058	12 860	12 088	11 159
Crédits d'impôts récupérables contre 1210: valeur totale	..	..	..	0	0	0	0	0	0	0
Crédits d'impôts récupérables contre 1210: élément de dépense fiscale	..	..	..	..	..	..	..	..	..	..
Crédits d'impôts récupérables contre 1210: élément de transfert	..	..	..	..	..	..	..	..	..	..
Crédits d'impôts récupérables contre 3000: valeur totale	25 776	178 576	433 771	643 427	831 750	843 102	998 620	1 048 775	1 130 134	1 215 509
Crédits d'impôts récupérables contre 3000: élément de transfert	..	..	..	646 630	836 425	847 878	1 004 517	1 058 550	1 136 864	1 219 771
Crédits d'impôts récupérables contre 3000: élément de dépense fiscale	..	..	..	0	0	0	0	0	0	0
Recettes fiscales totales sur la base d'encaissements	..	..	..	- 3 171	- 5 191	- 5 774	- 6 676	- 7 602	- 7 878	- 8 385
Recettes fiscales totales sur la base des droits constatés	..	..	..	- 3 103	- 5 117	- 5 699	- 6 567	- 7 490	- 7 763	- 8 269
Impôts additionnels inclus dans les comptes nationaux	..	..	..	0	0	0	0	0	0	0
Impôts exclus des comptes nationaux	..	..	..	- 68	- 74	- 75	- 109	- 112	- 115	- 116
Taxe d'enlèvement ordures ménagères	..	..	..	88	3 322	6 575	14 656	12 069	8 813	10 345
Taxe sur les pylones électriques	..	..	..	- 3 204	- 4 675	- 4 776	- 5 897	- 9 775	- 6 730	- 4 262
Taxe de balayage	..	..	..	0	0	0	0	0	0	0
Différence dans les traitements des crédits d'impôts	..	..	..	0	0	0	0	0	0	0
Transfert en capital des recettes non collectées	..	..	..	640 344	829 881	843 903	1 006 600	1 053 242	1 131 069	1 217 469
Cotisations de sécurité sociale volontaires	..	..	..	25 981	33 639	38 171	42 655	44 617	44 866	46 775
Différences diverses	..	..	..	666 325	863 519	882 074	1 049 255	1 097 859	1 175 935	1 264 244

.. Non disponible

Note : Année civile se terminant le 31 décembre.

A partir de 1992, les données sont sur la base des droits constatés.

A partir de 1970 les chiffres ont été calculés selon le nouveau Système de Comptes Nationaux et ne sont pas, de ce fait, comparables à ceux des années précédentes.

La rubrique 2000 comprend certaines contributions volontaires.

Source : Institut de Comptes Nationaux, Service Public Fédéral des Finances.

Tableau 5.13. Allemagne : recettes fiscales détaillées, 1965-2022

Million EUR

	1965	1980	1990	2000	2007	2010	2015	2020	2021	2022
Recettes fiscales totales	74 359	287 373	454 764	767 045	892 257	919 827	1 151 532	1 315 613	1 439 067	1 537 045
Recettes fiscales totales excluant les taxes collectés pour le compte de l'UE	..	..	450 620	763 300	888 512	915 585	1 144 736	1 308 649	1 431 276	1 526 962
1000 Impôts sur le revenu, les bénéfices et les gains en capital	25 059	100 821	147 257	231 249	273 596	257 817	351 386	403 713	463 278	506 014
1100 Impôts sur le revenu, les bénéfices et les gains en capital des personnes physiques	19 254	85 134	125 296	194 173	218 848	219 387	299 362	348 846	379 110	413 386
1110 Sur le revenu et les bénéfices des personnes physiques	19 254	85 134	125 296	194 173	218 848	219 387	299 362	348 846	379 110	413 386
Taxes on wages and salaries	8 558	57 039	90 801	135 733	146 365	145 202	194 116	227 507	239 528	256 556
Assessed income tax	7 567	18 813	18 672	12 225	25 341	31 346	48 902	59 447	72 289	81 576
Withholding tax on dividends	691	2 135	5 538	13 515	13 572	12 982	17 944	21 498	27 394	32 628
Supplementary tax	0	0	0	10 347	10 907	10 706	14 555	17 105	7 886	9 142
Enterprise tax	2 438	7 147	10 285	16 486	14 630	13 709	18 553	18 884	25 535	29 300
Stabilisation tax	0	0	0	0	0	0	0	0	0	0
Withholding tax on interest	0	0	0	5 867	8 033	5 442	5 292	4 405	6 478	4 184
1120 Sur les gains en capital des personnes physiques	0	0	0	0	0	0	0	0	0	0
1200 Impôts sur le revenu, les bénéfices et les gains en capital des sociétés	5 806	15 686	21 961	37 076	54 748	38 430	52 024	54 867	84 168	92 628
1210 Sur le revenu et les bénéfices des sociétés	5 806	15 686	21 961	37 076	54 748	38 430	52 024	54 867	84 168	92 628
Corporation tax	4 177	10 902	15 385	23 575	23 386	12 516	20 178	24 514	42 304	46 564
Supplementary tax	0	20	1	1 494	1 550	982	1 409	1 460	2 513	2 663
Sacrifice for Berlin	3	0	0	0	0	0	0	0	0	0
Enterprise tax	1 625	4 765	6 576	10 540	25 486	22 002	27 589	26 521	35 863	41 149
Stabilisation tax	0	0	0	0	0	0	0	0	0	0
Withholding tax on interest	0	0	0	1 467	4 326	2 930	2 848	2 372	3 488	2 252
Absorption of windfall profits in the energy market (Emergency Regulation (EU) 2022/1854)	0	0	0	0	0	0	0	0	0	0
1220 Sur les gains en capital des sociétés	0	0	0	0	0	0	0	0	0	0
1300 Non ventilables entres les rubriques 1100 et 1200	0	0	0	0	0	0	0	0	0	0
2000 Cotisations de sécurité sociale (CSS)	19 876	98 659	170 449	299 440	320 750	354 320	424 842	512 279	534 374	567 083
2100 CSS à la charge des salariés	8 723	43 833	73 580	131 610	139 927	152 843	186 307	217 264	229 146	246 434
Payments by employees total	8 723	43 833	73 580	131 610	139 927	152 843	186 307	217 264	229 146	246 434
2110 CSS à la charge des salariés - sur la base du salaire	..	..	..	131 610	139 927	152 843	186 307	217 264	229 146	246 434
2120 CSS à la charge des salariés - sur la base de l'impôt sur le revenu	..	..	..	0	0	0	0	0	0	0
2200 CSS à la charge des employeurs	10 693	52 985	86 659	147 410	151 094	165 469	196 665	244 759	253 465	266 727
Payments by employers total	10 693	52 985	86 659	147 410	151 094	165 469	196 665	244 759	253 465	266 727
2210 CSS à la charge des employeurs - sur la base du salaire	..	..	..	147 410	151 094	165 469	196 665	244 759	253 465	266 727
2220 CSS à la charge des employeurs - sur la base de l'impôt sur le revenu	..	..	..	0	0	0	0	0	0	0
2300 CSS à la charge des indépendants ou des sans emploi	460	1 841	10 210	20 420	29 729	36 008	41 870	50 256	51 763	53 922
Payments total	460	1 841	10 210	20 420	29 729	36 008	41 870	50 256	51 763	53 922
2310 CSS à la charge des indépendants ou des sans emploi - sur la base du salaire	..	..	..	20 420	29 729	36 008	41 870	50 256	51 763	53 922
2320 CSS à la charge des indépendants ou des sans emploi - Sur la base de l'impôt sur le revenu	..	..	..	0	0	0	0	0	0	0
2400 CSS Non ventilables entre les rubriques 2100, 2200 et 2300	0	0	0	0	0	0	0	0	0	0
2410 CSS Non-ventilables entre les rubriques 2100, 2200 et 2300 - sur la base du salaire	..	..	..	..	..	..	..	..	..	..
2420 CSS Non-ventilables entre les rubriques 2100, 2200 et 2300 - sur la base de l'impôt sur le revenu	..	..	..	..	..	..	..	..	..	..
3000 Impôts sur les salaires et la main-d'oeuvre	477	445	0	0	0	0	0	0	0	0
Payroll tax	477	445	..	..	..	..	..	..	..	..
4000 Impôts sur le patrimoine	4 313	9 414	15 321	17 505	21 874	21 011	32 439	42 427	44 831	43 244
4100 Impôts périodiques sur la propriété immobilière	1 079	2 968	4 461	8 849	10 714	11 314	13 214	14 675	14 985	15 282
4110 Impôts périodiques sur la propriété immobilière – Ménages	644	1 187	1 784	3 540	4 286	4 526	5 286	5 870	5 994	6 113
4120 Impôts périodiques sur la propriété immobilière – Autres agents	435	1 780	2 676	5 309	6 428	6 788	7 928	8 805	8 991	9 169
4200 Impôts périodiques sur l'actif net	2 530	4 362	6 213	433	5	2	1 686	1 517	1 758	1 614
4210 Impôts périodiques sur l'actif net – Personnes physiques	973	977	1 425	191	2	1	- 1	0	0	0
General wealth tax	471	954	1 425	191	2	1	- 1	..	..	..

	1965	1980	1990	2000	2007	2010	2015	2020	2021	2022
Equalization of war burden	502	23	0	0	0	0	0	..	..	..
4220 Impôts périodiques sur l'actif net – Sociétés	1 557	3 385	4 788	242	3	1	1 687	1 517	1 758	1 614
General wealth tax	490	1 431	1 813	242	3	1	- 1	0	0	0
Equalization of war burden	350	15	0	0	0	0	0	0	0	0
Enterprise tax	717	1 939	2 975	0	0	0	0	0	0	0
Bank levy	0	0	0	0	0	0	0	21	30	30
Contribution to Deposit Protection Fund	0	0	0	0	0	0	1 688	1 496	1 728	1 584
4300 Impôts sur les mutations par décès, les successions et les donations	162	520	1 545	2 982	4 203	4 405	6 290	8 657	9 775	9 226
4310 Impôts sur les mutations par décès et les successions	134	416	1 359	2 624	3 699	3 876	5 535	7 618	8 602	8 119
4320 Impôts sur les donations	28	104	186	358	504	529	755	1 039	1 173	1 107
4400 Impôts sur les transactions mobilières et immobilières	542	1 564	3 103	5 241	6 952	5 290	11 249	17 578	18 313	17 122
Real property transfer tax	150	521	1 999	5 081	6 952	5 290	11 249	17 578	18 313	17 122
Additional real property transfer	198	680	148	160	0	0	0	0	0	0
Capital transfer tax	111	200	807	0	0	0	0	0	0	0
Bill of exchange tax	83	163	149	0	0	0	0	0	0	0
4500 Impôts non périodiques sur le patrimoine	0	0	0	0	0	0	0	0	0	0
4510 Impôts non périodiques sur l'actif net	..	..	..	..	..	..	..	..	..	..
4520 Impôts non périodiques sur le patrimoine autre que sur l'actif net	..	..	..	..	..	..	..	..	..	..
4600 Autres impôts périodiques sur le patrimoine hors rubriques 4100 et 4200	0	0	0	0	0	0	0	0	0	0
5000 Impôts sur les biens et services	24 462	77 863	121 577	218 686	275 941	286 579	342 649	356 986	396 328	420 346
5100 Impôts sur la production, la vente, le transfert, la location et la livraison des biens et la prestation de services	23 079	74 406	117 209	211 444	259 598	269 863	323 865	336 002	375 524	389 159
5110 Impôts généraux sur les biens et services	12 235	47 779	75 459	140 871	170 387	180 533	211 936	221 882	260 654	289 962
5111 Taxes sur la valeur ajoutée	0	47 779	75 459	140 871	170 387	180 533	211 936	221 882	260 654	289 962
5112 Impôts sur les ventes	0	0	0	0	0	0	0	0	0	0
5113 Autres impôts généraux sur les biens et services	12 235	0	0	0	0	0	0	0	0	0
Turnover tax old	11 028	..	..	..	..	..	..	..	..	..
Old turnover tax on import	1 208	..	..	..	..	..	..	..	..	..
5120 Impôts sur des biens et des services déterminés	10 844	26 627	41 750	70 573	88 859	88 990	111 637	113 884	114 618	98 937
5121 Accises	8 213	20 566	31 158	57 224	72 018	72 163	88 111	88 504	87 868	67 575
Duty on mineral oils	3 798	10 917	17 701	37 826	38 877	39 601	39 605	37 703	37 191	33 340
Duty on power	0	0	0	3 356	6 439	6 167	6 560	6 569	6 730	6 813
Duty on tobacco	2 402	5 771	8 898	11 443	14 108	13 453	14 963	14 789	14 673	14 152
Duty on alcohol	771	1 986	2 162	2 151	2 172	2 052	2 075	2 098	2 208	2 176
Duty on beer	501	645	693	843	750	708	679	572	582	597
Duty on coffee	488	756	986	1 087	985	998	1 034	1 070	1 058	1 057
Duty on sugar	59	72	79	0	0	0	0	0	0	0
Duty on tea	16	32	31	0	0	0	0	0	0	0
Duty on salt	20	20	23	0	0	0	0	0	0	0
Duty on electric lamps	34	63	83	0	0	0	0	0	0	0
Duty on playing cards	2	4	0	0	0	0	0	0	0	0
Duty on beverages	46	22	8	6	1	0	0	0	0	0
Duty on acetic acid	3	2	0	0	0	0	0	0	0	0
Duty on champagne	69	274	494	512	451	462	416	391	381	390
Duty on matches	5	2	0	0	0	0	0	0	0	0
Duty on ice cream	1	0	0	0	0	0	0	0	0	0
EEG surcharge	0	0	0	0	7 594	8 326	22 025	23 044	22 624	6 595
KWKG surcharge	0	0	0	0	641	396	571	853	933	986
Offshore-network surcharge	0	0	0	0	0	0	183	1 415	1 488	1 469
5122 Bénéfices des monopoles fiscaux	8	2	0	0	0	0	0	0	0	0
5123 Droits de douane et droits à l'importation	1 658	3 125	3 847	3 394	3 774	4 212	5 180	4 734	5 300	6 708
Monetary compensation accounts	0	368	1	0	0	0	0	0	0	0
Customs (mainly UE)	1 294	2 353	3 662	3 394	3 774	4 212	5 180	4 734	5 300	6 708
Agricultural levies UE	364	404	184	0	0	0	0	0	0	0
5124 Taxes à l'exportation	0	0	0	0	0	0	0	0	0	0
5125 Impôts sur les biens d'équipement	0	0	0	0	0	0	0	0	0	0
5126 Impôts sur des services déterminés	942	2 689	6 443	9 599	13 095	12 583	18 306	20 645	21 447	24 653
Duty transport goods on residents	0	0	0	0	0	0	0	0	0	0
Transport tax	452	0	0	0	0	0	0	0	0	0
Insurance tax	198	910	2 266	7 243	10 410	10 261	12 445	14 551	14 955	15 684
Fire insurance tax	33	124	200	288	319	326	413	510	537	580
Entertainment tax	55	44	140	267	210	376	881	746	433	872
Taxes on betting and gambling	204	655	1 046	1 801	1 702	1 412	1 711	2 043	2 332	2 569
Tax on electricity bills	0	956	2 792	0	0	0	0	0	0	0

	1965	1980	1990	2000	2007	2010	2015	2020	2021	2022
Aviation tax	0	0	0	0	0	0	1 027	349	539	1 168
Gaming casinos levy	0	0	0	0	454	208	251	216	161	404
SRF Contributions	0	0	0	0	0	0	1 578	2 230	2 490	3 376
5127 Autres impôts sur les transactions et les échanges internationaux non couverts par les rubriques 5121 à 5126	0	0	4	5	1	2	2	1	2	2
5128 Autres impôts non couverts par les rubriques 5121 à 5127	24	244	298	351	- 29	30	38	0	1	- 1
Levies CECA	24	56	36	0	0	0	0	..	0	0
Cotisation sugar UE	0	112	224	351	- 29	30	38	..	1	- 1
Levy on milk	0	75	38	0	0	0	0	..	0	0
5130 Non ventilables entre les rubriques 5110 et 5120	0	0	0	0	352	340	292	236	252	260
Contributions to the German National Petroleum Stockpiling Agency	..	..	..	..	352	340	292	236	252	260
5200 Impôts sur l'utilisation des biens ou l'autorisation d'utiliser des biens ou d'exercer des activités	1 383	3 457	4 368	7 242	16 343	16 716	18 784	20 984	20 804	31 187
5210 Impôts périodiques sur l'utilisation des biens ou l'exercice d'activités	1 369	3 454	4 368	7 239	16 343	16 189	18 034	17 821	18 142	18 224
5211 Impôts périodiques à la charge des ménages: véhicules à moteur	614	1 892	2 950	5 177	6 823	6 447	6 992	7 439	7 389	7 307
5212 Impôts périodiques à la charge d'autres agents: véhicules à moteur	728	1 475	1 300	1 838	2 075	2 041	1 812	2 089	2 158	2 192
5213 Sur l'utilisation des biens ou l'exercice d'activités autres que les véhicules à moteur	27	87	118	224	7 445	7 701	9 230	8 293	8 595	8 725
Dog taxes	24	75	101	198	240	258	322	380	401	414
Hunting and fishing taxes	4	13	17	26	23	19	10	8	7	7
Nuclear fuel tax	0	0	0	0	0	0	1 018	0	0	0
Licence fee (private households)	0	0	0	0	6 464	6 681	7 155	7 178	7 433	7 540
Licence fee (companies)	0	0	0	0	718	743	725	727	754	764
5220 Impôts non périodiques sur l'utilisation des biens ou l'exercice d'activités	14	3	1	3	0	527	750	3 163	2 662	12 963
Non-recurrent taxes	..	..	0	0	..	0	0	0	0	0
CO2 emission certificates	..	..	0	0	..	527	750	3 163	2 662	12 963
5300 Non ventilables entre les rubriques 5100 et 5200	0	0	0	0	0	0	0	0	0	0
6000 Impôts autres que les rubriques 1000, 2000, 3000, 4000 et 5000	172	172	160	165	96	100	216	208	256	358
6100 À la charge exclusive des entreprises	0	0	0	0	0	0	0	0	0	0
6200 À la charge d'autre agents que les entreprises ou non identifiables	172	172	160	165	96	100	216	208	256	358
Custom duties collected for the EU	..	..	3 662	3 394	3 774	4 212	5 180	4 734	5 300	6 708
Contributions au Fonds de résolution unique collectées pour le compte de l'UE	0	0	..	..	..	..	1 578	2 230	2 490	3 376
Taxes and compulsory social security contributions paid by EU civil servants	0	0	..	..	..	..	43	56	64	66
Taxes paid by EU civil servants: income taxes	0	0	..	..	..	..	22	29	33	34
Taxes paid by EU civil servants: compulsory social security contributions	0	0	..	..	..	..	21	27	31	32
Non-wastable tax credits against 1110	..	..	..	38 356	43 602	45 475	41 951	51 861	52 038	51 685
Tax expenditure component	..	..	..	..	29 499	28 268	26 817	32 398	32 866	33 115
Transfer component	..	..	..	..	14 104	17 207	15 134	19 463	19 172	18 569
Non-wastable tax credits against 1210	..	..	..	962	804	802	200	- 2	16	136
Tax expenditure component	..	..	..	..	348	326	120	0	16	130
Transfer component	..	..	..	..	456	474	80	- 2	0	6
Recettes fiscales totales sur la base d'encaissements	74 359	287 373	454 764	767 045	889 756	919 842	1 149 760	1 314 335	1 427 656	1 521 716
Recettes fiscales totales sur la base des droits constatés	..	..	..	..	892 257	919 827	1 151 532	1 315 613	1 439 067	1 537 045
Impôts additionnels inclus dans les comptes nationaux	..	..	..	..	2 179	1 799	2 624	2 421	2 641	2 687
Several duties, administrative fees and other revenues	..	..	..	..	2 179	1 799	2 624	2 421	2 641	2 687
Impôts exclus des comptes nationaux	..	..	..	..	0	0	0	..	..	..
Différence dans les traitements des crédits d'impôts	..	..	..	..	12 623	9 230	5 619	7 532	6 696	6 008
Transfert en capital des recettes non collectées	..	..	..	..	0	0	0	..	..	..
Cotisations de sécurité sociale volontaires	..	..	..	..	21 409	5 102	6 068	7 399	7 937	8 295
Différences diverses	..	..	..	..	33 339	34 336	35 647	49 615	48 625	49 196
Comptes nationaux : impôts et cotisations sociales effectives	..	..	..	..	961 807	970 294	1 201 490	1 382 580	1 504 966	1 603 231
Cotisations sociales imputées	..	..	..	..	29 511	32 705	34 533	41 380	42 401	43 969

.. Non disponible

Note : Year ending 31st December.
From 2002 data are on accrual basis.
The tax revenues for Germany refer to the old Länder until 1990 and to all Germany beginning in 1991.
Heading 1000: In the years up to 2000, the revenues shown take into account the whole amount of non-wastable tax credits including that part paid out by the tax authorities which should, under the OECD criteria, be treated as expenditure. From 2001, the data necessary to make the adjustment have become available and the revenue figures comply with the OECD criteria from that year.
Heading for non-wastable tax credits against 1110 comprise child tax credits (paid out of wage tax revenue), tax credits for owner occupied housing (paid out of assessed income tax revenue), retirement allowance ("Riester allowance", paid out of wage tax revenue), investment tax credits for unincorporated businesses (for investment in former East Germany; paid out of assessed income tax revenue), research allowance for unincorporated businesses (paid out of assessed income tax revenue) and employee savings allowance.
Heading for non-wastable tax credits against 1210 are investment tax credits for incorporated businesses (for investment in former East Germany; paid out of corporate income tax revenue) and research allowance for incorporated businesses (paid out of corporate income tax revenue).
Source : Finanzbericht, Bonn; Tax Statistics. Unpublished estimates by the Ministry of Finance.

Tableau 5.14. Grèce : recettes fiscales détaillées, 1965-2022

Million EUR

	1965	1980	1990	2000	2007	2010	2015	2020	2021	2022
Recettes fiscales totales	116	1 475	11 472	47 211	73 990	72 414	65 162	65 196	72 674	85 153
Recettes fiscales totales excluant les taxes collectés pour le compte de l'UE	..	..	11 361	46 990	73 683	72 134	64 887	64 854	72 299	84 603
1000 Impôts sur le revenu, les bénéfices et les gains en capital	11	286	2 283	12 662	17 176	15 953	14 586	13 462	15 170	17 461
1100 Impôts sur le revenu, les bénéfices et les gains en capital des personnes physiques	8	220	1 619	6 127	10 554	9 015	10 155	10 447	10 833	11 549
1110 Sur le revenu et les bénéfices des personnes physiques	8	220	1 619	6 102	10 500	8 948	10 047	10 359	10 705	11 432
Personal income tax	..	..	1 414	..	..	..	..	..	..	..
Receipts from previous years	..	..	62	..	..	..	..	..	..	..
Agricultural social security fund	..	..	143	..	..	..	..	..	..	..
1120 Sur les gains en capital des personnes physiques	0	0	0	25	54	67	108	88	128	117
1200 Impôts sur le revenu, les bénéfices et les gains en capital des sociétés	2	56	631	5 625	5 304	5 717	3 800	2 350	3 634	5 127
1210 Sur le revenu et les bénéfices des sociétés	2	56	631	5 625	5 304	5 717	3 800	2 350	3 634	5 127
Corporation income tax	2	39	553	..	..	..	..	..	..	..
Receipts from previous years	0	8	33	..	..	..	..	..	..	..
Agricultural social security fund	0	9	46	..	..	..	..	..	..	..
1220 Sur les gains en capital des sociétés	0	0	0	0	0	0	0	0	0	0
1300 Non ventilables entres les rubriques 1100 et 1200	1	10	32	910	1 318	1 221	631	665	703	785
Extraordinary taxes	0	10	32	..	..	..	..	..	..	..
Other taxes on income and profits	1	0	0	..	..	..	..	..	..	..
2000 Cotisations de sécurité sociale (CSS)	37	485	3 466	14 284	24 940	24 748	18 807	21 352	23 417	25 186
2100 CSS à la charge des salariés	15	214	1 735	7 629	13 417	13 292	11 095	11 622	12 215	13 619
2110 CSS à la charge des salariés - sur la base du salaire	..	..	..	..	..	..	..	..	..	..
2120 CSS à la charge des salariés - sur la base de l'impôt sur le revenu	..	..	..	..	..	..	..	..	..	..
2200 CSS à la charge des employeurs	14	213	1 728	6 655	11 523	11 456	7 712	9 730	11 202	11 567
2210 CSS à la charge des employeurs - sur la base du salaire	..	..	..	..	..	..	..	..	..	..
2220 CSS à la charge des employeurs - sur la base de l'impôt sur le revenu	..	..	..	..	..	..	..	..	..	..
2300 CSS à la charge des indépendants ou des sans emploi	0	0	3	0	0	0	0	0	0	0
2310 CSS à la charge des indépendants ou des sans emploi - sur la base du salaire	..	..	..	..	..	..	..	..	..	..
2320 CSS à la charge des indépendants ou des sans emploi - Sur la base de l'impôt sur le revenu	..	..	..	..	..	..	..	..	..	..
2400 CSS Non ventilables entre les rubriques 2100, 2200 et 2300	7	58	0	0	0	0	0	0	0	0
2410 CSS Non-ventilables entre les rubriques 2100, 2200 et 2300 - sur la base du salaire	..	..	..	..	..	..	..	..	..	..
2420 CSS Non-ventilables entre les rubriques 2100, 2200 et 2300 - sur la base de l'impôt sur le revenu	..	..	..	..	..	..	..	..	..	..
3000 Impôts sur les salaires et la main-d'oeuvre	1	27	79	0	0	0	0	0	0	0
4000 Impôts sur le patrimoine	11	68	532	3 631	4 908	3 741	5 418	5 042	5 290	5 659
4100 Impôts périodiques sur la propriété immobilière	0	4	22	372	709	553	3 592	3 068	3 200	3 173
4110 Impôts périodiques sur la propriété immobilière – Ménages	0	3	22	..	..	..	..	..	..	..
4120 Impôts périodiques sur la propriété immobilière – Autres agents	0	1	0	..	..	..	..	..	..	..
Taxes on immovable property	0	0	..	..	..	..	..	..	..	..
4200 Impôts périodiques sur l'actif net	0	0	0	714	1 208	1 272	1 083	1 161	1 157	1 294
4210 Impôts périodiques sur l'actif net – Personnes physiques	..	..	..	..	..	..	..	..	..	..
4220 Impôts périodiques sur l'actif net – Sociétés	..	..	..	..	..	..	..	..	..	..
4300 Impôts sur les mutations par décès, les successions et les donations	1	18	141	372	208	165	134	169	198	232
4310 Impôts sur les mutations par décès et les successions	1	13	85	..	..	..	..	..	..	..
4320 Impôts sur les donations	0	4	55	..	..	..	..	..	..	..
4400 Impôts sur les transactions mobilières et immobilières	10	44	368	2 035	2 556	1 146	547	630	722	945
Stamp and transaction taxes	10	41	368	2 035	2 556	1 146	547	630	722	945
Receipts from previous years	0	3	0	0	0	0	0	0	0	0
4500 Impôts non périodiques sur le patrimoine	0	2	1	27	0	1	0	0	0	0
4510 Impôts non périodiques sur l'actif net	0	0	0	..	..	..	..	..	..	..

	1965	1980	1990	2000	2007	2010	2015	2020	2021	2022
4520 Impôts non périodiques sur le patrimoine autre que sur l'actif net	0	2	1	..	..	..	..	..	..	..
4600 Autres impôts périodiques sur le patrimoine hors rubriques 4100 et 4200	0	0	0	111	227	604	62	14	13	15
5000 Impôts sur les biens et services	57	608	5 109	16 634	26 966	27 972	26 351	25 340	28 797	36 847
5100 Impôts sur la production, la vente, le transfert, la location et la livraison des biens et la prestation de services	51	564	4 881	14 797	24 541	25 505	22 131	21 736	24 561	32 194
5110 Impôts généraux sur les biens et services	12	194	3 040	9 234	17 020	16 504	13 077	13 008	15 291	18 854
5111 Taxes sur la valeur ajoutée	0	0	2 821	8 927	16 511	15 958	12 885	12 925	15 160	18 621
5112 Impôts sur les ventes	9	185	123	0	0	0	0	0	0	0
5113 Autres impôts généraux sur les biens et services	2	9	96	307	509	546	192	83	131	233
Other taxes on goods and services	1	9	34	307	509	546	192	83	131	233
Receipts from previous years	1	0	62	0	0	0	0	0	0	0
5120 Impôts sur des biens et des services déterminés	39	370	1 789	5 526	7 407	8 922	8 953	8 693	9 226	13 296
5121 Accises	20	165	1 372	4 069	5 876	7 567	7 580	6 944	7 490	7 797
Duty on tobacco products	8	45	357	1 769	2 657	2 712	2 365	2 081	2 148	2 190
Duty on alcohol and spirits	1	7	50	262	334	501	393	375	467	547
Duty on beer	0	0	0	61	60	120	105	151	175	188
Duty on other alcoholic drinks	0	0	0	201	274	381	288	224	292	359
Duty on mineral oil	7	75	637	2 016	2 878	4 242	3 971	3 607	3 852	4 021
Duty on sugar	3	6	0	0	0	0	0	0	0	0
Duty on coton and other products	0	30	328	22	7	112	851	881	1 023	1 039
5122 Bénéfices des monopoles fiscaux	2	6	0	0	0	0	0	0	0	0
5123 Droits de douane et droits à l'importation	12	94	112	220	314	279	181	255	305	432
Import duties	11	90	111	220	314	279	181	255	305	432
Agricultural social security fund	1	5	1	0	0	0	0	0	0	0
5124 Taxes à l'exportation	0	1	1	0	0	0	0	0	27	0
5125 Impôts sur les biens d'équipement	0	0	0	0	0	0	0	0	0	0
5126 Impôts sur des services déterminés	2	47	293	1 237	1 217	1 076	1 192	1 494	1 404	5 067
5127 Autres impôts sur les transactions et les échanges internationaux non couverts par les rubriques 5121 à 5126	0	0	0	0	0	0	0	0	0	0
5128 Autres impôts non couverts par les rubriques 5121 à 5127	4	58	10	0	0	0	0	0	0	0
Agricultural social security fund	2	..	0	..	..	..	..	..	..	..
Other taxes	2	..	0	..	..	..	..	..	..	..
5130 Non ventilables entre les rubriques 5110 et 5120	0	0	52	37	114	79	101	35	44	44
5200 Impôts sur l'utilisation des biens ou l'autorisation d'utiliser des biens ou d'exercer des activités	6	44	228	1 320	2 169	1 682	3 218	2 941	3 578	3 950
5210 Impôts périodiques sur l'utilisation des biens ou l'exercice d'activités	5	24	219	1 320	2 169	1 682	3 218	2 941	3 578	3 950
Motor vehicle tax	5	0	0	0	0	0	0	0	0	0
5211 Impôts périodiques à la charge des ménages: véhicules à moteur	..	23	210	281	598	825	780	789	801	800
5212 Impôts périodiques à la charge d'autres agents: véhicules à moteur	..	0	8	735	1 182	272	207	240	296	384
5213 Sur l'utilisation des biens ou l'exercice d'activités autres que les véhicules à moteur	0	1	1	304	389	585	2 231	1 912	2 481	2 766
Taxes on boats/ships	0	0	1	0	0	0	0	0	0	0
5220 Impôts non périodiques sur l'utilisation des biens ou l'exercice d'activités	1	20	9	0	0	0	0	0	0	0
Exceptional tax on construction of buildings	0	..	9	..	..	..	..	..	..	..
Building permits	0	..	0	..	..	..	..	..	..	..
5300 Non ventilables entre les rubriques 5100 et 5200	0	0	0	517	256	785	1 002	663	658	703
6000 Impôts autres que les rubriques 1000, 2000, 3000, 4000 et 5000	0	1	3	0	0	0	0	0	0	0
6100 À la charge exclusive des entreprises	..	0	0	..	..	..	..	..	..	..
6200 À la charge d'autre agents que les entreprises ou non identifiables	..	1	3	..	..	..	..	..	..	..
Custom duties collected for the EU	..	..	100	210	307	278	181	255	284	429
Contributions au Fonds de résolution unique collectées pour le compte de l'UE	0	0	..	..	..	..	92	87	91	121
Recettes fiscales totales sur la base d'encaissements	116	1 475	11 472	45 979	72 429	73 083	63 210	62 172	69 344	77 582

	1965	1980	1990	2000	2007	2010	2015	2020	2021	2022
Recettes fiscales totales sur la base des droits constatés	..	..	..	47 211	73 990	72 414	65 162	65 196	72 674	85 153
Impôts additionnels inclus dans les comptes nationaux	..	..	..	0	0	0	0	0	0	0
Impôts exclus des comptes nationaux	..	..	..	0	0	0	0	0	0	0
Différence dans les traitements des crédits d'impôts	..	..	..	0	0	0	0	0	0	0
Transfert en capital des recettes non collectées	..	..	..	0	0	0	0	0	0	0
Tax (Employer's actual social contributions)	..	..	..	..	..	..	..	..	0	0
Tax (Employee's actual social contributions)	..	..	..	..	..	..	..	..	0	0
Cotisations de sécurité sociale volontaires	..	..	..	0	0	0	0	0	0	0
Différences diverses	..	..	..	0	0	0	0	0	0	0
Comptes nationaux : impôts et cotisations sociales effectives	..	..	..	47 211	73 990	72 414	65 162	65 196	72 674	85 153
Cotisations sociales imputées	..	..	..	2 055	3 952	4 952	5 615	4 086	3 856	3 855
Comptes nationaux : impôts et toutes les cotisations sociales	..	..	..	49 266	77 942	77 366	70 777	69 282	76 530	89 008

.. Non disponible

Note : Year ending 31st December.

From 1998 data are on accrual basis.

Source : Ministry of Finance, General accounting Office, Directorate of General Government Budget in collaboration with the National Statistical Authority (ELSTAT).

Tableau 5.15. Hongrie : recettes fiscales détaillées, 1965-2022

Million HUF

	1965	1980	1990	2000	2007	2010	2015	2020	2021	2022
Recettes fiscales totales	..	..	..	5 132 570	10 098 955	10 121 687	13 519 622	17 425 190	18 646 419	23 181 302
Recettes fiscales totales excluant les taxes collectés pour le compte de l'UE	..	..	..	5 132 570	10 055 315	10 096 033	13 479 897	17 361 695	18 573 604	23 076 449
1000 Impôts sur le revenu, les bénéfices et les gains en capital	..	..	..	1 247 420	2 539 389	2 093 830	2 425 958	3 165 880	3 011 836	4 618 426
1100 Impôts sur le revenu, les bénéfices et les gains en capital des personnes physiques	..	..	..	954 698	1 838 563	1 764 082	1 824 671	2 543 593	2 254 978	3 524 479
1110 Sur le revenu et les bénéfices des personnes physiques	..	..	..	954 698	1 838 563	1 764 082	1 824 671	2 543 593	2 254 978	3 524 479
1120 Sur les gains en capital des personnes physiques	..	..	..	0	0	0	0	0	0	0
1200 Impôts sur le revenu, les bénéfices et les gains en capital des sociétés	..	..	..	292 722	700 826	329 748	601 287	622 287	756 858	1 093 947
Corporate income tax	..	..	..	292 722	510 781	323 370	539 777	549 822	674 002	866 241
Research and development fund levy	..	..	..	0	0	0	0	0	0	0
Credit institutions' special tax	..	..	..	0	10 890	21 618	19 902	8 842	5 580	8 729
Separate tax for companies	..	..	..	0	178 598	- 32 390	0	0	0	0
Medicine tax	..	..	..	0	558	163	0	0	0	0
Energy corporations' special tax	..	..	..	0	0	16 987	41 608	63 623	77 276	218 977
1210 Sur le revenu et les bénéfices des sociétés	..	..	..	..	..	..	..	..	..	..
1220 Sur les gains en capital des sociétés	..	..	..	..	..	..	..	..	..	..
1300 Non ventilables entres les rubriques 1100 et 1200	..	..	..	0	0	0	0	0	0	0
Interest withholding	..	..	..	..	..	..	..	..	..	..
2000 Cotisations de sécurité sociale (CSS)	..	..	..	1 506 755	3 402 194	3 179 509	4 433 464	5 364 400	5 781 454	6 481 845
2100 CSS à la charge des salariés	..	..	..	275 323	941 682	1 112 583	1 770 923	2 813 766	3 165 758	3 829 813
Pensions	..	..	..	150 585	336 855	537 556	969 908	1 539 523	1 731 635	2 093 935
Health	..	..	..	81 874	513 633	467 208	656 147	1 046 999	1 181 988	1 430 647
Unemployment	..	..	..	42 864	91 194	107 819	144 868	227 244	252 135	305 231
2110 CSS à la charge des salariés - sur la base du salaire	..	..	..	..	..	..	..	..	..	..
2120 CSS à la charge des salariés - sur la base de l'impôt sur le revenu	..	..	..	..	..	..	..	..	..	..
2200 CSS à la charge des employeurs	..	..	..	1 213 190	2 402 941	2 043 771	2 637 330	2 521 328	2 585 742	2 619 374
Pensions	..	..	..	734 456	1 508 490	1 800 864	2 235 536	1 781 571	1 824 993	1 846 964
Health	..	..	..	385 019	693 705	169 202	398 618	738 365	759 253	770 186
Unemployment	..	..	..	93 715	200 746	73 705	3 176	1 392	1 496	2 224
2210 CSS à la charge des employeurs - sur la base du salaire	..	..	..	..	..	..	..	..	..	..
2220 CSS à la charge des employeurs - sur la base de l'impôt sur le revenu	..	..	..	..	..	..	..	..	..	..
2300 CSS à la charge des indépendants ou des sans emploi	..	..	..	873	2 534	0	0	0	0	0
Pensions: of which	..	..	..	0	0	..	..	..	..	..
Self-employed	..	..	..	0	0	..	..	..	..	..
Unemployed	..	..	..	0	0	..	..	..	..	..
Retired	..	..	..	0	0	..	..	..	..	..
Other	..	..	..	0	0	..	..	..	..	..
Health: of which	..	..	..	873	2 534	..	..	..	..	..
Self-employed	..	..	..	873	2 534	..	..	..	..	..
Unemployed	..	..	..	0	0	..	..	..	..	..
Retired	..	..	..	0	0	..	..	..	..	..
Other	..	..	..	0	0	..	..	..	..	..
2310 CSS à la charge des indépendants ou des sans emploi - sur la base du salaire	..	..	..	..	..	..	..	..	..	..
2320 CSS à la charge des indépendants ou des sans emploi - Sur la base de l'impôt sur le revenu	..	..	..	..	..	..	..	..	..	..
2400 CSS Non ventilables entre les rubriques 2100, 2200 et 2300	..	..	..	17 368	55 037	23 155	25 211	29 306	29 954	32 658
2410 CSS Non-ventilables entre les rubriques 2100, 2200 et 2300 - sur la base du salaire	..	..	..	..	..	..	..	..	..	..
2420 CSS Non-ventilables entre les rubriques 2100, 2200 et 2300 - sur la base de l'impôt sur le revenu	..	..	..	..	..	..	..	..	..	..
3000 Impôts sur les salaires et la main-d'oeuvre	..	..	..	183 430	82 068	113 689	241 750	501 292	598 811	472 433
Rehabilitation contribution	..	..	..	2 184	13 559	56 004	67 460	107 943	113 893	138 103
Training levy	..	..	..	13 186	36 612	47 083	96 427	140 481	162 573	106
Wage guarantee contribution	..	..	..	0	0	0	0	0	0	0
Communal tax on enterprises	..	..	..	1 192	1 261	1 170	0	0	0	0
Health contribution	..	..	..	166 869	20 427	0	0	0	0	0
Medicine tax	..	..	..	0	10 209	9 431	10 283	9 543	8 574	8 886
Tax on home-workers	..	..	..	0	0	1	29	20	19	17
Lump sum tax for small taxpayers	..	..	..	0	0	0	55 409	158 736	197 020	175 899
Small business tax	0	0	0	0	0	0	12 142	84 569	116 732	149 422
4000 Impôts sur le patrimoine	..	..	..	89 024	202 711	312 059	437 329	507 379	482 670	531 943

	1965	1980	1990	2000	2007	2010	2015	2020	2021	2022
4100 Impôts périodiques sur la propriété immobilière	..	..	..	30 810	72 071	92 525	200 906	224 590	235 959	238 114
Land tax	..	..	..	0	0	0	0	0	0	0
Building tax	..	..	..	22 262	54 556	71 025	111 963	130 529	137 766	140 310
Development land tax	..	..	..	3 099	6 900	9 861	19 102	26 168	28 324	28 189
Communal tax on recreational howes	..	..	..	893	1 412	1 515	26	0	0	0
Communal tax on households	..	..	..	4 557	9 069	10 124	13 451	14 770	15 047	15 291
Luxury tax	..	..	..	0	134	0	0	0	0	0
Public utility tax	..	..	..	0	0	0	55 906	52 502	54 127	53 495
Community tax	..	..	..	0	0	0	458	621	695	829
4110 Impôts périodiques sur la propriété immobilière – Ménages	..	..	..	..	..	..	..	..	..	..
4120 Impôts périodiques sur la propriété immobilière – Autres agents	..	..	..	..	..	..	..	..	..	..
4200 Impôts périodiques sur l'actif net	..	..	..	0	0	135 652	135 661	108 104	52 308	66 657
Surtax payable by financial institutions	..	..	..	..	..	135 652	135 661	108 104	52 308	66 657
4210 Impôts périodiques sur l'actif net – Personnes physiques	..	..	..	..	..	..	..	..	..	..
4220 Impôts périodiques sur l'actif net – Sociétés	..	..	..	..	..	..	..	..	..	..
4300 Impôts sur les mutations par décès, les successions et les donations	..	..	..	5 460	13 175	6 264	7 373	9 493	9 132	11 399
4310 Impôts sur les mutations par décès et les successions	..	..	..	4 020	10 775	4 243	6 230	8 026	7 255	9 289
Inheritance tax-local	..	..	..	2 010	4 658	1 858	0	0	0	0
Inheritance tax-central	..	..	..	2 010	6 117	2 385	6 230	8 026	7 255	9 289
4320 Impôts sur les donations	..	..	..	1 440	2 400	2 021	1 143	1 467	1 877	2 110
Gift tax-local	..	..	..	720	1 038	885	0	0	0	0
Gift tax-central	..	..	..	720	1 363	1 136	1 143	1 467	1 877	2 110
4400 Impôts sur les transactions mobilières et immobilières	..	..	..	52 754	117 465	77 618	93 389	165 192	185 271	215 773
Property transfer tax-local	..	..	..	26 349	50 783	33 990	0	0	0	0
Property transfer tax-central	..	..	..	26 405	66 682	43 628	93 389	165 192	185 271	215 773
4500 Impôts non périodiques sur le patrimoine	..	..	..	0	0	0	0	0	0	0
4510 Impôts non périodiques sur l'actif net	..	..	..	..	..	..	..	..	..	..
4520 Impôts non périodiques sur le patrimoine autre que sur l'actif net	..	..	..	..	..	..	..	..	..	..
4600 Autres impôts périodiques sur le patrimoine hors rubriques 4100 et 4200	..	..	..	0	0	0	0	0	0	0
5000 Impôts sur les biens et services	..	..	..	2 081 439	3 832 361	4 383 865	5 936 435	7 863 946	8 790 416	11 002 045
5100 Impôts sur la production, la vente, le transfert, la location et la livraison des biens et la prestation de services	..	..	..	2 052 712	3 751 218	4 272 312	5 798 298	7 645 017	8 550 634	10 716 185
5110 Impôts généraux sur les biens et services	..	..	..	1 340 572	2 622 027	3 010 781	4 099 741	5 632 941	6 420 284	7 796 722
5111 Taxes sur la valeur ajoutée	..	..	..	1 153 750	2 013 271	2 325 608	3 309 540	4 717 048	5 460 243	6 691 200
5112 Impôts sur les ventes	..	..	..	0	0	37 795	50 635	96 406	110 311	104 266
Public health product tax	..	..	..	..	..	0	29 882	57 685	66 346	77 272
Hydrocarbons stockholding fee	..	..	..	..	..	37 795	20 753	38 721	43 965	26 994
5113 Autres impôts généraux sur les biens et services	..	..	..	186 823	608 756	647 378	739 566	819 487	849 730	1 001 256
Local tax on company sales	..	..	..	186 823	427 134	443 093	584 380	729 000	754 982	890 118
Simplified business tax	..	..	..	0	152 812	181 880	89 406	1 690	0	0
Research and development contribution	..	..	..	0	28 810	22 405	65 780	88 797	94 748	111 138
5120 Impôts sur des biens et des services déterminés	..	..	..	712 140	1 129 192	1 261 531	1 698 557	2 012 076	2 130 350	2 919 463
5121 Accises	..	..	..	533 502	969 730	929 881	1 119 189	1 318 427	1 352 067	1 389 645
Road fund petrol tax	..	..	..	0	0	0	0	0	0	0
Alcohol production duty	..	..	..	3 848	5 621	3 021	8 007	6 535	3 043	79
Water fund tax	..	..	..	6 017	13 171	14 444	12 305	12 632	12 425	12 652
Forestry fund tax	..	..	..	2 858	3 353	284	0	0	0	0
Environment petrol tax	..	..	..	14 837	19 447	17 274	65 534	74 825	83 568	87 649
Budget excises (central budget)	..	..	..	505 942	916 869	877 778	1 015 555	1 207 253	1 232 865	1 270 278
Coffee	..	..	..	3 200	0	0	0	0	0	0
Alcohol	..	..	..	53 500	88 600	83 078	87 369	90 640	97 549	119 759
Tobacco	..	..	..	107 000	252 400	251 778	321 922	409 123	399 787	504 137
Petrol	..	..	..	156 000	218 200	216 728	206 220	227 025	239 539	214 283
Diesel	..	..	..	157 000	256 600	293 588	375 026	459 231	477 138	414 577
Other oil	..	..	..	6 000	2 200	2 567	3 608	1 711	1 882	1 796
Other budget excises	..	..	..	30 343	93 442	30 039	21 410	19 523	16 970	15 726
Energy tax	..	..	..	0	11 269	17 080	17 788	17 182	20 166	18 987
5122 Bénéfices des monopoles fiscaux	..	..	..	0	0	0	0	0	0	0
5123 Droits de douane et droits à l'importation	..	..	..	137 730	37 174	33 446	52 395	79 357	96 177	141 761
Customs duties	..	..	..	137 730	37 174	33 446	52 395	79 357	96 177	141 761
5124 Taxes à l'exportation	..	..	..	0	0	0	0	0	0	0
5125 Impôts sur les biens d'équipement	..	..	..	0	0	0	0	0	0	0
5126 Impôts sur des services déterminés	..	..	..	40 908	106 629	297 554	465 479	590 136	649 330	1 344 563
Gambling tax	..	..	..	27 935	71 804	62 718	44 972	48 956	39 237	57 073
Tourism tax	..	..	..	4 379	0	0	0	0	0	0

	1965	1980	1990	2000	2007	2010	2015	2020	2021	2022
Communal tourism tax	..	..	..	2 943	4 935	5 798	10 475	3 953	6 815	16 599
Cultural contribution	..	..	..	4 387	8 432	1 096	127	0	0	0
Pork slaughterhouse tax	..	..	..	32	0	0	0	0	0	0
Breeding contribution	..	..	..	899	919	0	0	0	0	0
Medicine tax	..	..	..	0	19 789	28 104	45 529	53 064	53 447	70 979
Surtax payable by financial institutions	..	..	..	0	0	39 611	4 155	3 513	3 833	251 660
Specific sectors' surtax	..	..	..	0	0	151 693	285	0	0	0
Telecommunication services tax	..	..	..	0	0	0	54 516	58 709	57 793	95 903
Accident tax	..	..	..	0	0	0	27 694	- 10	0	0
Insurance tax	..	..	..	0	0	4 018	30 108	97 220	105 121	171 235
Financial transaction levy	..	..	..	0	0	0	205 616	213 979	235 246	300 035
Waste dumping contribution	..	..	..	0	0	0	11 123	15 473	16 078	15 752
Advertising tax	..	..	..	0	0	0	5 675	0	0	0
Protection Fund levies (KA)	0	0	0	0	0	0	0	4 744	4 814	4 752
Departure tax	0	0	0	0	0	0	0	0	0	17 899
Protection Fund levies (BEVA)	0	0	0	0	0	0	0	7 445	339	38 330
Tourism development contribution	..	..	..	0	0	1 036	2 600	7 624	7 714	8 933
Protection Fund levies (OBA)	..	..	..	0	0	2 435	14 391	10 027	13 536	99 943
Protection Fund levies (Resolution Fund)	..	..	..	0	0	0	7 290	16 576	23 634	17 376
Protection Fund Levies (PGA)	0	0	0	332	750	1 045	0	0	0	0
Retail tax	0	0	0	0	0	0	0	47 637	78 594	176 748
Protection Fund levies (SZHTKA)	..	..	..	0	0	0	923	1 226	3 129	1 346
5127 Autres impôts sur les transactions et les échanges internationaux non couverts par les rubriques 5121 à 5126	..	..	..	0	0	0	0	0	0	0
Previous differential producer's turnover tax	..	..	..	..	..	..	..	..	..	..
5128 Autres impôts non couverts par les rubriques 5121 à 5127	..	..	..	0	15 659	650	61 494	24 156	32 776	43 494
Sugar duty	..	..	..	..	15 659	650	765	0	0	0
Payments by companies in the energy sector (MAVIR)	0	0	0	..	0	0	60 729	24 156	32 776	43 494
5130 Non ventilables entre les rubriques 5110 et 5120	..	..	..	0	0	0	0	0	0	0
5200 Impôts sur l'utilisation des biens ou l'autorisation d'utiliser des biens ou d'exercer des activités	..	..	..	28 727	81 143	111 553	138 137	218 929	239 782	285 860
5210 Impôts périodiques sur l'utilisation des biens ou l'exercice d'activités	..	..	..	25 454	74 268	106 903	130 238	206 069	223 463	269 487
Tax on domestically registered vehicles-local	..	..	..	12 622	62 432	71 112	73 248	85 563	95 038	95 944
Tax on domestically registered vehicles-extra budget	..	..	..	0	0	0	0	0	0	0
Tax on domestically registered vehicles-central	..	..	..	8 250	0	79	0	0	0	0
Tax on foreign registered vehicles extra budget fund	..	..	..	0	0	0	0	0	0	0
Tax on foreign registered vehicles-central	..	..	..	3 078	1 655	1 397	0	0	0	0
Company car tax	..	..	..	0	0	25 867	31 570	37 511	39 689	58 544
5211 Impôts périodiques à la charge des ménages: véhicules à moteur	..	..	..	0	0	0	0	0	0	0
5212 Impôts périodiques à la charge d'autres agents: véhicules à moteur	..	..	..	0	0	0	0	0	0	0
5213 Sur l'utilisation des biens ou l'exercice d'activités autres que les véhicules à moteur	..	..	..	1 504	10 181	8 448	25 420	82 995	88 736	114 999
Environmental protection fee	..	..	..	5	13	27	0	0	0	0
Fishing development contribution	..	..	..	40	104	0	0	0	0	0
Environmental protection charge	..	..	..	0	8 785	7 653	6 680	6 357	6 181	6 152
Air pollution levy	..	..	..	751	610	53	0	0	0	0
Water pollution levy	..	..	..	225	186	0	0	0	0	0
Toxic waste levy	..	..	..	65	42	130	0	0	0	0
Noise abatement levy	..	..	..	13	8	19	0	0	0	0
Unidentified environmental protection levies paid to local governments	..	..	..	404	433	566	265	155	155	139
Sale of emission allowances	..	..	..	0	0	0	17 479	74 177	79 585	102 919
Carbon dioxide quota tax	0	0	0	0	0	0	0	0	0	0
Concession fees (tobacco shops)	0	0	0	0	0	0	996	2 306	2 815	5 789
5220 Impôts non périodiques sur l'utilisation des biens ou l'exercice d'activités	..	..	..	3 273	6 875	4 650	7 899	12 860	16 319	16 373
Land protection levy	..	..	..	1 640	3 777	2 488	3 610	5 776	7 368	8 327
Vehicle weight fee	..	..	..	805	1 288	820	0	2 059	3 305	2 554
Game protection contribution	..	..	..	178	176	1	0	0	0	0
Casino license fee	..	..	..	650	1 635	1 341	4 289	5 025	5 646	5 492
5300 Non ventilables entre les rubriques 5100 et 5200	..	..	..	0	0	0	0	0	0	0
6000 Impôts autres que les rubriques 1000, 2000, 3000, 4000 et 5000	..	..	..	24 503	40 232	38 735	44 686	22 293	- 18 768	74 610
Unallocable tax penalties	..	..	..	23 546	33 321	36 250	35 530	22 293	- 18 768	35 910
6100 À la charge exclusive des entreprises	..	..	..	957	6 911	2 485	9 156	0	0	38 700
Nuclear contribution	..	..	..	957	6 711	2 485	9 156	..	..	0
Medicine tax	..	..	..	0	200	0	0	..	..	38 700
6200 À la charge d'autre agents que les entreprises ou non identifiables	..	..	..	0	0	0	0	0	0	0
Custom duties collected for the EU	..	..	..	..	27 981	25 004	38 960	63 495	72 815	104 853

	1965	1980	1990	2000	2007	2010	2015	2020	2021	2022
Recettes fiscales totales sur la base d'encaissements	..	..	..	5 132 570	10 020 734	10 137 257	13 218 609	16 994 769	18 789 624	22 044 857
Recettes fiscales totales sur la base des droits constatés	..	..	..	..	10 098 955	10 121 687	13 519 622	17 425 190	18 646 419	23 181 302
Impôts additionnels inclus dans les comptes nationaux	..	..	..	..	45 120	49 057	76 364	32 597	29 688	34 689
Social security contributions	..	..	..	..	0	11 675	40 688	84	43	11
Duty for state procedures	..	..	..	..	45 084	37 331	35 653	32 498	29 633	34 666
Other taxes	..	..	..	..	36	51	23	15	12	12
Impôts exclus des comptes nationaux	..	..	..	..	- 49 439	- 53 707	- 48 414	- 35 100	6 169	- 48 718
Water fund tax	..	..	..	..	- 13 171	- 14 444	- 12 305	- 12 632	- 12 425	- 12 652
Tax on foreign registered vehicles	..	..	..	..	- 1 655	- 1 397	0	0	0	0
Environmental protection fee	..	..	..	..	- 446	- 593	- 265	- 155	- 155	- 139
Air pollution levy	..	..	..	..	- 610	- 53	0	0	0	0
Water pollution levy	..	..	..	..	- 186	0	0	0	0	0
Toxic waste levy	..	..	..	..	- 42	- 130	0	0	0	0
Noise abatement levy	..	..	..	..	- 8	- 19	0	0	0	0
Vehicle weight fee	..	..	..	..	0	- 820	0	0	0	0
Unallocable tax penalties	..	..	..	..	- 33 321	- 36 250	- 35 530	- 22 293	18 768	- 35 910
Tax on home-workers	..	..	..	..	0	- 1	- 29	- 20	- 19	- 17
Specific sectors' surtax correction	..	..	..	..	0	0	- 285	0	0	0
Différence dans les traitements des crédits d'impôts	..	..	..	..	0	0	0	0	0	0
Transfert en capital des recettes non collectées	..	..	..	..	0	0	0	0	0	0
Cotisations de sécurité sociale volontaires	..	..	..	..	1 762	1 693	1 229	953	963	1 045
Différences diverses	..	..	..	..	- 2 687	- 28	- 43	1 433	2 737	6 129
Inheritance tax	..	..	..	..	0	0	0	0	0	0
Gift tax	..	..	..	..	0	0	0	0	0	0
Property transfer tax	..	..	..	..	0	0	0	0	0	0
Rounding	..	..	..	..	4	- 2	0	- 1	- 1	- 1
Taxes on income and profits	..	..	..	..	- 2 087	0	0	0	0	0
Corporate income tax	..	..	..	..	0	0	0	0	0	0
Customs duties	..	..	..	..	- 604	- 26	- 43	1 434	2 738	6 130
Vehicle weight fee	..	..	..	..	0	0	0	0	0	0
Environment petrol tax	..	..	..	..	0	0	0	0	0	0
Social security contributions	..	..	..	..	0	0	0	0	0	0
Credit institutions' special tax	..	..	..	..	0	0	0	0	0	0
Comptes nationaux : impôts et cotisations sociales effectives	..	..	..	..	10 093 712	10 118 702	13 548 758	17 425 073	18 685 976	23 174 447
Cotisations sociales imputées	..	..	..	..	21 113	24 841	28 783	29 221	31 020	40 573
Comptes nationaux : impôts et toutes les cotisations sociales	..	..	..	..	10 114 825	10 143 543	13 577 541	17 454 294	18 716 996	23 215 020

.. Non disponible

Note : Year ending 31st December.

From 2002 onwards, data are on accrual basis, except for the preliminary year, which is on a cash basis.

Heading 5121: the aggregate figure for excise tax revenues is on a cash basis. Revenue from specific excises is in several cases reported on an accrual basis.

Tax base for "Environment petrol tax" is broader than petrol only.

Source : Ministry of Finance, Economic Department.

Tableau 5.16. Islande : recettes fiscales détaillées, 1965-2022

Million ISK

	1965	1980	1990	2000	2007	2010	2015	2020	2021	2022
Recettes fiscales totales	60	4 731	114 932	254 570	532 769	541 578	812 002	1 061 089	1 139 978	1 365 413
1000 Impôts sur le revenu, les bénéfices et les gains en capital	13	1 211	34 106	101 488	241 378	239 664	380 979	542 035	569 645	702 954
1100 Impôts sur le revenu, les bénéfices et les gains en capital des personnes physiques	12	1 092	30 908	88 492	180 070	197 318	297 979	457 255	471 865	545 134
1110 Sur le revenu et les bénéfices des personnes physiques	..	..	30 908	88 492	180 070	197 318	297 979	457 255	471 865	545 134
1120 Sur les gains en capital des personnes physiques	..	..	..	0	0	0	0	0	0	0
1200 Impôts sur le revenu, les bénéfices et les gains en capital des sociétés	1	119	3 198	8 371	32 555	14 609	52 544	64 447	65 454	100 909
1210 Sur le revenu et les bénéfices des sociétés	..	..	3 198	8 371	32 555	14 609	52 544	64 447	65 454	100 909
1220 Sur les gains en capital des sociétés	..	..	..	0	0	0	0	0	0	0
1300 Non ventilables entres les rubriques 1100 et 1200	0	0	0	4 625	28 754	27 737	30 457	20 333	32 327	56 911
2000 Cotisations de sécurité sociale (CSS)	5	102	3 607	19 680	39 594	63 599	79 707	88 364	97 414	115 564
2100 CSS à la charge des salariés	0	0	315	..	..	..	..	..	..	..
2110 CSS à la charge des salariés - sur la base du salaire	..	..	..	..	..	..	..	..	..	..
2120 CSS à la charge des salariés - sur la base de l'impôt sur le revenu	..	..	..	..	..	..	..	..	..	..
2200 CSS à la charge des employeurs	5	102	3 292	..	..	..	..	..	..	..
2210 CSS à la charge des employeurs - sur la base du salaire	..	..	..	..	..	..	..	..	..	..
2220 CSS à la charge des employeurs - sur la base de l'impôt sur le revenu	..	..	..	..	..	..	..	..	..	..
2300 CSS à la charge des indépendants ou des sans emploi	0	0	0	..	..	..	..	..	..	..
2310 CSS à la charge des indépendants ou des sans emploi - sur la base du salaire	..	..	..	..	..	..	..	..	..	..
2320 CSS à la charge des indépendants ou des sans emploi - Sur la base de l'impôt sur le revenu	..	..	..	..	..	..	..	..	..	..
2400 CSS Non ventilables entre les rubriques 2100, 2200 et 2300	0	0	0	19 680	39 594	63 599	79 707	88 364	97 414	115 564
2410 CSS Non-ventilables entre les rubriques 2100, 2200 et 2300 - sur la base du salaire	..	..	..	19 680	39 594	63 599	79 707	88 364	97 414	115 564
2420 CSS Non-ventilables entre les rubriques 2100, 2200 et 2300 - sur la base de l'impôt sur le revenu	..	..	..	0	0	0	0	0	0	0
3000 Impôts sur les salaires et la main-d'oeuvre	1	180	4 071	184	1 519	2 827	6 638	9 233	9 160	10 003
4000 Impôts sur le patrimoine	2	297	9 689	16 839	23 039	35 412	39 160	66 312	67 752	76 161
4100 Impôts périodiques sur la propriété immobilière	1	138	4 131	10 107	20 567	28 542	34 879	56 040	58 209	62 439
4110 Impôts périodiques sur la propriété immobilière – Ménages	0	50	1 862	..	..	..	..	..	..	..
4120 Impôts périodiques sur la propriété immobilière – Autres agents	1	88	2 269	..	..	..	..	..	..	..
4200 Impôts périodiques sur l'actif net	0	69	2 402	5 173	- 8	3 849	657	34	13	0
4210 Impôts périodiques sur l'actif net – Personnes physiques	..	29	1 476	..	..	..	..	..	..	..
4220 Impôts périodiques sur l'actif net – Sociétés	..	40	926	..	..	..	..	..	..	..
4300 Impôts sur les mutations par décès, les successions et les donations	0	6	235	765	1 663	2 613	2 919	9 059	8 393	12 154
4310 Impôts sur les mutations par décès et les successions	0	6	235	765	1 663	2 613	2 919	9 059	8 393	12 154
4320 Impôts sur les donations	0	0	0	0	0	0	0	0	0	0
4400 Impôts sur les transactions mobilières et immobilières	1	84	2 921	0	0	0	0	0	0	0
4500 Impôts non périodiques sur le patrimoine	0	0	0	113	460	146	362	612	524	802
4510 Impôts non périodiques sur l'actif net	..	..	..	0	0	0	0	0	0	0
4520 Impôts non périodiques sur le patrimoine autre que sur l'actif net	..	..	..	113	460	146	362	612	524	802
4600 Autres impôts périodiques sur le patrimoine hors rubriques 4100 et 4200	0	0	0	681	356	263	343	567	613	767
5000 Impôts sur les biens et services	37	2 834	58 943	115 389	225 480	194 088	267 155	335 971	382 756	446 508
5100 Impôts sur la production, la vente, le transfert, la location et la livraison des biens et la prestation de services	37	2 778	56 564	103 813	202 449	182 953	254 422	312 821	361 377	419 446
5110 Impôts généraux sur les biens et services	10	1 368	37 084	75 811	148 085	126 351	188 001	239 773	284 536	329 554
5111 Taxes sur la valeur ajoutée	0	0	32 698	72 668	138 601	123 695	183 674	233 732	277 808	323 469
5112 Impôts sur les ventes	10	1 368	4 386	0	0	0	0	0	0	0
5113 Autres impôts généraux sur les biens et services	0	0	0	3 143	9 484	2 656	4 327	6 040	6 728	6 085

	1965	1980	1990	2000	2007	2010	2015	2020	2021	2022
5120 Impôts sur des biens et des services déterminés	27	1 410	19 480	28 002	54 364	56 603	66 421	73 049	76 841	89 892
5121 Accises	1	311	2 346	23 585	45 891	46 711	56 909	64 251	66 591	77 118
Excises on alcohol	0	0	0	5 772	8 057	10 214	13 302	20 511	22 724	23 800
Excises on tobacco	0	0	0	0	3 903	4 573	5 874	5 923	5 662	5 007
5122 Bénéfices des monopoles fiscaux	5	263	5 986	0	0	0	0	0	0	0
5123 Droits de douane et droits à l'importation	20	715	9 181	2 702	5 446	5 952	4 989	2 575	4 122	5 991
5124 Taxes à l'exportation	1	2	0	0	0	0	0	0	0	0
5125 Impôts sur les biens d'équipement	0	0	0	0	0	0	0	0	0	0
5126 Impôts sur des services déterminés	1	69	1 404	1 715	3 026	3 940	4 523	6 223	6 127	6 782
5127 Autres impôts sur les transactions et les échanges internationaux non couverts par les rubriques 5121 à 5126	0	50	563	0	0	0	0	0	0	0
5128 Autres impôts non couverts par les rubriques 5121 à 5127	0	0	0	0	0	0	0	0	0	0
5130 Non ventilables entre les rubriques 5110 et 5120	0	0	0	0	0	0	0	0	0	0
5200 Impôts sur l'utilisation des biens ou l'autorisation d'utiliser des biens ou d'exercer des activités	1	56	2 379	11 576	23 032	11 135	12 733	23 150	21 379	27 062
5210 Impôts périodiques sur l'utilisation des biens ou l'exercice d'activités	1	56	2 379	..	..	..	..	..	..	..
5211 Impôts périodiques à la charge des ménages: véhicules à moteur	0	10	970	..	..	..	..	..	..	..
5212 Impôts périodiques à la charge d'autres agents: véhicules à moteur	0	41	1 331	..	..	..	..	..	..	..
5213 Sur l'utilisation des biens ou l'exercice d'activités autres que les véhicules à moteur	0	5	78	..	..	..	..	..	..	..
5220 Impôts non périodiques sur l'utilisation des biens ou l'exercice d'activités	0	0	0	..	..	..	..	..	..	..
5300 Non ventilables entre les rubriques 5100 et 5200	0	0	0	0	0	0	0	0	0	0
6000 Impôts autres que les rubriques 1000, 2000, 3000, 4000 et 5000	2	107	4 516	991	1 758	5 988	38 364	19 174	13 251	14 223
6100 À la charge exclusive des entreprises	2	107	4 145	418	628	763	32 477	12 046	5 927	6 228
6200 À la charge d'autre agents que les entreprises ou non identifiables	0	0	371	573	1 130	5 225	5 887	7 127	7 324	7 995
Non-wastable tax credits against 1110	..	..	..	..	..	..	0	0	0	0
Tax expenditure component	..	..	..	..	..	..	..	..	..	..
Transfer component	..	..	..	..	..	..	..	..	..	..
Non-wastable tax credits against 1210	..	..	..	..	..	..	1 190	5 186	10 431	11 603
Tax expenditure component	..	..	..	..	..	..	173	824	716	715
Transfer component	..	..	..	..	..	..	1 017	4 362	9 715	10 888
Recettes fiscales totales sur la base d'encaissements	60	4 731	114 932	..	..	..	..	..	..	..
Recettes fiscales totales sur la base des droits constatés	..	..	..	254 570	532 769	541 578	812 002	1 061 089	1 139 978	1 365 413
Impôts additionnels inclus dans les comptes nationaux	..	..	..	0	0	0	0	0	0	0
Impôts exclus des comptes nationaux	..	..	..	- 765	- 1 663	- 2 613	- 2 919	- 9 059	- 8 393	- 12 154
Estate and inheritance taxes (4310)	..	..	..	- 765	- 1 663	- 2 613	- 2 919	- 9 059	- 8 393	- 12 154
Différence dans les traitements des crédits d'impôts	..	..	..	0	0	0	0	0	0	0
Transfert en capital des recettes non collectées	..	..	..	0	0	0	0	0	0	0
Cotisations de sécurité sociale volontaires	..	..	..	0	0	0	0	0	0	0
Différences diverses	..	..	..	0	0	0	0	0	0	0
Comptes nationaux : impôts et cotisations sociales effectives	..	..	..	253 806	531 105	538 964	809 084	1 052 029	1 131 584	1 353 259
Cotisations sociales imputées	..	..	..	0	0	0	0	0	0	0
Comptes nationaux : impôts et toutes les cotisations sociales	..	..	..	253 806	531 105	538 964	809 084	1 052 029	1 131 584	1 353 259

.. Non disponible
Note : Year ending 31st December.
From 1998 data are on accrual basis.
Source : Statistics Iceland.

Tableau 5.17. Irlande : recettes fiscales détaillées, 1965-2022

Million EUR

	1965	1980	1990	2000	2007	2010	2015	2020	2021	2022
Recettes fiscales totales	317	4 046	12 260	33 363	60 790	46 399	60 898	74 033	90 028	105 515
Recettes fiscales totales excluant les taxes collectés pour le compte de l'UE	..	..	12 075	33 155	60 517	46 170	60 572	73 623	89 294	104 640
1000 Impôts sur le revenu, les bénéfices et les gains en capital	82	1 478	4 662	14 551	25 364	18 617	26 599	36 333	44 737	55 679
1100 Impôts sur le revenu, les bénéfices et les gains en capital des personnes physiques	53	1 294	4 059	10 650	18 970	14 665	19 722	24 380	29 413	33 033
1110 Sur le revenu et les bénéfices des personnes physiques	53	1 286	4 023	9 876	15 872	14 320	19 053	23 428	27 768	31 286
Income tax	66	1 286	4 023	9 876	15 872	14 320	19 053	23 428	27 768	31 286
Surtax	3	0	0	0	0	0	0	0	0	0
Income tax paid by corporations	- 17	0	0	0	0	0	0	0	0	0
1120 Sur les gains en capital des personnes physiques	0	8	36	774	3 097	345	669	952	1 645	1 747
1200 Impôts sur le revenu, les bénéfices et les gains en capital des sociétés	29	184	603	3 900	6 395	3 945	6 873	11 954	15 324	22 646
1210 Sur le revenu et les bénéfices des sociétés	29	184	603	3 900	6 395	3 945	6 873	11 954	15 324	22 646
Corporation profits tax	12	2	0	0	0	0	0	0	0	0
Corporation tax	0	176	603	3 885	6 393	3 944	6 872	11 953	15 323	22 645
Income tax paid by corporation	17	0	0	0	0	0	0	0	0	0
Agricultural produce duty	0	6	0	14	1	1	1	1	1	1
1220 Sur les gains en capital des sociétés	0	0	0	0	0	0	0	0	0	0
1300 Non ventilables entres les rubriques 1100 et 1200	0	0	0	2	0	7	4	0	0	0
2000 Cotisations de sécurité sociale (CSS)	21	578	1 729	3 966	8 143	8 458	9 999	12 266	13 792	15 967
2100 CSS à la charge des salariés	10	190	570	962	1 926	3 195	3 327	3 766	4 217	5 419
2110 CSS à la charge des salariés - sur la base du salaire	..	..	570	962	1 926	3 195	3 327	3 766	4 217	5 419
2120 CSS à la charge des salariés - sur la base de l'impôt sur le revenu	..	..	0	0	0	0	0	0	0	0
2200 CSS à la charge des employeurs	10	380	1 092	2 814	5 796	4 932	6 211	7 868	8 885	9 917
2210 CSS à la charge des employeurs - sur la base du salaire	..	..	1 092	2 814	5 796	4 932	6 211	7 868	8 885	9 917
2220 CSS à la charge des employeurs - sur la base de l'impôt sur le revenu	..	..	0	0	0	0	0	0	0	0
2300 CSS à la charge des indépendants ou des sans emploi	0	8	67	190	421	331	460	632	690	631
2310 CSS à la charge des indépendants ou des sans emploi - sur la base du salaire	..	..	67	190	421	331	460	632	690	631
2320 CSS à la charge des indépendants ou des sans emploi - Sur la base de l'impôt sur le revenu	..	..	0	0	0	0	0	0	0	0
2400 CSS Non ventilables entre les rubriques 2100, 2200 et 2300	0	0	0	0	0	0	0	0	0	0
2410 CSS Non-ventilables entre les rubriques 2100, 2200 et 2300 - sur la base du salaire	..	..	..	..	..	..	..	..	..	..
2420 CSS Non-ventilables entre les rubriques 2100, 2200 et 2300 - sur la base de l'impôt sur le revenu	..	..	..	..	..	..	..	..	..	..
3000 Impôts sur les salaires et la main-d'oeuvre	0	9	159	15	411	310	357	717	797	951
4000 Impôts sur le patrimoine	48	213	569	1 902	4 789	2 389	3 918	3 687	4 843	5 009
4100 Impôts périodiques sur la propriété immobilière	39	139	312	587	1 233	1 322	1 864	1 215	1 668	2 051
4110 Impôts périodiques sur la propriété immobilière – Ménages	..	..	..	..	..	..	..	..	..	..
4120 Impôts périodiques sur la propriété immobilière – Autres agents	..	..	..	..	..	..	..	..	..	..
4200 Impôts périodiques sur l'actif net	0	1	0	0	0	0	169	0	0	0
4210 Impôts périodiques sur l'actif net – Personnes physiques	..	..	..	..	..	..	0	0	0	0
4220 Impôts périodiques sur l'actif net – Sociétés	..	..	..	..	..	..	169	0	0	0
4300 Impôts sur les mutations par décès, les successions et les donations	6	14	48	225	405	235	401	505	582	615
4310 Impôts sur les mutations par décès et les successions	6	14	45	210	337	192	365	499	576	609
Estate duty	5	..	0	0	0	0	0	0	0	0
Legacy duty	1	..	0	0	0	0	0	0	0	0
Succession duty	0	..	0	0	0	0	0	0	0	0
4320 Impôts sur les donations	0	0	3	15	68	43	36	6	6	5
4400 Impôts sur les transactions mobilières et immobilières	3	59	209	1 090	3 151	832	1 484	1 968	2 592	2 344
Stamp duty	3	59	209	1 090	3 151	832	1 484	1 968	2 592	2 344
4500 Impôts non périodiques sur le patrimoine	0	0	0	0	0	0	0	0	0	0
4510 Impôts non périodiques sur l'actif net	..	..	..	..	..	..	..	..	..	..

	1965	1980	1990	2000	2007	2010	2015	2020	2021	2022
4520 Impôts non périodiques sur le patrimoine autre que sur l'actif net	..	..	..	..	..	..	..	..	..	..
4600 Autres impôts périodiques sur le patrimoine hors rubriques 4100 et 4200	0	0	0	0	0	0	0	0	0	0
5000 Impôts sur les biens et services	167	1 769	5 140	12 929	22 082	16 619	20 013	21 021	25 850	27 896
5100 Impôts sur la production, la vente, le transfert, la location et la livraison des biens et la prestation de services	155	1 741	4 939	12 374	20 982	15 319	18 036	19 183	23 842	26 194
5110 Impôts généraux sur les biens et services	18	597	2 500	7 643	14 355	10 067	11 831	12 753	16 642	19 176
5111 Taxes sur la valeur ajoutée	0	597	2 500	7 643	14 355	10 067	11 831	12 753	16 642	19 176
Value added tax	..	597	2 500	7 643	14 355	10 067	11 831	12 753	16 642	19 176
5112 Impôts sur les ventes	18	0	0	0	0	0	0	0	0	0
Turnover tax	18	..	..	..	..	..	..	..	..	..
Wholesale tax	0	..	..	..	..	..	..	..	..	..
5113 Autres impôts généraux sur les biens et services	0	0	0	0	0	0	0	0	0	0
5120 Impôts sur des biens et des services déterminés	137	1 143	2 439	4 731	6 627	5 252	6 205	6 430	7 200	7 018
5121 Accises	124	1 045	2 084	4 402	6 125	4 859	5 474	5 470	5 867	5 559
Beer	19	192	356	475	459	316	418	348	346	407
Oils	31	330	745	1 491	2 204	2 099	2 120	1 805	1 927	1 504
Spirits	16	148	153	241	363	244	313	379	383	414
Table waters	0	11	23	0	0	0	0	0	0	0
Tobacco	50	187	419	1 035	1 192	1 160	1 055	1 202	1 317	1 160
Wine, cider, perry	1	18	46	154	297	266	414	478	428	428
Motor vehicle (incl. tyres)	7	148	331	985	1 554	395	702	717	763	782
Others	1	11	11	20	57	379	451	515	672	831
Sugar-sweetened drinks	0	0	0	0	0	0	0	26	31	32
5122 Bénéfices des monopoles fiscaux	0	0	0	0	0	0	0	0	0	0
5123 Droits de douane et droits à l'importation	10	62	147	208	273	229	327	272	519	618
5124 Taxes à l'exportation	0	0	0	0	0	0	0	0	0	0
UE agriculture levies	..	..	0	..	..	..	..	..	..	..
5125 Impôts sur les biens d'équipement	0	0	0	0	0	0	0	0	0	0
5126 Impôts sur des services déterminés	3	21	171	122	229	164	404	688	814	841
Duty on betting	2	19	37	59	36	30	37	83	92	104
Sweepstakes duty	1	1	0	0	0	0	0	0	0	0
Bank levy	0	0	46	61	66	- 70	190	427	528	520
Other	0	1	88	2	127	204	178	178	194	217
5127 Autres impôts sur les transactions et les échanges internationaux non couverts par les rubriques 5121 à 5126	0	0	0	0	0	0	0	0	0	0
5128 Autres impôts non couverts par les rubriques 5121 à 5127	0	14	37	0	0	0	0	0	0	0
5130 Non ventilables entre les rubriques 5110 et 5120	0	0	0	0	0	0	0	0	0	0
5200 Impôts sur l'utilisation des biens ou l'autorisation d'utiliser des biens ou d'exercer des activités	11	28	201	555	1 100	1 300	1 977	1 838	2 008	1 702
5210 Impôts périodiques sur l'utilisation des biens ou l'exercice d'activités	11	28	201	555	1 100	1 300	1 977	1 838	2 008	1 702
5211 Impôts périodiques à la charge des ménages: véhicules à moteur	6	14	100	373	723	768	904	756	747	754
5212 Impôts périodiques à la charge d'autres agents: véhicules à moteur	5	11	82	124	239	256	281	235	227	226
5213 Sur l'utilisation des biens ou l'exercice d'activités autres que les véhicules à moteur	0	3	20	58	138	276	792	846	1 034	723
5220 Impôts non périodiques sur l'utilisation des biens ou l'exercice d'activités	0	0	0	0	0	0	0	0	0	0
5300 Non ventilables entre les rubriques 5100 et 5200	0	0	0	0	0	0	0	0	0	0
6000 Impôts autres que les rubriques 1000, 2000, 3000, 4000 et 5000	0	0	0	0	0	6	12	9	10	13
6100 À la charge exclusive des entreprises	..	..	..	..	..	0	0	0	0	0
6200 À la charge d'autre agents que les entreprises ou non identifiables	..	..	..	..	..	6	12	9	10	13
Custom duties collected for the EU	..	..	148	208	273	229	327	272	519	618
Contributions au Fonds de résolution unique collectées pour le compte de l'UE	0	0	..	..	..	..	..	138	216	258
Non-wastable tax credits against 1110	..	..	..	..	843	1 073	555	400	400	380
Tax expenditure component	..	..	..	..	843	1 073	555	400	400	380
Transfer component	..	..	..	..	0	0	0	0	0	0
Recettes fiscales totales sur la base d'encaissements	317	4 046	12 260	32 997	60 836	46 609	60 867	73 732	88 574	105 361
Recettes fiscales totales sur la base des droits constatés	..	..	..	33 363	60 790	46 399	60 898	74 033	90 028	105 515

	1965	1980	1990	2000	2007	2010	2015	2020	2021	2022
Impôts additionnels inclus dans les comptes nationaux	..	..	..	0	0	178	177	185	184	164
Impôts exclus des comptes nationaux	..	..	..	0	0	0	0	0	0	0
Différence dans les traitements des crédits d'impôts	..	..	..	0	0	0	0	0	0	0
Transfert en capital des recettes non collectées	..	..	..	0	0	0	0	0	0	0
Cotisations de sécurité sociale volontaires	..	..	..	0	0	0	0	0	0	0
Différences diverses	..	..	..	0	0	0	0	0	0	0
Comptes nationaux : impôts et cotisations sociales effectives	..	..	..	33 363	60 790	46 577	61 075	74 218	90 212	105 679
Cotisations sociales imputées	..	..	..	1 366	2 579	1 053	2 223	3 144	3 697	4 053
Comptes nationaux : impôts et toutes les cotisations sociales	..	..	..	34 729	63 369	47 630	63 298	77 362	93 909	109 733

.. Non disponible

Note : The personal income tax data shown for the country table for Ireland is different to the ESA2010 presentation as the expenditure component of the payable tax credits are excluded in accordance with the OECD Interpretative Guide.

The data for years 1965 to 1973 are on fiscal year basis (commencing on 1st April) and are therefore not strictly comparable with the data for later years, which are on a calendar year basis.

From 1998, data are on accrual basis.

Heading 1200: Capital gains taxes paid by corporations are included in heading 1210.

Heading 2100: Includes contributions by self-employed and certain voluntary contributions.

Heading 2200: Since 1976 income tax paid by corporations and corporation profits tax have been replaced by corporation tax.

Heading 5111: Includes arrears of the wholesale and turnover taxes.

Tax receipts in 1988 were inflated by the success of the new arrangements for assessment and collection of tax.These arrangements included an amnesty for tax arrears paid by 30th September. This amnesty waived penalities and interest charge tax. It resulted in payments of 631 millons of euros spread across the main tax headings.

Source : Annual Report of he Revenue Commissioners, Financial Accounts and National Income and Expenditure Accounts.

Tableau 5.18. Israël : recettes fiscales détaillées, 1965-2022

Million ILS

	1965	1980	1990	2000	2007	2010	2015	2020	2021	2022
Recettes fiscales totales	..	..	..	189 301	252 037	269 674	366 064	420 750	514 035	581 132
1000 Impôts sur le revenu, les bénéfices et les gains en capital	..	..	..	74 551	91 530	78 265	113 976	138 952	182 913	216 384
1100 Impôts sur le revenu, les bénéfices et les gains en capital des personnes physiques	..	..	..	54 753	56 434	48 214	70 895	91 204	113 200	127 900
1110 Sur le revenu et les bénéfices des personnes physiques	..	..	..	53 698	55 213	47 550	69 215	89 354	108 160	124 310
On wages – deduction at source	..	..	..	45 278	45 515	40 159	54 097	70 318	83 836	96 831
On self employement income – deduction at source	..	..	..	0	0	2 063	2 805	0	0	471
On self employement income – other	..	..	..	8 420	9 698	5 328	12 313	19 036	24 324	27 008
1120 Sur les gains en capital des personnes physiques	..	..	..	1 055	1 221	664	1 680	1 850	5 040	3 590
1200 Impôts sur le revenu, les bénéfices et les gains en capital des sociétés	..	..	..	18 001	30 210	23 113	34 676	39 006	56 466	76 187
1210 Sur le revenu et les bénéfices des sociétés	..	..	..	16 109	27 582	22 291	32 936	36 416	53 536	72 147
Deduction at source	..	..	..	0	0	1 097	1 411	0	0	165
In lieu of VAT on the profits of Financial Institutions	..	..	..	1 290	2 200	1 920	1 910	3 070	4 000	4 400
Other	..	..	..	14 819	25 382	19 274	29 615	33 346	49 536	67 582
1220 Sur les gains en capital des sociétés	..	..	..	1 892	2 628	822	1 740	2 590	2 930	4 040
1300 Non ventilables entres les rubriques 1100 et 1200	..	..	..	1 797	4 886	6 938	8 405	8 742	13 247	12 297
Tax deducted at the source on the capital market	..	..	..	1 797	4 886	6 938	8 405	8 742	13 247	12 297
2000 Cotisations de sécurité sociale (CSS)	..	..	..	27 565	37 909	45 343	59 561	73 031	79 602	88 775
2100 CSS à la charge des salariés	..	..	..	15 771	23 093	27 788	34 692	40 797	44 414	49 880
2110 CSS à la charge des salariés - sur la base du salaire	..	..	..	15 771	23 093	27 788	34 692	40 797	44 414	49 880
2120 CSS à la charge des salariés - sur la base de l'impôt sur le revenu	..	..	..	0	0	0	0	0	0	0
2200 CSS à la charge des employeurs	..	..	..	8 182	9 960	11 427	17 247	22 564	24 675	27 845
2210 CSS à la charge des employeurs - sur la base du salaire	..	..	..	8 182	9 960	11 427	17 247	22 564	24 675	27 845
2220 CSS à la charge des employeurs - sur la base de l'impôt sur le revenu	..	..	..	0	0	0	0	0	0	0
2300 CSS à la charge des indépendants ou des sans emploi	..	..	..	3 612	4 856	6 128	7 622	9 670	10 513	11 050
2310 CSS à la charge des indépendants ou des sans emploi - sur la base du salaire	..	..	..	3 612	4 856	6 128	7 622	9 670	10 513	11 050
2320 CSS à la charge des indépendants ou des sans emploi - Sur la base de l'impôt sur le revenu	..	..	..	0	0	0	0	0	0	0
2400 CSS Non ventilables entre les rubriques 2100, 2200 et 2300	..	..	..	0	0	0	0	0	0	0
2410 CSS Non-ventilables entre les rubriques 2100, 2200 et 2300 - sur la base du salaire	..	..	..	..	..	..	..	..	..	..
2420 CSS Non-ventilables entre les rubriques 2100, 2200 et 2300 - sur la base de l'impôt sur le revenu	..	..	..	..	..	..	..	..	..	..
3000 Impôts sur les salaires et la main-d'oeuvre	..	..	..	6 850	9 920	10 280	13 760	16 570	16 147	16 253
Employers tax on the the non-profit sector other than govt	..	..	..	1 250	1 500	320	420	500	532	64
In lieu of VAT on the wage-bill in the non-profit sector	..	..	..	4 260	6 580	7 650	10 320	12 700	13 233	13 587
In lieu VAT on the wage-bill in Financial Institutions	..	..	..	1 340	1 840	2 310	3 020	3 370	2 382	2 602
4000 Impôts sur le patrimoine	..	..	..	17 987	25 049	30 028	40 609	43 542	62 019	71 378
4100 Impôts périodiques sur la propriété immobilière	..	..	..	11 311	16 156	18 768	23 702	24 778	29 015	31 516
Land tax	..	..	..	442	52	48	44	10	23	22
4110 Impôts périodiques sur la propriété immobilière – Ménages	..	..	..	0	0	0	0	0	0	0
4120 Impôts périodiques sur la propriété immobilière – Autres agents	..	..	..	10 869	16 104	18 720	23 658	24 768	28 992	31 494
4200 Impôts périodiques sur l'actif net	..	..	..	0	0	0	0	0	0	0
4210 Impôts périodiques sur l'actif net – Personnes physiques	..	..	..	..	..	..	..	..	..	..
4220 Impôts périodiques sur l'actif net – Sociétés	..	..	..	..	..	..	..	..	..	..
4300 Impôts sur les mutations par décès, les successions et les donations	..	..	..	0	0	0	0	0	0	0
4310 Impôts sur les mutations par décès et les successions	..	..	..	..	..	..	..	..	..	..
4320 Impôts sur les donations	..	..	..	..	..	..	..	..	..	..

	1965	1980	1990	2000	2007	2010	2015	2020	2021	2022
4400 Impôts sur les transactions mobilières et immobilières	..	..	..	3 181	3 555	4 071	6 732	6 915	12 645	14 438
Transaction tax on the buyer of real estate	..	..	..	1 972	3 084	4 024	6 731	6 914	12 642	14 438
Transaction tax on the seller of real estate	..	..	..	206	404	27	1	1	3	0
Stamp tax	..	..	..	1 003	67	20	0	0	0	0
4500 Impôts non périodiques sur le patrimoine	..	..	..	3 495	5 338	7 190	10 175	11 849	20 359	25 424
4510 Impôts non périodiques sur l'actif net	..	..	..	0	0	0	0	0	0	0
4520 Impôts non périodiques sur le patrimoine autre que sur l'actif net	..	..	..	3 495	5 338	7 190	10 175	11 849	20 359	25 424
Capital gains tax on real estate	..	..	..	3 495	5 338	7 190	10 175	11 849	20 359	25 424
4600 Autres impôts périodiques sur le patrimoine hors rubriques 4100 et 4200	..	..	..	0	0	0	0	0	0	0
5000 Impôts sur les biens et services	..	..	..	62 348	87 629	105 758	138 157	148 655	173 354	188 342
5100 Impôts sur la production, la vente, le transfert, la location et la livraison des biens et la prestation de services	..	..	..	57 888	81 108	98 094	128 277	138 750	162 099	176 388
5110 Impôts généraux sur les biens et services	..	..	..	39 805	53 983	65 510	90 824	100 373	119 346	130 757
5111 Taxes sur la valeur ajoutée	..	..	..	39 805	53 983	65 510	90 824	100 373	119 346	130 757
5112 Impôts sur les ventes	..	..	..	0	0	0	0	0	0	0
5113 Autres impôts généraux sur les biens et services	..	..	..	0	0	0	0	0	0	0
5120 Impôts sur des biens et des services déterminés	..	..	..	18 083	27 125	32 584	37 453	38 377	42 753	45 631
5121 Accises	..	..	..	16 666	24 910	29 895	34 583	35 502	39 076	42 659
Fuel	..	..	..	5 891	11 814	15 493	18 058	17 243	19 059	18 947
Tobacco products	..	..	..	2 346	3 490	4 681	6 239	7 288	7 492	7 485
Alcoholic beverages	0	0	0	330	500	630	1 062	951	1 121	1 165
Sugar-sweetened beverages	0	0	0	0	0	0	0	0	0	880
Disposable plastic products	0	0	0	0	0	0	0	0	70	330
Vehicles and other products	0	0	0	8 099	9 106	9 091	9 225	10 020	11 333	13 852
5122 Bénéfices des monopoles fiscaux	..	..	..	0	0	0	0	0	0	0
5123 Droits de douane et droits à l'importation	..	..	..	1 417	2 215	2 689	2 870	2 875	3 677	2 972
5124 Taxes à l'exportation	..	..	..	0	0	0	0	0	0	0
5125 Impôts sur les biens d'équipement	..	..	..	0	0	0	0	0	0	0
5126 Impôts sur des services déterminés	..	..	..	0	0	0	0	0	0	0
5127 Autres impôts sur les transactions et les échanges internationaux non couverts par les rubriques 5121 à 5126	..	..	..	0	0	0	0	0	0	0
5128 Autres impôts non couverts par les rubriques 5121 à 5127	..	..	..	0	0	0	0	0	0	0
5130 Non ventilables entre les rubriques 5110 et 5120	..	..	..	0	0	0	0	0	0	0
5200 Impôts sur l'utilisation des biens ou l'autorisation d'utiliser des biens ou d'exercer des activités	..	..	..	4 460	6 521	7 664	9 880	9 905	11 255	11 954
5210 Impôts périodiques sur l'utilisation des biens ou l'exercice d'activités	..	..	..	4 460	6 521	7 664	9 880	9 905	11 255	11 954
5211 Impôts périodiques à la charge des ménages: véhicules à moteur	..	..	..	1 436	1 895	2 274	2 515	2 868	3 088	3 170
5212 Impôts périodiques à la charge d'autres agents: véhicules à moteur	..	..	..	479	632	758	1 723	1 898	2 029	2 066
5213 Sur l'utilisation des biens ou l'exercice d'activités autres que les véhicules à moteur	..	..	..	2 546	3 995	4 632	5 642	5 139	6 138	6 718
Licences collected by the Ministry of Transportation	..	..	..	257	535	350	196	30	51	102
Licences collected by the Ministry of Communication	..	..	..	151	0	274	338	356	423	351
Licences collected by other ministries	..	..	..	1 587	2 605	2 990	3 800	3 366	4 064	4 541
Business and professional licences paid locally	..	..	..	500	769	917	1 181	1 238	1 449	1 574
Other local authority fees	..	..	..	51	86	101	128	150	150	150
5220 Impôts non périodiques sur l'utilisation des biens ou l'exercice d'activités	..	..	..	0	0	0	0	0	0	0
5300 Non ventilables entre les rubriques 5100 et 5200	..	..	..	0	0	0	0	0	0	0
6000 Impôts autres que les rubriques 1000, 2000, 3000, 4000 et 5000	..	..	..	0	0	0	0	0	0	0
6100 À la charge exclusive des entreprises	..	..	..	..	..	..	..	..	..	..
6200 À la charge d'autre agents que les entreprises ou non identifiables	..	..	..	..	..	..	..	..	..	..
Non-wastable tax credits against 1110	..	..	..	..	..	87	1 415	1 932	894	1 911
Tax expenditure component	..	..	..	..	..	3	67	0	0	0
Transfer component	..	..	..	..	..	84	1 348	1 932	894	1 911
Non-wastable tax credits against 1210	..	..	..	..	..	0	0	0	0	0
Tax expenditure component	..	..	..	..	..	..	..	..	..	..
Transfer component	..	..	..	..	..	..	..	..	..	..
Recettes fiscales totales sur la base d'encaissements	..	..	..	189 301	252 037	269 674	366 064	420 750	514 035	581 132

	1965	1980	1990	2000	2007	2010	2015	2020	2021	2022
Recettes fiscales totales sur la base des droits constatés	..	..	..	..	..	..	..	..	..	..
Impôts additionnels inclus dans les comptes nationaux	..	..	..	0	0	0	0	0	0	0
Impôts exclus des comptes nationaux	..	..	..	..	..	..	..	..	..	..
Différence dans les traitements des crédits d'impôts	..	..	..	..	..	..	..	..	..	..
Transfert en capital des recettes non collectées	..	..	..	..	..	..	..	..	..	..
Cotisations de sécurité sociale volontaires	..	..	..	..	..	..	..	..	..	..
Différences diverses	..	..	..	..	..	..	..	..	..	..
Comptes nationaux : impôts et cotisations sociales effectives	..	..	..	189 301	252 037	269 674	366 064	420 750	514 035	581 132
Cotisations sociales imputées	..	..	..	6 172	7 131	8 203	9 186	8 804	8 594	8 345
Comptes nationaux : impôts et toutes les cotisations sociales	..	..	..	195 473	259 168	277 877	375 250	429 554	522 629	589 476

.. Non disponible

Note : Year ending 31st December.

Data are on a cash basis.

Source : Israel Central Bureau of Statistics and Israel Ministry of Finance.

Tableau 5.19. Italie : recettes fiscales détaillées, 1965-2022

Million EUR

	1965	1980	1990	2000	2007	2010	2015	2020	2021	2022
Recettes fiscales totales	5 505	60 422	265 116	503 096	671 189	671 912	711 114	707 382	773 609	840 824
Total tax revenue exclusive of taxes collected for the EU	..	..	263 829	501 560	668 928	669 687	706 522	704 430	770 104	835 734
1000 Impôts sur le revenu, les bénéfices et les gains en capital	982	18 821	96 707	166 912	226 498	219 547	225 934	231 910	246 146	275 661
1100 Impôts sur le revenu, les bénéfices et les gains en capital des personnes physiques	603	13 940	69 654	124 918	172 136	180 512	184 622	189 241	200 039	214 461
1110 Sur le revenu et les bénéfices des personnes physiques	603	13 796	68 786	124 233	172 122	180 505	184 619	189 241	200 039	214 461
Personal income tax	0	11 538	57 318	121 211	162 644	173 991	173 007	178 974	186 671	202 309
Local income tax paid by households	0	829	4 492	67	0	0	0	0	0	0
Tax on income from investiments (60%)	319	55	15	0	0	0	80	53	61	67
10% Surcharge on income	94	37	5	0	0	0	0	0	0	0
10% proportional surcharge	1	0	0	0	0	0	0	0	0	0
Withholding tax on company dividends paid by households	23	51	496	110	542	393	875	1 742	2 601	3 569
Law 1177 proportional surcharge (60%)	39	0	1	0	0	0	0	0	0	0
Direct taxes 5% proportional surcharge (60%)	0	8	72	0	0	0	0	0	0	0
Additional Treasury increase (60%)	23	6	1	0	0	0	0	0	0	0
Decree 1132 revenues (60%)	0	0	0	0	0	0	0	0	0	0
Tax on households	65	7	0	0	0	0	0	0	0	0
Rental value tax	2	0	0	0	0	0	0	0	0	0
Driving licence tax	1	0	0	0	0	0	0	0	0	0
Municipal surcharge on buildings (40%)	37	5	0	22	0	0	0	0	0	0
Withholding tax on income from deposits paid by households	0	1 206	6 223	2 823	8 402	5 440	10 076	7 583	9 511	7 312
Direct taxes refund (60%)	0	0	41	0	0	0	0	0	0	0
Other	0	53	123	0	534	681	581	890	1 196	1 204
1120 Sur les gains en capital des personnes physiques	0	144	867	685	14	7	3	0	0	0
Tax on capitail gains on land	..	0	0	0	0	0	0	..	..	..
Municipal capital gains tax on buildings paid by households (60%)	..	144	867	685	14	7	3	..	..	..
1200 Impôts sur le revenu, les bénéfices et les gains en capital des sociétés	379	4 710	26 605	34 699	50 529	36 740	33 530	34 165	34 362	56 319
1210 Sur le revenu et les bénéfices des sociétés	379	4 494	26 027	34 242	50 520	36 736	33 528	34 163	34 361	56 317
Corporation tax	0	1 245	9 042	28 877	47 192	34 841	31 927	31 939	28 695	48 614
Municipal surcharge on buildings (60%)	37	8	0	32	0	0	0	0	0	0
Tax on income from investments (40%)	213	37	10	0	0	0	54	36	41	45
Company franchise and liabilities tax	88	12	2	0	0	0	0	0	0	0
Law 1177 proportional surcharge (40%)	26	0	0	0	0	0	0	0	0	0
Direct taxes 5% proportional surcharge (40%)	0	20	48	0	0	0	0	0	0	0
Decree 1132 revenues (40%)	0	0	0	0	0	0	0	0	0	0
Additional Treasury increase (40 %)	15	4	0	0	0	0	0	0	0	0
Withholding tax on company dividends paid by firms	0	77	745	166	0	0	0	0	0	0
Withholding tax on income from deposits paid by firms	0	1 810	9 334	4 235	2 370	605	759	592	502	431
Local income tax paid by firms	0	1 245	6 738	100	15	13	12	4	4	4
Direct taxes refund (40%)	0	0	27	0	0	0	0	0	0	0
Other	0	36	82	832	943	1 277	776	1 592	5 119	4 463
1220 Sur les gains en capital des sociétés	0	216	578	457	9	4	2	2	1	2
Municipal capital gains tax on buildings paid by firms (40%)	..	216	578	457	9	4	2	2	1	2
1300 Non-ventilables entres les rubriques 1110 et 1200	0	171	448	7 295	3 833	2 295	7 782	8 503	11 744	4 881
Refunds tax on income	..	- 240	- 1 768	- 5 175	0	0	0	0	0	0
Other	..	412	2 216	12 470	3 833	2 295	7 782	8 503	11 744	4 881
2000 Cotisations de sécurité sociale (CSS)	1 881	22 976	87 256	143 629	200 772	209 122	214 376	224 741	240 690	256 430
2100 CSS à la charge des salariés	..	4 171	16 753	27 333	35 715	37 598	39 805	41 312	45 570	46 967
2110 CSS à la charge des salariés - sur la base du salaire	..	..	..	27 333	35 715	37 598	39 805	41 312	45 570	46 967
2120 CSS à la charge des salariés - sur la base de l'impôt sur le revenu	..	..	..	0	0	0	0	0	0	0
2200 CSS à la charge des employeurs	..	17 152	62 540	99 904	137 924	144 281	143 273	149 791	161 044	171 799
2210 CSS à la charge des employeurs - sur la base du salaire	..	..	..	99 904	137 924	144 281	143 273	149 791	161 044	171 799
2220 CSS à la charge des employeurs - sur la base de l'impôt sur le revenu	..	..	..	0	0	0	0	0	0	0
2300 CSS à la charge des indépendants ou des sans emploi	..	1 654	7 962	16 392	27 133	27 243	31 298	33 638	34 076	37 664
2310 CSS à la charge des indépendants ou des sans emploi - sur la base du salaire	..	..	..	16 392	27 133	27 243	31 298	33 638	34 076	37 664

	1965	1980	1990	2000	2007	2010	2015	2020	2021	2022
2320 CSS à la charge des indépendants ou des sans emploi - Sur la base de l'impôt sur le revenu	..	..	..	0	0	0	0	0	0	0
2400 CSS Non-ventilables entre les rubriques 2100, 2200 et 2300	1 881	0	0	0	0	0	0	0	0	0
2410 CSS Non-ventilables entre les rubriques 2100, 2200 et 2300 - sur la base du salaire	..	..	..	..	..	..	..	..	..	..
2420 CSS Non-ventilables entre les rubriques 2100, 2200 et 2300 - sur la base de l'impôt sur le revenu	..	..	..	..	..	..	..	..	..	..
3000 Impôts sur les salaires et la main-d'oeuvre	0	387	890	0	0	0	0	0	0	0
Contributions to GESCAL	..	387	890	..	..	..	..	..	..	..
4000 Impôts sur le patrimoine	397	2 248	5 983	23 360	32 646	32 441	46 259	40 432	45 062	48 157
4100 Impôts périodiques sur la propriété immobilière	96	7	1	9 354	12 778	9 663	25 558	21 270	22 389	22 676
Income tax on landowners	2	0	0	0	0	0	0	0	0	0
Income tax on buildings	12	2	1	0	0	0	0	0	0	0
Income tax on luxury buildings	1	0	0	0	0	0	0	0	0	0
Surcharge on land (provincial)	16	0	0	0	0	0	0	0	0	0
Surcharge on land (municipal)	18	0	0	0	0	0	0	0	0	0
Surcharge on buildings (provincial)	26	2	0	0	0	0	0	0	0	0
Surcharge on buildings (municipal)	21	3	0	0	0	0	0	0	0	0
Municipal real estate tax	0	0	0	9 354	12 778	9 663	20 798	21 137	22 292	22 611
Tax on indivisible services (TASI)	0	0	0	0	0	0	4 760	133	97	65
4110 Impôts périodiques sur la propriété immobilière – Ménages	..	..	..	..	..	..	..	..	..	..
4120 Impôts périodiques sur la propriété immobilière – Autres agents	..	..	..	..	..	..	..	..	..	..
4200 Impôts périodiques sur l'actif net	0	0	0	14	1	2 118	231	427	579	447
4210 Impôts périodiques sur l'actif net – Personnes physiques	..	..	..	5	0	0	0	0	0	0
4220 Impôts périodiques sur l'actif net – Sociétés	..	..	..	9	1	2 118	231	427	579	447
4300 Impôts sur les mutations par décès, les successions et les donations	47	128	376	1 005	149	483	674	396	855	1 067
Inheritance and gift duty	33	119	376	1 005	149	483	674	396	855	1 067
Estate duty	11	9	0	0	0	0	0	0	0	0
Proportional surcharge and premium	3	0	0	0	0	0	0	0	0	0
4310 Impôts sur les mutations par décès et les successions	..	..	..	..	..	..	..	..	..	..
4320 Impôts sur les donations	..	..	..	..	..	..	..	..	..	..
4400 Impôts sur les transactions mobilières et immobilières	255	2 113	5 606	12 320	18 256	17 365	17 245	17 262	19 599	21 230
Registration tax	120	1 048	2 421	6 794	9 410	9 019	7 625	8 118	9 734	10 390
Mortgage taxes and land registry duties	22	190	469	1 067	2 525	2 071	1 529	1 464	1 825	1 853
5% proportional surcharge	6	0	0	0	0	0	0	0	0	0
Additional surcharge	4	0	0	0	0	0	0	0	0	0
Stamp duties and surcharges accruing on cadastral acts	104	751	2 185	4 459	6 321	6 275	7 600	7 261	7 574	8 462
Other	0	123	530	0	0	0	491	419	466	525
4500 Impôts non périodiques sur le patrimoine	0	0	0	98	151	916	309	121	164	193
4510 Impôts non périodiques sur l'actif net	..	..	..	0	0	0	0	0	0	0
4520 Impôts non périodiques sur le patrimoine autre que sur l'actif net	..	..	..	98	151	916	309	121	164	193
4600 Autres impôts périodiques sur le patrimoine hors rubriques 4100 et 4200	0	0	0	569	1 311	1 896	2 242	956	1 476	2 544
5000 Impôts sur les biens et services	2 173	15 990	74 280	141 852	171 869	178 863	196 473	190 896	219 073	232 465
5100 Impôts sur la production, la vente, le transfert, la location et la livraison des biens et la prestation de services	2 037	15 251	67 083	127 281	155 191	160 775	174 443	164 855	189 580	201 832
Direct taxes refund	0	- 73	- 86	0	0	0	0	0	0	0
5110 Impôts généraux sur les biens et services	710	9 438	38 940	77 473	95 623	97 586	100 692	99 916	121 283	138 925
5111 Taxes sur la valeur ajoutée	0	9 438	38 940	77 473	95 623	97 586	100 692	99 683	120 980	138 533
VAT	..	9 438	38 940	77 473	95 623	97 586	100 692	99 683	120 980	138 533
5112 Impôts sur les ventes	0	0	0	0	0	0	0	0	0	0
5113 Autres impôts généraux sur les biens et services	710	0	0	0	0	0	0	233	303	392
General tax on receipts	662	..	..	..	..	..	..	0	0	0
Compensation tax on imported products	48	..	..	..	..	..	..	0	0	0
Digital Services Tax	0	0	..	..	..	..	..	233	303	392
5120 Impôts sur des biens et des services déterminés	1 327	5 886	28 048	49 808	59 568	63 189	73 751	64 939	68 297	62 907
5121 Accises	816	4 088	20 304	31 479	32 904	36 414	46 238	40 181	42 421	32 055

	1965	1980	1990	2000	2007	2010	2015	2020	2021	2022
Duty on mineral oils	465	3 462	15 928	22 172	23 252	22 884	25 759	21 454	24 421	18 218
Duty on spirits	27	87	206	486	595	570	600	593	701	759
Duty on beer	12	54	172	242	489	476	633	624	698	718
Duty on sugars	22	25	68	120	0	5	5	0	0	0
Duty on electricity	20	51	2 018	3 079	3 034	7 152	15 246	13 569	12 527	7 777
Duty on bananas	9	53	97	0	0	0	0	0	0	0
Duty on coffee	31	60	74	0	0	0	0	0	0	0
Duty on cocoa	3	4	7	0	0	0	0	0	0	0
Duty on olive oil	0	0	0	0	0	0	0	0	0	0
Other duty	44	190	1 037	5 201	5 385	5 268	3 898	3 922	4 048	4 556
Alcohol, spirits, liquor	5	0	0	0	0	0	0	0	0	0
On matches and flints	13	22	47	0	0	0	0	0	0	0
Meat	26	0	0	0	0	0	0	0	0	0
In-bond surcharge	0	81	650	174	143	54	90	12	19	22
Combustible materials	39	0	0	0	0	0	0	0	0	0
Construction materials	30	0	0	0	0	0	0	0	0	0
Excise duty on sound and video	3	0	0	0	0	0	0	0	0	0
Tax on phonograph records	1	0	0	0	0	0	0	0	0	0
Stamp duty on playing cards	1	0	0	0	0	0	0	0	0	0
Other	66	0	0	5	6	5	7	7	7	5
5122 Bénéfices des monopoles fiscaux	303	1 033	3 248	7 718	10 440	10 983	10 711	10 539	10 945	10 959
Duty on tobacco	292	1 033	3 248	7 712	10 436	10 978	10 710	10 538	10 943	10 958
On salt	10	0	0	0	0	0	0	0	0	0
Duty on products of Monopoli di Stato	1	0	0	6	4	5	1	1	2	1
5123 Droits de douane et droits à l'importation	142	261	1 164	1 536	2 261	2 225	2 246	1 971	2 431	3 734
Common Customs tariff (CEE)	0	0	836	1 536	2 261	2 225	2 246	1 971	2 431	3 734
Customs and shipping duties	115	14	0	0	0	0	0	0	0	0
Administrative services duties	11	0	0	0	0	0	0	0	0	0
Tax on agriculture	15	228	207	0	0	0	0	0	0	0
Other duties	0	9	68	0	0	0	0	0	0	0
Compensatory amounts	0	9	53	0	0	0	0	0	0	0
5124 Taxes à l'exportation	0	0	0	0	0	0	0	0	0	0
5125 Impôts sur les biens d'équipement	0	0	0	0	0	0	0	0	0	0
5126 Impôts sur des services déterminés	67	483	3 141	9 029	13 932	13 567	14 556	12 248	12 500	16 159
Entertainment tax	20	59	167	118	68	58	40	15	15	25
Stamp duty	6	0	0	0	0	0	0	0	0	0
Tax on advertisements	6	56	168	389	392	384	405	382	382	422
Tax on lotto, lotteries, betting and Totocalcio game	3	123	617	4 164	7 144	7 983	7 488	6 930	6 603	9 899
Casino takings, special duties, etc.	0	0	0	158	152	192	112	45	61	119
Single tax on games of skill and betting-levied inderectly	9	74	476	487	405	242	116	214	274	309
Aerotaxi passengers tax	0	0	0	0	0	0	8	5	12	16
Local tax (including insurance)	23	171	1 714	3 713	5 771	4 708	3 835	3 676	4 079	4 013
Bank levy for the National Resolution Fund	..	..	0	0	0	0	2 552	981	1 074	1 356
5127 Autres impôts sur les transactions et les échanges internationaux non couverts par les rubriques 5121 à 5126	0	0	0	0	0	0	0	0	0	0
Special Duty on foreign payments and currency selling	..	..	..	..	..	..	..	..	..	..
5128 Autres impôts non couverts par les rubriques 5121 à 5127	0	21	192	46	31	0	0	0	0	0
ECSC taxes and contributions on sugar and other levies	..	21	121	0	0	..	..	..	..	..
Other	..	0	70	46	31	..	..	..	..	..
Bank contribution to the unique European Resolution Fund	..	0	0	0	0	..	..	..	..	..
5130 Non-ventilables entre les rubriques 5110 et 5120	0	0	180	0	0	0	0	0	0	0
5200 Impôts sur l'utilisation des biens ou l'autorisation d'utiliser des biens ou d'exercer des activités	136	456	4 474	8 479	10 550	10 531	11 130	13 069	15 324	15 977
5210 Impôts périodiques sur l'utilisation des biens ou l'exercice d'activités	136	456	4 474	8 479	10 550	1 155	1 653	1 571	1 769	1 587
Public motor vehicle register tax	64	152	967	1 034	1 326	1 155	1 653	1 571	1 769	1 587
Tax on vehicles 5% proportional surcharge	3	13	450	0	0	0	0	0	0	0
Surcharge on diesel cars	0	66	683	0	0	0	0	0	0	0
Surcharge on gas cars	0	0	171	0	0	0	0	0	0	0
5211 Impôts périodiques à la charge des ménages: véhicules à moteur	..	..	..	3 433	4 652	4 628	4 710	4 974	5 467	5 424
5212 Impôts périodiques à la charge d'autres agents: véhicules à moteur	..	..	..	1 006	1 332	1 300	1 446	1 235	1 458	1 473
Motor vehicle duty paid by firms	..	..	..	1 006	1 332	1 300	1 446	1 235	1 458	1 473
5213 Sur l'utilisation des biens ou l'exercice d'activités autres que les véhicules à moteur	67	225	2 203	3 006	3 240	3 448	3 321	5 289	6 630	7 493

	1965	1980	1990	2000	2007	2010	2015	2020	2021	2022
Law 1177 proportional surcharge	22	0	0	0	0	0	0	0	0	0
Taxes on signs	2	4	0	0	0	0	0	0	0	0
Tax on dog tags	0	7	12	0	0	0	0	0	0	0
Tax on hunting and fishing	0	0	0	0	0	0	0	0	0	0
Duty on official franchises	43	215	2 191	3 006	3 240	3 448	3 321	3 389	4 713	5 544
Television tax (households)	0	0	0	0	0	0	0	1 900	1 917	1 949
5220 Impôts non périodiques sur l'utilisation des biens ou l'exercice d'activités	0	0	0	0	0	0	0	0	0	0
Motor vehicles, airplanes	..	..	..	..	..	..	..	..	..	..
Pro-Friuli tax on vehicles	..	..	..	..	..	..	..	..	..	..
5300 Non-ventilables entre les rubriques 5100 et 5200	0	283	2 724	6 092	6 128	7 557	10 900	12 972	14 169	14 656
Indirect taxes refund	..	0	160	288	616	693	715	525	598	882
Other	..	283	2 564	5 804	5 512	6 864	10 185	12 447	13 571	13 774
6000 Impôts autres que les rubriques 1000, 2000, 3000, 4000 et 5000	72	0	0	27 343	39 404	31 939	28 072	19 403	22 638	28 111
6100 À la charge exclusive des entreprises	0	..	..	27 343	39 404	31 939	28 072	19 403	22 638	28 111
6200 À la charge d'autre agents que les entreprises ou non identifiables	72	..	..	0	0	0	0	0	0	0
Capital levies	2	..	..	..	..	..	..	..	..	..
Other taxes	71	..	..	..	..	..	..	..	..	..
Custom duties collected for the EU	..	..	836	1 536	2 261	2 225	2 246	1 971	2 431	3 734
Contributions au Fonds de résolution unique collectées pour le compte de l'UE	0	0	..	..	..	..	2 346	981	1 074	1 356
Taxes paid by EU civil servants	0	0	..	..	..	..	61	77	70	71
Taxes paid by EU civil servants: income taxes	0	0	..	..	..	..	31	39	35	36
Taxes paid by EU civil servants: compulsory social security contributions	0	0	..	..	..	..	30	38	34	35
Non-wastable tax credits against 1110	..	..	..	..	0	0	9 793	11 667	13 915	6 100
Tax expenditure component	..	..	..	..	..	- 109	8 615	10 246	12 250	4 472
Transfer component	..	..	..	..	..	109	1 178	1 420	1 665	1 628
Non-wastable tax credits against 1210	..	..	..	..	0	0	4 866	469	469	469
Tax expenditure component	..	..	..	..	..	..	0	0	0	0
Transfer component	..	..	..	..	..	..	4 866	469	469	469
Recettes fiscales totales sur la base d'encaissements	5 505	60 422	265 116	488 738	653 836	659 704	711 837	452 854	497 995	533 789
Recettes fiscales totales sur la base des droits constatés	..	..	..	503 096	671 189	671 912	711 114	707 382	773 609	840 824
Impôts additionnels inclus dans les comptes nationaux	..	..	..	0	0	0	0	0	0	0
Impôts exclus des comptes nationaux	..	..	..	- 5 416	- 5 470	- 6 538	- 9 801	- 10 911	- 11 646	- 11 563
The tax for the urban solid waste disposal (TARSU)	..	..	..	- 4 387	- 4 443	- 5 519	- 8 519	- 9 667	- 9 677	- 9 680
Other	..	..	..	- 1 029	- 1 027	- 1 019	- 1 282	- 1 244	- 1 969	- 1 883
Différence dans les traitements des crédits d'impôts	..	..	..	0	0	- 109	8 615	10 246	12 250	4 472
Transfert en capital des recettes non collectées	..	..	..	0	0	0	0	0	0	0
Cotisations de sécurité sociale volontaires	..	..	..	464	567	561	750	763	804	924
Différences diverses	..	..	..	0	0	0	0	0	0	0
Comptes nationaux : impôts et cotisations sociales effectives	..	..	..	498 144	666 286	665 826	710 678	707 480	775 017	834 657
Cotisations sociales imputées	..	..	..	3 884	3 980	3 984	3 938	4 148	4 546	4 047
Comptes nationaux : impôts et toutes les cotisations sociales	..	..	..	502 028	670 266	669 810	714 616	711 628	779 563	838 704

.. Non disponible

Note : The tax year ends in December 31th.

As from 2000, revenues data are computed on accrual basis.

As from 1997, revenues data are based on data provided to the European Union as for the Treaty of Maastricht excessive deficit procedure.

Section 6000: Regional Tax on Productive Activities (IRAP); it is a tax on the value of production therefore its taxable base is different from other groups tax bases.

Regarding the section "Taxes excluded National Accounts" the item "Others" includes: tax on the public areas utilization and tax on the collection and disposal of waste water.

Source : Ministero dell'economia e delle finanze; Istituto nazionale di statistica.

Tableau 5.20. Japon : recettes fiscales détaillées, 1965-2022

Billion JPY

	1965	1980	1990	2000	2007	2010	2015	2020	2021	2022
Recettes fiscales totales	6 172	62 443	130 843	136 236	146 248	132 484	163 532	177 321	187 992	195 848
1000 Impôts sur le revenu, les bénéfices et les gains en capital	2 708	28 800	65 682	47 398	53 174	40 034	50 969	53 934	60 006	63 669
1100 Impôts sur le revenu, les bénéfices et les gains en capital des personnes physiques	1 338	15 180	36 394	28 677	28 600	24 663	30 847	33 189	35 439	36 835
1110 Sur le revenu et les bénéfices des personnes physiques	1 338	15 180	36 394	28 677	28 600	24 663	30 847	33 189	35 439	36 835
Income tax	970	10 800	25 996	18 789	16 080	12 984	18 178	19 591	21 829	22 992
Prefectural inhabitants tax	123	1 415	3 675	3 621	5 008	4 699	5 252	4 955	5 054	5 039
Municipal inhabitants tax	220	2 890	6 475	6 044	7 294	6 795	7 224	8 427	8 332	8 544
Enterprise tax	25	75	249	223	218	184	194	216	225	260
1120 Sur les gains en capital des personnes physiques	0	0	0	0	0	0	0	0	0	0
1200 Impôts sur le revenu, les bénéfices et les gains en capital des sociétés	1 370	13 620	29 288	18 721	24 573	15 372	20 122	20 745	24 567	26 834
1210 Sur le revenu et les bénéfices des sociétés	1 370	13 620	29 288	18 721	24 573	15 372	20 122	20 745	24 567	26 834
Corporation tax	927	8 923	18 384	11 747	14 744	8 968	10 832	11 235	13 643	14 940
Prefectural inhabitants tax	53	557	1 414	879	1 206	777	859	548	512	525
Municipal inhabitants tax	85	1 297	3 198	2 176	3 015	1 954	2 324	1 813	1 956	2 072
Enterprise tax	305	2 843	6 293	3 918	5 608	2 253	3 510	4 082	4 743	5 240
Local special corporate tax	0	0	0	0	0	1 420	2 081	978	0	0
Local corporate tax	0	0	0	0	0	0	516	1 418	1 881	1 888
Special corporate enterprise tax	0	0	0	0	0	0	0	672	1 832	2 169
1220 Sur les gains en capital des sociétés	0	0	0	0	0	0	0	0	0	0
1300 Non ventilables entres les rubriques 1100 et 1200	0	0	0	0	0	0	0	0	0	0
2000 Cotisations de sécurité sociale (CSS)	1 344	18 178	34 613	47 968	53 325	54 461	64 464	71 563	73 702	75 458
2100 CSS à la charge des salariés	446	6 393	13 895	19 830	21 975	22 687	27 139	30 463	31 461	32 194
2110 CSS à la charge des salariés - sur la base du salaire	..	..	13 895	19 830	21 975	22 687	27 139	30 463	31 461	32 194
2120 CSS à la charge des salariés - sur la base de l'impôt sur le revenu	..	..	0	0	0	0	0	0	0	0
2200 CSS à la charge des employeurs	588	9 267	16 649	22 456	24 243	24 689	29 494	33 245	34 311	35 265
2210 CSS à la charge des employeurs - sur la base du salaire	..	..	16 649	22 456	24 243	24 689	29 494	33 245	34 311	35 265
2220 CSS à la charge des employeurs - sur la base de l'impôt sur le revenu	..	..	0	0	0	0	0	0	0	0
2300 CSS à la charge des indépendants ou des sans emploi	107	2 518	4 069	5 683	7 108	7 085	7 832	7 855	7 930	7 999
2310 CSS à la charge des indépendants ou des sans emploi - sur la base du salaire	..	..	4 069	5 683	7 108	7 085	7 832	7 855	7 930	7 999
2320 CSS à la charge des indépendants ou des sans emploi - Sur la base de l'impôt sur le revenu	..	..	0	0	0	0	0	0	0	0
2400 CSS Non ventilables entre les rubriques 2100, 2200 et 2300	203	0	0	0	0	0	0	0	0	0
2410 CSS Non-ventilables entre les rubriques 2100, 2200 et 2300 - sur la base du salaire	..	..	..	..	..	..	..	..	..	..
2420 CSS Non-ventilables entre les rubriques 2100, 2200 et 2300 - sur la base de l'impôt sur le revenu	..	..	..	..	..	..	..	..	..	..
3000 Impôts sur les salaires et la main-d'oeuvre	0	0	0	0	0	0	0	0	0	0
4000 Impôts sur le patrimoine	498	5 114	12 296	14 294	13 138	12 878	13 400	14 328	14 779	15 414
4100 Impôts périodiques sur la propriété immobilière	319	3 326	7 099	10 414	9 949	10 225	10 005	10 719	10 655	11 044
Prefectural property tax	4	8	15	11	14	5	2	9	8	4
Municipal property tax	296	2 784	6 023	9 041	8 729	8 961	8 755	9 380	9 322	9 666
City planning tax	19	469	942	1 318	1 202	1 256	1 244	1 330	1 326	1 374
Special landholding tax	0	65	118	43	4	3	3	0	0	0
Water and land utilization tax	0	0	0	0	0	0	0	0	0	0
Land value tax	0	0	0	1	0	0	0	0	0	0
4110 Impôts périodiques sur la propriété immobilière – Ménages	..	..	..	..	..	..	..	..	..	..
4120 Impôts périodiques sur la propriété immobilière – Autres agents	..	..	..	..	..	..	..	..	..	..
4200 Impôts périodiques sur l'actif net	0	0	0	0	0	0	0	0	0	0
4210 Impôts périodiques sur l'actif net – Personnes physiques	..	..	..	..	..	..	..	..	..	..
4220 Impôts périodiques sur l'actif net – Sociétés	..	..	..	..	..	..	..	..	..	..
4300 Impôts sur les mutations par décès, les successions et les donations	44	441	1 918	1 782	1 503	1 250	1 968	2 315	2 770	2 969
4310 Impôts sur les mutations par décès et les successions	34	375	..	..	..	..	..	..	..	..
Inheritance tax	34	375	..	..	..	..	..	..	..	..

	1965	1980	1990	2000	2007	2010	2015	2020	2021	2022
4320 Impôts sur les donations	10	65	..	..	..	..	..	..	..	..
Tax on gifts	10	65	..	..	..	..	..	..	..	..
4400 Impôts sur les transactions mobilières et immobilières	135	1 347	3 280	2 099	1 686	1 403	1 426	1 294	1 353	1 401
Bourse tax	3	15	41	0	0	0	0	0	0	0
Securities transaction	8	209	748	0	0	0	0	0	0	0
Bank of Japan note issue tax	0	0	0	0	0	0	0	0	0	0
Stamp revenues	83	841	1 894	1 532	1 202	1 024	1 050	920	961	982
Real property acquisition tax	41	282	596	567	485	379	377	374	392	418
4500 Impôts non périodiques sur le patrimoine	0	0	0	0	0	0	0	0	0	0
4510 Impôts non périodiques sur l'actif net	..	..	..	..	..	..	..	..	..	..
4520 Impôts non périodiques sur le patrimoine autre que sur l'actif net	..	..	..	..	..	..	..	..	..	..
4600 Autres impôts périodiques sur le patrimoine hors rubriques 4100 et 4200	0	0	0	0	0	0	0	0	0	0
5000 Impôts sur les biens et services	1 620	10 200	17 917	26 227	26 256	24 730	34 286	37 053	39 010	40 827
5100 Impôts sur la production, la vente, le transfert, la location et la livraison des biens et la prestation de services	1 544	8 822	15 647	23 180	23 241	22 160	31 871	34 433	36 409	38 149
5110 Impôts généraux sur les biens et services	0	0	5 778	12 350	12 841	12 675	22 400	26 395	28 059	29 494
5111 Taxes sur la valeur ajoutée	..	..	5 778	12 350	12 841	12 675	22 400	26 395	28 059	29 494
5112 Impôts sur les ventes	..	..	0	0	0	0	0	0	0	0
5113 Autres impôts généraux sur les biens et services	..	..	0	0	0	0	0	0	0	0
5120 Impôts sur des biens et des services déterminés	1 544	8 822	9 868	10 830	10 400	9 485	9 470	8 038	8 350	8 654
5121 Accises	1 062	6 674	8 637	9 837	9 374	8 622	8 351	7 167	7 398	7 582
Liquor tax	353	1 424	1 935	1 816	1 524	1 389	1 338	1 134	1 132	1 188
Sugar excises	29	43	0	0	0	0	0	0	0	0
Local gasoline tax	46	278	361	296	302	294	264	220	222	221
Gasoline tax	254	1 547	2 007	2 769	2 820	2 750	2 465	2 058	2 076	2 065
Liquefied petroleum gas tax	0	30	31	28	27	24	18	9	10	9
Aviation fuel tax	0	58	76	104	104	89	66	11	45	45
Commodity tax	138	1 038	5	0	0	0	0	0	0	0
Playing-card tax	1	1	0	0	0	0	0	0	0	0
Prefectural tobacco tax	44	229	361	282	278	256	153	134	142	150
Municipal tobacco tax	73	402	636	865	853	788	936	817	871	921
Timber delivery tax	3	3	0	0	0	0	0	0	0	0
Mineral product tax	2	5	3	2	2	2	2	2	2	2
Electricity and gas tax	54	386	0	0	0	0	0	0	0	0
Diesel oil tax	65	447	834	1 208	1 034	918	925	910	927	920
Vehicle acquisition tax	0	270	613	464	425	192	137	0	0	0
Promotion of power resources development tax	0	109	295	375	352	349	316	311	316	312
Petroleum and coal tax	0	404	487	489	513	502	630	608	636	663
Tobacco tax	0	0	996	876	925	908	954	840	906	957
Special tobacco tax	0	0	0	264	214	163	148	112	112	116
International tourist tax	0	0	0	0	0	0	0	1	2	13
5122 Bénéfices des monopoles fiscaux	179	808	0	0	0	0	0	0	0	0
Monopoly profits	179	808	..	..	..	..	..	..	..	..
5123 Droits de douane et droits à l'importation	222	786	928	877	941	786	1 049	820	893	1 008
Customs duty	222	786	928	877	941	786	1 049	820	893	1 008
5124 Taxes à l'exportation	0	0	0	0	0	0	0	0	0	0
5125 Impôts sur les biens d'équipement	0	0	0	0	0	0	0	0	0	0
5126 Impôts sur des services déterminés	81	554	303	116	85	77	70	52	59	64
Travel tax	4	64	0	0	0	0	0	0	0	0
Admission tax	10	5	0	0	0	0	0	0	0	0
Local entertainment tax	10	74	0	0	0	0	0	0	0	0
Golf course utilization tax	0	0	90	81	60	55	48	39	44	45
Meal and lodging tax	56	398	0	0	0	0	0	0	0	0
Special local consumption tax	0	0	195	12	0	0	0	0	0	0
Bathing tax	1	13	18	23	25	22	23	12	14	19
5127 Autres impôts sur les transactions et les échanges internationaux non couverts par les rubriques 5121 à 5126	0	0	0	0	0	0	0	0	0	0
5128 Autres impôts non couverts par les rubriques 5121 à 5127	0	0	0	0	0	0	0	0	0	0
5130 Non ventilables entre les rubriques 5110 et 5120	0	0	0	0	0	0	0	0	0	0
5200 Impôts sur l'utilisation des biens ou l'autorisation d'utiliser des biens ou d'exercer des activités	76	1 378	2 270	3 047	3 015	2 570	2 416	2 620	2 601	2 678

	1965	1980	1990	2000	2007	2010	2015	2020	2021	2022
5210 Impôts périodiques sur l'utilisation des biens ou l'exercice d'activités	69	1 358	2 250	3 027	2 993	2 548	2 393	2 599	2 580	2 657
Automobile tax	55	781	1 276	1 765	1 717	1 616	1 543	1 623	1 614	1 654
Light vehicle tax	13	43	88	125	164	178	200	285	294	310
Motor vehicle tonnage tax	0	527	881	1 134	1 110	753	649	690	671	692
Hunter licence tax	0	3	2	2	0	0	0	0	0	0
Hunting tax	0	3	2	1	2	2	1	1	1	1
Mine lot tax	1	1	1	1	0	0	0	0	0	0
5211 Impôts périodiques à la charge des ménages: véhicules à moteur	..	..	..	..	..	..	..	..	..	..
5212 Impôts périodiques à la charge d'autres agents: véhicules à moteur	..	..	..	..	..	..	..	..	..	..
5213 Sur l'utilisation des biens ou l'exercice d'activités autres que les véhicules à moteur	..	..	..	..	..	..	..	..	..	..
5220 Impôts non périodiques sur l'utilisation des biens ou l'exercice d'activités	7	20	20	20	22	21	22	21	21	22
5300 Non ventilables entre les rubriques 5100 et 5200	0	0	0	0	0	0	0	0	0	0
6000 Impôts autres que les rubriques 1000, 2000, 3000, 4000 et 5000	2	151	335	348	356	381	413	444	496	479
6100 À la charge exclusive des entreprises	0	139	288	324	313	330	361	385	397	398
Business office tax	..	139	288	324	313	330	361	385	397	398
6200 À la charge d'autre agents que les entreprises ou non identifiables	2	12	47	24	43	52	52	60	99	82
Taxes not in local tax law	2	12	47	24	43	52	52	60	63	74
Other	0	0	0	0	0	0	0	0	35	8
Recettes fiscales totales sur la base d'encaissements	6 172	62 443	..	..	..	..	..	..	..	..
Recettes fiscales totales sur la base des droits constatés	..	..	130 843	136 236	146 248	132 484	163 532	177 321	187 992	195 848
Impôts additionnels inclus dans les comptes nationaux	..	..	..	..	..	..	..	..	..	..
Impôts exclus des comptes nationaux	..	..	..	..	..	..	..	..	..	..
Différence dans les traitements des crédits d'impôts	..	..	..	..	..	..	..	..	..	..
Transfert en capital des recettes non collectées	..	..	..	..	..	..	..	..	..	..
Cotisations de sécurité sociale volontaires	..	..	..	..	..	..	..	..	..	..
Différences diverses	..	..	..	..	..	..	..	..	..	..
Comptes nationaux : impôts et cotisations sociales effectives	..	..	..	..	..	..	..	..	..	..
Cotisations sociales imputées	..	..	..	..	..	..	..	..	..	..
Comptes nationaux : impôts et toutes les cotisations sociales	..	..	..	..	..	..	..	..	..	..

.. Non disponible

Note : Data are on a fiscal year basis beginning 1st April.

From 1990, data are on accrual basis.

The figures for different groups of taxes are reported on different reporting bases, namely: Social security contributions (heading 2000) : in principle accrual basis, Central government taxes : accrual basis (revenues accrued during the fiscal year plus cash receipts collected before the end of May (the end of April until 1977), Local government taxes : accrual basis (due to be paid during the fiscal year and cash receipts collected before the end of May).

The Japanese authorities take the view that the Enterprise tax (classified in 1100 and 1200) and the Mineral product tax (classified in 5121) should be classified in heading 6000 since under articles 72 and 519 of the Local Tax Law these taxes are regarded as levies on the business or mining activity itself.

Heading 2000 includes some unidentifiable voluntary contributions.

Heading 2300: Includes contibutions to the National pension, National Health Insurance and the Farmer's pension fund. Contributions to the Farmer's pension fund are not available for the years before 1999.

Heading 4100: Municipal property tax, includes Prefectural property tax from 1990 to 1994 because data is not available to provide a breakdown.

Heading 5121: Municipal tobacco tax, includes Prefectural tobacco tax from 1990 to 1994 because data is not available to provide a breakdown.

Heading 5121: In sub-item Petroleum and coal tax, the data before 2003 refer to petroleum tax.

Source : Tax Bureau, Ministry of Finance.

Tableau 5.21. Corée : recettes fiscales détaillées, 1965-2022

Billion KRW

	1965	1980	1990	2000	2007	2010	2015	2020	2021	2022
Recettes fiscales totales	..	6 687	37 262	136 295	258 571	295 968	393 559	538 450	619 084	691 257
1000 Impôts sur le revenu, les bénéfices et les gains en capital	..	1 704	12 203	39 254	82 239	82 905	119 151	166 564	205 574	258 193
1100 Impôts sur le revenu, les bénéfices et les gains en capital des personnes physiques	..	766	7 440	19 950	43 276	42 098	67 600	101 286	126 210	141 926
1110 Sur le revenu et les bénéfices des personnes physiques	..	766	6 327	18 569	31 984	33 935	55 744	77 630	89 503	109 693
Income tax	..	0	0	0	0	0	0	0	0	0
Dividends and interest income tax	..	0	0	0	4 682	4 425	4 561	5 830	6 863	6 785
Wages and salaries income tax	..	0	0	0	14 124	15 517	27 055	40 905	47 231	57 442
Other income tax	..	0	0	0	2 607	2 986	4 467	6 645	7 321	8 350
Global income tax	..	661	4 723	16 128	6 151	6 369	12 784	16 073	15 990	23 939
Defence tax on income tax	..	105	938	0	0	0	0	0	0	0
Education tax on income tax	..	0	325	0	0	0	0	0	0	0
Rural development tax on interest, bus. Inc. & cap.gains relief	..	0	0	156	160	179	105	225	326	347
Inhabitant tax on income tax (local)	..	0	341	2 285	4 260	4 459	6 772	7 952	11 772	12 830
1120 Sur les gains en capital des personnes physiques	..	0	1 113	1 381	11 292	8 163	11 856	23 656	36 707	32 233
Capital gains tax	..	..	1 113	1 381	11 292	8 163	11 856	23 656	36 707	32 233
1200 Impôts sur le revenu, les bénéfices et les gains en capital des sociétés	..	738	4 757	19 271	38 963	40 807	51 551	65 278	79 364	116 267
#REF!	..	738	4 757	19 271	38 963	40 807	51 551	65 278	79 364	116 267
1210 Sur le revenu et les bénéfices des sociétés	..	..	677	8 577	8 360	9 095	12 317	13 179	14 928	16 586
Corporation tax - withholding	..	..	2 549	9 302	27 057	28 173	32 713	42 335	55 468	86 984
Corporation tax - final returns	..	..	1 323	0	0	0	0	0	0	0
Defence tax on corporation tax	..	..	207	1 142	3 152	3 094	6 217	9 293	8 343	11 828
Inhabitant tax on corporation tax (local)	..	..	0	251	394	445	304	471	625	869
Rural development tax corporate income	..	0	0	0	0	0	0	0	0	0
Excess profit tax	..	0	0	0	0	0	0	0	0	0
1220 Sur les gains en capital des sociétés	..	..	..	..	..	..	..	..	..	..
Capital gains tax	..	199	6	33	0	0	0	0	0	0
1300 Non ventilables entres les rubriques 1100 et 1200	..	0	0	0	..	..	..	..	..	..
Business income tax	..	0	0	0	..	..	..	..	..	..
Real estate income tax	..	0	0	0	..	..	..	..	..	..
Defence tax on real estate & business income	..	0	0	30	..	..	..	..	..	..
Rural dev. tax on bus. inc. & cap. gains relief	..	117	0	0	..	..	..	..	..	..
Inhabitant tax before 1990 (local)	..	83	6	3	..	..	..	..	..	..
Farm land tax (local)	..	0	0	0	..	..	..	..	..	..
Inhabitant tax on farm land tax (local)	..	73	3 760	22 759	53 588	69 090	104 693	150 854	162 209	176 747
2000 Cotisations de sécurité sociale (CSS)	..	0	1 464	8 578	21 773	28 213	44 281	65 384	70 297	77 530
2100 CSS à la charge des salariés	..	0	0	0	0	0	0	0	0	0
Veterans' relief fund	..	0	0	0	0	0	0	0	0	0
Soldiers' annuity fund	..	0	0	598	1 164	1 358	3 076	4 895	5 159	6 061
Unemployment assurance	..	0	429	4 325	9 338	11 004	15 821	21 722	22 879	24 310
National welfare pension fund	..	0	0	0	0	0	0	0	0	0
Social benefit fund	..	0	483	2 066	8 180	11 783	19 868	30 184	33 453	38 209
Health Insurance	..	0	86	279	581	868	1 125	1 780	1 818	1 837
Teachers' pensions	..	0	406	1 144	2 202	2 878	3 876	6 134	6 302	6 409
Government employees pensions	..	0	60	166	308	322	515	669	686	704
Military personal pensions	..	..	..	8 578	21 773	28 213	44 281	65 384	70 297	77 530
2110 CSS à la charge des salariés - sur la base du salaire	..	..	..	0	0	0	0	0	0	0
2120 CSS à la charge des salariés - sur la base de l'impôt sur le revenu	..	73	1 694	9 409	23 557	30 856	47 846	67 676	72 773	80 600
2200 CSS à la charge des employeurs	..	73	550	1 876	4 431	4 632	6 062	7 088	7 498	8 195
Ind. works' insurance fund	..	0	0	0	0	0	0	0	0	0
Soldiers' annuity fund	..	0	0	0	0	0	0	0	0	0
Pneumoconiosis fund	..	0	0	1 449	2 474	2 860	5 499	8 024	8 398	9 658
Unemployment insurance	..	0	0	0	0	0	0	0	0	0
Veterans' relief fund	..	0	430	4 340	9 383	11 052	15 895	21 722	22 879	24 310
National welfare pension fund	..	0	0	0	0	0	0	0	0	0
Social benefit fund	..	0	658	1 547	6 844	11 718	19 493	29 288	32 373	36 759
Health Insurance	..	0	56	197	425	594	897	1 554	1 625	1 678
Teachers' pensions	..	0	0	0	0	0	0	0	0	0
Government employees pensions	..	..	..	9 409	23 557	30 856	47 846	67 676	72 773	80 600
2210 CSS à la charge des employeurs - sur la base du salaire	..	..	..	0	0	0	0	0	0	0
2220 CSS à la charge des employeurs - sur la base de l'impôt sur le revenu	..	0	602	4 772	8 258	10 021	12 566	17 794	19 139	18 617

	1965	1980	1990	2000	2007	2010	2015	2020	2021	2022
2300 CSS à la charge des indépendants ou des sans emploi	..	..	0	0	0	0	0	0	0	0
2310 CSS à la charge des indépendants ou des sans emploi - sur la base du salaire	..	..	602	4 772	8 258	10 021	12 566	17 794	19 139	18 617
2320 CSS à la charge des indépendants ou des sans emploi - Sur la base de l'impôt sur le revenu	..	0	0	0	0	0	0	0	0	0
2400 CSS Non ventilables entre les rubriques 2100, 2200 et 2300	..	..	..	..	..	..	..	..	..	..
2410 CSS Non-ventilables entre les rubriques 2100, 2200 et 2300 - sur la base du salaire	..	..	..	..	..	..	..	..	..	..
2420 CSS Non-ventilables entre les rubriques 2100, 2200 et 2300 - sur la base de l'impôt sur le revenu	..	34	153	258	619	714	1 122	1 607	1 755	1 982
3000 Impôts sur les salaires et la main-d'oeuvre	..	31	124	258	619	714	1 122	1 607	1 755	1 982
Workshop tax on workforce (local)	..	3	29	0	0	0	0	0	0	0
Vocational training promotion fund	..	537	4 389	16 846	33 109	33 516	48 625	76 512	93 263	82 065
4000 Impôts sur le patrimoine	..	183	980	3 385	9 196	9 270	12 486	20 044	24 486	26 510
4100 Impôts périodiques sur la propriété immobilière	..	119	227	728	3 755	4 817	9 294	13 773	14 974	16 277
Property tax (local)	..	51	244	815	1 883	2 465	0	0	0	0
City planning tax on urban real estate (local)	..	13	86	341	543	650	1 351	1 777	1 841	1 915
Community facilities tax (local)	..	0	1	0	0	0	0	0	0	0
Tax on excessive land holdings (local)	..	0	400	1 282	5	0	0	0	0	0
Tax on aggregate land holdings (local)	..	0	0	81	1	0	0	0	0	0
Rural dev. tax on local agg. land holdings tax	..	0	0	0	0	0	0	0	0	0
Tax on excessively increased land value	..	0	0	0	2 414	1 029	1 399	3 601	6 130	6 799
Comprehensive real estate tax	..	0	0	0	483	208	267	680	1 172	1 300
Rural dev. tax on comprehensive real estate tax	..	..	0	0	0	0	0	0	0	0
4110 Impôts périodiques sur la propriété immobilière – Ménages	..	..	22	138	112	101	175	213	369	219
4120 Impôts périodiques sur la propriété immobilière – Autres agents	..	..	22	138	112	101	175	213	369	219
Workshop tax on property (local)	..	0	0	0	0	0	0	0	0	0
4200 Impôts périodiques sur l'actif net	..	..	..	..	..	..	..	..	..	..
4210 Impôts périodiques sur l'actif net – Personnes physiques	..	..	..	..	..	..	..	..	..	..
4220 Impôts périodiques sur l'actif net – Sociétés	..	12	354	989	2 842	3 076	5 044	10 375	15 006	14 594
4300 Impôts sur les mutations par décès, les successions et les donations	..	5	85	449	1 059	1 203	1 944	3 904	6 945	7 611
4310 Impôts sur les mutations par décès et les successions	..	3	71	449	1 059	1 203	1 944	3 904	6 945	7 611
Inheritance tax	..	2	14	0	0	0	0	0	0	0
Defence tax on inheritance tax	..	7	269	540	1 783	1 873	3 100	6 471	8 061	6 983
4320 Impôts sur les donations	..	7	225	540	1 783	1 873	3 100	6 471	8 061	6 983
Gift tax	..	0	44	0	0	0	0	0	0	0
Defence tax on gift tax	..	319	2 960	11 935	21 071	21 170	31 095	46 093	53 771	40 961
4400 Impôts sur les transactions mobilières et immobilières	..	122	1 378	4 528	7 254	7 370	1 831	2 053	2 155	1 896
Registration tax (local)	..	0	0	0	0	0	0	0	0	0
Registration tax	..	0	0	0	0	0	0	0	0	0
Defence tax on registration tax	..	0	0	246	627	632	969	1 164	1 343	1 179
Rural dev. tax on local acquisition tax	..	0	0	66	143	144	1	0	0	0
Rural dev. tax on local registration tax	..	0	224	2 736	3 469	3 667	4 670	8 759	10 256	6 303
Securities transactions tax	..	0	0	823	1 729	2 010	1 861	3 616	5 340	3 068
Rural dev. tax on securities transaction tax	..	163	1 165	3 148	7 261	6 825	20 810	29 536	33 717	27 716
Acquisition tax (local)	..	34	193	388	588	522	953	965	960	799
Stamp tax	..	22	95	537	0	0	0	0	0	0
4500 Impôts non périodiques sur le patrimoine	..	22	95	537	..	..	..	..	..	..
Asset revaluation tax	..	..	0	0	..	..	..	..	..	..
4510 Impôts non périodiques sur l'actif net	..	..	0	0	..	..	..	..	..	..
4520 Impôts non périodiques sur le patrimoine autre que sur l'actif net	..	0	0	0	0	0	0	0	0	0
4600 Autres impôts périodiques sur le patrimoine hors rubriques 4100 et 4200	..	4 190	16 497	52 271	80 861	99 769	110 326	131 353	143 100	156 778
5000 Impôts sur les biens et services	..	4 114	16 024	50 023	78 414	96 573	103 254	123 219	134 745	149 448
5100 Impôts sur la production, la vente, le transfert, la location et la livraison des biens et la prestation de services	..	1 471	6 964	23 212	40 942	51 800	60 162	81 452	89 022	105 558
5110 Impôts généraux sur les biens et services	..	1 471	6 964	23 212	40 942	51 800	60 162	81 452	89 022	105 558
5111 Taxes sur la valeur ajoutée	..	1 471	6 964	23 212	40 942	51 800	60 162	81 452	89 022	105 558
Value added tax	..	0	0	0	0	0	0	0	0	0
5112 Impôts sur les ventes	..	..	..	..	..	..	..	..	..	..
Business tax	..	0	0	0	0	0	0	0	0	0
5113 Autres impôts généraux sur les biens et services	..	2 643	9 059	26 811	37 472	44 773	43 092	41 767	45 723	43 890

	1965	1980	1990	2000	2007	2010	2015	2020	2021	2022
5120 Impôts sur des biens et des services déterminés	..	1 029	4 924	18 155	27 880	31 340	31 857	33 013	35 792	30 834
5121 Accises	..	0	0	0	0	0	0	0	0	0
Commodity tax	..	0	0	0	0	0	0	0	0	0
Defence tax on commodity tax	..	298	1 022	1 963	2 268	2 878	3 228	3 008	2 673	3 767
Liquor tax	..	78	0	0	0	0	0	0	0	0
Defence tax on liquor tax	..	0	81	516	580	724	808	733	608	865
Education tax on liquor tax	..	0	0	0	0	0	0	0	0	0
Textile tax	..	0	0	0	0	0	0	0	0	0
Petroleum tax	..	0	0	8 404	11 464	13 970	14 055	13 938	16 598	11 116
Transport tax on petrol products	..	0	0	1 247	1 715	2 133	2 154	2 041	2 497	1 670
Education tax on transport tax	..	0	0	0	0	0	0	0	0	0
Electricity and gas tax	..	583	1 912	2 985	5 161	5 066	8 001	9 218	9 364	9 318
Special excise tax	..	70	337	0	0	0	0	0	0	0
Defence tax on special excise tax	..	0	0	498	607	501	515	440	435	404
Education tax on special excise tax	..	0	0	37	54	24	61	57	59	64
Rural development on special excise tax	..	0	0	0	0	0	0	0	0	0
Tobacco sales tax (local)	..	0	1 572	2 251	2 761	2 875	3 035	3 578	3 558	3 630
Tobacco consumption tax (local)	..	0	0	254	3 270	3 169	0	0	0	0
Motor fuel tax (local)	..	510	0	0	0	0	0	0	0	0
5122 Bénéfices des monopoles fiscaux	..	510	..	..	..	..	..	..	..	..
Monopoly profit	..	1 014	3 692	5 936	7 690	11 046	8 907	7 413	8 629	10 794
5123 Droits de douane et droits à l'importation	..	762	2 765	5 800	7 411	10 666	8 495	7 059	8 227	10 324
Customs duties	..	248	919	0	0	0	0	0	0	0
Defence tax on customs duties	..	0	0	0	0	0	0	0	0	0
Special customs duties	..	0	0	0	0	0	0	0	0	0
Tonnage tax	..	0	7	99	234	336	390	341	388	452
Education tax on imports	..	0	0	37	45	44	22	13	14	18
Rural dev. tax on customs exemptions	..	4	0	0	0	0	0	0	0	0
Previous year receipts	..	0	0	0	0	0	0	0	0	0
5124 Taxes à l'exportation	..	0	0	0	0	0	0	0	0	0
5125 Impôts sur les biens d'équipement	..	90	444	2 720	1 902	2 387	2 328	1 341	1 302	2 262
5126 Impôts sur des services déterminés	..	50	262	1 457	0	0	0	0	0	0
Telephone tax	..	33	0	0	0	0	0	0	0	0
Defence tax on telephone tax	..	0	0	0	0	0	0	0	0	0
Entertainment tax	..	0	0	0	0	0	0	0	0	0
Defence tax on entertainment tax	..	0	0	0	0	0	0	0	0	0
Entertainment tax (local)	..	0	0	0	0	0	0	0	0	0
Travel tax	..	0	0	0	0	0	0	0	0	0
Admission tax	..	0	0	0	0	0	0	0	0	0
Defence tax on admission tax	..	0	108	473	721	951	1 004	1 138	1 175	1 253
Education tax on banking & insurance	..	3	56	566	864	1 068	1 089	169	106	841
Horse race tax (local)	..	0	0	84	165	215	235	34	21	168
Rural dev. tax on horse race tax	..	5	18	51	52	58	0	0	0	0
Butchery tax (local)	..	0	0	89	100	95	0	0	0	0
Regional development tax (local)	..	0	0	0	0	0	0	0	0	0
5127 Autres impôts sur les transactions et les échanges internationaux non couverts par les rubriques 5121 à 5126	..	0	0	0	0	0	0	0	0	0
5128 Autres impôts non couverts par les rubriques 5121 à 5127	..	0	0	0	0	0	0	0	0	0
5130 Non ventilables entre les rubriques 5110 et 5120	..	75	474	2 248	2 447	3 196	7 072	8 134	8 355	7 330
5200 Impôts sur l'utilisation des biens ou l'autorisation d'utiliser des biens ou d'exercer des activités	..	75	474	2 248	2 447	3 196	7 072	8 134	8 355	7 330
5210 Impôts périodiques sur l'utilisation des biens ou l'exercice d'activités	..	18	48	241	77	76	0	0	0	0
License tax (local)	..	57	426	2 007	2 370	3 120	7 072	8 134	8 355	7 330
Automobile tax (local)	..	..	..	..	..	..	..	..	..	..
5211 Impôts périodiques à la charge des ménages: véhicules à moteur	..	..	..	..	..	..	..	..	..	..
5212 Impôts périodiques à la charge d'autres agents: véhicules à moteur	..	..	..	..	..	..	..	..	..	..
5213 Sur l'utilisation des biens ou l'exercice d'activités autres que les véhicules à moteur	..	0	0	0	0	0	0	0	0	0
5220 Impôts non périodiques sur l'utilisation des biens ou l'exercice d'activités	..	0	0	0	0	0	0	0	0	0
5300 Non ventilables entre les rubriques 5100 et 5200	..	150	259	4 907	8 155	9 974	9 642	11 560	13 183	15 492
6000 Impôts autres que les rubriques 1000, 2000, 3000, 4000 et 5000	..	0	0	0	0	0	0	0	0	0

	1965	1980	1990	2000	2007	2010	2015	2020	2021	2022
6100 À la charge exclusive des entreprises	..	150	259	4 907	8 155	9 974	9 642	11 560	13 183	15 492
6200 À la charge d'autre agents que les entreprises ou non identifiables	..	143	0	0	0	0	0	0	0	0
Unallocable tax revenue	..	0	213	1 474	2 965	4 449	3 435	4 165	5 147	7 316
Previous year tax	..	6	47	474	672	654	392	259	437	656
Previous year tax (local)	..	0	0	- 3	0	0	0	0	0	0
Unallocable defence tax	..	0	0	2 962	4 518	4 871	5 815	7 136	7 599	7 520
Education tax on local taxes	..	6 687	37 262	136 295	258 571	295 968	393 559	538 450	619 084	691 257
Recettes fiscales totales sur la base d'encaissements	..	..	..	..	..	..	..	..	..	..
Recettes fiscales totales sur la base des droits constatés	..	..	..	..	..	..	..	..	..	..
Impôts additionnels inclus dans les comptes nationaux	..	..	..	..	..	..	..	..	..	..
Impôts exclus des comptes nationaux	..	..	..	..	..	..	..	..	..	..
Différence dans les traitements des crédits d'impôts	..	..	..	..	..	..	..	..	..	..
Transfert en capital des recettes non collectées	..	..	..	..	..	..	..	..	..	..
Cotisations de sécurité sociale volontaires	..	..	..	..	..	..	..	..	..	..
Différences diverses	..	..	..	..	..	..	..	..	..	..
Comptes nationaux : impôts et cotisations sociales effectives	..	..	..	..	..	..	..	..	..	..
Cotisations sociales imputées	..	..	..	..	..	..	..	..	..	..

.. Non disponible

Note : Year ending 31st December.

Data are on cash basis.

Heading 2000: From 1997 the contributions to the three funds (civil servant pension fund, private school teachers pension fund and medical insurance fund) are classified as security social contributions. The reasons for the change are that the contributions either became mandatory or the fund started to be managed by public authorities in that year, thereby meeting the OECD definition of social security contributions.

Heading 2200: From 2007, this includes long-term care insurance.

Source : Ministry of Finance and Economy, Ministry of Home Affairs.

Tableau 5.22. Lettonie : recettes fiscales détaillées, 1965-2022

Million EUR

	1965	1980	1990	2000	2007	2010	2015	2020	2021	2022
Recettes fiscales totales	..	..	..	1 995	6 401	5 162	7 320	9 374	10 253	
Total tax revenue exclusive of taxes collected for the EU	..	..	..	1 995	6 362	5 137	7 272	9 322	10 177	11 716
1000 Impôts sur le revenu, les bénéfices et les gains en capital	..	..	..	480	1 857	1 292	1 833	2 019	2 296	2 653
1100 Impôts sur le revenu, les bénéfices et les gains en capital des personnes physiques	..	..	..	376	1 287	1 116	1 445	1 803	2 009	2 264
1110 Sur le revenu et les bénéfices des personnes physiques	..	..	..	376	1 287	1 116	1 445	1 803	2 009	2 264
Personal income tax	..	..	..	376	1 287	1 116	1 445	1 803	2 009	2 264
Solidarity tax	..	..	..	0	0	0	0	0	0	0
1120 Sur les gains en capital des personnes physiques	..	..	..	0	0	0	0	0	0	0
1200 Impôts sur le revenu, les bénéfices et les gains en capital des sociétés	..	..	..	105	570	175	389	217	288	388
1210 Sur le revenu et les bénéfices des sociétés	..	..	..	105	570	175	389	217	288	388
1220 Sur les gains en capital des sociétés	..	..	..	0	0	0	0	0	0	0
1300 Non ventilables entres les rubriques 110 et 1200	..	..	..	0	0	0	0	0	0	0
2000 Cotisations de sécurité sociale (CSS)	..	..	..	669	1 774	1 554	2 030	2 985	3 191	3 610
2100 CSS à la charge des salariés	..	..	..	167	479	389	585	978	1 042	1 183
2110 CSS à la charge des salariés - sur la base du salaire	..	..	..	167	479	389	585	978	1 042	1 183
2120 CSS à la charge des salariés - sur la base de l'impôt sur le revenu	..	..	..	0	0	0	0	0	0	0
2200 CSS à la charge des employeurs	..	..	..	501	1 283	1 155	1 432	1 979	2 107	2 374
2210 CSS à la charge des employeurs - sur la base du salaire	..	..	..	501	1 283	1 155	1 432	1 979	2 107	2 374
2220 CSS à la charge des employeurs - sur la base de l'impôt sur le revenu	..	..	..	0	0	0	0	0	0	0
2300 CSS à la charge des indépendants ou des sans emploi	..	..	..	1	12	9	12	29	43	53
2310 CSS à la charge des indépendants ou des sans emploi - sur la base du salaire	..	..	..	1	12	9	12	29	43	53
2320 CSS à la charge des indépendants ou des sans emploi - Sur la base de l'impôt sur le revenu	..	..	..	0	0	0	0	0	0	0
2400 CSS Non ventilables entre les rubriques 2100, 2200 et 2300	..	..	..	0	0	0	0	0	0	0
2410 CSS Non ventilables entre les rubriques 2100, 2200 et 2300 - sur la base du salaire	..	..	..	..	..	..	..	..	..	..
2420 CSS Non ventilables entre les rubriques 2100, 2200 et 2300 - sur la base de l'impôt sur le revenu	..	..	..	..	..	..	..	..	..	..
3000 Impôts sur les salaires et la main-d'oeuvre	..	..	..	0	4	3	3	3	3	3
Risk duty of business	..	..	..	..	4	3	3	3	3	3
4000 Impôts sur le patrimoine	..	..	..	76	195	157	249	281	296	294
4100 Impôts périodiques sur la propriété immobilière	..	..	..	63	106	128	197	222	226	231
4110 Impôts périodiques sur la propriété immobilière – Ménages	..	..	..	0	0	0	24	39	39	40
4120 Impôts périodiques sur la propriété immobilière – Autres agents	..	..	..	63	106	128	173	183	187	190
Tax on property	..	..	..	63	106	128	173	183	187	190
Tax on land	..	..	..	0	0	0	0	0	0	0
4200 Impôts périodiques sur l'actif net	..	..	..	0	0	0	0	0	0	0
4210 Impôts périodiques sur l'actif net – Personnes physiques	..	..	..	..	..	..	..	..	..	..
4220 Impôts périodiques sur l'actif net – Sociétés	..	..	..	..	..	..	..	..	..	..
4300 Impôts sur les mutations par décès, les successions et les donations	..	..	..	0	3	3	7	12	15	13
4310 Impôts sur les mutations par décès et les successions	..	..	..	..	3	3	7	12	15	13
Duty for legacies and donations	..	..	..	..	0	2	4	9	12	9
Stamp duty for transactions made in Land Register in relation to legacies and donations	..	..	..	..	1	0	1	1	1	1
Duty for consolidation of ownership and legal cliens in Land Register anent legacies and donations	..	..	..	..	2	2	2	2	3	3
4320 Impôts sur les donations	..	..	..	..	0	0	0	0	0	0

	1965	1980	1990	2000	2007	2010	2015	2020	2021	2022
4400 Impôts sur les transactions mobilières et immobilières	..	..	..	13	86	26	42	44	50	47
Duties on transactions with privatization vouchers	..	..	..	0	0	0	0	0	0	0
Stamp duty for transactions made in Land Register, which have been collected from juridical persons, except legacies and donations	..	..	..	0	1	1	1	1	1	1
Duty for consolidation of ownership and legal liens in Land Register, which have been collected from juridical persons, except legacies and donations	..	..	..	4	27	13	18	18	21	21
Stamp duty for transactions made in Land Register, which have been collected from physical persons, except legacies and donations	..	..	..	1	8	1	2	2	2	2
Duty for consolidation of ownership and legal liens in Land Register, which have been collected from physical persons, except legacies and donations	..	..	..	7	51	11	20	23	26	23
4500 Impôts non périodiques sur le patrimoine	..	..	..	0	0	0	3	3	5	4
4510 Impôts non périodiques sur l'actif net	..	..	..	..	..	..	0	0	0	0
4520 Impôts non périodiques sur le patrimoine autre que sur l'actif net	..	..	..	..	..	..	3	3	5	4
4520 The payment made by a foreigner before receiving temporary residence permit	0	0	0	..	..	..	3	3	5	4
4600 Autres impôts périodiques sur le patrimoine hors rubriques 4100 et 4200	..	..	..	0	0	0	0	0	0	0
5000 Impôts sur les biens et services	..	..	..	770	2 572	2 157	3 205	4 086	4 467	5 248
5100 Impôts sur la production, la vente, le transfert, la location et la livraison des biens et la prestation de services	..	..	..	739	2 515	2 031	3 052	3 867	4 234	4 962
5110 Impôts généraux sur les biens et services	..	..	..	476	1 753	1 301	2 130	2 690	2 997	3 657
5111 Taxes sur la valeur ajoutée	..	..	..	476	1 727	1 202	1 876	2 541	2 880	3 639
5112 Impôts sur les ventes	..	..	..	0	0	0	31	0	0	0
Subsidised electricity tax	..	..	..	..	..	..	31	..	..	..
5113 Autres impôts généraux sur les biens et services	..	..	..	0	27	99	223	149	118	18
Mandatory procurement public service obligation fee	0	0	0	..	27	99	223	149	118	18
5120 Impôts sur des biens et des services déterminés	..	..	..	262	761	730	922	1 177	1 237	1 305
5121 Accises	..	..	..	232	654	659	810	1 067	1 113	1 142
Excise duty on alcoholic beverages	..	..	..	63	127	111	128	190	195	208
Excise duty on wine	0	0	0	5	7	9	11	20	21	22
Excise duty on fermented beverages	0	0	0	0	4	3	3	8	9	9
Excise duty on intermediate products (the absolute alcohol content up to 15 per cent by volume)	0	0	0	1	1	1	2	4	5	6
Excise duty on intermediate products (the absolute alcohol content from 15 to 22 per cent by volume)	0	0	0	1	1	1	2	4	4	4
Excise duty on other alcoholic drinks (ethyl alcohol)	0	0	0	55	114	96	110	153	155	167
Excise duty on beer	..	..	..	4	15	25	27	52	52	52
Excise duty on oil products	..	..	..	124	359	360	428	560	579	566
Excise duty on tobacco	..	..	..	27	92	130	178	223	241	262
Excise duty on cigarettes	0	0	0	26	91	127	172	208	219	238
Excise duty on cigars and cigarillos	0	0	0	0	0	2	2	3	3	3
Excise duty on smoking tobacco	0	0	0	0	0	1	3	7	9	9
Excise duty on heated tobacco	0	0	0	0	0	0	0	5	10	12
Excise duty on coffee, non alcoholic beverages, refill liquids for electronic cigarettes and tobacco substitute products	..	..	..	6	8	13	14	19	22	33
Excise duty on non alcoholic beverages	..	..	..	2	4	5	7	9	9	14
Excise duty on liquids used in e-cigarettes	..	..	..	0	0	0	0	1	3	8
Excise duty on tobacco substitutes	0	0	0	0	0	0	0	0	1	2
Excise duty on coffee	0	0	0	4	4	7	7	9	9	9
Excise duty on natural gas	..	..	..	0	0	1	20	17	19	13
Excise duty on cars and motorcycles / Tax on cars and motocycles	0	0	0	8	24	5	11	0	0	0
Tax on electricity	..	..	..	0	1	1	2	5	5	5
Excise duty of imported goods for omission for free turnover	0	0	0	0	28	14	3	0	1	4
5122 Bénéfices des monopoles fiscaux	..	..	..	0	0	0	0	0	0	0
5123 Droits de douane et droits à l'importation	..	..	..	21	42	25	40	48	71	88
Customs duties	..	..	..	21	40	25	40	48	71	88
Levies on imported agricultural products	..	..	..	0	2	0	0	0	0	0
5124 Taxes à l'exportation	..	..	..	0	0	0	0	0	0	0
5125 Impôts sur les biens d'équipement	..	..	..	0	0	0	0	0	0	0
5126 Impôts sur des services déterminés	..	..	..	10	66	47	72	63	53	75
Taxes on lotteries and gambling	..	..	..	7	42	22	32	34	20	40
Financial stability fee	..	..	..	0	0	0	4	6	8	8
Passenger departure duty	..	..	..	3	0	0	0	0	0	0

	1965	1980	1990	2000	2007	2010	2015	2020	2021	2022
Other special target State duties	0	0	0	0	0	0	0	1	1	1
Contributions to the EU Single Resolution Fund	..	..	..	0	0	0	8	4	5	5
Contributions to the fund for the protection of the insured	..	..	..	0	1	1	1	0	0	0
Contributions to the deposit guarantee fund	..	..	..	0	22	24	28	18	20	22
5127 Autres impôts sur les transactions et les échanges internationaux non couverts par les rubriques 5121 à 5126	..	..	..	0	0	0	0	0	0	0
5128 Autres impôts non couverts par les rubriques 5121 à 5127	..	..	..	0	0	0	0	0	0	0
5130 Non ventilables entre les rubriques 5110 et 5120	..	..	..	0	0	0	0	0	0	0
5200 Impôts sur l'utilisation des biens ou l'autorisation d'utiliser des biens ou d'exercer des activités	..	..	..	32	57	126	153	219	233	286
5210 Impôts périodiques sur l'utilisation des biens ou l'exercice d'activités	..	..	..	32	57	73	142	178	189	209
5211 Impôts périodiques à la charge des ménages: véhicules à moteur	..	..	..	12	16	34	54	66	68	70
Vehicle tax for vehicles which have been registered on physical persons	..	..	..	0	0	0	54	66	68	70
Annual vehicle duty for vehicles which have been registered on physical persons	..	..	..	12	16	34	0	0	0	0
5212 Impôts périodiques à la charge d'autres agents: véhicules à moteur	..	..	..	0	20	22	46	53	54	54
Tax on cars belonging to enterprises	..	..	..	..	0	0	20	22	23	22
Vehicle tax for vehicles which have been registered on judical persons	..	..	..	..	0	0	26	31	32	31
Annual vehicle duty for vehicles which have been registered on judical persons	..	..	..	..	20	22	0	0	0	0
5213 Sur l'utilisation des biens ou l'exercice d'activités autres que les véhicules à moteur	..	..	..	20	21	17	42	59	66	85
Duty for keeping animals	..	..	..	0	0	0	0	0	0	0
Income from lease of reservoirs and fishing rights and non-production use of fishing rights (fishing cards)	..	..	..	0	0	0	1	1	1	1
State fee from weapon	0	0	0	0	0	0	0	0	0	0
Business and professional licences	..	..	..	5	6	4	20	23	21	30
State duties and payments for issue of special permits (licences) and registration of documents that commensurate correspondence of professional qualification	..	..	..	1	0	0	0	0	0	0
Lottery and gambling state duty	..	..	..	1	4	2	2	4	4	4
Gambling equipment marking duty	..	..	..	0	1	1	0	0	0	0
Payment for rental of commercial fishing rights	..	..	..	0	0	0	1	0	0	0
Lottery of goods and services organization duty	..	..	..	2	0	0	0	0	0	0
State duty for using numerative rights	..	..	..	0	0	0	0	0	0	0
State duty for keeping oil products` security reserves	..	..	..	0	0	0	16	18	16	24
Tax on natural resources	..	..	..	15	15	12	22	35	44	54
5220 Impôts non périodiques sur l'utilisation des biens ou l'exercice d'activités	..	..	..	0	0	53	11	42	44	77
Revenue from state-owned greenhouse gas emission unit trade	..	..	..	..	..	53	0	0	0	0
Payment for emission quota trading	..	..	..	..	..	0	11	42	44	77
The fee for the appeal of procurement	..	..	..	..	..	0	0	0	0	0
5300 Non ventilables entre les rubriques 5100 et 5200	..	..	..	0	0	0	0	0	0	0
6000 Impôts autres que les rubriques 1000, 2000, 3000, 4000 et 5000	..	..	..	0	0	0	0	0	0	0
6100 À la charge exclusive des entreprises	..	..	..	..	..	..	..	..	..	..
6200 À la charge d'autre agents que les entreprises ou non identifiables	..	..	..	..	..	..	..	..	..	..
Customs duties collected for the EU	..	..	..	..	37	25	40	48	72	87
SRF Contributions collected for the EU	..	..	..	..	..	..	8	4	5	5
Recettes fiscales totales sur la base d'encaissements	..	..	..	..	..	..	..	..	..	..
Recettes fiscales totales sur la base des droits constatés	..	..	..	1 995	6 401	5 162	7 320	9 374	10 253	11 808
Impôts additionnels inclus dans les comptes nationaux	..	..	..	14	1	1	0	0	0	0
Impôts exclus des comptes nationaux	..	..	..	0	0	0	0	0	0	0
Différence dans les traitements des crédits d'impôts	..	..	..	0	0	0	0	0	0	0
Transfert en capital des recettes non collectées	..	..	..	0	0	0	0	0	0	0
Cotisations de sécurité sociale volontaires	..	..	..	0	0	0	0	0	0	0
Différences diverses	..	..	..	0	0	0	0	0	0	0

	1965	1980	1990	2000	2007	2010	2015	2020	2021	2022
Comptes nationaux : impôts et cotisations sociales effectives	..	..	..	2 009	6 402	5 163	7 320	9 374	10 254	11 809
Cotisations sociales imputées	..	..	..	12	51	36	80	128	138	165
Comptes nationaux : impôts et toutes les cotisations sociales	..	..	..	2 022	6 453	5 199	7 401	9 502	10 391	11 974

.. Non disponible
Note : Year ending 31st December.
Data on accrual basis.
Source : Ministry of Finance.

Tableau 5.23. Lituanie : recettes fiscales détaillées, 1965-2022

Million EUR

	1965	1980	1990	2000	2007	2010	2015	2020	2021	2022
Recettes fiscales totales	..	..	..	4 154	8 730	7 961	10 826	15 623	18 044	21 314
Recettes fiscales totales excluant les taxes collectés pour le compte de l'UE	..	..	..	4 154	8 656	7 908	10 716	15 490	17 870	21 108
1000 Impôts sur le revenu, les bénéfices et les gains en capital	..	..	..	1 111	2 625	1 281	2 013	4 453	5 375	6 678
1100 Impôts sur le revenu, les bénéfices et les gains en capital des personnes physiques	..	..	..	1 020	1 891	1 005	1 439	3 628	4 215	5 105
1110 Sur le revenu et les bénéfices des personnes physiques	..	..	..	1 020	1 810	972	1 390	3 628	4 215	5 105
Tax on payroll and workforce	..	..	..	950	1 628	793	1 148	3 628	4 215	5 105
Tax on income from individual activities	..	..	..	40	81	36	55	0	0	0
Tax on capital income	..	..	..	31	102	143	187	0	0	0
1120 Sur les gains en capital des personnes physiques	..	..	..	0	81	33	50	0	0	0
1200 Impôts sur le revenu, les bénéfices et les gains en capital des sociétés	..	..	..	90	734	276	574	825	1 161	1 573
1210 Sur le revenu et les bénéfices des sociétés	..	..	..	90	734	276	574	825	1 161	1 573
1220 Sur les gains en capital des sociétés	..	..	..	0	0	0	0	0	0	0
1300 Non ventilables entres les rubriques 110 et 1200	..	..	..	0	0	0	0	0	0	0
2000 Cotisations de sécurité sociale (CSS)	..	..	..	1 362	2 643	3 293	4 338	5 127	5 750	6 656
2100 CSS à la charge des salariés	..	..	..	107	233	641	873	3 872	4 367	5 091
2110 CSS à la charge des salariés - sur la base du salaire	..	..	..	107	233	641	873	3 872	4 367	5 091
2120 CSS à la charge des salariés - sur la base de l'impôt sur le revenu	..	..	..	0	0	0	0	0	0	0
2200 CSS à la charge des employeurs	..	..	..	1 119	2 180	2 109	2 916	378	421	503
2210 CSS à la charge des employeurs - sur la base du salaire	..	..	..	1 119	2 180	2 109	2 916	378	421	503
2220 CSS à la charge des employeurs - sur la base de l'impôt sur le revenu	..	..	..	0	0	0	0	0	0	0
2300 CSS à la charge des indépendants ou des sans emploi	..	..	..	135	230	544	549	877	962	1 062
2310 CSS à la charge des indépendants ou des sans emploi - sur la base du salaire	..	..	..	135	230	544	549	877	962	1 062
2320 CSS à la charge des indépendants ou des sans emploi - Sur la base de l'impôt sur le revenu	..	..	..	0	0	0	0	0	0	0
2400 CSS Non ventilables entre les rubriques 2100, 2200 et 2300	..	..	..	0	0	0	0	0	0	0
2410 CSS Non ventilables entre les rubriques 2100, 2200 et 2300 - sur la base du salaire	..	..	..	..	..	..	..	..	..	..
2420 CSS Non ventilables entre les rubriques 2100, 2200 et 2300 - sur la base de l'impôt sur le revenu	..	..	..	..	..	..	..	..	..	..
3000 Impôts sur les salaires et la main-d'oeuvre	..	..	..	0	0	0	0	0	0	0
4000 Impôts sur le patrimoine	..	..	..	62	83	103	126	150	166	194
4100 Impôts périodiques sur la propriété immobilière	..	..	..	61	82	102	125	148	164	191
4110 Impôts périodiques sur la propriété immobilière – Ménages	..	..	..	3	6	7	17	40	45	49
4120 Impôts périodiques sur la propriété immobilière – Autres agents	..	..	..	58	76	95	108	108	119	142
Tax on land from corporations	..	..	..	3	8	9	10	6	7	6
Tax on immovable property	..	..	..	55	69	86	98	102	112	136
4200 Impôts périodiques sur l'actif net	..	..	..	0	0	0	0	0	0	0
4210 Impôts périodiques sur l'actif net – Personnes physiques	..	..	..	..	..	..	..	..	..	..
4220 Impôts périodiques sur l'actif net – Sociétés	..	..	..	..	..	..	..	..	..	..
4300 Impôts sur les mutations par décès, les successions et les donations	..	..	..	1	2	1	1	2	3	3
4310 Impôts sur les mutations par décès et les successions	..	..	..	1	2	1	1	2	3	3
4320 Impôts sur les donations	..	..	..	0	0	0	0	0	0	0
4400 Impôts sur les transactions mobilières et immobilières	..	..	..	0	0	0	0	0	0	0
4500 Impôts non périodiques sur le patrimoine	..	..	..	0	0	0	0	0	0	0
4510 Impôts non périodiques sur l'actif net	..	..	..	..	..	..	..	..	..	..
4520 Impôts non périodiques sur le patrimoine autre que sur l'actif net	..	..	..	..	..	..	..	..	..	..
4600 Autres impôts périodiques sur le patrimoine hors rubriques 4100 et 4200	..	..	..	0	0	0	0	0	0	0
5000 Impôts sur les biens et services	..	..	..	1 619	3 378	3 284	4 348	5 893	6 752	7 786
5100 Impôts sur la production, la vente, le transfert, la location et la livraison des biens et la prestation de services	..	..	..	1 556	3 298	3 202	4 275	5 771	6 612	7 626

	1965	1980	1990	2000	2007	2010	2015	2020	2021	2022
5110 Impôts généraux sur les biens et services	..	..	..	1 086	2 339	2 183	2 913	4 033	4 719	5 693
5111 Taxes sur la valeur ajoutée	..	..	..	1 005	2 330	2 180	2 889	4 008	4 688	5 644
5112 Impôts sur les ventes	..	..	..	0	0	0	0	0	0	0
5113 Autres impôts généraux sur les biens et services	..	..	..	81	8	3	24	24	31	49
Deductions from revenue according to the RoL on the financing of road maintence and development	..	..	..	81	0	0	0	0	0	0
Deductions from revenue according to the RoL Forestry Law	..	..	..	0	0	0	24	24	31	49
Turnover tax on goods	..	..	..	0	0	0	0	0	0	0
Deductions from Ignalina nuclear power plant income generated by sales of electricity	..	..	..	0	8	3	0	0	0	0
Turnover tax on publications of erotic and violent nature	..	..	..	0	0	0	0	0	0	0
Turnover tax on motor cars	..	..	..	0	0	0	0	0	0	0
Turnover tax on goods containing ethyl	..	..	..	0	0	0	0	0	0	0
5120 Impôts sur des biens et des services déterminés	..	..	..	470	960	1 019	1 362	1 738	1 894	1 933
5121 Accises	..	..	..	428	835	903	1 165	1 569	1 675	1 657
Alcoholic beverages	..	..	..	10	2	10	6	21	16	8
Manufactured tabacco	..	..	..	41	121	170	270	309	329	348
Oil and other oil products	..	..	..	230	451	487	619	861	915	872
Electricity	..	..	..	2	0	3	4	5	2	2
Luxury cars	..	..	..	1	0	0	0	0	0	0
Sugar	..	..	..	25	13	1	1	0	0	0
Other former minor excises	..	..	..	5	0	0	0	0	0	0
Wine and sparkling wine	..	..	..	6	23	30	36	53	56	59
Beer	..	..	..	24	38	44	50	87	85	96
Other alcoholic beverages	..	..	..	84	186	158	179	234	271	272
5122 Bénéfices des monopoles fiscaux	..	..	..	0	0	0	0	0	0	0
5123 Droits de douane et droits à l'importation	..	..	..	41	61	53	99	128	167	199
Taxes on international trades and transactions	..	..	..	41	0	0	0	0	0	0
Imported sugar tax	..	..	..	0	0	0	0	0	0	0
Custom duties collected for the EU	0	0	0	0	61	53	99	128	167	199
5124 Taxes à l'exportation	..	..	..	0	0	0	0	0	0	0
5125 Impôts sur les biens d'équipement	..	..	..	0	0	0	0	0	0	0
5126 Impôts sur des services déterminés	..	..	..	0	64	63	98	41	52	76
Tax on lotteries and gambling	..	..	..	..	9	8	15	17	24	41
Contributions to the Guarantee Fund	..	..	..	..	11	5	16	0	0	0
Deposit and investment insurance tax	..	..	..	..	43	48	56	17	20	26
Resolution Fund	..	..	..	..	0	0	10	6	6	7
Other taxes on specific services	..	..	..	..	0	1	1	2	1	2
5127 Autres impôts sur les transactions et les échanges internationaux non couverts par les rubriques 5121 à 5126	..	..	..	0	0	0	0	0	0	0
5128 Autres impôts non couverts par les rubriques 5121 à 5127	..	..	..	0	0	0	0	0	0	0
5130 Non ventilables entre les rubriques 5110 et 5120	..	..	..	0	0	0	0	0	0	0
5200 Impôts sur l'utilisation des biens ou l'autorisation d'utiliser des biens ou d'exercer des activités	..	..	..	64	80	83	74	122	140	160
5210 Impôts périodiques sur l'utilisation des biens ou l'exercice d'activités	..	..	..	64	80	83	74	122	140	160
5211 Impôts périodiques à la charge des ménages: véhicules à moteur	..	..	..	0	0	0	0	0	0	0
5212 Impôts périodiques à la charge d'autres agents: véhicules à moteur	..	..	..	7	30	13	32	52	68	68
Car registration taxes	..	..	..	0	0	0	15	30	47	48
Conveyance taxes	..	..	..	7	30	13	17	22	21	20
5213 Sur l'utilisation des biens ou l'exercice d'activités autres que les véhicules à moteur	..	..	..	57	50	70	42	70	72	92
Pollution taxes	..	..	..	6	18	7	13	25	20	33
Payments by households for licences (not for business purposes)	..	..	..	5	3	6	2	2	2	3
Tax on market place	..	..	..	2	0	0	0	0	0	0
State - imposed fees and charges	..	..	..	34	22	44	5	6	7	9
Other taxes on production	..	..	..	10	6	13	22	38	42	48
5220 Impôts non périodiques sur l'utilisation des biens ou l'exercice d'activités	..	..	..	0	0	0	0	0	0	0
5300 Non ventilables entre les rubriques 5100 et 5200	..	..	..	0	0	0	0	0	0	0
6000 Impôts autres que les rubriques 1000, 2000, 3000, 4000 et 5000	..	..	..	0	0	0	0	0	0	0
6100 À la charge exclusive des entreprises	..	..	..	..	..	..	..	..	..	..

	1965	1980	1990	2000	2007	2010	2015	2020	2021	2022
6200 À la charge d'autre agents que les entreprises ou non identifiables	..	..	..	..	..	..	..	..	..	..
Customs duties collected for the EU	..	..	..	..	61	53	99	128	167	199
Contributions au Fonds de résolution unique collectées pour le compte de l'UE	0	0	0	..	..	..	10	6	6	7
Recettes fiscales totales sur la base d'encaissements	..	..	..	..	..	..	..	..	..	..
Recettes fiscales totales sur la base des droits constatés	..	..	..	4 154	8 730	7 961	10 826	15 623	18 044	21 314
Impôts additionnels inclus dans les comptes nationaux	..	..	..	0	0	0	0	0	0	0
Impôts exclus des comptes nationaux	..	..	..	0	0	0	0	0	0	0
Différence dans les traitements des crédits d'impôts	..	..	..	0	0	0	0	0	0	0
Transfert en capital des recettes non collectées	..	..	..	- 39	- 9	- 32	- 18	- 41	- 30	- 35
Cotisations de sécurité sociale volontaires	..	..	..	0	2	2	2	0	0	0
Différences diverses	..	..	..	0	0	0	0	0	0	0
Comptes nationaux : impôts et cotisations sociales effectives	..	..	..	4 115	8 723	7 932	10 811	15 582	18 014	21 279
Cotisations sociales imputées	..	..	..	3	91	103	116	171	183	215
Comptes nationaux : impôts et toutes les cotisations sociales	..	..	..	4 118	8 814	8 035	10 927	15 753	18 197	21 494

.. Non disponible
Note : Year ending 31st December.
Data on an accrual basis.
Source : Ministry of Finance.

Tableau 5.24. Luxembourg : recettes fiscales détaillées, 1965-2022

Million EUR

	1965	1980	1990	2000	2007	2010	2015	2020	2021	2022
Recettes fiscales totales	266	1 543	3 671	8 510	13 456	15 117	18 830	24 711	27 632	29 700
Recettes fiscales totales excluant les taxes collectés pour le compte de l'UE	..	..	3 654	8 482	13 432	15 099	18 777	24 502	27 366	29 355
1000 Impôts sur le revenu, les bénéfices et les gains en capital	95	667	1 476	3 106	4 654	5 467	7 011	9 370	10 592	11 436
1100 Impôts sur le revenu, les bénéfices et les gains en capital des personnes physiques	66	417	884	1 573	2 677	3 156	4 716	6 290	7 318	8 028
1110 Sur le revenu et les bénéfices des personnes physiques	66	417	884	1 573	2 677	3 156	4 716	6 290	7 318	8 028
Impôt sur le revenu des personnes physiques	27	106	184	258	389	540	721	874	1 023	1 171
Impôt sur traitements et salaires	36	287	601	1 177	1 909	2 136	3 227	4 468	4 932	5 568
Impôt sur le revenu des capitaux	2	11	52	88	188	315	313	456	817	694
Impôt sur les tantièmes	1	2	5	11	20	26	44	53	59	64
Impôt sur le revenu de certains non-résidents	0	1	1	2	1	1	1	1	1	1
Impôt solidarité majoration personnes physiques	0	10	41	37	59	74	305	410	462	503
Impôt retenu sur revenus épargne (non résidents)	0	0	0	0	51	33	0	0	0	0
Retenu libératoire nationale sur les intérêts	0	0	0	0	60	31	20	21	18	21
Contribution à la crise	0	0	0	0	0	0	0	0	0	0
Impôt d'équilibrage budgétaire temporaire	0	0	0	0	0	0	85	1	1	0
Impôt retenu sur les contributions versées à un régime complémentaire de pension agréé pour indépendants	0	0	0	0	0	0	0	6	6	6
1120 Sur les gains en capital des personnes physiques	0	0	0	0	0	0	0	0	0	0
Prélèvement sur gains des paris	..	..	..	..	..	..	..	..	..	..
1200 Impôts sur le revenu, les bénéfices et les gains en capital des sociétés	29	250	592	1 533	1 977	2 311	2 295	3 080	3 273	3 407
1210 Sur le revenu et les bénéfices des sociétés	29	250	592	1 533	1 977	2 311	2 295	3 080	3 273	3 407
Impôt sur le revenu des collectivites	18	168	376	1 031	1 381	1 646	1 569	1 965	2 096	2 244
Prélèvement immobilier	0	0	0	0	0	0	0	0	0	0
Impôt de solidarité sur le revenu des collectivités	0	2	8	43	58	61	120	146	161	163
Impôt commercial communal	0	80	209	460	538	603	606	969	1 016	1 001
1220 Sur les gains en capital des sociétés	0	0	0	0	0	0	0	0	0	0
1300 Non-ventilables entres les rubriques 1110 et 1200	0	0	0	0	0	0	0	0	0	0
2000 Cotisations de sécurité sociale (CSS)	86	443	1 011	2 224	3 710	4 387	5 548	7 208	7 651	8 286
2100 CSS à la charge des salariés	32	175	388	993	1 691	2 017	2 498	3 340	3 531	3 841
2110 CSS à la charge des salariés - sur la base du salaire	..	175	388	993	1 691	2 017	2 498	3 340	3 531	3 841
2120 CSS à la charge des salariés - sur la base de l'impôt sur le revenu	..	0	0	0	0	0	0	0	0	0
2200 CSS à la charge des employeurs	49	243	494	964	1 580	1 888	2 335	2 955	3 149	3 417
2210 CSS à la charge des employeurs - sur la base du salaire	..	243	494	964	1 580	1 888	2 335	2 955	3 149	3 417
2220 CSS à la charge des employeurs - sur la base de l'impôt sur le revenu	..	0	0	0	0	0	0	0	0	0
2300 CSS à la charge des indépendants ou des sans emploi	5	25	129	266	438	482	715	913	971	1 028
2310 CSS à la charge des indépendants ou des sans emploi - sur la base du salaire	..	25	129	266	438	482	715	913	971	1 028
2320 CSS à la charge des indépendants ou des sans emploi - Sur la base de l'impôt sur le revenu	..	0	0	0	0	0	0	0	0	0
2400 CSS Non-ventilables entre les rubriques 2100, 2200 et 2300	0	0	0	0	0	0	0	0	0	0
2410 CSS Non-ventilables entre les rubriques 2100, 2200 et 2300 - sur la base du salaire	..	..	..	..	..	..	..	..	..	..
2420 CSS Non-ventilables entre les rubriques 2100, 2200 et 2300 - sur la base de l'impôt sur le revenu	..	..	..	..	..	..	..	..	..	..
3000 Impôts sur les salaires et la main-d'oeuvre	2	10	0	0	0	0	0	0	0	0
Impôt sur la somme des salaires	2	10	..	..	..	..	..	..	..	..
4000 Impôts sur le patrimoine	16	87	309	910	1 294	1 062	1 715	2 463	2 912	2 863
4100 Impôts périodiques sur la propriété immobilière	4	9	14	21	27	29	36	39	41	44
Impôt foncier	4	9	14	21	27	29	36	39	41	44
4110 Impôts périodiques sur la propriété immobilière – Ménages	..	..	..	..	..	..	..	..	..	..
4120 Impôts périodiques sur la propriété immobilière – Autres agents	..	..	..	..	..	..	..	..	..	..
4200 Impôts périodiques sur l'actif net	7	44	172	633	878	831	1 318	1 852	2 129	2 101
4210 Impôts périodiques sur l'actif net – Personnes physiques	0	0	0	0	0	0	0	0	0	0
Impôt sur la fortune	..	..	..	..	..	..	..	..	..	..

	1965	1980	1990	2000	2007	2010	2015	2020	2021	2022
4220 Impôts périodiques sur l'actif net – Sociétés	7	44	172	633	878	831	1 318	1 852	2 129	2 101
Impôt sur la fortune	2	15	58	152	172	208	385	780	796	876
Taxe d'abonnement	3	29	114	481	706	622	933	1 072	1 333	1 225
4300 Impôts sur les mutations par décès, les successions et les donations	1	5	11	23	47	50	74	84	118	145
4310 Impôts sur les mutations par décès et les successions	1	5	11	23	47	50	74	84	118	145
4320 Impôts sur les donations	0	0	0	0	0	0	0	0	0	0
4400 Impôts sur les transactions mobilières et immobilières	4	30	112	232	343	152	287	487	623	573
Droits d'enregistrement	4	26	94	208	288	116	221	381	497	457
Droits d'hypothèque	1	3	9	12	29	21	39	72	79	83
Droits de timbre	0	2	2	5	7	5	8	9	9	9
Taxe pour construction dans secteurs centraux	0	0	0	0	1	1	2	3	4	2
Surtaxe sur les mutations immobilières	0	0	6	7	17	8	16	22	33	20
Hypothèques salaires	0	0	1	1	1	1	1	1	1	1
Taxe sur les résidences secondaires	0	0	0	0	0	1	0	0	0	0
Autorisations à bâtir	0	0	0	0	0	0	0	0	0	0
Taxe d'infrastructure	0	0	0	0	0	0	0	0	0	0
Taxes d'autorisation sur les réservoirs de mazout	0	0	0	0	0	0	0	0	0	0
4500 Impôts non périodiques sur le patrimoine	0	0	0	0	0	0	0	0	0	0
4510 Impôts non périodiques sur l'actif net	..	..	..	..	..	..	..	..	..	..
4520 Impôts non périodiques sur le patrimoine autre que sur l'actif net	..	..	..	..	..	..	..	..	..	..
4600 Autres impôts périodiques sur le patrimoine hors rubriques 4100 et 4200	0	0	0	0	0	0	0	0	0	0
5000 Impôts sur les biens et services	66	336	868	2 260	3 784	4 180	4 528	5 648	6 449	7 085
5100 Impôts sur la production, la vente, le transfert, la location et la livraison des biens et la prestation de services	62	327	848	2 229	3 709	4 105	4 442	5 555	6 351	6 991
5110 Impôts généraux sur les biens et services	33	179	443	1 127	2 231	2 616	2 946	3 699	4 121	4 692
5111 Taxes sur la valeur ajoutée	0	179	443	1 127	2 231	2 616	2 946	3 699	4 121	4 692
TVA ressources propres UE	..	18	75	92	50	41	45	56	63	87
5112 Impôts sur les ventes	0	0	0	0	0	0	0	0	0	0
5113 Autres impôts généraux sur les biens et services	33	0	0	0	0	0	0	0	0	0
Impôt sur chiffre d'affaires	33	..	..	..	..	..	..	..	..	..
5120 Impôts sur des biens et des services déterminés	30	148	404	1 103	1 478	1 489	1 496	1 855	2 230	2 299
5121 Accises	26	134	365	1 036	1 394	1 401	1 374	1 516	1 787	1 811
Droits d'accises autonomes huiles minérales	1	1	10	100	135	145	184	180	183	114
Taxe sur la consommation d'alcool	1	5	19	20	21	20	28	47	50	53
Droits d'accises autonomes tabac	..	0	8	24	66	70	81	176	207	245
Droits d'accises sur les huiles minérales (R203)	..	76	173	414	559	536	495	436	449	405
Droits d'accises sur le tabac	..	40	141	407	418	422	394	481	562	647
Produit de la contrib.sociale prélevée sur les carburants	..	0	0	59	145	132	117	106	114	109
Redevance de contrôle sur le fuel domestique	..	0	0	2	3	3	2	2	2	2
Droits d'accises sur gaz liquéfiés (R203)	..	0	0	0	0	0	0	0	0	0
Droits d'accises sur benzols (R203)	..	0	0	1	1	1	1	1	1	1
Droits d'accises sur alcools étrangers (R203)	..	3	5	5	6	5	8	13	14	14
Droits d'accises sur bières indigènes	..	4	2	3	4	4	5	3	4	4
Droits d'accises sur boissons fermentées fruits (R203)	..	2	3	0	0	0	0	0	0	0
Droits d'accises boissons fermentées mousseuses (R203)	..	0	1	0	0	0	0	0	0	0
Droits d'accises sur sucres et sirops raffinés (R203)	..	0	1	0	0	0	0	0	0	0
Ajustement accises U.E.B.L.	0	0	0	0	0	0	0	0	0	0
Droits d'accises sur alcools indigènes	..	1	1	0	0	0	0	0	0	0
Accise "Kyoto"	..	0	0	0	37	62	58	70	1	0
Surtaxe sur les boissons confectionnées (alcopops)	..	0	0	0	0	0	0	0	0	0
Produit de la contribution taxe CO2	..	0	0	0	0	0	0	0	201	217
5122 Bénéfices des monopoles fiscaux	0	0	0	0	0	0	0	0	0	0
5123 Droits de douane et droits à l'importation	1	5	11	27	24	18	23	24	21	21
Prélèvements agricoles UE	1	0	0	0	1	0	0	0	0	0
Droits de douane	0	0	0	0	0	0	0	0	0	0
Droits de douane + mobiles + C.E.C.A.	0	4	11	27	23	18	23	24	20	21
Montants compensatoires agricoles communautaires	0	0	0	0	0	0	0	0	0	0
5124 Taxes à l'exportation	0	0	0	0	0	0	0	0	0	0
5125 Impôts sur les biens d'équipement	0	0	0	0	0	0	0	0	0	0

	1965	1980	1990	2000	2007	2010	2015	2020	2021	2022
5126 Impôts sur des services déterminés	2	6	22	39	60	69	98	316	422	467
Prélèv. sommes engagées dans les paris	0	0	0	0	0	0	0	0	0	0
Taxe sur les assurances	1	5	15	23	32	40	46	61	72	62
Taxe sur les transports	1	0	0	0	0	0	0	0	0	0
Taxe de séjour	0	0	1	1	2	2	3	1	1	3
Taxe sur le loto	0	0	3	4	3	3	0	0	0	0
Prélèvement sur les jeux du casino	0	0	3	9	21	23	19	12	21	20
Taxe sur amusements publics (nuits blanches)	0	1	1	2	2	1	2	0	0	1
Impôts sur les billets de banque	0	0	0	0	0	0	0	0	0	0
Contributions au FGDL	0	0	0	0	0	0	0	50	75	52
Contributions au FRL	..	..	0	0	0	0	29	185	246	323
Impôt spécial en charge des assureurs dans l'intérêt du service des secours	0	0	0	0	0	0	0	6	6	5
5127 Autres impôts sur les transactions et les échanges internationaux non couverts par les rubriques 5121 à 5126	0	0	0	0	0	0	0	0	0	0
5128 Autres impôts non couverts par les rubriques 5121 à 5127	0	4	6	1	0	1	1	0	0	0
C.E.C.A.	..	3	4	0	0	0	0	..	..	..
Taxe de coresponsabilité sur le lait	..	1	2	1	0	1	1	..	..	..
Taxe de coresponsabilité sur les céréales	..	0	0	0	0	0	0	..	..	..
5130 Non-ventilables entre les rubriques 5110 et 5120	0	0	0	0	0	0	0	0	0	0
5200 Impôts sur l'utilisation des biens ou l'autorisation d'utiliser des biens ou d'exercer des activités	3	9	20	30	75	75	86	94	98	94
5210 Impôts périodiques sur l'utilisation des biens ou l'exercice d'activités	3	8	18	28	68	68	71	71	71	71
5211 Impôts périodiques à la charge des ménages: véhicules à moteur	2	4	9	16	39	39	41	41	41	41
5212 Impôts périodiques à la charge d'autres agents: véhicules à moteur	1	4	7	11	26	26	28	28	28	28
5213 Sur l'utilisation des biens ou l'exercice d'activités autres que les véhicules à moteur	0	0	1	2	2	3	3	3	3	3
Taxe sur les cabarets	0	0	0	0	1	1	1	0	1	1
Taxes d'immatriculation (Com. aux affaires maritimes)	0	0	0	1	1	1	1	1	1	1
Taxe sur les chiens	0	0	1	1	1	1	1	1	1	1
Taxe sur les navires	0	0	0	0	0	0	0	0	0	0
Taxe de colportage	0	0	0	0	0	0	0	0	0	0
5220 Impôts non périodiques sur l'utilisation des biens ou l'exercice d'activités	0	0	2	2	7	7	15	23	27	23
Crédits d'émission	..	..	0	0	0	0	7	14	17	14
Taxes d'immatriculation de voitures	..	..	2	2	7	7	8	9	9	9
5300 Non-ventilables entre les rubriques 5100 et 5200	0	0	0	0	0	0	0	0	0	0
6000 Impôts autres que les rubriques 1000, 2000, 3000, 4000 et 5000	0	0	7	11	14	22	28	23	29	29
6100 À la charge exclusive des entreprises	..	0	6	11	13	16	28	23	29	29
Taxe supplémentaire sur l'électricité	..	0	0	2	2	2	2	2	2	2
Taxe sur la distribution d'électricité	..	0	3	4	1	1	1	1	1	1
Taxe sur la production d'électricité	..	0	2	2	1	1	0	0	4	2
Taxe sur la consommation de gaz naturel	..	0	0	0	3	4	4	4	4	5
Registre aux firmes: taxes	..	0	1	1	0	0	0	0	0	0
Recettes conc. les dép. des affaires étrangères	..	0	0	0	2	5	4	6	6	6
Timbres de chancellerie	..	0	1	2	4	3	1	1	1	1
TVA reclassée et autres impôts sur la production	..	0	0	1	1	1	1	2	2	2
Sous-compensation TVA	..	0	2	0	0	0	0	0	0	0
Taxe de prélèvement sur l'eau	..	0	0	0	0	5	15	6	8	10
6200 À la charge d'autre agents que les entreprises ou non identifiables	..	0	0	0	0	0	0	0	0	0
Droits de douane perçus pour l'UE	..	..	11	27	23	18	23	24	20	21
Contributions au Fonds de résolution unique collectées pour le compte de l'UE	0	0	..	..	..	..	29	185	246	323
Impôts sur le revenu et cotisations sociales obligatoires (UE)	0	0	56	82	243	207	228	317	318	333
Impôts sur le revenu (UE)	0	0	37	55	103	112	125	175	177	186
Cotisations sociales obligatoires (UE)	0	0	20	27	140	95	103	142	142	148
Crédits d'impôts récupérables contre 1110	..	..	..	..	..	..	198	189	184	445
Composante fiscale	..	..	..	..	..	..	..	..	..	..
Composante transfert	..	..	..	..	..	..	..	..	..	..
Recettes fiscales totales sur la base d'encaissements	266	1 543	3 722	8 612	13 385	14 746	19 087	24 707	27 886	30 297
Recettes fiscales totales sur la base des droits constatés	..	..	3 671	8 510	13 456	15 117	18 830	24 711	27 632	29 700

	1965	1980	1990	2000	2007	2010	2015	2020	2021	2022
Impôts additionnels inclus dans les comptes nationaux	..	..	0	0	0	0	0	0	0	0
Impôts exclus des comptes nationaux	..	..	0	0	0	0	0	0	0	0
Différence dans les traitements des crédits d'impôts	..	..	0	0	0	0	0	0	0	0
Transfert en capital des recettes non collectées	..	..	0	0	0	0	- 1	- 17	0	- 39
Cotisations de sécurité sociale volontaires	..	..	4	18	18	28	38	53	57	66
Différences diverses	..	..	0	0	0	0	0	0	0	0
Comptes nationaux : impôts et cotisations sociales effectives	..	..	3 675	8 528	13 474	15 146	18 867	24 747	27 689	29 727
Cotisations sociales imputées	..	..	267	288	429	505	669	855	891	947
Comptes nationaux : impôts et toutes les cotisations sociales	..	..	3 941	8 816	13 903	15 651	19 536	25 602	28 581	30 673

.. Non disponible

Note : Année civile se terminant le 31 décembre.

Les données sont sur la base des droits constatés.

A la rubrique 2000, la différence entre le total des cotisations de sécurité sociale et celles recueillies par les parastataux de la sécurité sociale correspond au prélèvement pour la péréquation des pensions opéré sur les rémunérations et les pensions des salariés et anciens agents de P&T de la Caisse d'épargne de l'État; ces établissements ressortissant l'un au secteur "sociétés et quasi-sociétés non financières" et l'autre à celui des institutions de crédit.

Les cotisations de sécurité sociale obligatoires versées par les fonctionnaires de l'UE incluent les cotisations de sécurité sociale imputées.

Source : Compte Général de l'État.

Tableau 5.25. Mexique : recettes fiscales détaillées, 1965-2022

Million MXN

	1965	1980	1990	2000	2007	2010	2015	2020	2021	2022
Recettes fiscales totales	..	771.00	102004.77	767215.76	1382102.85	1716242.93	2953480.30	4148699.22	4452359.54	4948318.22
1000 Impôts sur le revenu, les bénéfices et les gains en capital	..	230.00	34673.00	276548.19	554098.60	683604.30	1230555.04	1768160.53	1903047.16	2280790.84
1100 Impôts sur le revenu, les bénéfices et les gains en capital des personnes physiques	..	..	..	..	238938.40	313472.90	609384.00	872597.85	938623.26	1066964.90
Tax on income of individuals	..	..	..	..	238938.40	313472.90	609384.00	872597.85	938623.26	1066964.90
1110 Sur le revenu et les bénéfices des personnes physiques	..	..	..	..	..	..	..	..	..	..
1120 Sur les gains en capital des personnes physiques	..	..	..	..	..	..	..	..	..	..
1200 Impôts sur le revenu, les bénéfices et les gains en capital des sociétés	..	..	..	..	217790.40	246745.00	592443.00	832119.67	898767.10	1136635.50
Tax on income of corporations	..	..	..	..	217790.40	246745.00	592443.00	832119.67	898767.10	1136635.50
1210 Sur le revenu et les bénéfices des sociétés	..	..	..	..	..	..	..	..	..	..
1220 Sur les gains en capital des sociétés	..	..	..	..	..	..	..	..	..	..
1300 Non ventilables entres les rubriques 1100 et 1200	..	230.00	34673.00	276548.19	97369.80	123386.40	28728.04	63443.01	65656.81	77190.44
Tax on income of other individuals and corporations	..	..	..	244841.07	54784.80	66937.00	36268.00	58195.84	58305.70	70239.05
Tax on asset	..	..	..	13913.12	15670.00	-624.50	-501.80	-1244.93	-379.57	30.57
Credit on salary	..	..	..	17794.00	23176.60	9708.40	993.44	478.81	511.90	106.75
Oil yields tax	..	..	..	0.00	3738.40	2296.30	0.00	0.00	0.00	0.00
IETU	..	..	..	0.00	0.00	45069.20	-11777.30	-888.31	199.72	-346.04
Imposed by Activity Exploration and extraction of hydrocarbon	..	..	..	0.00	0.00	0.00	3745.70	6901.60	7019.06	7160.11
2000 Cotisations de sécurité sociale (CSS)	..	109.00	17165.00	138222.94	236726.71	277459.02	409248.99	576018.54	612175.47	681671.78
2100 CSS à la charge des salariés	..	..	..	..	..	..	..	..	..	..
2110 CSS à la charge des salariés - sur la base du salaire	..	..	..	..	..	..	..	..	..	..
2120 CSS à la charge des salariés - sur la base de l'impôt sur le revenu	..	..	..	..	..	..	..	..	..	..
2200 CSS à la charge des employeurs	..	..	..	..	..	..	..	..	..	..
2210 CSS à la charge des employeurs - sur la base du salaire	..	..	..	..	..	..	..	..	..	..
2220 CSS à la charge des employeurs - sur la base de l'impôt sur le revenu	..	..	..	..	..	..	..	..	..	..
2300 CSS à la charge des indépendants ou des sans emploi	..	..	..	..	..	..	..	..	..	..
2310 CSS à la charge des indépendants ou des sans emploi - sur la base du salaire	..	..	..	..	..	..	..	..	..	..
2320 CSS à la charge des indépendants ou des sans emploi - Sur la base de l'impôt sur le revenu	..	..	..	..	..	..	..	..	..	..
2400 CSS Non ventilables entre les rubriques 2100, 2200 et 2300	..	109.00	17165.00	138222.94	236726.71	277459.02	409248.99	576018.54	612175.47	681671.78
2410 CSS Non-ventilables entre les rubriques 2100, 2200 et 2300 - sur la base du salaire	..	..	..	138222.94	236726.71	277459.02	409248.99	576018.54	612175.47	681671.78
2420 CSS Non-ventilables entre les rubriques 2100, 2200 et 2300 - sur la base de l'impôt sur le revenu	..	..	..	0.00	0.00	0.00	0.00	0.00	0.00	0.00
3000 Impôts sur les salaires et la main-d'oeuvre	..	8.00	1797.00	11217.14	28070.95	36910.81	70221.27	105456.37	116910.12	141161.19
Substitute tax on salary	..	..	..	0.00	0.00	0.00	0.00	0.00	0.00	0.00
Payroll tax	..	..	..	11100.76	20277.17	27813.00	69866.39	104825.40	115974.22	139976.79
Tax on remuneration to the personal work	..	..	..	65.29	7577.91	8841.00	152.49	406.74	579.00	837.36
Tax on professions and fees	..	..	..	36.34	67.66	71.09	105.91	177.24	235.40	262.69
Tax on operations by contract	..	..	..	14.75	148.20	185.72	96.48	46.98	121.49	84.35
4000 Impôts sur le patrimoine	..	15.00	1914.00	13964.18	33161.21	38955.13	57673.33	79236.99	90205.68	105244.17
4100 Impôts périodiques sur la propriété immobilière	..	10.00	1036.00	9947.61	19425.03	25723.81	37960.92	52727.60	56148.13	64902.67
4110 Impôts périodiques sur la propriété immobilière – Ménages	..	0.00	0.00	0.00	0.00	0.00	0.00	0.00	0.00	0.00
4120 Impôts périodiques sur la propriété immobilière – Autres agents	..	10.00	1036.00	9947.61	19425.03	25723.81	37960.92	52727.60	56148.13	64902.67
Property tax	..	..	..	9947.61	19425.03	25723.81	37960.92	52727.60	56148.13	64902.67
4200 Impôts périodiques sur l'actif net	..	0.00	0.00	0.00	0.00	0.00	0.00	0.00	0.00	0.00
4210 Impôts périodiques sur l'actif net – Personnes physiques	..	..	..	..	..	..	..	..	..	..
4220 Impôts périodiques sur l'actif net – Sociétés	..	..	..	..	..	..	..	..	..	..
4300 Impôts sur les mutations par décès, les successions et les donations	..	0.00	8.00	0.00	0.00	0.00	0.00	0.00	0.00	0.00
4310 Impôts sur les mutations par décès et les successions	..	..	8.00	..	..	..	..	..	..	..
4320 Impôts sur les donations	..	..	0.00	..	..	..	..	..	..	..

	1965	1980	1990	2000	2007	2010	2015	2020	2021	2022
4400 Impôts sur les transactions mobilières et immobilières	..	5.00	870.00	4016.57	13736.18	13231.31	19712.42	26509.39	34057.55	40341.50
Alienation of immovable property	..	..	..	1762.71	1075.94	1121.88	1594.63	1981.57	2485.91	2837.21
Transfer of ownership of real estate	..	..	..	2236.02	8147.15	5027.06	6670.57	12071.66	11394.21	16705.37
Purchasing property	..	..	..	17.84	4513.09	7082.37	11447.21	12456.16	20177.43	20798.92
4500 Impôts non périodiques sur le patrimoine	..	0.00	0.00	0.00	0.00	0.00	0.00	0.00	0.00	0.00
4510 Impôts non périodiques sur l'actif net	..	..	..	..	..	..	..	..	..	..
4520 Impôts non périodiques sur le patrimoine autre que sur l'actif net	..	..	..	..	..	..	..	..	..	..
4600 Autres impôts périodiques sur le patrimoine hors rubriques 4100 et 4200	..	0.00	0.00	0.00	0.00	0.00	0.00	0.00	0.00	0.00
5000 Impôts sur les biens et services	..	395.00	44836.77	319612.57	513140.07	651915.43	1141169.93	1544155.83	1647926.91	1623605.37
5100 Impôts sur la production, la vente, le transfert, la location et la livraison des biens et la prestation de services	..	388.00	44170.77	310325.68	491927.76	630122.87	1120610.13	1527673.74	1630615.59	1606144.05
5110 Impôts généraux sur les biens et services	..	121.00	26635.00	189605.94	409012.50	504509.30	707212.80	987524.52	1123698.60	1221802.67
5111 Taxes sur la valeur ajoutée	..	120.00	26635.00	189605.94	409012.50	504509.30	707212.80	987524.52	1123698.60	1221802.67
5112 Impôts sur les ventes	..	0.00	0.00	0.00	0.00	0.00	0.00	0.00	0.00	0.00
5113 Autres impôts généraux sur les biens et services	..	1.00	0.00	0.00	0.00	0.00	0.00	0.00	0.00	0.00
5120 Impôts sur des biens et des services déterminés	..	265.00	17518.77	120719.74	82915.26	125613.57	413397.33	540149.22	506916.99	384341.37
5121 Accises	..	45.00	10072.00	86163.00	47008.40	86097.70	361537.50	469039.61	410449.92	259306.13
Special tax on production and services on tobacco	..	..	..	8083.11	20069.37	26925.35	36890.59	43848.49	45656.56	47948.31
Special tax on production and services on alcohol and beer	..	..	..	7250.10	21462.84	25152.42	43013.88	52312.04	57395.35	68049.77
Special tax on production and services on sugar-sweetened beverages	..	..	..	0.00	0.00	0.00	21401.85	29123.95	30478.47	34246.71
Special tax on production and services on no staple foods with high caloric density	..	..	0.00	0.00	0.00	0.00	15926.19	21049.42	25590.18	30333.38
Other special tax on production and services	..	..	0.00	66210.80	0.00	29349.13	237061.00	314340.01	240033.59	63667.59
Tax on new automobiles	..	..	0.00	4619.00	5476.20	4670.80	7244.00	8365.69	11295.76	15060.37
Tax on luxury goods and services	..	..	0.00	0.00	0.00	0.00	0.00	0.00	0.00	0.00
5122 Bénéfices des monopoles fiscaux	..	0.00	0.00	0.00	0.00	0.00	0.00	0.00	0.00	0.00
5123 Droits de douane et droits à l'importation	..	45.00	6998.00	33284.60	33344.40	26601.90	45366.30	59247.03	77235.86	95901.29
Step customs officer	..	..	..	423.20	1156.40	2070.80	1270.40	1309.47	1697.04	2228.90
Import taxes	..	..	..	32861.40	32188.00	24531.10	44095.90	57937.55	75538.82	93672.39
5124 Taxes à l'exportation	..	2.00	75.00	3.80	2.60	0.20	1.10	0.16	0.10	0.05
Tax on exports	..	..	..	3.80	2.60	0.20	1.10	0.16	0.10	0.05
5125 Impôts sur les biens d'équipement	..	0.00	0.00	0.00	0.00	0.00	0.00	0.00	0.00	0.00
5126 Impôts sur des services déterminés	..	8.00	132.00	1042.44	2145.66	10958.17	1762.51	5624.75	9265.07	13862.64
IDE	..	8.00	..	0.00	0.00	8022.20	-3322.60	-251.64	-135.27	-151.94
Tax on lodging	..	0.00	..	504.17	1059.23	1383.97	2561.18	2499.66	4118.82	6410.85
Public entertainment tax	..	0.00	..	239.60	364.74	462.34	689.00	467.26	393.14	1225.11
Tax on lotteries, raffles and gambling	..	0.00	..	266.75	704.77	922.66	1415.70	2114.40	3799.14	5054.87
Tax on commercials	..	0.00	..	3.74	16.91	166.33	210.13	0.00	0.00	0.00
Various indirect taxes	..	0.00	..	28.18	0.02	0.67	209.10	795.07	1089.24	1323.75
5127 Autres impôts sur les transactions et les échanges internationaux non couverts par les rubriques 5121 à 5126	..	0.00	0.00	0.00	0.00	0.00	0.00	0.00	0.00	0.00
5128 Autres impôts non couverts par les rubriques 5121 à 5127	..	165.00	241.77	225.90	414.20	1955.60	4729.92	6237.68	9966.04	15271.26
Mining fees	..	..	..	225.90	414.20	1955.60	4729.92	6237.68	9966.04	15271.26
5130 Non ventilables entre les rubriques 5110 et 5120	..	2.00	17.00	0.00	0.00	0.00	0.00	0.00	0.00	0.00
5200 Impôts sur l'utilisation des biens ou l'autorisation d'utiliser des biens ou d'exercer des activités	..	7.00	666.00	9286.89	21212.30	21792.56	20559.80	16482.09	17311.32	17461.32
5210 Impôts périodiques sur l'utilisation des biens ou l'exercice d'activités	..	7.00	666.00	9286.89	21212.30	21792.56	20559.80	16482.09	17311.32	17461.32
5211 Impôts périodiques à la charge des ménages: véhicules à moteur	..	3.00	567.00	8877.75	20692.02	21318.90	19880.45	15698.75	16421.81	16310.90
Tax on motor vehicules	..	..	..	8877.75	20692.02	21318.90	19880.45	15698.75	16421.81	16310.90
5212 Impôts périodiques à la charge d'autres agents: véhicules à moteur	..	0.00	0.00	301.10	274.60	280.70	438.93	436.60	604.67	705.14
Tax on federal auto transport	..	..	..	301.10	274.60	280.70	438.93	436.60	604.67	705.14
5213 Sur l'utilisation des biens ou l'exercice d'activités autres que les véhicules à moteur	..	4.00	99.00	108.04	245.68	192.96	240.42	346.74	284.83	445.29
Sport fishing	..	..	..	40.30	98.20	58.90	61.71	54.70	68.66	86.64
Sport hunting	..	..	..	3.30	0.10	0.40	0.11	0.11	0.10	0.11
Tax on commercial activities	..	..	..	62.60	147.07	50.10	63.88	159.48	38.74	111.54
Trade in books and magazines	..	..	..	0.00	0.00	0.49	1.07	0.27	0.25	0.64
Tax on industrial activities	..	..	..	1.84	0.00	82.00	93.07	112.69	113.33	50.84
Mining	..	..	..	0.00	0.31	1.07	20.57	19.49	63.75	195.52

	1965	1980	1990	2000	2007	2010	2015	2020	2021	2022
5220 Impôts non périodiques sur l'utilisation des biens ou l'exercice d'activités	..	0.00	0.00	0.00	0.00	0.00	0.00	0.00	0.00	0.00
5300 Non ventilables entre les rubriques 5100 et 5200	..	0.00	0.00	0.00	0.00	0.00	0.00	0.00	0.00	0.00
6000 Impôts autres que les rubriques 1000, 2000, 3000, 4000 et 5000	..	14.00	1619.00	7650.74	16905.31	27398.23	44611.73	75670.95	82094.20	115844.87
6100 À la charge exclusive des entreprises	..	0.00	0.00	0.00	0.00	0.00	0.00	0.00	0.00	0.00
6200 À la charge d'autre agents que les entreprises ou non identifiables	..	14.00	1619.00	7650.74	16905.31	27398.23	44611.73	75670.95	82094.20	115844.87
Accessories	..	..	..	5504.00	12403.40	22205.90	23211.20	56793.17	54230.82	83591.32
Unallocable between 1000 and 5000 caused in exercices fiscal previous liquidation slopes or of payment	..	..	..	373.80	222.20	29.86	4168.20	217.98	303.62	327.85
Additional state and local taxes	..	..	..	1772.94	4279.71	5162.48	17232.33	18659.79	27559.75	31925.70
Adjustment	..	0.00	0.00	0.03	0.00	0.00	0.00	843545.30	917268.47	1062434.30
Non-wastable tax credits against 1000	..	..	..	..	59064.80	40343.60	43806.40	50475.81	53398.90	43237.75
Tax expenditure component	..	..	..	..	35888.20	30635.20	42813.00	49997.00	52887.00	43131.00
Transfer component	..	..	..	..	23176.60	9708.40	993.40	478.81	511.90	106.75
Recettes fiscales totales sur la base d'encaissements	..	771.00	102004.77	767215.76	1382102.85	1716242.93	2953480.30	4148699.22	4452359.54	4948318.22
Recettes fiscales totales sur la base des droits constatés	..	..	..	..	..	..	..	..	..	..
Impôts additionnels inclus dans les comptes nationaux	..	..	..	..	..	..	..	..	..	..
Impôts exclus des comptes nationaux	..	..	..	..	..	..	..	..	..	..
Différence dans les traitements des crédits d'impôts	..	..	..	..	..	..	..	..	..	..
Transfert en capital des recettes non collectées	..	..	..	..	..	..	..	..	..	..
Cotisations de sécurité sociale volontaires	..	..	..	..	..	..	..	..	..	..
Différences diverses	..	..	..	..	..	..	..	..	..	..
Comptes nationaux : impôts et cotisations sociales effectives	..	..	..	..	..	..	..	..	..	..
Cotisations sociales imputées	..	..	..	..	..	..	..	..	..	..
Comptes nationaux : impôts et toutes les cotisations sociales	..	..	..	..	..	..	..	..	..	..

.. Non disponible

Note : Year ending 31st December.

Data are on cash basis.

Source : Ministry of Finance, Economic Department.

Tableau 5.26. Pays-Bas : recettes fiscales détaillées, 1965-2022

Million EUR

	1965	1980	1990	2000	2007	2010	2015	2020	2021	2022
Recettes fiscales totales	10 860	69 982	104 419	166 824	220 950	227 911	255 348	318 601	341 143	378 305
Recettes fiscales totales excluant les taxes collectés pour le compte de l'UE	..	..	102 926	165 227	218 926	225 943	252 272	315 077	337 080	373 220
1000 Impôts sur le revenu, les bénéfices et les gains en capital	3 884	22 998	33 689	43 256	62 463	63 581	70 849	97 810	107 846	123 828
1100 Impôts sur le revenu, les bénéfices et les gains en capital des personnes physiques	3 008	18 383	25 806	25 116	41 414	48 992	52 405	73 116	74 429	76 656
1110 Sur le revenu et les bénéfices des personnes physiques	3 007	18 364	25 757	25 057	41 276	48 771	52 167	72 937	74 253	76 448
Income tax	1 359	2 895	2 455	- 880	2 294	2 076	- 2 566	8 109	6 893	5 611
Wage tax	1 466	14 984	22 258	24 433	37 729	46 102	53 953	62 077	65 314	69 284
Dividend tax	123	486	1 044	1 504	1 253	593	780	2 751	2 046	1 553
Directors tax	14	0	0	0	0	0	0	0	0	0
Inhabited house tax	45	0	0	0	0	0	0	0	0	0
1120 Sur les gains en capital des personnes physiques	1	18	50	59	138	221	238	179	176	208
Tax on games of chance	1	18	50	59	138	221	238	179	176	208
1200 Impôts sur le revenu, les bénéfices et les gains en capital des sociétés	876	4 615	7 882	18 140	21 049	14 589	18 444	24 694	33 417	47 172
1210 Sur le revenu et les bénéfices des sociétés	876	4 615	7 882	18 140	21 049	14 589	18 444	24 694	33 417	47 172
Corporate income and dividend taxes	876	4 615	7 882	18 140	21 049	14 589	18 444	24 694	33 417	47 172
1220 Sur les gains en capital des sociétés	0	0	0	0	0	0	0	0	0	0
1300 Non ventilables entres les rubriques 1100 et 1200	0	0	0	0	0	0	0	0	0	0
2000 Cotisations de sécurité sociale (CSS)	3 342	26 641	39 075	64 522	77 072	82 732	96 426	108 685	112 666	124 463
2100 CSS à la charge des salariés	1 659	11 018	24 109	35 305	40 918	41 637	48 213	40 295	42 179	46 899
2110 CSS à la charge des salariés - sur la base du salaire	..	..	..	35 305	40 918	41 637	48 213	40 295	42 179	46 899
2120 CSS à la charge des salariés - sur la base de l'impôt sur le revenu	..	..	..	0	0	0	0	0	0	0
2200 CSS à la charge des employeurs	1 371	12 465	7 837	18 671	25 925	29 351	34 614	44 135	45 071	49 303
2210 CSS à la charge des employeurs - sur la base du salaire	..	..	..	18 671	25 925	29 351	34 614	44 135	45 071	49 303
2220 CSS à la charge des employeurs - sur la base de l'impôt sur le revenu	..	..	..	0	0	0	0	0	0	0
2300 CSS à la charge des indépendants ou des sans emploi	311	3 158	7 129	10 546	10 229	11 744	13 599	24 255	25 416	28 261
2310 CSS à la charge des indépendants ou des sans emploi - sur la base du salaire	..	..	..	0	0	0	0	0	0	0
2320 CSS à la charge des indépendants ou des sans emploi - Sur la base de l'impôt sur le revenu	..	..	..	10 546	10 229	11 744	13 599	24 255	25 416	28 261
2400 CSS Non ventilables entre les rubriques 2100, 2200 et 2300	0	0	0	0	0	0	0	0	0	0
2410 CSS Non-ventilables entre les rubriques 2100, 2200 et 2300 - sur la base du salaire	..	..	..	..	..	..	..	..	..	..
2420 CSS Non-ventilables entre les rubriques 2100, 2200 et 2300 - sur la base de l'impôt sur le revenu	..	..	..	..	..	..	..	..	..	..
3000 Impôts sur les salaires et la main-d'oeuvre	0	0	0	0	0	0	0	0	0	0
4000 Impôts sur le patrimoine	476	2 509	3 816	8 797	10 363	8 770	9 768	13 544	14 110	14 778
4100 Impôts périodiques sur la propriété immobilière	111	1 021	1 711	3 094	3 488	4 241	6 382	7 910	7 795	7 562
Municipal immovable property tax	- 59	821	1 398	..	..	..	..	..	..	..
Other municipal taxes	66	5	18	..	..	..	..	..	..	..
Contributions polder boards	44	195	295	..	..	..	..	..	..	..
Tax on land	59	0	0	..	..	..	..	..	..	..
4110 Impôts périodiques sur la propriété immobilière – Ménages	..	..	..	1 806	1 642	2 058	3 741	4 769	4 501	4 093
Municipal immovable property tax	..	..	..	1 651	1 368	1 553	1 882	2 243	2 375	2 490
Contributions polder boards	..	..	..	155	274	429	514	638	667	685
Levies on social housing corporations	..	..	..	0	0	76	1 345	1 888	1 459	918
4120 Impôts périodiques sur la propriété immobilière – Autres agents	..	..	..	1 288	1 846	2 183	2 641	3 141	3 294	3 469
Municipal immovable property tax	..	..	..	893	1 319	1 488	1 809	2 156	2 282	2 392
Contributions polder boards	..	..	..	395	527	695	832	985	1 012	1 077
4200 Impôts périodiques sur l'actif net	86	517	554	824	30	23	0	0	0	0
4210 Impôts périodiques sur l'actif net – Personnes physiques	86	517	554	824	30	23	..	..	..	..
Property tax of individuals	86	517	554	824	30	23	..	..	..	..
4220 Impôts périodiques sur l'actif net – Sociétés	0	0	0	0	0	0	..	..	..	..
4300 Impôts sur les mutations par décès, les successions et les donations	117	336	522	1 483	1 877	1 721	1 614	2 081	2 496	2 614

	1965	1980	1990	2000	2007	2010	2015	2020	2021	2022
4310 Impôts sur les mutations par décès et les successions	..	304	472	1 303	1 877	1 721	1 614	2 081	2 496	2 614
Estate tax	..	0	0	0	0	0	0	0	0	0
Inheritance tax	..	304	472	1 303	1 877	1 721	1 614	2 081	2 496	2 614
4320 Impôts sur les donations	..	32	50	180	0	0	0	0	0	0
4400 Impôts sur les transactions mobilières et immobilières	162	635	1 030	3 396	4 968	2 785	1 772	3 553	3 819	4 602
Stamp duties	44	0	0	0	0	0	0	0	0	0
Registration duties	118	0	0	0	0	0	0	0	0	0
Tax on legal transactions	0	635	1 030	0	0	0	0	0	0	0
Real estate transfer tax	0	0	0	2 804	4 925	2 785	1 772	3 553	3 819	4 602
Tax on capital formation	0	0	0	592	43	0	0	0	0	0
4500 Impôts non périodiques sur le patrimoine	0	0	0	0	0	0	0	0	0	0
4510 Impôts non périodiques sur l'actif net	..	..	..	..	..	..	..	..	..	..
4520 Impôts non périodiques sur le patrimoine autre que sur l'actif net	..	..	..	..	..	..	..	..	..	..
4600 Autres impôts périodiques sur le patrimoine hors rubriques 4100 et 4200	0	0	0	0	0	0	0	0	0	0
5000 Impôts sur les biens et services	3 110	17 675	27 585	49 472	70 084	71 866	77 889	97 033	105 511	114 037
5100 Impôts sur la production, la vente, le transfert, la location et la livraison des biens et la prestation de services	2 943	16 204	25 067	44 871	63 673	64 247	69 315	87 507	95 730	103 572
5110 Impôts généraux sur les biens et services	1 344	11 081	17 216	28 857	42 884	42 674	44 922	59 038	65 472	70 458
5111 Taxes sur la valeur ajoutée	0	11 081	17 216	28 849	42 873	42 654	44 879	58 971	65 400	70 458
5112 Impôts sur les ventes	0	0	0	0	0	0	0	0	0	0
5113 Autres impôts généraux sur les biens et services	1 344	0	0	8	11	20	43	67	72	0
Turnover tax	1 344	..	..	0	0	0	0	0	0	..
5120 Impôts sur des biens et des services déterminés	1 600	5 123	7 850	16 014	20 789	21 573	24 393	28 469	30 258	33 114
5121 Accises	880	3 789	5 985	13 755	17 724	18 392	18 020	20 410	21 058	22 399
Excise on spirits	129	463	422	397	335	331	314	321	372	376
Excise on beer	34	123	259	263	310	389	451	384	392	476
Excise on sugar	45	9	27	0	0	0	0	0	0	0
Excise on tobacco	307	839	948	1 590	2 136	2 437	2 222	3 178	2 909	2 901
Excise on wine	14	82	91	173	257	304	354	329	351	354
Registration tax on motor vehicles	0	613	1 189	2 875	3 647	2 096	1 462	1 501	1 489	1 477
Excise on soft drinks	0	59	186	216	155	156	207	269	268	291
Levies for nuclear reactor	0	0	0	0	0	0	0	0	0	0
Excise on petrol	310	1 280	1 684	3 151	4 010	4 086	4 109	3 888	4 044	3 617
Excise on other mineral oils	41	295	808	2 139	2 965	3 573	3 757	3 483	3 604	3 146
Levies on air pollution	0	27	304	0	0	0	0	0	0	0
Taxes on pollution/resources	0	0	68	462	456	655	345	532	561	549
Levies on energy	0	0	0	2 387	3 333	4 250	4 679	6 409	6 963	9 099
Other excise duties and consumption taxes	0	0	0	0	0	0	0	0	0	0
Other environmental taxes	0	0	0	34	35	15	14	21	16	17
Strategic stockpile tax on mineral oils	0	0	0	68	85	100	106	95	89	96
5122 Bénéfices des monopoles fiscaux	0	0	0	0	0	0	0	0	0	0
5123 Droits de douane et droits à l'importation	702	971	1 375	1 310	1 679	1 732	2 266	2 533	3 005	3 759
Agriculture levy	338	295	168	0	0	0	0	0	0	0
MCA levy	0	9	0	0	0	0	0	0	0	0
Remaining import duties	364	667	1 207	0	0	0	0	0	0	0
Custom duties collected for the EU	0	0	0	1 310	1 679	1 732	2 266	2 533	3 005	3 759
5124 Taxes à l'exportation	0	0	0	0	0	0	0	0	0	0
5125 Impôts sur les biens d'équipement	0	77	0	0	0	0	0	0	0	0
Selective investment regulation levy	..	77	..	..	..	..	..	..	..	..
5126 Impôts sur des services déterminés	16	222	372	662	1 041	1 213	3 751	5 283	5 964	6 646
Tax on fire insurance	2	0	0	0	0	0	0	0	0	0
Entertainment tax	14	0	0	0	0	0	0	0	0	0
Tax on insurances	0	209	340	512	807	861	2 375	3 048	3 204	3 401
Tourist tax	0	14	32	83	125	131	206	211	240	396
Tax on games of chance	0	0	0	67	109	221	238	181	167	643
Flight tax	0	0	0	0	0	0	0	0	69	164
Bank levies	0	0	0	0	0	0	478	1 095	1 457	1 026
Contribution to EU Single Resolution Fund	..	..	0	0	0	0	454	748	827	1 016
5127 Autres impôts sur les transactions et les échanges internationaux non couverts par les rubriques 5121 à 5126	0	0	0	0	0	0	0	0	0	0

	1965	1980	1990	2000	2007	2010	2015	2020	2021	2022
5128 Autres impôts non couverts par les rubriques 5121 à 5127	1	64	118	287	345	236	356	243	231	310
ESCC levy	1	5	0	0	0	0	0	0	0	0
Sugar contribution	0	23	36	0	0	0	0	0	0	0
Milk levy	0	36	82	0	0	0	0	0	0	0
EU levies on food products	0	0	0	273	345	236	356	243	231	310
Sugar storage duty	0	0	0	14	0	0	0	0	0	0
5130 Non ventilables entre les rubriques 5110 et 5120	0	0	0	0	0	0	0	0	0	0
5200 Impôts sur l'utilisation des biens ou l'autorisation d'utiliser des biens ou d'exercer des activités	167	1 470	2 518	4 601	6 411	7 619	8 574	9 526	9 781	10 465
5210 Impôts périodiques sur l'utilisation des biens ou l'exercice d'activités	165	1 470	2 518	4 601	6 411	7 619	8 410	9 083	9 293	9 425
5211 Impôts périodiques à la charge des ménages: véhicules à moteur	27	463	799	2 288	3 211	4 084	4 470	4 784	4 889	4 951
Motor vehicle tax	27	427	744	2 288	3 211	4 084	4 470	4 784	4 889	4 951
Motor vehicle licence	0	36	54	0	0	0	0	0	0	0
5212 Impôts périodiques à la charge d'autres agents: véhicules à moteur	132	604	1 044	554	760	976	1 069	1 144	1 169	1 184
Motor vehicle tax	132	590	1 026	554	760	976	1 069	1 144	1 169	1 184
Motor vehicle licence	0	14	18	0	0	0	0	0	0	0
Heavy motor vehicle tax	0	0	0	0	0	0	0	0	0	0
5213 Sur l'utilisation des biens ou l'exercice d'activités autres que les véhicules à moteur	6	404	676	1 759	2 440	2 559	2 871	3 155	3 235	3 290
Dog licences	3	23	27	40	54	59	65	50	50	44
Commuter tax	0	5	5	12	21	25	29	39	41	46
Levies on water pollution	1	372	644	1 003	1 220	1 127	1 212	1 351	1 399	1 437
Permission to sell spirits	2	5	0	0	0	0	0	0	0	0
Sewerage charges	0	0	0	650	1 094	1 304	1 531	1 702	1 737	1 761
Levies on manure surplus	0	0	0	18	- 4	2	3	12	7	1
Noise nuisance tax civil aviation	0	0	0	36	55	42	31	1	1	1
5220 Impôts non périodiques sur l'utilisation des biens ou l'exercice d'activités	2	0	0	0	0	0	164	443	488	1 040
Emission permits	..	..	..	..	..	..	164	443	488	1 040
5300 Non ventilables entre les rubriques 5100 et 5200	0	0	0	0	0	0	0	0	0	0
6000 Impôts autres que les rubriques 1000, 2000, 3000, 4000 et 5000	48	159	254	777	968	962	416	1 529	1 010	1 199
6100 À la charge exclusive des entreprises	48	159	254	410	322	326	0	0	0	58
Administrative levies	48	159	254	410	322	326	..	..	..	58
6200 À la charge d'autre agents que les entreprises ou non identifiables	0	0	0	367	646	636	416	1 529	1 010	1 141
Wage Tax reductions	..	..	..	331	497	609	208	1 226	864	770
	0	0	..	1 310	1 679	1 732	2 266	0	0	0
Other taxes	..	..	..	36	149	14	80	155	- 15	161
Tax revenue from Carribean Netherlands	..	..	..	0	0	13	128	148	161	210
Custom duties collected for the EU	..	..	..	1 310	1 679	1 732	2 266	2 533	3 005	3 759
Contributions au Fonds de résolution unique collectées pour le compte de l'UE	0	0	..	..	..	..	454	748	827	1 016
Recettes fiscales totales sur la base d'encaissements	10 860	69 982	104 419	165 503	..	..	..	..	..	..
Recettes fiscales totales sur la base des droits constatés	..	..	..	166 824	220 950	227 911	255 348	318 601	341 143	378 305
Impôts additionnels inclus dans les comptes nationaux	..	..	..	1 400	0	0	0	0	0	0
Wage Tax reductions	..	..	..	1 400	..	..	..	..	..	..
Impôts exclus des comptes nationaux	..	..	..	0	0	0	0	0	0	0
Différence dans les traitements des crédits d'impôts	..	..	..	0	0	0	0	0	0	0
Transfert en capital des recettes non collectées	..	..	..	0	0	0	0	0	0	0
Cotisations de sécurité sociale volontaires	..	..	..	0	0	0	0	0	0	0
Différences diverses	..	..	..	- 70	0	0	0	0	0	0
Comptes nationaux : impôts et cotisations sociales effectives	..	..	..	168 154	220 950	227 911	255 348	318 601	341 143	378 305
Cotisations sociales imputées	..	..	..	3 808	3 509	3 545	3 160	3 801	4 073	5 220
Comptes nationaux : impôts et toutes les cotisations sociales	..	..	..	171 962	224 459	231 456	258 508	322 402	345 216	383 525
	1965	1980	1990	2000	2007	2010	2015	2020	2021	2022

.. Non disponible

Note : Year ending 31st December.

From 1999 data are on accrual basis.

Heading 2000: From 1998 the figures include some violuntary contributions and the breakdown between premiums paid by employees (2100) and by self-employed / non-employed has been estimated. This is also the case for the breakdown between premiums paid on a payroll or on an income tax basis for those years where both apply.

Heading 4100: From 1992, there was a structural break in the data for the 'municipal immovable property tax'. The tax ceased to be collected by the central government at that time and the figures are presented on a different type of statistical registration (no longer cash basis).

Heading 5110: Includes 358 millions of euros (1969) and 186 millions of euros (1970) in respect of deduction of turnover tax on stocks existing at 1st January 1969.

Heading 5213: Small amounts (less than 2.3 millions euros) of hunting and fishing licence receipts which should be classified here have been omitted.

Source : Social security contributions and local taxes: Central Bureau of Statistics.

Other taxes: Ministry of Finance.

Tableau 5.27. Nouvelle-Zélande : recettes fiscales détaillées, 1965-2022

Million NZD

	1965	1980	1990	2000	2007	2010	2015	2020	2021	2022
Recettes fiscales totales	1 001	7 594	27 471	39 765	64 046	62 310	81 499	115 596	125 753	130 786
1000 Impôts sur le revenu, les bénéfices et les gains en capital	606	5 299	16 370	23 861	40 308	33 494	44 723	65 298	73 629	76 139
1100 Impôts sur le revenu, les bénéfices et les gains en capital des personnes physiques	394	4 679	13 177	17 126	26 965	23 519	30 297	44 494	51 398	54 402
1110 Sur le revenu et les bénéfices des personnes physiques	394	4 679	13 177	17 126	26 965	23 519	30 297	44 494	51 398	54 402
1120 Sur les gains en capital des personnes physiques	0	0	0	0	0	0	0	0	0	0
1200 Impôts sur le revenu, les bénéfices et les gains en capital des sociétés	207	589	1 780	4 914	9 069	7 609	11 407	17 819	19 771	17 905
1210 Sur le revenu et les bénéfices des sociétés	207	589	1 780	4 914	9 069	7 609	11 407	17 819	19 771	17 905
1220 Sur les gains en capital des sociétés	0	0	0	0	0	0	0	0	0	0
1300 Non ventilables entres les rubriques 1100 et 1200	5	31	1 413	1 821	4 274	2 366	3 019	2 985	2 460	3 832
NRWT	5	24	277	760	1 506	467	733	470	514	618
Property speculation	0	0	0	0	0	0	0	0	0	0
Absentee income tax	0	7	0	0	0	0	0	0	0	0
Interest	0	0	1 028	990	2 699	1 704	1 660	999	841	2 091
Dividends	0	0	83	71	69	195	626	1 516	1 105	1 123
Other	0	0	25	0	0	0	0	0	0	0
2000 Cotisations de sécurité sociale (CSS)	0	0	0	0	0	0	0	0	0	0
2100 CSS à la charge des salariés	0	0	0	0	0	0	0	0	0	0
2110 CSS à la charge des salariés - sur la base du salaire	..	..	..	..	..	..	..	..	..	..
2120 CSS à la charge des salariés - sur la base de l'impôt sur le revenu	..	..	..	..	..	..	..	..	..	..
2200 CSS à la charge des employeurs	0	0	0	0	0	0	0	0	0	0
2210 CSS à la charge des employeurs - sur la base du salaire	..	..	..	..	..	..	..	..	..	..
2220 CSS à la charge des employeurs - sur la base de l'impôt sur le revenu	..	..	..	..	..	..	..	..	..	..
2300 CSS à la charge des indépendants ou des sans emploi	0	0	0	0	0	0	0	0	0	0
2310 CSS à la charge des indépendants ou des sans emploi - sur la base du salaire	..	..	..	..	..	..	..	..	..	..
2320 CSS à la charge des indépendants ou des sans emploi - Sur la base de l'impôt sur le revenu	..	..	..	..	..	..	..	..	..	..
2400 CSS Non ventilables entre les rubriques 2100, 2200 et 2300	0	0	0	0	0	0	0	0	0	0
2410 CSS Non-ventilables entre les rubriques 2100, 2200 et 2300 - sur la base du salaire	..	..	..	..	..	..	..	..	..	..
2420 CSS Non-ventilables entre les rubriques 2100, 2200 et 2300 - sur la base de l'impôt sur le revenu	..	..	..	..	..	..	..	..	..	..
3000 Impôts sur les salaires et la main-d'oeuvre	0	0	0	0	0	0	0	0	0	0
4000 Impôts sur le patrimoine	116	602	1 880	2 112	3 417	4 119	5 046	6 359	6 982	7 573
4100 Impôts périodiques sur la propriété immobilière	84	515	1 722	2 049	3 322	4 031	4 962	6 271	6 885	7 420
Local govt rates and services	81	503	1 550	2 049	3 322	4 031	4 962	6 271	6 885	7 420
Land tax	3	12	172	0	0	0	0	0	0	0
4200 Impôts périodiques sur l'actif net	0	0	0	0	0	0	0	0	0	0
4300 Impôts sur les mutations par décès, les successions et les donations	23	39	80	2	3	2	0	0	0	0
4400 Impôts sur les transactions mobilières et immobilières	9	48	78	61	92	86	84	88	97	153
Instrument duty	7	40	62	51	85	82	84	88	97	153
Cheque duty	2	8	16	10	7	4	0	0	0	0
4500 Impôts non périodiques sur le patrimoine	0	0	0	0	0	0	0	0	0	0
4510 Impôts non périodiques sur l'actif net	..	..	..	..	..	..	..	..	..	..
4520 Impôts non périodiques sur le patrimoine autre que sur l'actif net	..	..	..	..	..	..	..	..	..	..
4600 Autres impôts périodiques sur le patrimoine hors rubriques 4100 et 4200	0	0	0	0	0	0	0	0	0	0
4110 Impôts périodiques sur la propriété immobilière – Ménages	..	..	0	..	..	..	..	..	..	..
4120 Impôts périodiques sur la propriété immobilière – Autres agents	..	..	172	..	..	..	..	..	..	..
4210 Impôts périodiques sur l'actif net – Personnes physiques	..	..	..	..	..	..	..	..	..	..
4220 Impôts périodiques sur l'actif net – Sociétés	..	..	..	..	..	..	..	..	..	..
4310 Impôts sur les mutations par décès et les successions	21	37	74	0	0	0	..	..	..	..

	1965	1980	1990	2000	2007	2010	2015	2020	2021	2022
4320 Impôts sur les donations	2	2	6	2	3	2	..	..	..	..
5000 Impôts sur les biens et services	280	1 693	9 220	13 792	20 290	24 692	31 728	43 938	45 141	47 074
5100 Impôts sur la production, la vente, le transfert, la location et la livraison des biens et la prestation de services	262	1 624	8 680	12 887	18 832	23 107	29 584	41 122	42 352	44 671
5110 Impôts généraux sur les biens et services	77	776	6 163	9 885	15 046	19 143	24 587	35 397	36 858	39 661
5111 Taxes sur la valeur ajoutée	0	0	6 163	9 885	15 046	19 143	24 587	35 397	36 858	39 661
5112 Impôts sur les ventes	77	776	0	0	0	0	0	0	0	0
Motor vehicles	..	231	..	..	..	..	..	..	..	..
Other sales tax	..	544	..	..	..	..	..	..	..	..
5113 Autres impôts généraux sur les biens et services	0	0	0	0	0	0	0	0	0	0
5120 Impôts sur des biens et des services déterminés	186	849	2 517	3 002	3 786	3 964	4 997	5 725	5 494	5 010
5121 Accises	124	548	1 929	2 148	1 627	1 782	2 280	2 111	1 729	951
On alcoholic beverages	37	84	411	436	573	622	672	780	738	785
Beer	33	64	0	201	290	207	262	308	374	393
Wine	0	0	0	100	163	181	216	229	186	197
Spirits	4	20	0	135	120	234	194	243	178	195
Tobacco	33	99	568	764	159	220	362	45	2	0
Motor vehicles	0	0	7	0	0	0	0	0	0	0
Refined sugar	2	0	0	0	0	0	0	0	0	0
CA petroleum fuels	0	140	835	810	819	872	1 185	1 084	802	- 33
NRF fuel excise	49	121	0	0	0	0	0	0	0	0
Local petroleum fuels	0	18	21	27	30	32	33	179	161	176
CA mileage tax	0	0	0	0	0	0	0	0	0	0
NRF mileage tax	3	0	0	0	0	0	0	0	0	0
Road user charges	0	68	0	0	0	0	0	0	0	0
Energy resources levy	0	20	87	111	46	36	28	23	26	23
5122 Bénéfices des monopoles fiscaux	0	0	0	0	0	0	0	0	0	0
5123 Droits de douane et droits à l'importation	49	231	505	648	1 857	1 916	2 442	3 292	3 493	3 717
On alcoholic beverages	0	0	0	106	221	229	276	469	504	505
Beer	0	0	0	..	..	..	55	69	76	76
Wine	0	0	0	..	..	..	59	85	101	90
Spirits & other alcoholic beverages	0	0	0	..	..	..	162	315	327	339
Tobacco	0	0	0	76	804	924	1 348	1 593	1 864	1 666
Refined fuels	0	0	0	191	528	575	691	1 061	947	1 359
Other tariffs	0	0	0	275	304	188	127	169	178	187
5124 Taxes à l'exportation	0	0	0	0	0	0	0	0	0	0
5125 Impôts sur les biens d'équipement	0	0	0	0	0	0	0	0	0	0
5126 Impôts sur des services déterminés	13	57	83	206	302	266	275	322	272	342
Lottery (national)	1	6	26	167	290	253	260	314	269	342
Lottery (overseas)	0	0	0	0	0	0	0	0	0	0
Racing	12	46	57	39	12	13	15	8	3	0
Film hire tax	0	1	0	0	0	0	0	0	0	0
Domestic air travel tax	0	3	0	0	0	0	0	0	0	0
5127 Autres impôts sur les transactions et les échanges internationaux non couverts par les rubriques 5121 à 5126	0	12	0	0	0	0	0	0	0	0
Foreign fishing vessels tax	..	0	..	..	..	..	..	..	..	..
Foreign travel tax	..	0	..	..	..	..	..	..	..	..
International departure tax	..	12	..	..	..	..	..	..	..	..
5128 Autres impôts non couverts par les rubriques 5121 à 5127	0	0	0	0	0	0	0	0	0	0
5130 Non ventilables entre les rubriques 5110 et 5120	0	0	0	0	0	0	0	0	0	0
5200 Impôts sur l'utilisation des biens ou l'autorisation d'utiliser des biens ou d'exercer des activités	18	69	539	905	1 458	1 585	2 144	2 816	2 789	2 403
5210 Impôts périodiques sur l'utilisation des biens ou l'exercice d'activités	18	69	539	905	1 458	1 585	2 144	2 816	2 789	2 403
Motor vehicle registration	7	47	154	181	226	172	214	231	234	236
Heavy traffic fees	8	0	285	532	851	1 016	1 381	1 930	1 840	1 414
Accident compensation levies	0	0	0	0	0	0	0	0	0	0
5220 Impôts non périodiques sur l'utilisation des biens ou l'exercice d'activités	0	0	0	0	0	0	0	0	0	0
5300 Non ventilables entre les rubriques 5100 et 5200	0	0	0	0	0	0	0	0	0	0

	1965	1980	1990	2000	2007	2010	2015	2020	2021	2022
5211 Impôts périodiques à la charge des ménages: véhicules à moteur	0	0	0	0	0	0	0	0	0	0
5212 Impôts périodiques à la charge d'autres agents: véhicules à moteur	0	0	0	0	0	0	0	0	0	0
5213 Sur l'utilisation des biens ou l'exercice d'activités autres que les véhicules à moteur	3	23	100	192	381	397	549	655	715	753
Local authority fees and charges	3	23	100	192	381	397	549	655	715	753
6000 Impôts autres que les rubriques 1000, 2000, 3000, 4000 et 5000	0	0	1	0	31	5	2	1	1	0
6100 À la charge exclusive des entreprises	..	..	0	..	0	0	0	0	0	..
6200 À la charge d'autre agents que les entreprises ou non identifiables	..	..	1	..	31	5	2	1	1	..
Non-wastable tax credits against 1110	..	..	..	1 057	2 568	2 794	2 352	2 958	2 844	2 949
Tax expenditure component	..	..	..	311	873	950	1 254	1 520	1 502	1 558
Transfer component	..	..	..	..	..	..	..	..	..	..
Recettes fiscales totales sur la base d'encaissements	1 001	7 594	27 471	39 276	64 273	62 053	82 481	114 305	124 905	131 772
Recettes fiscales totales sur la base des droits constatés	..	..	..	39 765	64 046	62 310	81 499	115 596	125 753	130 786
Impôts additionnels inclus dans les comptes nationaux	..	..	..	..	0	0	2 807	3 838	4 691	5 677
Impôts exclus des comptes nationaux	..	..	..	..	0	0	- 5 852	- 9 327	- 10 687	- 10 887
Différence dans les traitements des crédits d'impôts	..	..	..	..	873	950	1 254	1 520	1 502	1 558
Transfert en capital des recettes non collectées	..	..	..	..	0	0	0	0	0	0
Cotisations de sécurité sociale volontaires	..	..	..	..	0	0	0	0	0	0
Différences diverses	..	..	..	..	0	0	- 1 602	- 8 389	- 823	1 550
Comptes nationaux : impôts et cotisations sociales effectives	..	..	..	..	64 919	63 260	78 106	103 238	120 436	128 684
Cotisations sociales imputées	..	..	..	..	0	0	2 063	2 221	2 417	2 728
Comptes nationaux : impôts et toutes les cotisations sociales	..	..	..	..	64 919	63 260	80 169	105 459	122 853	131 412

.. Non disponible

Note : For the years before 1989 data are on a fiscal year basis ending 31st March. The figures provided for 1989 and onwards relate to the financial year ending 30th June of the following year.

From 1993, data are on accrual basis.

Heading 1000: Tax credits to exporters under the export incentives schemes are non-wastable, but that part of the excess of taxliability paid out to taxpayers is not identifiable.

Heading 1100: The figures up to 1969 include revenues collected by a social security income tax. The base of this tax was the same as the ordinary income tax base and the two have now been incorporated into a single income tax.

Heading 5121: From October 1986 incorporates that portion of the selective impost on wine, spirits, tobacco and motor vehicles which was formerly collected and reported as sales tax. The revenue collected on those imported goods which are subject to the equivalent of the domestic excise has been classified as excise duty. In this respect, there is a discontinuity between the excises recorded before and after October 1986.

Heading 5210: The other local authority licence fees include some small items which could be regarded as non-tax revenues.

Heading for non-wastable tax credits 1110 comprises four Family assistance tax credits. The total in item 1100 is net of the tax expenditure component but not net of the transfer component.

Source : Statistics New Zealand.

Tableau 5.28. Norvège : recettes fiscales détaillées, 1965-2022

Million NOK

	1965	1980	1990	2000	2007	2010	2015	2020	2021	2022
Recettes fiscales totales	16 842	133 499	303 297	630 762	990 567	1 087 360	1 200 028	1 340 119	1 787 681	2 479 483
1000 Impôts sur le revenu, les bénéfices et les gains en capital	7 316	55 837	106 290	284 853	476 298	512 916	476 301	488 781	881 281	1 510 667
1100 Impôts sur le revenu, les bénéfices et les gains en capital des personnes physiques	6 671	38 018	79 068	152 677	221 564	257 216	336 126	392 270	459 419	462 977
1110 Sur le revenu et les bénéfices des personnes physiques	6 671	38 018	79 068	152 677	221 564	257 216	336 126	392 270	459 419	462 977
Employee social security contributions	1 305	0	0	0	0	0	0	0	0	0
Income taxes	5 366	38 018	79 068	152 677	221 564	257 216	336 126	392 270	459 419	462 977
1120 Sur les gains en capital des personnes physiques	0	0	0	0	0	0	0	0	0	0
1200 Impôts sur le revenu, les bénéfices et les gains en capital des sociétés	645	17 819	27 222	132 176	254 734	255 700	140 175	96 511	421 862	1 047 690
1210 Sur le revenu et les bénéfices des sociétés	..	..	..	132 176	254 734	255 700	140 175	96 511	421 862	1 047 690
1220 Sur les gains en capital des sociétés	..	..	..	0	0	0	0	0	0	0
1300 Non ventilables entres les rubriques 1100 et 1200	0	0	0	0	0	0	0	0	0	0
2000 Cotisations de sécurité sociale (CSS)	2 009	28 205	79 362	132 170	204 473	243 002	325 130	381 231	401 990	428 463
2100 CSS à la charge des salariés	0	6 639	25 345	45 162	68 518	81 032	112 662	134 761	142 137	148 315
2110 CSS à la charge des salariés - sur la base du salaire	..	..	..	45 162	68 518	81 032	112 662	134 761	142 137	148 315
2120 CSS à la charge des salariés - sur la base de l'impôt sur le revenu	..	..	..	0	0	0	0	0	0	0
2200 CSS à la charge des employeurs	1 716	20 454	50 116	79 242	124 178	148 047	190 923	221 257	232 603	251 048
2210 CSS à la charge des employeurs - sur la base du salaire	..	..	..	79 242	124 178	148 047	190 923	221 257	232 603	251 048
2220 CSS à la charge des employeurs - sur la base de l'impôt sur le revenu	..	..	..	0	0	0	0	0	0	0
2300 CSS à la charge des indépendants ou des sans emploi	293	1 112	3 901	7 766	11 777	13 923	21 545	25 213	27 250	29 100
2310 CSS à la charge des indépendants ou des sans emploi - sur la base du salaire	..	..	..	7 766	11 777	13 923	21 545	25 213	27 250	29 100
2320 CSS à la charge des indépendants ou des sans emploi - Sur la base de l'impôt sur le revenu	..	..	..	0	0	0	0	0	0	0
2400 CSS Non ventilables entre les rubriques 2100, 2200 et 2300	0	0	0	0	0	0	0	0	0	0
2410 CSS Non-ventilables entre les rubriques 2100, 2200 et 2300 - sur la base du salaire	..	..	..	..	..	..	..	..	..	..
2420 CSS Non-ventilables entre les rubriques 2100, 2200 et 2300 - sur la base de l'impôt sur le revenu	..	..	..	..	..	..	..	..	..	..
3000 Impôts sur les salaires et la main-d'oeuvre	0	0	0	0	0	0	0	2 065	2 217	2 415
4000 Impôts sur le patrimoine	523	2 295	8 887	13 758	24 763	27 875	33 094	43 954	47 637	55 228
4100 Impôts périodiques sur la propriété immobilière	100	431	2 216	2 724	5 571	7 109	11 177	14 818	15 566	16 091
4110 Impôts périodiques sur la propriété immobilière – Ménages	..	431	2 216	2 724	2 149	3 024	5 437	7 224	7 639	8 083
4120 Impôts périodiques sur la propriété immobilière – Autres agents	..	0	0	0	3 422	4 085	5 740	7 594	7 927	8 008
4200 Impôts périodiques sur l'actif net	341	1 450	5 118	7 039	11 062	12 521	13 196	17 720	18 905	26 924
4210 Impôts périodiques sur l'actif net – Personnes physiques	235	907	3 692	6 869	10 746	12 169	12 902	17 259	18 454	26 100
4220 Impôts périodiques sur l'actif net – Sociétés	106	543	1 426	170	316	352	294	461	451	824
4300 Impôts sur les mutations par décès, les successions et les donations	45	122	446	1 273	2 576	2 377	295	64	48	32
4310 Impôts sur les mutations par décès et les successions	..	122	446	1 273	2 576	2 377	295	64	48	32
4320 Impôts sur les donations	..	0	0	0	0	0	0	0	0	0
4400 Impôts sur les transactions mobilières et immobilières	37	292	1 107	2 722	5 554	5 868	8 426	11 352	13 118	12 181
4500 Impôts non périodiques sur le patrimoine	0	0	0	0	0	0	0	0	0	0
4510 Impôts non périodiques sur l'actif net	..	..	..	..	..	..	..	..	..	..
4520 Impôts non périodiques sur le patrimoine autre que sur l'actif net	..	..	..	..	..	..	..	..	..	..
4600 Autres impôts périodiques sur le patrimoine hors rubriques 4100 et 4200	0	0	0	0	0	0	0	0	0	0
5000 Impôts sur les biens et services	6 928	47 154	108 747	199 981	285 033	303 567	365 503	424 088	454 556	482 710
5100 Impôts sur la production, la vente, le transfert, la location et la livraison des biens et la prestation de services	6 720	45 882	102 901	185 921	266 456	284 646	342 410	403 931	430 625	458 093
5110 Impôts généraux sur les biens et services	3 622	24 350	56 656	124 985	189 424	201 802	256 029	312 936	340 400	373 515
5111 Taxes sur la valeur ajoutée	0	24 350	56 656	124 166	188 705	201 184	255 182	311 600	338 900	371 700
Value added tax	..	24 350	56 656	124 166	188 705	201 184	255 182	311 600	338 900	371 700
5112 Impôts sur les ventes	0	0	0	0	719	618	0	1 336	1 500	1 815

	1965	1980	1990	2000	2007	2010	2015	2020	2021	2022
5113 Autres impôts généraux sur les biens et services	3 622	0	0	819	0	0	847	0	0	0
5120 Impôts sur des biens et des services déterminés	3 098	21 532	46 245	60 936	77 032	82 844	86 381	90 995	90 225	84 578
5121 Accises	2 338	14 914	37 453	54 871	71 047	76 328	78 845	81 662	79 584	72 681
Stamp duty on tobacco	392	1 076	3 750	6 806	6 815	7 768	7 219	9 127	9 308	7 103
Taxes on spirits and wines	449	2 013	3 454	5 217	0	0	0	0	0	0
Excise on beer	162	605	2 195	3 650	0	0	0	0	0	0
Excise on petrol	480	2 310	7 057	9 756	8 132	7 373	5 711	4 409	4 503	4 275
Vehicles transfer tax	395	2 761	4 554	10 956	22 898	21 835	19 355	10 793	9 456	8 133
Chocolate and sweets	123	247	551	789	1 078	1 173	1 324	1 516	0	0
Sugar	0	0	217	230	192	196	206	205	220	174
Non-alcoholic beverages	38	120	487	1 113	1 024	1 739	1 972	3 057	705	0
Electric energy	89	1 515	3 414	5 091	7 079	8 110	9 233	11 322	12 182	9 178
Oil and gas products	0	3 703	8 729	88	92	98	103	111	116	110
Sales of radio and tv sets	0	163	220	920	0	0	0	0	0	0
Mineral oil	0	113	1 098	490	685	1 419	1 986	1 770	1 796	1 760
Cosmetics	0	0	0	159	0	0	0	0	0	0
Recording equipment	0	0	92	35	0	0	0	0	0	0
Others	210	288	1 635	1 249	1 821	1 965	2 535	3 346	3 683	3 669
Taxes on alcoholic beverages	0	0	0	0	10 338	11 317	12 969	17 976	17 847	16 301
Excise on diesel	0	0	0	4 802	6 424	8 653	10 267	9 588	10 289	9 755
Tax on Co2 emissions, petroleum sector excepted	0	0	0	3 520	4 469	4 682	5 965	8 442	9 479	12 223
5122 Bénéfices des monopoles fiscaux	31	395	751	2 534	2 902	3 433	3 869	5 311	5 883	6 137
Profits state wine monopoly	31	30	67	41	32	44	0	0	0	0
Norsk tipping	0	365	684	2 493	2 870	3 389	3 869	5 311	5 883	6 137
5123 Droits de douane et droits à l'importation	634	697	1 360	1 944	2 132	2 505	3 305	3 625	4 334	4 123
Customs revenue	615	689	1 305	1 944	2 132	2 505	3 305	3 625	4 334	4 123
Loading and lighthouse dues	11	0	0	0	0	0	0	0	0	0
Other import duties	8	8	55	0	0	0	0	0	0	0
5124 Taxes à l'exportation	7	105	227	0	112	151	178	316	363	456
5125 Impôts sur les biens d'équipement	0	4 274	4 454	0	0	0	0	0	0	0
5126 Impôts sur des services déterminés	88	195	1 233	1 386	131	114	138	21	0	962
Excise on race tracks	9	25	15	88	119	114	138	21	..	0
Taxes on specific services	34	49	150	1 298	0	0	0	0	..	962
Pengelotteriet (national lotteries)	45	121	462	0	0	0	0	0	..	0
Excise on lotto games	0	0	606	0	12	0	0	0	..	0
5127 Autres impôts sur les transactions et les échanges internationaux non couverts par les rubriques 5121 à 5126	0	0	0	0	0	0	0	0	0	0
5128 Autres impôts non couverts par les rubriques 5121 à 5127	0	952	767	201	708	313	46	60	61	219
5130 Non ventilables entre les rubriques 5110 et 5120	0	0	0	0	0	0	0	0	0	0
5200 Impôts sur l'utilisation des biens ou l'autorisation d'utiliser des biens ou d'exercer des activités	208	1 272	5 846	14 060	18 577	18 921	23 093	20 157	23 931	24 617
5210 Impôts périodiques sur l'utilisation des biens ou l'exercice d'activités	208	1 272	5 846	14 060	18 577	17 446	22 309	17 751	17 626	20 565
5211 Impôts périodiques à la charge des ménages: véhicules à moteur	88	458	1 789	4 435	6 699	7 157	8 400	7 640	7 994	8 631
5212 Impôts périodiques à la charge d'autres agents: véhicules à moteur	108	696	2 072	1 346	712	539	352	330	329	273
5213 Sur l'utilisation des biens ou l'exercice d'activités autres que les véhicules à moteur	12	118	1 985	8 279	11 166	9 750	13 557	9 781	9 303	11 661
CO2 tax	0	0	0	3 047	3 385	2 166	4 906	5 713	5 035	7 165
Excise on pharmacies	6	32	59	105	153	80	99	64	69	82
Others	6	86	441	2 354	3 132	3 394	3 809	3 949	4 149	4 363
Tax on emissions of NOX	0	0	0	0	1 207	87	69	55	50	51
TV licence paid by households	0	0	1 485	2 773	3 289	4 023	4 674	0	0	0
5220 Impôts non périodiques sur l'utilisation des biens ou l'exercice d'activités	0	0	0	0	0	1 475	784	2 406	6 305	4 052
5300 Non ventilables entre les rubriques 5100 et 5200	0	0	0	0	0	0	0	0	0	0
6000 Impôts autres que les rubriques 1000, 2000, 3000, 4000 et 5000	66	8	11	0	0	0	0	0	0	0
6100 À la charge exclusive des entreprises	0	3	2	..	..	..	..	..	..	..
6200 À la charge d'autre agents que les entreprises ou non identifiables	66	5	9	..	..	..	..	..	..	..
Non-wastable tax credits against 1210	..	..	..	..	994	1 229	2 959	3 654	3 713	3 537
Tax expenditure component	..	..	..	..	350	75	484	821	754	800
Transfer component	..	..	..	..	644	1 154	2 475	2 833	2 959	2 737
Recettes fiscales totales sur la base d'encaissements	16 842	133 499	303 297	575 989	0	0	0	1 362 295	1 489 963	2 288 674

	1965	1980	1990	2000	2007	2010	2015	2020	2021	2022
Recettes fiscales totales sur la base des droits constatés	..	..	..	630 762	990 567	1 087 360	1 200 028	1 340 119	1 787 681	2 479 483
Impôts additionnels inclus dans les comptes nationaux	..	..	0	0	0	0	0	0	0	0
Impôts exclus des comptes nationaux	..	..	..	0	0	0	0	0	0	0
Différence dans les traitements des crédits d'impôts	..	..	..	0	350	75	484	821	754	800
Transfert en capital des recettes non collectées	..	..	..	0	0	0	0	0	0	0
Cotisations de sécurité sociale volontaires	..	..	..	0	0	0	0	0	0	0
Différences diverses	..	..	..	0	0	0	0	0	0	0
Comptes nationaux : impôts et cotisations sociales effectives	..	..	..	630 762	990 917	1 087 435	1 200 512	1 340 940	1 788 435	2 480 283
Cotisations sociales imputées	..	..	..	2 076	2 931	3 164	3 870	5 530	6 453	6 195
Comptes nationaux : impôts et toutes les cotisations sociales	..	..	..	632 838	993 848	1 090 599	1 204 382	1 346 470	1 794 888	2 486 478

.. Non disponible

Note : Year ending 31st December.

From 2000, data are on accrual basis.

Heading 5211: Up to 1971 this item contains motor vehicle licences paid by both households and enterprises.

Heading 5121: From 2005, taxes on alcoholic beverages include both 'taxes on spirits and wines' and 'excise on beer'.

Heading 5125: From 1998, revenue from taxes on investments goods is included in item 5121 "Others".

Source : Statistics Norway; National Accounts.

Tableau 5.29. Pologne : recettes fiscales détaillées, 1965-2022

Million PLN

	1965	1980	1990	2000	2007	2010	2015	2020	2021	2022
Recettes fiscales totales	..	..	..	247 064	412 656	454 660	586 263	834 473	969 137	1 061 095
Recettes fiscales totales excluant les taxes collectés pour le compte de l'UE	..	..	..	247 064	410 945	452 961	583 369	830 079	963 226	1 052 655
1000 Impôts sur le revenu, les bénéfices et les gains en capital	..	..	..	50 268	93 795	91 026	117 078	175 845	209 268	224 023
1100 Impôts sur le revenu, les bénéfices et les gains en capital des personnes physiques	..	..	..	32 415	61 471	62 901	83 974	122 973	140 681	138 258
Individual income tax	..	..	..	32 415	61 403	62 818	83 861	122 817	140 465	138 019
Tax on winnings from lottery or gambling	..	..	..	0	68	83	113	156	216	239
1110 Sur le revenu et les bénéfices des personnes physiques	..	..	..	..	..	..	..	..	..	..
1120 Sur les gains en capital des personnes physiques	..	..	..	..	..	..	..	..	..	..
1200 Impôts sur le revenu, les bénéfices et les gains en capital des sociétés	..	..	..	17 853	32 324	28 125	33 104	52 872	68 587	85 765
1210 Sur le revenu et les bénéfices des sociétés	..	..	..	..	..	..	..	..	..	..
1220 Sur les gains en capital des sociétés	..	..	..	..	..	..	..	..	..	..
1300 Non ventilables entres les rubriques 1100 et 1200	..	..	..	0	0	0	0	0	0	0
2000 Cotisations de sécurité sociale (CSS)	..	..	..	97 411	141 457	157 432	225 711	318 636	344 720	396 507
2100 CSS à la charge des salariés	..	..	..	42 606	51 745	60 158	92 607	133 065	149 781	173 427
2110 CSS à la charge des salariés - sur la base du salaire	..	..	..	..	..	..	..	..	..	..
2120 CSS à la charge des salariés - sur la base de l'impôt sur le revenu	..	..	..	..	..	..	..	..	..	..
2200 CSS à la charge des employeurs	..	..	..	41 834	56 016	66 893	88 749	120 856	125 870	144 069
2210 CSS à la charge des employeurs - sur la base du salaire	..	..	..	..	..	..	..	..	..	..
2220 CSS à la charge des employeurs - sur la base de l'impôt sur le revenu	..	..	..	..	..	..	..	..	..	..
2300 CSS à la charge des indépendants ou des sans emploi	..	..	..	12 971	33 696	30 381	44 355	64 715	69 069	79 011
2310 CSS à la charge des indépendants ou des sans emploi - sur la base du salaire	..	..	..	..	..	..	..	..	..	..
2320 CSS à la charge des indépendants ou des sans emploi - Sur la base de l'impôt sur le revenu	..	..	..	..	..	..	..	..	..	..
2400 CSS Non ventilables entre les rubriques 2100, 2200 et 2300	..	..	..	0	0	0	0	0	0	0
2410 CSS Non-ventilables entre les rubriques 2100, 2200 et 2300 - sur la base du salaire	..	..	..	..	..	..	..	..	..	..
2420 CSS Non-ventilables entre les rubriques 2100, 2200 et 2300 - sur la base de l'impôt sur le revenu	..	..	..	..	..	..	..	..	..	..
3000 Impôts sur les salaires et la main-d'oeuvre	..	..	..	1 628	3 081	3 720	4 028	7 683	14 531	17 154
Rehabilitation fund contribution	..	..	..	1 508	2 860	3 370	3 621	4 937	5 331	5 923
Wage guarantee fund contribution	..	..	..	120	221	350	407	416	488	561
Receipts from employers' obligatory payments to the Fundusz Solidarno?ciowy	0	0	0	0	0	0	0	2 330	8 712	10 670
4000 Impôts sur le patrimoine	..	..	..	10 584	17 116	19 068	24 637	30 293	33 611	35 795
4100 Impôts périodiques sur la propriété immobilière	..	..	..	8 404	13 515	16 399	22 206	26 454	28 064	30 084
Agricultural tax-local	..	..	..	720	906	969	1 579	1 628	1 635	1 685
Forest tax-local	..	..	..	96	157	165	230	301	306	330
Real estate tax-local	..	..	..	7 588	12 452	15 265	20 397	24 525	26 123	28 069
4110 Impôts périodiques sur la propriété immobilière – Ménages	..	..	..	2 348	3 613	4 555	6 549	7 796	8 339	8 976
4120 Impôts périodiques sur la propriété immobilière – Autres agents	..	..	..	6 056	9 902	11 844	15 657	18 658	19 725	21 108
4200 Impôts périodiques sur l'actif net	..	..	..	0	0	0	0	0	0	0
4210 Impôts périodiques sur l'actif net – Personnes physiques	..	..	..	..	..	..	..	..	..	..
4220 Impôts périodiques sur l'actif net – Sociétés	..	..	..	..	..	..	..	..	..	..
4300 Impôts sur les mutations par décès, les successions et les donations	..	..	..	172	328	290	246	313	425	555
Inheritance and gift tax-local	..	..	..	172	328	290	246	313	425	555
4310 Impôts sur les mutations par décès et les successions	..	..	..	..	..	..	..	..	..	..
4320 Impôts sur les donations	..	..	..	..	..	..	..	..	..	..
4400 Impôts sur les transactions mobilières et immobilières	..	..	..	2 008	3 273	2 379	2 185	3 526	5 122	5 156
Tax on civil law transactions and stamp tax	..	..	..	2 008	3 273	2 379	2 185	3 526	5 122	5 156
4500 Impôts non périodiques sur le patrimoine	..	..	..	0	0	0	0	0	0	0
4510 Impôts non périodiques sur l'actif net	..	..	..	..	..	..	..	..	..	..

	1965	1980	1990	2000	2007	2010	2015	2020	2021	2022
4520 Impôts non périodiques sur le patrimoine autre que sur l'actif net	..	..	..	..	..	..	..	..	..	..
4600 Autres impôts périodiques sur le patrimoine hors rubriques 4100 et 4200	..	..	..	0	0	0	0	0	0	0
5000 Impôts sur les biens et services	..	..	..	86 880	156 683	182 820	214 162	301 030	365 723	386 097
5100 Impôts sur la production, la vente, le transfert, la location et la livraison des biens et la prestation de services	..	..	..	84 885	151 804	176 044	206 197	283 817	344 650	351 536
5110 Impôts généraux sur les biens et services	..	..	..	51 615	97 848	109 717	125 895	185 964	228 088	226 721
5111 Taxes sur la valeur ajoutée	..	..	..	51 615	97 848	109 717	125 895	185 964	225 140	223 395
5112 Impôts sur les ventes	..	..	..	0	0	0	0	0	2 948	3 326
5113 Autres impôts généraux sur les biens et services	..	..	..	0	0	0	0	0	0	0
Turnover tax, of which	..	..	..	..	..	..	..	..	..	..
On spirits	..	..	..	..	..	..	..	..	..	..
On fuels	..	..	..	..	..	..	..	..	..	..
On tobacco	..	..	..	..	..	..	..	..	..	..
5120 Impôts sur des biens et des services déterminés	..	..	..	33 270	53 956	66 327	80 302	97 853	116 562	124 815
5121 Accises	..	..	..	27 170	49 376	62 016	70 632	81 754	98 366	102 139
On domestic excise products, of which	..	..	..	24 213	45 752	58 935	62 442	77 649	92 044	95 029
On spirits	..	..	..	4 309	5 000	6 154	6 655	8 743	8 953	10 115
On fuels	..	..	..	11 056	22 128	26 545	29 874	39 975	45 156	43 411
On other products	0	0	0	488	3 298	5 270	4 332	3 806	10 629	10 654
On tobacco	..	..	..	6 143	11 973	17 348	17 788	21 455	23 342	25 900
On beer	..	..	..	1 758	2 975	3 303	3 547	3 425	3 245	3 646
On wine	..	..	..	459	378	315	246	229	247	260
On electronic cigarette liquid and novelty products	..	..	..	0	0	0	0	16	472	1 043
On imported excise products, of which	..	..	..	2 957	3 624	3 081	8 190	4 105	4 901	5 511
On spirits	..	..	..	90	253	311	267	500	690	692
On fuels	..	..	..	2 031	2 045	1 051	5 650	928	1 100	1 391
On tobacco	..	..	..	18	214	114	86	52	48	51
On beer	..	..	..	26	12	14	53	70	76	81
On wine	..	..	..	71	106	133	139	194	231	247
On electronic cigarette liquid and novelty products	..	..	..	0	0	0	0	9	53	91
On other products	0	0	0	721	994	1 458	1 995	2 352	2 703	2 958
Levy on foodstuffs	0	0	0	0	0	0	0	0	1 421	1 599
5122 Bénéfices des monopoles fiscaux	..	..	..	0	0	0	0	0	0	0
5123 Droits de douane et droits à l'importation	..	..	..	5 038	1 711	1 627	2 823	4 394	5 911	8 440
5124 Taxes à l'exportation	..	..	..	0	0	0	0	0	0	0
5125 Impôts sur les biens d'équipement	..	..	..	0	0	0	0	0	0	0
5126 Impôts sur des services déterminés	..	..	..	1 062	1 297	1 974	5 795	10 582	10 907	12 472
Taxes and payments of financial institutions	..	..	..	443	189	375	4 472	3 485	2 525	2 495
Gambling tax	..	..	..	619	1 108	1 599	1 323	2 366	3 030	3 855
Tax from some financial institutions	..	..	..	0	0	0	0	4 731	5 352	6 122
5127 Autres impôts sur les transactions et les échanges internationaux non couverts par les rubriques 5121 à 5126	..	..	..	0	0	0	0	0	0	0
5128 Autres impôts non couverts par les rubriques 5121 à 5127	..	..	..	0	1 572	710	1 052	1 123	1 378	1 764
5130 Non ventilables entre les rubriques 5110 et 5120	..	..	..	0	0	0	0	0	0	0
5200 Impôts sur l'utilisation des biens ou l'autorisation d'utiliser des biens ou d'exercer des activités	..	..	..	1 995	4 879	6 776	7 965	17 213	21 073	34 561
5210 Impôts périodiques sur l'utilisation des biens ou l'exercice d'activités	..	..	..	433	2 383	3 667	4 317	3 596	4 048	6 280
5211 Impôts périodiques à la charge des ménages: véhicules à moteur	..	..	..	0	0	0	0	0	0	0
5212 Impôts périodiques à la charge d'autres agents: véhicules à moteur	..	..	..	0	0	0	0	0	0	0
5213 Sur l'utilisation des biens ou l'exercice d'activités autres que les véhicules à moteur	..	..	..	433	2 383	3 667	4 317	3 596	4 048	6 280
5220 Impôts non périodiques sur l'utilisation des biens ou l'exercice d'activités	..	..	..	1 562	2 496	3 109	3 648	13 617	17 025	28 281
5300 Non ventilables entre les rubriques 5100 et 5200	..	..	..	0	0	0	0	0	0	0
6000 Impôts autres que les rubriques 1000, 2000, 3000, 4000 et 5000	..	..	..	293	524	594	647	986	1 284	1 519
Abolished taxes	..	..	..	0	0	0	0	0	0	0
6100 À la charge exclusive des entreprises	..	..	..	0	0	0	0	0	0	0
6200 À la charge d'autre agents que les entreprises ou non identifiables	..	..	..	293	524	594	647	986	1 284	1 519
Custom duties collected for the EU	..	..	..	..	1 711	1 627	2 823	4 394	5 911	8 440

	1965	1980	1990	2000	2007	2010	2015	2020	2021	2022
Recettes fiscales totales sur la base d'encaissements	..	..	..	..	..	..	..	..	..	..
Recettes fiscales totales sur la base des droits constatés	..	..	..	247 064	412 656	454 660	586 263	834 473	969 137	1 061 095
Impôts additionnels inclus dans les comptes nationaux	..	..	..	..	..	..	..	..	..	..
Impôts exclus des comptes nationaux	..	..	..	..	..	..	..	..	..	..
Différence dans les traitements des crédits d'impôts	..	..	..	..	..	..	..	..	..	..
Transfert en capital des recettes non collectées	..	..	..	1 025	1 371	1 406	2 229	3 201	3 495	3 982
Cotisations de sécurité sociale volontaires	..	..	..	..	..	..	49	48	48	50
Différences diverses	..	..	..	..	..	..	..	..	..	1 057 163
Comptes nationaux : impôts et cotisations sociales effectives	..	..	..	246 039	411 285	453 254	584 083	831 323	965 690	25 147
Cotisations sociales imputées	..	..	..	777	10 848	13 841	17 423	20 429	22 548	1 082 310

.. Non disponible
Note : Year ending 31st December.
From 2002, data are on accrual basis.
Source : Ministry of Finance, Economic Department.

Tableau 5.30. Portugal : recettes fiscales détaillées, 1965-2022

Million EUR

	1965	1980	1990	2000	2007	2010	2015	2020	2021	2022
Recettes fiscales totales	99	1 798	14 825	39 705	55 885	54 541	61 788	70 510	76 015	87 277
Recettes fiscales totales excluant les taxes collectés pour le compte de l'UE	..	..	14 675	39 501	55 695	54 363	61 630	70 179	75 644	86 754
1000 Impôts sur le revenu, les bénéfices et les gains en capital	24	355	3 805	11 691	15 546	14 585	18 762	19 534	20 179	24 993
1100 Impôts sur le revenu, les bénéfices et les gains en capital des personnes physiques	..	..	2 350	6 768	9 328	9 637	13 149	13 994	14 973	16 911
Individual income tax	..	..	2 350	6 768	9 328	9 637	13 149	13 994	14 973	16 911
1110 Sur le revenu et les bénéfices des personnes physiques	..	..	..	..	..	..	..	..	..	..
1120 Sur les gains en capital des personnes physiques	..	..	..	..	..	..	..	..	..	..
1200 Impôts sur le revenu, les bénéfices et les gains en capital des sociétés	..	..	1 182	4 744	6 128	4 936	5 614	5 540	5 206	8 082
Corporate income tax	..	..	1 088	4 457	5 815	4 670	5 405	5 193	4 908	7 706
Local corporate income tax ("Derrama")	..	..	84	287	313	266	208	347	297	375
Other	..	..	11	0	0	0	0	0	0	0
1210 Sur le revenu et les bénéfices des sociétés	..	..	..	..	..	..	..	..	..	..
1220 Sur les gains en capital des sociétés	..	..	..	..	..	..	..	..	..	..
1300 Non ventilables entres les rubriques 1100 et 1200	24	355	273	178	90	12	0	0	0	0
Tax on wages and professional income	2	93	9	0	0	0	0	..	..	..
Industrial tax	7	108	129	0	0	0	0	..	..	..
Tax on income from movable capital	2	71	1	0	0	0	0	..	..	..
Property income tax	3	23	17	0	0	0	0	..	..	..
Agricultural income tax	0	0	1	0	0	0	0	..	..	..
Complementary income tax	4	43	58	0	0	0	0	..	..	..
Tax on capital gains	0	3	1	0	0	0	0	..	..	..
Taxes abolished by DL 442-A/88 and DL 442-B/88	0	0	0	0	0	0	0	..	..	..
Other	6	15	58	178	90	12	0	..	..	..
2000 Cotisations de sécurité sociale (CSS)	22	531	4 026	10 168	14 305	15 462	16 182	20 943	22 471	24 734
2100 CSS à la charge des salariés	8	203	1 470	4 286	6 344	6 670	6 992	8 290	8 986	9 689
2110 CSS à la charge des salariés - sur la base du salaire	8	203	1 470	4 286	6 344	6 670	6 992	8 290	8 986	9 689
Compulsory employee's social contributions	8	203	1 470	4 286	6 344	6 670	6 992	8 290	8 986	9 689
2120 CSS à la charge des salariés - sur la base de l'impôt sur le revenu	0	0	0	0	0	0	0	0	0	0
2200 CSS à la charge des employeurs	13	318	2 413	5 882	7 961	8 792	9 191	12 653	13 485	15 045
2210 CSS à la charge des employeurs - sur la base du salaire	13	318	2 413	5 882	7 961	8 792	9 191	12 653	13 485	15 045
Employers' social contributions	13	318	2 413	5 882	7 961	8 792	9 191	12 653	13 485	15 045
2220 CSS à la charge des employeurs - sur la base de l'impôt sur le revenu	0	0	0	0	0	0	0	0	0	0
2300 CSS à la charge des indépendants ou des sans emploi	0	10	143	0	0	0	0	0	0	0
Compulsory social contributions by self-employed	0	10	143	..	..	..	..	..	..	..
2310 CSS à la charge des indépendants ou des sans emploi - sur la base du salaire	..	..	0	..	..	..	..	..	..	..
2320 CSS à la charge des indépendants ou des sans emploi - Sur la base de l'impôt sur le revenu	..	..	0	..	..	..	..	..	..	..
2400 CSS Non ventilables entre les rubriques 2100, 2200 et 2300	0	0	0	0	0	0	0	0	0	0
2410 CSS Non-ventilables entre les rubriques 2100, 2200 et 2300 - sur la base du salaire	..	..	..	..	..	..	..	..	..	..
2420 CSS Non-ventilables entre les rubriques 2100, 2200 et 2300 - sur la base de l'impôt sur le revenu	..	..	..	..	..	..	..	..	..	..
3000 Impôts sur les salaires et la main-d'oeuvre	1	47	0	0	0	0	0	0	0	0
Contributions for Unemployment Fund	1	47	..	..	..	..	..	..	..	..
Stamp duty on wages and salaries	0	0	..	..	..	..	..	..	..	..
4000 Impôts sur le patrimoine	5	26	402	1 468	2 330	2 028	2 307	2 888	3 329	3 731
4100 Impôts périodiques sur la propriété immobilière	0	0	133	508	1 008	1 112	1 535	1 632	1 612	1 639
Real estate tax	..	..	133	508	1 008	1 112	1 535	1 632	1 612	1 639
4110 Impôts périodiques sur la propriété immobilière – Ménages	..	..	..	..	..	..	..	..	..	..
4120 Impôts périodiques sur la propriété immobilière – Autres agents	..	..	..	..	..	..	..	..	..	..
4200 Impôts périodiques sur l'actif net	0	0	0	0	0	0	0	0	0	0
4210 Impôts périodiques sur l'actif net – Personnes physiques	..	..	..	..	..	..	..	..	..	..
4220 Impôts périodiques sur l'actif net – Sociétés	..	..	..	..	..	..	..	..	..	..

	1965	1980	1990	2000	2007	2010	2015	2020	2021	2022
4300 Impôts sur les mutations par décès, les successions et les donations	2	4	74	103	10	2	0	0	0	0
Inheritance and gift taxes	2	4	74	0	0	0	..	0	..	0
4310 Impôts sur les mutations par décès et les successions	..	..	0	103	10	2	..	0	..	0
4320 Impôts sur les donations	..	..	0	0	0	0	..	0	..	0
4400 Impôts sur les transactions mobilières et immobilières	2	21	195	857	1 312	914	772	1 256	1 717	2 093
Real estate transfer tax	2	21	195	674	973	595	569	949	1 313	1 659
Stamp duty on registrations and mortgages	0	0	0	34	45	35	49	7	9	10
Stamp duty on the raising of capital	0	0	0	0	9	1	0	0	0	0
Stamp duty on real estate transactions	0	0	0	150	285	201	154	300	394	423
Special Tax on capital transfers	0	0	0	0	0	83	0	0	0	0
4500 Impôts non périodiques sur le patrimoine	0	0	0	0	0	0	0	0	0	0
4510 Impôts non périodiques sur l'actif net	..	..	..	..	..	..	..	..	..	..
4520 Impôts non périodiques sur le patrimoine autre que sur l'actif net	..	..	..	..	..	..	..	..	..	..
4600 Autres impôts périodiques sur le patrimoine hors rubriques 4100 et 4200	0	0	0	0	0	0	0	0	0	0
5000 Impôts sur les biens et services	47	837	6 555	16 283	23 494	22 238	24 194	26 702	29 610	33 401
5100 Impôts sur la production, la vente, le transfert, la location et la livraison des biens et la prestation de services	44	810	6 440	15 858	22 841	21 485	23 112	25 209	28 057	31 435
5110 Impôts généraux sur les biens et services	0	290	2 906	9 733	14 333	13 527	15 368	16 803	19 186	22 711
5111 Taxes sur la valeur ajoutée	0	0	2 899	9 733	14 333	13 527	15 368	16 803	19 186	22 711
VAT	..	..	2 899	9 733	14 333	13 527	15 368	16 803	19 186	22 711
5112 Impôts sur les ventes	0	290	7	0	0	0	0	0	0	0
General sales tax	..	290	7	..	..	..	..	..	..	..
5113 Autres impôts généraux sur les biens et services	0	0	0	0	0	0	0	0	0	0
5120 Impôts sur des biens et des services déterminés	44	519	3 534	6 125	8 508	7 958	7 744	8 406	8 872	8 723
5121 Accises	15	295	2 052	4 496	5 937	5 653	5 211	5 490	5 772	5 222
Excise duties on tobacco	3	62	362	1 077	1 165	1 496	1 357	1 474	1 473	1 596
Excise duties on beer	1	0	55	87	97	80	75	82	89	110
Tax on motor vehicle sales	1	59	304	1 239	1 221	832	585	447	432	455
Tax on oil products	6	166	1 251	1 969	3 320	3 126	3 069	3 298	3 551	2 793
Excise duties on alcoholic beverages	0	0	23	123	126	112	115	105	137	168
Excise duties on alcohol	0	0	0	1	1	1	0	1	0	0
Tax on sugary soft drinks	0	0	0	0	0	0	0	52	51	59
Other	4	7	59	0	6	6	11	30	39	40
5122 Bénéfices des monopoles fiscaux	0	0	0	261	521	425	582	628	652	685
5123 Droits de douane et droits à l'importation	21	96	511	204	190	177	158	203	238	365
Import levies	14	36	392	0	0	0	0	0	0	0
Import surtax	0	26	1	0	0	0	0	0	0	0
Agricultural Levies	0	0	0	0	0	0	0	0	0	0
Levy on sugar and isoglucse	0	0	0	0	0	0	0	0	0	0
Other	6	34	119	0	0	0	0	0	0	0
Custom duties collected for the EU	0	0	0	204	190	177	158	203	238	365
5124 Taxes à l'exportation	0	0	0	0	0	0	0	0	0	0
Taxes on Oporto wine exports	0	0	..	..	..	..	..	..	..	..
Other	0	0	..	..	..	..	..	..	..	..
5125 Impôts sur les biens d'équipement	0	0	0	0	0	0	0	0	0	0
5126 Impôts sur des services déterminés	1	38	547	1 116	1 679	1 539	1 523	1 879	2 004	2 239
Tax on insurance premiums	0	6	47	131	170	215	218	277	302	320
Stamp duty on bank transactions	1	24	405	330	694	619	464	595	627	671
Stamp duty on debt related operations, interest and leasing of buildings	0	0	22	258	386	293	144	136	141	150
Stamp duty on insurance premiums	0	0	0	248	335	325	313	419	446	477
Bank levies	0	0	0	100	48	46	353	412	433	487
Other	2	8	73	47	46	40	30	40	55	133
5127 Autres impôts sur les transactions et les échanges internationaux non couverts par les rubriques 5121 à 5126	0	0	0	0	0	0	0	0	0	0
5128 Autres impôts non couverts par les rubriques 5121 à 5127	6	91	424	48	182	163	269	207	205	212
Stamp taxes (miscellaneous)	6	91	424	36	48	111	251	201	194	207
Other	0	0	0	0	0	0	0	0	0	0
5130 Non ventilables entre les rubriques 5110 et 5120	0	0	0	12	134	52	18	6	11	5
5200 Impôts sur l'utilisation des biens ou l'autorisation d'utiliser des biens ou d'exercer des activités	4	27	115	384	622	736	1 069	1 478	1 539	1 957
5210 Impôts périodiques sur l'utilisation des biens ou l'exercice d'activités	4	27	115	384	621	736	990	1 255	1 282	1 441

	1965	1980	1990	2000	2007	2010	2015	2020	2021	2022
5211 Impôts périodiques à la charge des ménages: véhicules à moteur	0	4	15	55	94	139	209	230	236	254
Local tax on vehicles	..	4	15	55	94	139	209	230	236	254
5212 Impôts périodiques à la charge d'autres agents: véhicules à moteur	2	10	20	67	132	180	330	453	460	505
Local tax on vehicles	0	2	6	0	0	0	0	0	0	0
Road taxes	2	8	14	67	132	180	330	453	460	505
5213 Sur l'utilisation des biens ou l'exercice d'activités autres que les véhicules à moteur	2	13	80	261	396	417	451	571	587	682
Gambling tax	0	3	72	110	140	143	108	223	217	261
Tax on the use, carrying and possession of weapons	0	0	1	3	6	4	5	4	4	5
Tax on motor vehicles - compensation	2	8	0	0	0	0	0	0	0	0
Hunting and fishery licenses	0	1	4	1	7	12	13	12	16	16
Fee for the use of water resources	0	0	0	0	2	19	19	19	21	23
Other	0	1	2	148	241	239	307	313	329	378
5220 Impôts non périodiques sur l'utilisation des biens ou l'exercice d'activités	0	0	0	0	0	0	80	223	257	516
Special tax on motor vehicles	..	..	0	..	0	0	0	0	0	0
Emissions permits	0	0	0	..	0	0	80	223	256	514
Tax on noise	0	0	0	..	0	0	0	1	1	2
5300 Non ventilables entre les rubriques 5100 et 5200	0	0	0	41	31	17	13	15	14	9
Miscellaneous taxes on production	..	..	..	41	31	17	13	15	14	9
6000 Impôts autres que les rubriques 1000, 2000, 3000, 4000 et 5000	0	3	37	95	211	227	342	444	426	418
6100 À la charge exclusive des entreprises	0	2	17	90	200	210	341	443	425	414
General services and licenses granted to corporations	0	2	17	90	200	210	341	443	425	414
6200 À la charge d'autre agents que les entreprises ou non identifiables	0	0	20	5	11	16	1	1	1	4
Fees collected by courts of justice	0	0	0	0	0	0	0	0	0	0
Miscellaneous taxes	0	0	20	5	11	16	1	1	1	4
Customs duties collected for the EU	..	..	..	204	190	177	158	203	238	365
Contributions au Fonds de résolution unique collectées pour le compte de l'UE	0	0	..	..	..	..	..	128	133	158
Recettes fiscales totales sur la base d'encaissements	99	1 798	14 825	..	..	..	..	..	..	..
Recettes fiscales totales sur la base des droits constatés	..	..	..	39 705	55 885	54 541	61 788	70 510	76 015	87 277
Impôts additionnels inclus dans les comptes nationaux	..	..	..	5	7	14	18	21	24	25
Impôts exclus des comptes nationaux	..	..	0	0	0	0	0	0	0	0
Différence dans les traitements des crédits d'impôts	..	..	0	0	0	0	0	0	0	0
Transfert en capital des recettes non collectées	..	..	0	0	0	0	0	0	0	0
Cotisations de sécurité sociale volontaires	..	..	0	0	0	0	0	0	0	0
Différences diverses	..	..	0	0	0	0	0	0	0	0
Comptes nationaux : impôts et cotisations sociales effectives	..	..	..	39 710	55 892	54 555	61 806	70 532	76 039	87 302
Cotisations sociales imputées	..	..	..	3 292	5 592	5 906	4 602	4 656	4 863	4 907
Comptes nationaux : impôts et toutes les cotisations sociales	..	..	..	43 002	61 484	60 461	66 408	75 188	80 902	92 209

.. Non disponible
Note : Fiscal year ending 31 December.
From 1995, data are on accrual basis.
Source : Instituto Nacional de Estatística.

Tableau 5.31. République slovaque : recettes fiscales détaillées, 1965-2022

Million EUR

	1965	1980	1990	2000	2007	2010	2015	2020	2021	2022
Recettes fiscales totales	..	..	..	10 648	18 456	19 159	26 049	32 500	35 496	38 429
Recettes fiscales totales excluant les taxes collectés pour le compte de l'UE	..	..	..	10 648	18 321	19 016	25 930	32 362	35 335	38 240
1000 Impôts sur le revenu, les bénéfices et les gains en capital	..	..	..	2 181	3 844	3 601	5 542	6 535	7 682	8 453
1100 Impôts sur le revenu, les bénéfices et les gains en capital des personnes physiques	..	..	..	1 055	1 820	1 790	2 464	3 500	3 760	4 126
1110 Sur le revenu et les bénéfices des personnes physiques	..	..	..	1 055	1 820	1 790	2 464	3 500	3 760	4 126
Wages and salaries withholding	..	..	..	0	0	0	0	0	0	0
Of unicorporated individuals	..	..	..	0	0	0	0	0	0	0
1120 Sur les gains en capital des personnes physiques	..	..	..	0	0	0	0	0	0	0
1200 Impôts sur le revenu, les bénéfices et les gains en capital des sociétés	..	..	..	813	1 835	1 659	2 917	2 800	3 633	4 012
1210 Sur le revenu et les bénéfices des sociétés	..	..	..	0	0	0	0	0	0	0
1220 Sur les gains en capital des sociétés	..	..	..	0	0	0	0	0	0	0
1300 Non ventilables entres les rubriques 1100 et 1200	..	..	..	314	189	152	162	235	290	315
2000 Cotisations de sécurité sociale (CSS)	..	..	..	4 409	7 244	8 154	10 897	14 229	15 261	15 968
2100 CSS à la charge des salariés	..	..	..	901	1 700	2 077	2 410	3 477	3 724	4 010
Retirement	..	..	..	0	0	0	0	0	0	0
State employment policy	..	..	..	0	0	0	0	0	0	0
Health insurance	..	..	..	0	0	0	0	0	0	0
Sick leave	..	..	..	0	0	0	0	0	0	0
2110 CSS à la charge des salariés - sur la base du salaire	..	..	..	901	1 700	2 077	2 410	3 477	3 724	4 010
2120 CSS à la charge des salariés - sur la base de l'impôt sur le revenu	..	..	..	0	0	0	0	0	0	0
2200 CSS à la charge des employeurs	..	..	..	2 850	3 914	4 579	6 319	8 650	9 142	9 465
Retirement	..	..	..	0	0	0	0	0	0	0
State employment policy	..	..	..	0	0	0	0	0	0	0
Health insurance	..	..	..	0	0	0	0	0	0	0
Sick leave	..	..	..	0	0	0	0	0	0	0
2210 CSS à la charge des employeurs - sur la base du salaire	..	..	..	2 850	3 914	4 579	6 319	8 650	9 142	9 465
2220 CSS à la charge des employeurs - sur la base de l'impôt sur le revenu	..	..	..	0	0	0	0	0	0	0
2300 CSS à la charge des indépendants ou des sans emploi	..	..	..	658	1 631	1 498	2 168	2 103	2 395	2 493
Retirement	..	..	..	0	0	0	0	0	0	0
State employment policy	..	..	..	0	0	0	0	0	0	0
Health insurance	..	..	..	0	0	0	0	0	0	0
Sick leave	..	..	..	0	0	0	0	0	0	0
2310 CSS à la charge des indépendants ou des sans emploi - sur la base du salaire	..	..	..	658	1 631	1 498	2 168	2 103	2 395	2 493
2320 CSS à la charge des indépendants ou des sans emploi - Sur la base de l'impôt sur le revenu	..	..	..	0	0	0	0	0	0	0
2400 CSS Non ventilables entre les rubriques 2100, 2200 et 2300	..	..	..	0	0	0	0	0	0	0
2410 CSS Non-ventilables entre les rubriques 2100, 2200 et 2300 - sur la base du salaire	..	..	..	..	..	..	..	..	..	..
2420 CSS Non-ventilables entre les rubriques 2100, 2200 et 2300 - sur la base de l'impôt sur le revenu	..	..	..	..	..	..	..	..	..	..
3000 Impôts sur les salaires et la main-d'oeuvre	..	..	..	0	0	0	0	0	0	0
4000 Impôts sur le patrimoine	..	..	..	194	245	277	335	438	466	469
4100 Impôts périodiques sur la propriété immobilière	..	..	..	143	243	277	335	438	466	469
4110 Impôts périodiques sur la propriété immobilière – Ménages	..	..	..	28	22	25	29	36	37	37
4120 Impôts périodiques sur la propriété immobilière – Autres agents	..	..	..	114	222	252	306	402	428	432
4200 Impôts périodiques sur l'actif net	..	..	..	0	0	0	0	0	0	0
4210 Impôts périodiques sur l'actif net – Personnes physiques	..	..	..	..	..	..	..	..	..	..
4220 Impôts périodiques sur l'actif net – Sociétés	..	..	..	..	..	..	..	..	..	..
4300 Impôts sur les mutations par décès, les successions et les donations	..	..	..	8	0	0	0	0	0	0
4310 Impôts sur les mutations par décès et les successions	..	..	..	3	0	0	0	..	..	..
4320 Impôts sur les donations	..	..	..	5	0	0	0	..	..	..

	1965	1980	1990	2000	2007	2010	2015	2020	2021	2022
4400 Impôts sur les transactions mobilières et immobilières	..	..	..	43	1	0	0	0	0	0
Real property transfer tax	..	..	..	30	1	0	0	0	0	0
4500 Impôts non périodiques sur le patrimoine	..	..	..	0	0	0	0	0	0	0
4510 Impôts non périodiques sur l'actif net	..	..	..	..	..	..	..	..	..	..
4520 Impôts non périodiques sur le patrimoine autre que sur l'actif net	..	..	..	..	..	..	..	..	..	..
4600 Autres impôts périodiques sur le patrimoine hors rubriques 4100 et 4200	..	..	..	0	0	0	0	0	0	0
5000 Impôts sur les biens et services	..	..	..	3 864	7 123	7 127	9 275	11 298	12 087	13 540
5100 Impôts sur la production, la vente, le transfert, la location et la livraison des biens et la prestation de services	..	..	..	3 631	6 580	6 573	8 573	10 371	11 142	12 524
5110 Impôts généraux sur les biens et services	..	..	..	2 168	4 147	4 182	5 423	6 820	7 494	8 441
5111 Taxes sur la valeur ajoutée	..	..	..	2 168	4 147	4 182	5 423	6 820	7 494	8 441
5112 Impôts sur les ventes	..	..	..	0	0	0	0	0	0	0
5113 Autres impôts généraux sur les biens et services	..	..	..	0	0	0	0	0	0	0
5120 Impôts sur des biens et des services déterminés	..	..	..	1 464	2 433	2 391	3 151	3 551	3 648	4 083
5121 Accises	..	..	..	971	2 171	2 081	2 567	2 752	2 958	2 797
On hydrocarbon fuels and lubricants	..	..	..	617	1 118	1 032	1 139	1 196	1 237	1 294
On alcohol and liquers	..	..	..	143	201	197	205	208	216	238
On beer	..	..	..	43	66	56	57	57	55	56
On wine	..	..	..	12	4	4	4	5	5	5
On tobacco products	..	..	..	156	783	602	665	732	852	901
On electricity	..	..	..	0	0	16	13	12	10	12
On coal	..	..	..	0	0	1	0	0	0	0
On natural gas	..	..	..	0	0	24	23	24	25	24
Green energy	0	0	0	0	0	150	459	519	559	266
5122 Bénéfices des monopoles fiscaux	..	..	..	0	0	0	0	0	0	0
5123 Droits de douane et droits à l'importation	..	..	..	437	136	143	119	121	138	163
Customs duties	..	..	..	122	136	143	119	121	138	163
Import surcharges	..	..	..	315	0	0	0	0	0	0
Other customs revenues	..	..	..	0	0	0	0	0	0	0
5124 Taxes à l'exportation	..	..	..	0	0	0	0	0	0	0
5125 Impôts sur les biens d'équipement	..	..	..	0	0	0	2	3	3	3
5126 Impôts sur des services déterminés	..	..	..	55	125	167	462	675	548	1 120
5127 Autres impôts sur les transactions et les échanges internationaux non couverts par les rubriques 5121 à 5126	..	..	..	0	0	0	0	0	0	0
5128 Autres impôts non couverts par les rubriques 5121 à 5127	..	..	..	0	0	0	0	0	0	0
5130 Non ventilables entre les rubriques 5110 et 5120	..	..	..	0	0	0	0	0	0	0
5200 Impôts sur l'utilisation des biens ou l'autorisation d'utiliser des biens ou d'exercer des activités	..	..	..	231	438	421	549	723	723	792
5210 Impôts périodiques sur l'utilisation des biens ou l'exercice d'activités	..	..	..	219	372	384	470	453	455	489
5211 Impôts périodiques à la charge des ménages: véhicules à moteur	..	..	..	0	0	0	0	0	0	0
5212 Impôts périodiques à la charge d'autres agents: véhicules à moteur	..	..	..	93	153	153	204	200	203	202
5213 Sur l'utilisation des biens ou l'exercice d'activités autres que les véhicules à moteur	..	..	..	127	219	231	266	253	252	287
5220 Impôts non périodiques sur l'utilisation des biens ou l'exercice d'activités	..	..	..	12	66	37	79	270	267	303
5300 Non ventilables entre les rubriques 5100 et 5200	..	..	..	2	105	134	153	204	222	225
6000 Impôts autres que les rubriques 1000, 2000, 3000, 4000 et 5000	..	..	..	0	0	0	0	0	0	0
6100 À la charge exclusive des entreprises	..	..	..	..	..	..	..	..	..	..
6200 À la charge d'autre agents que les entreprises ou non identifiables	..	..	..	..	..	..	..	..	..	..
Custom duties collected for the EU	..	..	..	..	136	143	119	121	138	162
Contributions au Fonds de résolution unique collectées pour le compte de l'UE	0	0	0	..	..	..	..	17	24	27
Non-wastable tax credits against 1110	..	..	..	..	252	276	261	368	359	509
Tax expenditure component	..	..	..	..	..	..	..	..	..	..
Transfer component	..	..	..	..	..	..	..	..	..	..
	..	..	..	..	0	0	0	0	0	0
Tax expenditure component	..	..	..	..	..	..	..	..	..	..
Transfer component	..	..	..	..	..	..	..	..	..	..
Recettes fiscales totales sur la base d'encaissements	..	..	..	10 843	18 033	18 358	25 757	31 087	33 799	37 011

	1965	1980	1990	2000	2007	2010	2015	2020	2021	2022
Recettes fiscales totales sur la base des droits constatés	..	..	..	10 648	18 456	19 159	26 049	32 500	35 496	38 429
Impôts additionnels inclus dans les comptes nationaux	..	..	..	53	33	47	43	4	30	32
Impôts exclus des comptes nationaux	..	..	..	0	- 103	- 131	- 149	- 201	- 219	- 221
Différence dans les traitements des crédits d'impôts	..	..	..	0	0	0	0	0	0	0
Transfert en capital des recettes non collectées	..	..	..	0	0	0	0	0	0	0
Cotisations de sécurité sociale volontaires	..	..	..	0	22	31	11	12	29	28
Différences diverses	..	..	..	0	0	0	0	0	0	0
Comptes nationaux : impôts et cotisations sociales effectives	..	..	..	10 702	18 409	19 106	25 953	32 315	35 337	38 268
Cotisations sociales imputées	..	..	..	19	80	143	171	258	344	343
Comptes nationaux : impôts et toutes les cotisations sociales	..	..	..	10 721	18 488	19 250	26 124	32 572	35 681	38 611

.. Non disponible

Note : Year ending 31st December.

Data are on accrual basis.

Source : Ministry of Finance.

Tableau 5.32. Slovénie : recettes fiscales détaillées, 1965-2022

Million EUR

	1965	1980	1990	2000	2007	2010	2015	2020	2021	2022
Recettes fiscales totales	..	..	..	7 114	13 377	13 758	14 498	17 692	20 003	21 335
Recettes fiscales totales excluant les taxes collectés pour le compte de l'UE	..	..	..	7 114	13 292	13 698	14 430	17 621	19 913	21 219
1000 Impôts sur le revenu, les bénéfices et les gains en capital	..	..	..	1 280	3 041	2 692	2 547	3 403	4 123	4 288
1100 Impôts sur le revenu, les bénéfices et les gains en capital des personnes physiques	..	..	..	1 041	1 919	2 020	1 977	2 466	2 829	2 954
1110 Sur le revenu et les bénéfices des personnes physiques	..	..	..	1 039	1 916	2 017	1 974	2 463	2 826	2 948
Personal income tax	..	..	..	1 039	1 916	2 017	1 974	2 463	2 826	2 948
Special contribution for the reconstruction of the Posocje region	..	..	..	0	0	0	0	0	0	0
1120 Sur les gains en capital des personnes physiques	..	..	..	2	3	3	3	2	3	6
Taxes on winnings from lottery and gambling	..	..	..	2	3	3	3	2	3	6
1200 Impôts sur le revenu, les bénéfices et les gains en capital des sociétés	..	..	..	216	1 116	668	568	935	1 291	1 332
1210 Sur le revenu et les bénéfices des sociétés	..	..	..	216	1 116	668	568	935	1 291	1 332
1220 Sur les gains en capital des sociétés	..	..	..	0	0	0	0	0	0	0
1300 Non ventilables entres les rubriques 1100 et 1200	..	..	..	24	5	4	2	2	3	3
Tax on income - copy rights, patents and trademarks	..	..	..	24	5	4	2	2	3	3
Tax on profits due to changes in land use	..	..	..	0	0	0	0	0	0	0
2000 Cotisations de sécurité sociale (CSS)	..	..	..	2 820	5 046	5 761	5 983	7 908	8 561	9 134
2100 CSS à la charge des salariés	..	..	..	1 447	2 490	2 785	2 910	3 895	4 263	4 560
2110 CSS à la charge des salariés - sur la base du salaire	..	..	..	1 447	2 490	2 785	2 910	3 895	4 263	4 560
2120 CSS à la charge des salariés - sur la base de l'impôt sur le revenu	..	..	..	0	0	0	0	0	0	0
2200 CSS à la charge des employeurs	..	..	..	1 012	1 852	2 070	2 135	2 865	3 139	3 348
2210 CSS à la charge des employeurs - sur la base du salaire	..	..	..	1 012	1 852	2 070	2 135	2 865	3 139	3 348
2220 CSS à la charge des employeurs - sur la base de l'impôt sur le revenu	..	..	..	0	0	0	0	0	0	0
2300 CSS à la charge des indépendants ou des sans emploi	..	..	..	361	705	906	938	1 148	1 159	1 226
2310 CSS à la charge des indépendants ou des sans emploi - sur la base du salaire	..	..	..	361	705	906	938	1 148	1 159	1 226
2320 CSS à la charge des indépendants ou des sans emploi - Sur la base de l'impôt sur le revenu	..	..	..	0	0	0	0	0	0	0
2400 CSS Non ventilables entre les rubriques 2100, 2200 et 2300	..	..	..	0	0	0	0	0	0	0
2410 CSS Non-ventilables entre les rubriques 2100, 2200 et 2300 - sur la base du salaire	..	..	..	..	..	..	..	..	..	..
2420 CSS Non-ventilables entre les rubriques 2100, 2200 et 2300 - sur la base de l'impôt sur le revenu	..	..	..	..	..	..	..	..	..	..
3000 Impôts sur les salaires et la main-d'oeuvre	..	..	..	289	418	28	20	22	24	27
Payroll tax	..	..	..	272	391	0	0	0	0	0
Tax on work contracts	..	..	..	18	27	28	20	22	24	27
4000 Impôts sur le patrimoine	..	..	..	120	206	222	241	295	322	347
4100 Impôts périodiques sur la propriété immobilière	..	..	..	81	140	173	199	237	251	261
4110 Impôts périodiques sur la propriété immobilière – Ménages	..	..	..	17	38	46	56	72	74	77
Property tax on weekend cottages	..	..	..	1	1	1	1	1	1	1
Compensation on the use of building ground - paid by individuals	..	..	..	16	37	45	56	71	73	76
Tax on immovable property of higher value	..	..	..	0	0	0	0	0	0	0
4120 Impôts périodiques sur la propriété immobilière – Autres agents	..	..	..	65	102	127	142	164	176	183
Property tax on buildings	..	..	..	2	3	3	4	7	7	8
Compensation on the use of building ground - paid by legal entities	..	..	..	63	100	124	139	157	169	175
4200 Impôts périodiques sur l'actif net	..	..	..	4	0	0	0	0	0	0
4210 Impôts périodiques sur l'actif net – Personnes physiques	..	..	..	0	..	..	..	..	..	..
4220 Impôts périodiques sur l'actif net – Sociétés	..	..	..	4	..	..	..	..	..	..
Tax on balance wealth paid by banks	..	..	..	4	..	..	..	..	..	..
4300 Impôts sur les mutations par décès, les successions et les donations	..	..	..	2	9	14	8	10	11	17
4310 Impôts sur les mutations par décès et les successions	..	..	..	..	..	..	..	..	..	..

	1965	1980	1990	2000	2007	2010	2015	2020	2021	2022
4320 Impôts sur les donations	..	..	..	..	..	..	..	..	..	..
4400 Impôts sur les transactions mobilières et immobilières	..	..	..	23	57	32	29	40	54	55
Taxes on the sale of immovable property - from legal entities	..	..	..	11	19	7	7	7	9	7
Taxes on the sale of immovable property - from individuals	..	..	..	12	38	25	23	33	44	48
4500 Impôts non périodiques sur le patrimoine	..	..	..	10	0	2	4	8	6	14
4510 Impôts non périodiques sur l'actif net	..	..	..	0	..	0	0	0	0	0
4520 Impôts non périodiques sur le patrimoine autre que sur l'actif net	..	..	..	10	..	2	4	8	6	14
Payments for the change of use of agricultural and forest land	..	..	..	10	..	0	2	2	4	3
Granting of easements and the creation of building rights	..	..	..	0	..	2	3	6	2	10
4600 Autres impôts périodiques sur le patrimoine hors rubriques 4100 et 4200	..	..	..	0	0	0	0	0	0	0
Property tax on boats	..	..	..	0	0	0	0	0	0	0
5000 Impôts sur les biens et services	..	..	..	2 604	4 666	5 055	5 707	6 065	6 973	7 538
5100 Impôts sur la production, la vente, le transfert, la location et la livraison des biens et la prestation de services	..	..	..	2 483	4 451	4 840	5 331	5 625	6 524	7 047
5110 Impôts généraux sur les biens et services	..	..	..	1 642	2 941	2 929	3 224	3 554	4 305	4 681
5111 Taxes sur la valeur ajoutée	..	..	..	1 611	2 941	2 929	3 224	3 554	4 305	4 681
Value added tax	..	..	..	1 599	2 923	2 926	3 220	3 553	4 299	4 674
Negative compensation of farmers in a VAT flat rate system	..	..	..	12	18	3	4	1	6	7
5112 Impôts sur les ventes	..	..	..	8	0	0	0	0	0	0
Customs duties paid by individuals	..	..	..	1	..	..	..	..	..	..
Special import duties and customs charges	..	..	..	7	..	..	..	..	..	..
5113 Autres impôts généraux sur les biens et services	..	..	..	23	0	0	0	0	0	0
Turnover tax on goods	..	..	..	11	..	..	..	..	..	..
Turnover tax on services	..	..	..	12	..	..	..	..	..	..
Special turnover tax on alcohol	..	..	..	0	..	..	..	..	..	..
5120 Impôts sur des biens et des services déterminés	..	..	..	841	1 510	1 911	2 107	2 071	2 220	2 366
5121 Accises	..	..	..	581	1 196	1 555	1 626	1 588	1 695	1 705
Alcohol and alcoholic drinks	..	..	..	39	71	89	108	112	118	125
Mineral oil and gas	..	..	..	405	758	1 016	1 033	852	929	930
Tobacco	..	..	..	97	301	391	419	404	422	471
Duty free shops - alcohol and alcoholic drinks	..	..	..	3	0	0	0	0	0	0
Duty free shops - tobacco	..	..	..	17	0	0	0	0	0	0
Electric power and coal	..	..	..	0	4	19	34	31	32	17
Tax on the sales of new motor vehicles	..	..	..	18	60	40	26	26	14	18
Tax on the sales of used motor vehicles	..	..	..	2	2	0	0	0	0	0
Additional tax on motor vehicles	..	..	..	0	0	0	6	7	0	0
Support for produced electricity from RES and CHP	0	0	0	0	0	0	0	156	180	143
5122 Bénéfices des monopoles fiscaux	..	..	..	0	0	0	0	0	0	0
5123 Droits de douane et droits à l'importation	..	..	..	158	85	60	53	62	82	104
Import duties	..	..	..	151	0	0	0	0	0	0
Levies on imported agricultural products	..	..	..	7	0	0	0	0	0	0
Custom duties collected for the EU	0	0	..	0	85	60	53	62	82	104
5124 Taxes à l'exportation	..	..	..	0	0	0	0	0	0	0
5125 Impôts sur les biens d'équipement	..	..	..	0	0	0	0	0	0	0
5126 Impôts sur des services déterminés	..	..	..	102	230	296	428	421	443	557
Tax on special gambling (gambling in casinos)	..	..	..	25	64	53	48	26	22	46
Tax on classical gambling (lottery...)	..	..	..	1	3	3	3	3	3	4
Special tax on slot machines	..	..	..	4	0	0	0	0	0	0
Tax on insurance services	..	..	..	37	65	69	82	102	108	116
Sojourn tax	..	..	..	3	7	7	11	15	16	24
Concessions	..	..	..	1	29	40	79	64	66	90
Concessions duties on special gambling (gambling in casinos)	..	..	..	26	55	47	37	23	18	40
Fire protection tax	..	..	..	4	6	7	8	10	10	11
Tax on lottery tickets	..	..	..	0	0	0	17	18	19	22
Tax on financial services	..	..	..	0	0	0	57	67	76	78
FIHO, FSO	..	..	..	0	0	25	27	24	24	30
SOS	..	..	..	0	0	23	11	9	11	14
Tax on balance wealth paid by banks	..	..	..	0	0	0	2	0	0	0
Commodity reserve fund	..	..	..	0	0	21	32	26	29	34
Deposit Guarantee Fund	..	..	..	0	0	0	16	31	35	43
Promotional tax of STO	0	0	0	0	0	0	0	3	4	5

	1965	1980	1990	2000	2007	2010	2015	2020	2021	2022
5127 Autres impôts sur les transactions et les échanges internationaux non couverts par les rubriques 5121 à 5126	..	..	..	0	0	0	0	0	0	0
5128 Autres impôts non couverts par les rubriques 5121 à 5127	..	..	..	0	0	0	0	0	0	0
Sugar levy	..	..	..	..	0	..	..	..	..	..
5130 Non ventilables entre les rubriques 5110 et 5120	..	..	..	0	0	0	0	0	0	0
5200 Impôts sur l'utilisation des biens ou l'autorisation d'utiliser des biens ou d'exercer des activités	..	..	..	121	215	215	377	440	449	491
5210 Impôts périodiques sur l'utilisation des biens ou l'exercice d'activités	..	..	..	121	215	215	353	375	384	361
5211 Impôts périodiques à la charge des ménages: véhicules à moteur	..	..	..	49	87	86	118	128	130	132
Registration fees on motor vehicles, boats and airplanes paid by individuals	..	..	..	49	87	86	118	128	130	132
5212 Impôts périodiques à la charge d'autres agents: véhicules à moteur	..	..	..	12	21	20	27	32	33	34
Registration fees on motor vehicles, boats and airplanes paid by legal entities	..	..	..	12	21	20	27	32	33	34
Registration fees on tractors	..	..	..	0	0	0	0	0	0	0
5213 Sur l'utilisation des biens ou l'exercice d'activités autres que les véhicules à moteur	..	..	..	59	107	110	208	215	221	195
Charges on the use of water	..	..	..	4	22	23	32	32	31	31
Taxes on waste pollution	..	..	..	7	10	3	2	1	1	2
Taxes on air pollution - caused by gas and hard fuels	..	..	..	3	8	10	13	16	16	13
Contribution of Nuclear power plant to finance its de-composition	..	..	..	16	8	8	8	6	6	6
Indemnity for the restricted use of area on the territory of Nuclear power plant	..	..	..	0	7	10	12	6	6	6
Taxes on air pollution	..	..	..	29	21	23	114	112	118	93
Special water tax	..	..	..	0	30	33	27	24	23	23
Markup on toll	0	0	0	0	0	0	0	12	13	13
Transhipment fee in the port of Koper	0	0	0	0	0	0	0	6	6	8
5220 Impôts non périodiques sur l'utilisation des biens ou l'exercice d'activités	..	..	..	0	0	0	24	65	65	130
Emission permits	..	..	..	..	..	..	24	65	65	130
Contribution from excess market revenues in the field of energy	0	0	0	..	..	..	0	0	0	0
5300 Non ventilables entre les rubriques 5100 et 5200	..	..	..	0	0	0	0	0	0	0
6000 Impôts autres que les rubriques 1000, 2000, 3000, 4000 et 5000	..	..	..	0	0	0	0	0	0	0
6100 À la charge exclusive des entreprises	..	..	..	..	..	..	..	..	..	..
#REF!	..	..	..	..	..	..	..	..	..	..
6200 À la charge d'autre agents que les entreprises ou non identifiables	..	..	..	..	85	60	53	62	82	104
Customs duties collected for the EU	0	0	..	..	..	..	16	9	9	11
Contributions au Fonds de résolution unique collectées pour le compte de l'UE	..	..	..	7 135	13 140	13 605	14 560	0	0	0
Recettes fiscales totales sur la base d'encaissements	..	..	..	7 114	13 377	13 758	14 498	17 692	20 003	21 335
Recettes fiscales totales sur la base des droits constatés	..	..	..	..	..	87	94	96	97	99
Impôts additionnels inclus dans les comptes nationaux	..	..	..	..	..	87	94	96	97	99
Radio and television licence fee	..	..	..	..	..	..	..	0	0	0
Impôts exclus des comptes nationaux	..	..	..	0	0	0	0	0	0	0
Différence dans les traitements des crédits d'impôts	..	..	..	- 7	- 35	- 17	- 2	- 25	- 5	- 2
Transfert en capital des recettes non collectées	..	..	..	0	0	0	0	0	0	0
Cotisations de sécurité sociale volontaires	..	..	..	0	0	0	0	0	0	0
Différences diverses	..	..	..	7 107	13 342	13 828	14 590	17 764	20 095	21 432
Comptes nationaux : impôts et cotisations sociales effectives	..	..	..	39	81	100	118	165	180	173
Cotisations sociales imputées	..	..	..	7 146	13 423	13 928	14 708	17 929	20 275	21 605

.. Non disponible

Note : Year ending 31st December.
Data are on accrual basis.

Source : Statistical Office of the Republic of Slovenia.

Tableau 5.33. Espagne : recettes fiscales détaillées, 1965-2022

Million EUR

	1965	1980	1990	2000	2007	2010	2015	2020	2021	2022
Recettes fiscales totales	1238.33	22001.61	103662.00	214114.00	391648.00	335563.00	364683.00	412288.00	462189.00	506104.00
Recettes fiscales totales excluant les taxes collectés pour le compte de l'UE	..	..	..	213067.00	389927.00	334019.00	362175.00	409786.00	459182.00	502183.00
1000 Impôts sur le revenu, les bénéfices et les gains en capital	303.69	5713.64	31763.45	60145.00	130081.00	93798.00	102645.00	119782.00	137742.00	158705.00
1100 Impôts sur le revenu, les bénéfices et les gains en capital des personnes physiques	177.30	4480.67	22526.83	41248.00	80719.00	74118.00	78896.00	97764.00	105449.00	122151.00
Personal income tax	..	..	22526.83	40366.00	79973.00	73534.00	78586.00	97470.00	105073.00	121568.00
Income tax of non-residents	..	..	0.00	882.00	746.00	584.00	310.00	294.00	376.00	583.00
1110 Sur le revenu et les bénéfices des personnes physiques	..	..	..	..	..	..	..	..	..	..
1120 Sur les gains en capital des personnes physiques	..	..	..	..	..	..	..	..	..	..
1200 Impôts sur le revenu, les bénéfices et les gains en capital des sociétés	113.83	1118.60	9145.57	18897.00	49362.00	19680.00	23749.00	22018.00	32293.00	36554.00
Corporate income tax	..	..	9145.57	18597.00	47499.00	17567.00	22471.00	20752.00	30686.00	34029.00
Income tax of non-residents (legal persons)	..	..	0.00	300.00	1863.00	2113.00	1278.00	1266.00	1607.00	2525.00
1210 Sur le revenu et les bénéfices des sociétés	..	..	..	..	..	..	..	..	..	..
Tax on commercial activity	..	..	..	..	..	..	..	..	..	..
Special tax 4 percent	..	..	..	..	..	..	..	..	..	..
Taxes on profits	..	..	..	..	..	..	..	..	..	..
Temporary levy on credit institutions and specialised credit institutions	..	..	..	..	..	..	..	..	..	..
1220 Sur les gains en capital des sociétés	..	..	..	..	..	..	..	..	..	..
1300 Non ventilables entres les rubriques 1100 et 1200	12.56	114.37	91.05	0.00	0.00	0.00	0.00	0.00	0.00	0.00
Local taxes	12.56	114.37	0.00	..	..	..	..	..	..	..
Other taxes	0.00	0.00	91.05	..	..	..	..	..	..	..
2000 Cotisations de sécurité sociale (CSS)	349.97	10682.27	36722.32	74683.00	127088.00	127235.00	122835.00	154315.00	163824.00	172438.00
2100 CSS à la charge des salariés	80.90	2375.92	5975.56	11711.00	19625.00	19423.00	18783.00	22229.00	24091.00	26263.00
2110 CSS à la charge des salariés - sur la base du salaire	..	..	5975.56	11711.00	19625.00	19423.00	18783.00	22229.00	24091.00	26263.00
2120 CSS à la charge des salariés - sur la base de l'impôt sur le revenu	..	..	0.00	..	..	..	..	..	..	..
2200 CSS à la charge des employeurs	269.07	8306.35	26385.45	54226.00	93234.00	89666.00	87988.00	112444.00	118756.00	127643.00
2210 CSS à la charge des employeurs - sur la base du salaire	..	..	26385.45	54226.00	93234.00	89666.00	87988.00	112444.00	118756.00	127643.00
2220 CSS à la charge des employeurs - sur la base de l'impôt sur le revenu	..	..	0.00	..	..	..	..	..	..	..
2300 CSS à la charge des indépendants ou des sans emploi	0.00	0.00	4361.30	8746.00	14229.00	18146.00	16064.00	19642.00	20977.00	18532.00
Self-employment	..	..	2492.40	6788.00	10120.00	10119.00	10872.00	11588.00	11802.00	12083.00
Unemployment	..	..	1868.91	1958.00	4109.00	8027.00	5192.00	8054.00	9175.00	6449.00
2310 CSS à la charge des indépendants ou des sans emploi - sur la base du salaire	..	..	..	..	..	..	..	..	..	..
2320 CSS à la charge des indépendants ou des sans emploi - Sur la base de l'impôt sur le revenu	..	..	..	..	..	..	..	..	..	..
2400 CSS Non ventilables entre les rubriques 2100, 2200 et 2300	0.00	0.00	0.00	0.00	0.00	0.00	0.00	0.00	0.00	0.00
2410 CSS Non-ventilables entre les rubriques 2100, 2200 et 2300 - sur la base du salaire	..	..	..	..	..	..	..	..	..	..
2420 CSS Non-ventilables entre les rubriques 2100, 2200 et 2300 - sur la base de l'impôt sur le revenu	..	..	..	..	..	..	..	..	..	..
3000 Impôts sur les salaires et la main-d'oeuvre	0.00	0.00	0.00	0.00	0.00	0.00	0.00	0.00	0.00	0.00
4000 Impôts sur le patrimoine	78.79	1003.87	5717.97	13827.00	32133.00	22178.00	27855.00	27770.00	33669.00	34939.00
4100 Impôts périodiques sur la propriété immobilière	5.53	40.69	1478.31	3988.00	7281.00	9666.00	12623.00	13267.00	13998.00	14082.00
Real State tax (IBI)/Real State tax Surcharge	..	40.69	1478.31	3982.00	7267.00	9657.00	12581.00	13186.00	13924.00	14052.00
Special Real State tax for Non-residents	..	0.00	0.00	6.00	6.00	8.00	4.00	3.00	3.00	5.00
Other taxes on property, land or building use	..	0.00	0.00	0.00	3.00	0.00	1.00	0.00	0.00	0.00
4110 Impôts périodiques sur la propriété immobilière – Ménages	..	..	..	..	..	..	..	..	..	..
4120 Impôts périodiques sur la propriété immobilière – Autres agents	..	..	..	0.00	5.00	1.00	37.00	78.00	71.00	25.00
Tax on large Commercial Establishments	..	..	..	..	5.00	1.00	37.00	78.00	71.00	25.00
4200 Impôts périodiques sur l'actif net	0.00	106.86	636.77	1413.00	2479.00	688.00	1904.00	2304.00	2370.00	2613.00
4210 Impôts périodiques sur l'actif net – Personnes physiques	..	106.86	636.77	1413.00	2479.00	688.00	1904.00	2304.00	2370.00	2613.00
Wealth tax	..	..	636.77	1199.00	2054.00	104.00	1144.00	1496.00	1518.00	1753.00
Temporary Solidarity Tax on Large Fortunes	..	..	..	0.00	0.00	0.00	0.00	0.00	0.00	0.00
Real State tax (unoccupied dwellings) and others	..	..	0.00	214.00	425.00	584.00	760.00	808.00	852.00	860.00
4220 Impôts périodiques sur l'actif net – Sociétés	..	0.00	0.00	0.00	0.00	0.00	0.00	0.00	0.00	0.00

	1965	1980	1990	2000	2007	2010	2015	2020	2021	2022
4300 Impôts sur les mutations par décès, les successions et les donations	13.46	89.67	440.36	1379.00	2901.00	2412.00	2790.00	2493.00	3536.00	3662.00
Inheritance and gift tax	..	..	440.36	1379.00	2901.00	2412.00	2790.00	2493.00	3536.00	3662.00
4310 Impôts sur les mutations par décès et les successions	..	..	..	..	..	..	..	..	..	..
4320 Impôts sur les donations	..	..	..	..	..	..	..	..	..	..
4400 Impôts sur les transactions mobilières et immobilières	59.80	766.65	2478.15	5939.00	17025.00	7603.00	6984.00	7535.00	11108.00	12661.00
Taxes on property transactions	59.80	766.65	2478.15	5939.00	17025.00	7603.00	6984.00	7535.00	10812.00	12356.00
Tax on financial transactions	..	..	..	0.00	0.00	0.00	0.00	0.00	296.00	305.00
4500 Impôts non périodiques sur le patrimoine	0.00	0.00	645.91	1108.00	2447.00	1809.00	3554.00	2171.00	2657.00	1921.00
4510 Impôts non périodiques sur l'actif net	..	..	466.99	0.00	495.00	192.00	1006.00	316.00	348.00	330.00
Tax on land holding gains	..	..	466.99	..	..	..	0.00	..	..	..
Urban use tax	..	..	..	..	495.00	192.00	73.00	82.00	114.00	96.00
Extraordinary resource of FGD	..	..	..	..	0.00	0.00	933.00	234.00	234.00	234.00
4520 Impôts non périodiques sur le patrimoine autre que sur l'actif net	..	..	178.92	1108.00	1952.00	1617.00	2548.00	1855.00	2309.00	1591.00
Special duties	..	..	178.92	180.00	168.00	129.00	70.00	59.00	84.00	88.00
Land development contributions	..	..	0.00	223.00	368.00	225.00	61.00	47.00	71.00	68.00
Levy on "Revaluation of Reserve Account"	..	..	..	0.00	0.00	0.00	0.00	0.00	0.00	0.00
Tax on the increase in value of urban terrains	..	..	0.00	705.00	1416.00	1263.00	2417.00	1749.00	2154.00	1435.00
Others	..	..	0.00	0.00	0.00	0.00	0.00	0.00	0.00	0.00
4600 Autres impôts périodiques sur le patrimoine hors rubriques 4100 et 4200	0.00	0.00	38.46	0.00	0.00	0.00	0.00	0.00	0.00	0.00
5000 Impôts sur les biens et services	505.75	4553.09	29436.56	65456.00	102334.00	92344.00	111159.00	110303.00	126779.00	139807.00
5100 Impôts sur la production, la vente, le transfert, la location et la livraison des biens et la prestation de services	503.17	4551.71	26731.61	59383.00	93814.00	84985.00	102912.00	100986.00	116314.00	128277.00
5110 Impôts généraux sur les biens et services	275.02	2234.32	16611.27	37800.00	62778.00	55629.00	69478.00	70846.00	83881.00	94690.00
5111 Taxes sur la valeur ajoutée	0.00	0.00	16303.78	37785.00	62743.00	55318.00	69294.00	70669.00	83547.00	94234.00
Value added tax (VAT)	..	..	16303.78	37045.00	61472.00	54509.00	67913.00	69435.00	82249.00	92344.00
Canary Islands general indirect tax	..	..	0.00	740.00	1271.00	809.00	1381.00	1234.00	1298.00	1890.00
5112 Impôts sur les ventes	0.00	0.00	0.00	15.00	35.00	311.00	184.00	177.00	168.00	160.00
Fees for RTVE (since 2010)	..	..	..	0.00	0.00	278.00	184.00	177.00	168.00	160.00
Fees from the National Commission of Telecommunications Market	..	..	..	15.00	35.00	33.00	0.00	0.00	0.00	0.00
5113 Autres impôts généraux sur les biens et services	275.02	2234.32	307.49	0.00	0.00	0.00	0.00	0.00	166.00	296.00
Cascade tax	117.92	1482.82	197.23	..	..	..	..	..	0.00	0.00
Excises on luxury expenditure	95.92	939.44	15.00	..	..	..	..	..	0.00	0.00
Other import duties	93.76	831.68	128.26	..	..	..	..	..	0.00	0.00
Refund of internal taxes	-32.57	-1019.62	-33.00	..	..	..	..	..	0.00	0.00
Tax on certain digital services	..	..	..	..	..	..	..	..	166.00	296.00
5120 Impôts sur des biens et des services déterminés	228.14	2317.38	10120.34	21583.00	31036.00	29356.00	33434.00	30140.00	32433.00	33587.00
5121 Accises	69.12	1238.99	6048.00	17952.00	25581.00	24384.00	25908.00	23181.00	24093.00	23757.00
Special excises	69.12	1238.99	10.00	0.00	0.00	0.00	0.00	0.00	0.00	0.00
On beer	0.00	0.00	87.00	202.00	307.00	302.00	316.00	330.00	340.00	375.00
On wine	0.00	0.00	0.00	0.00	0.00	0.00	0.00	0.00	0.00	0.00
On alcohol	0.00	0.00	481.00	785.00	1008.00	876.00	843.00	673.00	735.00	959.00
On hydrocarbon	0.00	0.00	4222.00	9977.00	11787.00	10907.00	12465.00	11471.00	12718.00	13259.00
On tobacco	0.00	0.00	1123.00	4507.00	7258.00	7976.00	7213.00	6828.00	6601.00	7216.00
On electricity bills	0.00	0.00	0.00	703.00	1153.00	1483.00	1458.00	1309.00	1142.00	245.00
Tax on retail sales of specific hydrocarbons	0.00	0.00	0.00	0.00	1356.00	1238.00	7.00	0.00	0.00	1.00
Tax on oil derived fuels	0.00	0.00	120.00	237.00	253.00	220.00	314.00	254.00	289.00	301.00
Petrol tax	0.00	0.00	0.00	6.00	5.00	5.00	22.00	19.00	23.00	20.00
Other taxes	0.00	0.00	5.00	17.00	21.00	18.00	22.00	20.00	22.00	25.00
On carbon	0.00	0.00	0.00	0.00	0.00	0.00	308.00	41.00	29.00	58.00
Production and storage of electricity	0.00	0.00	0.00	0.00	0.00	0.00	1576.00	1146.00	1108.00	16.00
Tax Greenhouse Effect Flourinated	0.00	0.00	0.00	0.00	0.00	0.00	99.00	67.00	68.00	100.00
Canary Islands taxes on national products	0.00	0.00	0.00	51.00	86.00	71.00	85.00	86.00	115.00	144.00
Taxes on national products in Ceuta and Melilla	0.00	0.00	0.00	108.00	110.00	105.00	115.00	81.00	90.00	79.00
Fees from the National Energy Commission	0.00	0.00	0.00	13.00	27.00	35.00	0.00	0.00	0.00	0.00
Contribution to the National Energy Efficiency Fund	0.00	0.00	0.00	0.00	0.00	366.00	207.00	206.00	207.00	192.00
Special tax on Certain Means of Transport	0.00	0.00	0.00	1317.00	2158.00	735.00	358.00	446.00	544.00	717.00
Fee for the use of continental waters for the production of the electrical power	0.00	0.00	0.00	0.00	0.00	0.00	453.00	154.00	0.00	0.00
Special duties and other taxes on importes products	0.00	0.00	0.00	29.00	52.00	47.00	47.00	21.00	32.00	19.00
Excise tax on non-reusable plastic containers	..	..	..	0.00	0.00	0.00	0.00	0.00	0.00	0.00
Other taxes on products	0.00	0.00	0.00	0.00	0.00	0.00	0.00	29.00	30.00	31.00

	1965	1980	1990	2000	2007	2010	2015	2020	2021	2022
5122 Bénéfices des monopoles fiscaux	65.57	132.22	546.02	0.00	0.00	0.00	0.00	0.00	0.00	0.00
Tobacco	20.86	77.41	0.00	..	..	..	..	..	..	..
Petroleum	44.72	54.81	546.02	..	..	..	..	..	..	..
5123 Droits de douane et droits à l'importation	86.61	561.17	2077.73	1044.00	1816.00	1593.00	1899.00	1742.00	2132.00	2909.00
Import duties	86.61	561.17	1393.75	0.00	0.00	0.00	0.00	0.00	0.00	0.00
Canary Islands taxes on imported products	0.00	0.00	137.00	33.00	51.00	44.00	53.00	55.00	73.00	90.00
Taxes on imported products in Ceuta and Melilla	0.00	0.00	36.00	41.00	42.00	40.00	43.00	31.00	34.00	30.00
Customs duties collected for the EU	..	..	510.98	970.00	1723.00	1509.00	1803.00	1656.00	2025.00	2789.00
5124 Taxes à l'exportation	0.18	0.00	0.00	..	..	..	..	..	..	..
5125 Impôts sur les biens d'équipement	0.00	0.00	0.00	0.00	0.00	0.00	0.00	0.00	0.00	0.00
5126 Impôts sur des services déterminés	6.67	385.01	1426.59	2497.00	3633.00	3166.00	5408.00	4999.00	5967.00	6681.00
Taxes on betting and gambling	0.18	231.81	1306.99	1649.00	2051.00	1635.00	1164.00	816.00	997.00	1203.00
Taxes on other specific services	6.49	153.20	119.60	0.00	0.00	0.00	0.00	0.00	0.00	0.00
Taxes on insurance premiums	0.00	0.00	0.00	848.00	1581.00	1531.00	1446.00	1704.00	2247.00	2455.00
Tax on deposits of credit institution	0.00	0.00	0.00	0.00	1.00	0.00	421.00	406.00	439.00	461.00
Ordinary resource DGF	0.00	0.00	0.00	0.00	0.00	0.00	1644.00	1161.00	1257.00	1203.00
EU SRF contribution	..	..	..	0.00	0.00	0.00	690.00	846.00	982.00	1132.00
Tourist tax	0.00	0.00	0.00	0.00	0.00	0.00	43.00	66.00	45.00	227.00
5127 Autres impôts sur les transactions et les échanges internationaux non couverts par les rubriques 5121 à 5126	0.00	0.00	0.00	0.00	0.00	0.00	0.00	0.00	0.00	0.00
5128 Autres impôts non couverts par les rubriques 5121 à 5127	0.00	0.00	22.00	90.00	6.00	213.00	219.00	218.00	241.00	240.00
EU levies	..	..	22.00	77.00	-2.00	35.00	15.00	0.00	0.00	0.00
Others	..	..	0.00	13.00	8.00	9.00	37.00	66.00	94.00	95.00
Resource CORES	..	..	0.00	0.00	0.00	169.00	167.00	152.00	147.00	145.00
5130 Non ventilables entre les rubriques 5110 et 5120	0.00	0.00	0.00	0.00	0.00	0.00	0.00	0.00	0.00	0.00
5200 Impôts sur l'utilisation des biens ou l'autorisation d'utiliser des biens ou d'exercer des activités	2.58	1.38	2633.31	6073.00	8520.00	7359.00	8247.00	9317.00	10465.00	11530.00
5210 Impôts périodiques sur l'utilisation des biens ou l'exercice d'activités	2.58	1.38	1616.00	4306.00	5311.00	5782.00	6420.00	6503.00	6881.00	7091.00
Other taxes on luxury expenses	..	..	..	2.00	7.00	4.00	3.00	3.00	3.00	3.00
5211 Impôts périodiques à la charge des ménages: véhicules à moteur	..	0.00	461.00	1117.00	1626.00	1770.00	1725.00	1712.00	1784.00	1798.00
Car registration tax	..	..	461.00	1117.00	1626.00	1770.00	1725.00	1712.00	1784.00	1798.00
5212 Impôts périodiques à la charge d'autres agents: véhicules à moteur	..	0.00	117.00	298.00	502.00	498.00	470.00	473.00	493.00	497.00
Car registration tax	..	..	117.00	298.00	502.00	498.00	470.00	473.00	493.00	497.00
5213 Sur l'utilisation des biens ou l'exercice d'activités autres que les véhicules à moteur	..	1.38	1038.00	2889.00	3176.00	3510.00	4222.00	4315.00	4601.00	4793.00
Hunting and fishing taxes	..	..	0.00	28.00	28.00	34.00	30.00	27.00	30.00	26.00
Economic activity tax	..	..	925.00	1934.00	1633.00	1785.00	1794.00	1855.00	2006.00	2032.00
Advertising	..	..	27.00	0.00	0.00	0.00	0.00	0.00	0.00	0.00
Taxes on environment and pollution	..	..	0.00	42.00	91.00	141.00	563.00	663.00	778.00	615.00
Tax on effluent, use of hydrocarbon and mines	..	..	0.00	51.00	83.00	67.00	184.00	193.00	184.00	218.00
Other fees paid by households for licences	..	..	0.00	179.00	264.00	228.00	245.00	280.00	322.00	314.00
Compensation for local taxes	..	..	86.00	140.00	176.00	165.00	118.00	126.00	121.00	110.00
Vehicle Inspection duty	..	..	0.00	6.00	18.00	17.00	19.00	14.00	17.00	17.00
Municipal fees for private use of public space	..	..	0.00	509.00	883.00	1073.00	1269.00	1157.00	1143.00	1461.00
Temporary energy levy	..	..	..	0.00	0.00	0.00	0.00	0.00	0.00	0.00
5220 Impôts non périodiques sur l'utilisation des biens ou l'exercice d'activités	0.00	0.00	1017.31	1767.00	3209.00	1577.00	1827.00	2814.00	3584.00	4439.00
Tax and building permits	..	..	327.31	1117.00	2227.00	859.00	575.00	892.00	1162.00	1295.00
Urban licenses	..	..	0.00	451.00	490.00	260.00	200.00	274.00	331.00	391.00
Greenhouse gas emission trading	..	..	0.00	0.00	0.00	0.00	412.00	1264.00	1656.00	2318.00
Parafiscal taxes	..	..	690.00	199.00	492.00	458.00	640.00	384.00	435.00	435.00
Tax on waste disposal in landfills, incineration and co-incineration of waste	..	..	..	0.00	0.00	0.00	0.00	0.00	0.00	0.00
5300 Non ventilables entre les rubriques 5100 et 5200	0.00	0.00	71.64	0.00	0.00	0.00	0.00	0.00	0.00	0.00
6000 Impôts autres que les rubriques 1000, 2000, 3000, 4000 et 5000	0.12	48.74	21.70	3.00	12.00	8.00	189.00	118.00	175.00	215.00
6100 À la charge exclusive des entreprises	..	48.74	0.00	0.00	0.00	0.00	0.00	0.00	0.00	0.00
6200 À la charge d'autre agents que les entreprises ou non identifiables	..	0.00	21.70	3.00	12.00	8.00	189.00	118.00	175.00	215.00
Other taxes on production	..	..	..	3.00	12.00	8.00	189.00	118.00	175.00	215.00
Custom duties collected for the EU	..	..	..	970.00	1723.00	1509.00	1803.00	1656.00	2025.00	2789.00
Contributions au Fonds de résolution unique collectées pour le compte de l'UE	..	..	..	..	..	..	690.00	846.00	982.00	1132.00
Non-wastable tax credits against 1110	..	..	..	..	1323.00	1897.00	1093.00	2822.00	2704.00	2816.00
Tax expenditure component	..	..	..	..	522.00	729.00	546.00	1196.00	1199.00	1248.00
Transfer component	..	..	..	..	801.00	1168.00	547.00	1626.00	1505.00	1568.00
Non-wastable tax credits against 1210	..	..	..	..	0.00	0.00	46.00	296.00	1417.00	387.00

	1965	1980	1990	2000	2007	2010	2015	2020	2021	2022
Tax expenditure component	..	..	..	..	..	..	12.00	47.00	38.00	54.00
Transfer component	..	..	..	..	..	..	34.00	249.00	1379.00	333.00
Recettes fiscales totales sur la base d'encaissements	1238.33	22001.61	103662.00	212669.00	388829.00	333697.00	360947.00	398682.00	451125.00	501052.00
Recettes fiscales totales sur la base des droits constatés	..	..	..	214114.00	391648.00	335563.00	364683.00	412288.00	462189.00	506104.00
Impôts additionnels inclus dans les comptes nationaux	..	..	..	0.00	0.00	0.00	0.00	0.00	0.00	0.00
Impôts exclus des comptes nationaux	..	..	..	0.00	0.00	0.00	0.00	0.00	0.00	0.00
Différence dans les traitements des crédits d'impôts	..	..	..	0.00	522.00	729.00	558.00	1243.00	1237.00	1302.00
Transfert en capital des recettes non collectées	..	..	..	0.00	0.00	0.00	0.00	0.00	0.00	0.00
Cotisations de sécurité sociale volontaires	..	..	..	447.00	937.00	1155.00	1170.00	891.00	931.00	930.00
Différences diverses	..	..	..	0.00	0.00	0.00	0.00	0.00	0.00	0.00
Comptes nationaux : impôts et cotisations sociales effectives	..	..	..	214561.00	393107.00	337447.00	366411.00	414422.00	464357.00	508336.00

.. Non disponible

Note : Year ending 31st December.

From 1995, data are on accrual basis.

Since 1995, the data are consistent with those transmitted to Eurostat in the framework of Government Finance Statistics (ESA).

From 1981 the figures take into account the classification procedures set out in the OECD Interpretative Guide. Consequently, they are not completely comparable with the figures for earlier years though the amounts involved are quite small.

Heading 2300: Contributions paid by self-employed were shown under heading 2100 until 1982.

Source : Information from the Ministry of Finance for taxes and from Social Security System for social security contributions up to 1994. Since 1995 (accrual basis), national account data (IGAE-Ministry of Finance)

Tableau 5.34. Suède : recettes fiscales détaillées, 1965-2022

Million SEK

	1965	1980	1990	2000	2007	2010	2015	2020	2021	2022
Recettes fiscales totales	40003.00	259216.00	755953.00	1204793.69	1491189.78	1532259.04	1816165.83	2137948.64	2336816.91	2493410.25
Recettes fiscales totales excluant les taxes collectés pour le compte de l'UE	..	..	755953.00	1200999.35	1485305.77	1526585.41	1809890.70	2131737.07	2329478.37	2484081.58
1000 Impôts sur le revenu, les bénéfices et les gains en capital	21956.00	112730.00	314797.00	514728.86	580372.42	546696.18	657538.53	768423.00	858445.86	897879.32
1100 Impôts sur le revenu, les bénéfices et les gains en capital des personnes physiques	19500.00	106376.00	291146.00	426956.41	464435.03	430895.91	533660.15	619938.87	676176.24	697185.99
1110 Sur le revenu et les bénéfices des personnes physiques	19390.00	105866.00	289598.00	392531.55	414728.32	396353.19	464596.28	553964.15	571571.82	604293.71
Coupon tax	9.00	44.00	233.00	2040.22	6305.83	3046.54	4614.75	3544.66	9355.09	12324.44
Duties on foreign artists	4.00	3.00	3.00	49.71	86.26	89.49	1.86	0.00	0.00	0.00
National income tax individual	8676.00	31682.00	70755.00	66850.15	44326.46	42595.44	52479.56	52715.97	51533.87	63716.35
Local income tax individual	9294.00	78134.00	220072.00	336303.88	479068.17	522850.10	635718.90	766081.60	806446.55	852510.33
Tax reduction individual	0.00	-3997.00	-1465.00	-18871.81	-122028.84	-179890.36	-236612.72	-278727.96	-305764.26	-334469.25
Public service tax	..	..	0.00	5061.00	6674.00	6981.00	7759.00	9368.52	9148.69	9351.85
Other	1407.00	0.00	0.00	1098.39	296.45	680.98	634.93	981.36	851.88	860.00
1120 Sur les gains en capital des personnes physiques	110.00	510.00	1548.00	34424.86	49706.71	34542.72	69063.87	65974.72	104604.42	92892.28
Lottery prize tax	110.00	510.00	1548.00	60.42	0.00	0.00	0.00	0.00	0.00	0.00
1200 Impôts sur le revenu, les bénéfices et les gains en capital des sociétés	2456.00	6354.00	23651.00	87772.46	115937.39	115800.28	123878.39	148484.13	182269.62	200693.32
1210 Sur le revenu et les bénéfices des sociétés	2456.00	6354.00	23651.00	87772.46	115937.39	115800.28	123878.39	148484.13	182269.62	200693.32
Tax on profits not distributed	1.00	10.00	3.00	0.00	0.00	0.00	0.00	0.00	0.00	0.00
National income tax b.c. list	1425.00	2078.00	19774.00	74500.96	103150.42	103943.87	115507.48	142840.52	175545.29	192399.75
Local income tax b.c. list	1030.00	4266.00	0.00	0.00	0.00	0.00	0.00	0.00	0.00	0.00
Special tax on profits	0.00	0.00	3874.00	0.00	0.00	0.00	0.00	0.00	0.00	0.00
Taxes on pension insurance savings	0.00	0.00	0.00	13271.50	12786.97	11856.40	8370.91	5643.61	6724.33	8293.57
1220 Sur les gains en capital des sociétés	0.00	0.00	0.00	0.00	0.00	0.00	0.00	0.00	0.00	0.00
1300 Non ventilables entres les rubriques 1100 et 1200	0.00	0.00	0.00	0.00	0.00	0.00	0.00	0.00	0.00	0.00
2000 Cotisations de sécurité sociale (CSS)	4851.00	74647.00	205867.00	306974.34	388504.58	384668.40	404851.23	455396.38	489875.50	518437.90
2100 CSS à la charge des salariés	743.00	254.00	823.00	63073.55	81088.13	89174.92	108355.81	131043.64	137337.38	145337.07
Health insurance fees	743.00	9.00	5.00	0.00	0.00	0.00	0.00	0.00	0.00	0.00
Unemployment insurance fees	0.00	245.00	818.00	0.00	0.00	0.00	0.00	0.00	0.00	0.00
Pension fees	0.00	0.00	0.00	63073.55	81088.13	89174.92	108355.81	131043.64	137337.38	145337.07
2110 CSS à la charge des salariés - sur la base du salaire	..	..	..	63073.55	81088.13	89174.92	108355.81	131043.64	137337.38	145337.07
2120 CSS à la charge des salariés - sur la base de l'impôt sur le revenu	..	..	..	0.00	0.00	0.00	0.00	0.00	0.00	0.00
2200 CSS à la charge des employeurs	3568.00	71602.00	196905.00	237575.98	300009.78	288310.40	291645.57	321620.99	348647.48	370374.90
Survivors pension fees	0.00	20343.00	44181.00	14846.60	19610.62	20362.33	17305.13	10492.90	11636.41	12358.53
Health insurance fees	717.00	26005.00	58334.00	74096.83	100979.15	71292.26	64332.44	62066.00	68834.20	73102.94
Unemployment insurance fees	0.00	0.00	0.00	0.00	0.00	0.00	0.00	0.00	0.00	0.00
Labour market fees	0.00	982.00	12516.00	45974.76	48471.21	55443.33	37925.91	44078.34	48300.45	51320.10
Industrial injury insurance fees	132.00	1201.00	4663.00	12029.52	7844.36	8146.04	4430.58	3495.99	3877.73	4118.17
Seamen's pension fees	0.00	10.00	26.00	29.67	0.00	0.00	0.00	0.00	0.00	0.00
Part pension fees	0.00	1119.00	2897.00	0.00	0.00	0.00	0.00	0.00	0.00	0.00
Supplementary pension fees	2719.00	21458.00	73129.00	71383.91	97748.40	106711.80	129203.69	156038.97	165587.41	175937.90
Parent insurance fees	0.00	484.00	1159.00	19214.69	25356.04	26354.63	38447.83	45448.80	50411.28	53537.24
2210 CSS à la charge des employeurs - sur la base du salaire	..	..	..	237575.98	300009.78	288310.40	291645.57	321620.99	348647.48	370374.90
2220 CSS à la charge des employeurs - sur la base de l'impôt sur le revenu	..	..	..	0.00	0.00	0.00	0.00	0.00	0.00	0.00
2300 CSS à la charge des indépendants ou des sans emploi	540.00	2791.00	8139.00	5568.77	8390.97	7583.66	5058.36	4099.66	4560.44	4713.80
Survivors pension fees	0.00	943.00	1580.00	451.46	661.51	686.79	443.22	90.81	167.46	175.07
Health insurance fees	260.00	992.00	1702.00	1987.79	3296.85	2081.89	256.17	59.42	184.49	206.05
Industrial injury insurance fees	0.00	64.00	191.00	364.58	264.23	274.84	84.44	28.82	53.87	56.51
Parent insurance fees	0.00	58.00	106.00	572.99	855.99	888.13	602.84	279.19	567.96	605.00
Supplementary pension fees	280.00	734.00	4560.00	2191.93	3312.38	3652.00	3671.69	3641.41	3586.66	3671.17
Reduction	0.00	0.00	0.00	0.00	0.00	0.00	0.00	0.00	0.00	0.00
2310 CSS à la charge des indépendants ou des sans emploi - sur la base du salaire	..	..	..	5568.77	8390.97	7583.66	5058.36	4099.66	4560.44	4713.80
2320 CSS à la charge des indépendants ou des sans emploi - Sur la base de l'impôt sur le revenu	..	..	..	0.00	0.00	0.00	0.00	0.00	0.00	0.00
2400 CSS Non ventilables entre les rubriques 2100, 2200 et 2300	0.00	0.00	0.00	756.04	-984.30	-400.57	-208.51	-1367.91	-669.80	-1987.87
2410 CSS Non-ventilables entre les rubriques 2100, 2200 et 2300 - sur la base du salaire	..	..	..	756.04	-984.30	-400.57	-208.51	-1367.91	-669.80	-1987.87
2420 CSS Non-ventilables entre les rubriques 2100, 2200 et 2300 - sur la base de l'impôt sur le revenu	..	..	..	0.00	0.00	0.00	0.00	0.00	0.00	0.00

	1965	1980	1990	2000	2007	2010	2015	2020	2021	2022
3000 Impôts sur les salaires et la main-d'oeuvre	13.00	6759.00	18686.00	50105.95	83279.14	107514.87	194121.03	255890.94	280765.67	301306.41
Special wage tax	0.00	61.00	0.00	22391.25	30225.12	33089.81	40283.13	50836.45	51865.11	58320.30
Child care fees	0.00	4740.00	13080.00	0.00	0.00	0.00	0.00	0.00	0.00	0.00
Adult education fees	0.00	614.00	1555.00	0.00	0.00	0.00	0.00	0.00	0.00	0.00
Building research fees	13.00	105.00	0.00	0.00	0.00	0.00	0.00	0.00	0.00	0.00
Labour welfare fees	0.00	257.00	2033.00	0.00	0.00	0.00	0.00	0.00	0.00	0.00
Labour education fees	0.00	982.00	0.00	0.00	0.00	0.00	0.00	0.00	0.00	0.00
Labour market fees	0.00	0.00	0.00	111.88	156.37	218.53	-0.97	0.07	1.40	1.43
General wage fees	0.00	0.00	2018.00	27602.81	52897.65	74206.53	153838.88	205054.43	228899.15	242984.69
4000 Impôts sur le patrimoine	712.00	2424.00	26630.00	39890.42	36227.55	36508.63	43851.94	47891.59	52203.18	55006.82
4100 Impôts périodiques sur la propriété immobilière	10.00	16.00	8946.00	23285.67	25898.66	26401.98	32443.73	34568.59	36097.67	38615.42
4110 Impôts périodiques sur la propriété immobilière – Ménages	0.00	0.00	3877.00	13320.88	13474.46	11666.32	13319.73	15892.63	17008.11	17559.65
Special tax on real estate	..	..	3877.00	13320.88	13474.46	11666.32	13319.73	15892.63	17008.11	17559.65
4120 Impôts périodiques sur la propriété immobilière – Autres agents	10.00	16.00	5069.00	9964.79	12424.20	14735.66	19124.00	18675.95	19089.56	21055.76
Forestry levy	10.00	16.00	423.00	21.67	34.04	17.93	18.95	10.74	13.92	15.55
Special tax on real estate	0.00	0.00	4646.00	9943.12	12390.17	14717.73	19105.05	18665.21	19075.64	21040.21
4200 Impôts périodiques sur l'actif net	366.00	717.00	3200.00	8222.72	0.00	0.00	0.00	0.00	0.00	0.00
4210 Impôts périodiques sur l'actif net – Personnes physiques	361.00	702.00	3135.00	8042.63	..	..	..	..	..	..
4220 Impôts périodiques sur l'actif net – Sociétés	5.00	15.00	65.00	180.10	..	..	..	..	..	..
4300 Impôts sur les mutations par décès, les successions et les donations	155.00	545.00	1433.00	2548.90	23.46	9.39	-0.13	0.00	0.00	0.00
4310 Impôts sur les mutations par décès et les successions	143.00	495.00	1118.00	2088.45	14.96	9.39	-0.13	..	..	..
4320 Impôts sur les donations	12.00	50.00	315.00	460.45	8.50	0.00	0.00	..	..	..
4400 Impôts sur les transactions mobilières et immobilières	181.00	1146.00	13051.00	5833.13	10305.43	10097.26	11408.34	13323.00	16105.51	16391.40
Taxes on financial and capital transactions	181.00	1146.00	6946.00	4878.06	9414.09	8968.32	10895.05	12721.18	15524.90	15759.08
Turnover tax on securities	0.00	0.00	6105.00	0.00	0.00	0.00	0.00	0.00	0.00	0.00
Tax on life group insurances	0.00	0.00	0.00	955.07	891.34	1128.94	513.29	601.82	580.61	632.32
4500 Impôts non périodiques sur le patrimoine	0.00	0.00	0.00	0.00	0.00	0.00	0.00	0.00	0.00	0.00
4510 Impôts non périodiques sur l'actif net	..	..	..	..	..	..	..	..	..	..
4520 Impôts non périodiques sur le patrimoine autre que sur l'actif net	..	..	..	..	..	..	..	..	..	..
4600 Autres impôts périodiques sur le patrimoine hors rubriques 4100 et 4200	0.00	0.00	0.00	0.00	0.00	0.00	0.00	0.00	0.00	0.00
5000 Impôts sur les biens et services	12471.00	62234.00	188709.00	291614.75	401038.24	455449.93	514447.57	607972.90	652909.49	717485.90
5100 Impôts sur la production, la vente, le transfert, la location et la livraison des biens et la prestation de services	11808.00	58474.00	181587.00	284182.23	387955.52	439050.36	495695.36	586391.65	630360.29	694958.88
5110 Impôts généraux sur les biens et services	4147.00	34643.00	112399.00	199605.87	286210.57	326685.30	383002.05	461267.45	499497.12	552379.50
5111 Taxes sur la valeur ajoutée	0.00	34643.00	112399.00	197483.03	282585.82	322602.85	379119.98	461137.98	499360.42	552244.78
5112 Impôts sur les ventes	4147.00	0.00	0.00	0.00	0.00	0.00	0.00	0.00	0.00	0.00
5113 Autres impôts généraux sur les biens et services	0.00	0.00	0.00	2122.84	3624.75	4082.45	3882.07	129.47	136.69	134.72
5120 Impôts sur des biens et des services déterminés	7661.00	23831.00	69188.00	84576.36	101744.96	112365.06	112693.31	125124.20	130863.17	142579.38
5121 Accises	5953.00	19941.00	55332.00	70312.72	84873.07	91470.25	91534.15	104931.41	108744.91	118625.74
Taxes on petrol and fuel	1420.00	4229.00	17171.00	39011.39	44500.97	47425.56	44906.15	45846.90	48532.75	40918.48
Special sales tax	390.00	585.00	1098.00	0.00	0.00	0.00	0.00	0.00	0.00	0.00
Sales tax on motor vehicles	325.00	553.00	1983.00	194.61	3.39	0.00	0.00	0.00	0.00	0.00
Tobacco tax	1150.00	3087.00	5636.00	7746.93	9741.95	10588.46	11825.22	11911.89	11907.34	13157.75
Tax on spirits	1548.00	4431.00	6205.00	4902.40	4249.63	4323.84	4208.01	5249.72	5608.63	5513.93
Tax on wine	149.00	930.00	2922.00	3567.13	4000.52	4588.60	5653.75	6551.71	6635.24	6495.47
Tax on beer and soft drinks	242.00	964.00	2532.00	2354.67	2773.46	3219.40	3894.98	4477.47	4545.85	4582.52
Tax on energy consumption	729.00	5162.00	16352.00	11450.54	18994.38	21035.24	20748.73	28583.38	28597.01	44915.08
Taxes on electricity from certain sources	0.00	0.00	1018.00	0.00	0.00	0.00	0.00	0.00	0.00	0.00
Tax on wastes	0.00	0.00	0.00	1085.05	608.77	289.15	297.31	680.96	1165.34	1428.19
Tax on cassette tapes	0.00	0.00	194.00	0.00	0.00	0.00	0.00	0.00	0.00	0.00
Tax on videorecorders	0.00	0.00	221.00	0.00	0.00	0.00	0.00	0.00	0.00	0.00
Tax on chemicals	0.00	0.00	0.00	0.00	0.00	0.00	0.00	1629.37	1752.74	1614.32
5122 Bénéfices des monopoles fiscaux	72.00	204.00	332.00	3641.19	3952.47	5068.45	5000.76	2094.25	3275.69	2158.81
Alcohol monopoly wholesale	23.00	116.00	98.00	0.00	0.00	0.00	0.00	0.00	0.00	0.00
Alcohol monopoly retailing	49.00	88.00	234.00	80.00	295.55	302.04	197.64	471.25	375.69	158.81
Gaming monopoly retailing	0.00	0.00	0.00	3561.19	3656.92	4766.41	4803.12	1623.00	2900.00	2000.00
5123 Droits de douane et droits à l'importation	1419.00	2433.00	8308.00	3449.55	5098.68	5412.44	6242.95	6211.56	7338.55	9328.67
Customs	1080.00	1300.00	3115.00	3449.55	5098.68	5412.44	6242.95	6211.56	7338.55	9328.67
Agricultural levies	339.00	1133.00	5193.00	0.00	0.00	0.00	0.00	0.00	0.00	0.00
5124 Taxes à l'exportation	0.00	0.00	0.00	0.00	0.00	0.00	0.00	0.00	0.00	0.00
5125 Impôts sur les biens d'équipement	0.00	0.00	40.00	0.00	0.00	0.00	0.00	0.00	0.00	0.00
Investment tax	..	..	40.00	..	..	..	..	..	..	..

	1965	1980	1990	2000	2007	2010	2015	2020	2021	2022
5126 Impôts sur des services déterminés	217.00	1253.00	5176.00	5834.24	3360.96	4712.01	7120.11	10214.61	10579.25	12032.20
Betting tax	79.00	223.00	616.00	0.00	0.00	0.00	0.00	0.00	0.00	0.00
Advertisement tax	0.00	202.00	1073.00	1115.82	657.08	335.11	200.07	114.21	102.65	28.28
Tax on gambling	0.00	69.00	88.00	1245.43	1315.45	1378.40	1352.81	3776.74	4027.77	4271.35
Other specific services	138.00	656.00	2938.00	3473.00	1388.44	2998.50	5567.24	5828.57	5983.70	6612.43
Tax on charter travelling	0.00	103.00	461.00	0.00	0.00	0.00	0.00	0.00	0.00	0.00
Tax on air travel	..	..	0.00	0.00	0.00	0.00	0.00	495.10	465.12	1120.15
5127 Autres impôts sur les transactions et les échanges internationaux non couverts par les rubriques 5121 à 5126	0.00	0.00	0.00	0.00	0.00	0.00	0.00	0.00	0.00	0.00
5128 Autres impôts non couverts par les rubriques 5121 à 5127	0.00	0.00	0.00	1338.65	4459.79	5701.90	2795.34	1672.37	924.78	433.97
5130 Non ventilables entre les rubriques 5110 et 5120	0.00	0.00	0.00	0.00	0.00	0.00	0.00	0.00	0.00	0.00
5200 Impôts sur l'utilisation des biens ou l'autorisation d'utiliser des biens ou d'exercer des activités	663.00	3760.00	7122.00	7432.52	13082.72	16399.57	18752.20	21581.25	22549.20	22527.01
5210 Impôts périodiques sur l'utilisation des biens ou l'exercice d'activités	663.00	3760.00	7122.00	7432.52	13082.72	16399.57	18752.20	21581.25	22549.20	22527.01
5211 Impôts périodiques à la charge des ménages: véhicules à moteur	336.00	1241.00	2003.00	4968.85	7413.68	8550.00	10897.45	10342.05	10814.59	10655.36
5212 Impôts périodiques à la charge d'autres agents: véhicules à moteur	313.00	2476.00	5055.00	2463.67	5669.04	7849.56	7854.75	11239.19	11734.61	11871.66
5213 Sur l'utilisation des biens ou l'exercice d'activités autres que les véhicules à moteur	14.00	43.00	64.00	0.00	0.00	0.00	0.00	0.00	0.00	0.00
5220 Impôts non périodiques sur l'utilisation des biens ou l'exercice d'activités	0.00	0.00	0.00	0.00	0.00	0.00	0.00	0.00	0.00	0.00
5300 Non ventilables entre les rubriques 5100 et 5200	0.00	0.00	0.00	0.00	0.00	0.00	0.00	0.00	0.00	0.00
6000 Impôts autres que les rubriques 1000, 2000, 3000, 4000 et 5000	0.00	422.00	1264.00	1479.38	1767.85	1421.02	1355.53	2373.83	2617.21	3293.91
6100 À la charge exclusive des entreprises	..	0.00	0.00	0.00	0.00	0.00	0.00	0.00	0.00	0.00
6200 À la charge d'autre agents que les entreprises ou non identifiables	..	422.00	1264.00	1479.38	1767.85	1421.02	1355.53	2373.83	2617.21	3293.91
Custom duties collected for the EU	..	..	..	3449.55	5098.68	5412.44	6242.95	6211.56	7338.55	9328.67
Recettes fiscales totales sur la base d'encaissements	40003.00	259216.00	755953.00	1144233.18	1465382.01	1496374.02	1762186.62	0.00	0.00	0.00
Recettes fiscales totales sur la base des droits constatés	..	..	..	1204793.69	1491189.78	1532259.04	1816165.83	2137948.64	2336816.91	2493410.25
Impôts additionnels inclus dans les comptes nationaux	..	..	..	0.00	0.00	0.00	0.00	0.00	0.00	0.00
Impôts exclus des comptes nationaux	..	..	..	0.00	0.00	0.00	0.00	0.00	0.00	0.00
Différence dans les traitements des crédits d'impôts	..	..	..	0.00	0.00	0.00	0.00	0.00	0.00	0.00
Transfert en capital des recettes non collectées	..	..	..	0.00	0.00	0.00	0.00	0.00	0.00	0.00
Cotisations de sécurité sociale volontaires	..	..	..	7951.00	12376.00	13167.00	16726.00	24731.00	30070.00	26919.00
Différences diverses	..	..	..	0.00	0.00	0.00	0.00	0.00	0.00	0.00
Comptes nationaux : impôts et cotisations sociales effectives	..	..	..	1212744.69	1503565.78	1545426.04	1832891.83	2162679.64	2366886.91	2520329.25
Cotisations sociales imputées	..	..	..	0.00	0.00	0.00	0.00	0.00	0.00	0.00
Comptes nationaux : impôts et toutes les cotisations sociales	..	..	..	1212744.69	1503565.78	1545426.04	1832891.83	2162679.64	2366886.91	2520329.25

.. Non disponible

Note : Year ending 31st December.

From 2000 data are on accrual basis.

Figures prior to 1970 are not strictly comparable with those of later years, though the amounts involved are insignificant.

Heading 1000: Receipts are on accrual and not on a cash basis for all years.

Source : National Financial Management Authority, Stockholm.

Tableau 5.35. Suisse : recettes fiscales détaillées, 1965-2022

Million CHF

	1965	1980	1990	2000	2007	2010	2015	2020	2021	2022
Recettes fiscales totales	11 237	46 385	85 774	128 205	151 404	162 356	181 128	195 260	209 311	211 254
1000 Impôts sur le revenu, les bénéfices et les gains en capital	4 616	21 022	40 203	56 411	69 790	74 439	84 362	90 452	100 037	98 772
1100 Impôts sur le revenu, les bénéfices et les gains en capital des personnes physiques	3 748	18 056	27 824	37 948	47 994	51 835	56 375	62 876	63 762	65 677
1110 Sur le revenu et les bénéfices des personnes physiques	3 547	17 622	27 824	37 948	47 994	51 835	56 375	62 876	63 762	65 677
Impôt fédéral direct	245	2 525	4 432	5 713	8 589	9 880	10 394	12 054	12 693	12 730
Taxe d'exemption service militaire	35	103	135	163	138	155	173	185	182	167
Impôt cantonal personnes physiques	1 473	7 510	12 856	17 592	23 094	24 957	27 156	30 284	30 251	31 756
Impôt communal personnes physiques	1 322	6 235	10 402	14 481	16 174	16 844	18 651	20 353	20 636	21 024
Impôt anticipé	358	1 249	0	0	0	0	0	0	0	0
Coupons	114	0	0	0	0	0	0	0	0	0
1120 Sur les gains en capital des personnes physiques	201	434	0	0	0	0	0	0	0	0
Impôt cantonal personnes physiques	84	229	..	..	..	..	..	..	..	..
Impôt communal personnes physiques	112	190	..	..	..	..	..	..	..	..
Impôt fédéral direct	5	15	..	..	..	..	..	..	..	..
1200 Impôts sur le revenu, les bénéfices et les gains en capital des sociétés	868	2 966	6 300	11 323	16 161	16 378	19 432	21 485	22 876	25 107
1210 Sur le revenu et les bénéfices des sociétés	801	2 818	6 300	11 323	16 161	16 378	19 432	21 485	22 876	25 107
Impôt fédéral direct	153	781	2 214	4 928	6 800	8 006	9 731	12 092	12 701	13 601
Impôt cantonal personnes morales	363	1 230	2 576	3 989	6 098	5 445	6 294	6 127	6 585	7 329
Impôt communal personnes morales	285	807	1 510	2 406	3 263	2 927	3 407	3 267	3 590	4 178
Impôt anticipé	0	0	0	0	0	0	0	0	0	0
1220 Sur les gains en capital des sociétés	67	148	..	..	..	..	..	..	..	..
Impôt sur gains personnes morales	2	7	..	..	..	..	..	..	..	..
Impôt cantonal personnes morales	28	77	..	..	..	..	..	..	..	..
Impôt communal personnes morales	37	64	..	..	..	..	..	..	..	..
1300 Non-ventilables entres les rubriques 1110 et 1200	0	0	6 079	7 140	5 635	6 226	8 556	6 091	13 399	7 988
Impôt anticipé	..	..	4 044	6 202	4 211	4 723	6 543	3 316	10 000	4 388
Impôt sur les gains immobiliers	..	..	2 035	938	1 424	1 502	2 013	2 775	3 399	3 600
Autre	..	..	0	0	0	0	0	0	0	0
2000 Cotisations de sécurité sociale (CSS)	1 670	10 844	19 952	30 961	34 974	38 385	44 285	49 056	50 655	52 285
2100 CSS à la charge des salariés	716	4 833	9 341	14 491	16 369	17 581	20 542	23 753	24 103	24 623
2110 CSS à la charge des salariés - sur la base du salaire	716	4 833	9 341	14 491	16 369	17 581	20 542	23 753	24 103	24 623
2120 CSS à la charge des salariés - sur la base de l'impôt sur le revenu	0	0	..	..	..	..	..	..	..	..
2200 CSS à la charge des employeurs	747	4 897	9 350	14 504	16 383	17 608	20 574	22 044	23 253	24 512
2210 CSS à la charge des employeurs - sur la base du salaire	747	4 897	9 350	14 504	16 383	17 608	20 574	22 044	23 253	24 512
2220 CSS à la charge des employeurs - sur la base de l'impôt sur le revenu	0	0	..	..	..	..	..	..	..	..
2300 CSS à la charge des indépendants ou des sans emploi	208	1 046	1 261	1 967	2 222	3 197	3 169	3 260	3 299	3 149
2310 CSS à la charge des indépendants ou des sans emploi - sur la base du salaire	209	1 046	1 261	1 967	2 222	3 197	3 169	3 260	3 299	3 149
2320 CSS à la charge des indépendants ou des sans emploi - Sur la base de l'impôt sur le revenu	0	0	..	..	..	..	..	..	..	..
2400 CSS Non-ventilables entre les rubriques 2100, 2200 et 2300	0	68	0	0	0	0	0	0	0	0
2410 CSS Non-ventilables entre les rubriques 2100, 2200 et 2300 - sur la base du salaire	..	68	..	..	..	..	..	..	..	..
2420 CSS Non-ventilables entre les rubriques 2100, 2200 et 2300 - sur la base de l'impôt sur le revenu	..	0	..	..	..	..	..	..	..	..
3000 Impôts sur les salaires et la main-d'oeuvre	0	0	0	0	0	0	0	0	0	0
4000 Impôts sur le patrimoine	1 108	3 830	7 586	12 333	12 223	12 402	13 140	15 744	16 664	16 991
4100 Impôts périodiques sur la propriété immobilière	78	304	447	735	895	968	1 138	1 341	1 414	1 499
4110 Impôts périodiques sur la propriété immobilière – Ménages	78	304	447	735	895	968	1 138	1 341	1 414	1 499
Impôt sur immeubles canton	20	71	125	187	265	286	349	392	435	440
Impôt sur immeubles commune	58	233	322	548	630	682	789	949	979	1 059
4120 Impôts périodiques sur la propriété immobilière – Autres agents	0	0	..	..	..	..	..	..	..	..
4200 Impôts périodiques sur l'actif net	692	2 201	3 382	5 254	7 002	7 105	8 096	9 950	10 299	10 581
4210 Impôts périodiques sur l'actif net – Personnes physiques	420	1 383	2 194	3 972	5 309	5 576	6 606	8 246	8 703	8 994
Impôt fortune canton	206	739	1 232	2 241	3 145	3 324	4 044	5 081	5 292	5 536
Impôt fortune commune	214	644	962	1 731	2 164	2 252	2 562	3 165	3 411	3 458

	1965	1980	1990	2000	2007	2010	2015	2020	2021	2022
4220 Impôts périodiques sur l'actif net – Sociétés	272	818	1 188	1 282	1 693	1 529	1 490	1 704	1 596	1 588
Impôt capital fédéral direct	21	92	0	0	0	0	0	0	0	0
Impôt capital canton	142	436	760	821	1 107	969	947	1 090	985	960
Impôt capital commune	109	290	428	461	586	561	542	614	611	628
4300 Impôts sur les mutations par décès, les successions et les donations	142	393	896	1 215	869	974	1 088	1 272	1 366	1 479
4310 Impôts sur les mutations par décès et les successions	142	393	896	1 215	869	974	1 088	1 272	1 366	1 479
Impôt successions cantons	128	361	820	1 118	774	886	964	1 128	1 195	1 292
Impôt successions commune	14	32	76	97	96	88	124	144	171	187
4320 Impôts sur les donations	0	0	..	..	..	..	..	..	..	..
4400 Impôts sur les transactions mobilières et immobilières	196	932	2 245	4 342	2 562	2 428	1 902	1 992	2 209	2 057
Impôt mutations canton	48	245	115	144	182	182	177	233	265	259
Impôt mutations commune	21	103	39	52	42	50	52	64	79	85
Emissions de titres	99	175	0	0	405	779	360	179	272	262
Négociation de titres	19	409	0	0	1 933	1 417	1 314	1 516	1 594	1 451
Effets de change	9	0	0	0	0	0	0	0	0	0
Emissions et négociation de titres	0	0	2 091	4 146	0	0	0	0	0	0
4500 Impôts non périodiques sur le patrimoine	0	0	0	0	0	0	0	0	0	0
4510 Impôts non périodiques sur l'actif net	..	..	..	..	..	..	..	..	..	..
4520 Impôts non périodiques sur le patrimoine autre que sur l'actif net	..	..	..	..	..	..	..	..	..	..
4600 Autres impôts périodiques sur le patrimoine hors rubriques 4100 et 4200	0	0	616	786	895	927	915	1 189	1 375	1 375
5000 Impôts sur les biens et services	3 843	10 689	17 894	28 285	34 168	36 539	38 542	38 958	40 897	42 047
5100 Impôts sur la production, la vente, le transfert, la location et la livraison des biens et la prestation de services	3 582	9 863	15 975	25 302	30 669	32 264	33 771	33 544	35 527	36 535
5110 Impôts généraux sur les biens et services	1 191	4 772	9 871	16 917	19 962	21 035	22 791	22 435	23 869	24 920
5111 Taxes sur la valeur ajoutée	0	0	9 871	16 594	19 604	20 662	22 397	22 104	23 553	24 588
5112 Impôts sur les ventes	1 191	4 772	0	323	358	373	393	331	316	331
Impôt sur les automobiles	..	..	..	323	358	373	393	331	316	331
Autres impôt sur les ventes	..	..	..	0	0	0	0	0	0	0
5113 Autres impôts généraux sur les biens et services	0	0	..	..	..	..	..	..	..	..
5120 Impôts sur des biens et des services déterminés	2 391	5 091	6 058	8 337	10 663	11 191	10 912	11 016	11 559	11 482
5121 Accises	1 016	3 427	4 604	6 810	7 805	8 295	8 056	8 049	8 462	8 209
Impôt sur bière	26	33	0	0	107	112	114	110	107	115
Impôt sur tabac	190	634	15	32	2 247	2 417	2 255	2 158	2 204	2 082
Supplément de prix autres	104	542	1 503	1 783	3	0	3	3	3	3
Droits carburants	467	955	1 334	2 975	3 076	3 110	2 864	2 543	2 727	2 664
Droits supplémentaires carburants	229	1 263	1 753	2 020	2 071	2 082	1 905	1 683	1 811	1 755
Taxes routières	0	0	0	0	0	0	0	0	0	0
Impôt sur les huiles minérales grèvant les combustibles	0	0	0	0	20	20	19	17	16	14
Impôt sur les automobiles	0	0	0	0	0	0	0	0	0	0
Impôt boissons distillées	0	0	0	1	281	296	279	290	305	302
Taxe sur la consommation d'électricité	0	0	0	0	0	259	617	1 245	1 288	1 274
5122 Bénéfices des monopoles fiscaux	158	472	..	..	..	..	..	..	..	..
Monopole d'alcool	111	354	..	..	..	..	..	..	..	..
Régale des sels	16	25	..	..	..	..	..	..	..	..
Régale des eaux	30	90	..	..	..	..	..	..	..	..
Autre	1	3	..	..	..	..	..	..	..	..
5123 Droits de douane et droits à l'importation	1 104	953	1 201	1 096	1 040	1 079	1 056	1 187	1 277	1 221
Droits d'entrée	972	923	1 201	1 096	1 040	1 079	1 056	1 187	1 277	1 221
Droits tabac	114	6	0	0	0	0	0	0	0	0
Autres droits supplémentaires	18	24	0	0	0	0	0	0	0	0
5124 Taxes à l'exportation	0	0	..	..	..	..	..	..	..	..
5125 Impôts sur les biens d'équipement	0	0	..	..	..	..	..	..	..	..
5126 Impôts sur des services déterminés	113	239	253	431	1 818	1 816	1 800	1 780	1 820	2 051
Jeux dans kursaals confédération	2	2	2	37	449	381	272	250	248	353
Impôt sur divertissement canton	17	37	23	27	39	101	67	53	46	66
Impôt sur divertissement commune	11	19	46	26	18	17	15	5	8	9
Autres impôts dépenses canton	24	63	0	0	0	0	0	0	0	0
Autres impôts dépenses commune	19	6	0	0	0	0	0	0	0	0
Quittances de primes	40	112	0	0	645	659	715	726	742	770
Impôts loteries	0	0	181	320	474	459	527	526	544	620
Autre	0	0	0	20	193	199	204	220	232	233
5127 Autres impôts sur les transactions et les échanges internationaux non couverts par les rubriques 5121 à 5126	0	0	..	..	..	..	..	..	..	..

	1965	1980	1990	2000	2007	2010	2015	2020	2021	2022
5128 Autres impôts non couverts par les rubriques 5121 à 5127	0	0	..	..	..	..	..	..	..	..
5130 Non-ventilables entre les rubriques 5110 et 5120	0	0	46	47	44	38	68	92	99	133
5200 Impôts sur l'utilisation des biens ou l'autorisation d'utiliser des biens ou d'exercer des activités	261	826	1 918	2 983	3 499	4 276	4 771	5 415	5 370	5 513
5210 Impôts périodiques sur l'utilisation des biens ou l'exercice d'activités	261	826	1 918	2 983	3 499	4 276	4 767	5 406	5 353	5 465
5211 Impôts périodiques à la charge des ménages: véhicules à moteur	152	501	921	1 336	1 580	1 667	1 768	1 875	1 907	1 920
A la charge des ménages: véhicules à moteur	..	..	921	1 336	1 580	1 667	1 768	1 875	1 907	1 920
A la charge des ménages: vignette autoroutière	..	..	0	0	0	0	0	0	0	0
5212 Impôts périodiques à la charge d'autres agents: véhicules à moteur	76	251	230	334	395	417	442	469	477	480
A la charge autres agents: véhicules à moteur	..	..	230	334	395	417	442	469	477	480
A la charge autres agents: vignette autoroutière	..	..	0	0	0	0	0	0	0	0
A la charge autres agents: redevance trafic poids lourds	..	..	0	0	- 3	- 8	- 5	- 3	- 3	- 2
5213 Sur l'utilisation des biens ou l'exercice d'activités autres que les véhicules à moteur	33	74	768	1 314	1 524	2 192	2 556	3 062	2 969	3 065
Chasse et pêche	9	20	0	0	0	0	0	0	0	0
Impôt sur chiens canton	3	9	6	9	8	8	9	12	11	11
Impôt sur chiens commune	2	8	14	21	25	30	35	44	52	63
Auberges canton	12	24	0	0	0	0	0	0	0	0
Patentes canton	5	12	0	0	0	0	0	0	0	0
Autre	2	1	703	1 157	1 261	1 315	1 375	1 387	1 409	1 396
Taxes d'incitation, protection de l'environnement	0	0	3	73	166	755	1 036	1 497	1 365	1 450
Patentes et concessions	0	0	42	53	64	84	101	121	131	145
Licences de radio et de télévision	0	0	703	1 124	1 228	1 285	1 351	1 377	1 400	1 337
5220 Impôts non périodiques sur l'utilisation des biens ou l'exercice d'activités	0	0	0	0	0	0	5	8	17	48
5300 Non-ventilables entre les rubriques 5100 et 5200	0	0	0	0	0	0	0	0	0	0
6000 Impôts autres que les rubriques 1000, 2000, 3000, 4000 et 5000	0	0	140	215	249	590	799	1 050	1 057	1 159
6100 À la charge exclusive des entreprises	..	..	42	65	75	274	342	388	372	424
6200 À la charge d'autre agents que les entreprises ou non identifiables	..	..	98	151	174	316	457	662	685	735
Taxe de compensation	..	..	98	151	174	187	190	201	203	208
Autre	..	..	0	0	0	130	267	461	482	526
Recettes fiscales totales sur la base d'encaissements	11 237	46 385	..	..	..	..	..	..	..	..
Recettes fiscales totales sur la base des droits constatés	..	..	85 774	128 205	151 404	162 356	181 128	195 260	209 311	211 254
Impôts additionnels inclus dans les comptes nationaux	..	..	0	0	0	0	0	0	0	0
Impôts exclus des comptes nationaux	..	..	0	0	0	0	0	0	0	0
Différence dans les traitements des crédits d'impôts	..	..	0	0	0	0	0	0	0	0
Transfert en capital des recettes non collectées	..	..	- 242	- 733	- 936	- 1 121	- 1 058	- 818	- 921	- 963
Cotisations de sécurité sociale volontaires	..	..	0	0	0	0	0	0	0	0
Différences diverses	..	..	0	0	0	0	0	0	0	0
Comptes nationaux : impôts et cotisations sociales effectives	..	..	85 533	127 472	150 468	161 235	180 070	194 442	208 390	210 291
Cotisations sociales imputées	..	..	362	502	467	454	337	806	565	624
Comptes nationaux : impôts et toutes les cotisations sociales	..	..	85 895	127 974	150 935	161 689	180 407	195 248	208 954	210 915

.. Non disponible

Note : Année civile se terminant le 31 décembre.

Les données sont sur la base des droits constatés.

Les chiffres antérieurs à 1970 ne sont pas strictement comparables avec ceux des années suivantes qui ont été révisés.

A compter de 1985 les "Impôts paroissiaux" ne sont plus reportés dans ces statistiques.

A la rubrique 1100: les paiements effectués en contrepartie de l'exemption du service militaire pourraient être classés dans les recettes non fiscales.

La rubrique 2000 (Cotisations de sécurité sociale) a été révisée depuis 1985 pour tenir compte de la sectorisation des administrations publiques retenue dans le cadre du passage aux Comptes nationaux SEC95. De ce fait, les cotisations à l'assurance maladie et à la Caisse nationale suisse contre les accidents sont maintenant exclues de la rubrique 2000.

Source : Statistique financière, Administration fédérale des finances.

Tableau 5.36. Türkiye : recettes fiscales détaillées, 1965-2022

Million TRY

	1965	1980	1990	2000	2007	2010	2015	2020	2021	2022
Recettes fiscales totales	0	1	79	40 263	203 053	287 873	586 722	1 204 629	1 662 669	3 144 266
1000 Impôts sur le revenu, les bénéfices et les gains en capital	0	0	26	11 890	48 197	61 317	119 144	263 898	397 629	863 918
1100 Impôts sur le revenu, les bénéfices et les gains en capital des personnes physiques	0	0	21	8 954	34 447	40 392	85 756	158 842	219 656	356 464
1110 Sur le revenu et les bénéfices des personnes physiques	0	0	21	8 954	34 447	40 392	85 756	158 842	219 656	356 464
Income tax	0	0	21	8 954	34 447	40 392	85 756	158 842	219 656	356 464
1120 Sur les gains en capital des personnes physiques	0	0	0	0	0	0	0	0	0	0
1200 Impôts sur le revenu, les bénéfices et les gains en capital des sociétés	0	0	5	2 935	13 751	20 925	33 388	105 057	177 973	507 454
1210 Sur le revenu et les bénéfices des sociétés	0	0	5	2 935	13 751	20 925	33 388	105 057	177 973	507 454
Corporation tax	0	0	5	2 935	13 751	20 925	33 388	105 057	177 973	507 454
1220 Sur les gains en capital des sociétés	0	0	0	0	0	0	0	0	0	0
1300 Non ventilables entres les rubriques 1100 et 1200	0	0	0	0	0	0	0	0	0	0
Fiscal balance tax	..	0	..	..	..	..	..	..	..	..
Capital gains tax on real estate sales	..	0	..	..	..	..	..	..	..	..
2000 Cotisations de sécurité sociale (CSS)	0	0	15	7 543	44 052	71 696	170 282	357 677	481 163	767 544
2100 CSS à la charge des salariés	0	0	6	2 712	17 867	26 934	64 214	137 742	182 733	296 029
2110 CSS à la charge des salariés - sur la base du salaire	..	..	..	2 712	17 867	26 934	64 214	137 742	182 733	296 029
2120 CSS à la charge des salariés - sur la base de l'impôt sur le revenu	..	..	..	0	0	0	0	0	0	0
2200 CSS à la charge des employeurs	0	0	9	3 619	20 442	39 363	95 067	204 045	272 370	440 551
2210 CSS à la charge des employeurs - sur la base du salaire	..	..	..	3 619	20 442	39 363	95 067	204 045	272 370	440 551
2220 CSS à la charge des employeurs - sur la base de l'impôt sur le revenu	..	..	..	0	0	0	0	0	0	0
2300 CSS à la charge des indépendants ou des sans emploi	0	0	1	1 211	5 743	5 399	11 001	15 890	26 060	30 965
2310 CSS à la charge des indépendants ou des sans emploi - sur la base du salaire	..	..	..	1 211	5 743	5 399	11 001	15 890	26 060	30 965
2320 CSS à la charge des indépendants ou des sans emploi - Sur la base de l'impôt sur le revenu	..	..	..	0	0	0	0	0	0	0
2400 CSS Non ventilables entre les rubriques 2100, 2200 et 2300	0	0	0	0	0	0	0	0	0	0
2410 CSS Non-ventilables entre les rubriques 2100, 2200 et 2300 - sur la base du salaire	..	..	..	..	..	..	..	..	..	..
2420 CSS Non-ventilables entre les rubriques 2100, 2200 et 2300 - sur la base de l'impôt sur le revenu	..	..	..	..	..	..	..	..	..	..
3000 Impôts sur les salaires et la main-d'oeuvre	0	0	0	0	0	0	0	0	0	0
4000 Impôts sur le patrimoine	0	0	2	1 272	7 621	11 684	28 582	53 548	70 179	109 473
4100 Impôts périodiques sur la propriété immobilière	0	0	0	191	1 464	2 669	5 882	11 204	13 647	18 633
Real estate tax	0	0	..	191	1 464	2 669	5 882	11 204	13 647	18 633
4110 Impôts périodiques sur la propriété immobilière – Ménages	..	..	..	..	..	..	..	..	..	..
4120 Impôts périodiques sur la propriété immobilière – Autres agents	..	..	..	..	..	..	..	..	..	..
4200 Impôts périodiques sur l'actif net	0	0	0	0	0	0	0	0	23	40
4210 Impôts périodiques sur l'actif net – Personnes physiques	..	..	..	..	..	..	..	..	23	40
4220 Impôts périodiques sur l'actif net – Sociétés	..	..	..	..	..	..	..	..	0	0
4300 Impôts sur les mutations par décès, les successions et les donations	0	0	0	15	125	215	435	1 298	2 255	2 886
Gift and inheritance tax	0	0	0	15	125	215	435	1 298	2 255	2 886
4310 Impôts sur les mutations par décès et les successions	..	..	..	..	..	..	..	..	..	..
4320 Impôts sur les donations	..	..	..	..	..	..	..	..	..	..
4400 Impôts sur les transactions mobilières et immobilières	0	0	2	1 065	6 032	8 800	22 265	41 045	54 254	87 913
Stamp tax	0	0	2	818	3 642	5 083	12 045	20 964	28 203	41 945
Real estate purchase tax	0	0	0	0	0	0	0	0	0	0
Title deed fees	0	0	0	207	2 000	3 329	9 530	19 001	24 739	44 018
Notary fees	0	0	0	40	389	388	690	1 081	1 312	1 950
4500 Impôts non périodiques sur le patrimoine	0	0	0	0	0	0	0	0	0	0
4510 Impôts non périodiques sur l'actif net	..	..	..	..	..	..	..	..	..	..
4520 Impôts non périodiques sur le patrimoine autre que sur l'actif net	..	..	..	..	..	..	..	..	..	..

	1965	1980	1990	2000	2007	2010	2015	2020	2021	2022
4600 Autres impôts périodiques sur le patrimoine hors rubriques 4100 et 4200	0	0	0	0	0	0	0	0	0	0
5000 Impôts sur les biens et services	0	0	22	16 901	96 766	137 252	259 964	517 288	696 341	1 370 130
5100 Impôts sur la production, la vente, le transfert, la location et la livraison des biens et la prestation de services	0	0	22	16 328	92 605	131 878	250 261	500 367	675 957	1 344 247
5110 Impôts généraux sur les biens et services	0	0	16	9 735	43 285	62 533	121 070	230 761	385 343	754 109
5111 Taxes sur la valeur ajoutée	..	..	14	9 735	43 285	62 533	121 070	230 761	385 343	754 109
5112 Impôts sur les ventes	..	..	0	0	0	0	0	0	0	0
5113 Autres impôts généraux sur les biens et services	..	..	1	0	0	0	0	0	0	0
5120 Impôts sur des biens et des services déterminés	0	0	6	6 593	49 320	69 345	129 191	269 606	290 614	590 139
5121 Accises	0	0	1	4 718	39 111	57 285	105 922	207 273	205 351	419 791
Sales taxes	0	0	0	0	0	0	0	0	0	0
Domestic production tax	0	0	0	0	0	0	0	0	0	0
Domestic production tax on petrol	0	0	0	0	0	0	0	0	0	0
Production tax on monopoly goods	0	0	0	0	0	0	0	0	0	0
Sugar consumption taxes	0	0	0	0	0	0	0	0	0	0
Motor vehicles purchase tax (Total)	0	0	1	916	4 293	6 193	17 027	46 596	66 372	167 142
Motor vehicles purchase tax	0	0	0	498	4 293	6 193	17 027	46 596	66 372	167 142
Additional motor vehicle purchase tax	0	0	0	418	0	0	0	0	0	0
Revenue from other excises	0	0	0	533	12 765	19 395	38 066	12 060	15 309	26 736
Petroleum consumption tax	0	0	0	3 269	22 052	31 697	50 830	69 009	31 292	76 765
Alcohol	0	0	0	0	0	0	0	16 464	22 785	43 702
Tobacco	0	0	0	0	0	0	0	61 801	67 620	101 275
Sugar-sweetened beverages	0	0	0	0	0	0	0	1 341	1 973	4 171
5122 Bénéfices des monopoles fiscaux	0	0	0	0	0	0	0	0	0	0
5123 Droits de douane et droits à l'importation	0	0	4	462	2 478	3 319	8 521	26 246	35 592	79 076
Customs duty	0	0	1	449	2 441	3 240	8 280	25 637	34 444	76 517
Customs duty on petrol	0	0	0	0	0	0	0	0	0	0
Production tax on imports	0	0	0	0	0	0	0	0	0	0
Production tax on petrol imports	0	0	0	0	0	0	0	0	0	0
Stamp duty on imports	0	0	2	0	0	0	0	0	0	0
Wharf duty	0	0	1	0	0	0	0	0	0	0
Other	0	0	0	13	37	80	240	609	1 148	2 560
5124 Taxes à l'exportation	0	0	0	0	0	0	0	0	0	0
5125 Impôts sur les biens d'équipement	0	0	0	0	0	0	0	0	0	0
5126 Impôts sur des services déterminés	0	0	1	997	7 686	4 005	10 014	30 533	39 120	68 939
Bank, insurance transaction tax	0	0	1	997	3 149	3 571	9 172	27 069	33 029	58 639
Transportation tax	0	0	0	0	0	0	0	0	0	0
PTT service tax	0	0	0	0	4 211	0	0	0	0	0
Tax on football pool	0	0	0	0	0	0	0	0	0	0
Lottery tax	0	0	0	0	327	434	842	3 464	6 092	10 300
5127 Autres impôts sur les transactions et les échanges internationaux non couverts par les rubriques 5121 à 5126	0	0	0	0	0	0	0	0	0	0
Foreign travel expenditures tax	0	0	..	..	..	..	..	..	..	..
5128 Autres impôts non couverts par les rubriques 5121 à 5127	0	0	0	416	46	4 736	4 734	5 553	10 550	22 332
5130 Non ventilables entre les rubriques 5110 et 5120	0	0	0	0	0	0	0	0	0	0
5200 Impôts sur l'utilisation des biens ou l'autorisation d'utiliser des biens ou d'exercer des activités	0	0	0	572	4 161	5 374	9 703	16 921	20 384	25 883
5210 Impôts périodiques sur l'utilisation des biens ou l'exercice d'activités	0	0	0	359	4 161	5 374	9 703	16 921	20 384	25 883
Motor vehicles tax	0	0	0	359	0	5 374	9 703	16 921	20 384	25 883
5211 Impôts périodiques à la charge des ménages: véhicules à moteur	..	..	..	0	0	0	0	0	0	0
5212 Impôts périodiques à la charge d'autres agents: véhicules à moteur	..	..	..	359	4 161	5 374	9 703	16 921	20 384	25 883
Motor vehicles tax	..	..	..	302	3 521	5 033	8 949	15 983	18 836	23 627
Traffic fees	..	..	..	58	640	341	754	938	1 548	2 256
5213 Sur l'utilisation des biens ou l'exercice d'activités autres que les véhicules à moteur	..	..	..	0	0	0	0	0	0	0
5220 Impôts non périodiques sur l'utilisation des biens ou l'exercice d'activités	0	0	0	213	0	0	0	0	0	0
Building construction tax	..	0	..	0	..	..	..	..	..	..

	1965	1980	1990	2000	2007	2010	2015	2020	2021	2022
5300 Non ventilables entre les rubriques 5100 et 5200	0	0	0	0	0	0	0	0	0	0
6000 Impôts autres que les rubriques 1000, 2000, 3000, 4000 et 5000	0	0	13	2 658	6 417	5 924	8 750	12 218	17 357	33 201
6100 À la charge exclusive des entreprises	..	0	0	0	0	0	0	0	0	0
6200 À la charge d'autre agents que les entreprises ou non identifiables	..	0	13	2 658	6 417	5 924	8 750	12 218	17 357	33 201
Funds	..	..	..	1 938	0	0	0	0	0	0
Vocatial Train Pro.F.	..	..	..	67	0	0	0	0	0	0
Tax penalties and fines	..	..	..	548	4 191	2 689	3 779	5 123	7 580	13 559
Municipalities revenue	..	..	..	106	2 227	3 235	4 971	7 095	9 777	19 642
Recettes fiscales totales sur la base d'encaissements	0	1	79	40 263	203 053	287 873	586 722	1 204 629	1 654 956	3 144 266
Recettes fiscales totales sur la base des droits constatés	..	..	..	..	..	..	..	..	..	..
Impôts additionnels inclus dans les comptes nationaux	..	..	..	..	..	..	..	..	..	..
Impôts exclus des comptes nationaux	..	..	..	..	..	..	..	..	..	..
Différence dans les traitements des crédits d'impôts	..	..	..	..	..	..	..	..	..	..
Transfert en capital des recettes non collectées	..	..	..	..	..	..	..	..	..	..
Cotisations de sécurité sociale volontaires	..	..	..	..	..	..	..	..	..	..
Différences diverses	..	..	..	..	..	..	..	..	..	..
Comptes nationaux : impôts et cotisations sociales effectives	..	..	..	..	..	..	..	..	..	..

.. Non disponible

Note : From 1982 the data are based on the fiscal year ending 31st December. Before that the data are on a fiscal year basis beginning 1st March.

Revenue is reported on a cash basis except for social security contributions which are reported on an assessment basis.

The figures under the local tax collections include taxes under 'Municipalities Revenues Law' and Property tax. They also include transfers to the local authorities from central budget tax revenues under the revenue sharing system.

Heading 2000: Before 2003, contributions to some private social security schemes are included in this heading.

Source : Bulletin of national accounts and the Budget revenue Bulletin.

Tableau 5.37. Royaume-Uni : recettes fiscales détaillées, 1965-2022

Million GBP

	1965	1980	1990	2000	2007	2010	2015	2020	2021	2022
Recettes fiscales totales	10 945	81 153	202 368	359 483	509 222	515 462	611 491	690 452	781 763	887 623
Total tax revenue exclusive of custom duties	..	..	200 520	357 353	506 807	512 517	608 404	687 556	781 763	887 623
1000 Impôts sur le revenu, les bénéfices et les gains en capital	4 050	30 651	79 576	142 335	201 316	192 771	212 726	248 455	295 065	335 214
1100 Impôts sur le revenu, les bénéfices et les gains en capital des personnes physiques	3 618	23 868	59 506	104 136	151 157	147 019	168 901	198 165	227 872	253 612
Swiss bank tax	0	0	0	0	0	0	28	0	51	0
1110 Sur le revenu et les bénéfices des personnes physiques	3 615	23 376	57 614	101 925	147 309	144 502	163 291	187 913	215 705	238 187
Income tax	..	23 370	57 614	101 925	147 309	144 502	163 291	187 913	215 705	238 187
Surtax	..	6	0	0	0	0	0	0	0	0
1120 Sur les gains en capital des personnes physiques	3	492	1 892	2 211	3 848	2 517	5 582	10 252	12 116	15 425
1200 Impôts sur le revenu, les bénéfices et les gains en capital des sociétés	484	6 783	20 070	38 199	50 159	45 752	43 825	50 289	67 194	81 601
1210 Sur le revenu et les bénéfices des sociétés	484	6 510	18 994	35 868	46 841	44 857	42 408	49 259	65 999	80 361
Petroleum revenue tax	..	1 799	941	1 540	1 387	1 349	- 552	- 431	- 360	- 391
Supplementary petroleum duty	..	0	0	0	0	0	0	0	0	0
Corporation tax	..	4 712	18 053	34 328	44 740	42 865	42 340	48 955	65 609	79 968
Corporation tax overspill relief	..	- 1	0	0	0	0	0	0	0	0
Profits tax	..	0	0	0	0	0	0	0	0	0
Windfall tax	..	0	0	0	0	0	0	0	0	0
Betting tax	..	0	0	0	590	568	595	735	750	784
Non fossil fuel obligation levy	..	0	0	0	124	75	25	0	0	0
1220 Sur les gains en capital des sociétés	0	273	1 076	2 331	3 318	895	1 417	1 030	1 195	1 240
1300 Non ventilables entres les rubriques 1100 et 1200	- 52	0	0	0	0	0	0	0	0	0
2000 Cotisations de sécurité sociale (CSS)	1 685	13 531	34 457	60 252	93 210	97 346	114 173	143 608	156 208	176 951
2100 CSS à la charge des salariés	770	5 228	13 296	24 175	36 585	38 703	44 488	56 159	60 015	65 337
2110 CSS à la charge des salariés - sur la base du salaire	..	..	13 296	24 175	36 585	38 703	44 488	56 159	60 015	65 337
2120 CSS à la charge des salariés - sur la base de l'impôt sur le revenu	..	..	0	0	0	0	0	0	0	0
2200 CSS à la charge des employeurs	831	8 210	19 984	34 028	53 765	55 887	66 491	82 976	91 049	105 980
2210 CSS à la charge des employeurs - sur la base du salaire	..	..	19 984	34 028	53 765	55 887	66 491	82 976	91 049	105 980
2220 CSS à la charge des employeurs - sur la base de l'impôt sur le revenu	..	..	0	0	0	0	0	0	0	0
2300 CSS à la charge des indépendants ou des sans emploi	75	317	1 177	2 049	2 860	2 756	3 194	4 473	5 144	5 634
2310 CSS à la charge des indépendants ou des sans emploi - sur la base du salaire	..	..	1 177	2 049	2 860	2 756	3 194	4 473	5 144	5 634
2320 CSS à la charge des indépendants ou des sans emploi - Sur la base de l'impôt sur le revenu	..	..	0	0	0	0	0	0	0	0
2400 CSS Non ventilables entre les rubriques 2100, 2200 et 2300	9	- 224	0	0	0	0	0	0	0	0
2410 CSS Non-ventilables entre les rubriques 2100, 2200 et 2300 - sur la base du salaire	..	..	..	..	..	..	..	..	..	..
2420 CSS Non-ventilables entre les rubriques 2100, 2200 et 2300 - sur la base de l'impôt sur le revenu	..	..	..	..	..	..	..	..	..	..
3000 Impôts sur les salaires et la main-d'oeuvre	0	3 498	0	0	0	0	0	2 898	3 148	3 520
Selective employment tax	..	0	..	..	..	..	..	0	0	0
National insurance surcharge	..	3 498	..	..	..	..	..	0	0	0
Apprenticeship Levy	..	0	..	..	..	..	..	2 898	3 148	3 520
4000 Impôts sur le patrimoine	1 591	9 774	16 538	41 109	63 392	61 768	76 399	79 937	89 589	100 591
4100 Impôts périodiques sur la propriété immobilière	1 228	8 665	13 462	30 527	44 891	50 028	58 019	61 265	64 599	71 683
4110 Impôts périodiques sur la propriété immobilière – Ménages	539	3 687	2 373	14 205	23 609	25 919	29 373	38 055	40 173	42 292
Northern Ireland rates paid to CG	..	37	113	141	265	335	323	432	436	444
Council tax	..	0	0	13 991	23 217	25 438	28 777	37 269	39 373	41 469
Rates paid to LA	..	3 650	2 260	73	127	146	273	354	364	379
4120 Impôts périodiques sur la propriété immobilière – Autres agents	689	4 978	11 089	16 322	21 282	24 109	28 646	23 210	24 426	29 391
National non-domestic rates	..	0	7 542	14 912	19 358	21 602	25 834	20 255	21 289	26 367
Rates paid to LA	..	4 925	2 869	149	267	497	480	509	607	552
Northern Ireland rates paid to CG	..	53	115	207	353	361	335	359	346	349
London Regional Transport levy	..	0	47	0	0	0	0	0	0	0
LA payments of NNDR	..	0	469	889	1 111	1 236	1 389	1 389	1 389	1 389
NPISH payments of NNDR	..	0	47	165	193	245	384	501	508	510
Crossrail Business rates supplement	..	0	0	0	0	168	224	197	287	224

	1965	1980	1990	2000	2007	2010	2015	2020	2021	2022
4200 Impôts périodiques sur l'actif net	0	0	0	0	0	0	0	0	0	0
4210 Impôts périodiques sur l'actif net – Personnes physiques	..	..	..	..	..	..	..	..	..	..
4220 Impôts périodiques sur l'actif net – Sociétés	..	..	..	..	..	..	..	..	..	..
4300 Impôts sur les mutations par décès, les successions et les donations	287	479	1 321	2 215	3 867	2 642	4 442	5 252	5 972	6 808
4310 Impôts sur les mutations par décès et les successions	287	479	1 321	2 215	3 867	2 642	4 442	5 252	5 972	6 808
Death duties	..	423	1 278	2 156	3 764	2 592	4 359	5 202	5 922	6 748
Development land tax	..	42	6	0	0	0	0	0	0	0
Taxes on other capital transfers	..	14	37	59	50	50	50	50	50	50
Special tax on bank deposits	..	0	0	0	0	0	0	0	0	0
Betterment duty	..	0	0	0	0	0	0	0	0	0
Special charges	..	0	0	0	0	0	0	0	0	0
Special contribution	..	0	0	0	0	0	0	0	0	0
Equal pay on capital transfers	..	0	0	0	53	0	33	0	0	10
4320 Impôts sur les donations	0	0	0	0	0	0	0	0	0	0
4400 Impôts sur les transactions mobilières et immobilières	76	630	1 755	8 367	14 634	9 098	13 791	13 187	18 654	21 670
Stamp duties	..	630	1 755	8 367	14 634	9 098	13 791	13 187	18 654	21 670
4500 Impôts non périodiques sur le patrimoine	0	0	0	0	0	0	147	233	364	430
4510 Impôts non périodiques sur l'actif net	..	..	..	..	..	..	0	0	0	0
4520 Impôts non périodiques sur le patrimoine autre que sur l'actif net	..	..	..	..	..	..	147	233	364	430
4600 Autres impôts périodiques sur le patrimoine hors rubriques 4100 et 4200	0	0	0	0	0	0	0	0	0	0
5000 Impôts sur les biens et services	3 619	23 699	62 780	115 787	151 304	163 577	208 193	215 554	237 753	271 347
5100 Impôts sur la production, la vente, le transfert, la location et la livraison des biens et la prestation de services	3 406	22 677	59 379	110 804	145 250	156 136	200 750	206 945	228 945	257 624
5110 Impôts généraux sur les biens et services	647	11 897	34 136	65 018	93 374	97 646	132 906	140 205	158 610	184 258
5111 Taxes sur la valeur ajoutée	0	11 897	34 136	65 018	93 374	97 646	132 906	139 949	158 121	183 614
Value added tax	..	11 893	33 620	64 918	93 348	97 565	132 790	139 872	158 121	183 614
Adj. to VAT contribution	..	4	516	100	26	81	116	77	0	0
Purchase tax	..	0	0	0	0	0	0	0	0	0
5112 Impôts sur les ventes	647	0	0	0	0	0	0	0	0	0
5113 Autres impôts généraux sur les biens et services	0	0	0	0	0	0	0	256	489	644
Digital services tax	0	0	0	..	..	..	..	256	489	644
5120 Impôts sur des biens et des services déterminés	2 759	10 780	25 243	45 786	51 876	58 490	67 844	66 740	70 335	73 366
5121 Accises	2 383	8 616	19 707	37 315	40 427	45 454	47 294	44 880	48 304	47 831
Beer	..	1 029	2 220	2 813	3 042	3 278	3 294	3 062	3 552	3 680
Wines, spirits, cider and perry	..	1 513	2 627	3 751	5 008	6 075	7 385	9 084	9 334	8 866
Tobacco	..	2 735	5 541	7 666	7 862	9 076	9 190	9 790	10 254	10 079
Hydrocarbon oil	..	3 327	9 302	23 041	24 512	27 013	27 415	22 647	24 828	24 849
Other excise duty	..	12	17	0	0	0	0	0	0	0
Soft Drinks Levy	0	0	0	0	0	0	0	297	336	357
Sugar levy	..	12	0	44	3	12	10	0	0	0
5122 Bénéfices des monopoles fiscaux	0	0	0	0	0	0	0	0	0	0
5123 Droits de douane et droits à l'importation	343	1 109	1 837	2 086	2 522	3 058	3 219	3 041	4 678	5 635
Custom duties	..	..	..	1 800	2 074	2 933	3 077	2 896	0	0
Import duties	..	855	1 722	0	0	0	0	0	0	0
Agricultural levies	..	254	115	286	338	0	0	0	0	0
Temporary charges of import	..	0	0	0	0	0	0	0	0	0
British Transport Police	..	0	0	0	110	125	142	145	145	145
Customs Duties - UK Receipts	0	0	0	0	0	0	0	0	4 533	5 490
5124 Taxes à l'exportation	0	- 1	36	0	0	0	0	0	0	0
Levies on exports	..	- 1	36	..	..	..	..	..	..	..
5125 Impôts sur les biens d'équipement	0	0	0	0	0	0	0	0	0	0
5126 Impôts sur des services déterminés	33	456	1 022	5 826	7 021	7 957	14 188	13 937	13 424	16 461
Betting and gaming	..	456	1 022	1 522	959	1 092	2 053	2 088	2 427	2 631
National Lottery contributions to fund	..	0	0	1 590	1 310	1 625	1 713	1 713	1 713	1 713
Air passenger duty	..	0	0	940	1 883	2 094	3 119	927	790	2 951
Insurance premium tax	..	0	0	1 707	2 306	2 401	3 294	6 306	6 627	7 341
Bank Levy - Stability Fee Scheme	..	0	0	0	0	0	3 369	2 214	1 266	1 308

	1965	1980	1990	2000	2007	2010	2015	2020	2021	2022
Pensions Protection Fund Levy	0	0	0	0	498	665	562	619	529	436
Light Dues	..	0	0	67	65	80	78	70	72	81
5127 Autres impôts sur les transactions et les échanges internationaux non couverts par les rubriques 5121 à 5126	0	0	0	0	0	0	0	0	0	0
5128 Autres impôts non couverts par les rubriques 5121 à 5127	0	600	2 641	559	1 906	2 021	3 143	4 882	3 929	3 439
Fossil fuel levy	..	0	875	56	0	0	0	0	0	0
European coal and steel levy	..	21	11	0	0	0	0	0	0	0
Gas levy	..	12	291	0	0	0	0	0	0	0
Car tax	..	83	1 464	0	0	0	0	0	0	0
Landfill tax	..	484	0	461	877	1 065	1 028	701	845	782
Climate change levy	..	0	0	0	690	666	1 761	1 779	1 929	2 094
Aggregates levy	..	0	0	0	339	290	354	360	411	375
Hydro benefit	..	0	0	42	0	0	0	0	0	0
Renewable energy obligations	..	0	0	0	0	0	0	0	0	0
Channel 4 advertising formula	..	0	0	0	0	0	0	0	0	0
Milk super levy	..	0	0	0	0	0	0	0	0	0
Contracts for Difference	..	0	0	0	0	0	0	2 042	744	- 10
Pension Protection Fund Levy	0	0	0	0	0	0	0	0	0	198
Plastic Packaging Tax	0	0	0	0	0	0	0	0	0	207
5130 Non ventilables entre les rubriques 5110 et 5120	0	0	0	0	0	0	0	0	0	0
5200 Impôts sur l'utilisation des biens ou l'autorisation d'utiliser des biens ou d'exercer des activités	212	1 378	3 401	4 983	6 054	7 441	7 443	8 609	8 808	13 723
5210 Impôts périodiques sur l'utilisation des biens ou l'exercice d'activités	212	1 378	3 401	4 983	6 054	7 441	7 443	8 455	8 516	8 847
5211 Impôts périodiques à la charge des ménages: véhicules à moteur	118	729	1 841	2 996	4 096	4 561	3 970	4 755	4 922	5 202
Motor vehicle duty	..	726	1 837	2 992	4 096	4 561	3 970	4 755	4 922	5 202
Boat licences	..	3	4	4	0	0	0	0	0	0
Visa and Citizenship Fees	0	0	0	0	372	774	812	914	1 211	1 805
5212 Impôts périodiques à la charge d'autres agents: véhicules à moteur	74	588	1 134	1 614	1 288	1 279	1 929	2 206	2 124	2 127
Motor vehicle levy	..	588	1 134	1 614	1 288	1 279	1 929	2 206	2 124	2 127
5213 Sur l'utilisation des biens ou l'exercice d'activités autres que les véhicules à moteur	20	61	426	373	670	1 601	1 544	1 494	1 470	1 518
IBA levy	..	..	134	0	0	0	0	0	0	0
Telecommunications regulator fees	..	..	7	12	17	12	0	0	0	0
Gas regulator fees	..	..	2	0	0	0	0	0	0	0
Electricity regulator fees	..	..	5	0	0	0	0	0	0	0
Water regulator fees	..	..	6	11	11	12	27	27	24	24
Rail regulator fees	..	..	0	14	12	12	12	12	12	12
Company registration surplus fees	..	..	12	0	0	0	0	0	0	0
Consumer and credit act fees	..	..	163	119	281	480	480	480	480	480
Levy funded bodies	..	..	97	217	349	1 040	970	947	925	879
1936 Tithe Act payments	..	..	0	0	0	0	0	0	0	0
Air travel organiser license fees	..	..	0	0	0	45	55	28	29	60
Economic Crime Levy	0	0	0	0	0	0	0	0	0	63
Registers of Scotland	0	0	0	8	16	8	15	16	17	0
UK Emisions Trading Scheme (ETS)	0	0	0	0	0	0	0	0	0	4 347
5220 Impôts non périodiques sur l'utilisation des biens ou l'exercice d'activités	0	0	0	0	0	0	0	154	292	4 876
UK Emissions Trading Scheme (ETS)	0	0	0	0	0	0	0	0	0	4 347
Immigration Skills Charge	..	..	..	..	..	..	..	154	292	529
5300 Non ventilables entre les rubriques 5100 et 5200	1	- 356	0	0	0	0	0	0	0	0
6000 Impôts autres que les rubriques 1000, 2000, 3000, 4000 et 5000	0	0	9 017	0	0	0	0	0	0	0
6100 À la charge exclusive des entreprises	..	..	0	..	..	..	..	..	..	..
6200 À la charge d'autre agents que les entreprises ou non identifiables	..	..	9 017	1 800	2 074	2 933	3 077	2 896	..	..
Community charge	..	..	9 017	..	..	..	..	..	..	..
Custom duties collected for the EU	..	..	..	1 800	2 074	2 933	3 077	2 896	..	..
Non-wastable tax credits against 1110	..	..	7 454	4 651	20 030	28 879	28 539	15 296	10 929	8 910
Tax expenditure component	..	..	6 973	1 233	4 414	5 542	2 571	1 378	984	803
Transfer component	..	..	481	3 418	15 617	23 338	25 968	13 918	9 945	8 107
Non-wastable tax credits against 1210	..	..	0	0	918	1 313	3 273	8 091	8 025	9 137
Tax expenditure component	..	..	0	..	654	915	1 136	2 423	2 761	3 027
Transfer component	..	..	0	..	264	398	2 137	5 668	5 263	6 110

	1965	1980	1990	2000	2007	2010	2015	2020	2021	2022
Recettes fiscales totales sur la base d'encaissements	10 945	81 153	202 400	356 336	509 032	509 501	601 185	639 219	779 924	860 440
Recettes fiscales totales sur la base des droits constatés	..	..	202 368	359 483	509 222	515 462	611 491	690 452	781 763	887 623
Impôts additionnels inclus dans les comptes nationaux	..	..	1 323	2 062	4 072	4 731	7 261	10 147	10 476	11 004
Impôts exclus des comptes nationaux	..	..	0	0	0	0	0	0	0	0
Différence dans les traitements des crédits d'impôts	..	..	6 973	1 233	5 068	6 457	3 707	3 802	3 746	3 829
Transfert en capital des recettes non collectées	..	..	0	0	0	0	0	0	0	0
Cotisations de sécurité sociale volontaires	..	..	3 288	8 103	18 629	21 217	25 025	38 013	40 449	42 616
Différences diverses	..	..	0	0	0	0	0	0	0	0
Comptes nationaux : impôts et cotisations sociales effectives	..	..	213 952	370 881	536 991	547 867	647 484	742 414	836 434	945 072
Cotisations sociales imputées	..	..	3 966	3 464	2 125	2 580	1 863	1 205	1 249	1 185

.. Non disponible

Note : Year ending 31st December.

From 1990 data are on accrual basis.

Supranational taxes reported by the United Kingdom continue to be reported for 2020 in Revenue Statistics as in previous years. From 2021, at the end of the Brexit transition period, this will come to an end and taxes subsequently introduced by the United Kingdom will be reflected in the appropriate tax category at the national or subnational levels of government, as appropriate.

Heading 1210: The corporate tax figures include company income tax from 1990 onwards.

Heading 2000: Includes some voluntary contributions which cannot be separately identified.

Heading 5113: Following the SNA 2008 classification, the digital services tax is classified by the ONS as a Tax on imports excluding VAT and import duties (D.2122). However, it is classified in Revenue Statistics in the category Taxes on turnover and other general taxes on goods and services (5113) for consistency across OECD countries reporting the same type of tax.

Heading 6200: The community charge replaced domestic rates in Scotland in April 1989 and was extended to England and Wales in April 1990. This tax has been classified in heading 6200 as it is a lump-sum tax levied on each adult in a household (domestic rates are classified in heading 4100). Headings for non-wastable tax credits 1110 and 1210 are consistent with the guidelines, and the figures in the data are treated accordingly. The following method is adopted separately for Working Families 'Tax Credit and Disabled Persons Tax Credit' paid from 1999 to 2003. For each calendar year, a random sample of awards over-lapping the quarter is taken. Each recipient family's income tax liability for the fiscal year within which the quarter falls is calculated , based on the earned income reported for the award (uprated to the middle of the overlap period). And the result multiplied by the number of days in the overlap period divided by 365. The tax expenditure component is defined as the minimum of this amount and the total amount of award paid in the overlap period. The total amount of award paid and the tax expenditure component are each summed over the sample cases, and the ratio is taken as the tax expenditure ration for the quarter. From 2003, the equivalent breakdown for Child and Working tax credits is based on household survey data. Survey data is used to estimate the breakdown into the tax expenditure and the transfer components for the other smaller tax credits.

The United Kingdom Personal Tax Credit information presented in Revenue Statistics is on a cash basis (rather than an accrual basis as for the rest of the data). PTC information on a financial year basis has been used as a proxy for calendar year. Please note that since 2015-16 tax credits is no longer split into tax expenditure and transfer component. The split for years after 2014-15 is estimated by applying the 2014-15 split to total personal tax credits expenditure. The sum of tax expenditure and transfer components may not match the total due to rounding. Total values are consistent with published figures available here: https://www.gov.uk/government/statistics/hmrc-tax-and-nics-receipts-for-the-uk.

Please note that the sum of the corporate tax credit (CTC) components in the United Kingdom may not match total CTC's due to rounding. The CTC information presented in Revenue Statistics is on a cash basis (rather than an accrual basis as for the rest of the data). CTC information on a financial year basis has been used as a proxy for calendar year. Please note that the breakdown of total CTCs from 2002/03 to 2010/11 have been estimated using historic proportional splits applied to total published CTC information. Total values are consistent with published figures available here: https://www.gov.uk/government/statistics/hmrc-tax-and-nics-receipts-for-the-uk.

Source : National Income and Expenditure; Central Statistical Office; Annual reports of His Majesty's Revenue and Customs.

Tableau 5.38. État-Unis : recettes fiscales détaillées, 1965-2022

Million USD

	1965	1980	1990	2000	2007	2010	2015	2020	2021	2022
Recettes fiscales totales	167 022	730 672	1 552 413	2 900 519	3 868 612	3 517 144	4 772 710	5 452 240	6 301 741	7 107 112
1000 Impôts sur le revenu, les bénéfices et les gains en capital	80 284	364 137	701 731	1 453 865	1 865 205	1 488 699	2 315 228	2 539 776	3 122 063	3 654 869
1100 Impôts sur le revenu, les bénéfices et les gains en capital des personnes physiques	52 894	285 513	584 733	1 224 538	1 479 085	1 223 218	1 930 079	2 245 147	2 731 244	3 127 332
1110 Sur le revenu et les bénéfices des personnes physiques	50 401	272 879	552 859	1 088 967	1 326 736	1 163 737	1 754 568	2 016 852	2 284 907	2 788 194
Individual income tax federal	46 492	233 269	449 239	895 677	1 062 755	910 874	1 413 376	1 600 026	1 824 045	2 263 775
Individual income tax state and local govt.	3 909	39 610	103 620	193 290	263 981	252 863	341 192	416 826	460 862	524 419
1120 Sur les gains en capital des personnes physiques	2 493	12 634	31 874	135 571	152 349	59 481	175 511	228 295	446 337	339 138
Capital gains federal	2 300	10 800	25 900	111 507	122 036	46 557	141 381	181 113	356 312	275 351
Capital gains tax state and local govt.	193	1 834	5 974	24 064	30 313	12 924	34 130	47 182	90 025	63 787
1200 Impôts sur le revenu, les bénéfices et les gains en capital des sociétés	27 390	78 624	116 998	229 327	386 119	265 481	385 150	294 629	390 818	527 536
1210 Sur le revenu et les bénéfices des sociétés	26 745	73 586	106 134	170 835	330 597	240 445	337 631	253 909	324 712	472 339
Corporate income tax federal	24 861	60 525	85 736	144 590	281 040	198 698	288 486	191 110	232 553	330 340
Corporate income tax state and local govt.	1 884	13 061	20 398	26 245	49 556	41 747	49 145	62 799	92 159	142 000
1220 Sur les gains en capital des sociétés	645	5 038	10 864	58 492	55 523	25 036	47 519	40 720	66 106	55 197
Capital gains tax corp. federal	600	4 143	8 776	49 506	47 200	20 689	40 602	30 649	47 344	38 603
Capital gains tax corp. state and local govt.	45	895	2 088	8 986	8 323	4 347	6 917	10 071	18 762	16 594
1300 Non ventilables entres les rubriques 1100 et 1200	0	0	0	0	0	0	0	0	0	0
2000 Cotisations de sécurité sociale (CSS)	22 192	159 763	396 972	683 104	907 357	917 409	1 125 493	1 327 683	1 430 254	1 556 656
2100 CSS à la charge des salariés	8 459	67 022	173 860	305 555	400 941	406 404	502 103	605 379	657 954	716 437
Federal insurance contribution Act tax	8 084	66 221	..	..	..	..	..	..	..	..
Less refund federal	- 192	- 507	..	..	..	..	..	..	..	..
Railroad retirement taxes federal	322	590	..	..	..	..	..	..	..	..
Fed. hosp. insur. recpts from railroad retir.	0	111	..	..	..	..	..	..	..	..
Unemployment state tax federal	20	127	..	..	..	..	..	..	..	..
Temp. disability insurance state and local	225	480	..	..	..	..	..	..	..	..
2110 CSS à la charge des salariés - sur la base du salaire	..	..	..	..	..	..	..	..	..	..
2120 CSS à la charge des salariés - sur la base de l'impôt sur le revenu	..	..	..	..	..	..	..	..	..	..
2200 CSS à la charge des employeurs	12 703	87 019	204 102	343 184	456 602	461 702	561 936	651 974	699 646	757 071
Federal insurance contributions act tax	7 802	64 768	..	..	..	..	..	..	..	..
Railroad retirement taxes federal	314	1 722	..	..	..	..	..	..	..	..
Fed. hosp. insur. recpts from railroad retir.	0	111	..	..	..	..	..	..	..	..
Military service credit federal	14	652	..	..	..	..	..	..	..	..
Old-age dis. hosp. insur. fed. employer contr.	282	1 453	..	..	..	..	..	..	..	..
Unemployment state tax federal	3 032	11 788	..	..	..	..	..	..	..	..
Federal unemployment tax Act	615	3 246	..	..	..	..	..	..	..	..
Railroad unempl. insurance Act tax federal	152	175	..	..	..	..	..	..	..	..
Workmen's compensation state and local	484	3 039	..	..	..	..	..	..	..	..
Temp. disability insurance state and local	8	65	..	..	..	..	..	..	..	..
2210 CSS à la charge des employeurs - sur la base du salaire	..	..	..	..	..	..	..	..	..	..
2220 CSS à la charge des employeurs - sur la base de l'impôt sur le revenu	..	..	..	..	..	..	..	..	..	..
2300 CSS à la charge des indépendants ou des sans emploi	1 030	5 722	19 010	34 365	49 814	49 303	61 454	70 330	72 654	83 148
Federal old-age survivors trust	0	4 250	..	..	..	..	..	..	..	..
Federal disability insurance trust	1 030	733	..	..	..	..	..	..	..	..
Federal hospital insurance trust	0	739	..	..	..	..	..	..	..	..
2310 CSS à la charge des indépendants ou des sans emploi - sur la base du salaire	..	..	..	..	..	..	..	..	..	..
2320 CSS à la charge des indépendants ou des sans emploi - Sur la base de l'impôt sur le revenu	..	..	..	..	..	..	..	..	..	..
2400 CSS Non ventilables entre les rubriques 2100, 2200 et 2300	0	0	0	0	0	0	0	0	0	0
2410 CSS Non-ventilables entre les rubriques 2100, 2200 et 2300 - sur la base du salaire	..	..	..	..	..	..	..	..	..	..
2420 CSS Non-ventilables entre les rubriques 2100, 2200 et 2300 - sur la base de l'impôt sur le revenu	..	..	..	..	..	..	..	..	..	..
3000 Impôts sur les salaires et la main-d'oeuvre	0	0	0	0	285	2 285	1 774	3 377	3 354	3 634
4000 Impôts sur le patrimoine	26 529	77 913	182 408	299 546	463 052	473 422	537 963	660 674	691 567	736 848
4100 Impôts périodiques sur la propriété immobilière	22 918	68 499	161 533	254 669	403 688	438 588	489 332	607 621	621 672	660 026

	1965	1980	1990	2000	2007	2010	2015	2020	2021	2022
4110 Impôts périodiques sur la propriété immobilière – Ménages	8 548	28 975	..	..	..	..	..	..	..	..
Property tax state and local	8 548	28 975	..	..	..	..	..	..	..	..
Other	0	0	..	..	..	..	..	..	..	..
4120 Impôts périodiques sur la propriété immobilière – Autres agents	14 370	39 524	..	..	..	..	..	..	..	..
Property tax state and local	14 370	39 524	..	..	..	..	..	..	..	..
Other	0	0	..	..	..	..	..	..	..	..
4200 Impôts périodiques sur l'actif net	0	0	0	0	0	0	0	0	0	0
4210 Impôts périodiques sur l'actif net – Personnes physiques	..	..	..	..	..	..	..	..	..	..
4220 Impôts périodiques sur l'actif net – Sociétés	..	..	..	..	..	..	..	..	..	..
4300 Impôts sur les mutations par décès, les successions et les donations	3 447	8 425	15 755	35 640	31 927	19 699	25 548	25 281	34 410	40 634
4310 Impôts sur les mutations par décès et les successions	3 080	8 149	..	..	..	..	..	..	..	..
Estate tax less refund federal	2 427	6 181	..	..	..	..	..	..	..	..
Estate tax state and local govt.	653	1 968	..	..	..	..	..	..	..	..
4320 Impôts sur les donations	367	276	..	..	..	..	..	..	..	..
Gift tax less refund federal	289	209	..	..	..	..	..	..	..	..
Gift tax calculate state and local govt.	78	67	..	..	..	..	..	..	..	..
4400 Impôts sur les transactions mobilières et immobilières	164	989	2 148	4 389	20 503	7 460	14 614	17 248	24 547	24 594
Interest equalisation tax federal	15	0	..	..	..	..	..	..	..	..
Document and stock transfer state and local	149	989	2 148	4 389	20 503	7 460	14 614	17 248	24 547	24 594
4500 Impôts non périodiques sur le patrimoine	0	0	0	0	0	0	0	0	0	0
4510 Impôts non périodiques sur l'actif net	..	..	..	..	..	..	..	0	0	0
4520 Impôts non périodiques sur le patrimoine autre que sur l'actif net	..	..	..	..	..	..	..	..	..	..
4600 Autres impôts périodiques sur le patrimoine hors rubriques 4100 et 4200	0	0	2 972	4 848	6 934	7 675	8 468	10 523	10 938	11 594
5000 Impôts sur les biens et services	38 017	128 844	271 301	464 004	632 713	635 329	792 251	920 730	1 054 503	1 155 106
5100 Impôts sur la production, la vente, le transfert, la location et la livraison des biens et la prestation de services	33 300	111 810	235 233	404 093	540 291	546 710	694 964	803 229	919 215	1 005 659
5110 Impôts généraux sur les biens et services	8 016	51 328	125 575	221 358	301 403	295 123	373 249	443 672	514 506	570 794
5111 Taxes sur la valeur ajoutée	0	0	0	0	0	0	0	0	0	0
5112 Impôts sur les ventes	8 016	51 328	125 575	221 358	301 403	295 123	373 249	443 672	514 506	570 794
General sales - general receipts state and local	7 981	51 328	125 575	221 358	301 403	295 123	373 249	443 672	514 506	570 794
Other state and local	35	0	0	0	0	0	0	0	0	0
5113 Autres impôts généraux sur les biens et services	0	0	0	0	0	0	0	0	0	0
5120 Impôts sur des biens et des services déterminés	25 284	60 482	109 658	182 735	238 888	251 587	321 715	359 557	404 709	434 864
5121 Accises	21 209	45 471	64 953	108 600	137 373	146 582	156 995	157 642	174 619	171 574
Alcohol taxes federal govt.	3 689	5 601	5 228	8 120	9 348	9 496	10 367	10 790	11 595	11 550
Tobacco taxes federal govt.	2 142	2 443	4 217	7 216	7 531	16 614	14 450	12 354	12 136	11 259
Airport, airway, highway federal	3 559	6 411	0	0	0	0	0	0	0	0
Manufacturer's excise taxes federal govt.	2 867	6 122	0	0	0	0	0	0	0	0
Sugar tax federal govt.	97	0	0	0	0	0	0	0	0	0
Other taxes excise federal govt.	889	2	0	0	0	0	0	0	0	0
Undistributed tax deposits federal government	- 11	152	0	0	0	0	0	0	0	0
Other taxes excise and undist. fed.govt. -	0	0	13 316	32 005	31 747	26 913	35 287	31 499	40 815	35 634
Less special tax liquor occupations federal	- 22	- 21	0	0	0	0	0	0	0	0
Other federal (refunds)	- 7	- 32	0	0	0	0	0	0	0	0
Alcohol taxes state and local govt.	949	2 642	3 577	4 485	5 684	6 197	7 170	7 567	8 784	9 341
Tobacco taxes state and local govt.	1 386	3 874	6 009	8 726	16 433	18 611	17 973	19 047	19 049	17 839
Public utilities state and local govt.	871	5 888	11 814	17 989	27 879	28 892	28 043	27 793	28 383	31 495
Motor fuel taxes state and local govt.	4 331	9 822	20 792	31 373	38 682	39 634	44 743	51 034	55 640	56 611
Other state and local taxes	469	2 295	0	0	0	0	0	0	0	0
Coal tonnage tax federal govt.	0	272	0	0	0	0	0	0	0	0
Hazardous substances tax federal	0	0	0	0	0	0	0	0	0	0
Transportation fuels tax federal	0	0	0	0	0	0	0	0	0	0
Boat fuels and equipment tax federal	0	0	0	0	0	0	0	0	0	0
Waste site deposits tax federal	0	0	0	0	0	0	0	0	0	0
Leaking underground storage federal	0	0	0	0	0	0	0	0	0	0
Vaccine injury compens. federal	0	0	0	0	0	0	0	0	0	0
Ozone depletion tax federal	0	0	0	0	0	0	0	0	0	0
Oil spill liability federal	0	0	0	0	0	0	0	0	0	0
Luxury tax federal govt.	0	0	0	0	0	0	0	0	0	0
5122 Bénéfices des monopoles fiscaux	275	608	..	..	..	..	..	..	..	..
Liquor store revenue state and local govt.	1 447	3 200	..	..	..	..	..	..	..	..
Liquor store expend. state and local govt.	- 1 172	- 2 592	..	..	..	..	..	..	..	..

	1965	1980	1990	2000	2007	2010	2015	2020	2021	2022
5123 Droits de douane et droits à l'importation	1 442	7 436	17 490	21 123	28 793	28 603	38 123	68 627	89 101	102 333
Custom duties federal	1 442	7 436	17 490	21 123	28 793	28 603	38 123	68 627	89 101	102 333
Petroleum import fees federal govt.	0	0	0	0	0	0	0	0	0	0
5124 Taxes à l'exportation	0	0	0	0	0	0	0	0	0	0
5125 Impôts sur les biens d'équipement	0	0	0	0	0	0	0	0	0	0
5126 Impôts sur des services déterminés	2 358	6 967	8 895	13 857	23 639	23 642	28 608	33 753	39 302	44 420
Amusements state and local govt.	23	234	671	3 668	7 105	7 082	8 230	7 119	11 259	12 829
Parimutuels state and local govt.	386	731	659	326	328	206	184	204	236	236
Transportation of persons federal	126	1 601	0	0	0	0	0	0	0	0
Transport of property	0	92	0	0	0	0	0	0	0	0
General and toll telephone federal	1 079	1 118	0	0	0	0	0	0	0	0
Foreign insurance policies federal	0	75	0	0	0	0	0	0	0	0
Insurance state and local govt.	744	3 113	7 565	9 863	16 206	16 354	20 194	26 430	27 807	31 355
Employee pension plans federal	0	3	0	0	0	0	0	0	0	0
Inland waterway tax federal	0	0	0	0	0	0	0	0	0	0
Ship departure tax federal	0	0	0	0	0	0	0	0	0	0
5127 Autres impôts sur les transactions et les échanges internationaux non couverts par les rubriques 5121 à 5126	0	0	0	0	0	0	0	0	0	0
5128 Autres impôts non couverts par les rubriques 5121 à 5127	0	0	18 320	39 155	49 083	52 760	97 989	99 536	101 687	116 538
5130 Non ventilables entre les rubriques 5110 et 5120	0	0	0	0	0	0	0	0	0	0
5200 Impôts sur l'utilisation des biens ou l'autorisation d'utiliser des biens ou d'exercer des activités	4 717	17 034	36 068	59 910	92 422	88 619	97 287	117 501	135 289	149 448
5210 Impôts périodiques sur l'utilisation des biens ou l'exercice d'activités	3 490	9 501	21 262	37 114	68 547	66 440	74 957	90 766	98 048	101 006
5211 Impôts périodiques à la charge des ménages: véhicules à moteur	1 211	3 370	8 104	11 409	14 996	16 294	18 820	21 354	22 577	22 911
Motor vehicle regis. license st. and loc.	1 056	2 981	..	..	..	..	..	..	..	..
Motor vehicle oper. license st. and loc.	152	389	..	..	..	..	..	..	..	..
Other motor vehicle	3	0	..	..	..	..	..	..	..	..
5212 Impôts périodiques à la charge d'autres agents: véhicules à moteur	937	2 343	3 564	6 688	8 484	9 108	10 697	12 210	12 819	13 053
Motor vehicle regis. license st. and loc.	937	2 343	..	..	..	..	..	..	..	..
Motor vehicle oper. license st. and loc.	0	0	..	..	..	..	..	..	..	..
5213 Sur l'utilisation des biens ou l'exercice d'activités autres que les véhicules à moteur	1 342	3 788	9 594	19 017	45 067	41 038	45 441	57 202	62 652	65 043
Misc. fees permit license federal	19	0	0	0	0	0	0	0	0	0
Special tax liquor occupations federal	22	21	0	0	0	0	0	0	0	0
Use tax of certain vehicles federal	99	277	0	0	0	0	0	0	0	0
Use of internat. travel facilities federal	0	92	0	0	0	0	0	0	0	0
Use tax of aircraft federal	0	21	0	0	0	0	0	0	0	0
Corporation in general license st. and loc.	528	1 388	3 147	6 736	10 658	9 473	6 605	9 202	10 965	11 441
Alcoholic beverage license tax st. and loc.	133	179	264	308	608	596	822	984	1 044	1 110
Public utilities license tax st. and loc.	30	130	270	395	1 903	1 468	1 689	1 768	1 776	1 852
Amusements license taxes st. and loc.	7	69	202	196	966	638	714	552	622	699
Occupation and business license st. and loc.	349	1 113	3 512	7 651	16 484	17 812	20 543	24 715	25 330	26 025
Wagering occupation tax federal	7	12	0	0	0	0	0	0	0	0
Other license taxes st. and loc.	10	69	2 118	3 619	14 302	10 900	14 906	19 789	22 720	23 729
Hunting and fishing license taxes st. and loc.	138	417	82	112	146	151	161	192	196	187
Other	0	0	0	0	0	0	0	0	0	0
5220 Impôts non périodiques sur l'utilisation des biens ou l'exercice d'activités	1 227	7 533	14 806	22 796	23 875	22 179	22 330	26 735	37 241	48 441
Severance state and local govt.	503	4 167	5 224	5 285	12 895	11 751	9 833	9 326	18 622	29 778
Poll taxes state and local govt.	9	0	0	0	0	0	0	0	0	0
Other taxes state and local govt.	715	3 366	9 582	17 511	10 980	10 428	12 497	17 410	18 619	18 663
5300 Non ventilables entre les rubriques 5100 et 5200	0	0	0	0	0	0	0	0	0	0
6000 Impôts autres que les rubriques 1000, 2000, 3000, 4000 et 5000	0	15	0	0	0	0	0	0	0	0
6100 À la charge exclusive des entreprises	..	0	..	..	..	..	..	..	..	..
6200 À la charge d'autre agents que les entreprises ou non identifiables	..	15	..	..	..	..	..	..	..	..
Non-wastable tax credits against 1110	..	..	6 155	36 511	90 439	171 630	156 656	525 970	562 230	452 130
Tax expenditure component	..	..	1 800	9 602	35 910	69 870	42 826	92 340	111 520	127 960
Transfer component	..	..	4 355	26 909	54 529	101 760	113 830	433 630	450 710	324 170
Non-wastable tax credits against 1210	..	..	..	..	..	250	577	660	300	340
Tax expenditure component	..	..	..	..	..	240	527	630	300	300
Transfer component	..	..	..	..	..	10	50	30	0	40
Unallocable transfer component	..	..	..	..	..	2 420	4 890	2 600	3 980	3 250
Recettes fiscales totales sur la base d'encaissements	167 022	730 672	..	..	..	..	..	..	..	..

	1965	1980	1990	2000	2007	2010	2015	2020	2021	2022
Recettes fiscales totales sur la base des droits constatés	..	..	..	..	..	..	..	..	..	..
Impôts additionnels inclus dans les comptes nationaux	..	..	..	..	..	..	..	..	..	..
Impôts exclus des comptes nationaux	..	..	..	..	..	..	..	..	..	..
Différence dans les traitements des crédits d'impôts	..	..	..	..	..	..	..	..	..	..
Transfert en capital des recettes non collectées	..	..	..	..	..	..	..	..	..	..
Cotisations de sécurité sociale volontaires	..	..	11 719	22 562	51 635	61 833	74 886	118 059	124 053	141 377
Différences diverses	..	..	..	..	..	..	..	..	..	..
Comptes nationaux : impôts et cotisations sociales effectives	..	..	1 564 132	2 923 081	3 920 247	3 578 977	4 847 596	5 570 299	6 425 794	7 248 489
Cotisations sociales imputées	..	..	3 384	3 727	7 134	9 428	9 636	8 838	9 029	9 407
Comptes nationaux : impôts et toutes les cotisations sociales	..	..	1 567 516	2 926 808	3 927 381	3 588 405	4 857 232	5 579 137	6 434 822	7 257 896

.. Non disponible

Note : From 1990, data are on a year ending 31st December basis. For years up to and including 1976 the dated covered fiscal years ending 30th June.
Between 1977 and 1989, Federal government data covered fiscal years ending 30th September and State & Local government data covered fiscal years ending 30th June.
From 1990, data are on accrual basis. There are no separate estimates for the State and Local capital gains tax revenues.
Heading 5121: In 1994 through 1996, some Federal excise taxes formerly shown separately were included in 'Other taxes,excises and undistributed, Federal government'.

Source : Federal estimates are derived from the US Budget, the Final Monthly Treasury Statement and the Annual Report of the US Treasury Department. The State and Local estimates are derived from Government Finances, published by the Bureau of the Census.

Tableaux pour mémoire

Le Tableau 5.39 présente les différentes sources de financement des prestations sociales, au-delà des cotisations obligatoires de sécurité sociale reportées dans la section 5.1. Cette table montre également les données concernant les autres impôts, les cotisations volontaires aux administrations et les cotisations obligatoires au secteur privé.

Le Tableau 5.40 contient les cotisations de sécurité sociale et les impôts sur les salaires acquittés par les administrations. Lors de la révision du Guide d'interprétation en 1984, la question s'est posée de savoir comment il convenait de traiter les impôts acquittés par les administrations. Les deux exemples les plus marquants d'impôts de ce type sont les cotisations de sécurité sociale et les impôts sur les salaires acquittés par les administrations au titre de leurs agents. Après un échange de vues approfondi, il a été décidé que les données présentées dans cette publication continueraient d'inclure les impôts acquittés par les administrations (voir le §7 du Guide d'interprétation dans l'Annexe A).

Alors qu'il a été admis qu'à certaines fins (par exemple, pour mesurer le flux de paiements allant du secteur privé au secteur des administrations), il conviendrait d'exclure les impôts payés par un secteur de l'administration à un autre ou les impôts acquittés entre les différentes unités d'un même secteur de l'administration, il a été décidé que les impôts acquittés par les administrations devaient être inclus dans les données lorsque l'on comptabilise tous les flux d'impôts de l'ensemble de l'économie. Cette prise en compte permet d'être sûr que les différents flux de ressources d'une économie, y compris la valeur de la production des administrations, sont bien mesurés de façon cohérente nette d'impôt.

Il a été toutefois décidé que les données sur les impôts acquittés par les administrations et que l'on pouvait identifier isolément seraient présentées séparément dans un poste pour mémoire et c'est l'objet des tableaux par pays qui suivent.

Les données reproduites dans les tableaux suivants ont trait aux montants effectifs versés par les administrations publiques au titre de leurs agents. Les cotisations fictives, volontaires et imputées sont exclues de ces données. Les définitions des cotisations de sécurité sociale, des impôts sur les salaires et des administrations publiques correspondent aux définitions données aux §40 á § 46, §47 et §3 á § 4 du Guide d'interprétation. Les informations sur les autres impôts payés par les administrations (à savoir impôts sur la propriété et impôts sur la consommation) ne sont pas disponibles pour la plupart des pays, même s'il semble bien que, dans tous les pays, les impôts assis sur les salaires sont les impôts les plus importants qu'acquittent les administrations. Dans beaucoup de cas, les données sont estimées et ne sont pas toujours établies sur une base compatible avec celle utilisée dans les tableaux principaux.

Tableau 5.39. Le financement des prestations sociales, en monnaie nationale

	1965	1980	1990	2000	2007	2010	2015	2020	2021	2022
Australie, millions AUD										
Impôts de la série 2000	..	..	..	..	..	..	..	..	..	..
Autres impôts	..	..	..	..	..	..	..	..	..	..
Contributions volontaires au gouvernement	..	..	..	..	..	..	..	..	..	..
Contributions obligatoires au secteur privé	..	..	..	..	..	..	..	..	..	..
Total	0	0	0	0	0	0	0	0	0	0
Autriche, millions EUR										
Impôts de la série 2000	1 548	9 200	17 763	30 510	38 453	41 423	49 867	59 094	62 312	65 893
Autres impôts	0	0	0	0	0	0	0	0	0	0
Contributions volontaires au gouvernement	32	135	141	206	256	339	321	344	358	373
Contributions obligatoires au secteur privé	0	0	0	0	0	0	0	0	0	0
Total	1 580	9 335	17 904	30 716	38 709	41 762	50 188	59 438	62 670	66 266
Belgique, millions EUR										
Impôts de la série 2000	2 018	10 798	23 386	34 865	45 929	50 674	58 812	62 293	65 580	71 520
Autres impôts	0	171	644	5 375	13 659	16 772	12 292	20 009	23 415	22 914
Contributions volontaires au gouvernement	0	41	52	58	57	59	70	82	83	72
Contributions obligatoires au secteur privé	0	0	0	0	0	0	0	0	0	0
Total	2 018	11 009	24 082	40 298	59 644	67 505	71 174	82 384	89 078	94 506
Canada, millions CAD										
Impôts de la série 2000	854	10 649	29 653	53 109	73 722	76 787	96 371	107 496	120 919	133 578
Autres impôts	1 199	0	0	0	0	0	0	0	0	0
Contributions volontaires au gouvernement	0	0	0	0	0	0	0	0	0	0
Contributions obligatoires au secteur privé	0	0	0	0	0	0	0	0	0	0
Total	2 053	10 649	29 653	53 109	73 722	76 787	96 371	107 496	120 919	133 578
Chili, millions CLP										
Impôts de la série 2000	..	..	159 559	576 758	1 148 647	1 493 987	2 252 490	3 104 866	2 815 090	2 585 421
Autres impôts	..	..	0	0	0	0	0	0	0	0
Contributions volontaires au gouvernement	..	..	0	0	0	0	0	0	0	0
Contributions obligatoires au secteur privé	..	..	328 102	2 021 631	3 808 658	5 408 703	8 914 415	12 194 451	13 597 362	15 217 010
Total	..	..	487 661	2 598 389	4 957 305	6 902 690	11 166 905	15 299 318	16 412 451	17 802 431
Colombie, millions COP										
Impôts de la série 2000	..	..	203 596	4 989 000	9 694 000	11 478 085	13 585 138	18 389 481	21 673 981	23 908 538
Autres impôts	..	..	0	0	0	0	0	0	0	0
Contributions volontaires au gouvernement	..	..	0	0	0	0	0	0	0	0
Contributions obligatoires au secteur privé	..	..	0	0	18 667 073	27 354 493	31 112 566	40 888 910	46 914 226	53 874 632
Total	..	..	203 596	4 989 000	28 361 073	38 832 579	44 697 703	59 278 391	68 588 208	77 783 170
Costa Rica, millions CRC										
Impôts de la série 2000	..	..	33 990	297 069	885 053	1 450 531	2 305 133	2 971 589	3 605 731	3 925 692
Autres impôts	..	..	..	..	..	..	..	..	..	..
Contributions volontaires au gouvernement	..	..	..	..	..	..	..	..	..	..
Contributions obligatoires au secteur privé	..	..	..	..	..	..	..	..	..	..
Total	..	..	33 990	297 069	885 053	1 450 531	2 305 133	2 971 589	3 605 731	3 925 692
Tchéquie, million CZK										
Impôts de la série 2000	..	..	..	341 544	573 417	576 029	659 743	901 670	1004 804	1 074 201
Autres impôts	..	..	..	0	0	0	0	0	0	0
Contributions volontaires au gouvernement	..	..	..	1 099	974	661	386	537	573	618
Contributions obligatoires au secteur privé	..	..	..	2 837	5 757	6 094	6 741	9 048	9 539	10 150
Total	..	..	..	345 480	580 148	582 784	666 871	911 255	1014 916	1 084 969
Danemark, millions DKK										
Impôts de la série 2000	690	710	101	8 453	2 030	2 280	1 874	2156	2 493	2 340
Autres impôts	0	0	0	0	0	0	0	0	0	0
Contributions volontaires au gouvernement	0	1 673	8 087	16 633	17 061	17 192	14 721	14 873	15 277	14 844
Contributions obligatoires au secteur privé	145	554	1 278	1 445	4 526	3 847	2 946	3 024	3 308	3 492
Total	835	2 937	9 466	26 531	23 618	23 319	19 541	20 053	21 078	20 676

	1965	1980	1990	2000	2007	2010	2015	2020	2021	2022
Estonie, millions EUR										
Impôts de la série 2000	..	..	..	674	1 683	1 879	2 300	3 331	3 652	4 122
Autres impôts	..	..	..	0	0	0	0	0	0	0
Contributions volontaires au gouvernement	..	..	..	0	0	0	0	0	0	0
Contributions obligatoires au secteur privé	..	..	..	1	341	38	389	342	311	288
Total	..	..	..	674	2 024	1 918	2 689	3 673	3 962	4 410
Finlande, millions EUR										
Impôts de la série 2000	93	2 776	10 012	15 756	21 384	22 648	26 639	27 326	30 186	31 954
Autres impôts	47	22	0	404	0	0	0	0	0	0
Contributions volontaires au gouvernement	0	262	632	236	228	254	303	235	261	246
Contributions obligatoires au secteur privé	0	123	431	532	653	619	673	619	637	610
Total	140	3 183	11 075	16 928	22 265	23 521	27 615	28 180	31 084	32 810
France, millions EUR										
Impôts de la série 2000	8 408	77 462	190 784	231 768	305 924	322 078	368 660	346 095	372 809	395 489
Autres impôts	0	262	3 387	81 170	127 714	137 592	170 410	234 449	254 310	272 657
Contributions volontaires au gouvernement	0	0	0	0	0	0	0	0	0	0
Contributions obligatoires au secteur privé	0	0	0	0	0	0	0	0	0	0
Total	8 408	77 724	194 091	312 938	433 638	459 670	539 070	580 544	627 119	668 146
Allemagne, millions EUR										
Impôts de la série 2000	19 876	98 659	170 449	299 440	320 750	354 320	424 842	512 279	534 374	567 083
Autres impôts	0	0	0	0	0	0	0	0	0	0
Contributions volontaires au gouvernement	1 946	8 441	13 002	23 329	21 409	5 102	6 068	7 399	7 937	8 295
Contributions obligatoires au secteur privé	107	690	1 462	6 120	8 243	9 386	11 202	15 465	16 224	17 368
Total	21 929	107 791	184 914	328 889	350 402	368 808	442 112	535 143	558 535	592 746
Grèce, millions EUR										
Impôts de la série 2000	37	485	3 466	14 284	24 940	24 748	18 807	21 352	23 417	25 186
Autres impôts	8	0	0	0	0	0	0	0	0	0
Contributions volontaires au gouvernement	0	0	0	0	0	0	0	0	0	0
Contributions obligatoires au secteur privé	0	0	0	0	0	0	0	0	0	0
Total	44	485	3 466	14 284	24 940	24 748	18 807	21 352	23 417	25 186
Hongrie, millions HUF										
Impôts de la série 2000	..	..	..	1 506 755	3 402 194	3 179 509	4 433 464	5 364 400	5 781 454	6 481 845
Autres impôts	..	..	..	188 413	85 058	78 629	294 313	128 079	134 966	167 774
Contributions volontaires au gouvernement	..	..	..	1 273	1 762	1 693	1 229	953	963	1045
Contributions obligatoires au secteur privé	..	..	..	62 836	190 331	279 814	0	0	0	0
Total	..	..	..	1 759 277	3 679 344	3 539 645	4 729 006	5 493 432	5 917 383	6 650 664
Islande, millions ISK										
Impôts de la série 2000	5	102	3 607	19 680	39 594	63 599	79 707	88 364	97 414	115 564
Autres impôts	0	1 047	20 571	26 732	52 444	77 472	97 987	259 588	277 008	239 643
Contributions volontaires au gouvernement	0	0	0	0	0	0	0	0	0	0
Contributions obligatoires au secteur privé	0	459	13 454	48 847	118 117	95 438	139 792	191 784	207 998	238 749
Total	5	1 608	37 632	95 260	210 155	236 509	317 486	539 736	582 420	593 956
Irlande, millions EUR										
Impôts de la série 2000	21	578	1 729	3 966	8 143	8 458	9 999	12 285	13 618	15 967
Autres impôts	0	0	0	0	0	0	0	0	0	0
Contributions volontaires au gouvernement	0	0	0	0	0	0	0	0	0	0
Contributions obligatoires au secteur privé	0	0	0	0	0	0	0	0	0	0
Total	21	578	1 729	3 966	8 143	8 458	9 999	12 285	13 618	15 967
Israël, millions ILS										
Impôts de la série 2000	..	..	..	27 565	37 909	45 343	59 561	73 031	79 602	88 775
Autres impôts	..	..	..	0	0	0	0	0	0	0
Contributions volontaires au gouvernement	..	..	..	0	0	0	0	0	0	0
Contributions obligatoires au secteur privé	..	..	..	0	0	9 100	28 700	39 200	43 500	49 100
Total	..	..	..	27 565	37 909	54 443	88 261	112 231	123 102	137 875
Italie, millions EUR										
Impôts de la série 2000	1 881	22 976	87 256	143 629	200 772	209 122	214 376	224 741	240 690	256 430
Autres impôts	0	0	0	0	0	0	0	0	0	0
Contributions volontaires au gouvernement	0	0	0	464	567	561	750	763	804	924
Contributions obligatoires au secteur privé	0	0	0	0	0	0	0	0	0	0
Total	1 881	22 976	87 256	144 093	201 339	209 683	215 126	225 504	241 494	257 354

	1965	1980	1990	2000	2007	2010	2015	2020	2021	2022
Japon, billions JPY										
Impôts de la série 2000	1 344	18 178	34 613	47 968	53 325	54 461	64 464	71 562	73 702	75 458
Autres impôts	0	0	0	0	0	0	0	0	0	0
Contributions volontaires au gouvernement	0	0	0	0	0	0	0	0	0	0
Contributions obligatoires au secteur privé	0	0	0	0	0	0	0	0	0	0
Total	1 344	18 178	34 613	47 968	53 325	54 461	64 464	71 562	73 702	75 458
Corée, billions KRW										
Impôts de la série 2000	..	73	3 760	22 759	53 588	69 090	104 693	150 854	162 209	176 747
Autres impôts	..	0	0	0	0	0	0	0	0	0
Contributions volontaires au gouvernement	..	0	0	0	0	0	0	0	0	0
Contributions obligatoires au secteur privé	..	0	0	0	0	0	0	0	0	0
Total	..	73	3 760	22 759	53 588	69 090	104 693	150 854	162 209	176 747
Lettonie, millions EUR										
Impôts de la série 2000	..	..	..	669	1 774	1 554	2 030	2 985	3 191	3 610
Autres impôts	..	..	..	12	51	36	80	128	138	165
Contributions volontaires au gouvernement	..	..	..	0	0	0	0	0	0	0
Contributions obligatoires au secteur privé	..	..	..	0	0	0	0	0	0	0
Total	..	..	..	682	1 825	1 590	2 111	3 113	3 329	3 776
Lituanie, millions EUR										
Impôts de la série 2000	..	..	..	1 362	2 643	3 293	4 338	5 127	5 750	6 656
Autres impôts	..	..	..	0	0	0	0	0	0	0
Contributions volontaires au gouvernement	..	..	..	0	2	2	2	0	0	0
Contributions obligatoires au secteur privé	..	..	..	0	247	95	140	0	0	0
Total	..	..	..	1 362	2 892	3 391	4 480	5 127	5 750	6 656
Luxembourg, millions EUR										
Impôts de la série 2000	86	443	1 011	2 224	3 710	4 387	5 548	7 208	7 651	8 286
Autres impôts	0	0	0	0	0	0	0	0	0	0
Contributions volontaires au gouvernement	0	0	4	18	18	28	38	53	57	66
Contributions obligatoires au secteur privé	0	0	0	0	0	0	0	0	0	0
Total	86	443	1 015	2 241	3 728	4 415	5 587	7 261	7 708	8 352
Mexique, millions MXN										
Impôts de la série 2000	..	109	17 165	138 223	236 727	277 459	409 249	576 019	612 175	681 672
Autres impôts	..	0	0	0	0	0	0	0	0	0
Contributions volontaires au gouvernement	..	0	0	0	0	0	0	0	0	0
Contributions obligatoires au secteur privé	..	25	3 840	67 352	144 331	146 110	206 824	332 725	363 552	417 476
Total	..	134	21 005	205 575	381 057	423 569	616 073	908 743	975 727	1099 148
Pays-Bas, millions EUR										
Impôts de la série 2000	3 342	26 641	39 075	64 522	77 072	82 732	96 426	108 685	112 666	120 769
Autres impôts	0	0	0	0	0	0	0	0	0	0
Contributions volontaires au gouvernement	168	1 139	163	0	0	0	0	0	0	0
Contributions obligatoires au secteur privé	1 266	7 642	5 727	37 088	..	..	..	..	..	..
Total	4 776	35 422	44 965	101 610	77 072	82 732	96 426	108 685	112 666	120 769
Nouvelle-Zélande, millions NZD										
Impôts de la série 2000	..	..	..	..	..	..	..	..	..	..
Autres impôts	..	..	..	..	..	..	..	..	..	..
Contributions volontaires au gouvernement	..	..	..	..	..	..	..	..	..	..
Contributions obligatoires au secteur privé	..	..	..	..	..	..	..	..	..	..
Total	0	0	0	0	0	0	0	0	0	0
Norvège, millions NOK										
Impôts de la série 2000	2 009	28 205	79 362	132 170	204 473	243 002	325 130	381 231	401 990	428 463
Autres impôts	1 305	4 256	0	0	0	0	0	0	0	0
Contributions volontaires au gouvernement	0	0	0	0	0	0	0	0	0	0
Contributions obligatoires au secteur privé	0	242	339	0	0	0	0	0	0	0
Total	3 314	32 703	79 701	132 170	204 473	243 002	325 130	381 231	401 990	428 463
Pologne, millions PLN										
Impôts de la série 2000	..	..	..	97 411	141 457	157 432	225 711	318 636	344 720	396 507
Autres impôts	..	..	..	0	0	0	0	0	1421	1 975
Contributions volontaires au gouvernement	..	..	..	0	0	0	49	48	48	50
Contributions obligatoires au secteur privé	..	..	..	0	0	0	0	0	0	0
Total	..	..	..	97 411	141 457	157 432	225 760	318 684	346 189	398 532

	1965	1980	1990	2000	2007	2010	2015	2020	2021	2022
Portugal, millions EUR										
Impôts de la série 2000	22	531	4 026	10 168	14 305	15 462	16 182	20 943	22 471	24 734
Autres impôts	0	1	29	434	658	698	994	883	915	970
Contributions volontaires au gouvernement	0	0	0	0	0	0	0	0	0	0
Contributions obligatoires au secteur privé	0	0	0	0	0	0	0	0	0	0
Total	22	532	4 055	10 602	14 932	16 154	17 176	21 826	23 386	25 705
République slovaque, millions EUR										
Impôts de la série 2000	..	..	..	4 409	7 244	8 154	10 897	14 229	15 261	15 968
Autres impôts	..	..	..	0	0	0	0	0	0	0
Contributions volontaires au gouvernement	..	..	..	0	22	31	11	12	29	28
Contributions obligatoires au secteur privé	..	..	..	0	701	719	413	717	940	1093
Total	..	..	..	4 409	7 968	8 904	11 321	14 958	16 230	17 088
Slovénie, millions EUR										
Impôts de la série 2000	..	..	..	2 820	5 046	5 761	5 983	7 908	8 561	9 134
Autres impôts	..	..	..	0	0	0	0	0	0	0
Contributions volontaires au gouvernement	..	..	..	0	0	0	0	0	0	0
Contributions obligatoires au secteur privé	..	..	..	0	0	0	0	0	0	0
Total	..	..	..	2 820	5 046	5 761	5 983	7 908	8 561	9 134
Espagne, millions EUR										
Impôts de la série 2000	350	10 682	36 722	74 683	127 088	127 235	122 835	154 315	163 824	172 438
Autres impôts	0	49	0	0	0	0	0	0	0	0
Contributions volontaires au gouvernement	0	0	0	447	937	1 155	1 170	891	931	930
Contributions obligatoires au secteur privé	0	0	0	0	0	0	0	0	0	0
Total	350	10 731	36 722	75 130	128 025	128 390	124 005	155 206	164 755	173 368
Suède, millions SEK										
Impôts de la série 2000	4 851	74 647	205 867	306 974	388 505	384 668	404 851	455 396	489 876	518 438
Autres impôts	1 407	0	0	0	0	0	0	0	0	0
Contributions volontaires au gouvernement	0	0	0	7 951	12 376	13 167	16 726	24 731	30 070	30 421
Contributions obligatoires au secteur privé	0	0	0	0	0	0	0	0	0	0
Total	6 258	74 647	205 867	314 925	400 881	397 835	421 577	480 127	519 946	548 859
Suisse, millions CHF										
Impôts de la série 2000	1 670	10 844	19 952	30 961	34 974	38 385	44 285	49 056	50 655	52 285
Autres impôts	336	778	1 176	4 509	6 342	6 644	7 590	3 357	3 428	3 446
Contributions volontaires au gouvernement	95	431	0	0	0	0	0	0	0	0
Contributions obligatoires au secteur privé	2 505	9 674	20 797	29 532	42 219	45 974	52 890	60 122	61 308	63 336
Total	4 606	21 727	41 924	65 002	83 535	91 004	104 765	112 535	115 391	119 067
Türkiye, millions TRY										
Impôts de la série 2000	0	0	15	7 543	44 052	71 696	170 282	357 677	481 163	767 544
Autres impôts	0	0	0	0	0	0	0	0	0	0
Contributions volontaires au gouvernement	0	0	0	0	0	0	0	0	0	0
Contributions obligatoires au secteur privé	0	0	0	0	0	0	0	0	0	0
Total	0	0	15	7 543	44 052	71 696	170 282	357 677	481 163	767 544
Royaume-Uni, millions GBP										
Impôts de la série 2000	1 685	13 531	34 457	60 252	93 210	97 346	114 173	143 608	156 208	176 951
Autres impôts	0	0	0	0	0	0	0	0	0	0
Contributions volontaires au gouvernement	0	11	3 288	8 103	18 629	21 217	25 025	38 013	40 449	42 616
Contributions obligatoires au secteur privé	1 148	13 350	7 945	8 308	9 969	9 656	5 495	0	0	0
Total	2 833	26 892	45 690	76 663	121 808	128 219	144 693	181 621	196 657	219 567
État-Unis, millions USD										
Impôts de la série 2000	22 192	159 763	396 972	683 104	907 357	917 409	1 125 493	1 327 683	1 430 254	1 556 656
Autres impôts	0	0	0	0	0	0	0	0	0	0
Contributions volontaires au gouvernement	488	3 407	11 719	22 562	51 635	61 833	74 886	118 059	124 053	141 377
Contributions obligatoires au secteur privé	0	0	0	0	0	0	0	0	0	0
Total	22 680	163 170	408 691	705 666	958 992	979 242	1 200 379	1 445 742	1 554 307	1 698 033

.. Non disponible

Tableau 5.40. Les cotisations de sécurité sociale et impôts sur les salaires payés par les administrations publiques, en monnaie nationale

	1965	1980	1990	2000	2007	2010	2015	2020	2021	2022
Australie, millions AUD										
2000 Cotisations de sécurité sociale										
Administration fédérale ou centrale	..	..	..	..	..	..	..	..	..	..
Administration d'un Etat/Länder	..	..	..	..	..	..	..	..	..	..
Administrations locales	..	..	..	..	..	..	..	..	..	..
Administrations de sécurite sociale	..	..	..	..	..	..	..	..	..	..
Total	0	0	0	0	0	0	0	0	0	0
3000 Impôts sur les salaires										
Administration fédérale ou centrale	0	4	0	0	0	0	0	0	0	0
Administration d'un Etat/Länder	15	302	0	0	0	0	0	0	0	0
Administrations locales	0	0	2	19	41	31	38	45	42	49
Administrations de sécurite sociale	0	0	0	0	0	0	0	0	0	0
Secteur multijuridictionnel (université)[1]	..	..	..	..	..	..	..	..	..	..
Total	15	306	92	301	496	579	765	959	889	993
2000+3000 Total	15	306	92	301	496	579	765	959	889	993
Autriche, millions EUR[2]										
2000 Cotisations de sécurité sociale										
Administration fédérale ou centrale	48	230	337	620	1 244	1 532	1 825	2 261	2 388	2 506
Administration d'un Etat/Länder	13	166	337	692	988	1 179	1 376	1 800	2 035	2 187
Administrations locales	17	145	292	699	1 036	1 277	1 515	1 908	2 033	2 132
Administrations de sécurite sociale	11	79	48	176	203	226	264	303	309	325
Total	88	619	1015	2186	3471	4213	4980	6272	6764	7150
3000 Impôts sur les salaires										
Administration fédérale ou centrale	0	49	134	186	337	533	624	658	676	667
Administration d'un Etat/Länder	0	48	74	232	351	458	492	507	539	585
Administrations locales	1	29	79	301	262	359	428	456	487	503
Administrations de sécurite sociale	0	0	39	44	51	55	65	73	74	78
Total	1	125	326	763	1 000	1 405	1 609	1 693	1 776	1 834
2000+3000 Total	89	745	1 341	2 949	4 471	5 618	6 589	7 965	8 540	8 984
Belgique, millions EUR										
2000 Cotisations de sécurité sociale										
Administration fédérale ou centrale	..	536	211	259	434	493	859	908	945	1028
Administration d'un Etat/Länder	..	0	614	1 218	1 600	1 873	2 440	2 878	3 027	3 294
Administrations locales	..	434	768	1 376	2 151	2 655	3 973	4 618	4 738	4 945
Administrations de sécurite sociale	..	89	176	252	308	360	415	420	449	474
Total	..	1 059	1 769	3 105	4 493	5 381	7 686	8 824	9 158	9 741
3000 Impôts sur les salaires										
Administration fédérale ou centrale	..	..	..	..	..	..	..	..	..	..
Administration d'un Etat/Länder	..	..	..	..	..	..	..	..	..	..
Administrations locales	..	..	..	..	..	..	..	..	..	..
Administrations de sécurite sociale	..	..	..	..	..	..	..	..	..	..
Total	..	0	0	0	0	0	0	0	0	0
2000+3000 Total	..	1 059	1 769	3 105	4 493	5 381	7 686	8 824	9 158	9 741
Canada, millions CAD										
2000 Cotisations de sécurité sociale										
Administration fédérale ou centrale	..	..	..	944	1 198	1 397	1 515	2 150	2 108	2 111
Administration d'un Etat/Länder	..	..	..	3 023	4 269	5 071	6 349	7 487	7 958	8 030
Administrations locales	..	..	..	2 225	2 806	3 390	4 205	4 793	5 250	5 297
Administrations de sécurite sociale	..	..	..	0	0	0	0	0	0	0
Total	..	..	..	6 192	8 273	9 857	12 070	14 430	15 316	15 438
3000 Impôts sur les salaires										
Administration fédérale ou centrale	..	..	..	0	0	0	0	0	0	0
Administration d'un Etat/Länder	..	..	..	173	234	328	362	413	439	472
Administrations locales	..	..	..	0	0	0	0	0	0	0
Administrations de sécurite sociale	..	..	..	0	0	0	0	0	0	0
Total	..	..	..	173	234	328	362	413	439	472
2000+3000 Total	..	..	..	6 365	8 507	10 185	12 432	14 843	15 755	15 910

	1965	1980	1990	2000	2007	2010	2015	2020	2021	2022
Chili, millions CLP										
2000 Cotisations de sécurité sociale										
Administration fédérale ou centrale	..	..	..	43 210	107 911	148 006	205 125	269 335	251 721	210 316
Administration d'un Etat/Länder	..	..	..	..	..	..	..	..	..	..
Administrations locales	..	..	..	11 317	30 218	41 518	63 603	110 058	103 689	84 953
Administrations de sécurite sociale	..	..	..	106	263	449	600	872	798	650
Total	..	..	..	54 633	138 392	189 974	269 328	380 265	356 208	295 920
3000 Impôts sur les salaires										
Administration fédérale ou centrale	..	..	..	..	..	..	..	..	..	..
Administration d'un Etat/Länder	..	..	..	..	..	..	..	..	..	..
Administrations locales	..	..	..	..	..	..	..	..	..	..
Administrations de sécurite sociale	..	..	..	..	..	..	..	..	..	..
Total	..	..	..	..	..	..	..	..	..	..
2000+3000 Total	..	..	..	54 633	138 392	189 974	269 328	380 265	356 208	295 920
Colombie, millions COP										
2000 Cotisations de sécurité sociale										
Administration fédérale ou centrale	..	..	..	..	..	..	0	0	0	0
Administration d'un Etat/Länder	..	..	..	..	..	..	0	0	0	0
Administrations locales	..	..	..	..	..	..	0	0	0	0
Administrations de sécurite sociale	..	..	..	..	..	..	1 255 666	1 937 898	2 114 229	2 318 852
Total	..	..	..	..	..	..	1 255 666	1 937 898	2 114 229	2 318 852
3000 Impôts sur les salaires										
Administration fédérale ou centrale	..	..	..	..	..	..	436 646	614 683	654 006	723 535
Administration d'un Etat/Länder	..	..	..	..	..	..	0	0	0	0
Administrations locales	..	..	..	..	..	..	0	0	0	0
Administrations de sécurite sociale	..	..	..	..	..	..	0	0	0	0
Total	..	..	..	..	..	..	436 646	614 683	654 006	723 535
2000+3000 Total	..	..	..	..	..	..	1 692 312	2 552 581	2 768 235	3 042 387
Costa Rica, millions CRC										
2000 Cotisations de sécurité sociale										
Administration fédérale ou centrale	..	..	3 219	35 099	102 041	197 340	301 475	364 628	365 341	388 821
Administration d'un Etat/Länder	..	..	0	0	0	0	0	0	0	0
Administrations locales	..	..	228	2 214	5 357	9 866	17 177	23 212	23 842	24 031
Administrations de sécurite sociale	..	..	0	0	0	0	0	0	0	0
Total	..	..	3 447	37 313	107 398	207 206	318 652	387 840	389 183	412 852
3000 Impôts sur les salaires										
Administration fédérale ou centrale	..	..	91	2 666	5 320	12 405	17 321	22 030	23 077	23 233
Administration d'un Etat/Länder	..	..	0	0	0	0	0	0	0	0
Administrations locales	..	..	0	0	0	0	0	0	0	0
Administrations de sécurite sociale	..	..	0	0	0	0	0	0	0	0
Total	..	..	91	2 666	5 320	12 405	17 321	22 030	23 077	23 233
2000+3000 Total	..	..	3 538	39 979	112 718	219 611	335 973	409 870	412 260	436 085
Tchéquie, millions CZK										
2000 Cotisations de sécurité sociale										
Administration fédérale ou centrale	..	..	..	28 050	44 437	45 439	37 553	56 141	58 645	57 997
Administration d'un Etat/Länder	..	..	..	..	..	..	..	..	..	..
Administrations locales	..	..	..	5 660	8 253	9 394	41 954	68 981	74 834	76 842
Administrations de sécurite sociale	..	..	..	510	791	938	975	1 310	1 360	1 447
Total	..	..	..	34 220	53 481	55 771	80 482	126 432	134 839	136 286
3000 Impôts sur les salaires										
Administration fédérale ou centrale	..	..	..	..	..	..	..	..	..	..
Administration d'un Etat/Länder	..	..	..	..	..	..	..	..	..	..
Administrations locales	..	..	..	..	..	..	..	..	..	..
Administrations de sécurite sociale	..	..	..	..	..	..	..	..	..	..
Total	..	..	..	0	0	0	0	0	0	0
2000+3000 Total	..	..	..	34 220	53 481	55 771	80 482	126 432	134 839	136 286

	1965	1980	1990	2000	2007	2010	2015	2020	2021	2022
Danemark, millions DKK										
2000 Cotisations de sécurité sociale										
Administration fédérale ou centrale	..	179	..	..	..	..	..	..	..	..
Administration d'un Etat/Länder	..	..	..	..	..	..	..	..	..	..
Administrations locales	..	0	..	..	..	..	..	..	..	..
Administrations de sécurite sociale	..	0	..	..	..	..	..	..	..	..
Total	..	179	0	0	0	0	0	0	0	0
3000 Impôts sur les salaires										
Administration fédérale ou centrale	..	..	..	..	..	..	..	..	..	..
Administration d'un Etat/Länder	..	..	..	..	..	..	..	..	..	..
Administrations locales	..	..	..	..	..	..	..	..	..	..
Administrations de sécurite sociale	..	..	..	..	..	..	..	..	..	..
Total	..	0	0	0	0	0	0	0	0	0
2000+3000 Total	..	179	0	0	0	0	0	0	0	0
Estonie, millions EUR										
2000 Cotisations de sécurité sociale										
Administration fédérale ou centrale	..	..	..	115	230	258	359	514	553	603
Administration d'un Etat/Länder	..	..	..	..	..	..	..	..	..	..
Administrations locales	..	..	..	48	155	173	232	354	372	410
Administrations de sécurite sociale	..	..	..	0	1	3	4	9	10	11
Total	..	..	..	163	386	434	596	876	935	1023
3000 Impôts sur les salaires										
Administration fédérale ou centrale	..	..	..	..	..	..	..	..	..	..
Administration d'un Etat/Länder	..	..	..	..	..	..	..	..	..	..
Administrations locales	..	..	..	..	..	..	..	..	..	..
Administrations de sécurite sociale	..	..	..	..	..	..	..	..	..	..
Total	..	..	..	0	0	0	0	0	0	0
2000+3000 Total	..	..	..	163	386	434	596	876	935	1023
Finlande, millions EUR										
2000 Cotisations de sécurité sociale										
Administration fédérale ou centrale	..	61	196	908	1 057	1 138	1 229	1 138	1 213	1 282
Administration d'un Etat/Länder	..	..	..	..	..	..	..	..	..	..
Administrations locales	..	170	1 709	2 786	4 061	4 352	4 868	4 315	4 575	4 677
Administrations de sécurite sociale	..	9	34	75	88	89	109	109	126	131
Total	..	239	1 939	3 769	5 206	5 579	6 206	5 562	5 914	6 090
3000 Impôts sur les salaires										
Administration fédérale ou centrale	..	1	..	..	..	..	..	..	..	..
Administration d'un Etat/Länder	..	..	..	..	..	..	..	..	..	..
Administrations locales	..	4	..	..	..	..	..	..	..	..
Administrations de sécurite sociale	..	0	..	..	..	..	..	..	..	..
Total	..	5	0	0	0	0	0	0	0	0
2000+3000 Total	..	245	1 939	3 769	5 206	5 579	6 206	5 562	5 914	6 090
France, millions EUR										
2000 Cotisations de sécurité sociale										
Administration fédérale ou centrale	..	3 834	7 919	10 876	13 023	13 656	14 199	15 706	15 992	16 642
Administration d'un Etat/Länder	..	..	..	..	..	..	..	..	..	..
Administrations locales	..	1 683	5 419	10 053	15 435	17 509	20 815	21 831	22 435	23 529
Administrations de sécurite sociale	..	2 761	6 979	10 827	14 035	15 427	17 344	18 183	19 714	20 367
Total	..	8 279	20 317	31 756	42 492	46 592	52 358	55 720	58 141	60 538
3000 Impôts sur les salaires										
Administration fédérale ou centrale	..	920	581	1016	1 856	1 896	2 117	2 420	2 485	2 591
Administration d'un Etat/Länder	..	..	..	..	..	..	..	..	..	..
Administrations locales	..	23	103	308	522	656	814	950	994	1 061
Administrations de sécurite sociale	..	703	2 204	3 344	4 437	4 871	5 437	5 945	6 540	6 862
Total	..	1 646	2 889	4 669	6 815	7 424	8 368	9 315	10 019	10 514
2000+3000 Total	..	9 925	23 206	36 425	49 307	54 016	60 726	65 035	68 160	71 052

	1965	1980	1990	2000	2007	2010	2015	2020	2021	2022
Allemagne>, millions EUR										
2000 Cotisations de sécurité sociale										
Administration fédérale ou centrale	775	1 324	2 376	1 554	1 377	1 649	1 766	2 507	2 768	2 995
Administration d'un Etat/Länder	293	2 611	4 647	5 664	6 045	6 781	7 749	9 981	10 250	10 514
Administrations locales	325	3 140	5 791	6 920	8 296	9 499	10 767	14 568	15 067	15 748
Administrations de sécurite sociale	1 495	456	767	1 806	2 131	2 446	2 840	3 570	3 677	3 748
Total	2 887	7 531	13 581	15 945	17 849	20 374	23 123	30 626	31 762	33 005
3000 Impôts sur les salaires										
Administration fédérale ou centrale	..	..	..	..	..	..	..	..	..	..
Administration d'un Etat/Länder	..	..	..	..	..	..	..	..	..	..
Administrations locales	..	..	..	..	..	..	..	..	..	..
Administrations de sécurite sociale	..	..	..	..	..	..	..	..	..	..
Total	0	0	0	0	0	0	0	0	0	0
2000+3000 Total	2 887	7 531	13 581	15 945	17 849	20 374	23 123	30 626	31 762	33 005
Grèce, millions EUR										
2000 Cotisations de sécurité sociale										
Administration fédérale ou centrale	..	..	124	510	1 045	1 176	1 160	2 324	2 374	2 397
Administration d'un Etat/Länder	..	..	..	..	..	..	..	..	..	..
Administrations locales	..	..	0	124	286	341	339	401	442	421
Administrations de sécurite sociale	..	..	0	99	268	200	74	61	60	62
Total	..	..	124	733	1 599	1 717	1 573	2 786	2 876	2 880
3000 Impôts sur les salaires										
Administration fédérale ou centrale	..	..	..	..	..	..	..	..	..	..
Administration d'un Etat/Länder	..	..	..	..	..	..	..	..	..	..
Administrations locales	..	..	..	..	..	..	..	..	..	..
Administrations de sécurite sociale	..	..	..	..	..	..	..	..	..	..
Total	..	..	0	0	0	0	0	0	0	0
2000+3000 Total	..	..	124	733	1 599	1 717	1 573	2 786	2 876	2 880
Hongrie, millions HUF										
2000 Cotisations de sécurité sociale										
Administration fédérale ou centrale	..	..	..	148 251	293 684	352 354	539 106	511 362	491 643	476 172
Administration d'un Etat/Länder	..	..	..	..	..	..	..	..	..	..
Administrations locales	..	..	..	173 475	343 306	291 375	152 189	136 697	129 333	133 251
Administrations de sécurite sociale	..	..	..	4 936	8 052	6 763	2 977	709	755	702
Total	..	..	..	326 661	645 042	650 492	694 272	648 768	621 731	610 125
3000 Impôts sur les salaires										
Administration fédérale ou centrale	..	..	..	13 901	7 287	5 419	12 876	20 850	21 296	21 446
Administration d'un Etat/Länder	..	..	..	..	..	..	..	..	..	..
Administrations locales	..	..	..	25 990	11 928	9 275	3 357	4 978	5 346	6 612
Administrations de sécurite sociale	..	..	..	406	162	194	110	45	0	0
Total	..	..	..	40 297	19 377	14 888	16 342	25 873	26 642	28 058
2000+3000 Total	..	..	..	366 958	664 420	665 380	710 614	674 641	648 373	638 183
Islande, millions ISK										
2000 Cotisations de sécurité sociale										
Administration fédérale ou centrale	..	..	..	..	..	..	..	..	..	..
Administration d'un Etat/Länder	..	..	..	..	..	..	..	..	..	..
Administrations locales	..	..	..	..	..	..	..	..	..	..
Administrations de sécurite sociale	..	..	..	..	..	..	..	..	..	..
Total	..	..	..	..	..	..	..	..	..	..
3000 Impôts sur les salaires										
Administration fédérale ou centrale	..	..	..	..	..	..	..	..	..	..
Administration d'un Etat/Länder	..	..	..	..	..	..	..	..	..	..
Administrations locales	..	..	..	..	..	..	..	..	..	..
Administrations de sécurite sociale	..	..	..	..	..	..	..	..	..	..
Total	..	..	..	..	..	..	..	..	..	..
2000+3000 Total	..	..	..	..	..	..	..	..	..	..

	1965	1980	1990	2000	2007	2010	2015	2020	2021	2022
Irlande, millions EUR										
2000 Cotisations de sécurité sociale										
Administration fédérale ou centrale	..	21	65	166	460	395	497	629	695	695
Administration d'un Etat/Länder	..	..	..	..	..	..	..	..	..	..
Administrations locales	..	25	83	277	862	740	932	1 180	1 304	1 304
Administrations de sécurite sociale	..	0	1	4	6	6	6	6	6	7
Total	..	46	149	447	1 328	1 140	1 435	1 816	2 005	2 006
3000 Impôts sur les salaires										
Administration fédérale ou centrale	..	..	..	..	..	..	..	..	..	..
Administration d'un Etat/Länder	..	..	..	..	..	..	..	..	..	..
Administrations locales	..	..	..	..	..	..	..	..	..	..
Administrations de sécurite sociale	..	..	..	..	..	..	..	..	..	..
Total	..	0	0	0	0	0	0	0	0	0
2000+3000 Total	..	46	149	447	1 328	1 140	1 435	1 816	2 005	2 006
Israël, millions ILS										
2000 Cotisations de sécurité sociale										
Administration fédérale ou centrale	..	..	..	840	1 030	1 180	1 780	2 320	2 540	2 870
Administration d'un Etat/Länder	..	..	..	..	..	..	..	..	..	..
Administrations locales	..	..	..	280	340	390	590	770	840	950
Administrations de sécurite sociale	..	..	..	5	12	15	0	0	0	0
Total	..	..	..	1 120	1 370	1 570	2 370	3 090	3 380	3 820
3000 Impôts sur les salaires										
Administration fédérale ou centrale	..	..	..	2 330	3 600	4 180	5 650	6 950	7 240	7 430
Administration d'un Etat/Länder	..	..	..	..	..	..	..	..	..	..
Administrations locales	..	..	..	780	1 120	960	1 290	1 590	1 650	1 700
Administrations de sécurite sociale	..	..	..	5	12	15	0	0	0	0
Total	..	..	..	3 110	4 720	5 140	6 940	8 540	8 890	9 130
2000+3000 Total	..	..	..	4 230	6 090	6 710	9 310	11 630	12 270	12 950
Italie, millions EUR										
2000 Cotisations de sécurité sociale										
Administration fédérale ou centrale	..	..	..	0	0	0	0	0	0	0
Administration d'un Etat/Länder	..	..	..	..	..	..	..	..	..	..
Administrations locales	..	..	..	0	0	0	0	0	0	0
Administrations de sécurite sociale	..	..	..	36 679	47 394	50 627	49 251	52 493	53 896	56 535
Total	..	..	..	36 679	47 394	50 627	49 251	52 493	53 896	56 535
3000 Impôts sur les salaires										
Administration fédérale ou centrale	..	..	..	..	..	..	..	..	..	..
Administration d'un Etat/Länder	..	..	..	..	..	..	..	..	..	..
Administrations locales	..	..	..	..	..	..	..	..	..	..
Administrations de sécurite sociale	..	..	..	..	..	..	..	..	..	..
Total	..	..	..	0	0	0	0	0	0	0
2000+3000 Total	..	..	..	36 679	47 394	50 627	49 251	52 493	53 896	56 535
Japon, billions JPY										
2000 Cotisations de sécurité sociale										
Administration fédérale ou centrale	..	..	507	732	766	758	881	928	927	940
Administration d'un Etat/Länder	..	..	..	..	..	..	..	0	0	0
Administrations locales	..	..	1 510	2 168	2 216	2 223	2 524	2 606	2 651	2 682
Administrations de sécurite sociale	..	..	0	0	0	0	0	0	0	0
Total	..	..	2 017	2 900	2 982	2 981	3 405	3 533	3 578	3 622
3000 Impôts sur les salaires										
Administration fédérale ou centrale	..	..	..	..	..	..	..	..	..	..
Administration d'un Etat/Länder	..	..	..	..	..	..	..	..	..	..
Administrations locales	..	..	..	..	..	..	..	..	..	..
Administrations de sécurite sociale	..	..	..	..	..	..	..	..	..	..
Total	..	..	0	0	0	0	0	0	0	0
2000+3000 Total	..	..	2 017	2 900	2 982	2 981	3 405	3 533	3 578	3 622

	1965	1980	1990	2000	2007	2010	2015	2020	2021	2022
Corée, billions KRW										
2000 Cotisations de sécurité sociale										
Administration fédérale ou centrale	..	..	..	..	..	..	..	..	..	..
Administration d'un Etat/Länder	..	..	..	..	..	..	..	..	..	..
Administrations locales	..	..	..	..	..	..	..	..	..	..
Administrations de sécurite sociale	..	..	..	..	..	..	..	..	..	..
Total	..	..	..	..	..	..	..	..	..	..
3000 Impôts sur les salaires										
Administration fédérale ou centrale	..	..	..	..	..	..	..	..	..	..
Administration d'un Etat/Länder	..	..	..	..	..	..	..	..	..	..
Administrations locales	..	..	..	..	..	..	..	..	..	..
Administrations de sécurite sociale	..	..	..	..	..	..	..	..	..	..
Total	..	..	..	..	..	..	..	..	..	..
2000+3000 Total	..	..	..	..	..	..	..	..	..	..
Lettonie, millions EUR										
2000 Cotisations de sécurité sociale										
Administration fédérale ou centrale	..	..	..	..	..	..	..	..	..	..
Administration d'un Etat/Länder	..	..	..	..	..	..	..	..	..	..
Administrations locales	..	..	..	..	..	..	..	..	..	..
Administrations de sécurite sociale	..	..	..	..	..	..	..	..	..	..
Total	..	..	..	40	156	174	262	326	354	418
3000 Impôts sur les salaires										
Administration fédérale ou centrale	..	..	..	..	..	..	..	..	..	..
Administration d'un Etat/Länder	..	..	..	..	..	..	..	..	..	..
Administrations locales	..	..	..	..	..	..	..	..	..	..
Administrations de sécurite sociale	..	..	..	..	..	..	..	..	..	..
Total	..	..	..	0	0	0	0	0	0	0
2000+3000 Total	..	..	..	40	156	174	262	326	354	418
Lituanie, millions EUR										
2000 Cotisations de sécurité sociale										
Administration fédérale ou centrale	..	..	..	179	327	335	426	51	54	59
Administration d'un Etat/Länder	..	..	..	..	..	..	..	..	..	..
Administrations locales	..	..	..	174	294	351	375	46	52	57
Administrations de sécurite sociale	..	..	..	5	14	16	16	1	1	1
Total	..	..	..	358	635	701	818	98	107	117
3000 Impôts sur les salaires										
Administration fédérale ou centrale	..	..	..	..	..	..	..	..	..	..
Administration d'un Etat/Länder	..	..	..	..	..	..	..	..	..	..
Administrations locales	..	..	..	..	..	..	..	..	..	..
Administrations de sécurite sociale	..	..	..	..	..	..	..	..	..	..
Total	..	..	..	0	0	0	0	0	0	0
2000+3000 Total	..	..	..	358	635	701	818	98	107	117
Luxembourg, millions EUR										
2000 Cotisations de sécurité sociale										
Administration fédérale ou centrale	..	..	257	273	413	488	648	828	864	917
Administration d'un Etat/Länder	..	..	..	..	..	..	..	..	..	..
Administrations locales	..	..	2	4	4	4	4	4	4	4
Administrations de sécurite sociale	..	..	7	11	12	13	17	23	24	26
Total	..	..	267	288	429	505	669	855	891	947
3000 Impôts sur les salaires										
Administration fédérale ou centrale	..	..	..	..	..	..	..	..	..	..
Administration d'un Etat/Länder	..	..	..	..	..	..	..	..	..	..
Administrations locales	..	..	..	..	..	..	..	..	..	..
Administrations de sécurite sociale	..	..	..	..	..	..	..	..	..	..
Total	..	..	0	0	0	0	0	0	0	0
2000+3000 Total	..	..	267	288	429	505	669	855	891	947

	1965	1980	1990	2000	2007	2010	2015	2020	2021	2022
Mexique, millions MXN										
2000 Cotisations de sécurité sociale										
Administration fédérale ou centrale	..	25	2 952	44 879	94 251	103 440	145 329	196 039	197 668	209 353
Administration d'un Etat/Länder	..	0	0	0	0	0	0	0	0	0
Administrations locales	..	0	0	0	0	0	0	0	0	0
Administrations de sécurite sociale	..	0	0	0	0	0	0	0	0	0
Total	..	25	2 952	44 879	94 251	103 440	145 329	196 039	197 668	209 353
3000 Impôts sur les salaires										
Administration fédérale ou centrale	..	..	..	..	..	..	..	..	..	..
Administration d'un Etat/Länder	..	..	..	..	..	..	..	..	..	..
Administrations locales	..	..	..	..	..	..	..	..	..	..
Administrations de sécurite sociale	..	..	..	..	..	..	..	..	..	..
Total	..	0	0	0	0	0	0	0	0	0
2000+3000 Total	..	25	2 952	44 879	94 251	103 440	145 329	196 039	197 668	209 353
Pays-Bas, millions EUR										
2000 Cotisations de sécurité sociale										
Administration fédérale ou centrale	63	1 366	286	..	..	..	..	..	..	..
Administration d'un Etat/Länder	..	..	..	..	..	..	..	..	..	..
Administrations locales	0	0	0	..	..	..	..	..	..	..
Administrations de sécurite sociale	7	91	59	..	..	..	..	..	..	..
Total	70	1 457	345	2 006	4 310	..	..	..	..	..
3000 Impôts sur les salaires										
Administration fédérale ou centrale	..	..	..	..	..	..	..	..	..	..
Administration d'un Etat/Länder	..	..	..	..	..	..	..	..	..	..
Administrations locales	..	..	..	..	..	..	..	..	..	..
Administrations de sécurite sociale	..	..	..	..	..	..	..	..	..	..
Total	0	0	0	0	0	0	0	0	0	0
2000+3000 Total	70	1 457	345	2 006	4 310	0	0	0	0	0
Nouvelle-Zélande, millions NZD										
2000 Cotisations de sécurité sociale										
Administration fédérale ou centrale	..	..	..	..	..	..	..	..	..	..
Administration d'un Etat/Länder	..	..	..	..	..	..	..	..	..	..
Administrations locales	..	..	..	..	..	..	..	..	..	..
Administrations de sécurite sociale	..	..	..	..	..	..	..	..	..	..
Total	0	0	0	0	0	0	0	0	0	0
3000 Impôts sur les salaires										
Administration fédérale ou centrale	..	..	..	..	..	..	..	..	..	..
Administration d'un Etat/Länder	..	..	..	..	..	..	..	..	..	..
Administrations locales	..	..	..	..	..	..	..	..	..	..
Administrations de sécurite sociale	..	..	..	..	..	..	..	..	..	..
Total	0	0	0	0	0	0	0	0	0	0
2000+3000 Total	0	0	0	0	0	0	0	0	0	0
Norvège, millions NOK										
2000 Cotisations de sécurité sociale										
Administration fédérale ou centrale	..	1 242	2 859	11 895	28 233	33 746	46 487	53 465	57 123	60 204
Administration d'un Etat/Länder	..	..	..	..	..	..	..	..	..	..
Administrations locales	..	4 538	11 964	24 831	32 110	41 024	59 556	68 072	70 982	75 024
Administrations de sécurite sociale	..	1 222	3 064	0	0	0	0	0	0	0
Total	..	7 002	17 887	36 726	60 343	74 770	106 043	121 537	128 105	135 228
3000 Impôts sur les salaires										
Administration fédérale ou centrale	..	..	..	..	..	..	..	..	..	..
Administration d'un Etat/Länder	..	..	..	..	..	..	..	..	..	..
Administrations locales	..	..	..	..	..	..	..	..	..	..
Administrations de sécurite sociale	..	..	..	..	..	..	..	..	..	..
Total	..	0	0	0	0	0	0	0	0	0
2000+3000 Total	..	7 002	17 887	36 726	60 343	74 770	106 043	121 537	128 105	135 228

	1965	1980	1990	2000	2007	2010	2015	2020	2021	2022
Pologne, millions PLN										
2000 Cotisations de sécurité sociale										
Administration fédérale ou centrale	..	..	..	4 566	6 023	6 643	9 840	13 328	13 857	15 209
Administration d'un Etat/Länder	..	..	..	..	..	..	..	..	..	..
Administrations locales	..	..	..	6 756	9 856	11 411	14 796	20 025	20 642	22 654
Administrations de sécurite sociale	..	..	..	279	426	499	518	712	810	919
Total	..	..	..	11 601	16 305	18 553	25 154	34 065	35 309	38 782
3000 Impôts sur les salaires										
Administration fédérale ou centrale	..	..	..	..	..	..	..	..	..	..
Administration d'un Etat/Länder	..	..	..	..	..	..	..	..	..	..
Administrations locales	..	..	..	..	..	..	..	..	..	..
Administrations de sécurite sociale	..	..	..	..	..	..	..	..	..	..
Total	..	..	..	0	0	0	0	0	0	0
2000+3000 Total	..	..	..	11 601	16 305	18 553	25 154	34 065	35 309	38 782
Portugal, millions EUR										
2000 Cotisations de sécurité sociale										
Administration fédérale ou centrale	..	0	0	0	..	..	..	..	..	..
Administration d'un Etat/Länder	..	..	..	..	..	..	..	..	..	..
Administrations locales	..	0	33	197	..	..	..	..	..	..
Administrations de sécurite sociale	..	4	0	0	..	..	..	..	..	..
Total	..	4	33	197	0	0	0	0	0	0
3000 Impôts sur les salaires										
Administration fédérale ou centrale	..	..	..	..	..	..	..	..	..	..
Administration d'un Etat/Länder	..	..	..	..	..	..	..	..	..	..
Administrations locales	..	..	..	..	..	..	..	..	..	..
Administrations de sécurite sociale	..	..	..	..	..	..	..	..	..	..
Total	..	0	0	0	0	0	0	0	0	0
2000+3000 Total	..	4	33	197	0	0	0	0	0	0
République slovaque, millions EUR										
2000 Cotisations de sécurité sociale										
Administration fédérale ou centrale	..	..	..	489	602	791	1 069	1 439	1 645	1 521
Administration d'un Etat/Länder	..	..	..	..	..	..	..	..	..	..
Administrations locales	..	..	..	130	427	515	658	1002	1 070	1 105
Administrations de sécurite sociale	..	..	..	22	26	43	36	49	52	56
Total	..	..	..	642	1 056	1 348	1 763	2 490	2 766	2 683
3000 Impôts sur les salaires										
Administration fédérale ou centrale	..	..	..	..	..	..	..	..	..	..
Administration d'un Etat/Länder	..	..	..	..	..	..	..	..	..	..
Administrations locales	..	..	..	..	..	..	..	..	..	..
Administrations de sécurite sociale	..	..	..	..	..	..	..	..	..	..
Total	..	..	..	0	0	0	0	0	0	0
2000+3000 Total	..	..	..	642	1 056	1 348	1 763	2 490	2 766	2 683
Slovénie, millions EUR										
2000 Cotisations de sécurité sociale										
Administration fédérale ou centrale	..	..	..	178	339	409	375	539	577	557
Administration d'un Etat/Länder	..	..	..	..	..	..	..	..	..	..
Administrations locales	..	..	..	94	175	195	189	268	303	289
Administrations de sécurite sociale	..	..	..	3	7	8	6	8	9	9
Total	..	..	..	275	521	612	571	815	889	855
3000 Impôts sur les salaires										
Administration fédérale ou centrale	..	..	..	56	77	6	7	9	14	12
Administration d'un Etat/Länder	..	..	..	..	..	..	..	..	..	..
Administrations locales	..	..	..	29	36	3	4	4	5	5
Administrations de sécurite sociale	..	..	..	1	2	0	0	0	0	0
Total	..	..	..	86	114	9	11	14	20	18
2000+3000 Total	..	..	..	361	636	621	582	829	909	873

	1965	1980	1990	2000	2007	2010	2015	2020	2021	2022
Espagne, millions EUR										
2000 Cotisations de sécurité sociale										
Administration fédérale ou centrale	..	387	989	1 408	1 966	2 201	2 239	2 830	3 001	3 267
Administration d'un Etat/Länder	..	2	0	4 411	9 426	10 996	11 245	14 951	16 420	17 444
Administrations locales	..	252	1 819	2 524	4 098	4 781	4 797	5 688	6 172	6 267
Administrations de sécurite sociale	..	396	1 202	1 284	484	527	496	535	549	543
Total	..	1 037	4 010	9 627	15 974	18 505	18 777	24 004	26 142	27 521
3000 Impôts sur les salaires										
Administration fédérale ou centrale	..	..	..	..	..	..	..	..	..	..
Administration d'un Etat/Länder	..	..	..	..	..	..	..	..	..	..
Administrations locales	..	..	..	..	..	..	..	..	..	..
Administrations de sécurite sociale	..	..	..	..	..	..	..	..	..	..
Total	..	0	0	0	0	0	0	0	0	0
2000+3000 Total	..	1 037	4 010	9 627	15 974	18 505	18 777	24 004	26 142	27 521
Suède, millions SEK										
2000 Cotisations de sécurité sociale										
Administration fédérale ou centrale	..	7 543	12 430	21 153	25 164	24 729	25 707	29 039	30 750	32 156
Administration d'un Etat/Länder	..	..	..	..	..	..	..	..	..	..
Administrations locales	..	18 149	49 298	66 215	83 877	82 141	85 373	96 810	102 794	105 564
Administrations de sécurite sociale	..	0	0	0	0	0	0	0	0	0
Total	..	25 692	61 728	87 367	109 040	106 870	111 079	125 849	133 543	137 720
3000 Impôts sur les salaires										
Administration fédérale ou centrale	..	..	1 527	3 453	5 394	6 912	12 326	16 317	17 624	18 688
Administration d'un Etat/Länder	..	..	..	..	..	..	..	..	..	..
Administrations locales	..	..	6 060	10 808	17 980	22 958	40 935	54 398	58 915	61 352
Administrations de sécurite sociale	..	..	0	0	0	0	0	0	0	0
Total	..	0	7 587	14 261	23 374	29 870	53 261	70 715	76 539	80 040
2000+3000 Total	..	25 692	69 315	101 628	132 414	136 740	164 340	196 564	210 082	217 760
Suisse, millions CHF										
2000 Cotisations de sécurité sociale										
Administration fédérale ou centrale	13	91	224	293	381	448	530	606	616	621
Administration d'un Etat/Länder	34	380	770	971	1 269	1 520	1 766	2 013	2 079	2 114
Administrations locales	22	270	460	595	745	823	911	1020	1 042	1 052
Administrations de sécurite sociale	2	21	4	14	18	23	26	28	29	31
Total	71	762	1 458	1 873	2 413	2 813	3 234	3 667	3 766	3 818
3000 Impôts sur les salaires										
Administration fédérale ou centrale	..	..	..	..	..	..	..	..	..	..
Administration d'un Etat/Länder	..	..	..	..	..	..	..	..	..	..
Administrations locales	..	..	..	..	..	..	..	..	..	..
Administrations de sécurite sociale	..	..	..	..	..	..	..	..	..	..
Total	0	0	0	0	0	0	0	0	0	0
2000+3000 Total	71	762	1 458	1 873	2 413	2 813	3 234	3 667	3 766	3 818
Türkiye, millions TRY										
2000 Cotisations de sécurité sociale										
Administration fédérale ou centrale	..	..	9	3 619	20 442	39 363	95 067	204 045	272 370	440 551
Administration d'un Etat/Länder	..	..	..	..	..	..	..	..	..	..
Administrations locales	..	..	0	0	0	0	0	0	0	0
Administrations de sécurite sociale	..	..	0	0	0	0	0	0	0	0
Total	..	..	9	3 619	20 442	39 363	95 067	204 045	272 370	440 551
3000 Impôts sur les salaires										
Administration fédérale ou centrale	..	..	..	..	..	..	..	..	..	..
Administration d'un Etat/Länder	..	..	..	..	..	..	..	..	..	..
Administrations locales	..	..	..	..	..	..	..	..	..	..
Administrations de sécurite sociale	..	..	..	..	..	..	..	..	..	..
Total	..	..	0	0	0	0	0	0	0	0
2000+3000 Total	..	..	9	3 619	20 442	39 363	95 067	204 045	272 370	440 551

	1965	1980	1990	2000	2007	2010	2015	2020	2021	2022
Royaume-Uni, millions GBP										
2000 Cotisations de sécurité sociale										
Administration fédérale ou centrale	87	920	2 134	3 164	5 886	6 488	7 862	11 298	12 608	14 519
Administration d'un Etat/Länder	..	..	..	..	..	..	..	..	..	..
Administrations locales	83	926	1 957	2 956	4 896	5 375	4 623	5 170	5 538	6 388
Administrations de sécurite sociale	0	0	0	0	0	0	0	0	0	0
Total	170	1 846	4 091	6 120	10 782	11 863	12 485	16 468	18 146	20 907
3000 Impôts sur les salaires										
Administration fédérale ou centrale	..	360	..	..	..	..	..	..	..	..
Administration d'un Etat/Länder	..	..	..	..	..	..	..	..	..	..
Administrations locales	..	410	..	..	..	..	..	..	..	..
Administrations de sécurite sociale	..	0	..	..	..	..	..	..	..	..
Total	0	770	0	0	0	0	0	0	0	0
2000+3000 Total	170	2 616	4 091	6 120	10 782	11 863	12 485	16 468	18 146	20 907
État-Unis, millions USD										
2000 Cotisations de sécurité sociale										
Administration fédérale ou centrale	301	2 053	9 059	11 323	19 628	25 434	26 803	29 892	30 662	31 420
Administration d'un Etat/Länder	699	7 585	19 802	32 814	44 061	45 936	49 105	61 894	61 472	63 676
Administrations locales	0	0	0	0	0	0	0	0	0	0
Administrations de sécurite sociale	0	0	0	0	0	0	0	0	0	0
Total	1 000	9 638	28 861	44 137	63 689	71 370	75 908	91 786	92 134	95 096
3000 Impôts sur les salaires										
Administration fédérale ou centrale	..	..	..	..	..	..	..	..	..	..
Administration d'un Etat/Länder	..	..	..	..	..	..	..	..	..	..
Administrations locales	..	..	..	..	..	..	..	..	..	..
Administrations de sécurite sociale	..	..	..	..	..	..	..	..	..	..
Total	0	0	0	0	0	0	0	0	0	0
2000+3000 Total	1 000	9 638	28 861	44 137	63 689	71 370	75 908	91 786	92 134	95 096

.. Non disponible

1. Le secteur multi-juridictionnel contient des unités où la juridiction est partagée entre deux administrations publiques au moins, ou contient des unités dont le classement dans une juridiction n'est pas clair. Les universités publiques sont le principal type d'unités appartenant actuellement à cette catégorie.
2. Il y a une rupture dans les séries en 1990. À partir de cette année, les données se fondent sur le SEC 2010.

6 Recettes fiscales par sous-secteur d'administration

Le Chapitre 6 fournit des aperçus sur les recettes fiscales par sous-secteur d'administration pour chaque pays membre de l'OCDE.

Tableaux par pays 1975, 1995, 2005, 2015 et 2022

Ce chapitre présente pour chaque pays des informations détaillées sur les recettes fiscales par niveau d'administration. Les données ont été réparties entre les sous-secteurs d'administration identifiés dans la section A.12 du Guide d'interprétation (voir Annexe A) et les critères d'attribution utilisés sont ceux indiqués dans cette annexe.

Tableau 6.1. Australie, recettes fiscales par sous-secteurs d'administration

Million AUD

	Administration fédérale					Administration d'État/Régions				
	1975	1995	2005	2015	2022	1975	1995	2005	2015	2022
1000 Impôts sur revenu, bénéfices et gains en capital	11 831	82 615	175 695	261 345	468 871	0	0	0	0	0
1100 Des personnes physiques	9 213	60 602	118 239	191 720	304 566	..	..	..	..	..
1200 Des sociétés	2 618	22 013	57 456	69 625	164 305	..	..	..	..	..
1300 Non-ventilables entre 1100 et 1200	0	0	0	0	0	0	..	..	..	..
2000 Cotisations de sécurité sociale	0	0	0	0	0	0	0	0	0	0
2100 A la charge des salariés	0	0	0	0	0	0	0	0	0	0
2200 A la charge des employeurs	0	0	0	0	0	0	0	0	0	0
2300 A charge des travailleurs indép. ou sans emploi	0	0	0	0	0	0	0	0	0	0
2400 Non-ventilables entre 2100, 2200 et 2300	0	0	0	0	0	0	0	0	0	0
3000 Sur salaires ou main d'oeuvre	54	3 065	369	670	1 243	1 171	7 120	13 095	22 684	34 066
4000 Impôts sur le patrimoine	103	8	14	15	15	883	7 988	16 940	32 533	48 067
4100 Impôts périodiques sur la propriété immobilière	12	0	0	0	0	217	1 840	4 559	10 029	18 366
4200 Impôts périodiques sur l'actif net	0	0	0	0	0	0	0	0	0	0
4300 Impôts sur mut. par décès, succ. et donations	87	0	0	0	0	227	0	0	0	0
4400 Impôts sur transact. mobilières et immob.	4	8	14	15	15	439	6 148	12 381	22 504	29 701
4500 Impôts non-périodiques	0	0	0	0	0	0	0	0	0	0
4600 Autres impôts périodiques sur patrimoine	0	0	0	0	0	0	0	0	0	0
5000 Impôts sur les biens et services	4 932	30 004	68 710	103 455	144 366	1 262	13 295	14 479	23 407	34 743
5100 Impôts sur production, vente, transfert, etc.	4 919	29 613	67 172	97 166	134 673	532	4 923	8 188	11 884	17 748
5110 Impôts généraux	1 408	12 970	39 436	60 680	88 602	0	0	0	0	0
5120 Impôts sur biens et services déterminés	3 511	16 643	27 736	36 486	46 071	532	4 923	8 188	11 884	17 748
5130 Non-ventilables entre 5110 et 5120	0	0	0	0	0	0	0	0	0	0
5200 Impôts sur utilisation des biens et exerc. activites	13	391	1 538	6 289	9 693	730	8 372	6 291	11 523	16 995
5300 Non-ventilables entre 5100 et 5200	0	0	0	0	0	0	0	0	0	0
6000 Autres impôts	0	0	0	0	0	0	0	0	0	0
6100 A la charge exclusive des entreprises	..	..	..	..	..	..	..	..	..	..
6200 A la charge d'autres agents	..	..	..	..	..	..	..	..	..	..
Recettes fiscales totales	16 920	115 692	244 788	365 485	614 495	3 316	28 403	44 514	78 624	116 876

	Administrations locales					Administrations de sécurite sociale				
	1975	1995	2005	2015	2022	1975	1995	2005	2015	2022
1000 Impôts sur revenu, bénéfices et gains en capital	0	0	0	0	0	0	0	0	0	0
1100 Des personnes physiques	..	..	..	..	..	..	..	..	..	..
1200 Des sociétés	..	..	..	..	..	..	..	..	..	..
1300 Non-ventilables entre 1100 et 1200	0	..	..	..	..	0	..	..	..	..
2000 Cotisations de sécurité sociale	0	0	0	0	0	0	0	0	0	0
2100 A la charge des salariés	0	0	0	0	0	0	0	0	0	0
2200 A la charge des employeurs	0	0	0	0	0	0	0	0	0	0
2300 A charge des travailleurs indép. ou sans emploi	0	0	0	0	0	0	0	0	0	0
2400 Non-ventilables entre 2100, 2200 et 2300	0	0	0	0	0	0	0	0	0	0
3000 Sur salaires ou main d'oeuvre	0	0	0	0	0	0	0	0	0	0
4000 Impôts sur le patrimoine	883	5 134	8 726	16 620	21 822	0	0	0	0	0
4100 Impôts périodiques sur la propriété immobilière	883	5 134	8 726	16 620	21 822	..	..	..	..	..
4200 Impôts périodiques sur l'actif net	0	0	0	0	0	..	..	..	..	..
4300 Impôts sur mut. par décès, succ. et donations	0	0	0	0	0	..	..	..	..	..
4400 Impôts sur transact. mobilières et immob.	0	0	0	0	0	..	..	..	..	..
4500 Impôts non-périodiques	0	0	0	0	0	..	..	..	..	..
4600 Autres impôts périodiques sur patrimoine	0	0	0	0	0	..	..	..	..	..
5000 Impôts sur les biens et services	0	0	0	0	0	0	0	0	0	0
5100 Impôts sur production, vente, transfert, etc.	0	0	0	0	0	0	0	0	0	0
5110 Impôts généraux	0	0	0	0	0	0	0	0	0	0
5120 Impôts sur biens et services déterminés	0	0	0	0	0	0	0	0	0	0
5130 Non-ventilables entre 5110 et 5120	0	0	0	0	0	0	0	0	0	0
5200 Impôts sur utilisation des biens et exerc. activites	0	0	0	0	0	0	0	0	0	0
5300 Non-ventilables entre 5100 et 5200	0	0	0	0	0	0	0	0	0	0
6000 Autres impôts	0	0	0	0	0	0	0	0	0	0
6100 A la charge exclusive des entreprises	..	..	..	..	..	..	..	..	..	..
6200 A la charge d'autres agents	..	..	..	..	..	..	..	..	..	..
Recettes fiscales totales	883	5 134	8 726	16 620	21 822	0	0	0	0	0

.. Non disponible

Tableau 6.2. Autriche, recettes fiscales par sous-secteurs d'administration

Million EUR

	Administration fédérale					Administration d'État/Régions				
	1975	1995	2005	2015	2022	1975	1995	2005	2015	2022
1000 Impôts sur revenu, bénéfices et gains en capital	3 064	18 452	28 781	43 714	58 282	865	547	742	1 081	1 450
1100 Des personnes physiques	2 381	14 649	22 126	34 901	41 758	834	459	637	941	1 282
1200 Des sociétés	655	2 267	5 341	7 519	15 157	31	88	104	141	169
1300 Non-ventilables entre 1100 et 1200	27	1 536	1 313	1 295	1 367	0	0	0	0	0
2000 Cotisations de sécurité sociale	352	4 243	5 720	7 547	9 337	34	311	409	496	412
2100 A la charge des salariés	225	2 379	2 978	3 911	4 783	34	310	395	465	378
2200 A la charge des employeurs	127	1 830	2 498	3 350	4 283	0	0	0	0	0
2300 A charge des travailleurs indép. ou sans emploi	0	34	243	286	271	0	1	14	31	33
2400 Non-ventilables entre 2100, 2200 et 2300	0	0	0	0	0	0	0	0	0	0
3000 Sur salaires ou main d'oeuvre	1 217	3 394	4 384	6 861	6 631	0	132	156	203	1 213
4000 Impôts sur le patrimoine	282	655	801	1 247	1 778	35	31	36	44	49
4100 Impôts périodiques sur la propriété immobilière	18	32	32	43	41	15	31	36	44	49
4200 Impôts périodiques sur l'actif net	226	58	0	0	0	10	0	0	0	0
4300 Impôts sur mut. par décès, succ. et donations	24	82	140	12	0	10	0	0	0	0
4400 Impôts sur transact. mobilières et immob.	14	483	629	1 116	1 694	0	0	0	0	0
4500 Impôts non-périodiques	0	0	0	0	0	0	0	0	0	0
4600 Autres impôts périodiques sur patrimoine	0	0	0	0	0	0	0	0	0	0
5000 Impôts sur les biens et services	4 554	19 894	29 646	39 720	50 138	1 013	222	234	362	469
5100 Impôts sur production, vente, transfert, etc.	4 549	18 639	27 613	36 693	46 216	926	158	139	216	299
5110 Impôts généraux	2 545	13 436	19 421	26 282	35 802	662	0	0	0	0
5120 Impôts sur biens et services déterminés	1 991	5 159	8 148	10 408	10 408	264	158	139	216	299
5130 Non-ventilables entre 5110 et 5120	14	44	45	4	6	0	0	0	0	0
5200 Impôts sur utilisation des biens et exerc. activites	5	1 255	2 033	3 027	3 922	87	64	95	146	170
5300 Non-ventilables entre 5100 et 5200	0	0	0	0	0	0	0	0	0	0
6000 Autres impôts	52	486	699	517	588	8	50	61	91	104
6100 A la charge exclusive des entreprises	..	..	..	..	..	..	..	..	..	..
6200 A la charge d'autres agents	..	..	..	..	..	..	..	..	..	..
Recettes fiscales totales	9 521	47 124	70 031	99 606	126 753	1 955	1 294	1 638	2 277	3 697

	Administrations locales					Administrations de sécurite sociale				
	1975	1995	2005	2015	2022	1975	1995	2005	2015	2022
1000 Impôts sur revenu, bénéfices et gains en capital	887	46	0	0	0	0	0	0	0	0
1100 Des personnes physiques	771	19	0	0	..	..	..	..	..	..
1200 Des sociétés	115	26	0	0	..	..	..	..	..	..
1300 Non-ventilables entre 1100 et 1200	0	0	0	0	..	..	..	..	..	..
2000 Cotisations de sécurité sociale	29	258	267	266	222	4 667	21 173	28 912	41 557	55 922
2100 A la charge des salariés	29	207	240	241	206	1 840	8 110	10 751	15 499	21 233
2200 A la charge des employeurs	0	50	27	26	15	2 375	10 912	14 037	19 906	26 781
2300 A charge des travailleurs indép. ou sans emploi	0	0	0	0	0	453	2 151	4 125	6 153	7 908
2400 Non-ventilables entre 2100, 2200 et 2300	0	0	0	0	0	0	0	0	0	0
3000 Sur salaires ou main d'oeuvre	262	1 492	2 035	2 977	4 267	0	0	0	0	0
4000 Impôts sur le patrimoine	254	395	539	675	807	0	0	0	0	0
4100 Impôts périodiques sur la propriété immobilière	139	395	539	675	807	..	..	..	..	..
4200 Impôts périodiques sur l'actif net	35	0	0	0	0	..	..	..	..	..
4300 Impôts sur mut. par décès, succ. et donations	0	0	0	0	0	..	..	..	..	..
4400 Impôts sur transact. mobilières et immob.	81	0	0	0	0	..	..	..	..	..
4500 Impôts non-périodiques	0	0	0	0	0	..	..	..	..	..
4600 Autres impôts périodiques sur patrimoine	0	0	0	0	0	..	..	..	..	..
5000 Impôts sur les biens et services	792	738	302	353	408	0	0	0	0	0
5100 Impôts sur production, vente, transfert, etc.	769	582	134	96	91	..	..	..	..	..
5110 Impôts généraux	448	0	0	0	0	..	..	..	..	..
5120 Impôts sur biens et services déterminés	321	582	134	96	91	..	..	..	..	..
5130 Non-ventilables entre 5110 et 5120	0	0	0	0	0	..	..	..	..	..
5200 Impôts sur utilisation des biens et exerc. activites	24	155	168	258	317	..	..	..	..	..
5300 Non-ventilables entre 5100 et 5200	0	0	0	0	0	..	..	..	..	..
6000 Autres impôts	55	60	103	129	89	0	0	0	0	0
6100 A la charge exclusive des entreprises	..	..	..	..	..	..	..	..	..	..
6200 A la charge d'autres agents	..	..	..	..	..	..	..	..	..	..
Recettes fiscales totales	2 279	2 987	3 246	4 400	5 792	4 667	21 173	28 912	41 557	55 922

.. Non disponible

Note : Y compris les droits de douane perçus pour le compte de l'Union européenne.

Tableau 6.3. Belgique, recettes fiscales par sous-secteurs d'administration

Million EUR

	Administration fédérale					Administration d'État/Régions				
	1975	1995	2005	2015	2022	1975	1995	2005	2015	2022
1000 Impôts sur revenu, bénéfices et gains en capital	8 534	30 905	45 859	57 131	71 807	..	79	0	4 283	11 119
1100 Des personnes physiques	6 929	25 997	36 007	43 436	50 046	..	79	..	4 283	11 119
1200 Des sociétés	1 596	4 867	9 811	13 644	21 679	..	0	..	0	0
1300 Non-ventilables entre 1100 et 1200	10	41	42	51	81	..	0	..	0	0
2000 Cotisations de sécurité sociale	299	1 181	1 904	2 336	58	..	0	34	11	280
2100 A la charge des salariés	264	854	1 125	1 372	0	..	..	7	2	270
2200 A la charge des employeurs	36	228	608	715	58	..	..	27	9	10
2300 A charge des travailleurs indép. ou sans emploi	0	99	171	249	0	..	..	0	0	0
2400 Non-ventilables entre 2100, 2200 et 2300	0	0	0	0	0	..	..	0	0	0
3000 Sur salaires ou main d'oeuvre	0	0	0	0	0	..	0	0	0	0
4000 Impôts sur le patrimoine	583	1 340	873	1 861	2 541	..	1 168	4 669	7 087	8 988
4100 Impôts périodiques sur la propriété immobilière	12	25	41	41	54	..	83	192	249	449
4200 Impôts périodiques sur l'actif net	0	8	189	661	1 096	..	0	0	0	0
4300 Impôts sur mut. par décès, succ. et donations	178	42	0	0	0	..	647	1 749	2 996	3 578
4400 Impôts sur transact. mobilières et immob.	393	1 193	521	596	660	..	438	2 728	3 763	4 956
4500 Impôts non-périodiques	0	73	123	563	320	..	0	0	79	5
4600 Autres impôts périodiques sur patrimoine	0	0	0	0	410	..	0	0	0	0
5000 Impôts sur les biens et services	5 813	20 951	29 984	39 004	49 273	..	412	2 044	2 678	3 434
5100 Impôts sur production, vente, transfert, etc.	5 562	19 767	29 742	38 985	49 187	..	58	76	227	386
5110 Impôts généraux	3 776	13 894	21 533	27 952	36 442	..	0	0	0	0
5120 Impôts sur biens et services déterminés	1 785	5 872	8 208	11 034	12 745	..	58	76	227	386
5130 Non-ventilables entre 5110 et 5120	0	0	0	0	0	..	0	0	0	0
5200 Impôts sur utilisation des biens et exerc. activites	249	1 178	234	10	73	..	355	1 968	2 451	3 047
5300 Non-ventilables entre 5100 et 5200	3	6	8	9	13	..	0	0	0	0
6000 Autres impôts	0	0	0	0	0	..	0	68	40	0
6100 A la charge exclusive des entreprises	..	..	..	..	..	..	..	0	0	0
6200 A la charge d'autres agents	..	..	..	..	..	..	..	68	40	0
Recettes fiscales totales	15 230	54 377	78 621	100 332	123 678	..	1 659	6 816	14 099	23 820

	Administrations locales					Administrations de sécurite sociale				
	1975	1995	2005	2015	2022	1975	1995	2005	2015	2022
1000 Impôts sur revenu, bénéfices et gains en capital	683	3 058	2 249	3 052	3 684	0	335	825	1 106	1 347
1100 Des personnes physiques	675	3 058	2 249	3 052	3 684	..	335	825	1 106	1 347
1200 Des sociétés	8	0	0	0	0	..	0	0	0	0
1300 Non-ventilables entre 1100 et 1200	0	0	0	0	0	..	0	0	0	0
2000 Cotisations de sécurité sociale	27	80	20	27	19	6 709	28 479	39 537	56 438	71 163
2100 A la charge des salariés	27	80	18	21	19	1 749	8 268	11 558	15 640	21 356
2200 A la charge des employeurs	0	0	3	6	0	4 347	17 746	24 613	35 510	43 070
2300 A charge des travailleurs indép. ou sans emploi	0	0	0	0	0	612	2 465	3 366	5 289	6 738
2400 Non-ventilables entre 2100, 2200 et 2300	0	0	0	0	0	0	0	0	0	0
3000 Sur salaires ou main d'oeuvre	0	0	0	0	0	0	0	5	8	5
4000 Impôts sur le patrimoine	154	815	3 599	5 142	6 160	0	121	229	318	343
4100 Impôts périodiques sur la propriété immobilière	154	815	3 599	5 142	6 160	..	0	0	0	0
4200 Impôts périodiques sur l'actif net	0	0	0	0	0	..	0	0	0	0
4300 Impôts sur mut. par décès, succ. et donations	0	0	0	0	0	..	0	0	0	0
4400 Impôts sur transact. mobilières et immob.	0	0	0	0	0	..	0	0	0	0
4500 Impôts non-périodiques	0	0	0	0	0	..	0	0	0	0
4600 Autres impôts périodiques sur patrimoine	0	0	0	0	0	..	121	229	318	343
5000 Impôts sur les biens et services	166	332	523	715	747	14	330	1 237	1 520	1 705
5100 Impôts sur production, vente, transfert, etc.	150	295	437	694	723	14	330	1 237	1 520	1 705
5110 Impôts généraux	0	0	0	0	0	0	29	373	219	272
5120 Impôts sur biens et services déterminés	150	295	437	694	723	14	301	865	1 302	1 433
5130 Non-ventilables entre 5110 et 5120	0	0	0	0	0	0	0	0	0	0
5200 Impôts sur utilisation des biens et exerc. activites	16	37	87	22	25	0	0	0	0	0
5300 Non-ventilables entre 5100 et 5200	0	0	0	0	0	0	0	0	0	0
6000 Autres impôts	0	0	0	0	0	0	0	0	0	0
6100 A la charge exclusive des entreprises	..	..	..	..	..	..	..	..	..	..
6200 A la charge d'autres agents	..	..	..	..	..	..	..	..	..	..
Recettes fiscales totales	1 029	4 284	6 392	8 937	10 610	6 723	29 265	41 833	59 391	74 563

.. Non disponible

Note : Y compris les droits de douane perçus pour le compte de l'Union européenne.

Tableau 6.4. Canada, recettes fiscales par sous-secteurs d'administration

Million CAD

	Administration fédérale					Administration d'État/Régions				
	1975	1995	2005	2015	2022	1975	1995	2005	2015	2022
1000 Impôts sur revenu, bénéfices et gains en capital	19 047	82 237	140 013	191 684	303 505	8 165	52 373	78 331	123 157	187 442
1100 Des personnes physiques	12 822	65 384	102 366	143 315	207 161	6 074	43 428	62 435	96 989	139 008
1200 Des sociétés	5 741	14 739	32 197	41 726	83 597	2 091	8 944	15 896	26 168	48 435
1300 Non-ventilables entre 1100 et 1200	484	2 114	5 450	6 643	12 747	0	0	0	0	0
2000 Cotisations de sécurité sociale	0	0	17 936	23 603	26 413	0	0	11 759	13 892	15 904
2100 A la charge des salariés	..	..	7 429	9 772	10 922	..	..	1 858	1 128	1 749
2200 A la charge des employeurs	..	..	10 507	13 831	15 491	..	..	9 901	12 764	14 155
2300 A charge des travailleurs indép. ou sans emploi	..	..	0	0	0	..	..	0	0	0
2400 Non-ventilables entre 2100, 2200 et 2300	..	..	0	0	0	..	..	0	0	0
3000 Sur salaires ou main d'oeuvre	0	0	0	0	0	0	6 498	9 230	13 256	20 697
4000 Impôts sur le patrimoine	13	0	0	0	0	428	6 492	9 298	11 809	19 049
4100 Impôts périodiques sur la propriété immobilière	0	..	..	..	..	85	2 960	2 934	5 410	7 791
4200 Impôts périodiques sur l'actif net	0	..	..	..	..	200	2 914	3 456	372	561
4300 Impôts sur mut. par décès, succ. et donations	13	..	..	..	..	143	3	0	268	489
4400 Impôts sur transact. mobilières et immob.	0	..	..	..	..	0	0	1 965	3 912	8 331
4500 Impôts non-périodiques	0	..	..	..	..	0	0	0	0	0
4600 Autres impôts périodiques sur patrimoine	0	..	..	..	..	0	0	0	0	0
5000 Impôts sur les biens et services	8 180	31 160	48 551	53 837	77 995	10 128	42 076	67 537	95 289	127 445
5100 Impôts sur production, vente, transfert, etc.	8 180	31 136	48 506	53 797	77 956	6 800	37 961	61 316	86 827	114 572
5110 Impôts généraux	3 504	19 167	35 069	36 958	51 705	3 664	21 328	33 353	53 577	77 359
5120 Impôts sur biens et services déterminés	4 676	11 969	13 437	16 839	26 251	3 136	16 633	27 963	33 250	37 213
5130 Non-ventilables entre 5110 et 5120	0	0	0	0	0	0	0	0	0	0
5200 Impôts sur utilisation des biens et exerc. activites	0	24	45	40	39	3 328	4 115	6 221	8 462	12 873
5300 Non-ventilables entre 5100 et 5200	0	0	0	0	0	0	0	0	0	0
6000 Autres impôts	198	0	0	0	0	0	0	0	0	0
6100 A la charge exclusive des entreprises	0	..	..	..	..	..	..	..	..	..
6200 A la charge d'autres agents	198	..	..	..	..	..	..	..	..	..
Recettes fiscales totales	27 438	113 397	206 500	269 124	407 912	18 721	107 439	176 156	257 403	370 538
	Administrations locales					**Administrations de sécurite sociale**				
	1975	1995	2005	2015	2022	1975	1995	2005	2015	2022
1000 Impôts sur revenu, bénéfices et gains en capital	0	0	0	0	0	0	0	0	0	0
1100 Des personnes physiques	..	..	..	..	..	..	..	..	..	..
1200 Des sociétés	..	..	..	..	..	..	..	..	..	..
1300 Non-ventilables entre 1100 et 1200	..	..	..	..	..	..	..	..	..	..
2000 Cotisations de sécurité sociale	0	0	0	0	0	5 787	40 559	38 834	58 876	91 261
2100 A la charge des salariés	..	..	..	..	..	2 142	15 028	18 328	27 785	43 091
2200 A la charge des employeurs	..	..	..	..	..	3 527	24 765	18 328	27 785	43 091
2300 A charge des travailleurs indép. ou sans emploi	..	..	..	..	..	118	766	2 177	3 307	5 079
2400 Non-ventilables entre 2100, 2200 et 2300	..	..	..	..	..	0	0	0	0	0
3000 Sur salaires ou main d'oeuvre	0	0	0	0	0	0	0	0	0	0
4000 Impôts sur le patrimoine	5 018	24 415	40 495	65 969	79 491	0	0	0	0	0
4100 Impôts périodiques sur la propriété immobilière	4 770	23 150	37 409	57 241	66 909	..	..	..	..	..
4200 Impôts périodiques sur l'actif net	0	0	0	0	0	..	..	..	..	..
4300 Impôts sur mut. par décès, succ. et donations	0	0	0	0	0	..	..	..	..	..
4400 Impôts sur transact. mobilières et immob.	0	0	375	1 063	2 487	..	..	..	..	..
4500 Impôts non-périodiques	248	0	0	0	0	..	..	..	..	..
4600 Autres impôts périodiques sur patrimoine	0	0	0	0	0	..	..	..	..	..
5000 Impôts sur les biens et services	142	406	833	1 149	1 524	0	0	0	0	0
5100 Impôts sur production, vente, transfert, etc.	22	51	104	126	338	..	..	..	..	..
5110 Impôts généraux	10	40	88	63	75	..	..	..	..	..
5120 Impôts sur biens et services déterminés	12	11	16	63	263	..	..	..	..	..
5130 Non-ventilables entre 5110 et 5120	0	0	0	0	0	..	..	..	..	..
5200 Impôts sur utilisation des biens et exerc. activites	120	355	729	1 023	1 186	..	..	..	..	..
5300 Non-ventilables entre 5100 et 5200	0	0	0	0	0	..	..	..	..	..
6000 Autres impôts	525	3 662	1 483	748	1053	0	0	0	0	0
6100 A la charge exclusive des entreprises	437	2 946	541	0	0	..	..	..	..	..
6200 A la charge d'autres agents	88	716	942	748	1053	..	..	..	..	..
Recettes fiscales totales	5 685	28 483	42 811	67 866	82 068	5 787	40 559	38 834	58 876	91 261

.. Non disponible

Tableau 6.5. Chili, recettes fiscales par sous-secteurs d'administration

Million CLP

	Administration centrale					Administration d'État/Régions				
	1975	1995	2005	2015	2022	1975	1995	2005	2015	2022
1000 Impôts sur revenu, bénéfices et gains en capital	..	1 359 694	5 171 293	11 840 521	27 491 879	..	..	..	..	..
1100 Des personnes physiques	..	281 293	738 620	3 199 876	6 626 617	..	..	..	..	..
1200 Des sociétés	..	836 725	3 155 480	6 839 133	14 900 568	..	..	..	..	..
1300 Non-ventilables entre 1100 et 1200	..	241 676	1 277 193	1 801 512	5 964 694	..	..	..	..	..
2000 Cotisations de sécurité sociale	..	155 855	287 422	434 659	548 558	..	..	..	..	..
2100 A la charge des salariés	..	142 001	249 526	370 745	398 535	..	..	..	..	..
2200 A la charge des employeurs	..	13 854	37 896	63 914	150 023	..	..	..	..	..
2300 A charge des travailleurs indép. ou sans emploi	..	0	0	0	0	..	..	..	..	..
2400 Non-ventilables entre 2100, 2200 et 2300	..	0	0	0	0	..	..	..	..	..
3000 Sur salaires ou main d'oeuvre	..	0	0	0	0	..	..	..	..	..
4000 Impôts sur le patrimoine	..	181 432	490 120	377 667	1456 756	..	..	..	..	..
4100 Impôts périodiques sur la propriété immobilière	..	13 044	4 909	13 313	274 828	..	..	..	..	..
4200 Impôts périodiques sur l'actif net	..	0	0	0	0	..	..	..	..	..
4300 Impôts sur mut. par décès, succ. et donations	..	13 245	23 184	92 236	416 219	..	..	..	..	..
4400 Impôts sur transact. mobilières et immob.	..	155 143	462 027	272 118	765 709	..	..	..	..	..
4500 Impôts non-périodiques	..	0	0	0	0	..	..	..	..	..
4600 Autres impôts périodiques sur patrimoine	..	0	0	0	0	..	..	..	..	..
5000 Impôts sur les biens et services	..	3 179 304	6 831 482	16 182 428	27 754 579	..	..	..	..	..
5100 Impôts sur production, vente, transfert, etc.	..	3 169 645	6 811 389	16 130 662	27 543 004	..	..	..	..	..
5110 Impôts généraux	..	2 187 602	5 391 285	13 273 958	24 515 246	..	..	..	..	..
5120 Impôts sur biens et services déterminés	..	982 043	1 420 104	2 856 704	3 027 758	..	..	..	..	..
5130 Non-ventilables entre 5110 et 5120	..	0	0	0	0	..	..	..	..	..
5200 Impôts sur utilisation des biens et exerc. activites	..	9 659	20 094	51 767	211 576	..	..	..	..	..
5300 Non-ventilables entre 5100 et 5200	..	0	0	0	0	..	..	..	..	..
6000 Autres impôts	..	-29 554	-85 954	-576 893	-722 555	..	..	..	..	..
6100 A la charge exclusive des entreprises	..	0	0	0	0	..	..	..	..	..
6200 A la charge d'autres agents	..	-29 554	-85 954	-576 893	-722 555	..	..	..	..	..
Recettes fiscales totales	..	4 846 730	12 694 362	28 258 382	56 529 218	..	..	..	..	..

	Administrations locales					Administrations de sécurite sociale				
	1975	1995	2005	2015	2022	1975	1995	2005	2015	2022
1000 Impôts sur revenu, bénéfices et gains en capital	..	0	0	0	0	..	0	0	0	0
1100 Des personnes physiques	..	..	..	..	..	..	..	..	..	..
1200 Des sociétés	..	..	..	..	..	..	..	..	..	..
1300 Non-ventilables entre 1100 et 1200	..	..	..	..	..	..	..	..	..	..
2000 Cotisations de sécurité sociale	..	0	0	0	0	..	193 269	644 295	1 817 831	2 036 863
2100 A la charge des salariés	..	..	..	..	..	..	193 269	644 295	1 817 831	2 036 863
2200 A la charge des employeurs	..	..	..	..	..	..	0	0	0	0
2300 A charge des travailleurs indép. ou sans emploi	..	..	..	..	..	..	0	0	0	0
2400 Non-ventilables entre 2100, 2200 et 2300	..	..	..	..	..	..	0	0	0	0
3000 Sur salaires ou main d'oeuvre	..	0	0	0	0	..	0	0	0	0
4000 Impôts sur le patrimoine	..	157 193	411 656	1 041 671	2 009 425	..	0	0	0	0
4100 Impôts périodiques sur la propriété immobilière	..	157 193	411 656	1 041 671	2 009 425	..	..	..	..	..
4200 Impôts périodiques sur l'actif net	..	0	0	0	0	..	..	..	..	..
4300 Impôts sur mut. par décès, succ. et donations	..	0	0	0	0	..	..	..	..	..
4400 Impôts sur transact. mobilières et immob.	..	0	0	0	0	..	..	..	..	..
4500 Impôts non-périodiques	..	0	0	0	0	..	..	..	..	..
4600 Autres impôts périodiques sur patrimoine	..	0	0	0	0	..	..	..	..	..
5000 Impôts sur les biens et services	..	192 325	514 952	1 415 658	2 325 932	..	0	0	0	0
5100 Impôts sur production, vente, transfert, etc.	..	52 690	140 703	385 532	535 676	..	..	..	..	..
5110 Impôts généraux	..	0	0	0	0	..	..	..	..	..
5120 Impôts sur biens et services déterminés	..	52 690	140 703	385 532	535 676	..	..	..	..	..
5130 Non-ventilables entre 5110 et 5120	..	0	0	0	0	..	..	..	..	..
5200 Impôts sur utilisation des biens et exerc. activites	..	139 635	374 249	1 030 126	1 790 256	..	..	..	..	..
5300 Non-ventilables entre 5100 et 5200	..	0	0	0	0	..	..	..	..	..
6000 Autres impôts	..	0	0	0	0	..	0	0	0	0
6100 A la charge exclusive des entreprises	..	..	..	..	..	..	..	..	..	..
6200 A la charge d'autres agents	..	..	..	..	..	..	..	..	..	..
Recettes fiscales totales	..	349 518	926 608	2 457 329	4 335 357	..	193 269	644 295	1 817 831	2 036 863

.. Non disponible

Tableau 6.6. Colombie, recettes fiscales par sous-secteurs d'administration

Million COP

	Administration fédérale					Administration d'État/Régions				
	1975	1995	2005	2015	2022	1975	1995	2005	2015	2022
1000 Impôts sur revenu, bénéfices et gains en capital	..	3 393 700	17 348 618	52 656 876	95 911 106	..	0	0	0	0
1100 Des personnes physiques	..	131 405	3 594 441	9 218 735	20 356 452	..	..	..	..	..
1200 Des sociétés	..	988 082	13 044 361	41 406 848	73 300 918	..	..	..	..	..
1300 Non-ventilables entre 1100 et 1200	..	2 274 213	709 816	2 031 293	2 253 735	..	..	..	..	..
2000 Cotisations de sécurité sociale	..	0	0	0	0	..	0	0	0	0
2100 A la charge des salariés	..	..	..	..	..	..	..	..	..	..
2200 A la charge des employeurs	..	..	..	..	..	..	..	..	..	..
2300 A charge des travailleurs indép. ou sans emploi	..	..	..	..	..	..	..	..	..	..
2400 Non-ventilables entre 2100, 2200 et 2300	..	..	..	..	..	..	..	..	..	..
3000 Sur salaires ou main d'oeuvre	..	599 198	2 179 842	2 797 308	4 421 997	..	0	0	0	0
4000 Impôts sur le patrimoine	..	0	2 863 946	12 094 140	12 588 105	..	0	0	0	0
4100 Impôts périodiques sur la propriété immobilière	..	..	0	0	0	..	..	..	..	..
4200 Impôts périodiques sur l'actif net	..	..	462 720	5 352 940	73 113	..	..	..	..	..
4300 Impôts sur mut. par décès, succ. et donations	..	..	0	0	0	..	..	..	..	..
4400 Impôts sur transact. mobilières et immob.	..	..	2 401 226	6 741 200	12 281 751	..	..	..	..	..
4500 Impôts non-périodiques	..	..	0	0	233 241	..	..	..	..	..
4600 Autres impôts périodiques sur patrimoine	..	..	0	0	0	..	..	..	..	..
5000 Impôts sur les biens et services	..	4 773 500	21 645 318	51 831 190	103 231 251	..	771 560	2 507 423	4 986 314	9 817 124
5100 Impôts sur production, vente, transfert, etc.	..	4 773 500	21 645 318	51 831 190	103 231 251	..	771 560	2 228 909	4 456 650	8 365 348
5110 Impôts généraux	..	3 427 600	17 427 948	41 659 696	91 723 278	..	0	0	0	0
5120 Impôts sur biens et services déterminés	..	1 345 900	4 217 370	10 171 494	11 507 974	..	771 560	2 228 909	4 456 650	8 365 348
5130 Non-ventilables entre 5110 et 5120	..	0	0	0	0	..	0	0	0	0
5200 Impôts sur utilisation des biens et exerc. activites	..	0	0	0	0	..	0	278 514	529 665	1 451 776
5300 Non-ventilables entre 5100 et 5200	..	0	0	0	0	..	0	0	0	0
6000 Autres impôts	..	17 900	682 084	419 939	923 110	..	0	575 919	2 624 769	4 053 893
6100 A la charge exclusive des entreprises	..	0	0	0	0	..	..	0	0	0
6200 A la charge d'autres agents	..	17 900	682 084	419 939	923 110	..	..	575 919	2 624 769	4 053 893
Recettes fiscales totales	..	8 784 297	44 719 808	119 799 453	217 075 569	..	771 560	3 083 342	7 611 084	13 871 017

	Administrations locales					Administrations de sécurite sociale				
	1975	1995	2005	2015	2021	1975	1995	2005	2015	2021
1000 Impôts sur revenu, bénéfices et gains en capital	..	0	0	0	0	..	0	0	0	0
1100 Des personnes physiques	..	..	..	..	..	..	..	..	..	..
1200 Des sociétés	..	..	..	..	..	..	..	..	..	..
1300 Non-ventilables entre 1100 et 1200	..	..	..	..	..	..	..	..	..	..
2000 Cotisations de sécurité sociale	..	0	0	0	0	..	3 159 328	7 845 000	13 585 138	23 908 538
2100 A la charge des salariés	..	..	..	..	..	..	..	..	..	..
2200 A la charge des employeurs	..	..	..	..	..	..	..	..	..	..
2300 A charge des travailleurs indép. ou sans emploi	..	..	..	..	..	..	..	..	..	..
2400 Non-ventilables entre 2100, 2200 et 2300	..	..	..	..	..	..	3 159 328	7 845 000	13 585 138	23 908 538
3000 Sur salaires ou main d'oeuvre	..	0	0	0	0	..	0	0	0	0
4000 Impôts sur le patrimoine	..	365 051	1 974 213	6 061 965	9 937 041	..	0	0	0	0
4100 Impôts périodiques sur la propriété immobilière	..	365 051	1 974 213	6 061 965	9 937 041	..	..	..	..	..
4200 Impôts périodiques sur l'actif net	..	0	0	0	0	..	..	..	..	..
4300 Impôts sur mut. par décès, succ. et donations	..	0	0	0	0	..	..	..	..	..
4400 Impôts sur transact. mobilières et immob.	..	0	0	0	0	..	..	..	..	..
4500 Impôts non-périodiques	..	0	0	0	0	..	..	..	..	..
4600 Autres impôts périodiques sur patrimoine	..	0	0	0	0	..	..	..	..	..
5000 Impôts sur les biens et services	..	471 710	3 496 411	8 899 062	16 283 558	..	0	0	0	0
5100 Impôts sur production, vente, transfert, etc.	..	471 710	3 496 411	8 400 241	15 449 777	..	..	..	..	..
5110 Impôts généraux	..	471 710	2 506 452	7 025 204	13 360 841	..	..	..	..	..
5120 Impôts sur biens et services déterminés	..	0	989 959	1 375 037	2 088 936	..	..	..	..	..
5130 Non-ventilables entre 5110 et 5120	..	0	0	0	0	..	..	..	..	..
5200 Impôts sur utilisation des biens et exerc. activites	..	0	0	498 821	833 781	..	..	..	..	..
5300 Non-ventilables entre 5100 et 5200	..	0	0	0	0	..	..	..	..	..
6000 Autres impôts	..	355 943	588 614	4 200 992	7 766 603	..	0	0	0	0
6100 A la charge exclusive des entreprises	..	0	0	0	0	..	..	..	..	..
6200 A la charge d'autres agents	..	355 943	588 614	4 200 992	7 766 603	..	..	..	..	..
Recettes fiscales totales	..	1 192 705	6 059 238	19 162 019	33 987 202	..	3 159 328	7 845 000	13 585 138	23 908 538

.. Non disponible

Tableau 6.7. Costa Rica, recettes fiscales par sous-secteurs d'administration

Million CRC

	Administration centrale					Administration d'État/Régions				
	1975	1995	2005	2015	2022	1975	1995	2005	2015	2022
1000 Impôts sur revenu, bénéfices et gains en capital	..	47 678	324 224	1 247 308	2 430 200	..	..	..	..	..
1100 Des personnes physiques	..	..	16 438	386 241	691 305	..	..	..	..	..
1200 Des sociétés	..	..	288 355	659 951	1188 835	..	..	..	..	..
1300 Non-ventilables entre 1100 et 1200	..	47 678	19 430	201 116	550 059	..	..	..	..	..
2000 Cotisations de sécurité sociale	..	11 096	30 854	63 458	515 732	..	..	..	..	..
2100 A la charge des salariés	..	..	..	..	..	..	..	..	..	..
2200 A la charge des employeurs	..	0	0	0	0	..	..	..	..	..
2300 A charge des travailleurs indép. ou sans emploi	..	..	..	..	..	..	..	..	..	..
2400 Non-ventilables entre 2100, 2200 et 2300	..	11 096	30 854	63 458	515 732	..	..	..	..	..
3000 Sur salaires ou main d'oeuvre	..	0	0	0	0	..	..	..	..	..
4000 Impôts sur le patrimoine	..	2 023	10 846	37 334	71 009	..	..	..	..	..
4100 Impôts périodiques sur la propriété immobilière	..	440	0	4 076	5 206	..	..	..	..	..
4200 Impôts périodiques sur l'actif net	..	0	0	0	0	..	..	..	..	..
4300 Impôts sur mut. par décès, succ. et donations	..	0	0	0	0	..	..	..	..	..
4400 Impôts sur transact. mobilières et immob.	..	1 583	10 846	33 258	65 802	..	..	..	..	..
4500 Impôts non-périodiques	..	0	0	0	0	..	..	..	..	..
4600 Autres impôts périodiques sur patrimoine	..	0	0	0	0	..	..	..	..	..
5000 Impôts sur les biens et services	..	185 943	917 118	2 536 562	3 519 484	..	..	..	..	..
5100 Impôts sur production, vente, transfert, etc.	..	177 808	884 359	2 385 807	3 326 853	..	..	..	..	..
5110 Impôts généraux	..	84 034	485 168	1 368 601	2 217 743	..	..	..	..	..
5120 Impôts sur biens et services déterminés	..	93 774	399 192	1 017 206	1 109 110	..	..	..	..	..
5130 Non-ventilables entre 5110 et 5120	..	0	0	0	0	..	..	..	..	..
5200 Impôts sur utilisation des biens et exerc. activites	..	8 135	32 758	150 755	192 631	..	..	..	..	..
5300 Non-ventilables entre 5100 et 5200	..	0	0	0	0	..	..	..	..	..
6000 Autres impôts	..	11 010	54 338	162 200	394 676	..	..	..	..	..
6100 A la charge exclusive des entreprises	..	0	0	0	0	..	..	..	..	..
6200 A la charge d'autres agents	..	11 010	54 338	162 200	394 676	..	..	..	..	..
Recettes fiscales totales	..	257 751	1 337 380	4 046 862	6 931 100	..	..	..	..	..

	Administrations locales					Administrations de sécurite sociale				
	1995	2005	2015	2022	1975	1995	2005	2015	2022	1995
1000 Impôts sur revenu, bénéfices et gains en capital	..	0	0	0	0	..	0	0	0	0
1100 Des personnes physiques	..	..	..	..	..	..	..	..	..	..
1200 Des sociétés	..	..	..	..	..	..	..	..	..	..
1300 Non-ventilables entre 1100 et 1200	..	..	..	..	..	..	..	..	..	..
2000 Cotisations de sécurité sociale	..	0	0	0	0	..	106 727	586 829	2 241 674	3 409 960
2100 A la charge des salariés	..	..	..	..	..	..	..	..	..	..
2200 A la charge des employeurs	..	..	..	..	..	..	14 654	84 988	318 652	412 852
2300 A charge des travailleurs indép. ou sans emploi	..	..	..	..	..	..	..	..	..	..
2400 Non-ventilables entre 2100, 2200 et 2300	..	..	..	..	..	..	92 073	501 841	1 923 022	2 997 108
3000 Sur salaires ou main d'oeuvre	..	0	0	0	0	..	22 992	115 730	423 616	639 737
4000 Impôts sur le patrimoine	..	2 037	14 264	85 927	149 733	..	0	0	0	0
4100 Impôts périodiques sur la propriété immobilière	..	2 037	14 264	85 927	149 724	..	..	..	..	..
4200 Impôts périodiques sur l'actif net	..	0	0	0	0	..	..	..	..	..
4300 Impôts sur mut. par décès, succ. et donations	..	0	0	0	0	..	..	..	..	..
4400 Impôts sur transact. mobilières et immob.	..	0	0	0	0	..	..	..	..	..
4500 Impôts non-périodiques	..	0	0	0	0	..	..	..	..	..
4600 Autres impôts périodiques sur patrimoine	..	0	0	0	0	..	..	..	..	..
5000 Impôts sur les biens et services	..	1 214	27 506	125 341	155 239	..	0	0	0	0
5100 Impôts sur production, vente, transfert, etc.	..	0	94	3 093	3 919	..	..	..	..	..
5110 Impôts généraux	..	..	0	0	0	..	..	..	..	..
5120 Impôts sur biens et services déterminés	..	..	94	3 093	3 919	..	..	..	..	..
5130 Non-ventilables entre 5110 et 5120	..	..	0	0	0	..	..	..	..	..
5200 Impôts sur utilisation des biens et exerc. activites	..	1 214	27 411	122 248	151 320	..	..	..	..	..
5300 Non-ventilables entre 5100 et 5200	..	0	0	0	0	..	..	..	..	..
6000 Autres impôts	..	2 935	3 207	155	198	..	0	0	0	0
6100 A la charge exclusive des entreprises	..	0	0	0	0	..	..	..	..	..
6200 A la charge d'autres agents	..	2 935	3 207	155	198	..	..	..	..	..
Recettes fiscales totales	..	6 185	44 976	211 422	305 170	..	129 718	702 559	2 665 291	4 049 697

.. Non disponible

Tableau 6.8. Tchéquie, recettes fiscales par sous-secteurs d'administration

Million CZK

	Administration centrale[1]					Administration d'État/Régions				
	1975	1995	2005	2015	2022	1975	1995	2005	2015	2022
1000 Impôts sur revenu, bénéfices et gains en capital	..	137 616	273 549	329 768	515 371	..	..	..	..	..
1100 Des personnes physiques	..	70 361	137 937	164 678	214 131	..	..	..	..	..
1200 Des sociétés	..	67 255	135 611	165 090	301 240	..	..	..	..	..
1300 Non-ventilables entre 1100 et 1200	..	0	0	0	0	..	..	..	..	..
2000 Cotisations de sécurité sociale	..	0	0	0	0	..	..	..	..	..
2100 A la charge des salariés	..	..	..	..	..	..	..	..	..	..
2200 A la charge des employeurs	..	..	..	..	..	..	..	..	..	..
2300 A charge des travailleurs indép. ou sans emploi	..	..	..	..	..	..	..	..	..	..
2400 Non-ventilables entre 2100, 2200 et 2300	..	..	..	..	..	..	..	..	..	..
3000 Sur salaires ou main d'oeuvre	..	0	0	0	0	..	..	..	..	..
4000 Impôts sur le patrimoine	..	3 857	8 050	11 607	82	..	..	..	..	..
4100 Impôts périodiques sur la propriété immobilière	..	0	5	20	27	..	..	..	..	..
4200 Impôts périodiques sur l'actif net	..	0	0	0	0	..	..	..	..	..
4300 Impôts sur mut. par décès, succ. et donations	..	393	728	20	0	..	..	..	..	..
4400 Impôts sur transact. mobilières et immob.	..	3 464	7 317	11 566	55	..	..	..	..	..
4500 Impôts non-périodiques	..	0	0	0	0	..	..	..	..	..
4600 Autres impôts périodiques sur patrimoine	..	0	0	0	0	..	..	..	..	..
5000 Impôts sur les biens et services	..	175 869	343 554	505 085	713 103	..	..	..	..	..
5100 Impôts sur production, vente, transfert, etc.	..	162 913	325 662	487 086	695 801	..	..	..	..	..
5110 Impôts généraux	..	91 673	215 118	333 274	536 896	..	..	..	..	..
5120 Impôts sur biens et services déterminés	..	71 240	110 544	153 812	158 905	..	..	..	..	..
5130 Non-ventilables entre 5110 et 5120	..	0	0	0	0	..	..	..	..	..
5200 Impôts sur utilisation des biens et exerc. activites	..	12 956	17 892	17 999	17 303	..	..	..	..	..
5300 Non-ventilables entre 5100 et 5200	..	0	0	0	0	..	..	..	..	..
6000 Autres impôts	..	545	55	387	232	..	..	..	..	..
6100 A la charge exclusive des entreprises	..	0	0	0	0	..	..	..	..	..
6200 A la charge d'autres agents	..	545	55	387	232	..	..	..	..	..
Recettes fiscales totales	..	317 887	625 207	846 847	1 228 789	..	..	..	..	..

	Administrations locales					Administrations de sécurite sociale				
	1975	1995	2005	2015	2022	1975	1995	2005	2015	2022
1000 Impôts sur revenu, bénéfices et gains en capital	..	0	0	0	0	..	0	0	0	0
1100 Des personnes physiques	..	..	..	..	..	..	..	..	..	..
1200 Des sociétés	..	..	..	..	..	..	..	..	..	..
1300 Non-ventilables entre 1100 et 1200	..	..	..	..	..	..	..	..	..	..
2000 Cotisations de sécurité sociale	..	0	0	0	0	..	227 871	481 626	659 743	1 074 201
2100 A la charge des salariés	..	..	..	..	..	..	54 536	108 316	133 878	215 214
2200 A la charge des employeurs	..	..	..	..	..	..	148 342	307 618	417 778	661 335
2300 A charge des travailleurs indép. ou sans emploi	..	..	..	..	..	..	24 993	65 692	108 088	197 653
2400 Non-ventilables entre 2100, 2200 et 2300	..	..	..	..	..	..	0	0	0	0
3000 Sur salaires ou main d'oeuvre	..	0	0	0	0	..	0	0	0	0
4000 Impôts sur le patrimoine	..	3 778	4 987	10 313	12 419	..	0	0	0	0
4100 Impôts périodiques sur la propriété immobilière	..	3 778	4 987	10 313	12 419	..	..	..	..	..
4200 Impôts périodiques sur l'actif net	..	0	0	0	0	..	..	..	..	..
4300 Impôts sur mut. par décès, succ. et donations	..	0	0	0	0	..	..	..	..	..
4400 Impôts sur transact. mobilières et immob.	..	0	0	0	0	..	..	..	..	..
4500 Impôts non-périodiques	..	0	0	0	0	..	..	..	..	..
4600 Autres impôts périodiques sur patrimoine	..	0	0	0	0	..	..	..	..	..
5000 Impôts sur les biens et services	..	1 150	7 395	7 749	11 500	..	0	0	0	0
5100 Impôts sur production, vente, transfert, etc.	..	124	199	292	138	..	..	..	..	..
5110 Impôts généraux	..	0	0	0	0	..	..	..	..	..
5120 Impôts sur biens et services déterminés	..	124	199	292	138	..	..	..	..	..
5130 Non-ventilables entre 5110 et 5120	..	0	0	0	0	..	..	..	..	..
5200 Impôts sur utilisation des biens et exerc. activites	..	1 026	7 196	7 457	11 362	..	..	..	..	..
5300 Non-ventilables entre 5100 et 5200	..	0	0	0	0	..	..	..	..	..
6000 Autres impôts	..	0	0	0	0	..	0	0	0	0
6100 A la charge exclusive des entreprises	..	..	..	..	..	..	..	..	..	..
6200 A la charge d'autres agents	..	..	..	..	..	..	..	..	..	..
Recettes fiscales totales	..	4 928	12 382	18 063	23 919	..	227 871	481 626	659 743	1 074 201

.. Non disponible

Note : Y compris les droits de douane perçus pour le compte de l'Union européenne.

1. Tax revenues of the regions are reported under the heading of central government up to and including 1995 and under local government thereafter.

Tableau 6.9. Danemark, recettes fiscales par sous-secteurs d'administration

Million DKK

	Administration centrale					Administration d'État/Régions				
	1975	1995	2005	2015	2022	1975	1995	2005	2015	2022
1000 Impôts sur revenu, bénéfices et gains en capital	29 912	166 881	259 789	388 660	493 652	..	..	..	..	..
1100 Des personnes physiques	25 904	126 557	167 192	304 084	388 198	..	..	..	..	..
1200 Des sociétés	4 008	23 778	55 559	61 854	94 281	..	..	..	..	..
1300 Non-ventilables entre 1100 et 1200	0	16 546	37 038	22 721	11 173	..	..	..	..	..
2000 Cotisations de sécurité sociale	143	562	1 180	1332	1797	..	..	..	..	..
2100 A la charge des salariés	1	559	1 177	826	697	..	..	..	..	..
2200 A la charge des employeurs	142	3	3	506	1100	..	..	..	..	..
2300 A charge des travailleurs indép. ou sans emploi	0	0	0	0	0	..	..	..	..	..
2400 Non-ventilables entre 2100, 2200 et 2300	0	0	0	0	0	..	..	..	..	..
3000 Sur salaires ou main d'oeuvre	0	2 262	2 907	5 894	7 150	..	..	..	..	..
4000 Impôts sur le patrimoine	1 786	6 962	11 801	11 276	15 395	..	..	..	..	..
4100 Impôts périodiques sur la propriété immobilière	16	0	0	0	0	..	..	..	..	..
4200 Impôts périodiques sur l'actif net	414	968	0	0	0	..	..	..	..	..
4300 Impôts sur mut. par décès, succ. et donations	336	2 372	3 154	5 177	7 444	..	..	..	..	..
4400 Impôts sur transact. mobilières et immob.	943	3 583	8 613	6 099	7 951	..	..	..	..	..
4500 Impôts non-périodiques	0	0	0	0	0	..	..	..	..	..
4600 Autres impôts périodiques sur patrimoine	0	0	0	0	0	..	..	..	..	..
5000 Impôts sur les biens et services	29 013	156 308	253 271	301 263	362 120	..	..	..	..	..
5100 Impôts sur production, vente, transfert, etc.	27 337	149 123	239 870	277 556	337 992	..	..	..	..	..
5110 Impôts généraux	15 117	94 008	154 654	191 328	266 040	..	..	..	..	..
5120 Impôts sur biens et services déterminés	12 220	55 116	85 216	86 228	71 952	..	..	..	..	..
5130 Non-ventilables entre 5110 et 5120	0	0	0	0	0	..	..	..	..	..
5200 Impôts sur utilisation des biens et exerc. activites	1 676	4 739	9 379	16 530	13 546	..	..	..	..	..
5300 Non-ventilables entre 5100 et 5200	0	2 446	4 021	7 177	10 582	..	..	..	..	..
6000 Autres impôts	0	0	203	2781	1382	..	..	..	..	..
6100 A la charge exclusive des entreprises	..	..	203	2781	1382	..	..	..	..	..
6200 A la charge d'autres agents	..	..	0	0	0	..	..	..	..	..
Recettes fiscales totales	60 854	332 973	529 151	711 204	881 495	..	..	..	..	..

	Administrations locales					Administrations de sécurite sociale				
	1975	1995	2005	2015	2022	1975	1995	2005	2015	2022
1000 Impôts sur revenu, bénéfices et gains en capital	22 171	140 762	214 586	221 084	282 574	0	0	0	0	0
1100 Des personnes physiques	22 170	140 757	214 586	221 084	282 574	..	..	..	..	..
1200 Des sociétés	1	5	0	0	0	..	..	..	..	..
1300 Non-ventilables entre 1100 et 1200	0	0	0	0	0	..	..	..	..	..
2000 Cotisations de sécurité sociale	0	0	0	0	0	58	0	529	542	544
2100 A la charge des salariés	..	..	..	..	..	0	..	0	0	0
2200 A la charge des employeurs	..	..	..	..	..	58	..	529	542	544
2300 A charge des travailleurs indép. ou sans emploi	..	..	..	..	..	0	..	0	0	0
2400 Non-ventilables entre 2100, 2200 et 2300	..	..	..	..	..	0	..	0	0	0
3000 Sur salaires ou main d'oeuvre	0	0	0	0	0	0	0	0	0	0
4000 Impôts sur le patrimoine	3 518	10 325	17 485	28 085	33 080	0	0	0	0	0
4100 Impôts périodiques sur la propriété immobilière	3 518	10 325	17 485	28 085	33 080	..	..	..	..	..
4200 Impôts périodiques sur l'actif net	0	0	0	0	0	..	..	..	..	..
4300 Impôts sur mut. par décès, succ. et donations	0	0	0	0	0	..	..	..	..	..
4400 Impôts sur transact. mobilières et immob.	0	0	0	0	0	..	..	..	..	..
4500 Impôts non-périodiques	0	0	0	0	0	..	..	..	..	..
4600 Autres impôts périodiques sur patrimoine	0	0	0	0	0	..	..	..	..	..
5000 Impôts sur les biens et services	0	0	0	0	0	0	0	0	0	0
5100 Impôts sur production, vente, transfert, etc.	0	..	..	..	..	..	..	..	..	..
5110 Impôts généraux	0	..	..	..	..	..	..	..	..	..
5120 Impôts sur biens et services déterminés	0	..	..	..	..	..	..	..	..	..
5130 Non-ventilables entre 5110 et 5120	0	..	..	..	..	..	..	..	..	..
5200 Impôts sur utilisation des biens et exerc. activites	..	..	..	..	..	..	..	..	..	..
5300 Non-ventilables entre 5100 et 5200	0	..	..	..	..	..	..	..	..	..
6000 Autres impôts	0	0	0	0	0	0	0	0	0	0
6100 A la charge exclusive des entreprises	..	..	..	..	..	..	..	..	..	..
6200 A la charge d'autres agents	..	..	..	..	..	..	..	..	..	..
Recettes fiscales totales	25 689	151 087	232 071	249 169	315 653	58	0	529	542	544

.. Non disponible

Note : Y compris les droits de douane perçus pour le compte de l'Union européenne.

Tableau 6.10. Estonie, recettes fiscales par sous-secteurs d'administration

Million EUR

	Administration centrale					Administration d'État/Régions				
	1975	1995	2005	2015	2022	1975	1995	2005	2015	2022
1000 Impôts sur revenu, bénéfices et gains en capital	..	301	782	1 607	2 876	..	..	..	..	..
1100 Des personnes physiques	..	234	622	1 182	2 279	..	..	..	..	..
1200 Des sociétés	..	67	160	424	596	..	..	..	..	..
1300 Non-ventilables entre 1100 et 1200	..	0	0	0	0	..	..	..	..	..
2000 Cotisations de sécurité sociale	..	191	636	1 191	2 226	..	..	..	..	..
2100 A la charge des salariés	..	0	0	0	0	..	..	..	..	..
2200 A la charge des employeurs	..	191	636	1 179	2 117	..	..	..	..	..
2300 A charge des travailleurs indép. ou sans emploi	..	0	0	12	109	..	..	..	..	..
2400 Non-ventilables entre 2100, 2200 et 2300	..	0	0	0	0	..	..	..	..	..
3000 Sur salaires ou main d'oeuvre	..	0	0	0	0	..	..	..	..	..
4000 Impôts sur le patrimoine	..	3	0	0	0	..	..	..	..	..
4100 Impôts périodiques sur la propriété immobilière	..	3	..	..	..	..	..	..	..	..
4200 Impôts périodiques sur l'actif net	..	0	..	..	..	..	..	..	..	..
4300 Impôts sur mut. par décès, succ. et donations	..	0	..	..	..	..	..	..	..	..
4400 Impôts sur transact. mobilières et immob.	..	0	..	..	..	..	..	..	..	..
4500 Impôts non-périodiques	..	0	..	..	..	..	..	..	..	..
4600 Autres impôts périodiques sur patrimoine	..	0	..	..	..	..	..	..	..	..
5000 Impôts sur les biens et services	..	350	1 385	2 864	4 689	..	..	..	..	..
5100 Impôts sur production, vente, transfert, etc.	..	345	1 348	2 790	4 374	..	..	..	..	..
5110 Impôts généraux	..	266	908	1 873	3 309	..	..	..	..	..
5120 Impôts sur biens et services déterminés	..	79	440	917	1 065	..	..	..	..	..
5130 Non-ventilables entre 5110 et 5120	..	0	0	0	0	..	..	..	..	..
5200 Impôts sur utilisation des biens et exerc. activites	..	5	37	74	316	..	..	..	..	..
5300 Non-ventilables entre 5100 et 5200	..	0	0	0	0	..	..	..	..	..
6000 Autres impôts	..	0	0	0	0	..	..	..	..	..
6100 A la charge exclusive des entreprises	..	..	..	..	..	..	..	..	..	..
6200 A la charge d'autres agents	..	..	..	..	..	..	..	..	..	..
Recettes fiscales totales	..	845	2 803	5 662	9 791	..	..	..	..	..

	Administrations locales					Administrations de sécurite sociale				
	1975	1995	2005	2015	2022	1975	1995	2005	2015	2022
1000 Impôts sur revenu, bénéfices et gains en capital	..	0	0	0	0	..	0	0	0	0
1100 Des personnes physiques	..	0	0	0	0	..	0	0	0	0
1200 Des sociétés	..	0	0	0	0	..	0	0	0	0
1300 Non-ventilables entre 1100 et 1200	..	0	0	0	0	..	0	0	0	0
2000 Cotisations de sécurité sociale	..	0	0	0	0	..	149	511	1 110	1 896
2100 A la charge des salariés	..	..	..	..	..	..	0	31	99	171
2200 A la charge des employeurs	..	..	..	..	..	..	143	466	1 002	1 654
2300 A charge des travailleurs indép. ou sans emploi	..	..	..	..	..	..	6	14	8	71
2400 Non-ventilables entre 2100, 2200 et 2300	..	..	..	..	..	..	0	0	0	0
3000 Sur salaires ou main d'oeuvre	..	0	0	0	0	..	0	0	0	0
4000 Impôts sur le patrimoine	..	7	32	58	59	..	0	0	0	0
4100 Impôts périodiques sur la propriété immobilière	..	7	32	58	59	..	..	..	..	..
4200 Impôts périodiques sur l'actif net	..	0	0	0	0	..	..	..	..	..
4300 Impôts sur mut. par décès, succ. et donations	..	0	0	0	0	..	..	..	..	..
4400 Impôts sur transact. mobilières et immob.	..	0	0	0	0	..	..	..	..	..
4500 Impôts non-périodiques	..	0	0	0	0	..	..	..	..	..
4600 Autres impôts périodiques sur patrimoine	..	0	0	0	0	..	..	..	..	..
5000 Impôts sur les biens et services	..	1	7	11	15	..	0	0	0	0
5100 Impôts sur production, vente, transfert, etc.	..	0	2	4	7	..	..	..	..	..
5110 Impôts généraux	..	0	0	0	0	..	..	..	..	..
5120 Impôts sur biens et services déterminés	..	0	2	4	7	..	..	..	..	..
5130 Non-ventilables entre 5110 et 5120	..	0	0	0	0	..	..	..	..	..
5200 Impôts sur utilisation des biens et exerc. activites	..	1	5	7	7	..	..	..	..	..
5300 Non-ventilables entre 5100 et 5200	..	0	0	0	0	..	..	..	..	..
6000 Autres impôts	..	0	0	0	0	..	0	0	0	0
6100 A la charge exclusive des entreprises	..	..	..	..	..	..	..	..	..	..
6200 A la charge d'autres agents	..	..	..	..	..	..	..	..	..	..
Recettes fiscales totales	..	8	40	69	74	..	149	511	1 110	1 896

.. Non disponible

Note : Y compris les droits de douane perçus pour le compte de l'Union européenne.

Tableau 6.11. Finlande, recettes fiscales par sous-secteurs d'administration

Million EUR

	Administration centrale					Administration d'État/Régions				
	1975	1995	2005	2015	2022	1975	1995	2005	2015	2022
1000 Impôts sur revenu, bénéfices et gains en capital	1 304	6 538	12 885	12 127	18 122	..	..	..	..	..
1100 Des personnes physiques	1 146	5 320	8 791	9 248	12 843	..	..	..	..	..
1200 Des sociétés	157	1 218	4 094	2 879	5 279	..	..	..	..	..
1300 Non-ventilables entre 1100 et 1200	0	0	0	0	0	..	..	..	..	..
2000 Cotisations de sécurité sociale	0	25	0	0	0	..	..	..	..	..
2100 A la charge des salariés	..	0	..	..	..	..	..	..	..	..
2200 A la charge des employeurs	..	25	..	..	..	..	..	..	..	..
2300 A charge des travailleurs indép. ou sans emploi	..	0	..	..	..	..	..	..	..	..
2400 Non-ventilables entre 2100, 2200 et 2300	..	0	..	..	..	..	..	..	..	..
3000 Sur salaires ou main d'oeuvre	153	0	0	0	0	..	..	..	..	..
4000 Impôts sur le patrimoine	127	533	1 169	1 414	1 818	..	..	..	..	..
4100 Impôts périodiques sur la propriété immobilière	0	0	0	0	0	..	..	..	..	..
4200 Impôts périodiques sur l'actif net	33	35	129	0	0	..	..	..	..	..
4300 Impôts sur mut. par décès, succ. et donations	14	167	486	631	901	..	..	..	..	..
4400 Impôts sur transact. mobilières et immob.	80	331	554	783	917	..	..	..	..	..
4500 Impôts non-périodiques	0	0	0	0	0	..	..	..	..	..
4600 Autres impôts périodiques sur patrimoine	0	0	0	0	0	..	..	..	..	..
5000 Impôts sur les biens et services	2 099	13 241	21 768	29 650	36 392	..	..	..	..	..
5100 Impôts sur production, vente, transfert, etc.	2 082	12 937	21 178	28 592	34 715	..	..	..	..	..
5110 Impôts généraux	1 030	7 621	13 748	18 974	25 061	..	..	..	..	..
5120 Impôts sur biens et services déterminés	1 052	5 316	7 430	9 618	9 654	..	..	..	..	..
5130 Non-ventilables entre 5110 et 5120	0	0	0	0	0	..	..	..	..	..
5200 Impôts sur utilisation des biens et exerc. activites	16	304	590	1 058	1 677	..	..	..	..	..
5300 Non-ventilables entre 5100 et 5200	0	0	0	0	0	..	..	..	..	..
6000 Autres impôts	10	90	68	81	87	..	..	..	..	..
6100 A la charge exclusive des entreprises	0	0	0	0	0	..	..	..	..	..
6200 A la charge d'autres agents	10	90	68	81	87	..	..	..	..	..
Recettes fiscales totales	3 693	20 427	35 890	43 272	56 419	..	..	..	..	..

	Administrations locales					Administrations de sécurite sociale				
	1975	1995	2005	2015	2022	1975	1995	2005	2015	2022
1000 Impôts sur revenu, bénéfices et gains en capital	1 547	9 313	13 574	20 244	24 538	0	0	0	0	0
1100 Des personnes physiques	1 393	8 319	12 420	18 576	21 761	..	..	..	..	..
1200 Des sociétés	154	994	1 154	1 668	2 777	..	..	..	..	..
1300 Non-ventilables entre 1100 et 1200	0	0	0	0	0	..	..	..	..	..
2000 Cotisations de sécurité sociale	0	0	0	0	0	1 347	13 493	18 879	26 639	31 954
2100 A la charge des salariés	..	..	..	..	..	278	2 537	3 464	6 364	9 580
2200 A la charge des employeurs	..	..	..	..	..	990	9 447	14 127	18 232	20 283
2300 A charge des travailleurs indép. ou sans emploi	..	..	..	..	..	79	1 509	1 288	2 043	2 091
2400 Non-ventilables entre 2100, 2200 et 2300	..	..	..	..	..	0	0	0	0	0
3000 Sur salaires ou main d'oeuvre	0	0	0	0	0	0	0	0	0	0
4000 Impôts sur le patrimoine	0	441	725	1 603	2 046	0	0	0	0	0
4100 Impôts périodiques sur la propriété immobilière	0	441	725	1 603	2 046	..	..	..	..	..
4200 Impôts périodiques sur l'actif net	0	0	0	0	0	..	..	..	..	..
4300 Impôts sur mut. par décès, succ. et donations	0	0	0	0	0	..	..	..	..	..
4400 Impôts sur transact. mobilières et immob.	0	0	0	0	0	..	..	..	..	..
4500 Impôts non-périodiques	0	0	0	0	0	..	..	..	..	..
4600 Autres impôts périodiques sur patrimoine	0	0	0	0	0	..	..	..	..	..
5000 Impôts sur les biens et services	3	7	8	2	1	0	0	0	0	0
5100 Impôts sur production, vente, transfert, etc.	1	1	4	1	1	..	..	..	..	..
5110 Impôts généraux	0	0	0	0	0	..	..	..	..	..
5120 Impôts sur biens et services déterminés	1	1	4	1	1	..	..	..	..	..
5130 Non-ventilables entre 5110 et 5120	0	0	0	0	0	..	..	..	..	..
5200 Impôts sur utilisation des biens et exerc. activites	2	6	4	1	0	..	..	..	..	..
5300 Non-ventilables entre 5100 et 5200	0	0	0	0	0	..	..	..	..	..
6000 Autres impôts	0	0	0	0	0	0	0	0	0	0
6100 A la charge exclusive des entreprises	..	..	..	..	..	..	..	..	..	..
6200 A la charge d'autres agents	..	..	..	..	..	..	..	..	..	..
Recettes fiscales totales	1 550	9 761	14 307	21 849	26 585	1 347	13 493	18 879	26 639	31 954

.. Non disponible

Note : Y compris les droits de douane perçus pour le compte de l'Union européenne.

Tableau 6.12. France, recettes fiscales par sous-secteurs d'administration

Million EUR

	Administration centrale					Administration d'État/Régions				
	1975	1995	2005	2015	2022	1975	1995	2005	2015	2022
1000 Impôts sur revenu, bénéfices et gains en capital	13 106	69 433	101 392	123 790	183 873	..	..	..	..	..
1100 Des personnes physiques	8 743	46 087	61 341	80 773	108 271	..	..	..	..	..
1200 Des sociétés	4 282	23 347	40 052	43 017	75 602	..	..	..	..	..
1300 Non-ventilables entre 1100 et 1200	80	0	0	0	0	..	..	..	..	..
2000 Cotisations de sécurité sociale	419	3 733	5 796	7 941	7 855	..	..	..	..	..
2100 A la charge des salariés	419	3 733	4 812	6 048	7 237	..	..	..	..	..
2200 A la charge des employeurs	0	0	984	1 893	618	..	..	..	..	..
2300 A charge des travailleurs indép. ou sans emploi	0	0	0	0	0	..	..	..	..	..
2400 Non-ventilables entre 2100, 2200 et 2300	0	0	0	0	0	..	..	..	..	..
3000 Sur salaires ou main d'oeuvre	1 194	11 167	14 329	5 946	15 735	..	..	..	..	..
4000 Impôts sur le patrimoine	1 372	7 356	13 945	20 522	27 852	..	..	..	..	..
4100 Impôts périodiques sur la propriété immobilière	26	9	30	100	2 953	..	..	..	..	..
4200 Impôts périodiques sur l'actif net	0	1 309	3 053	5 224	2 283	..	..	..	..	..
4300 Impôts sur mut. par décès, succ. et donations	616	4 261	9 006	12 477	18 981	..	..	..	..	..
4400 Impôts sur transact. mobilières et immob.	731	1 777	1 856	2 721	3 635	..	..	..	..	..
4500 Impôts non-périodiques	0	0	0	0	0	..	..	..	..	..
4600 Autres impôts périodiques sur patrimoine	0	0	0	0	0	..	..	..	..	..
5000 Impôts sur les biens et services	26 154	129 278	167 349	178 978	138 182	..	..	..	..	..
5100 Impôts sur production, vente, transfert, etc.	25 618	126 568	163 492	174 082	134 993	..	..	..	..	..
5110 Impôts généraux	19 077	89 630	126 866	140 988	101 906	..	..	..	..	..
5120 Impôts sur biens et services déterminés	6 540	36 939	36 626	33 094	33 087	..	..	..	..	..
5130 Non-ventilables entre 5110 et 5120	0	0	0	0	0	..	..	..	..	..
5200 Impôts sur utilisation des biens et exerc. activites	536	2 710	3 857	4 896	3 189	..	..	..	..	..
5300 Non-ventilables entre 5100 et 5200	..	0	0	0	0	..	..	..	..	..
6000 Autres impôts	49	924	3 522	1 683	4444	..	..	..	..	..
6100 A la charge exclusive des entreprises	32	871	3 502	1 677	4425	..	..	..	..	..
6200 A la charge d'autres agents	17	53	21	6	19	..	..	..	..	..
Recettes fiscales totales	42 294	221 892	306 335	338 860	377 941	..	..	..	..	..

	Administrations locales					Administrations de sécurite sociale				
	1975	1995	2005	2015	2022	1975	1995	2005	2015	2022
1000 Impôts sur revenu, bénéfices et gains en capital	0	0	0	20	35	0	14 805	78 892	111 270	150 262
1100 Des personnes physiques	0	0	0	13	13	0	14 805	78 892	111 265	150 258
1200 Des sociétés	0	0	0	7	22	0	-0	0	5	4
1300 Non-ventilables entre 1100 et 1200	0	0	0	0	0	0	0	0	0	0
2000 Cotisations de sécurité sociale	0	0	0	0	0	33 089	217 907	273 765	360 719	387 634
2100 A la charge des salariés	..	..	..	..	..	6 683	65 964	64 598	86 805	88 298
2200 A la charge des employeurs	..	..	..	..	..	24 236	135 804	189 192	245 479	267 431
2300 A charge des travailleurs indép. ou sans emploi	..	..	..	..	..	2 170	16 139	19 975	28 435	31 905
2400 Non-ventilables entre 2100, 2200 et 2300	..	..	..	..	..	0	0	0	0	0
3000 Sur salaires ou main d'oeuvre	299	2 529	5 437	9 278	10 505	107	186	1 957	21 130	25 795
4000 Impôts sur le patrimoine	2 876	27 132	44 633	69 361	70 481	0	0	0	0	0
4100 Impôts périodiques sur la propriété immobilière	2 626	23 144	36 034	57 427	48 853	..	..	..	..	..
4200 Impôts périodiques sur l'actif net	..	0	0	0	0	..	..	..	..	..
4300 Impôts sur mut. par décès, succ. et donations	0	0	0	0	0	..	..	..	..	..
4400 Impôts sur transact. mobilières et immob.	250	3 988	8 599	11 934	21 628	..	..	..	..	..
4500 Impôts non-périodiques	0	0	0	0	0	..	..	..	..	..
4600 Autres impôts périodiques sur patrimoine	..	0	0	0	0	..	..	..	..	..
5000 Impôts sur les biens et services	496	7 936	14 452	43 282	82 943	301	5 778	13 686	37 103	89 836
5100 Impôts sur production, vente, transfert, etc.	297	4 168	12 178	39 533	78 924	301	5 758	13 649	36 456	89 131
5110 Impôts généraux	0	0	0	12 973	49 792	248	1 810	4 271	15 569	61 561
5120 Impôts sur biens et services déterminés	297	4 168	12 178	26 560	29 132	53	3 948	9 378	20 887	27 570
5130 Non-ventilables entre 5110 et 5120	..	0	0	0	0	..	0	0	0	0
5200 Impôts sur utilisation des biens et exerc. activites	198	3 768	2 274	3 749	4 019	0	20	37	647	705
5300 Non-ventilables entre 5100 et 5200	..	0	0	0	0	..	0	0	0	0
6000 Autres impôts	2 577	19 065	22 490	9 520	10 634	0	122	370	907	6764
6100 A la charge exclusive des entreprises	2 577	19 064	22 490	9 520	10 634	..	..	..	907	6764
6200 A la charge d'autres agents	0	1	0	0	0	..	..	..	0	0
Recettes fiscales totales	6 248	56 662	87 011	131 461	174 598	33 497	238 797	368 671	531 129	660 291

.. Non disponible

Note : Y compris les droits de douane perçus pour le compte de l'Union européenne.

Tableau 6.13. Allemagne, recettes fiscales par sous-secteurs d'administration

Million EUR

	Administration fédérale					Administration d'État/Régions				
	1975	1995	2005	2015	2022	1975	1995	2005	2015	2022
1000 Impôts sur revenu, bénéfices et gains en capital	26 782	90 688	89 383	143 652	200 649	26 428	77 258	83 503	133 852	192 826
1100 Des personnes physiques	23 469	83 710	77 468	129 730	172 038	23 267	71 598	70 916	118 871	166 240
1200 Des sociétés	3 314	6 978	11 915	13 922	28 611	3 160	5 659	12 587	14 981	26 586
1300 Non-ventilables entre 1100 et 1200	0	0	0	0	0	0	0	0	0	0
2000 Cotisations de sécurité sociale	0	0	0	0	0	0	0	0	0	0
2100 A la charge des salariés	..	..	..	..	..	..	..	..	..	..
2200 A la charge des employeurs	..	..	..	..	..	..	..	..	..	..
2300 A charge des travailleurs indép. ou sans emploi	..	..	..	..	..	..	..	..	..	..
2400 Non-ventilables entre 2100, 2200 et 2300	..	..	..	..	..	..	..	..	..	..
3000 Sur salaires ou main d'oeuvre	0	0	0	0	0	0	0	0	0	0
4000 Impôts sur le patrimoine	1 225	175	0	1 688	1 614	2 606	9 080	10 102	18 926	27 913
4100 Impôts périodiques sur la propriété immobilière	0	0	..	0	0	0	0	1117	1389	1 565
4200 Impôts périodiques sur l'actif net	920	147	..	1 688	1 614	1 993	4 163	97	-2	0
4300 Impôts sur mut. par décès, succ. et donations	0	0	..	0	0	271	1 815	4 097	6 290	9 226
4400 Impôts sur transact. mobilières et immob.	305	28	..	0	0	342	3 102	4 791	11 249	17 122
4500 Impôts non-périodiques	0	0	..	0	0	0	0	0	0	0
4600 Autres impôts périodiques sur patrimoine	0	0	..	0	0	0	0	0	0	0
5000 Impôts sur les biens et services	35 370	125 377	153 240	222 221	242 072	13 082	62 564	82 093	107 685	158 677
5100 Impôts sur production, vente, transfert, etc.	35 370	125 377	153 240	211 649	219 610	10 371	55 506	66 406	99 805	150 373
5110 Impôts généraux	18 458	67 178	74 361	110 451	135 518	9 194	52 783	62 851	96 751	146 223
5120 Impôts sur biens et services déterminés	16 913	58 200	78 443	100 906	83 832	1 177	2 723	3 555	3 054	4 150
5130 Non-ventilables entre 5110 et 5120	0	0	436	292	260	0	0	0	0	0
5200 Impôts sur utilisation des biens et exerc. activites	0	0	0	10 572	22 462	2 711	7 058	15 687	7 880	8 304
5300 Non-ventilables entre 5100 et 5200	0	0	0	0	0	0	0	0	0	0
6000 Autres impôts	0	0	-1	0	0	0	0	0	0	0
6100 A la charge exclusive des entreprises	..	..	0	..	..	..	..	..	..	..
6200 A la charge d'autres agents	..	..	-1	..	..	..	..	..	..	..
Recettes fiscales totales	63 378	216 240	242 622	367 561	444 335	42 116	148 902	175 698	260 463	379 416

	Administrations locales					Administrations de sécurite sociale				
	1975	1995	2005	2015	2022	1975	1995	2005	2015	2022
1000 Impôts sur revenu, bénéfices et gains en capital	11 819	40 295	46 725	73 882	112 539	0	0	0	0	0
1100 Des personnes physiques	9 931	33 761	31 261	50 761	75 108	..	..	..	..	..
1200 Des sociétés	1 888	6 534	15 464	23 121	37 431	..	..	..	..	..
1300 Non-ventilables entre 1100 et 1200	0	0	0	0	0	..	..	..	..	..
2000 Cotisations de sécurité sociale	0	0	0	0	0	64 290	268 052	311 530	424 842	567 083
2100 A la charge des salariés	..	..	..	..	..	28 106	117 916	134 939	186 307	246 434
2200 A la charge des employeurs	..	..	..	..	..	34 609	133 120	148 507	196 665	266 727
2300 A charge des travailleurs indép. ou sans emploi	..	..	..	..	..	1 575	17 016	28 084	41 870	53 922
2400 Non-ventilables entre 2100, 2200 et 2300	..	..	..	..	..	0	0	0	0	0
3000 Sur salaires ou main d'oeuvre	1 533	0	0	0	0	0	0	0	0	0
4000 Impôts sur le patrimoine	3 461	9 794	9 130	11 825	13 717	0	0	0	0	0
4100 Impôts périodiques sur la propriété immobilière	2 122	7 027	9 130	11 825	13 717	..	..	..	..	..
4200 Impôts périodiques sur l'actif net	911	2 615	0	0	0	..	..	..	..	..
4300 Impôts sur mut. par décès, succ. et donations	0	0	0	0	0	..	..	..	..	..
4400 Impôts sur transact. mobilières et immob.	428	151	0	0	0	..	..	..	..	..
4500 Impôts non-périodiques	0	0	0	0	0	..	..	..	..	..
4600 Autres impôts périodiques sur patrimoine	0	0	0	0	0	..	..	..	..	..
5000 Impôts sur les biens et services	162	448	3 395	5 947	9 514	0	0	0	0	0
5100 Impôts sur production, vente, transfert, etc.	94	271	3 136	5 615	9 093	..	..	..	..	..
5110 Impôts généraux	0	0	2 909	4 734	8 221	..	..	..	..	..
5120 Impôts sur biens et services déterminés	94	271	227	881	872	..	..	..	..	..
5130 Non-ventilables entre 5110 et 5120	0	0	0	0	0	..	..	..	..	..
5200 Impôts sur utilisation des biens et exerc. activites	68	176	259	332	421	..	..	..	..	..
5300 Non-ventilables entre 5100 et 5200	0	0	0	0	0	..	..	..	..	..
6000 Autres impôts	67	130	79	216	358	0	0	0	0	0
6100 A la charge exclusive des entreprises	0	0	0	0	0	..	..	..	..	..
6200 A la charge d'autres agents	67	130	79	216	358	..	..	..	..	..
Recettes fiscales totales	17 042	50 666	59 329	91 870	136 128	64 290	268 052	311 530	424 842	567 083

.. Non disponible

Note : Y compris les droits de douane perçus pour le compte de l'Union européenne.

Tableau 6.14. Grèce, recettes fiscales par sous-secteurs d'administration

Million EUR

	Administration centrale					Administration d'État/Régions				
	1975	1995	2005	2015	2022	1975	1995	2005	2015	2022
1000 Impôts sur revenu, bénéfices et gains en capital	64	5 456	16 101	14 577	17 452	..	..	..	..	..
1100 Des personnes physiques	43	3 011	8 719	10 146	11 540	..	..	..	..	..
1200 Des sociétés	17	2 067	6 487	3 800	5 127	..	..	..	..	..
1300 Non-ventilables entre 1100 et 1200	4	378	895	631	785	..	..	..	..	..
2000 Cotisations de sécurité sociale	0	380	1 048	745	61	..	..	..	..	..
2100 A la charge des salariés	..	380	1 031	744	61	..	..	..	..	..
2200 A la charge des employeurs	..	0	17	1	0	..	..	..	..	..
2300 A charge des travailleurs indép. ou sans emploi	..	0	0	0	0	..	..	..	..	..
2400 Non-ventilables entre 2100, 2200 et 2300	..	0	0	0	0	..	..	..	..	..
3000 Sur salaires ou main d'oeuvre	1	0	0	0	0	..	..	..	..	..
4000 Impôts sur le patrimoine	47	1 060	2 263	3 931	3 835	..	..	..	..	..
4100 Impôts périodiques sur la propriété immobilière	1	0	0	3 046	2 452	..	..	..	..	..
4200 Impôts périodiques sur l'actif net	0	138	284	180	191	..	..	..	..	..
4300 Impôts sur mut. par décès, succ. et donations	5	274	258	134	232	..	..	..	..	..
4400 Impôts sur transact. mobilières et immob.	41	641	1 469	509	945	..	..	..	..	..
4500 Impôts non-périodiques	0	0	0	0	0	..	..	..	..	..
4600 Autres impôts périodiques sur patrimoine	0	7	179	62	15	..	..	..	..	..
5000 Impôts sur les biens et services	224	10 586	21 526	25 740	35 892	..	..	..	..	..
5100 Impôts sur production, vente, transfert, etc.	205	9 953	19 454	21 550	31 273	..	..	..	..	..
5110 Impôts généraux	90	5 504	13 605	12 904	18 628	..	..	..	..	..
5120 Impôts sur biens et services déterminés	114	4 413	5 772	8 552	12 606	..	..	..	..	..
5130 Non-ventilables entre 5110 et 5120	0	36	77	94	39	..	..	..	..	..
5200 Impôts sur utilisation des biens et exerc. activites	20	385	1 780	3 188	3 916	..	..	..	..	..
5300 Non-ventilables entre 5100 et 5200	0	248	292	1 002	703	..	..	..	..	..
6000 Autres impôts	0	0	0	0	0	..	..	..	..	..
6100 A la charge exclusive des entreprises	..	..	..	..	..	..	..	..	..	..
6200 A la charge d'autres agents	..	..	..	..	..	..	..	..	..	..
Recettes fiscales totales	337	17 482	40 938	44 993	57 240	..	..	..	..	..

	Administrations locales					Administrations de sécurite sociale				
	1975	1995	2005	2015	2022	1975	1995	2005	2015	2022
1000 Impôts sur revenu, bénéfices et gains en capital	3	0	0	0	0	0	0	0	9	9
1100 Des personnes physiques	2	..	..	..	..	0	..	..	9	9
1200 Des sociétés	0	..	..	..	..	0	..	..	0	0
1300 Non-ventilables entre 1100 et 1200	1	..	..	..	..	0	..	..	0	0
2000 Cotisations de sécurité sociale	0	0	0	0	0	148	7 991	20 288	18 062	25 125
2100 A la charge des salariés	..	..	..	..	..	62	4 181	10 206	10 351	13 558
2200 A la charge des employeurs	..	..	..	..	..	62	3 810	10 082	7 711	11 567
2300 A charge des travailleurs indép. ou sans emploi	..	..	..	..	..	0	0	0	0	0
2400 Non-ventilables entre 2100, 2200 et 2300	..	..	..	..	..	24	0	0	0	0
3000 Sur salaires ou main d'oeuvre	0	0	0	0	0	0	0	0	0	0
4000 Impôts sur le patrimoine	1	447	1 208	1 449	1 824	0	66	361	38	0
4100 Impôts périodiques sur la propriété immobilière	0	180	420	546	721	..	32	83	0	..
4200 Impôts périodiques sur l'actif net	0	267	788	903	1103	..	0	0	0	..
4300 Impôts sur mut. par décès, succ. et donations	0	0	0	0	0	..	0	0	0	..
4400 Impôts sur transact. mobilières et immob.	0	0	0	0	0	..	34	278	38	..
4500 Impôts non-périodiques	0	0	0	0	0	..	0	0	0	..
4600 Autres impôts périodiques sur patrimoine	0	0	0	0	0	..	0	0	0	..
5000 Impôts sur les biens et services	10	89	197	96	138	0	124	248	240	267
5100 Impôts sur production, vente, transfert, etc.	7	87	185	82	111	..	102	195	224	260
5110 Impôts généraux	2	32	26	3	2	..	86	85	170	224
5120 Impôts sur biens et services déterminés	6	55	159	79	109	..	16	110	47	31
5130 Non-ventilables entre 5110 et 5120	0	0	0	0	0	..	0	0	7	5
5200 Impôts sur utilisation des biens et exerc. activites	3	2	12	14	27	..	22	53	16	7
5300 Non-ventilables entre 5100 et 5200	0	0	0	0	0	..	0	0	0	0
6000 Autres impôts	0	0	0	0	0	0	0	0	0	0
6100 A la charge exclusive des entreprises	..	..	..	..	..	..	..	..	..	..
6200 A la charge d'autres agents	..	..	..	..	..	..	..	..	..	..
Recettes fiscales totales	17	536	1 405	1 545	1 962	148	8 181	20 897	18 349	25 401

.. Non disponible

Note : Y compris les droits de douane perçus pour le compte de l'Union européenne.

Tableau 6.15. Hongrie, recettes fiscales par sous-secteurs d'administration

Million HUF

	Administration centrale					Administration d'État/Régions				
	1975	1995	2005	2015	2022	1975	1995	2005	2015	2022
1000 Impôts sur revenu, bénéfices et gains en capital	..	498 608	1 915 178	2 299 697	4 618 397	..	..	..	..	..
1100 Des personnes physiques	..	383 744	1 449 552	1 698 410	3 524 450	..	..	..	..	..
1200 Des sociétés	..	106 259	465 626	601 287	1093 947	..	..	..	..	..
1300 Non-ventilables entre 1100 et 1200	..	8 605	0	0	0	..	..	..	..	..
2000 Cotisations de sécurité sociale	..	69 554	235 148	148 044	307 455	..	..	..	..	..
2100 A la charge des salariés	..	18 468	53 611	144 868	305 231	..	..	..	..	..
2200 A la charge des employeurs	..	51 086	175 013	3 176	2 224	..	..	..	..	..
2300 A charge des travailleurs indép. ou sans emploi	..	0	0	0	0	..	..	..	..	..
2400 Non-ventilables entre 2100, 2200 et 2300	..	0	6 524	0	0	..	..	..	..	..
3000 Sur salaires ou main d'oeuvre	..	5 474	39 459	231 467	463 547	..	..	..	..	..
4000 Impôts sur le patrimoine	..	11 463	63 007	292 329	347 324	..	..	..	..	..
4100 Impôts périodiques sur la propriété immobilière	..	0	0	55 906	53 495	..	..	..	..	..
4200 Impôts périodiques sur l'actif net	..	0	0	135 661	66 657	..	..	..	..	..
4300 Impôts sur mut. par décès, succ. et donations	..	1 364	7 678	7 373	11 399	..	..	..	..	..
4400 Impôts sur transact. mobilières et immob.	..	10 099	55 329	93 389	215 773	..	..	..	..	..
4500 Impôts non-périodiques	..	0	0	0	0	..	..	..	..	..
4600 Autres impôts périodiques sur patrimoine	..	0	0	0	0	..	..	..	..	..
5000 Impôts sur les biens et services	..	924 906	2 870 189	5 168 034	9 841 048	..	..	..	..	..
5100 Impôts sur production, vente, transfert, etc.	..	919 500	2 854 738	5 060 613	9 556 364	..	..	..	..	..
5110 Impôts généraux	..	423 954	1 972 998	3 485 479	6 829 332	..	..	..	..	..
5120 Impôts sur biens et services déterminés	..	495 546	881 740	1 575 134	2 727 032	..	..	..	..	..
5130 Non-ventilables entre 5110 et 5120	..	0	0	0	0	..	..	..	..	..
5200 Impôts sur utilisation des biens et exerc. activites	..	5 406	15 451	107 421	284 684	..	..	..	..	..
5300 Non-ventilables entre 5100 et 5200	..	0	0	0	0	..	..	..	..	..
6000 Autres impôts	..	8 901	25 403	30 665	63 975	..	..	..	..	..
6100 A la charge exclusive des entreprises	..	0	4 240	9 156	38700	..	..	..	..	..
6200 A la charge d'autres agents	..	0	0	0	0	..	..	..	..	..
Recettes fiscales totales	..	1 518 905	5 148 383	8 170 236	15 641 746	..	..	..	..	..

	Administrations locales					Administrations de sécurite sociale				
	1975	1995	2005	2015	2022	1975	1995	2005	2015	2022
1000 Impôts sur revenu, bénéfices et gains en capital	..	0	173	45	38	..	0	26 307	126 216	-9
1100 Des personnes physiques	..	0	173	45	38	..	0	26 307	126 216	-9
1200 Des sociétés	..	0	0	0	0	..	0	0	0	0
1300 Non-ventilables entre 1100 et 1200	..	0	0	0	0	..	0	0	0	0
2000 Cotisations de sécurité sociale	..	0	0	0	0	..	778 467	2 452 562	4 285 420	6 174 390
2100 A la charge des salariés	..	..	..	..	..	..	116 824	530 098	1 626 055	3 524 582
2200 A la charge des employeurs	..	..	..	..	..	..	632 478	1 894 306	2 634 154	2 617 150
2300 A charge des travailleurs indép. ou sans emploi	..	..	..	..	..	..	27 466	2 080	0	0
2400 Non-ventilables entre 2100, 2200 et 2300	..	..	..	..	..	..	1 699	26 078	25 211	32 658
3000 Sur salaires ou main d'oeuvre	..	1 075	1 153	0	0	..	0	44 397	10 283	8 886
4000 Impôts sur le patrimoine	..	17 531	123 929	145 000	184 619	..	0	0	0	0
4100 Impôts périodiques sur la propriété immobilière	..	6 068	58 836	145 000	184 619	..	..	..	..	..
4200 Impôts périodiques sur l'actif net	..	0	0	0	0	..	..	..	..	..
4300 Impôts sur mut. par décès, succ. et donations	..	1 364	7 932	0	0	..	..	..	..	..
4400 Impôts sur transact. mobilières et immob.	..	10 099	57 162	0	0	..	..	..	..	..
4500 Impôts non-périodiques	..	0	0	0	0	..	..	..	..	..
4600 Autres impôts périodiques sur patrimoine	..	0	0	0	0	..	..	..	..	..
5000 Impôts sur les biens et services	..	41 970	388 385	625 571	907 893	..	0	0	103 105	148 251
5100 Impôts sur production, vente, transfert, etc.	..	39 240	337 935	594 855	906 717	..	..	..	103 105	148 251
5110 Impôts généraux	..	38 472	334 077	584 380	890 118	..	..	..	29 882	77 272
5120 Impôts sur biens et services déterminés	..	768	3 858	10 475	16 599	..	..	..	73 223	70 979
5130 Non-ventilables entre 5110 et 5120	..	0	0	0	0	..	..	..	0	0
5200 Impôts sur utilisation des biens et exerc. activites	..	2 730	50 450	30 716	1 176	..	..	..	0	0
5300 Non-ventilables entre 5100 et 5200	..	0	0	0	0	..	..	..	0	0
6000 Autres impôts	..	0	0	0	0	..	21 605	9 616	14 021	10 635
6100 A la charge exclusive des entreprises	..	..	..	..	..	..	0	0	0	0
6200 A la charge d'autres agents	..	..	..	..	..	..	0	0	0	0
Recettes fiscales totales	..	60 576	513 641	770 616	1092 550	..	800 072	2 532 882	4 539 045	6 342 153

.. Non disponible

Note : Y compris les droits de douane perçus pour le compte de l'Union européenne.

Tableau 6.16. Islande, recettes fiscales par sous-secteurs d'administration

Million ISK

	Administration centrale					Administration d'État/Régions				
	1975	1995	2005	2015	2022	1975	1995	2005	2015	2022
1000 Impôts sur revenu, bénéfices et gains en capital	68	27 156	105 705	210 536	400 070	..	..	..	..	..
1100 Des personnes physiques	55	22 914	70 944	127 535	242 249	..	..	..	..	..
1200 Des sociétés	13	4 242	20 297	52 544	100 909	..	..	..	..	..
1300 Non-ventilables entre 1100 et 1200	0	0	14 464	30 457	56 911	..	..	..	..	..
2000 Cotisations de sécurité sociale	17	11 452	32 777	79 707	115 564	..	..	..	..	..
2100 A la charge des salariés	0	460	..	..	..	..	..	..	..	..
2200 A la charge des employeurs	17	10 992	..	..	..	..	..	..	..	..
2300 A charge des travailleurs indép. ou sans emploi	0	0	..	..	..	..	..	..	..	..
2400 Non-ventilables entre 2100, 2200 et 2300	0	0	32 777	79 707	115 564	..	..	..	..	..
3000 Sur salaires ou main d'oeuvre	27	0	324	6 638	10 003	..	..	..	..	..
4000 Impôts sur le patrimoine	15	7 198	4 267	4 459	14 046	..	..	..	..	..
4100 Impôts périodiques sur la propriété immobilière	0	47	0	178	323	..	..	..	..	..
4200 Impôts périodiques sur l'actif net	5	3 191	2 887	657	0	..	..	..	..	..
4300 Impôts sur mut. par décès, succ. et donations	0	389	866	2 919	12 154	..	..	..	..	..
4400 Impôts sur transact. mobilières et immob.	9	3 571	0	0	0	..	..	..	..	..
4500 Impôts non-périodiques	0	0	0	0	0	..	..	..	..	..
4600 Autres impôts périodiques sur patrimoine	0	0	266	343	767	..	..	..	..	..
5000 Impôts sur les biens et services	392	66 356	177 366	264 323	436 139	..	..	..	..	..
5100 Impôts sur production, vente, transfert, etc.	387	62 140	167 012	254 422	419 446	..	..	..	..	..
5110 Impôts généraux	182	42 358	122 968	188 001	329 554	..	..	..	..	..
5120 Impôts sur biens et services déterminés	205	19 782	44 044	66 421	89 892	..	..	..	..	..
5130 Non-ventilables entre 5110 et 5120	0	0	0	0	0	..	..	..	..	..
5200 Impôts sur utilisation des biens et exerc. activites	5	4 216	10 354	9 901	16 693	..	..	..	..	..
5300 Non-ventilables entre 5100 et 5200	0	0	0	0	0	..	..	..	..	..
6000 Autres impôts	0	0	1 504	38 364	14 223	..	..	..	..	..
6100 A la charge exclusive des entreprises	..	..	565	32 477	6 228	..	..	..	..	..
6200 A la charge d'autres agents	..	..	939	5 887	7 995	..	..	..	..	..
Recettes fiscales totales	519	112 162	321 941	604 026	990 044	..	..	..	..	..

	Administrations locales					Administrations de sécurite sociale				
	1975	1995	2005	2015	2022	1975	1995	2005	2015	2022
1000 Impôts sur revenu, bénéfices et gains en capital	78	21 170	74 465	170 443	302 885	0	0	0	0	0
1100 Des personnes physiques	74	21 170	74 455	170 443	302 885	..	..	..	..	..
1200 Des sociétés	4	0	10	0	0	..	..	..	..	..
1300 Non-ventilables entre 1100 et 1200	0	0	0	0	0	..	..	..	..	..
2000 Cotisations de sécurité sociale	0	0	0	0	0	0	0	0	0	0
2100 A la charge des salariés	..	..	..	..	..	..	..	..	..	..
2200 A la charge des employeurs	..	..	..	..	..	..	..	..	..	..
2300 A charge des travailleurs indép. ou sans emploi	..	..	..	..	..	..	..	..	..	..
2400 Non-ventilables entre 2100, 2200 et 2300	..	..	..	..	..	..	..	..	..	..
3000 Sur salaires ou main d'oeuvre	0	0	0	0	0	0	0	0	0	0
4000 Impôts sur le patrimoine	18	5 674	13 931	34 701	62 115	0	0	0	0	0
4100 Impôts périodiques sur la propriété immobilière	18	5 674	13 931	34 701	62 115	..	..	..	..	..
4200 Impôts périodiques sur l'actif net	0	0	0	0	0	..	..	..	..	..
4300 Impôts sur mut. par décès, succ. et donations	0	0	0	0	0	..	..	..	..	..
4400 Impôts sur transact. mobilières et immob.	0	0	0	0	0	..	..	..	..	..
4500 Impôts non-périodiques	0	0	0	0	0	..	..	..	..	..
4600 Autres impôts périodiques sur patrimoine	0	0	0	0	0	..	..	..	..	..
5000 Impôts sur les biens et services	9	2 585	6 904	2 832	10 369	0	0	0	0	0
5100 Impôts sur production, vente, transfert, etc.	9	2 585	0	0	0	..	..	..	..	..
5110 Impôts généraux	0	2 585	..	..	..	..	..	..	..	..
5120 Impôts sur biens et services déterminés	9	0	..	..	..	..	..	..	..	..
5130 Non-ventilables entre 5110 et 5120	0	0	..	..	..	..	..	..	..	..
5200 Impôts sur utilisation des biens et exerc. activites	0	0	6 904	2 832	10 369	..	..	..	..	..
5300 Non-ventilables entre 5100 et 5200	0	0	0	0	0	..	..	..	..	..
6000 Autres impôts	14	0	93	0	0	0	0	0	0	0
6100 A la charge exclusive des entreprises	14	..	93	..	..	..	..	..	..	..
6200 A la charge d'autres agents	0	..	0	..	..	..	..	..	..	..
Recettes fiscales totales	119	29 429	95 393	207 976	375 369	0	0	0	0	0

.. Non disponible

Tableau 6.17. Irlande, recettes fiscales par sous-secteurs d'administration

Million EUR

	Administration centrale					Administration d'État/Régions				
	1975	1995	2005	2015	2022	1975	1995	2005	2015	2022
1000 Impôts sur revenu, bénéfices et gains en capital	456	7 022	21 186	26 599	55 679	..	..	..	..	..
1100 Des personnes physiques	382	5 563	15 674	19 722	33 033	..	..	..	..	..
1200 Des sociétés	73	1 458	5 511	6 873	22 646	..	..	..	..	..
1300 Non-ventilables entre 1100 et 1200	0	0	0	4	0	..	..	..	..	..
2000 Cotisations de sécurité sociale	11	87	217	1 351	1 639	..	..	..	..	..
2100 A la charge des salariés	10	87	217	1 351	1 639	..	..	..	..	..
2200 A la charge des employeurs	0	0	0	0	0	..	..	..	..	..
2300 A charge des travailleurs indép. ou sans emploi	1	0	0	0	0	..	..	..	..	..
2400 Non-ventilables entre 2100, 2200 et 2300	0	0	0	0	0	..	..	..	..	..
3000 Sur salaires ou main d'oeuvre	0	209	332	357	951	..	..	..	..	..
4000 Impôts sur le patrimoine	37	370	2 741	2 530	3 458	..	..	..	..	..
4100 Impôts périodiques sur la propriété immobilière	0	15	0	475	500	..	..	..	..	..
4200 Impôts périodiques sur l'actif net	5	0	0	169	0	..	..	..	..	..
4300 Impôts sur mut. par décès, succ. et donations	17	76	255	401	615	..	..	..	..	..
4400 Impôts sur transact. mobilières et immob.	15	279	2 486	1 484	2 344	..	..	..	..	..
4500 Impôts non-périodiques	0	0	0	0	0	..	..	..	..	..
4600 Autres impôts périodiques sur patrimoine	0	0	0	0	0	..	..	..	..	..
5000 Impôts sur les biens et services	671	6 763	19 122	19 686	27 020	..	..	..	..	..
5100 Impôts sur production, vente, transfert, etc.	639	6 419	18 106	17 709	25 318	..	..	..	..	..
5110 Impôts généraux	223	3 666	12 373	11 831	19 176	..	..	..	..	..
5120 Impôts sur biens et services déterminés	416	2 753	5 733	5 878	6 142	..	..	..	..	..
5130 Non-ventilables entre 5110 et 5120	0	0	0	0	0	..	..	..	..	..
5200 Impôts sur utilisation des biens et exerc. activites	33	344	1 015	1 977	1 702	..	..	..	..	..
5300 Non-ventilables entre 5100 et 5200	0	0	0	0	0	..	..	..	..	..
6000 Autres impôts	0	0	0	12	13	..	..	..	..	..
6100 A la charge exclusive des entreprises	..	..	..	0	0	..	..	..	..	..
6200 A la charge d'autres agents	..	..	..	12	13	..	..	..	..	..
Recettes fiscales totales	1 175	14 451	43 598	50 535	88 761	..	..	..	..	..

	Administrations locales					Administrations de sécurite sociale				
	1975	1995	2005	2015	2022	1975	1995	2005	2015	2022
1000 Impôts sur revenu, bénéfices et gains en capital	0	0	0	0	0	0	0	0	0	0
1100 Des personnes physiques	..	..	..	..	..	..	..	..	..	..
1200 Des sociétés	..	..	..	..	..	..	..	..	..	..
1300 Non-ventilables entre 1100 et 1200	0	..	..	..	..	0	..	..	..	..
2000 Cotisations de sécurité sociale	0	56	90	121	94	198	2 215	6 230	8 527	14 233
2100 A la charge des salariés	..	56	90	121	..	73	576	1 415	1 856	3 686
2200 A la charge des employeurs	..	0	0	0	..	125	1 528	4 427	6 211	9 917
2300 A charge des travailleurs indép. ou sans emploi	..	0	0	0	..	0	111	388	460	631
2400 Non-ventilables entre 2100, 2200 et 2300	..	0	0	0	..	0	0	0	0	0
3000 Sur salaires ou main d'oeuvre	0	0	0	0	0	0	0	0	0	0
4000 Impôts sur le patrimoine	110	408	1 020	1 389	1 551	..	0	0	0	0
4100 Impôts périodiques sur la propriété immobilière	110	408	1 020	1 389	1 551	..	..	..	..	..
4200 Impôts périodiques sur l'actif net	0	0	0	0	0	..	..	..	..	..
4300 Impôts sur mut. par décès, succ. et donations	0	0	0	0	0	..	..	..	..	..
4400 Impôts sur transact. mobilières et immob.	0	0	0	0	0	..	..	..	..	..
4500 Impôts non-périodiques	0	0	0	0	0	..	..	..	..	..
4600 Autres impôts périodiques sur patrimoine	0	0	0	0	0	..	..	..	..	..
5000 Impôts sur les biens et services	0	0	0	0	0	0	0	0	0	0
5100 Impôts sur production, vente, transfert, etc.	..	..	..	..	..	..	..	..	..	..
5110 Impôts généraux	..	..	..	..	..	..	..	..	..	..
5120 Impôts sur biens et services déterminés	..	..	..	..	..	..	..	..	..	..
5130 Non-ventilables entre 5110 et 5120	0	..	..	..	..	0	..	..	..	..
5200 Impôts sur utilisation des biens et exerc. activites	..	..	..	..	..	0	..	..	..	..
5300 Non-ventilables entre 5100 et 5200	0	..	..	..	..	0	..	..	..	..
6000 Autres impôts	0	0	0	0	0	0	0	0	0	0
6100 A la charge exclusive des entreprises	..	..	..	..	..	..	..	..	..	..
6200 A la charge d'autres agents	..	..	..	..	..	..	..	..	..	..
Recettes fiscales totales	110	464	1 110	1 510	1 645	198	2 215	6 230	8 527	14 233

.. Non disponible

Note : Y compris les droits de douane perçus pour le compte de l'Union européenne. The personal income tax data shown for the country table for Ireland is different to the ESA2010 presentation as the expenditure component of the payable tax credits are excluded in accordance with the OECD Interpretative Guide.

Tableau 6.18. Israël, recettes fiscales par sous-secteurs d'administration

Million ILS

	Administration centrale					Administration d'État/Régions				
	1975	1995	2005	2015	2022	1975	1995	2005	2015	2022
1000 Impôts sur revenu, bénéfices et gains en capital	..	37 422	73 082	113 976	216 384	..	..	..	..	..
1100 Des personnes physiques	..	28 399	47 062	70 895	127 900	..	..	..	..	..
1200 Des sociétés	..	8 514	21 909	34 676	76 187	..	..	..	..	..
1300 Non-ventilables entre 1100 et 1200	..	509	4 111	8 405	12 297	..	..	..	..	..
2000 Cotisations de sécurité sociale	..	0	0	0	0	..	..	..	..	..
2100 A la charge des salariés	..	..	..	..	..	..	..	..	..	..
2200 A la charge des employeurs	..	..	..	..	..	..	..	..	..	..
2300 A charge des travailleurs indép. ou sans emploi	..	..	..	..	..	..	..	..	..	..
2400 Non-ventilables entre 2100, 2200 et 2300	..	..	..	..	..	..	..	..	..	..
3000 Sur salaires ou main d'oeuvre	..	5 007	9 920	13 760	16 253	..	..	..	..	..
4000 Impôts sur le patrimoine	..	4 122	5 547	10 593	25 349	..	..	..	..	..
4100 Impôts périodiques sur la propriété immobilière	..	786	322	44	22	..	..	..	..	..
4200 Impôts périodiques sur l'actif net	..	0	0	0	0	..	..	..	..	..
4300 Impôts sur mut. par décès, succ. et donations	..	0	0	0	0	..	..	..	..	..
4400 Impôts sur transact. mobilières et immob.	..	2 049	3 591	6 732	14 438	..	..	..	..	..
4500 Impôts non-périodiques	..	0	0	0	0	..	..	..	..	..
4600 Autres impôts périodiques sur patrimoine	..	0	0	0	0	..	..	..	..	..
5000 Impôts sur les biens et services	..	38 673	75 932	136 848	186 618	..	..	..	..	..
5100 Impôts sur production, vente, transfert, etc.	..	36 637	70 741	128 277	176 388	..	..	..	..	..
5110 Impôts généraux	..	24 900	48 143	90 824	130 757	..	..	..	..	..
5120 Impôts sur biens et services déterminés	..	11 737	22 598	37 453	45 631	..	..	..	..	..
5130 Non-ventilables entre 5110 et 5120	..	0	0	0	0	..	..	..	..	..
5200 Impôts sur utilisation des biens et exerc. activites	..	2 036	5 191	8 571	10 230	..	..	..	..	..
5300 Non-ventilables entre 5100 et 5200	..	0	0	0	0	..	..	..	..	..
6000 Autres impôts	..	0	0	0	0	..	..	..	..	..
6100 A la charge exclusive des entreprises	..	..	..	..	..	..	..	..	..	..
6200 A la charge d'autres agents	..	..	..	..	..	..	..	..	..	..
Recettes fiscales totales	..	85 224	164 481	275 177	444 604	..	..	..	..	..

	Administrations locales					Administrations de sécurite sociale				
	1975	1995	2005	2015	2022	1975	1995	2005	2015	2022
1000 Impôts sur revenu, bénéfices et gains en capital	..	0	0	0	0	..	0	0	0	0
1100 Des personnes physiques	..	0	0	0	0	..	0	0	0	0
1200 Des sociétés	..	..	..	..	..	..	..	..	..	..
1300 Non-ventilables entre 1100 et 1200	..	0	0	0	0	..	0	0	0	0
2000 Cotisations de sécurité sociale	..	0	0	0	0	..	14 958	34 597	59 561	88 775
2100 A la charge des salariés	..	..	..	..	..	..	7 953	19 720	34 692	49 880
2200 A la charge des employeurs	..	..	..	..	..	..	4 672	10 679	17 247	27 845
2300 A charge des travailleurs indép. ou sans emploi	..	..	..	..	..	..	2 334	4 198	7 622	11 050
2400 Non-ventilables entre 2100, 2200 et 2300	..	..	..	..	..	..	0	0	0	0
3000 Sur salaires ou main d'oeuvre	..	0	0	0	0	..	0	0	0	0
4000 Impôts sur le patrimoine	..	7 363	16 435	30 016	46 029	..	0	0	0	0
4100 Impôts périodiques sur la propriété immobilière	..	5 592	13 962	23 658	31 494	..	..	..	..	..
4200 Impôts périodiques sur l'actif net	..	0	0	0	0	..	..	..	..	..
4300 Impôts sur mut. par décès, succ. et donations	..	0	0	0	0	..	..	..	..	..
4400 Impôts sur transact. mobilières et immob.	..	0	0	0	0	..	..	..	..	..
4500 Impôts non-périodiques	..	0	0	0	0	..	..	..	..	..
4600 Autres impôts périodiques sur patrimoine	..	0	0	0	0	..	..	..	..	..
5000 Impôts sur les biens et services	..	298	748	1 309	1 724	..	0	0	0	0
5100 Impôts sur production, vente, transfert, etc.	..	0	0	0	0	..	..	..	..	..
5110 Impôts généraux	..	0	0	0	0	..	..	..	..	..
5120 Impôts sur biens et services déterminés	..	0	0	0	0	..	..	..	..	..
5130 Non-ventilables entre 5110 et 5120	..	0	0	0	0	..	..	..	..	..
5200 Impôts sur utilisation des biens et exerc. activites	..	298	748	1 309	1 724	..	..	..	..	..
5300 Non-ventilables entre 5100 et 5200	..	0	0	0	0	..	..	..	..	..
6000 Autres impôts	..	0	0	0	0	..	0	0	0	0
6100 A la charge exclusive des entreprises	..	..	..	..	..	..	..	..	..	..
6200 A la charge d'autres agents	..	..	..	..	..	..	..	..	..	..
Recettes fiscales totales	..	7 661	17 182	31 325	47 752	..	14 958	34 597	59 561	88 775

.. Non disponible

Tableau 6.19. Italie, recettes fiscales par sous-secteurs d'administration

Million EUR

	Administration centrale					Administration d'État/Régions				
	1975	1995	2005	2015	2022	1975	1995	2005	2015	2022
1000 Impôts sur revenu, bénéfices et gains en capital	3 897	128 458	165 580	195 451	257 742	..	..	..	..	..
1100 Des personnes physiques	2 767	98 695	131 047	156 320	196 542	..	..	..	..	..
1200 Des sociétés	1 131	32 890	31 969	31 421	56 319	..	..	..	..	..
1300 Non-ventilables entre 1100 et 1200	0	-3 127	2 564	7 710	4 881	..	..	..	..	..
2000 Cotisations de sécurité sociale	0	0	0	0	0	..	..	..	..	..
2100 A la charge des salariés	..	..	..	..	..	..	..	..	..	..
2200 A la charge des employeurs	..	..	..	..	..	..	..	..	..	..
2300 A charge des travailleurs indép. ou sans emploi	..	..	..	..	..	..	..	..	..	..
2400 Non-ventilables entre 2100, 2200 et 2300	..	..	..	..	..	..	..	..	..	..
3000 Sur salaires ou main d'oeuvre	0	1 136	0	0	0	..	..	..	..	..
4000 Impôts sur le patrimoine	587	13 546	15 717	22 226	29 370	..	..	..	..	..
4100 Impôts périodiques sur la propriété immobilière	4	0	0	3 892	4 181	..	..	..	..	..
4200 Impôts périodiques sur l'actif net	0	4 494	0	231	447	..	..	..	..	..
4300 Impôts sur mut. par décès, succ. et donations	39	587	56	638	1067	..	..	..	..	..
4400 Impôts sur transact. mobilières et immob.	544	8 464	13 794	16 310	21 230	..	..	..	..	..
4500 Impôts non-périodiques	0	0	1 322	303	118	..	..	..	..	..
4600 Autres impôts périodiques sur patrimoine	0	0	545	852	2 327	..	..	..	..	..
5000 Impôts sur les biens et services	5 506	95 323	123 870	157 330	200 333	..	..	..	..	..
5100 Impôts sur production, vente, transfert, etc.	5 306	92 042	121 824	154 713	191 575	..	..	..	..	..
5110 Impôts généraux	2 685	52 531	80 619	93 282	138 925	..	..	..	..	..
5120 Impôts sur biens et services déterminés	2 621	39 245	41 205	61 431	52 650	..	..	..	..	..
5130 Non-ventilables entre 5110 et 5120	0	323	0	0	0	..	..	..	..	..
5200 Impôts sur utilisation des biens et exerc. activites	200	2 802	1 535	2 191	6 678	..	..	..	..	..
5300 Non-ventilables entre 5100 et 5200	0	479	511	426	2 080	..	..	..	..	..
6000 Autres impôts	1	0	0	0	0	..	..	..	..	..
6100 A la charge exclusive des entreprises	0	..	..	..	..	..	..	..	..	..
6200 A la charge d'autres agents	1	..	..	..	..	..	..	..	..	..
Recettes fiscales totales	9 991	238 462	305 167	375 007	487 445	..	..	..	..	..

	Administrations locales					Administrations de sécurite sociale				
	1975	1995	2005	2015	2022	1975	1995	2005	2015	2022
1000 Impôts sur revenu, bénéfices et gains en capital	134	5 658	18 494	30 483	17 919	0	0	0	0	0
1100 Des personnes physiques	81	145	16 995	28 302	17 919	..	..	..	..	..
1200 Des sociétés	54	97	1 491	2 109	0	..	..	..	..	..
1300 Non-ventilables entre 1100 et 1200	0	5 416	8	72	0	..	..	..	..	..
2000 Cotisations de sécurité sociale	0	0	0	0	0	8 607	119 612	179 362	214 376	256 430
2100 A la charge des salariés	..	..	..	..	..	1 692	23 036	31 998	39 805	46 967
2200 A la charge des employeurs	..	..	..	..	..	6 915	79 716	125 099	143 273	171 799
2300 A charge des travailleurs indép. ou sans emploi	..	..	..	..	..	0	16 860	22 265	31 298	37 664
2400 Non-ventilables entre 2100, 2200 et 2300	..	..	..	..	..	0	0	0	0	0
3000 Sur salaires ou main d'oeuvre	0	0	0	0	0	0	0	0	0	0
4000 Impôts sur le patrimoine	29	7 915	13 484	24 033	18 787	0	0	0	0	0
4100 Impôts périodiques sur la propriété immobilière	29	7 449	11 736	21 666	18 495	..	..	..	..	..
4200 Impôts périodiques sur l'actif net	0	0	0	0	0	..	..	..	..	..
4300 Impôts sur mut. par décès, succ. et donations	0	0	5	36	0	..	..	..	..	..
4400 Impôts sur transact. mobilières et immob.	0	466	904	935	0	..	..	..	..	..
4500 Impôts non-périodiques	0	0	481	6	75	..	..	..	..	..
4600 Autres impôts périodiques sur patrimoine	0	0	358	1 390	217	..	..	..	..	..
5000 Impôts sur les biens et services	4	6 941	30 231	34 551	27 042	0	0	0	0	0
5100 Impôts sur production, vente, transfert, etc.	0	1 505	17 114	15 138	5 167	..	..	..	..	..
5110 Impôts généraux	..	0	4 698	7 410	0	..	..	..	..	..
5120 Impôts sur biens et services déterminés	..	1 505	12 416	7 728	5 167	..	..	..	..	..
5130 Non-ventilables entre 5110 et 5120	..	0	0	0	0	..	..	..	..	..
5200 Impôts sur utilisation des biens et exerc. activites	4	2 838	7 512	8 939	9 299	..	..	..	..	..
5300 Non-ventilables entre 5100 et 5200	0	2 597	5 605	10 474	12 576	..	..	..	..	..
6000 Autres impôts	0	0	34 690	28 072	28 111	0	0	0	0	0
6100 A la charge exclusive des entreprises	..	..	34 690	28 072	28 111	..	..	..	..	..
6200 A la charge d'autres agents	..	..	0	0	0	..	..	..	..	..
Recettes fiscales totales	168	20 514	96 899	117 139	91 859	8 607	119 612	179 362	214 376	256 430

.. Non disponible

Note : Y compris les droits de douane perçus pour le compte de l'Union européenne.

Tableau 6.20. Japon, recettes fiscales par sous-secteurs d'administration

Billion JPY

	Administration centrale					Administration d'État/Régions				
	1975	1995	2005	2015	2022	1975	1995	2005	2015	2022
1000 Impôts sur revenu, bénéfices et gains en capital	9 747	33 255	29 975	31 607	41 989	..	..	..	..	..
1100 Des personnes physiques	5 482	19 515	16 702	18 178	22 992	..	..	..	..	..
1200 Des sociétés	4 265	13 740	13 274	13 429	18 996	..	..	..	..	..
1300 Non-ventilables entre 1100 et 1200	0	0	0	0	0	..	..	..	..	..
2000 Cotisations de sécurité sociale	0	0	0	0	0	..	..	..	..	..
2100 A la charge des salariés	..	..	..	..	..	..	..	..	..	..
2200 A la charge des employeurs	..	..	..	..	..	..	..	..	..	..
2300 A charge des travailleurs indép. ou sans emploi	..	..	..	..	..	..	..	..	..	..
2400 Non-ventilables entre 2100, 2200 et 2300	..	..	..	..	..	..	..	..	..	..
3000 Sur salaires ou main d'oeuvre	0	0	0	0	0	..	..	..	..	..
4000 Impôts sur le patrimoine	871	5 561	2 735	3 018	3 952	..	..	..	..	..
4100 Impôts périodiques sur la propriété immobilière	0	406	0	0	0	..	..	..	..	..
4200 Impôts périodiques sur l'actif net	0	0	0	0	0	..	..	..	..	..
4300 Impôts sur mut. par décès, succ. et donations	310	2 690	1 566	1 968	2 969	..	..	..	..	..
4400 Impôts sur transact. mobilières et immob.	561	2 464	1 169	1 050	982	..	..	..	..	..
4500 Impôts non-périodiques	0	0	0	0	0	..	..	..	..	..
4600 Autres impôts périodiques sur patrimoine	0	0	0	0	0	..	..	..	..	..
5000 Impôts sur les biens et services	3 888	16 147	19 580	25 345	30 390	..	..	..	..	..
5100 Impôts sur production, vente, transfert, etc.	3 579	15 083	18 424	24 673	29 677	..	..	..	..	..
5110 Impôts généraux	0	7 238	10 583	17 426	23 079	..	..	..	..	..
5120 Impôts sur biens et services déterminés	3 579	7 845	7 840	7 247	6 598	..	..	..	..	..
5130 Non-ventilables entre 5110 et 5120	0	0	0	0	0	..	..	..	..	..
5200 Impôts sur utilisation des biens et exerc. activites	309	1 065	1 157	671	713	..	..	..	..	..
5300 Non-ventilables entre 5100 et 5200	0	0	0	0	0	..	..	..	..	..
6000 Autres impôts	0	0	0	0	8	..	..	..	..	..
6100 A la charge exclusive des entreprises	..	..	..	..	0	..	..	..	..	..
6200 A la charge d'autres agents	..	..	..	..	8	..	..	..	..	..
Recettes fiscales totales	14 506	54 963	52 290	59 969	76 338	..	..	..	..	..

	Administrations locales					Administrations de sécurite sociale				
	1975	1995	2005	2015	2022	1975	1995	2005	2015	2022
1000 Impôts sur revenu, bénéfices et gains en capital	4 472	17 752	16 655	19 362	21 681	0	0	0	0	0
1100 Des personnes physiques	2 147	10 283	8 520	12 669	13 843	..	..	..	..	..
1200 Des sociétés	2 325	7 470	8 135	6 693	7 837	..	..	..	..	..
1300 Non-ventilables entre 1100 et 1200	0	0	0	0	0	..	..	..	..	..
2000 Cotisations de sécurité sociale	0	0	0	0	0	9 253	44 794	50 848	64 464	75 458
2100 A la charge des salariés	..	..	..	..	..	3 436	18 404	20 982	27 139	32 194
2200 A la charge des employeurs	..	..	..	..	..	4 825	21 432	23 154	29 494	35 265
2300 A charge des travailleurs indép. ou sans emploi	..	..	..	..	..	992	4 958	6 712	7 832	7 999
2400 Non-ventilables entre 2100, 2200 et 2300	..	..	..	..	..	0	0	0	0	0
3000 Sur salaires ou main d'oeuvre	0	0	0	0	0	0	0	0	0	0
4000 Impôts sur le patrimoine	2 029	10 653	10 593	10 382	11 463	0	0	0	0	0
4100 Impôts périodiques sur la propriété immobilière	1 848	9 865	10 116	10 005	11 044	..	..	..	..	..
4200 Impôts périodiques sur l'actif net	0	0	0	0	0	..	..	..	..	..
4300 Impôts sur mut. par décès, succ. et donations	0	0	0	0	0	..	..	..	..	..
4400 Impôts sur transact. mobilières et immob.	181	788	477	377	418	..	..	..	..	..
4500 Impôts non-périodiques	0	0	0	0	0	..	..	..	..	..
4600 Autres impôts périodiques sur patrimoine	0	0	0	0	0	..	..	..	..	..
5000 Impôts sur les biens et services	1 636	4 941	7 206	8 942	10 437	0	0	0	0	0
5100 Impôts sur production, vente, transfert, etc.	1 234	3 245	5 299	7 198	8 472	..	..	..	..	..
5110 Impôts généraux	0	0	2 551	4 974	6 415	..	..	..	..	..
5120 Impôts sur biens et services déterminés	1 234	3 245	2 747	2 223	2 057	..	..	..	..	..
5130 Non-ventilables entre 5110 et 5120	0	0	0	0	0	..	..	..	..	..
5200 Impôts sur utilisation des biens et exerc. activites	402	1 697	1 907	1 744	1 965	..	..	..	..	..
5300 Non-ventilables entre 5100 et 5200	0	0	0	0	0	..	..	..	..	..
6000 Autres impôts	20	329	351	413	472	0	0	0	0	0
6100 A la charge exclusive des entreprises	15	307	297	361	398	..	..	..	..	..
6200 A la charge d'autres agents	5	22	54	52	74	..	..	..	..	..
Recettes fiscales totales	8 157	33 675	34 805	39 099	44 052	9 253	44 794	50 848	64 464	75 458

.. Non disponible

Tableau 6.21. Corée, recettes fiscales par sous-secteurs d'administration

Billion KRW

	Administration centrale					Administration d'État/Régions				
	1975	1995	2005	2015	2022	1975	1995	2005	2015	2022
1000 Impôts sur revenu, bénéfices et gains en capital	344	23 000	55 109	106 162	233 535	..	..	..	..	..
1100 Des personnes physiques	134	13 713	24 766	60 828	129 096	..	..	..	..	..
1200 Des sociétés	139	8 988	30 343	45 334	104 439	..	..	..	..	..
1300 Non-ventilables entre 1100 et 1200	71	300	0	0	0	..	..	..	..	..
2000 Cotisations de sécurité sociale	0	0	0	0	0	..	..	..	..	..
2100 A la charge des salariés	..	..	..	..	..	..	..	..	..	..
2200 A la charge des employeurs	..	..	..	..	..	..	..	..	..	..
2300 A charge des travailleurs indép. ou sans emploi	..	..	..	..	..	..	..	..	..	..
2400 Non-ventilables entre 2100, 2200 et 2300	..	..	..	..	..	..	..	..	..	..
3000 Sur salaires ou main d'oeuvre	0	0	0	0	0	..	..	..	..	..
4000 Impôts sur le patrimoine	65	2 482	6 769	15 164	34 042	..	..	..	..	..
4100 Impôts périodiques sur la propriété immobilière	0	106	535	1 666	8 099	..	..	..	..	..
4200 Impôts périodiques sur l'actif net	0	0	0	0	0	..	..	..	..	..
4300 Impôts sur mut. par décès, succ. et donations	11	1 029	1 873	5 044	14 594	..	..	..	..	..
4400 Impôts sur transact. mobilières et immob.	49	1 258	4 363	8 454	11 349	..	..	..	..	..
4500 Impôts non-périodiques	5	0	0	0	0	..	..	..	..	..
4600 Autres impôts périodiques sur patrimoine	0	0	0	0	0	..	..	..	..	..
5000 Impôts sur les biens et services	920	29 170	63 480	93 127	121 046	..	..	..	..	..
5100 Impôts sur production, vente, transfert, etc.	920	29 170	63 480	93 127	121 046	..	..	..	..	..
5110 Impôts généraux	198	14 637	36 118	54 159	81 627	..	..	..	..	..
5120 Impôts sur biens et services déterminés	722	14 533	27 362	38 968	39 419	..	..	..	..	..
5130 Non-ventilables entre 5110 et 5120	0	0	0	0	0	..	..	..	..	..
5200 Impôts sur utilisation des biens et exerc. activites	0	0	0	0	0	..	..	..	..	..
5300 Non-ventilables entre 5100 et 5200	0	0	0	0	0	..	..	..	..	..
6000 Autres impôts	64	2 121	2 108	3 435	7 316	..	..	..	..	..
6100 A la charge exclusive des entreprises	0	0	0	0	0	..	..	..	..	..
6200 A la charge d'autres agents	64	2 121	2 108	3 435	7 316	..	..	..	..	..
Recettes fiscales totales	1 393	56 774	127 466	217 888	395 939	..	..	..	..	..

	Administrations locales					Administrations de sécurite sociale				
	1975	1995	2005	2015	2022	1975	1995	2005	2015	2022
1000 Impôts sur revenu, bénéfices et gains en capital	36	1 704	5 500	12 989	24 658	0	0	0	0	0
1100 Des personnes physiques	0	1 137	2 804	6 772	12 830	..	..	..	..	..
1200 Des sociétés	0	565	2 696	6 217	11 828	..	..	..	..	..
1300 Non-ventilables entre 1100 et 1200	36	3	0	0	0	..	..	..	..	..
2000 Cotisations de sécurité sociale	0	0	0	0	0	13	9 913	43 902	104 693	176 747
2100 A la charge des salariés	..	..	..	..	..	0	4 539	17 632	44 281	77 530
2200 A la charge des employeurs	..	..	..	..	..	13	3 918	18 486	47 846	80 600
2300 A charge des travailleurs indép. ou sans emploi	..	..	..	..	..	0	1 456	7 784	12 566	18 617
2400 Non-ventilables entre 2100, 2200 et 2300	..	..	..	..	..	0	0	0	0	0
3000 Sur salaires ou main d'oeuvre	0	237	514	1 122	1 982	0	0	0	0	0
4000 Impôts sur le patrimoine	87	8 960	17 928	33 461	48 023	0	0	0	0	0
4100 Impôts périodiques sur la propriété immobilière	45	2 636	4 495	10 820	18 411	..	..	..	..	..
4200 Impôts périodiques sur l'actif net	0	0	0	0	0	..	..	..	..	..
4300 Impôts sur mut. par décès, succ. et donations	0	0	0	0	0	..	..	..	..	..
4400 Impôts sur transact. mobilières et immob.	42	6 324	13 433	22 641	29 612	..	..	..	..	..
4500 Impôts non-périodiques	0	0	0	0	0	..	..	..	..	..
4600 Autres impôts périodiques sur patrimoine	0	0	0	0	0	..	..	..	..	..
5000 Impôts sur les biens et services	36	4 218	7 561	17 199	35 732	0	0	0	0	0
5100 Impôts sur production, vente, transfert, etc.	19	2 464	5 589	10 127	28 402	..	..	..	..	..
5110 Impôts généraux	0	0	0	6 003	23 931	..	..	..	..	..
5120 Impôts sur biens et services déterminés	19	2 464	5 589	4 124	4 471	..	..	..	..	..
5130 Non-ventilables entre 5110 et 5120	0	0	0	0	0	..	..	..	..	..
5200 Impôts sur utilisation des biens et exerc. activites	17	1 754	1 972	7 072	7 330	..	..	..	..	..
5300 Non-ventilables entre 5100 et 5200	0	0	0	0	0	..	..	..	..	..
6000 Autres impôts	0	198	4 474	6 207	8 176	0	0	0	0	0
6100 A la charge exclusive des entreprises	..	0	0	0	0	..	..	..	..	..
6200 A la charge d'autres agents	..	198	4 474	6 207	8 176	..	..	..	..	..
Recettes fiscales totales	159	15 316	35 977	70 978	118 571	13	9 913	43 902	104 693	176 747

.. Non disponible

Tableau 6.22. Lettonie, recettes fiscales par sous-secteurs d'administration

Million EUR

	Administration centrale					Administration d'État/Régions				
	1975	1995	2005	2015	2022	1975	1995	2005	2015	2022
1000 Impôts sur revenu, bénéfices et gains en capital	..	68	453	677	953	..	..	..	..	..
1100 Des personnes physiques	..	0	195	289	565	..	..	..	..	..
1200 Des sociétés	..	68	258	389	388	..	..	..	..	..
1300 Non-ventilables entre 1100 et 1200	..	0	0	0	0	..	..	..	..	..
2000 Cotisations de sécurité sociale	..	0	0	0	127	..	..	..	..	..
2100 A la charge des salariés	..	..	..	..	127	..	..	..	..	..
2200 A la charge des employeurs	..	..	..	..	0	..	..	..	..	..
2300 A charge des travailleurs indép. ou sans emploi	..	..	..	..	0	..	..	..	..	..
2400 Non-ventilables entre 2100, 2200 et 2300	..	..	..	..	0	..	..	..	..	..
3000 Sur salaires ou main d'oeuvre	..	0	4	3	3	..	..	..	..	..
4000 Impôts sur le patrimoine	..	4	48	47	55	..	..	..	..	..
4100 Impôts périodiques sur la propriété immobilière	..	0	0	0	-0	..	..	..	..	..
4200 Impôts périodiques sur l'actif net	..	0	0	0	0	..	..	..	..	..
4300 Impôts sur mut. par décès, succ. et donations	..	0	0	3	4	..	..	..	..	..
4400 Impôts sur transact. mobilières et immob.	..	4	48	42	47	..	..	..	..	..
4500 Impôts non-périodiques	..	0	0	3	4	..	..	..	..	..
4600 Autres impôts périodiques sur patrimoine	..	0	0	0	0	..	..	..	..	..
5000 Impôts sur les biens et services	..	453	1 553	3 139	5 144	..	..	..	..	..
5100 Impôts sur production, vente, transfert, etc.	..	453	1 510	2 997	4 868	..	..	..	..	..
5110 Impôts généraux	..	343	1 002	2 130	3 657	..	..	..	..	..
5120 Impôts sur biens et services déterminés	..	110	508	867	1 211	..	..	..	..	..
5130 Non-ventilables entre 5110 et 5120	..	0	0	0	0	..	..	..	..	..
5200 Impôts sur utilisation des biens et exerc. activites	..	1	43	142	276	..	..	..	..	..
5300 Non-ventilables entre 5100 et 5200	..	0	0	0	0	..	..	..	..	..
6000 Autres impôts	..	0	0	0	0	..	..	..	..	..
6100 A la charge exclusive des entreprises	..	..	..	..	..	..	..	..	..	..
6200 A la charge d'autres agents	..	..	..	..	..	..	..	..	..	..
Recettes fiscales totales	..	525	2 058	3 867	6 281	..	..	..	..	..

	Administrations locales					Administrations de sécurite sociale				
	1975	1995	2005	2015	2022	1975	1995	2005	2015	2022
1000 Impôts sur revenu, bénéfices et gains en capital	..	197	538	1 156	1 700	..	0	0	0	0
1100 Des personnes physiques	..	197	538	1 156	1 700	..	..	..	..	..
1200 Des sociétés	..	0	0	0	0	..	..	..	..	..
1300 Non-ventilables entre 1100 et 1200	..	0	0	0	0	..	..	..	..	..
2000 Cotisations de sécurité sociale	..	0	0	0	0	..	445	1 079	2 030	3 483
2100 A la charge des salariés	..	..	..	..	..	..	12	292	585	1057
2200 A la charge des employeurs	..	..	..	..	..	..	433	781	1 432	2 374
2300 A charge des travailleurs indép. ou sans emploi	..	..	..	..	..	..	1	7	12	53
2400 Non-ventilables entre 2100, 2200 et 2300	..	..	..	..	..	..	0	0	0	0
3000 Sur salaires ou main d'oeuvre	..	0	0	0	0	..	0	0	0	0
4000 Impôts sur le patrimoine	..	37	88	197	231	..	0	0	4	9
4100 Impôts périodiques sur la propriété immobilière	..	37	88	197	231	..	..	..	..	..
4200 Impôts périodiques sur l'actif net	..	0	0	0	0	..	..	..	..	..
4300 Impôts sur mut. par décès, succ. et donations	..	0	0	0	0	..	..	0	4	9
4400 Impôts sur transact. mobilières et immob.	..	0	0	0	0	..	..	..	..	..
4500 Impôts non-périodiques	..	0	0	0	0	..	..	..	..	..
4600 Autres impôts périodiques sur patrimoine	..	0	0	0	0	..	..	..	..	..
5000 Impôts sur les biens et services	..	2	8	18	11	..	0	0	0	0
5100 Impôts sur production, vente, transfert, etc.	..	0	5	7	1	..	..	..	..	..
5110 Impôts généraux	..	0	0	0	0	..	..	..	..	..
5120 Impôts sur biens et services déterminés	..	0	5	7	1	..	..	..	..	..
5130 Non-ventilables entre 5110 et 5120	..	0	0	0	0	..	..	..	..	..
5200 Impôts sur utilisation des biens et exerc. activites	..	2	3	11	10	..	..	..	..	..
5300 Non-ventilables entre 5100 et 5200	..	0	0	0	0	..	..	..	..	..
6000 Autres impôts	..	0	0	0	0	..	0	0	0	0
6100 A la charge exclusive des entreprises	..	..	..	..	..	..	..	..	..	..
6200 A la charge d'autres agents	..	..	..	..	..	..	..	..	..	..
Recettes fiscales totales	..	236	634	1 371	1 942	..	445	1 079	2 034	3 493

.. Non disponible

Note : Y compris les droits de douane perçus pour le compte de l'Union européenne.

Tableau 6.23. Lituanie, recettes fiscales par sous-secteurs d'administration

Million EUR

	Administration centrale					Administration d'État/Régions				
	1975	1995	2005	2015	2022	1975	1995	2005	2015	2022
1000 Impôts sur revenu, bénéfices et gains en capital	..	646	1 871	2 013	6 678	..	..	..	..	..
1100 Des personnes physiques	..	487	1 435	1 439	5 105	..	..	..	..	..
1200 Des sociétés	..	160	437	574	1 573	..	..	..	..	..
1300 Non-ventilables entre 1100 et 1200	..	0	0	0	0	..	..	..	..	..
2000 Cotisations de sécurité sociale	..	0	0	0	0	..	..	..	..	..
2100 A la charge des salariés	..	..	..	..	..	..	..	..	..	..
2200 A la charge des employeurs	..	..	..	..	..	..	..	..	..	..
2300 A charge des travailleurs indép. ou sans emploi	..	..	..	..	..	..	..	..	..	..
2400 Non-ventilables entre 2100, 2200 et 2300	..	..	..	..	..	..	..	..	..	..
3000 Sur salaires ou main d'oeuvre	..	0	0	0	0	..	..	..	..	..
4000 Impôts sur le patrimoine	..	0	0	1	14	..	..	..	..	..
4100 Impôts périodiques sur la propriété immobilière	..	..	..	1	14	..	..	..	..	..
4200 Impôts périodiques sur l'actif net	..	..	..	0	0	..	..	..	..	..
4300 Impôts sur mut. par décès, succ. et donations	..	..	..	0	0	..	..	..	..	..
4400 Impôts sur transact. mobilières et immob.	..	..	..	0	0	..	..	..	..	..
4500 Impôts non-périodiques	..	..	..	0	0	..	..	..	..	..
4600 Autres impôts périodiques sur patrimoine	..	..	..	0	0	..	..	..	..	..
5000 Impôts sur les biens et services	..	892	2 273	4 220	7 534	..	..	..	..	..
5100 Impôts sur production, vente, transfert, etc.	..	869	2 235	4 164	7 414	..	..	..	..	..
5110 Impôts généraux	..	635	1 584	2 913	5 693	..	..	..	..	..
5120 Impôts sur biens et services déterminés	..	234	651	1 252	1 720	..	..	..	..	..
5130 Non-ventilables entre 5110 et 5120	..	0	0	0	0	..	..	..	..	..
5200 Impôts sur utilisation des biens et exerc. activites	..	24	38	56	121	..	..	..	..	..
5300 Non-ventilables entre 5100 et 5200	..	0	0	0	0	..	..	..	..	..
6000 Autres impôts	..	0	0	0	0	..	..	..	..	..
6100 A la charge exclusive des entreprises	..	..	..	..	..	..	..	..	..	..
6200 A la charge d'autres agents	..	..	..	..	..	..	..	..	..	..
Recettes fiscales totales	..	1 539	4 145	6 235	14 226	..	..	..	..	..

	Administrations locales					Administrations de sécurite sociale				
	1975	1995	2005	2015	2022	1975	1995	2005	2015	2022
1000 Impôts sur revenu, bénéfices et gains en capital	..	0	0	0	0	..	0	0	0	0
1100 Des personnes physiques	..	..	..	..	..	..	..	..	..	..
1200 Des sociétés	..	..	..	..	..	..	..	..	..	..
1300 Non-ventilables entre 1100 et 1200	..	..	..	..	..	..	..	..	..	..
2000 Cotisations de sécurité sociale	..	0	0	0	0	..	559	1 864	4 338	6 656
2100 A la charge des salariés	..	..	..	..	..	..	17	154	873	5 091
2200 A la charge des employeurs	..	..	..	..	..	..	537	1 522	2 916	503
2300 A charge des travailleurs indép. ou sans emploi	..	..	..	..	..	..	4	188	549	1062
2400 Non-ventilables entre 2100, 2200 et 2300	..	..	..	..	..	..	0	0	0	0
3000 Sur salaires ou main d'oeuvre	..	0	0	0	0	..	0	0	0	0
4000 Impôts sur le patrimoine	..	25	72	125	180	..	0	0	0	0
4100 Impôts périodiques sur la propriété immobilière	..	25	71	124	177	..	..	..	..	..
4200 Impôts périodiques sur l'actif net	..	0	0	0	0	..	..	..	..	..
4300 Impôts sur mut. par décès, succ. et donations	..	0	1	1	3	..	..	..	..	..
4400 Impôts sur transact. mobilières et immob.	..	0	0	0	0	..	..	..	..	..
4500 Impôts non-périodiques	..	0	0	0	0	..	..	..	..	..
4600 Autres impôts périodiques sur patrimoine	..	0	0	0	0	..	..	..	..	..
5000 Impôts sur les biens et services	..	23	17	18	40	..	0	0	0	6
5100 Impôts sur production, vente, transfert, etc.	..	0	0	0	0	..	..	..	..	..
5110 Impôts généraux	..	..	..	..	..	..	..	..	..	..
5120 Impôts sur biens et services déterminés	..	..	..	..	..	..	..	..	..	..
5130 Non-ventilables entre 5110 et 5120	..	..	..	..	..	..	..	..	..	..
5200 Impôts sur utilisation des biens et exerc. activites	..	23	17	18	40	..	..	..	..	..
5300 Non-ventilables entre 5100 et 5200	..	0	0	0	0	..	..	..	..	..
6000 Autres impôts	..	0	0	0	0	..	0	0	0	0
6100 A la charge exclusive des entreprises	..	..	..	..	..	..	..	..	..	..
6200 A la charge d'autres agents	..	..	..	..	..	..	..	..	..	..
Recettes fiscales totales	..	48	89	143	220	..	559	1 864	4 338	6 661

.. Non disponible

Note : Y compris les droits de douane perçus pour le compte de l'Union européenne.

Tableau 6.24. Luxembourg, recettes fiscales par sous-secteurs d'administration

Million EUR

	Administration centrale					Administration d'État/Régions				
	1975	1995	2005	2015	2022	1975	1995	2005	2015	2022
1000 Impôts sur revenu, bénéfices et gains en capital	353	1 873	3 454	6 405	10 435	..	..	..	..	..
1100 Des personnes physiques	254	1 214	2 161	4 716	8 028	..	..	..	..	..
1200 Des sociétés	99	659	1 293	1 689	2 407	..	..	..	..	..
1300 Non-ventilables entre 1100 et 1200	0	0	0	0	0	..	..	..	..	..
2000 Cotisations de sécurité sociale	4	20	89	150	229	..	..	..	..	..
2100 A la charge des salariés	3	15	89	150	229	..	..	..	..	..
2200 A la charge des employeurs	0	0	0	0	0	..	..	..	..	..
2300 A charge des travailleurs indép. ou sans emploi	1	5	0	0	0	..	..	..	..	..
2400 Non-ventilables entre 2100, 2200 et 2300	0	0	0	0	0	..	..	..	..	..
3000 Sur salaires ou main d'oeuvre	0	0	0	0	0	..	..	..	..	..
4000 Impôts sur le patrimoine	42	371	928	1 661	2 796	..	..	..	..	..
4100 Impôts périodiques sur la propriété immobilière	0	0	0	0	0	..	..	..	..	..
4200 Impôts périodiques sur l'actif net	21	268	698	1 318	2 101	..	..	..	..	..
4300 Impôts sur mut. par décès, succ. et donations	3	15	44	74	145	..	..	..	..	..
4400 Impôts sur transact. mobilières et immob.	18	88	186	269	550	..	..	..	..	..
4500 Impôts non-périodiques	0	0	0	0	0	..	..	..	..	..
4600 Autres impôts périodiques sur patrimoine	0	0	0	0	0	..	..	..	..	..
5000 Impôts sur les biens et services	189	1 374	3 241	4 466	6 731	..	..	..	..	..
5100 Impôts sur production, vente, transfert, etc.	182	1 350	3 202	4 381	6 638	..	..	..	..	..
5110 Impôts généraux	112	670	1 812	2 946	4 692	..	..	..	..	..
5120 Impôts sur biens et services déterminés	70	680	1 390	1 435	1 947	..	..	..	..	..
5130 Non-ventilables entre 5110 et 5120	0	0	0	0	0	..	..	..	..	..
5200 Impôts sur utilisation des biens et exerc. activites	7	23	39	85	93	..	..	..	..	..
5300 Non-ventilables entre 5100 et 5200	0	0	0	0	0	..	..	..	..	..
6000 Autres impôts	0	6	11	27	28	..	..	..	..	..
6100 A la charge exclusive des entreprises	..	6	10	27	28	..	..	..	..	..
6200 A la charge d'autres agents	..	0	0	0	0	..	..	..	..	..
Recettes fiscales totales	588	3 644	7 722	12 708	20 219	..	..	..	..	..

	Administrations locales					Administrations de sécurite sociale				
	1975	1995	2005	2015	2022	1975	1995	2005	2015	2022
1000 Impôts sur revenu, bénéfices et gains en capital	46	331	460	606	1 001	0	0	0	0	0
1100 Des personnes physiques	0	0	0	0	0	..	..	..	..	..
1200 Des sociétés	46	331	460	606	1 001	..	..	..	..	..
1300 Non-ventilables entre 1100 et 1200	0	0	0	0	0	..	..	..	..	..
2000 Cotisations de sécurité sociale	0	0	0	0	0	268	1 460	3 086	5 399	8 057
2100 A la charge des salariés	..	..	..	..	..	102	577	1 321	2 348	3 613
2200 A la charge des employeurs	..	..	..	..	..	150	684	1 378	2 335	3 417
2300 A charge des travailleurs indép. ou sans emploi	..	..	..	..	..	16	200	387	715	1028
2400 Non-ventilables entre 2100, 2200 et 2300	..	..	..	..	..	0	0	0	0	0
3000 Sur salaires ou main d'oeuvre	9	0	0	0	0	0	0	0	0	0
4000 Impôts sur le patrimoine	6	21	35	54	67	0	0	0	0	0
4100 Impôts périodiques sur la propriété immobilière	6	17	26	36	44	..	..	..	..	..
4200 Impôts périodiques sur l'actif net	0	0	0	0	0	..	..	..	..	..
4300 Impôts sur mut. par décès, succ. et donations	0	0	0	0	0	..	..	..	..	..
4400 Impôts sur transact. mobilières et immob.	0	4	10	18	23	..	..	..	..	..
4500 Impôts non-périodiques	0	0	0	0	0	..	..	..	..	..
4600 Autres impôts périodiques sur patrimoine	0	0	0	0	0	..	..	..	..	..
5000 Impôts sur les biens et services	1	4	8	10	9	0	0	0	0	0
5100 Impôts sur production, vente, transfert, etc.	1	3	7	8	8	..	..	..	..	..
5110 Impôts généraux	0	0	0	0	0	..	..	..	..	..
5120 Impôts sur biens et services déterminés	1	3	7	8	8	..	..	..	..	..
5130 Non-ventilables entre 5110 et 5120	0	0	0	0	0	..	..	..	..	..
5200 Impôts sur utilisation des biens et exerc. activites	0	1	1	1	1	..	..	..	..	..
5300 Non-ventilables entre 5100 et 5200	0	0	0	0	0	..	..	..	..	..
6000 Autres impôts	0	1	2	1	1	0	0	0	0	0
6100 A la charge exclusive des entreprises	..	1	2	1	1	..	..	..	..	..
6200 A la charge d'autres agents	..	0	0	0	0	..	..	..	..	..
Recettes fiscales totales	62	357	505	671	1 079	268	1 460	3 086	5 399	8 057

.. Non disponible

Note : Y compris les droits de douane perçus pour le compte de l'Union européenne.

Tableau 6.25. Mexique, recettes fiscales par sous-secteurs d'administration

Million MXN

	Administration fédérale					Administration d'État/Régions				
	1975	1995	2005	2015	2022	1975	1995	2005	2015	2022
1000 Impôts sur revenu, bénéfices et gains en capital	..	76 148	402 036	1 230 555	2 280 791	..	1	0	0	0
1100 Des personnes physiques	..	..	195 869	609 384	1066 965	..	..	..	..	..
1200 Des sociétés	..	..	135 840	592 443	1136 636	..	..	..	..	..
1300 Non-ventilables entre 1100 et 1200	..	76 148	70 327	28 728	77 190	..	1	..	..	..
2000 Cotisations de sécurité sociale	..	0	0	0	0	..	0	0	0	0
2100 A la charge des salariés	..	..	..	..	..	..	..	..	..	..
2200 A la charge des employeurs	..	..	..	..	..	..	..	..	..	..
2300 A charge des travailleurs indép. ou sans emploi	..	..	..	..	..	..	..	..	..	..
2400 Non-ventilables entre 2100, 2200 et 2300	..	..	..	..	..	..	..	..	..	..
3000 Sur salaires ou main d'oeuvre	..	0	0	0	0	..	2 976	20 429	70 221	141 159
4000 Impôts sur le patrimoine	..	0	0	0	0	..	2 927	10 905	22 481	33 683
4100 Impôts périodiques sur la propriété immobilière	..	..	..	..	..	..	2 198	6 544	14 245	21 898
4200 Impôts périodiques sur l'actif net	..	..	..	..	..	..	0	0	0	0
4300 Impôts sur mut. par décès, succ. et donations	..	..	..	..	..	..	2	0	0	0
4400 Impôts sur transact. mobilières et immob.	..	..	..	..	..	..	727	4 361	8 235	11 785
4500 Impôts non-périodiques	..	..	..	..	..	..	0	0	0	0
4600 Autres impôts périodiques sur patrimoine	..	..	..	..	..	..	0	0	0	0
5000 Impôts sur les biens et services	..	91 452	416 533	1 116 026	1 592 921	..	441	2 124	24 355	29 364
5100 Impôts sur production, vente, transfert, etc.	..	88 372	401 580	1 115 525	1 592 129	..	22	1 364	4 357	12 784
5110 Impôts généraux	..	51 785	318 432	707 213	1 221 803	..	0	0	0	0
5120 Impôts sur biens et services déterminés	..	36 587	83 148	408 312	370 327	..	22	1 364	4 357	12 784
5130 Non-ventilables entre 5110 et 5120	..	0	0	0	0	..	0	0	0	0
5200 Impôts sur utilisation des biens et exerc. activites	..	3 080	14 954	501	792	..	419	760	19 998	16 581
5300 Non-ventilables entre 5100 et 5200	..	0	0	0	0	..	0	0	0	0
6000 Autres impôts	..	5 149	8 616	27 379	83 919	..	228	1 537	6 489	14 477
6100 A la charge exclusive des entreprises	..	0	0	0	0	..	0	0	0	0
6200 A la charge d'autres agents	..	5 149	8 616	27 379	83 919	..	228	1 537	6 489	14 477
Recettes fiscales totales (collecting government)	..	172 749	827 186	2 373 960	3 957 631	..	6 573	34 995	123 545	218 683
Adjustment[1]	..	-49 115	-278 892	-629 130	0	..	39 225	218 291	494 239	814 017
Recettes fiscales totales (beneficiary government)	..	123 634	548 294	1 744 830	3 957 631	..	45 798	253 286	617 784	1032 700

	Administrations locales					Administrations de sécurite sociale				
	1975	1995	2005	2015	2022	1975	1995	2005	2015	2022
1000 Impôts sur revenu, bénéfices et gains en capital	..	16	0	0	0	..	0	0	0	0
1100 Des personnes physiques	..	..	..	..	..	..	..	..	..	..
1200 Des sociétés	..	..	..	..	..	..	..	..	..	..
1300 Non-ventilables entre 1100 et 1200	..	16	..	..	..	..	..	..	..	..
2000 Cotisations de sécurité sociale	..	0	0	0	0	..	50 871	206 551	409 249	681 672
2100 A la charge des salariés	..	..	..	..	..	..	..	..	..	..
2200 A la charge des employeurs	..	..	..	..	..	..	..	..	..	..
2300 A charge des travailleurs indép. ou sans emploi	..	..	..	..	..	..	..	..	..	..
2400 Non-ventilables entre 2100, 2200 et 2300	..	..	..	..	..	..	50 871	206 551	409 249	681 672
3000 Sur salaires ou main d'oeuvre	..	6	32	1	2	..	0	0	0	0
4000 Impôts sur le patrimoine	..	2 702	15 891	35 193	71 562	..	0	0	0	0
4100 Impôts périodiques sur la propriété immobilière	..	1 854	10 098	23 715	43 005	..	..	..	..	..
4200 Impôts périodiques sur l'actif net	..	0	0	0	0	..	..	..	..	..
4300 Impôts sur mut. par décès, succ. et donations	..	0	0	0	0	..	..	..	..	..
4400 Impôts sur transact. mobilières et immob.	..	848	5 793	11 477	28 557	..	..	..	..	..
4500 Impôts non-périodiques	..	0	0	0	0	..	..	..	..	..
4600 Autres impôts périodiques sur patrimoine	..	0	0	0	0	..	..	..	..	..
5000 Impôts sur les biens et services	..	582	288	789	1320	..	0	0	0	0
5100 Impôts sur production, vente, transfert, etc.	..	575	214	728	1231	..	..	..	..	..
5110 Impôts généraux	..	0	0	0	0	..	..	..	..	..
5120 Impôts sur biens et services déterminés	..	572	214	728	1231	..	..	..	..	..
5130 Non-ventilables entre 5110 et 5120	..	3	0	0	0	..	..	..	..	..
5200 Impôts sur utilisation des biens et exerc. activites	..	7	74	61	89	..	..	..	..	..
5300 Non-ventilables entre 5100 et 5200	..	0	0	0	0	..	..	..	..	..
6000 Autres impôts	..	179	1 539	10 743	17 449	..	0	0	0	0
6100 A la charge exclusive des entreprises	..	0	0	0	0	..	..	..	..	..
6200 A la charge d'autres agents	..	179	1 539	10 743	17 449	..	..	..	..	..
Recettes fiscales totales (collecting government)	..	3 485	17 750	46 726	90 332	..	50 871	206 551	409 249	681 672
Adjustment[1]	..	9 890	60 601	134 892	248 417	..	0	0	0	0
Recettes fiscales totales (beneficiary government)	..	13 375	78 351	181 617	338 749	..	50 871	206 551	409 249	681 672

.. Non disponible

1. This adjustment is for taxes collected by Federal government in which States and Local governments have a share. Sub-central government's shares cannot be identified by type of tax.

Tableau 6.26. Pays-Bas, recettes fiscales par sous-secteurs d'administration

Million EUR

	Administration centrale					Administration d'État/Régions				
	1975	1995	2005	2015	2022	1975	1995	2005	2015	2022
1000 Impôts sur revenu, bénéfices et gains en capital	15 075	33 520	52 640	70 849	123 828	..	..	..	..	..
1100 Des personnes physiques	11 713	23 557	33 905	52 405	76 656	..	..	..	..	..
1200 Des sociétés	3 361	9 963	18 735	18 444	47 172	..	..	..	..	..
1300 Non-ventilables entre 1100 et 1200	0	0	0	0	0	..	..	..	..	..
2000 Cotisations de sécurité sociale	0	0	0	0	0	..	..	..	..	..
2100 A la charge des salariés	..	..	..	..	..	..	..	..	..	..
2200 A la charge des employeurs	..	..	..	..	..	..	..	..	..	..
2300 A charge des travailleurs indép. ou sans emploi	..	..	..	..	..	..	..	..	..	..
2400 Non-ventilables entre 2100, 2200 et 2300	..	..	..	..	..	..	..	..	..	..
3000 Sur salaires ou main d'oeuvre	0	0	0	0	0	..	..	..	..	..
4000 Impôts sur le patrimoine	767	2 880	6 235	4 731	8 134	..	..	..	..	..
4100 Impôts périodiques sur la propriété immobilière	50	0	0	1 345	918	..	..	..	..	..
4200 Impôts périodiques sur l'actif net	231	671	60	0	0	..	..	..	..	..
4300 Impôts sur mut. par décès, succ. et donations	163	773	1 709	1 614	2 614	..	..	..	..	..
4400 Impôts sur transact. mobilières et immob.	323	1 436	4 466	1 772	4 602	..	..	..	..	..
4500 Impôts non-périodiques	0	0	0	0	0	..	..	..	..	..
4600 Autres impôts périodiques sur patrimoine	0	0	0	0	0	..	..	..	..	..
5000 Impôts sur les biens et services	9 716	31 892	57 116	70 161	103 513	..	..	..	..	..
5100 Impôts sur production, vente, transfert, etc.	9 113	29 728	54 658	65 990	98 091	..	..	..	..	..
5110 Impôts généraux	6 257	19 832	36 950	44 879	70 458	..	..	..	..	..
5120 Impôts sur biens et services déterminés	2 856	9 896	17 708	21 111	27 633	..	..	..	..	..
5130 Non-ventilables entre 5110 et 5120	0	0	0	0	0	..	..	..	..	..
5200 Impôts sur utilisation des biens et exerc. activites	604	2 164	2 458	4 171	5 422	..	..	..	..	..
5300 Non-ventilables entre 5100 et 5200	0	0	0	0	0	..	..	..	..	..
6000 Autres impôts	109	491	989	416	1 156	..	..	..	..	..
6100 A la charge exclusive des entreprises	109	448	372	0	15	..	..	..	..	..
6200 A la charge d'autres agents	0	43	617	416	1 141	..	..	..	..	..
Recettes fiscales totales	25 667	68 783	116 980	146 157	236 631	..	..	..	..	..

	Administrations locales					Administrations de sécurite sociale				
	1975	1995	2005	2015	2022	1975	1995	2005	2015	2022
1000 Impôts sur revenu, bénéfices et gains en capital	77	0	0	0	0	0	0	0	0	0
1100 Des personnes physiques	77	0	0	0	0	0	0	0	0	0
1200 Des sociétés	0	0	0	0	0	0	0	0	0	0
1300 Non-ventilables entre 1100 et 1200	0	0	0	0	0	0	0	0	0	0
2000 Cotisations de sécurité sociale	0	0	0	0	0	16 732	48 532	66 547	96 426	124 463
2100 A la charge des salariés	..	..	..	..	..	7 139	32 795	35 383	48 213	46 899
2200 A la charge des employeurs	..	..	..	..	..	7 687	5 941	20 595	34 614	49 303
2300 A charge des travailleurs indép. ou sans emploi	..	..	..	..	..	1 905	9 796	10 569	13 599	28 261
2400 Non-ventilables entre 2100, 2200 et 2300	..	..	..	..	..	0	0	0	0	0
3000 Sur salaires ou main d'oeuvre	0	0	0	0	0	0	0	0	0	0
4000 Impôts sur le patrimoine	272	2 287	4 341	5 037	6 644	0	0	0	0	0
4100 Impôts périodiques sur la propriété immobilière	272	2 287	4 341	5 037	6 644	..	..	..	..	..
4200 Impôts périodiques sur l'actif net	0	0	0	0	0	..	..	..	..	..
4300 Impôts sur mut. par décès, succ. et donations	0	0	0	0	0	..	..	..	..	..
4400 Impôts sur transact. mobilières et immob.	0	0	0	0	0	..	..	..	..	..
4500 Impôts non-périodiques	0	0	0	0	0	..	..	..	..	..
4600 Autres impôts périodiques sur patrimoine	0	0	0	0	0	..	..	..	..	..
5000 Impôts sur les biens et services	153	1 533	3 330	4 652	5 439	0	0	0	0	0
5100 Impôts sur production, vente, transfert, etc.	14	59	118	249	396	..	..	..	..	..
5110 Impôts généraux	0	6	10	43	0	..	..	..	..	..
5120 Impôts sur biens et services déterminés	14	53	108	206	396	..	..	..	..	..
5130 Non-ventilables entre 5110 et 5120	0	0	0	0	0	..	..	..	..	..
5200 Impôts sur utilisation des biens et exerc. activites	139	1 474	3 212	4 403	5 043	..	..	..	..	..
5300 Non-ventilables entre 5100 et 5200	0	0	0	0	0	..	..	..	..	..
6000 Autres impôts	0	0	0	0	43	0	0	0	0	0
6100 A la charge exclusive des entreprises	..	..	..	..	..	..	..	..	..	..
6200 A la charge d'autres agents	..	..	..	..	..	..	..	..	..	..
Recettes fiscales totales	502	3 820	7 671	9 689	12 126	16 732	48 532	66 547	96 426	124 463

.. Non disponible

Note : Y compris les droits de douane perçus pour le compte de l'Union européenne.

Tableau 6.27. Nouvelle-Zélande, recettes fiscales par sous-secteurs d'administration

Million NZD

	Administration centrale					Administration d'État/Régions				
	1975	1995	2005	2015	2022	1975	1995	2005	2015	2022
1000 Impôts sur revenu, bénéfices et gains en capital	2 296	21 253	37 379	44 723	76 139	..	..	..	..	..
1100 Des personnes physiques	1 874	15 626	24 373	30 297	54 402	..	..	..	..	..
1200 Des sociétés	407	4 122	9 957	11 407	17 905	..	..	..	..	..
1300 Non-ventilables entre 1100 et 1200	16	1 505	3 049	3 019	3 832	..	..	..	..	..
2000 Cotisations de sécurité sociale	0	0	0	0	0	..	..	..	..	..
2100 A la charge des salariés	..	0	0	0	0	..	..	..	..	..
2200 A la charge des employeurs	..	0	0	0	0	..	..	..	..	..
2300 A charge des travailleurs indép. ou sans emploi	..	0	0	0	0	..	..	..	..	..
2400 Non-ventilables entre 2100, 2200 et 2300	..	0	0	0	0	..	..	..	..	..
3000 Sur salaires ou main d'oeuvre	0	0	0	0	0	..	..	..	..	..
4000 Impôts sur le patrimoine	83	218	86	84	153	..	..	..	..	..
4100 Impôts périodiques sur la propriété immobilière	3	-1	0	0	0	..	..	..	..	..
4200 Impôts périodiques sur l'actif net	0	0	0	0	0	..	..	..	..	..
4300 Impôts sur mut. par décès, succ. et donations	54	3	3	0	0	..	..	..	..	..
4400 Impôts sur transact. mobilières et immob.	25	216	83	84	153	..	..	..	..	..
4500 Impôts non-périodiques	0	0	0	0	0	..	..	..	..	..
4600 Autres impôts périodiques sur patrimoine	0	0	0	0	0	..	..	..	..	..
5000 Impôts sur les biens et services	807	11 395	18 744	31 146	46 145	..	..	..	..	..
5100 Impôts sur production, vente, transfert, etc.	770	10 833	17 792	29 551	44 495	..	..	..	..	..
5110 Impôts généraux	311	7 895	14 133	24 587	39 661	..	..	..	..	..
5120 Impôts sur biens et services déterminés	459	2 938	3 659	4 964	4 834	..	..	..	..	..
5130 Non-ventilables entre 5110 et 5120	0	0	0	0	0	..	..	..	..	..
5200 Impôts sur utilisation des biens et exerc. activites	37	562	952	1 595	1 650	..	..	..	..	..
5300 Non-ventilables entre 5100 et 5200	0	0	0	0	0	..	..	..	..	..
6000 Autres impôts	0	0	14	2	0	..	..	..	..	..
6100 A la charge exclusive des entreprises	..	..	0	0	0	..	..	..	..	..
6200 A la charge d'autres agents	..	..	14	2	0	..	..	..	..	..
Recettes fiscales totales	3 186	32 866	56 223	75 955	122 437	..	..	..	..	..

	Administrations locales					Administrations de sécurite sociale				
	1975	1995	2005	2015	2022	1975	1995	2005	2015	2022
1000 Impôts sur revenu, bénéfices et gains en capital	0	0	0	0	0	0	0	0	0	0
1100 Des personnes physiques	0	0	0	0	0	0	0	0	0	0
1200 Des sociétés	0	0	0	0	0	0	0	0	0	0
1300 Non-ventilables entre 1100 et 1200	0	0	0	0	0	0	0	0	0	0
2000 Cotisations de sécurité sociale	0	0	0	0	0	0	0	0	0	0
2100 A la charge des salariés	..	0	0	0	0	..	0	0	0	0
2200 A la charge des employeurs	..	0	0	0	0	..	0	0	0	0
2300 A charge des travailleurs indép. ou sans emploi	..	0	0	0	0	..	0	0	0	0
2400 Non-ventilables entre 2100, 2200 et 2300	..	0	0	0	0	..	0	0	0	0
3000 Sur salaires ou main d'oeuvre	0	0	0	0	0	0	0	0	0	0
4000 Impôts sur le patrimoine	237	1 646	2 825	4 962	7 420	0	0	0	0	0
4100 Impôts périodiques sur la propriété immobilière	237	1 646	2 825	4 962	7 420	..	..	..	..	..
4200 Impôts périodiques sur l'actif net	0	0	0	0	0	..	..	..	..	..
4300 Impôts sur mut. par décès, succ. et donations	0	0	0	0	0	..	..	..	..	..
4400 Impôts sur transact. mobilières et immob.	0	0	0	0	0	..	..	..	..	..
4500 Impôts non-périodiques	0	0	0	0	0	..	..	..	..	..
4600 Autres impôts périodiques sur patrimoine	0	0	0	0	0	..	..	..	..	..
5000 Impôts sur les biens et services	29	184	310	582	929	0	0	0	0	0
5100 Impôts sur production, vente, transfert, etc.	18	33	30	33	176	..	..	..	..	..
5110 Impôts généraux	0	0	0	0	0	..	..	..	..	..
5120 Impôts sur biens et services déterminés	18	33	30	33	176	..	..	..	..	..
5130 Non-ventilables entre 5110 et 5120	0	0	0	0	0	..	..	..	..	..
5200 Impôts sur utilisation des biens et exerc. activites	11	151	280	549	753	..	..	..	..	..
5300 Non-ventilables entre 5100 et 5200	0	0	0	0	0	..	..	..	..	..
6000 Autres impôts	0	0	0	0	0	0	0	0	0	0
6100 A la charge exclusive des entreprises	..	..	..	..	..	..	..	..	..	..
6200 A la charge d'autres agents	..	..	..	..	..	..	..	..	..	..
Recettes fiscales totales	266	1 830	3 135	5 544	8 349	0	0	0	0	0

.. Non disponible

Tableau 6.28. Norvège, recettes fiscales par sous-secteurs d'administration

Million NOK

	Administration centrale[1]					Administration d'État/Régions				
	1975	1995	2005	2015	2022	1975	1995	2005	2015	2022
1000 Impôts sur revenu, bénéfices et gains en capital	6 495	67 402	318 701	315 719	1291 767	..	..	..	..	..
1100 Des personnes physiques	5 424	38 059	89 353	175 544	244 077	..	..	..	..	..
1200 Des sociétés	1 071	29 343	229 348	140 175	1047 690	..	..	..	..	..
1300 Non-ventilables entre 1100 et 1200	0	0	0	0	0	..	..	..	..	..
2000 Cotisations de sécurité sociale	1 341	6 013	173 151	325 130	428 463	..	..	..	..	..
2100 A la charge des salariés	331	1 233	58 320	112 662	148 315	..	..	..	..	..
2200 A la charge des employeurs	1 010	4 780	104 794	190 923	251 048	..	..	..	..	..
2300 A charge des travailleurs indép. ou sans emploi	0	0	10 037	21 545	29 100	..	..	..	..	..
2400 Non-ventilables entre 2100, 2200 et 2300	0	0	0	0	0	..	..	..	..	..
3000 Sur salaires ou main d'oeuvre	0	0	0	0	2 415	..	..	..	..	..
4000 Impôts sur le patrimoine	771	3 497	9 328	11 282	20 937	..	..	..	..	..
4100 Impôts périodiques sur la propriété immobilière	0	0	0	0	0	..	..	..	..	..
4200 Impôts périodiques sur l'actif net	490	1 172	2 891	2 561	8 724	..	..	..	..	..
4300 Impôts sur mut. par décès, succ. et donations	146	975	1 768	295	32	..	..	..	..	..
4400 Impôts sur transact. mobilières et immob.	135	1 350	4 669	8 426	12 181	..	..	..	..	..
4500 Impôts non-périodiques	0	0	0	0	0	..	..	..	..	..
4600 Autres impôts périodiques sur patrimoine	0	0	0	0	0	..	..	..	..	..
5000 Impôts sur les biens et services	25 056	143 726	235 529	363 929	481 038	..	..	..	..	..
5100 Impôts sur production, vente, transfert, etc.	24 367	134 965	220 898	342 410	458 093	..	..	..	..	..
5110 Impôts généraux	13 670	81 772	153 820	256 029	373 515	..	..	..	..	..
5120 Impôts sur biens et services déterminés	10 697	53 193	67 078	86 381	84 578	..	..	..	..	..
5130 Non-ventilables entre 5110 et 5120	0	0	0	0	0	..	..	..	..	..
5200 Impôts sur utilisation des biens et exerc. activites	689	8 761	14 631	21 519	22 945	..	..	..	..	..
5300 Non-ventilables entre 5100 et 5200	0	0	0	0	0	..	..	..	..	..
6000 Autres impôts	130	15	0	0	0	..	..	..	..	..
6100 A la charge exclusive des entreprises	124	1	..	..	..	..	..	..	..	..
6200 A la charge d'autres agents	6	14	..	..	..	..	..	..	..	..
Recettes fiscales totales	33 793	220 653	736 709	1 016 060	2 224 620	..	..	..	..	..

	Administrations locales					Administrations de sécurite sociale				
	1975	1995	2005	2015	2022	1975	1995	2005	2015	2022
1000 Impôts sur revenu, bénéfices et gains en capital	13 725	67 978	100 512	160 582	218 900	2 728	0	0	0	0
1100 Des personnes physiques	12 877	61 784	100 512	160 582	218 900	2 728	..	..	..	..
1200 Des sociétés	848	6 194	0	0	0	0	..	..	..	..
1300 Non-ventilables entre 1100 et 1200	0	0	0	0	0	0	..	..	..	..
2000 Cotisations de sécurité sociale	0	0	0	0	0	15 224	84 563	0	0	0
2100 A la charge des salariés	..	..	..	..	..	2 949	30 417	..	..	..
2200 A la charge des employeurs	..	..	..	..	..	11 315	48 396	..	..	..
2300 A charge des travailleurs indép. ou sans emploi	..	..	..	..	..	960	5 750	..	..	..
2400 Non-ventilables entre 2100, 2200 et 2300	..	..	..	..	..	0	0	..	..	..
3000 Sur salaires ou main d'oeuvre	0	0	0	0	0	0	0	0	0	0
4000 Impôts sur le patrimoine	772	7 352	10 283	21 812	34 291	0	0	0	0	0
4100 Impôts périodiques sur la propriété immobilière	278	2 792	4 324	11 177	16 091	..	..	..	..	..
4200 Impôts périodiques sur l'actif net	494	4 560	5 959	10 635	18 200	..	..	..	..	..
4300 Impôts sur mut. par décès, succ. et donations	0	0	0	0	0	..	..	..	..	..
4400 Impôts sur transact. mobilières et immob.	0	0	0	0	0	..	..	..	..	..
4500 Impôts non-périodiques	0	0	0	0	0	..	..	..	..	..
4600 Autres impôts périodiques sur patrimoine	0	0	0	0	0	..	..	..	..	..
5000 Impôts sur les biens et services	0	431	2 281	1 574	1 672	51	267	0	0	0
5100 Impôts sur production, vente, transfert, etc.	0	0	0	0	0	51	267	..	..	..
5110 Impôts généraux	0	0	0	0	0	0	0	..	..	..
5120 Impôts sur biens et services déterminés	0	0	0	0	0	51	267	..	..	..
5130 Non-ventilables entre 5110 et 5120	0	0	0	0	0	0	0	..	..	..
5200 Impôts sur utilisation des biens et exerc. activites	0	431	2 281	1 574	1 672	0	0	..	..	..
5300 Non-ventilables entre 5100 et 5200	0	0	0	0	0	0	0	..	..	..
6000 Autres impôts	432	0	0	0	0	0	0	0	0	0
6100 A la charge exclusive des entreprises	0	..	..	..	..	..	..	..	..	..
6200 A la charge d'autres agents	432	..	..	..	..	..	..	..	..	..
Recettes fiscales totales	14 929	75 761	113 076	183 968	254 863	18 003	84 830	0	0	0

.. Non disponible

1. The Norwegian National Insurance has been integrated into the Central government sector from the year 2000 onwards.

Tableau 6.29. Pologne, recettes fiscales par sous-secteurs d'administration

Million PLN

	Administration centrale					Administration d'État/Régions				
	1975	1995	2005	2015	2022	1975	1995	2005	2015	2022
1000 Impôts sur revenu, bénéfices et gains en capital	..	32 774	40 398	71 381	140 494	..	..	..	..	..
1100 Des personnes physiques	..	23 937	24 518	45 462	70 452	..	..	..	..	..
1200 Des sociétés	..	8 837	15 880	25 919	70 042	..	..	..	..	..
1300 Non-ventilables entre 1100 et 1200	..	0	0	0	0	..	..	..	..	..
2000 Cotisations de sécurité sociale	..	0	0	0	0	..	..	..	..	..
2100 A la charge des salariés	..	..	..	..	..	..	..	..	..	..
2200 A la charge des employeurs	..	..	..	..	..	..	..	..	..	..
2300 A charge des travailleurs indép. ou sans emploi	..	..	..	..	..	..	..	..	..	..
2400 Non-ventilables entre 2100, 2200 et 2300	..	..	..	..	..	..	..	..	..	..
3000 Sur salaires ou main d'oeuvre	..	831	2 555	4 028	17 154	..	..	..	..	..
4000 Impôts sur le patrimoine	..	0	0	0	3	..	..	..	..	..
4100 Impôts périodiques sur la propriété immobilière	..	..	..	..	..	..	..	..	..	..
4200 Impôts périodiques sur l'actif net	..	..	..	..	..	..	..	..	..	..
4300 Impôts sur mut. par décès, succ. et donations	..	..	..	..	..	..	..	..	..	..
4400 Impôts sur transact. mobilières et immob.	..	..	..	..	..	..	..	..	..	..
4500 Impôts non-périodiques	..	..	..	..	..	..	..	..	..	..
4600 Autres impôts périodiques sur patrimoine	..	..	..	..	..	..	..	..	..	..
5000 Impôts sur les biens et services	..	43 483	120 207	207 129	371 347	..	..	..	..	..
5100 Impôts sur production, vente, transfert, etc.	..	42 863	119 805	203 303	341 121	..	..	..	..	..
5110 Impôts généraux	..	21 051	75 783	125 895	226 721	..	..	..	..	..
5120 Impôts sur biens et services déterminés	..	21 812	44 022	77 408	114 400	..	..	..	..	..
5130 Non-ventilables entre 5110 et 5120	..	0	0	0	0	..	..	..	..	..
5200 Impôts sur utilisation des biens et exerc. activites	..	620	402	3 826	30 226	..	..	..	..	..
5300 Non-ventilables entre 5100 et 5200	..	0	0	0	0	..	..	..	..	..
6000 Autres impôts	..	99	18	0	0	..	..	..	..	..
6100 A la charge exclusive des entreprises	..	0	0	..	..	..	..	..	..	..
6200 A la charge d'autres agents	..	99	18	..	..	..	..	..	..	..
Recettes fiscales totales	..	77 187	163 178	282 538	528 998	..	..	..	..	..

	Administrations locales					Administrations de sécurite sociale				
	1975	1995	2005	2015	2022	1975	1995	2005	2015	2022
1000 Impôts sur revenu, bénéfices et gains en capital	..	4 896	23 093	45 697	83 529	..	0	0	0	0
1100 Des personnes physiques	..	4 427	17 916	38 512	67 806	..	..	..	..	..
1200 Des sociétés	..	469	5 177	7 185	15 723	..	..	..	..	..
1300 Non-ventilables entre 1100 et 1200	..	0	0	0	0	..	..	..	..	..
2000 Cotisations de sécurité sociale	..	0	0	0	0	..	38 808	121 522	225 711	396 507
2100 A la charge des salariés	..	..	..	..	..	..	16 727	49 469	92 607	173 427
2200 A la charge des employeurs	..	..	..	..	..	..	19 364	47 753	88 749	144 069
2300 A charge des travailleurs indép. ou sans emploi	..	..	..	..	..	..	2 717	24 300	44 355	79 011
2400 Non-ventilables entre 2100, 2200 et 2300	..	..	..	..	..	..	0	0	0	0
3000 Sur salaires ou main d'oeuvre	..	0	0	0	0	..	0	0	0	0
4000 Impôts sur le patrimoine	..	4 370	14 723	24 637	35 792	..	0	0	0	0
4100 Impôts périodiques sur la propriété immobilière	..	3 579	12 718	22 206	30 084	..	..	..	..	..
4200 Impôts périodiques sur l'actif net	..	0	0	0	0	..	..	..	..	..
4300 Impôts sur mut. par décès, succ. et donations	..	44	242	246	552	..	..	..	..	..
4400 Impôts sur transact. mobilières et immob.	..	747	1 763	2 185	5 156	..	..	..	..	..
4500 Impôts non-périodiques	..	0	0	0	0	..	..	..	..	..
4600 Autres impôts périodiques sur patrimoine	..	0	0	0	0	..	..	..	..	..
5000 Impôts sur les biens et services	..	1 340	3 492	4 139	4 335	..	0	0	0	1 975
5100 Impôts sur production, vente, transfert, etc.	..	0	0	0	0	..	..	..	..	1 975
5110 Impôts généraux	..	..	..	..	..	..	..	..	..	0
5120 Impôts sur biens et services déterminés	..	..	..	..	..	..	..	..	..	1 975
5130 Non-ventilables entre 5110 et 5120	..	..	..	..	..	..	..	..	..	0
5200 Impôts sur utilisation des biens et exerc. activites	..	1 340	3 492	4 139	4 335	..	..	..	..	0
5300 Non-ventilables entre 5100 et 5200	..	0	0	0	0	..	..	..	..	0
6000 Autres impôts	..	158	278	647	1 519	..	0	0	0	0
6100 A la charge exclusive des entreprises	..	0	0	0	0	..	..	..	..	..
6200 A la charge d'autres agents	..	158	278	647	1 519	..	..	..	..	..
Recettes fiscales totales	..	10 764	41 586	75 120	125 175	..	38 808	121 522	225 711	398 482

.. Non disponible

Note : Y compris les droits de douane perçus pour le compte de l'Union européenne.

Tableau 6.30. Portugal, recettes fiscales par sous-secteurs d'administration

Million EUR

	Administration centrale					Administration d'État/Régions				
	1975	1995	2005	2015	2022	1975	1995	2005	2015	2022
1000 Impôts sur revenu, bénéfices et gains en capital	81	6 557	11 576	17 516	23 518	..	..	..	..	..
1100 Des personnes physiques	..	4 547	7 694	12 316	15 960	..	..	..	..	..
1200 Des sociétés	..	1 866	3 761	5 199	7 559	..	..	..	..	..
1300 Non-ventilables entre 1100 et 1200	81	144	121	0	0	..	..	..	..	..
2000 Cotisations de sécurité sociale	0	621	265	217	2 204	..	..	..	..	..
2100 A la charge des salariés	..	2	7	19	2 040	..	..	..	..	..
2200 A la charge des employeurs	..	619	259	198	164	..	..	..	..	..
2300 A charge des travailleurs indép. ou sans emploi	..	0	0	0	0	..	..	..	..	..
2400 Non-ventilables entre 2100, 2200 et 2300	..	0	0	0	0	..	..	..	..	..
3000 Sur salaires ou main d'oeuvre	12	0	0	0	0	..	..	..	..	..
4000 Impôts sur le patrimoine	12	226	308	202	572	..	..	..	..	..
4100 Impôts périodiques sur la propriété immobilière	0	0	0	6	161	..	..	..	..	..
4200 Impôts périodiques sur l'actif net	0	0	0	0	0	..	..	..	..	..
4300 Impôts sur mut. par décès, succ. et donations	4	57	25	0	0	..	..	..	..	..
4400 Impôts sur transact. mobilières et immob.	7	169	283	196	411	..	..	..	..	..
4500 Impôts non-périodiques	0	0	0	0	0	..	..	..	..	..
4600 Autres impôts périodiques sur patrimoine	0	0	0	0	0	..	..	..	..	..
5000 Impôts sur les biens et services	198	10 407	19 782	21 725	30 156	..	..	..	..	..
5100 Impôts sur production, vente, transfert, etc.	187	10 198	19 374	20 899	28 535	..	..	..	..	..
5110 Impôts généraux	52	5 481	11 846	13 745	20 886	..	..	..	..	..
5120 Impôts sur biens et services déterminés	135	4 717	7 529	7 154	7 648	..	..	..	..	..
5130 Non-ventilables entre 5110 et 5120	0	0	141	18	5	..	..	..	..	..
5200 Impôts sur utilisation des biens et exerc. activites	12	179	381	814	1 612	..	..	..	..	..
5300 Non-ventilables entre 5100 et 5200	0	30	27	13	9	..	..	..	..	..
6000 Autres impôts	2	9	143	333	407	..	..	..	..	..
6100 A la charge exclusive des entreprises	1	9	143	333	405	..	..	..	..	..
6200 A la charge d'autres agents	0	0	0	0	2	..	..	..	..	..
Recettes fiscales totales	304	17 820	32 075	39 992	56 858	..	..	..	..	..

	Administrations locales					Administrations de sécurite sociale				
	1975	1995	2005	2015	2022	1975	1995	2005	2015	2022
1000 Impôts sur revenu, bénéfices et gains en capital	0	307	725	1 246	1 475	0	0	0	0	0
1100 Des personnes physiques	..	156	298	832	952	..	..	..	..	..
1200 Des sociétés	..	151	427	414	523	..	..	..	..	..
1300 Non-ventilables entre 1100 et 1200	0	0	0	0	0	..	..	..	..	..
2000 Cotisations de sécurité sociale	0	941	1 629	1 867	0	161	5 267	11 133	14 099	22 530
2100 A la charge des salariés	..	941	1 629	1 867	..	62	2 100	4 053	5 106	7 649
2200 A la charge des employeurs	..	0	0	0	..	97	3 167	7 080	8 993	14 881
2300 A charge des travailleurs indép. ou sans emploi	..	0	0	0	..	2	0	0	0	0
2400 Non-ventilables entre 2100, 2200 et 2300	..	0	0	0	..	0	0	0	0	0
3000 Sur salaires ou main d'oeuvre	0	0	0	0	0	0	0	0	0	0
4000 Impôts sur le patrimoine	0	599	1 541	2 105	3 159	0	0	0	0	0
4100 Impôts périodiques sur la propriété immobilière	..	310	827	1 529	1 478	..	..	..	..	..
4200 Impôts périodiques sur l'actif net	..	0	0	0	0	..	..	..	..	..
4300 Impôts sur mut. par décès, succ. et donations	..	0	1	0	0	..	..	..	..	..
4400 Impôts sur transact. mobilières et immob.	..	289	713	576	1 682	..	..	..	..	..
4500 Impôts non-périodiques	..	0	0	0	0	..	..	..	..	..
4600 Autres impôts périodiques sur patrimoine	..	0	0	0	0	..	..	..	..	..
5000 Impôts sur les biens et services	0	499	962	1 132	1 521	0	335	823	1 179	1 200
5100 Impôts sur production, vente, transfert, etc.	0	442	827	876	1 196	..	335	823	1 179	1 181
5110 Impôts généraux	0	318	563	629	855	..	276	592	994	970
5120 Impôts sur biens et services déterminés	0	124	264	247	341	..	59	231	184	211
5130 Non-ventilables entre 5110 et 5120	0	0	0	0	0	..	0	0	0	0
5200 Impôts sur utilisation des biens et exerc. activites	0	57	133	256	325	..	0	0	0	19
5300 Non-ventilables entre 5100 et 5200	0	0	1	0	0	..	0	0	0	0
6000 Autres impôts	0	3	28	10	11	0	0	0	0	0
6100 A la charge exclusive des entreprises	..	0	25	8	9	..	..	..	..	..
6200 A la charge d'autres agents	..	3	3	1	2	..	..	..	..	..
Recettes fiscales totales	0	2 349	4 884	6 360	6 165	161	5 602	11 956	15 278	23 730

.. Non disponible

Note : Y compris les droits de douane perçus pour le compte de l'Union européenne.

Tableau 6.31. République slovaque, recettes fiscales par sous-secteurs d'administration

Million EUR

	Administration centrale					Administration d'État/Régions				
	1975	1995	2005	2015	2022	1975	1995	2005	2015	2022
1000 Impôts sur revenu, bénéfices et gains en capital	..	1 993	2 968	5 542	8 453	..	..	..	..	..
1100 Des personnes physiques	..	695	1 496	2 464	4 126	..	..	..	..	..
1200 Des sociétés	..	1 166	1 345	2 917	4 012	..	..	..	..	..
1300 Non-ventilables entre 1100 et 1200	..	132	128	162	315	..	..	..	..	..
2000 Cotisations de sécurité sociale	..	85	240	253	438	..	..	..	..	..
2100 A la charge des salariés	..	10	104	58	135	..	..	..	..	..
2200 A la charge des employeurs	..	75	136	195	302	..	..	..	..	..
2300 A charge des travailleurs indép. ou sans emploi	..	0	0	0	1	..	..	..	..	..
2400 Non-ventilables entre 2100, 2200 et 2300	..	0	0	0	0	..	..	..	..	..
3000 Sur salaires ou main d'oeuvre	..	0	0	0	0	..	..	..	..	..
4000 Impôts sur le patrimoine	..	27	28	-0	0	..	..	..	..	..
4100 Impôts périodiques sur la propriété immobilière	..	8	9	-0	0	..	..	..	..	..
4200 Impôts périodiques sur l'actif net	..	0	0	0	0	..	..	..	..	..
4300 Impôts sur mut. par décès, succ. et donations	..	2	1	-0	0	..	..	..	..	..
4400 Impôts sur transact. mobilières et immob.	..	16	18	-0	0	..	..	..	..	..
4500 Impôts non-périodiques	..	0	0	0	0	..	..	..	..	..
4600 Autres impôts périodiques sur patrimoine	..	0	0	0	0	..	..	..	..	..
5000 Impôts sur les biens et services	..	2 782	6 031	8 974	13 108	..	..	..	..	..
5100 Impôts sur production, vente, transfert, etc.	..	2 594	5 773	8 442	12 319	..	..	..	..	..
5110 Impôts généraux	..	1 616	3 880	5 423	8 441	..	..	..	..	..
5120 Impôts sur biens et services déterminés	..	978	1 893	3 020	3 878	..	..	..	..	..
5130 Non-ventilables entre 5110 et 5120	..	0	0	0	0	..	..	..	..	..
5200 Impôts sur utilisation des biens et exerc. activites	..	189	256	532	758	..	..	..	..	..
5300 Non-ventilables entre 5100 et 5200	..	0	2	0	30	..	..	..	..	..
6000 Autres impôts	..	0	0	0	0	..	..	..	..	..
6100 A la charge exclusive des entreprises	..	..	..	..	..	..	..	..	..	..
6200 A la charge d'autres agents	..	..	..	..	..	..	..	..	..	..
Recettes fiscales totales	..	4 887	9 267	14 770	21 999	..	..	..	..	..

	Administrations locales					Administrations de sécurite sociale				
	1975	1995	2005	2015	2022	1975	1995	2005	2015	2022
1000 Impôts sur revenu, bénéfices et gains en capital	..	0	0	0	0	..	0	0	0	0
1100 Des personnes physiques	..	..	..	..	..	..	..	..	..	..
1200 Des sociétés	..	..	..	..	..	..	..	..	..	..
1300 Non-ventilables entre 1100 et 1200	..	..	..	..	..	..	..	..	..	..
2000 Cotisations de sécurité sociale	..	0	0	0	0	..	2 817	6 037	10 643	15 529
2100 A la charge des salariés	..	..	..	0	..	..	540	1 377	2 352	3 874
2200 A la charge des employeurs	..	..	..	0	..	..	1 774	3 356	6 124	9 163
2300 A charge des travailleurs indép. ou sans emploi	..	..	..	0	..	..	503	1 304	2 168	2 491
2400 Non-ventilables entre 2100, 2200 et 2300	..	..	..	0	..	..	0	0	0	0
3000 Sur salaires ou main d'oeuvre	..	0	0	0	0	..	0	0	0	0
4000 Impôts sur le patrimoine	..	84	220	335	469	..	0	0	0	0
4100 Impôts périodiques sur la propriété immobilière	..	72	220	335	469	..	..	..	..	..
4200 Impôts périodiques sur l'actif net	..	0	0	0	0	..	..	..	..	..
4300 Impôts sur mut. par décès, succ. et donations	..	0	0	0	0	..	..	..	..	..
4400 Impôts sur transact. mobilières et immob.	..	12	0	0	0	..	..	..	..	..
4500 Impôts non-périodiques	..	0	0	0	0	..	..	..	..	..
4600 Autres impôts périodiques sur patrimoine	..	0	0	0	0	..	..	..	..	..
5000 Impôts sur les biens et services	..	17	198	182	243	..	0	0	0	0
5100 Impôts sur production, vente, transfert, etc.	..	10	9	12	15	..	..	..	..	..
5110 Impôts généraux	..	0	0	-0	0	..	..	..	..	..
5120 Impôts sur biens et services déterminés	..	10	9	12	15	..	..	..	..	..
5130 Non-ventilables entre 5110 et 5120	..	0	0	0	0	..	..	..	..	..
5200 Impôts sur utilisation des biens et exerc. activites	..	1	94	17	33	..	..	..	..	..
5300 Non-ventilables entre 5100 et 5200	..	6	95	153	194	..	..	..	..	..
6000 Autres impôts	..	0	0	0	0	..	0	0	0	0
6100 A la charge exclusive des entreprises	..	..	..	..	..	..	..	..	..	..
6200 A la charge d'autres agents	..	..	..	..	..	..	..	..	..	..
Recettes fiscales totales	..	101	418	517	712	..	2 817	6 037	10 643	15 529

.. Non disponible

Note : Y compris les droits de douane perçus pour le compte de l'Union européenne.

Tableau 6.32. Slovenie, recettes fiscales par sous-secteurs d'administration

Million EUR

	Administration centrale					Administration d'État/Régions				
	1975	1995	2005	2015	2022	1975	1995	2005	2015	2022
1000 Impôts sur revenu, bénéfices et gains en capital	..	479	1 828	1 528	2 923	..	..	..	..	..
1100 Des personnes physiques	..	413	1 029	958	1 588	..	..	..	..	..
1200 Des sociétés	..	54	795	568	1 332	..	..	..	..	..
1300 Non-ventilables entre 1100 et 1200	..	12	5	2	3	..	..	..	..	..
2000 Cotisations de sécurité sociale	..	38	42	59	93	..	..	..	..	..
2100 A la charge des salariés	..	20	24	31	49	..	..	..	..	..
2200 A la charge des employeurs	..	17	15	23	37	..	..	..	..	..
2300 A charge des travailleurs indép. ou sans emploi	..	1	3	5	7	..	..	..	..	..
2400 Non-ventilables entre 2100, 2200 et 2300	..	0	0	0	0	..	..	..	..	..
3000 Sur salaires ou main d'oeuvre	..	14	521	20	27	..	..	..	..	..
4000 Impôts sur le patrimoine	..	5	3	2	3	..	..	..	..	..
4100 Impôts périodiques sur la propriété immobilière	..	0	0	0	0	..	..	..	..	..
4200 Impôts périodiques sur l'actif net	..	0	3	0	0	..	..	..	..	..
4300 Impôts sur mut. par décès, succ. et donations	..	0	0	0	0	..	..	..	..	..
4400 Impôts sur transact. mobilières et immob.	..	0	0	0	0	..	..	..	..	..
4500 Impôts non-périodiques	..	0	0	0	0	..	..	..	..	..
4600 Autres impôts périodiques sur patrimoine	..	0	0	0	0	..	..	..	..	..
5000 Impôts sur les biens et services	..	1 554	3 826	5 543	7 321	..	..	..	..	..
5100 Impôts sur production, vente, transfert, etc.	..	1 524	3 645	5 205	6 860	..	..	..	..	..
5110 Impôts généraux	..	1 192	2 489	3 224	4 681	..	..	..	..	..
5120 Impôts sur biens et services déterminés	..	332	1 156	1 981	2 179	..	..	..	..	..
5130 Non-ventilables entre 5110 et 5120	..	0	0	0	0	..	..	..	..	..
5200 Impôts sur utilisation des biens et exerc. activites	..	31	181	338	462	..	..	..	..	..
5300 Non-ventilables entre 5100 et 5200	..	0	0	0	0	..	..	..	..	..
6000 Autres impôts	..	0	0	0	0	..	..	..	..	..
6100 A la charge exclusive des entreprises	..	..	..	..	..	..	..	..	..	..
6200 A la charge d'autres agents	..	..	..	..	..	..	..	..	..	..
Recettes fiscales totales	..	2 090	6 221	7 152	10 368	..	..	..	..	..

	Administrations locales					Administrations de sécurite sociale				
	1975	1995	2005	2015	2022	1975	1995	2005	2015	2022
1000 Impôts sur revenu, bénéfices et gains en capital	..	194	559	1 019	1 365	..	0	0	0	0
1100 Des personnes physiques	..	192	556	1 019	1 365	..	..	..	..	..
1200 Des sociétés	..	0	0	0	0	..	..	..	..	..
1300 Non-ventilables entre 1100 et 1200	..	2	2	0	0	..	..	..	..	..
2000 Cotisations de sécurité sociale	..	0	0	0	0	..	1 793	4 354	5 924	9 041
2100 A la charge des salariés	..	..	..	..	..	..	812	2 124	2 879	4 511
2200 A la charge des employeurs	..	..	..	..	..	..	806	1 579	2 112	3 311
2300 A charge des travailleurs indép. ou sans emploi	..	..	..	..	..	..	175	652	933	1 219
2400 Non-ventilables entre 2100, 2200 et 2300	..	..	..	..	..	..	0	0	0	0
3000 Sur salaires ou main d'oeuvre	..	2	0	0	0	..	0	0	0	0
4000 Impôts sur le patrimoine	..	53	167	239	344	..	0	0	0	0
4100 Impôts périodiques sur la propriété immobilière	..	37	122	199	260	..	..	..	..	..
4200 Impôts périodiques sur l'actif net	..	0	0	0	0	..	..	..	..	..
4300 Impôts sur mut. par décès, succ. et donations	..	1	5	8	17	..	..	..	..	..
4400 Impôts sur transact. mobilières et immob.	..	12	40	29	55	..	..	..	..	..
4500 Impôts non-périodiques	..	0	0	0	0	..	..	..	..	..
4600 Autres impôts périodiques sur patrimoine	..	0	0	0	0	..	..	..	..	..
5000 Impôts sur les biens et services	..	7	91	96	101	..	0	0	0	0
5100 Impôts sur production, vente, transfert, etc.	..	7	43	57	72	..	..	..	..	..
5110 Impôts généraux	..	0	0	0	0	..	..	..	..	..
5120 Impôts sur biens et services déterminés	..	7	43	57	72	..	..	..	..	..
5130 Non-ventilables entre 5110 et 5120	..	0	0	0	0	..	..	..	..	..
5200 Impôts sur utilisation des biens et exerc. activites	..	0	48	39	29	..	..	..	..	..
5300 Non-ventilables entre 5100 et 5200	..	0	0	0	0	..	..	..	..	..
6000 Autres impôts	..	0	0	0	0	..	0	0	0	0
6100 A la charge exclusive des entreprises	..	..	..	..	..	..	..	..	..	..
6200 A la charge d'autres agents	..	..	..	..	..	..	..	..	..	..
Recettes fiscales totales	..	256	817	1 354	1 811	..	1 793	4 354	5 924	9 041

.. Non disponible

Note : Y compris les droits de douane perçus pour le compte de l'Union européenne.

Tableau 6.33. Espagne, recettes fiscales par sous-secteurs d'administration

Million EUR

	Administration fédérale					Administration d'État/Régions				
	1975	1995	2005	2015	2022	1975	1995	2005	2015	2022
1000 Impôts sur revenu, bénéfices et gains en capital	1 388	38 846	71 598	62 198	98 614	..	588	19 503	34 814	52 134
1100 Des personnes physiques	897	31 789	38 219	39 659	63 874	..	457	19 104	34 600	51 758
1200 Des sociétés	490	7 057	33 379	22 539	34 740	..	131	399	214	376
1300 Non-ventilables entre 1100 et 1200	1	0	0	0	0	..	0	0	0	0
2000 Cotisations de sécurité sociale	0	2 027	3 027	3 505	3 610	..	0	0	0	0
2100 A la charge des salariés	..	1 017	1 369	1 541	1 318	..	..	..	..	..
2200 A la charge des employeurs	..	1 010	1 658	1 964	2 292	..	..	..	..	..
2300 A charge des travailleurs indép. ou sans emploi	..	0	0	0	0	..	..	..	..	..
2400 Non-ventilables entre 2100, 2200 et 2300	..	0	0	0	0	..	..	..	..	..
3000 Sur salaires ou main d'oeuvre	0	0	0	0	0	..	0	0	0	0
4000 Impôts sur le patrimoine	421	405	77	1 197	820	..	4 050	19 031	10 286	16 874
4100 Impôts périodiques sur la propriété immobilière	1	3	5	4	5	..	0	2	38	25
4200 Impôts périodiques sur l'actif net	0	166	38	32	118	..	419	1 246	961	1 475
4300 Impôts sur mut. par décès, succ. et donations	56	1	24	222	256	..	835	2 315	2 454	3 253
4400 Impôts sur transact. mobilières et immob.	364	235	10	6	207	..	2 796	15 468	6 833	12 121
4500 Impôts non-périodiques	0	0	0	0	0	..	0	0	0	0
4600 Autres impôts périodiques sur patrimoine	0	0	0	0	0	..	0	0	0	0
5000 Impôts sur les biens et services	1 609	32 388	71 536	89 031	112 014	..	2 556	7 956	6 553	7 573
5100 Impôts sur production, vente, transfert, etc.	1 599	32 206	70 895	87 536	108 854	..	2 387	7 637	6 022	6 803
5110 Impôts généraux	990	20 331	51 583	61 839	84 231	..	786	1 980	2 571	3 521
5120 Impôts sur biens et services déterminés	608	11 875	19 312	25 697	24 623	..	1 601	5 657	3 451	3 282
5130 Non-ventilables entre 5110 et 5120	0	0	0	0	0	..	0	0	0	0
5200 Impôts sur utilisation des biens et exerc. activites	10	182	641	1 495	3 160	..	169	319	531	770
5300 Non-ventilables entre 5100 et 5200	0	0	0	0	0	..	0	0	0	0
6000 Autres impôts	0	0	0	101	193	..	0	1	19	10
6100 A la charge exclusive des entreprises	0	..	..	0	0	..	..	0	0	0
6200 A la charge d'autres agents	0	..	..	101	193	..	..	1	19	10
Recettes fiscales totales	3 418	73 666	146 238	156 032	215 251	..	7 194	46 491	51 672	76 591

	Administrations locales					Administrations de sécurite sociale				
	1975	1995	2005	2015	2022	1975	1995	2005	2015	2022
1000 Impôts sur revenu, bénéfices et gains en capital	175	2 514	4 892	5 633	7 957	0	0	0	0	0
1100 Des personnes physiques	131	2 137	3 426	4 637	6 519	..	..	..	..	..
1200 Des sociétés	0	377	1 466	996	1 438	..	..	..	..	..
1300 Non-ventilables entre 1100 et 1200	44	0	0	0	0	..	..	..	..	..
2000 Cotisations de sécurité sociale	0	0	0	0	0	3 367	49 851	106 040	119 330	168 828
2100 A la charge des salariés	..	..	..	..	..	645	7 372	15 332	17 242	24 945
2200 A la charge des employeurs	..	..	..	..	..	2 722	35 137	77 989	86 024	125 351
2300 A charge des travailleurs indép. ou sans emploi	..	..	..	..	..	0	7 342	12 719	16 064	18 532
2400 Non-ventilables entre 2100, 2200 et 2300	..	..	..	..	..	0	0	0	0	0
3000 Sur salaires ou main d'oeuvre	0	0	0	0	0	0	0	0	0	0
4000 Impôts sur le patrimoine	26	3 759	8 869	16 372	17 245	0	0	0	0	0
4100 Impôts périodiques sur la propriété immobilière	26	2 754	6 038	12 581	14 052	..	..	..	..	..
4200 Impôts périodiques sur l'actif net	0	177	431	911	1020	..	..	..	..	..
4300 Impôts sur mut. par décès, succ. et donations	0	19	79	114	153	..	..	..	..	..
4400 Impôts sur transact. mobilières et immob.	0	166	423	145	333	..	..	..	..	..
4500 Impôts non-périodiques	0	0	0	0	0	..	..	..	..	..
4600 Autres impôts périodiques sur patrimoine	0	0	0	0	0	..	..	..	..	..
5000 Impôts sur les biens et services	104	6 072	12 810	13 067	16 299	0	0	0	0	0
5100 Impôts sur production, vente, transfert, etc.	104	1 976	5 946	6 846	8 699	..	..	..	..	..
5110 Impôts généraux	95	1 805	4 186	5 068	6 938	..	..	..	..	..
5120 Impôts sur biens et services déterminés	10	171	1 760	1 778	1 761	..	..	..	..	..
5130 Non-ventilables entre 5110 et 5120	0	0	0	0	0	..	..	..	..	..
5200 Impôts sur utilisation des biens et exerc. activites	0	4 096	6 864	6 221	7 600	..	..	..	..	..
5300 Non-ventilables entre 5100 et 5200	0	0	0	0	0	..	..	..	..	..
6000 Autres impôts	0	8	6	69	12	0	0	0	0	0
6100 A la charge exclusive des entreprises	..	0	0	0	0	..	..	..	..	..
6200 A la charge d'autres agents	..	8	6	69	12	..	..	..	..	..
Recettes fiscales totales	305	12 353	26 577	35 141	41 513	3 367	49 851	106 040	119 330	168 828

.. Non disponible

Note : Y compris les droits de douane perçus pour le compte de l'Union européenne.

Tableau 6.34. Suède, recettes fiscales par sous-secteurs d'administration

Million SEK

	Administration centrale					Administration d'État/Régions				
	1975	1995	2005	2015	2022	1975	1995	2005	2015	2022
1000 Impôts sur revenu, bénéfices et gains en capital	28 216	72 342	123 698	21 820	45 369	..	..	..	..	..
1100 Des personnes physiques	25 626	22 541	21 708	-102 059	-155 324	..	..	..	..	..
1200 Des sociétés	2 590	49 801	101 989	123 878	200 693	..	..	..	..	..
1300 Non-ventilables entre 1100 et 1200	0	0	0	0	0	..	..	..	..	..
2000 Cotisations de sécurité sociale[1]	0	0	0	0	0	..	..	..	..	..
2100 A la charge des salariés	..	0	0	0	0	..	..	..	..	..
2200 A la charge des employeurs	..	49 222	209 370	179 056	218 355	..	..	..	..	..
2300 A charge des travailleurs indép. ou sans emploi	..	1 338	4 639	1 875	1 523	..	..	..	..	..
2400 Non-ventilables entre 2100, 2200 et 2300	..	0	-1 044	-209	-1988	..	..	..	..	..
3000 Sur salaires ou main d'oeuvre	5 723	17 800	62 432	194 121	301 306	..	..	..	..	..
4000 Impôts sur le patrimoine	1 469	23 260	40 116	27 917	33 577	..	..	..	..	..
4100 Impôts périodiques sur la propriété immobilière	11	15 263	25 139	16 509	17 185	..	..	..	..	..
4200 Impôts périodiques sur l'actif net	647	3 583	4 998	0	0	..	..	..	..	..
4300 Impôts sur mut. par décès, succ. et donations	335	1 388	1 092	-0	0	..	..	..	..	..
4400 Impôts sur transact. mobilières et immob.	476	3 026	8 887	11 408	16 391	..	..	..	..	..
4500 Impôts non-périodiques	0	0	0	0	0	..	..	..	..	..
4600 Autres impôts périodiques sur patrimoine	0	0	0	0	0	..	..	..	..	..
5000 Impôts sur les biens et services	31 985	237 720	354 724	508 172	708 157	..	..	..	..	..
5100 Impôts sur production, vente, transfert, etc.	29 820	233 671	343 704	489 420	685 630	..	..	..	..	..
5110 Impôts généraux	15 806	166 557	250 470	383 002	552 379	..	..	..	..	..
5120 Impôts sur biens et services déterminés	14 014	67 114	93 234	106 418	133 251	..	..	..	..	..
5130 Non-ventilables entre 5110 et 5120	0	0	0	0	0	..	..	..	..	..
5200 Impôts sur utilisation des biens et exerc. activites	2 165	4 049	11 019	18 752	22 527	..	..	..	..	..
5300 Non-ventilables entre 5100 et 5200	0	0	0	0	0	..	..	..	..	..
6000 Autres impôts	260	1 438	1 347	1 356	3 294	..	..	..	..	..
6100 A la charge exclusive des entreprises	0	0	0	0	0	..	..	..	..	..
6200 A la charge d'autres agents	260	1 438	1 347	1 356	3 294	..	..	..	..	..
Recettes fiscales totales	67 653	403 120	795 281	934 108	1 309 593	..	..	..	..	..

	Administrations locales					Administrations de sécurite sociale				
	1975	1995	2005	2015	2022	1975	1995	2005	2015	2022
1000 Impôts sur revenu, bénéfices et gains en capital	38 415	265 068	435 577	635 719	852 510	0	0	0	0	0
1100 Des personnes physiques	35 269	265 068	435 577	635 719	852 510	..	..	..	..	..
1200 Des sociétés	3 146	0	0	0	0	..	..	..	..	..
1300 Non-ventilables entre 1100 et 1200	0	0	0	0	0	..	..	..	..	..
2000 Cotisations de sécurité sociale[1]	0	0	0	0	0	25 756	0	0	0	0
2100 A la charge des salariés	..	..	..	..	..	0	28 989	74 178	108 356	145 337
2200 A la charge des employeurs	..	..	..	..	..	24 203	154 154	74 438	112 589	152 020
2300 A charge des travailleurs indép. ou sans emploi	..	..	..	..	..	1 553	3 849	2 403	3 183	3 191
2400 Non-ventilables entre 2100, 2200 et 2300	..	..	..	..	..	0	0	0	0	0
3000 Sur salaires ou main d'oeuvre	0	0	0	0	0	0	0	0	0	0
4000 Impôts sur le patrimoine	0	0	0	15 935	21 430	0	0	0	0	0
4100 Impôts périodiques sur la propriété immobilière	..	..	..	15 935	21 430	..	..	..	..	..
4200 Impôts périodiques sur l'actif net	..	..	..	0	0	..	..	..	..	..
4300 Impôts sur mut. par décès, succ. et donations	..	..	..	0	0	..	..	..	..	..
4400 Impôts sur transact. mobilières et immob.	..	..	..	0	0	..	..	..	..	..
4500 Impôts non-périodiques	..	..	..	0	0	..	..	..	..	..
4600 Autres impôts périodiques sur patrimoine	..	..	..	0	0	..	..	..	..	..
5000 Impôts sur les biens et services	149	786	0	0	0	0	0	0	0	0
5100 Impôts sur production, vente, transfert, etc.	119	732	0	0	0	..	..	..	..	..
5110 Impôts généraux	0	0	0	0	0	..	..	..	..	..
5120 Impôts sur biens et services déterminés	119	732	0	0	0	..	..	..	..	..
5130 Non-ventilables entre 5110 et 5120	0	0	0	0	0	..	..	..	..	..
5200 Impôts sur utilisation des biens et exerc. activites	30	54	0	0	0	..	..	..	..	..
5300 Non-ventilables entre 5100 et 5200	0	0	0	0	0	..	..	..	..	..
6000 Autres impôts	0	0	0	0	0	0	0	0	0	0
6100 A la charge exclusive des entreprises	..	..	..	..	..	..	..	..	..	..
6200 A la charge d'autres agents	..	..	..	..	..	..	..	..	..	..
Recettes fiscales totales	38 564	265 854	435 577	651 654	873 941	25 756	186 992	151 019	224 129	300 548

.. Non disponible

Note : Y compris les droits de douane perçus pour le compte de l'Union européenne.

1. From 1985, social security contributions are classified using the SNA definition of Social security Funds which means that a proportion of these payments are shown under the heading of Central Government. Prior to that year, all such payments were classified under the heading of Social Security.

Tableau 6.35. Suisse, recettes fiscales par sous-secteurs d'administration

Million CHF

	Administration fédérale					Administration d'État/Régions				
	1975	1995	2005	2015	2022	1975	1995	2005	2015	2022
1000 Impôts sur revenu, bénéfices et gains en capital	3 422	10 468	16 341	26 841	30 886	7 756	19 408	26 544	34 657	41 100
1100 Des personnes physiques	2 712	5 699	7 823	10 567	12 897	6 342	16 182	21 289	27 156	31 756
1200 Des sociétés	710	2 678	4 519	9 731	13 601	1 414	2 628	4 627	6 294	7 329
1300 Non-ventilables entre 1100 et 1200	0	2 092	4 000	6 543	4 388	0	598	628	1 207	2 015
2000 Cotisations de sécurité sociale	0	0	0	0	0	0	0	0	0	0
2100 A la charge des salariés	..	..	..	..	..	..	..	..	..	..
2200 A la charge des employeurs	..	..	..	..	..	..	..	..	..	..
2300 A charge des travailleurs indép. ou sans emploi	..	..	..	..	..	..	..	..	..	..
2400 Non-ventilables entre 2100, 2200 et 2300	..	..	..	..	..	..	..	..	..	..
3000 Sur salaires ou main d'oeuvre	0	0	0	0	0	0	0	0	0	0
4000 Impôts sur le patrimoine	463	1 703	2 703	1 674	1 713	1 428	4 116	5 523	7 191	9 521
4100 Impôts périodiques sur la propriété immobilière	0	0	0	0	0	60	162	230	349	440
4200 Impôts périodiques sur l'actif net	89	0	0	0	0	988	2 467	3 683	4 992	6 496
4300 Impôts sur mut. par décès, succ. et donations	0	0	0	0	0	270	974	824	964	1 292
4400 Impôts sur transact. mobilières et immob.	374	1 703	2 703	1 674	1 713	110	103	157	177	259
4500 Impôts non-périodiques	0	0	0	0	0	0	0	0	0	0
4600 Autres impôts périodiques sur patrimoine	0	0	0	0	0	0	411	629	709	1 035
5000 Impôts sur les biens et services	7 431	20 854	28 489	35 508	38 600	795	1 706	2 373	2 901	3 192
5100 Impôts sur production, vente, transfert, etc.	7 431	19 763	27 114	33 093	35 706	154	266	447	615	702
5110 Impôts généraux	3 205	12 428	18 429	22 791	24 920	0	0	0	0	0
5120 Impôts sur biens et services déterminés	4 226	7 335	8 685	10 302	10 786	154	236	410	594	686
5130 Non-ventilables entre 5110 et 5120	0	0	0	0	0	0	29	37	20	16
5200 Impôts sur utilisation des biens et exerc. activites	0	1 092	1 375	2 415	2 894	641	1 440	1 927	2 286	2 490
5300 Non-ventilables entre 5100 et 5200	0	0	0	0	0	0	0	0	0	0
6000 Autres impôts	0	0	0	0	68	0	19	23	230	445
6100 A la charge exclusive des entreprises	..	..	..	..	0	..	6	7	64	108
6200 A la charge d'autres agents	..	..	..	..	68	..	13	16	165	337
Recettes fiscales totales	11 316	33 026	47 533	64 023	71 267	9 979	25 249	34 462	44 979	54 257

	Administrations locales					Administrations de sécurite sociale				
	1975	1995	2005	2015	2022	1975	1995	2005	2015	2022
1000 Impôts sur revenu, bénéfices et gains en capital	6 403	15 575	18 091	22 865	26 786	0	0	0	0	0
1100 Des personnes physiques	5 398	13 340	15 326	18 651	21 024	..	..	..	..	..
1200 Des sociétés	1 005	1 624	2 316	3 407	4 178	..	..	..	..	..
1300 Non-ventilables entre 1100 et 1200	0	611	450	806	1 585	..	..	..	..	..
2000 Cotisations de sécurité sociale	0	0	0	0	0	8 111	28 019	32 332	44 285	52 285
2100 A la charge des salariés	..	..	..	..	..	3 589	13 115	15 133	20 542	24 623
2200 A la charge des employeurs	..	..	..	..	..	3 618	13 126	15 146	20 574	24 512
2300 A charge des travailleurs indép. ou sans emploi	..	..	..	..	..	840	1 778	2 053	3 169	3 149
2400 Non-ventilables entre 2100, 2200 et 2300	..	..	..	..	..	64	0	0	0	0
3000 Sur salaires ou main d'oeuvre	0	0	0	0	0	0	0	0	0	0
4000 Impôts sur le patrimoine	1 068	2 614	3 251	4 275	5 757	0	0	0	0	0
4100 Impôts périodiques sur la propriété immobilière	182	443	588	789	1059	..	..	..	..	..
4200 Impôts périodiques sur l'actif net	809	1 873	2 393	3 104	4 086	..	..	..	..	..
4300 Impôts sur mut. par décès, succ. et donations	27	89	79	124	187	..	..	..	..	..
4400 Impôts sur transact. mobilières et immob.	50	42	38	52	85	..	..	..	..	..
4500 Impôts non-périodiques	0	0	0	0	0	..	..	..	..	..
4600 Autres impôts périodiques sur patrimoine	0	168	153	206	340	..	..	..	..	..
5000 Impôts sur les biens et services	22	97	78	132	256	0	0	0	0	0
5100 Impôts sur production, vente, transfert, etc.	17	55	26	63	127	..	..	..	..	..
5110 Impôts généraux	0	0	0	0	0	..	..	..	..	..
5120 Impôts sur biens et services déterminés	17	29	20	15	9	..	..	..	..	..
5130 Non-ventilables entre 5110 et 5120	0	25	6	48	117	..	..	..	..	..
5200 Impôts sur utilisation des biens et exerc. activites	5	42	52	70	129	..	..	..	..	..
5300 Non-ventilables entre 5100 et 5200	0	0	0	0	0	..	..	..	..	..
6000 Autres impôts	0	164	223	569	646	0	0	0	0	0
6100 A la charge exclusive des entreprises	..	49	67	277	316	..	..	..	..	..
6200 A la charge d'autres agents	..	115	156	292	330	..	..	..	..	..
Recettes fiscales totales	7 493	18 451	21 643	27 841	33 445	8 111	28 019	32 332	44 285	52 285

.. Non disponible

Tableau 6.36. Türkiye, recettes fiscales par sous-secteurs d'administration

Million TRY

	Administration centrale					Administration d'État/Régions				
	1975	1995	2005	2015	2022	1975	1995	2005	2015	2022
1000 Impôts sur revenu, bénéfices et gains en capital	..	433	30 324	104 699	761 245	..	..	..	..	..
1100 Des personnes physiques	..	330	20 458	75 426	315 141	..	..	..	..	..
1200 Des sociétés	..	103	9 866	29 272	446 104	..	..	..	..	..
1300 Non-ventilables entre 1100 et 1200	..	0	0	0	0	..	..	..	..	..
2000 Cotisations de sécurité sociale	..	0	0	0	0	..	..	..	..	..
2100 A la charge des salariés	..	..	..	..	..	..	..	..	..	..
2200 A la charge des employeurs	..	..	..	..	..	..	..	..	..	..
2300 A charge des travailleurs indép. ou sans emploi	..	..	..	..	..	..	..	..	..	..
2400 Non-ventilables entre 2100, 2200 et 2300	..	..	..	..	..	..	..	..	..	..
3000 Sur salaires ou main d'oeuvre	..	0	0	0	0	..	..	..	..	..
4000 Impôts sur le patrimoine	..	49	3 626	20 211	80 340	..	..	..	..	..
4100 Impôts périodiques sur la propriété immobilière	..	0	0	0	0	..	..	..	..	..
4200 Impôts périodiques sur l'actif net	..	0	0	0	35	..	..	..	..	..
4300 Impôts sur mut. par décès, succ. et donations	..	1	78	379	2 547	..	..	..	..	..
4400 Impôts sur transact. mobilières et immob.	..	29	3 548	19 832	77 758	..	..	..	..	..
4500 Impôts non-périodiques	..	0	0	0	0	..	..	..	..	..
4600 Autres impôts périodiques sur patrimoine	..	0	0	0	0	..	..	..	..	..
5000 Impôts sur les biens et services	..	574	71 956	231 227	1215 353	..	..	..	..	..
5100 Impôts sur production, vente, transfert, etc.	..	567	69 266	222 702	1192 588	..	..	..	..	..
5110 Impôts généraux	..	475	30 343	107 451	665 388	..	..	..	..	..
5120 Impôts sur biens et services déterminés	..	92	38 923	115 251	527 200	..	..	..	..	..
5130 Non-ventilables entre 5110 et 5120	..	0	0	0	0	..	..	..	..	..
5200 Impôts sur utilisation des biens et exerc. activites	..	8	2 691	8 526	22 764	..	..	..	..	..
5300 Non-ventilables entre 5100 et 5200	..	0	0	0	0	..	..	..	..	..
6000 Autres impôts	..	259	4 181	3 779	13 559	..	..	..	..	..
6100 A la charge exclusive des entreprises	..	0	0	0	0	..	..	..	..	..
6200 A la charge d'autres agents	..	259	4 181	3 779	13 559	..	..	..	..	..
Recettes fiscales totales	..	1 316	110 088	359 915	2 070 497	..	..	..	..	..

	Administrations locales					Administrations de sécurite sociale				
	1975	1995	2005	2015	2022	1975	1995	2005	2015	2022
1000 Impôts sur revenu, bénéfices et gains en capital	..	63	4 011	14 445	102 673	..	0	0	0	0
1100 Des personnes physiques	..	48	2 706	10 330	41 324	..	..	..	..	..
1200 Des sociétés	..	15	1 305	4 116	61 349	..	..	..	..	..
1300 Non-ventilables entre 1100 et 1200	..	0	0	0	0	..	..	..	..	..
2000 Cotisations de sécurité sociale	..	0	0	0	0	..	212	35 321	170 282	767 544
2100 A la charge des salariés	..	..	..	..	..	..	82	12 128	64 214	296 029
2200 A la charge des employeurs	..	..	..	..	..	..	110	16 132	95 067	440 551
2300 A charge des travailleurs indép. ou sans emploi	..	..	..	..	..	..	19	7 061	11 001	30 965
2400 Non-ventilables entre 2100, 2200 et 2300	..	..	..	..	..	..	0	0	0	0
3000 Sur salaires ou main d'oeuvre	..	0	0	0	0	..	0	0	0	0
4000 Impôts sur le patrimoine	..	4	1 627	8 371	29 132	..	0	0	0	0
4100 Impôts périodiques sur la propriété immobilière	..	0	1 148	5 882	18 633	..	..	..	..	..
4200 Impôts périodiques sur l'actif net	..	0	0	0	5	..	..	..	..	..
4300 Impôts sur mut. par décès, succ. et donations	..	0	10	56	339	..	..	..	..	..
4400 Impôts sur transact. mobilières et immob.	..	4	469	2 433	10 156	..	..	..	..	..
4500 Impôts non-périodiques	..	0	0	0	0	..	..	..	..	..
4600 Autres impôts périodiques sur patrimoine	..	0	0	0	0	..	..	..	..	..
5000 Impôts sur les biens et services	..	84	5 649	28 737	154 778	..	0	0	0	0
5100 Impôts sur production, vente, transfert, etc.	..	82	5 295	27 560	151 659	..	..	..	..	..
5110 Impôts généraux	..	69	4 014	13 619	88 721	..	..	..	..	..
5120 Impôts sur biens et services déterminés	..	13	1 281	13 940	62 939	..	..	..	..	..
5130 Non-ventilables entre 5110 et 5120	..	0	0	0	0	..	..	..	..	..
5200 Impôts sur utilisation des biens et exerc. activites	..	1	354	1 177	3 118	..	..	..	..	..
5300 Non-ventilables entre 5100 et 5200	..	0	0	0	0	..	..	..	..	..
6000 Autres impôts	..	73	721	4 971	19 642	..	0	0	0	0
6100 A la charge exclusive des entreprises	..	0	0	0	0	..	..	..	..	..
6200 A la charge d'autres agents	..	73	721	4 971	19 642	..	..	..	..	..
Recettes fiscales totales	..	224	12 008	56 525	306 226	..	212	35 321	170 282	767 544

.. Non disponible

Tableau 6.37. Royaume-Uni, recettes fiscales par sous-secteurs d'administration

Million GBP

	Administration centrale					Administration d'État/Régions				
	1975	1995	2005	2015	2022	1975	1995	2005	2015	2022
1000 Impôts sur revenu, bénéfices et gains en capital	16 716	92 147	177 149	212 726	335 214	..	..	..	..	..
1100 Des personnes physiques	14 936	71 973	130 135	168 901	253 612	..	..	..	..	..
1200 Des sociétés	2 310	20 174	47 014	43 825	81 601	..	..	..	..	..
1300 Non-ventilables entre 1100 et 1200	-530	0	0	0	0	..	..	..	..	..
2000 Cotisations de sécurité sociale	0	0	0	0	0	..	..	..	..	..
2100 A la charge des salariés	..	..	..	..	..	..	..	..	..	..
2200 A la charge des employeurs	..	..	..	..	..	..	..	..	..	..
2300 A charge des travailleurs indép. ou sans emploi	..	..	..	..	..	..	..	..	..	..
2400 Non-ventilables entre 2100, 2200 et 2300	..	..	..	..	..	..	..	..	..	..
3000 Sur salaires ou main d'oeuvre	-1	0	0	0	3 520	..	..	..	..	..
4000 Impôts sur le patrimoine	619	15 730	32 583	46 498	57 537	..	..	..	..	..
4100 Impôts périodiques sur la propriété immobilière	44	12 369	19 523	28 265	29 059	..	..	..	..	..
4200 Impôts périodiques sur l'actif net	0	0	0	0	0	..	..	..	..	..
4300 Impôts sur mut. par décès, succ. et donations	307	1 441	3 150	4 442	6 808	..	..	..	..	..
4400 Impôts sur transact. mobilières et immob.	266	1 920	9 910	13 791	21 670	..	..	..	..	..
4500 Impôts non-périodiques	2	0	0	0	0	..	..	..	..	..
4600 Autres impôts périodiques sur patrimoine	0	0	0	0	0	..	..	..	..	..
5000 Impôts sur les biens et services	8 982	85 507	136 863	205 106	271 347	..	..	..	..	..
5100 Impôts sur production, vente, transfert, etc.	8 502	81 175	131 467	197 663	257 624	..	..	..	..	..
5110 Impôts généraux	3 515	47 539	84 649	132 906	184 258	..	..	..	..	..
5120 Impôts sur biens et services déterminés	4 987	33 636	46 818	64 757	73 366	..	..	..	..	..
5130 Non-ventilables entre 5110 et 5120	0	0	0	0	0	..	..	..	..	..
5200 Impôts sur utilisation des biens et exerc. activites	698	4 332	5 396	7 443	13 723	..	..	..	..	..
5300 Non-ventilables entre 5100 et 5200	-218	0	0	0	0	..	..	..	..	..
6000 Autres impôts	0	0	0	0	0	..	..	..	..	..
6100 A la charge exclusive des entreprises	..	..	..	..	..	..	..	..	..	..
6200 A la charge d'autres agents	..	..	..	..	..	..	..	..	..	..
Recettes fiscales totales	26 316	193 384	346 595	464 330	667 618	..	..	..	..	..

	Administrations locales					Administrations de sécurite sociale				
	1975	1995	2005	2015	2022	1975	1995	2005	2015	2022
1000 Impôts sur revenu, bénéfices et gains en capital	0	0	0	0	0	0	0	0	0	0
1100 Des personnes physiques	0	..	0	0	0	0	..	0	0	0
1200 Des sociétés	0	..	0	0	0	0	..	0	0	0
1300 Non-ventilables entre 1100 et 1200	0	..	0	0	0	0	..	0	0	0
2000 Cotisations de sécurité sociale	0	0	0	0	0	6 540	44 397	84 459	114 173	176 951
2100 A la charge des salariés	..	..	..	..	..	2 562	18 646	35 159	44 488	65 337
2200 A la charge des employeurs	..	..	..	..	..	4 068	24 210	46 475	66 491	105 980
2300 A charge des travailleurs indép. ou sans emploi	..	..	..	..	..	195	1 541	2 825	3 194	5 634
2400 Non-ventilables entre 2100, 2200 et 2300	..	..	..	..	..	-285	0	0	0	0
3000 Sur salaires ou main d'oeuvre	0	0	0	0	0	0	0	0	0	0
4000 Impôts sur le patrimoine	4 127	9 303	21 255	29 901	43 054	0	0	0	0	0
4100 Impôts périodiques sur la propriété immobilière	3 978	9 303	21 255	29 754	42 624	..	..	..	..	..
4200 Impôts périodiques sur l'actif net	0	0	0	0	0	..	..	..	..	..
4300 Impôts sur mut. par décès, succ. et donations	0	0	0	0	0	..	..	..	..	..
4400 Impôts sur transact. mobilières et immob.	0	0	0	0	0	..	..	..	..	..
4500 Impôts non-périodiques	0	0	0	0	0	..	..	..	..	..
4600 Autres impôts périodiques sur patrimoine	149	0	0	0	0	..	..	..	..	..
5000 Impôts sur les biens et services	0	0	0	0	0	0	0	0	0	0
5100 Impôts sur production, vente, transfert, etc.	..	..	..	..	..	..	..	..	..	..
5110 Impôts généraux	..	..	..	..	..	..	..	..	..	..
5120 Impôts sur biens et services déterminés	..	..	..	..	..	..	..	..	..	..
5130 Non-ventilables entre 5110 et 5120	..	..	..	..	..	..	..	..	..	..
5200 Impôts sur utilisation des biens et exerc. activites	..	..	..	..	..	..	..	..	..	..
5300 Non-ventilables entre 5100 et 5200	..	..	..	..	..	..	..	..	..	..
6000 Autres impôts	0	0	0	0	0	0	0	0	0	0
6100 A la charge exclusive des entreprises	..	..	..	..	..	..	..	..	..	..
6200 A la charge d'autres agents	..	..	..	..	..	..	..	..	..	..
Recettes fiscales totales	4 127	9 303	21 255	29 901	43 054	6 540	44 397	84 459	114 173	176 951

.. Non disponible

Note : Y compris les droits de douane perçus pour le compte de l'Union européenne.

Tableau 6.38. États-Unis, recettes fiscales par sous-secteurs d'administration

Million USD

	Administration fédérale					Administration d'État/Régions				
	1975	1995	2005	2015	2022	1975	1995	2005	2015	2022
1000 Impôts sur revenu, bénéfices et gains en capital	163 072	750 144	1 268 412	1 883 845	2 908 068	25 509	157 598	275 728	390 957	685 940
1100 Des personnes physiques	122 386	594 213	948 921	1 554 757	2 539 126	..	128 429	226 576	343 101	539 976
1200 Des sociétés	40 686	155 931	319 490	329 088	368 943	..	29 169	49 152	47 855	145 964
1300 Non-ventilables entre 1100 et 1200	0	0	0	0	0	..	0	0	0	0
2000 Cotisations de sécurité sociale	0	0	0	0	0	0	0	0	0	0
2100 A la charge des salariés	..	..	..	..	..	..	..	..	..	..
2200 A la charge des employeurs	..	..	..	..	..	..	..	..	..	..
2300 A charge des travailleurs indép. ou sans emploi	..	..	..	..	..	..	..	..	..	..
2400 Non-ventilables entre 2100, 2200 et 2300	..	..	..	..	..	..	..	..	..	..
3000 Sur salaires ou main d'oeuvre	0	0	0	0	0	0	0	0	1 774	3 634
4000 Impôts sur le patrimoine	4 613	14 948	24 989	20 191	32 830	3 284	16 880	28 808	29 193	47 393
4100 Impôts périodiques sur la propriété immobilière	0	0	0	0	0	1 451	7 240	9 037	12 039	16 825
4200 Impôts périodiques sur l'actif net	0	0	0	0	0	0	0	0	0	0
4300 Impôts sur mut. par décès, succ. et donations	4 611	14 948	24 989	20 191	32 830	1 418	5 061	5 322	5 115	7 498
4400 Impôts sur transact. mobilières et immob.	2	0	0	0	0	415	2 386	11 711	8 392	17 973
4500 Impôts non-périodiques	0	0	0	0	0	0	0	0	0	0
4600 Autres impôts périodiques sur patrimoine	0	0	0	0	0	0	2 193	2 738	3 647	5 097
5000 Impôts sur les biens et services	20 773	75 553	99 411	141 864	194 189	52 032	232 033	377 795	499 158	746 193
5100 Impôts sur production, vente, transfert, etc.	20 442	75 553	99 411	141 864	194 189	43 960	200 495	323 137	434 664	644 217
5110 Impôts généraux	0	0	0	0	0	24 916	135 132	218 917	287 681	447 763
5120 Impôts sur biens et services déterminés	20 442	75 553	99 411	141 864	194 189	19 044	65 363	104 220	146 984	196 453
5130 Non-ventilables entre 5110 et 5120	0	0	0	0	0	0	0	0	0	0
5200 Impôts sur utilisation des biens et exerc. activites	331	0	0	0	0	8 072	31 538	54 658	64 494	101 976
5300 Non-ventilables entre 5100 et 5200	0	0	0	0	0	0	0	0	0	0
6000 Autres impôts	0	0	0	0	0	0	0	0	0	0
6100 A la charge exclusive des entreprises	..	..	..	..	..	..	..	..	..	..
6200 A la charge d'autres agents	..	..	..	..	..	..	..	..	..	..
Recettes fiscales totales	188 458	840 645	1 392 812	2 045 901	3 135 087	80 825	406 511	682 331	921 083	1 483 160

	Administrations locales					Administrations de sécurite sociale				
	1975	1995	2005	2015	2022	1975	1995	2005	2015	2022
1000 Impôts sur revenu, bénéfices et gains en capital	2 635	15 795	28 272	40 426	60 861	0	0	0	0	0
1100 Des personnes physiques	..	13 308	22 481	32 220	48 231	..	..	..	..	..
1200 Des sociétés	..	2 487	5 791	8 206	12 630	..	..	..	..	..
1300 Non-ventilables entre 1100 et 1200	..	0	0	0	0	..	..	..	..	..
2000 Cotisations de sécurité sociale	0	0	0	0	0	85 039	510 476	831 410	1 125 493	1 556 656
2100 A la charge des salariés	..	..	..	..	..	36 382	221 800	362 829	502 103	716 437
2200 A la charge des employeurs	..	..	..	..	..	45 241	261 805	423 936	561 936	757 071
2300 A charge des travailleurs indép. ou sans emploi	..	..	..	..	..	3 416	26 871	44 645	61 454	83 148
2400 Non-ventilables entre 2100, 2200 et 2300	..	..	..	..	..	0	0	0	0	0
3000 Sur salaires ou main d'oeuvre	0	0	0	0	0	0	0	0	0	0
4000 Impôts sur le patrimoine	50 040	197 392	359 344	488 579	656 624	0	0	0	0	0
4100 Impôts périodiques sur la propriété immobilière	50 040	195 339	342 203	477 293	643 201	..	..	..	..	..
4200 Impôts périodiques sur l'actif net	0	0	0	0	0	..	..	..	..	..
4300 Impôts sur mut. par décès, succ. et donations	0	30	114	243	306	..	..	..	..	..
4400 Impôts sur transact. mobilières et immob.	0	50	13 570	6 223	6 621	..	..	..	..	..
4500 Impôts non-périodiques	0	0	0	0	0	..	..	..	..	..
4600 Autres impôts périodiques sur patrimoine	0	1 973	3 457	4 821	6 497	..	..	..	..	..
5000 Impôts sur les biens et services	8 389	57 507	108 696	151 229	214 724	0	0	0	0	0
5100 Impôts sur production, vente, transfert, etc.	6 518	42 269	76 976	118 436	167 253	..	..	..	..	..
5110 Impôts généraux	4 322	29 316	53 842	85 569	123 031	..	..	..	..	..
5120 Impôts sur biens et services déterminés	2 196	12 953	23 134	32 867	44 222	..	..	..	..	..
5130 Non-ventilables entre 5110 et 5120	0	0	0	0	0	..	..	..	..	..
5200 Impôts sur utilisation des biens et exerc. activites	1 871	15 238	31 720	32 793	47 471	..	..	..	..	..
5300 Non-ventilables entre 5100 et 5200	0	0	0	0	0	..	..	..	..	..
6000 Autres impôts	0	0	0	0	0	0	0	0	0	0
6100 A la charge exclusive des entreprises	..	..	..	..	..	..	..	..	..	..
6200 A la charge d'autres agents	..	..	..	..	..	..	..	..	..	..
Recettes fiscales totales	61 064	270 695	496 313	680 234	932 209	85 039	510 476	831 410	1 125 493	1 556 656

.. Non disponible

Annexe A. Classification des impôts de l'OCDE et guide d'interprétation

Table des matières

A1. Classification des impôts de l'OCDE

1. 1000 Impôts sur le revenu, les bénéfices et les gains en capital

1100 Impôts sur le revenu, les bénéfices et les gains en capital des personnes physiques

1110 Sur le revenu et les bénéfices

1120 Sur les gains en capital

1200 Impôts sur le revenu, les bénéfices et les gains en capital des sociétés

1210 Sur le revenu et les bénéfices

1220 Sur les gains en capital

1300 Non ventilables entres les rubriques 1100 et 1200

2. 2000 Cotisations de sécurité sociale

2100 A la charge des salariés

2110 Sur la base du salaire

2120 Sur la base de l'impôt sur le revenu

2200 A la charge des employeurs

2210 Sur la base du salaire

2220 Sur la base de l'impôt sur le revenu

2300 A la charge des travailleurs indépendants ou des personnes n'occupant pas d'emploi

2310 Sur la base du salaire

2320 Sur la base de l'impôt sur le revenu

2400 Non ventilables entre les rubriques 2100, 2200 et 2300

2410 Sur la base du salaire

2420 Sur la base de l'impôt sur le revenu

3. 3000 Impôts sur les salaires et la main-d'œuvre

4. 4000 Impôts sur le patrimoine

4100 Impôts périodiques sur la propriété immobilière

4110 Ménages

4120 Autres agents

4200 Impôts périodiques sur l'actif net

4210 Personnes physiques

4220 Sociétés

4300 Impôts sur les mutations par décès, les successions et les donations

4310 Impôts sur les mutations par décès et les successions

4320 Impôts sur les donations

4400 Impôts sur les transactions mobilières et immobilières

4500 Autres impôts non périodiques sur le patrimoine

4510 Impôts sur l'actif net

4520 Autres impôts non périodiques

4600 Autres impôts périodiques sur le patrimoine

5. 5000 Impôts sur les biens et services

5100 Impôts sur la production, la vente, le transfert, la location et la livraison des biens et la prestation de services

5110 Impôts généraux

5111 Taxes sur la valeur ajoutée

5112 Impôts sur les ventes

5113 Impôts sur le chiffre d'affaires et autres impôts généraux sur les biens et services

5120 Impôts sur des biens et des services déterminés

5121 Accises

5122 Bénéfices des monopoles fiscaux

5123 Droits de douane et autres droits à l'importation

5124 Taxes à l'exportation

5125 Impôts sur les biens d'équipement

5126 Impôts sur des services déterminés

5127 Autres impôts sur les transactions et les échanges internationaux

5128 Autres impôts sur des biens et services déterminés

5130 Non ventilables entre les rubriques 5110 et 5120

5200 Impôts sur l'utilisation des biens ou l'autorisation d'utiliser des biens ou d'exercer des activités

5210 Impôts périodiques

5211 A la charge des ménages au titre de véhicules à moteur

5212 A la charge d'autres agents au titre de véhicules à moteur

5213 Autres impôts périodiques

5220 Impôts non périodiques

5300 Non ventilables entre les rubriques 5100 et 5200

6. 6000 Autres impôts

6100 A la charge exclusive des entreprises

6200 A la charge d'autre agents que les entreprises ou non identifiables

A2. Champ couvert

Principes généraux

1. Dans la classification de l'OCDE, le terme « impôts » désigne uniquement les versements obligatoires effectués sans contrepartie au profit des administrations publiques ou à une autorité supranationale. Les impôts n'ont pas de contrepartie en ce sens que, normalement, les prestations fournies par les administrations au contribuable ne sont pas proportionnelles à ses versements.

2. Le terme « impôts » ne couvre pas les amendes, les pénalités, ni les prêts obligatoires aux administrations. Les cas dans lesquels la délimitation entre recettes fiscales et non fiscales est délicate à tracer, pour certains droits et taxes d'utilisation, sont examinés dans les § 12 à 15.

3. Les administrations publiques comprennent l'administration centrale et les organismes dont les opérations sont sous son contrôle effectif, les administrations régionales et locales et leurs services, les organismes de sécurité sociale et les entités publiques autonomes, à l'exception des entreprises publiques. Cette définition des administrations est calquée sur celle du Système de comptabilité nationale 2008 (SCN)[1]. Dans cette publication, les administrations publiques et leurs sous-secteurs sont décrits dans le chapitre 4, paragraphes 4.117 à 4.165.

4. Les unités extrabudgétaires sont des composantes du système des administrations publiques. Il s'agit d'entités d'administration publique dotées de budgets distincts, qui ne sont pas intégralement financés par le budget central ou général. Ces organismes fonctionnent sous l'autorité ou le contrôle d'une administration centrale, d'un État fédéré ou d'une collectivité locale. Les entités extrabudgétaires peuvent disposer de leurs propres sources de recettes, qui peuvent être complétées par des dotations (transferts) provenant du budget général ou d'autres sources. Même si leurs budgets peuvent être soumis à l'approbation du corps législatif, comme les comptes budgétaires, elles disposent d'une certaine latitude quant au volume et à la composition de leurs dépenses. Ces entités peuvent être mises en place pour exercer des fonctions spécifiques des administrations publiques, telles que la construction de routes ou la production non marchande de services de santé ou d'éducation. Les dispositions budgétaires peuvent varier grandement suivant les pays, et différents termes sont utilisés pour décrire ces entités, mais elles sont souvent qualifiées de « fonds extrabudgétaires » ou d'« organismes autonomes ».

5. Les paiements obligatoires, sans contrepartie, perçus par les gouvernements nationaux et versés aux autorités supranationales sont également traitées comme des impôts au titre de la définition du paragraphe § 1. Les recettes fiscales qui sont perçues par les gouvernements nationaux et payées à une autorité supranationale sont attribuées en tant que recettes fiscales à l'autorité supranationale dans le SCN 2008 (voir paragraphes 22.60-61, 22.88 et 22.99) et le SEC 2010 (voir paragraphe 20.165). Dans les Statistiques des recettes publiques, ces recettes fiscales comprennent les droits de douane, les contributions au Fonds de résolution unique de l'UE et toute autre taxe perçue par les États membres de l'UE au nom de l'Union européenne. Elles sont incluses dans les montants des recettes fiscales dans les tableaux par pays (chapitre 5) du pays dans lequel elles sont perçues et sont attribuées à l'autorité supranationale (voir § 102).

6. Dans les pays où les églises font partie des administrations publiques, les impôts sur les cultes sont inclus dans ces paiements, à condition qu'ils répondent aux critères énoncés au § 1 ci-dessus. Comme les données se réfèrent aux montants encaissés par les administrations publiques et les autorités supranationales, les contributions versées à des organismes privés, aux organismes sociaux ou régimes

de sécurité sociale extérieurs aux administrations publiques, aux syndicats ou aux associations professionnelles sont exclues, même si elles sont obligatoires. Sont toutefois inclus les versements obligatoires aux administrations publiques dont le montant est affecté à ces organismes, à condition que l'administration ne fasse pas simplement office d'agent collecteur[2]. On a distingué les bénéfices des monopoles fiscaux de ceux d'autres entreprises publiques et on les a considérés comme des impôts parce qu'ils reflètent l'exercice du pouvoir d'imposition de l'État par l'intermédiaire du monopole (voir § 66 à 68), comme le sont les bénéfices de l'État provenant de l'achat et de la vente de monnaies étrangères à des taux différents (voir § 76).

7. Les impôts payés par les administrations elles-mêmes (tels que les cotisations de sécurité sociale et les impôts sur les salaires payés par les administrations en tant qu'employeurs (2200 et 3000), les impôts sur la consommation qu'elles acquittent à l'occasion de leurs achats ou les impôts sur leur patrimoine) sont inclus dans les données présentées. Toutefois, lorsqu'il est possible de les isoler, les montants provenant de ces impôts[3] sont indiqués dans le Tableau 5.40 de ce Rapport.

8. Les rapports entre cette classification et celle du Système de comptabilité nationale (SCN) sont indiqués dans les sections A.9 et A.11. À cause des différences qui existent entre les deux classifications, les statistiques de la comptabilité nationale ne sont pas toujours établies ou classées suivant la pratique adoptée dans le présent guide. Ces différences et d'autres encore sont mentionnées dans les cas appropriés (voir par exemple § 31), mais il est impossible de toutes les signaler. Il peut y avoir aussi certaines différences entre cette classification et celle utilisée par certaines administrations nationales (voir par exemple § 13), aussi les statistiques nationales et celles de l'OCDE ne peuvent pas toujours être compatibles ; ces différences, cependant, sont vraisemblablement très insignifiantes dans les montants des recettes en cause.

Cotisations de sécurité sociale

9. Les cotisations obligatoires de sécurité sociale, définies au § 40, qui sont versées aux administrations publiques, font partie des recettes fiscales. Mais elles peuvent différer toutefois des autres impôts du fait que le paiement des prestations de sécurité sociale dépend dans la plupart des pays du versement des cotisations appropriées, encore qu'il n'y ait pas forcément un lien entre l'importance des prestations et le montant des cotisations. La comparabilité entre les pays sera meilleure si on considère les cotisations de sécurité sociale comme des impôts ; elles figurent cependant sous une rubrique distincte de façon à permettre un traitement séparé pour n'importe quelle analyse.

10. La distinction stricte entre les recettes fiscales (qui sont des paiements obligatoires sans contrepartie aux administrations publiques ou à une autorité supranationale) et les prélèvements obligatoires non fiscaux (PONF) (qui sont soit des paiements avec contrepartie aux administrations publiques, soit des paiements destinés à d'autres organismes) est clairement définie. Néanmoins, dans la palette des divers prélèvements obligatoires destinés aux administrations publiques qui existent dans les différents pays, il n'est pas toujours évident de déterminer en pratique si tel ou tel prélèvement est un impôt ou un PONF. Ainsi, l'épargne-retraite obligatoire qui est placée sous le contrôle des administrations publiques et qui s'accumule sur un compte individuel rémunéré à un taux correspondant au rendement du marché ou destiné à compenser l'inflation semble, à première vue, constituer une forme de PONF, et non d'impôt. Toutefois, ces paiements peuvent encore être considérés comme « sans contrepartie » et, par conséquent, être classés dans les impôts et non dans les PONF (par exemple si cette épargne-retraite n'est pas remboursée au cas où le contribuable décède avant d'atteindre l'âge de la retraite, et si les fonds en question sont utilisés ensuite pour verser une pension minimale à tous les contribuables qui sont assurés). En conséquence, les chiffres relatifs aux recettes de sécurité sociale indiqués pour la plupart des pays reposent sur l'hypothèse que l'on considère que tous les types de prélèvements obligatoires destinés aux administrations publiques comportent, dans une certaine mesure, un élément redistributif. Il

convient de noter que cette conclusion découle d'une interprétation généralement large du terme « sans contrepartie » dans la définition de l'impôt.

11. Les cotisations de sécurité sociale qui sont facultatives ou qui ne sont pas versées à des administrations publiques (voir § 1) ne sont pas considérées comme des impôts, bien que dans certains pays (comme il est indiqué dans les notes correspondantes), il soit difficile d'éliminer complètement les cotisations facultatives et certains versements obligatoires au secteur privé des statistiques relatives aux recettes publiques. Les cotisations de sécurité sociale imputées ne sont pas considérées comme des impôts.

Droits, taxes d'utilisation et droits de licence

12. Si l'on excepte les droits perçus sur les permis de circulation des véhicules à moteur, qui sont universellement considérés comme des impôts, il n'est pas facile de distinguer les droits et taxes d'utilisation qui doivent être traitées comme des impôts de celles qui ne doivent pas l'être. Si, en effet, un droit ou une taxe est perçu au titre d'un service ou d'une activité déterminée, le lien entre ce prélèvement et la prestation fournie peut être plus ou moins important, de même que la relation entre le montant du prélèvement et le coût de la prestation. Lorsque le bénéficiaire d'une prestation acquitte un droit dont le montant est clairement lié au coût de la prestation fournie, on peut considérer que le prélèvement comporte une contrepartie, et d'après la définition donnée au § 1, il ne sera pas traité comme un impôt. Toutefois, dans les cas suivants, les prélèvements seraient 'sans contrepartie':

- *a)* lorsque le prélèvement est très supérieur au coût de la prestation fournie ;
- *b)* lorsque le redevable de la contribution n'est pas le bénéficiaire de la prestation correspondante (par exemple, un droit perçu sur l'abattage du bétail pour financer un service qui est fourni aux agriculteurs) ;
- *c)* lorsque l'État ne fournit pas un service déterminé en contrepartie du droit qu'il perçoit, même si un permis est délivré à celui qui acquitte le droit (par exemple, lorsque l'État délivre des permis de chasse, de pêche ou de port d'armes qui ne sont pas assortis du droit d'utiliser une parcelle déterminée de terres appartenant à l'État) ;
- *d)* lorsque les bénéficiaires de la prestation sont les personnes qui ont acquitté le droit, mais que la prestation dont chacun bénéficie n'est pas nécessairement en rapport avec le montant de ses propres versements (par exemple, le droit de commercialisation du lait acquitté par les fermiers qui sert à promouvoir la consommation de lait).
- *e)* lorsque le payeur de l'impôt ne peut pas s'abstenir de payer lorsqu'il n'utilise pas le service (par exemple, les redevances de radiodiffusion publique où le payeur est obligé de payer la redevance même s'il n'utilise pas les services de radiodiffusion publique).

13. Dans des cas limites, cependant, l'application des critères énoncés au § 1 peut être particulièrement difficile. La solution adoptée, dans un souci d'uniformité entre les pays et eu égard aux montants relativement faibles des recettes en cause, consiste à s'en tenir à la pratique prépondérante des administrations fiscales plutôt que de laisser chaque pays décider si ces prélèvements sont des impôts ou des recettes non fiscales[4].

14. On trouvera ci-après la liste des principaux droits et taxes en question et leur traitement normal[5] dans la présente publication :

Recettes non fiscales :	frais de justice ; droits de délivrance de permis de conduire ; droits portuaires ; redevances de passeport.
Impôts du sous-groupe 5200:	autorisation d'exercer certaines activités telles que : distribution de films ; chasse, pêche et utilisation d'armes à feu ; organisation de spectacles ou de jeux et paris ; vente de boissons alcoolisées ou de tabacs ; autorisation de posséder des chiens et d'utiliser ou posséder des véhicules à moteur ou des armes à feu ; taxes d'extraction.

15. Dans la pratique, il se peut qu'il ne soit pas toujours possible d'isoler les recettes fiscales des recettes non fiscales quand elles sont enregistrées ensemble. Si l'on estime qu'il s'agit surtout de recettes non fiscales, l'ensemble sera traité comme tel ; dans le cas contraire, les recettes seront comptabilisées et classées conformément aux règles énoncées au § 33.

Redevances

16. La propriété des gisements prenant la forme de minéraux ou de combustibles fossiles (charbon, pétrole ou gaz naturel) dépend de la façon dont les droits de propriété sont définis par la loi, et aussi par les conventions internationales quand les gisements sont situés sous les eaux internationales. Dans certains cas, soit le terrain sous lequel les gisements sont situés, soit les gisements eux-mêmes, soit les deux peuvent appartenir à une administration publique centrale ou locale.

17. Ces unités des administrations publiques peuvent alors consentir un bail à d'autres unités institutionnelles en les autorisant à exploiter ces gisements pendant une période déterminée, en contrepartie d'un paiement ou d'une série de paiements. Ces paiements sont souvent qualifiés de redevances (« royalties »), mais ils n'en constituent pas moins essentiellement des loyers, qui reviennent aux propriétaires des ressources naturelles considérées parce qu'ils mettent ces actifs à la disposition d'autres unités institutionnelles pour des durées déterminées. Ces loyers peuvent prendre la forme de versements périodiques d'un montant fixe, indépendant du rythme d'extraction ; plus vraisemblablement, ils peuvent être fonction de la quantité, du volume ou de la valeur des actifs extraits. Les entreprises engagées dans des activités de prospection sur des terrains publics peuvent effectuer des paiements aux unités de l'administration publique concernées, en contrepartie de l'autorisation de procéder à des forages d'essai ou de réaliser par d'autres moyens des recherches concernant l'existence et la localisation de gisements. Ces paiements sont également considérés comme des loyers, même en l'absence d'extraction. Ils sont donc classés dans les recettes non fiscales.

18. Les mêmes principes s'appliquent lorsque d'autres unités institutionnelles se voient consentir un bail leur permettant de couper du bois dans des forêts naturelles sur des terrains appartenant à des unités des administrations publiques. Ces paiements sont également classés dans les recettes non fiscales.

19. Ces loyers ou redevances versés aux administrations publiques ne doivent pas être confondus avec les impôts sur le revenu et les bénéfices, les taxes d'extraction, les taxes professionnelles ou d'autres impôts. Si ces paiements sont prélevés sur les bénéfices tirés des activités d'extraction, ils doivent être classés dans les impôts sur le revenu, les bénéfices et les gains en capital (1000). En outre, toute taxe d'extraction relative à des minéraux ou des combustibles fossiles extraits de réserves privées ou appartenant à d'autres administrations publiques doit être classée dans les impôts. Les paiements liés à la valeur brute de la production doivent être classés dans les autres impôts sur des biens et services déterminés (5128). Les paiements effectués en contrepartie d'une autorisation ou d'un permis d'extraction doivent être classés dans les impôts sur l'utilisation des biens ou l'autorisation d'utiliser des biens ou d'exercer des activités (5200).

Amendes et pénalités

20. En principe, les amendes et pénalités portant sur les impôts impayés ou les pénalités appliquées en cas de tentative d'évasion fiscale ne doivent pas être enregistrées comme des recettes fiscales. Cependant, il se peut qu'il ne soit pas possible de séparer le versement des amendes et pénalités des recettes correspondant aux impôts auxquels ces amendes et pénalités se rattachent. Dans ce cas, les amendes et pénalités associés à un impôt particulier sont enregistrées avec les recettes correspondant à cet impôt alors que les amendes et pénalités liées à des recettes correspondant à des impôts non-identifiés sont classées comme autres impôts dans la catégorie 6000. Les amendes qui ne concernent pas des

infractions fiscales (comme les infractions au stationnement), ou qui ne sont pas identifiables en tant que telles, ne sont pas non plus considérées comme des recettes fiscales.

A3. Bases de comptabilisation

Droits constatés ou encaissements

21. Les données enregistrées dans les publications des *Statistiques des recettes publiques* pour les années récentes sont essentiellement indiquées en droits constatés pour les pays de l'OCDE, c'est-à-dire qu'elles sont enregistrées au moment du fait générateur de l'impôt. D'autres informations sont fournies dans les notes des tableaux par pays au chapitre 5 de ce Rapport.

22. Toutefois, les données des années antérieures et qui concernent les pays non OCDE sont encore principalement comptabilisées sur la base des encaissements, c'est-à-dire au moment où l'administration reçoit le versement. Ainsi, les impôts retenus à la source par les employeurs au cours d'un exercice, mais versés à l'administration au cours de l'exercice suivant, et les impôts dus au titre d'une année mais effectivement versés l'année suivante, figurent les uns et les autres dans les recettes du second exercice. Les restitutions, remboursements et retraits résultant d'opérations rectificatives sont déduits des recettes brutes de la période au cours de laquelle ces opérations sont effectuées.

23. Les données relatives aux recettes fiscales sont comptabilisées, sans déduction compensatoire des dépenses administratives liées au recouvrement de l'impôt. De même, lorsque le produit d'un impôt sert à subventionner certains membres de la collectivité, la subvention n'est pas déduite du rendement de l'impôt, encore que certains pays fassent figurer dans leurs données l'impôt après déduction des subventions.

24. Pour les monopoles fiscaux (sous-groupe 5122), seul le montant effectivement transféré à l'État est inclus dans les recettes publiques. Toutefois, les dépenses des monopoles fiscaux qui sont considérées comme des dépenses publiques (par exemple, des dépenses de caractère social engagées par les monopoles fiscaux à l'instigation de l'État) sont ajoutées après coup pour calculer le montant des recettes fiscales (voir § 66).

La distinction entre dispositions fiscales et dépenses directes[6]

25. Étant donné que la présente publication ne vise que les recettes publiques en faisant abstraction des dépenses, il convient de distinguer entre les dispositions fiscales et les dépenses directes. Normalement, cette distinction ne soulève aucune difficulté, car les dépenses directes sont effectuées en dehors du système fiscal et des comptes fiscaux et en vertu de dispositions législatives distinctes. Dans les cas limites, on recourt, pour établir la distinction, au principe de la comptabilisation sur la base des paiements. Dans la mesure où une disposition affecte le montant des paiements du contribuable à l'État, elle est considérée comme une disposition fiscale dont il est tenu compte dans les données figurant dans cette publication. Une disposition qui n'affecte pas ce montant est considérée comme une dépense directe dont il n'est pas tenu compte dans les données reproduites dans cette publication.

26. Il est clair que les abattements fiscaux, exonérations et déductions de l'assiette de l'impôt modifient le montant de l'impôt acquitté à l'État ; il s'agit donc de dispositions fiscales. Inversement, les formes d'aides qui ne sont pas imputables sur l'impôt et n'ont donc aucun lien avec le processus d'imposition, ne réduisent pas les recettes publiques qui sont consignées dans ce volume. Les crédits d'impôt sont des montants déductibles de l'impôt à acquitter (par opposition aux déductions, qui sont opérées sur l'assiette de l'impôt). On distingue deux catégories de crédits d'impôt : ceux (que l'on qualifiera ici de 'non récupérables') qui sont limités au montant de l'impôt à acquitter et ne peuvent donc donner lieu à un versement de l'administration au contribuable, et ceux (qualifiés ici de 'récupérables') qui n'ont pas cette

limite, de sorte que l'excédent du crédit sur l'impôt peut être versé au contribuable[7]. Le crédit d'impôt non récupérable, comme un abattement fiscal, affecte évidemment le montant de l'impôt acquitté à l'État ; aussi est-il considéré comme une disposition fiscale. La solution adoptée pour les crédits d'impôts récupérables[8] consiste à distinguer l'élément de « dépense fiscale »[9], qui est la part du crédit utilisée pour réduire ou supprimer l'impôt dû par le contribuable, et l'« élément de transfert », qui correspond à la part excédant l'impôt dû par le contribuable et qui lui est reversée. Les recettes fiscales rapportées doivent être diminuées du montant de l'élément de dépense, mais non de l'élément de transfert. En outre, les montants de l'élément de dépense fiscale et de l'élément de transfert doivent être indiqués pour mémoire dans les tableaux par pays. Les pays qui ne sont pas en mesure de faire la distinction entre l'élément de dépense fiscale et l'élément de transfert doivent indiquer si leurs recettes fiscales ont été ou non diminuées du montant total de ces éléments, et fournir toutes les estimations dont ils disposent concernant les montants de ces deux éléments. Des informations complémentaires figurent dans le chapitre 1 de ce Rapport, qui fait apparaître les effets des différents traitements possibles des crédits d'impôts récupérables sur les ratios impôt rapportant les impôts au PIB.

Année civile et année fiscale (exercice budgétaire)

27. Les autorités nationales dont l'exercice budgétaire ne correspond pas à l'année civile fournissent, autant que possible, leurs données sur la base de l'année civile afin de faciliter au maximum la comparaison avec les données des autres pays. Les données d'un petit nombre de pays se réfèrent à l'exercice budgétaire. Pour ceux-ci, les statistiques de PIB utilisées dans les tableaux comparatifs portent aussi sur les exercices budgétaires.

A4. Principes généraux de classification

Les fondements essentiels de la classification

28. Les recettes sont classées par groupes principaux (1000, 2000, 3000, 4000, 5000, 6000) suivant l'assiette de l'impôt : 1000 revenus, bénéfices et gains en capital ; 2000 et 3000 salaires et nombre d'employés ; 4000 patrimoine ; 5000 biens et services ; 6000 assiettes diverses, autres ou non identifiables. Lorsqu'un impôt est calculé en fonction de plusieurs assiettes, les recettes sont, chaque fois que c'est possible, réparties entre les divers groupes (voir § 33 et § 84). Les groupes 4000 et 5000 ne comprennent pas seulement les impôts ayant pour assiette le patrimoine, les biens ou les services eux-mêmes, mais aussi certains impôts connexes. Ainsi, les impôts sur les mutations du patrimoine sont classés dans le groupe 4400[10] et les impôts sur l'utilisation des biens, ou l'autorisation d'exercer une activité, dans le groupe 5200. Dans les groupes 4000 et 5000, une distinction est faite dans certains sous-groupes entre impôts périodiques et impôts non périodiques : on entend par impôts périodiques ceux qui sont perçus à intervalles réguliers (ordinairement tous les ans) et par impôts non périodiques ceux qui ne sont perçus qu'une seule fois (voir aussi les § 48 à 51, § 54, § 55, et § 81 pour une application particulière de cette distinction).

29. L'affectation spéciale de certaines recettes fiscales n'influe pas sur leur classification. Toutefois comme explicité au § 40 sur la classification des cotisations de sécurité sociale, l'octroi d'un droit aux prestations sociales est crucial dans la définition de la rubrique principale 2000.

30. La manière selon laquelle un impôt est perçu ou recouvré (par exemple, au moyen de timbres) n'affecte pas sa classification.

Classification des contribuables

31. Dans certains sous-groupes, des distinctions sont faites entre les différentes catégories de contribuables. Ces distinctions varient d'un impôt à l'autre :

a) Ventilation des impôts sur le revenu et sur l'actif net entre personnes physiques et sociétés

La distinction fondamentale entre les impôts sur le revenu des sociétés et les impôts sur le revenu des personnes physiques est que les premiers sont perçus sur la société en tant qu'entité et non sur les personnes physiques qui en sont propriétaires, donc sans tenir compte de la situation personnelle de celles-ci. La même distinction est applicable aux impôts sur l'actif net des sociétés et des personnes physiques. Les impôts perçus sur les bénéfices des sociétés de personnes et sur le revenu de certaines institutions comme les caisses d'assurance-vie ou de retraite, sont classés selon le même principe. Ils sont compris dans les impôts sur les sociétés (1200) lorsqu'ils sont perçus sur la société de personnes ou l'institution en tant qu'entité sans que la situation personnelle des propriétaires entre en ligne de compte ; dans les autres cas, ils sont considérés comme des impôts sur les personnes physiques (1100). Ordinairement, les impôts sur les sociétés et les impôts sur les personnes physiques sont régis par des dispositions législatives différentes[11]. La distinction qui est faite ici entre personnes physiques et sociétés ne reprend pas la classification par secteur (ménages, entreprises, etc.) adoptée dans les comptes de revenus et de dépenses du SCN. Cette dernière classification exclut du secteur des ménages certaines entreprises non constituées en sociétés[12] et les fait figurer parmi les entreprises non financières et les institutions financières. Toutefois, l'impôt sur les bénéfices de ces entreprises ne peut pas toujours être isolé de l'impôt sur les autres revenus des propriétaires de ces entreprises, ou ne peut l'être que d'une façon arbitraire. On n'a pas cherché ici à faire la distinction et l'impôt sur le revenu des personnes physiques figure globalement, quelle que soit la nature du revenu imposable.

b) Ventilation des impôts sur les biens immobiliers entre ménages et autres agents

En l'occurrence, la distinction est celle qui a été adoptée par le SCN dans les comptes de production et de consommation. On distingue, en effet, les ménages en tant que consommateurs d'une part (c'est-à-dire à l'exclusion des entreprises individuelles), et les producteurs d'autre part. Cependant, les impôts sur les logements occupés par les ménages, qu'ils soient à la charge des propriétaires qui les occupent, du locataire ou du propriétaire, sont classés comme étant à la charge des ménages. C'est la distinction faite habituellement entre les impôts sur les biens des personnes et les impôts sur les biens des entreprises. Toutefois, certains pays ne sont pas en mesure d'établir cette distinction.

c) Ventilation des permis de circuler des véhicules à moteur entre taxes à la charge des ménages et à la charge d'autres agents

On distingue ici les ménages en tant que consommateurs d'une part, et producteurs d'autre part, comme dans les comptes de production et de consommation du SCN.

d) Ventilation des autres impôts (6000) entre les entreprises et les autres agents

Il est fait la même distinction qu'au point (*c*) ci-dessus entre les producteurs, d'une part, et les ménages consommateurs d'autre part. Les impôts qui figurent dans le groupe 6000 parce qu'ils ne comportent pas une assiette unique ou parce que leur assiette ne relève d'aucune des catégories précédentes, mais qui ne sont manifestement perçus que sur les producteurs et non sur les ménages, sont classés comme étant 'à la charge des entreprises'. Les autres impôts du groupe 6000 figurent sous la rubrique 'à la charge d'autres agents' ou 'non identifiés'.

Surtaxes

32. Les recettes des surtaxes relatives à des impôts particuliers sont classées ordinairement avec les recettes de l'impôt correspondant, que la surtaxe ait ou non un caractère temporaire. Toutefois, si l'une des caractéristiques de la surtaxe permet de la classer sous une rubrique différente de la classification de l'OCDE, les recettes de cette surtaxe sont classées sous cette rubrique et non pas avec les recettes de l'impôt correspondant

Recettes fiscales non identifiables et sous-groupes résiduels

33. Il arrive parfois qu'on ne puisse déterminer si des impôts relèvent entièrement d'un groupe ou d'un sous-groupe de la classification de l'OCDE ; dans ces cas on applique les méthodes suivantes :

a) le groupe est connu, mais on ne sait pas comment répartir les recettes entre les sous-groupes ; les recettes sont alors classées dans le sous-groupe résiduel approprié (1300, 2400, 4520, 4600, 5128, 5130, 5300 ou 6200) ;

b) on sait que l'ensemble des recettes d'un groupe d'impôts (ordinairement des impôts locaux) provient d'impôts relevant d'un groupe ou sous-groupe particulier, mais certains impôts du groupe, dont le montant ne peut être déterminé avec précision, peuvent être classés dans d'autres groupes ou sous-groupes ; dans ce cas les recettes sont comptabilisées dans le groupe ou sous-groupe dont relève l'essentiel des recettes ;

c) il est impossible d'identifier le groupe ou le sous-groupe d'un impôt (ordinairement un impôt local) ; l'impôt est alors classé dans le groupe 6200, à moins qu'il ne s'agisse d'un impôt manifestement à la charge des entreprises, auquel cas il est classé dans le sous-groupe 6100.

A5. Commentaires sur les postes de la liste

1000 — Impôts sur le revenu, les bénéfices et les gains en capital

34. Ce groupe couvre les impôts prélevés sur le revenu ou le bénéfice net (c'est-à-dire le revenu brut déduction faite des abattements autorisés) des personnes physiques et des entreprises. Sont aussi couverts les impôts prélevés sur les gains en capital des personnes physiques et des entreprises et sur les gains provenant de jeux.

35. Ce groupe comprend :

a) les impôts perçus principalement sur les revenus ou les bénéfices, bien qu'ils puissent l'être partiellement sur d'autres bases. Les impôts qui ont une autre assiette principale que le revenu ou les bénéfices sont classés selon les principes énoncés aux § 33 et § 84 ;

b) les impôts sur la propriété immobilière, qui sont perçus sur la base d'un revenu présumé ou estimé faisant partie de l'assiette de l'impôt sur le revenu (voir aussi § 48 (a), (c) et (d)) ;

c) les versements obligatoires aux caisses de sécurité sociale qui sont prélevés sur les revenus mais ne donnent pas droit à des prestations sociales. Lorsque ces contributions donnent droit à des prestations sociales, elles figurent à la rubrique 2000 (voir § 40) ;

d) les recettes provenant d'impôts cédulaires sur le revenu intégrés dans le régime général qui sont globalement classés dans ce groupe, bien que certains de ces impôts soient sur le revenu brut et ne tiennent pas toujours compte de la situation personnelle du contribuable.

36. Les impôts figurant dans ce groupe sont subdivisés en deux grands sous-groupes, les impôts sur le revenu des personnes physiques (1100) et les impôts sur le revenu des sociétés (1200), une ventilation étant faite dans chacun d'eux entre les impôts sur le revenu et les bénéfices (1110 et 1210) et les impôts sur les gains en capital (1120 et 1220). Si certaines recettes ne peuvent être identifiées comme relevant soit du sous-groupe 1100, soit du sous-groupe 1200, ou si cette distinction ne peut être faite dans la pratique (parce qu'il n'y a pas de données fiables sur les bénéficiaires des paiements sur lesquels la retenue à la source est faite), elles sont classées dans le sous-groupe 1300 (non ventilables).

Traitement des crédits d'impôt dans les systèmes d'imputation

37. Dans les régimes d'imputation de l'impôt sur les bénéfices des sociétés, les actionnaires bénéficient d'une compensation totale ou partielle d'imposition sur les dividendes que la société leur a versés et pour lesquels elle a acquitté l'impôt sur le revenu des sociétés. Dans les pays qui appliquent un tel régime,[13] une fraction de l'impôt sur les bénéfices des sociétés sert à alléger l'impôt dû par l'actionnaire. Cet allégement prend la forme d'un crédit d'impôt, dont le montant peut être inférieur, égal ou supérieur au montant total de l'impôt dont il est redevable. Si le crédit d'impôt dépasse ce montant, l'excédent peut être versé à l'actionnaire. Comme ce type de crédit d'impôt fait partie intégrante des systèmes d'imputation de l'impôt sur le revenu des sociétés, tout paiement à l'actionnaire est considéré comme un remboursement d'impôt et non comme une dépense (se référer au traitement des autres crédits d'impôt exposé au § 26).

38. Puisque, dans les systèmes d'imputation, le crédit d'impôt (même lorsqu'il dépasse l'impôt dû) est censé être une disposition fiscale, on peut se demander s'il doit être déduit des recettes de l'impôt sur le revenu des personnes physiques (1110) ou de celles de l'impôt sur les bénéfices de sociétés (1210). Dans ce Rapport le montant intégral de l'impôt acquitté sur les bénéfices des sociétés figure sous le poste 1210 et aucun impôt imputé n'est inclus dans le poste 1110. Le montant total du crédit d'impôt réduit donc le montant des recettes du poste 1110, que ce crédit se traduise par une réduction de l'impôt dû sur le revenu des personnes physiques ou par un remboursement réel du fait que le crédit dépasse le montant de l'impôt. (Cependant, lorsque ces crédits sont déduits de l'impôt sur les sociétés au titre de dividendes versés à des sociétés, le montant est déduit des recettes du poste 1210).

1120 et 1220 — Impôts sur les gains en capital

39. Ces postes comprennent les impôts perçus sur les gains en capital, le sous-groupe 1120 comptabilisant les impôts prélevés sur les gains des personnes physiques et le sous-groupe 1220 ceux qui sont perçus sur les gains des entreprises constituées sous forme de sociétés, lorsque ces recettes peuvent être ventilées. Ce n'est pas le cas dans de nombreux pays et les recettes de ces impôts sont alors classées avec celles de l'impôt sur le revenu. Les impôts sur les gains provenant de jeux sont aussi classés sous le poste 1120.

2000 — Cotisations de sécurité sociale

40. Figurent dans ce groupe tous les versements obligatoires aux administrations publiques qui donnent le droit de bénéficier d'une prestation sociale future (éventuelle). Ces versements sont généralement affectés au financement de prestations sociales et souvent effectués au profit d'institutions ou d'administrations publiques qui fournissent de telles prestations. Cependant, cette affectation n'entre pas dans la définition des cotisations de sécurité sociale et n'est pas nécessaire pour qu'un impôt soit classé dans cette rubrique. Cependant, il faut qu'un impôt confère un droit pour être classé dans cette rubrique. Par conséquent, les prélèvements sur les revenus ou la masse salariale qui sont affectés aux caisses de sécurité sociale mais ne donnent aucun droit à des prestations sont exclus de cette rubrique et figurent à celle des impôts sur le revenu des personnes physiques (1100) ou des impôts sur les salaires et la main-d'œuvre (3000). Les impôts assis sur d'autres bases, telles que les biens et services, qui sont

affectés à des prestations de sécurité sociale, ne sont pas indiqués ici, mais sont classés en fonction de leurs bases respectives parce qu'en général ils ne donnent pas droit à des prestations de sécurité sociale.

41. Seraient entre autres incluses les cotisations au titre des catégories suivantes de prestations de sécurité sociale : les allocations d'assurance-chômage et les compléments, les allocations pour accidents, blessures et maladie, les pensions de retraite, d'invalidité et de survivant, les allocations familiales, les remboursements de dépenses médicales et d'hospitalisation ou la fourniture de services médicaux ou hospitaliers. Les cotisations peuvent être collectées à la fois auprès des employés et des employeurs.

42. Les cotisations peuvent être assises sur les gains ou la masse salariale (« sur la base du salaire ») ou sur le revenu net après déductions et exemptions en fonction de la situation personnelle (« sur la base de l'impôt sur le revenu ») et les recettes correspondant à ces deux bases doivent être identifiées séparément si possible. Cependant, lorsque les cotisations à un régime général de sécurité sociale sont assises sur la masse salariale, mais que les cotisations de groupes particuliers (tels que les travailleurs indépendants) ne peuvent être évaluées sur cette base et que le revenu net est utilisé comme valeur rapprochée des gains bruts, les recettes peuvent encore être considérées comme assises sur la masse salariale. En principe, cette rubrique exclut les cotisations facultatives à des régimes de sécurité sociale. Lorsqu'elles peuvent être identifiées séparément, elles figurent pour mémoire dans le tableau indiquant le financement des prestations de sécurité sociale. Toutefois, en pratique, elles ne peuvent pas toujours être distinguées des cotisations facultatives, et dans ce cas elles figurent à cette rubrique.

43. Les cotisations à des régimes d'assurance sociale qui ne relèvent pas des pouvoirs publics et à d'autres régimes d'assurance ou de prévoyance, aux caisses de retraite, sociétés de secours mutuel ou autres systèmes d'épargne, ne sont pas considérées comme des cotisations de sécurité sociale. Les caisses de prévoyance résultant d'arrangements aux termes desquels les cotisations de chaque salarié et celles que l'employeur verse en son nom sont comptabilisées séparément dans un compte productif d'intérêts d'où elles peuvent être retirées dans des conditions biens déterminées. Les caisses de retraite sont des régimes autonomes organisés par négociations entre salariés et employeurs, qui comportent diverses contributions et prestations, parfois liées plus directement au salaire et à la durée d'activité que dans les régimes de sécurité sociale. Lorsque les cotisations à ces régimes sont obligatoires ou quasi obligatoires (par exemple en vertu d'un accord entre organisations professionnelles et syndicales), elles sont comptabilisées dans le poste pour mémoire (voir le Tableau 5.39 du Rapport).

44. Les cotisations versées par les agents des administrations et par les administrations au titre de leurs agents à des régimes de sécurité sociale relevant des pouvoirs publics sont incluses dans ce groupe. Sont aussi assimilées à des impôts les cotisations à des régimes particuliers réservés aux agents des administrations qui sont censés remplacer un régime général de la sécurité sociale[14]. Par contre, lorsqu'un régime distinct n'est pas censé remplacer un régime général et résulte de négociations entre l'administration, agissant en qualité d'employeur, et ses agents, il n'est pas considéré comme un régime de sécurité sociale et les cotisations à ce titre ne sont pas assimilées à des impôts, même si le régime a été institué par des dispositions législatives.

45. Cette rubrique ne comprend pas les cotisations 'imputées', qui correspondent aux prestations sociales versées directement par les employeurs à leurs salariés, ou anciens salariés, ou à leurs représentants (par exemple, lorsque des employeurs sont légalement tenus de verser des prestations maladies pendant une certaine période).

46. Le groupe comprend les cotisations à la charge des salariés (2100), à la charge des employeurs (2200), et à la charge des travailleurs indépendants ou des personnes n'occupant pas d'emploi (2300). À cet effet, on entend par salariés toutes les personnes qui exercent une activité dans des entreprises, des administrations, des institutions privées sans but lucratif, ou qui occupent d'autres emplois rémunérés, à l'exception des propriétaires et des membres de leur famille non rémunérés dans le cas d'entreprises individuelles. Sont également compris les membres des forces armées, quelle que soit la durée et la nature de leurs services, s'ils cotisent à un régime de sécurité sociale. Par cotisations à la charge des employeurs,

on entend les versements qu'ils effectuent au régime de sécurité sociale pour le compte de leurs salariés. Si, en cas de chômage, les salariés ou employeurs sont tenus de continuer à effectuer ces versements, ces derniers doivent figurer respectivement dans les sous-groupes 2100 et 2200. En conséquence, le sous-groupe 2300 est réservé aux cotisations versées par les travailleurs indépendants et par ceux qui n'appartiennent pas à la population active (comme les handicapés ou les retraités).

3000 — Impôts sur les salaires et la main-d'œuvre

47. Il s'agit d'impôts que doivent acquitter les entreprises, déterminés en proportion des salaires et des traitements payés, ou d'après un montant fixe par personne employée. Ils ne comprennent pas les cotisations obligatoires de sécurité sociale payées par les employeurs, ni les impôts payés par les salariés sur leurs traitements et leurs salaires.

4000 — Impôts sur le patrimoine

48. Ce groupe couvre les impôts périodiques et non périodiques sur l'utilisation, la propriété ou la mutation des biens. Sont comptabilisés ici les impôts sur la propriété immobilière et sur l'actif net, les impôts sur les mutations par décès, les successions et les donations, et les impôts sur les transactions mobilières et immobilières. Sont exclus de ce groupe :

- *a)* les impôts sur les gains en capital provenant de la vente d'un bien (1120 ou 1220) ;
- *b)* les impôts sur l'utilisation des biens ou l'autorisation d'utiliser des biens ou d'exercer des activités (5200) [voir § 78] ;
- *c)* les impôts immobiliers perçus sur la base d'un revenu net présumé qui tiennent compte de la situation personnelle du contribuable. Ces impôts sont classés dans le groupe 1100 en tant qu'impôts sur le revenu, avec les impôts sur le revenu et les gains en capital provenant des biens immobiliers ;
- *d)* les impôts sur l'utilisation de biens immobiliers aux fins d'habitation qui sont à la charge du propriétaire ou du locataire et dont le montant est fonction de la situation personnelle de l'utilisateur (salaire, personnes à charge, etc.). Ils sont classés dans le groupe 1100 en tant qu'impôts sur le revenu ;
- *e)* les impôts sur les constructions dépassant la densité autorisée, les impôts sur l'extension, la construction ou la modification de certains immeubles au-delà d'une valeur autorisée et les impôts sur la construction d'immeubles. Ces impôts sont classés dans le poste 5200 en tant qu'impôts sur l'autorisation d'exercer certaines activités ;
- *f)* les impôts sur l'utilisation de biens immobiliers par le propriétaire à des fins commerciales particulières, comme la vente de boissons alcoolisées, de tabac, de viande, ou pour l'exploitation de sols ou terrains (par exemple aux États-Unis, les taxes d'extraction). Ils sont classés dans le poste 5200 en tant qu'impôts sur l'autorisation d'exercer certaines activités.

4100 — Impôts périodiques sur la propriété immobilière

49. Ce sous-groupe comprend les impôts prélevés régulièrement au titre de l'utilisation ou de la propriété de biens immobiliers.

- ces impôts sont prélevés sur les terrains et les bâtiments ;
- ces impôts sont calculés en pourcentage de la valeur du bien évalué d'après un revenu locatif fictif, le prix de vente ou le rendement capitalisé, ou en fonction d'autres caractéristiques du bien, comme sa dimension ou son emplacement, d'où l'on peut déduire une valeur locative présumée ou la valeur du capital.

- ces impôts sont à la charge du propriétaire, du locataire ou des deux. Ils peuvent également être payés par une administration à une autre administration au titre d'un bien relevant de la compétence de cette dernière.
- il n'est pas tenu compte des dettes pour la détermination de l'assiette de ces impôts, contrairement aux impôts sur l'actif net.

50. Les impôts sur la propriété immobilière sont en outre subdivisés en impôts acquittés par les ménages (4110) et impôts acquittés par d'autres agents (4120), suivant les critères exposés au § 31(*b*) ci-dessus.

4200 — Impôts périodiques sur l'actif net

51. Ce sous-groupe comprend les impôts prélevés régulièrement (dans la plupart des cas annuellement) sur l'actif net, c'est-à-dire les impôts perçus sur un large éventail de biens mobiliers et immobiliers, endettement déduit. Il est subdivisé en impôts acquittés par des personnes physiques (4210), et en impôts acquittés par des sociétés (4220) selon les critères exposés plus haut au § 31(a). Si les recettes provenant des institutions sont comptabilisées à part, les paiements concernés doivent être ajoutées aux impôts des entreprises.

4300 — Impôts sur les mutations par décès, les successions et les donations

52. Ce sous-groupe comprend les impôts sur les mutations par décès et les successions (4310) et les impôts sur les donations (4320).[15] Les impôts sur les mutations par décès sont calculés soit sur l'ensemble de la masse successorale, soit en fonction de la part de chacun des bénéficiaires (« part héréditaire ») ; en outre, ces derniers impôts peuvent tenir compte du degré de parenté entre chacun des bénéficiaires et le défunt.

4400 — Impôts sur les transactions mobilières et immobilières

53. Sont compris, entre autres, dans ce sous-groupe les impôts sur l'émission, le transfert, l'achat et la vente d'actifs financiers et non financiers (y compris de devises étrangères ou de valeurs mobilières), les impôts sur les chèques et d'autres formes de paiement, ainsi que les droits perçus à l'occasion d'actes juridiques déterminés, comme la validation de contrats et la vente de biens immobiliers. Sont exclus :

a) les impôts sur l'utilisation de biens, mobiliers ou immobiliers, ou l'autorisation d'exercer certaines activités (5200) ;

b) les droits acquittés au titre de frais de justice, ou pour la délivrance de certificats de naissance, de mariage ou de décès, car ces droits sont considérés comme des recettes non fiscales (voir § 12) ;

c) les impôts sur les gains en capital (1000) ;

d) les impôts périodiques sur la propriété immobilière (4100) ;

e) les impôts périodiques sur l'actif net (4200) ;

f) les prélèvements sur le patrimoine ou sur l'actif net effectués une fois pour toutes (4500) ;

g) les droits de timbre non liés à des transactions financières et immobilières

   i. Droits de timbre sur la vente de produits spécifiques, comme les boissons alcoolisées ou le tabac (5121) ;

   ii. Droits de timbre limités par la loi aux produits importés (5123) ou aux produits exportés (5124) ; ou

iii. Droits de timbre qui ne grèvent pas exclusivement une seule catégorie de transaction (6000).

4500 — Autres impôts non périodiques sur le patrimoine

54. Ce sous-groupe comprend les prélèvements sur le patrimoine effectués une fois pour toutes (par opposition aux prélèvements périodiques). Il est subdivisé en impôts sur l'actif net (4510) et en autres impôts non périodiques sur le patrimoine (4520). Le poste 4510 inclurait les impôts perçus pour couvrir des dépenses exceptionnelles ou à des fins de redistribution. Le poste 4520 comprendrait les impôts prélevés pour tenir compte d'une plus-value prise par les terrains du fait que les administrations publiques ont autorisé l'extension ou l'aménagement d'installations locales, ainsi que les impôts sur la réévaluation du capital ou les impôts perçus une seule fois sur certains biens déterminés.

4600 — Autres impôts périodiques sur le patrimoine

55. Ils sont rares dans des pays Membres de l'OCDE ; ce sous-groupe comprendrait les impôts sur des biens tels que le cheptel, les bijoux, les fenêtres et les signes extérieurs de richesse.

5000 — Impôts sur les biens et services

56. Ce poste couvre tous les impôts et droits perçus sur la production, l'extraction, la vente, le transfert, la location ou la livraison de biens et la prestation de services (5100), ou sur l'utilisation ou l'autorisation d'utiliser des biens ou d'exercer des activités (5200). Ce groupe comprend donc :

a) les taxes cumulatives en cascade ;

b) les taxes générales sur les ventes — perçues au stade de la production ou de la fabrication, du gros ou du détail ;

c) les taxes sur la valeur ajoutée ;

d) les accises ;

e) les taxes perçues à l'importation et à l'exportation de biens ;

f) les impôts perçus sur l'utilisation de biens et sur l'autorisation d'utiliser des biens ou d'exercer certaines activités ;

g) les impôts sur l'extraction, le traitement ou la production de minéraux et autres produits.

57. Les cas douteux de délimitation entre ce groupe et le groupe 4000 (impôts sur le patrimoine) et le sous-groupe 6100 (autres impôts à la charge des entreprises) sont examinés aux § 48, § 53 et § 80. Des postes résiduels (5300 et 5130) ont été prévus pour comptabiliser les recettes fiscales qui ne peuvent être ventilées respectivement entre les postes 5100 et 5200 et entre les postes 5110 et 5120 (voir § 33).

5100 — Impôts sur la production, la vente, le transfert, la location et la livraison de biens et la prestation de services

58. Ce sous-groupe comprend tous les impôts perçus sur les transactions afférentes à des biens ou services, en fonction de leurs caractéristiques propres (comme la valeur, le poids du tabac, le degré d'alcool, etc.), à la différence des impôts perçus au titre de l'utilisation ou de l'autorisation d'utiliser des biens ou d'exercer des activités, qui entrent dans le sous-groupe 5200.

5110 — Impôts généraux sur les biens et services

59. Ce sous-groupe comprend tous les impôts, autres que les droits à l'importation et à l'exportation (5123 et 5124), perçus sur la production, la location, le transfert, la livraison ou la vente d'une gamme de

biens ou la prestation d'une gamme de services, qu'ils soient produits dans le pays ou importés, et quel que soit le stade de la production ou de la distribution aux quel ils sont perçus. Il couvre ainsi les taxes sur la valeur ajoutée, les taxes sur les ventes et les taxes de caractère cumulatif en cascade. On a ajouté aux recettes brutes de cette catégorie les recettes provenant de la compensation à la frontière de ces impôts lorsque les biens sont importés, et déduit les remboursements d'impôts effectués lorsque les marchandises sont exportées. Ces impôts sont ventilés en : taxes sur la valeur ajoutée (5111), impôts sur les ventes (5112), impôts sur le chiffre d'affaires et autres impôts généraux sur les biens et services (5113).

60. Certains cas se trouvent à la limite entre ce sous-groupe et celui des impôts sur des biens et services déterminés (5120) lorsque ces impôts sont perçus sur un grand nombre de biens, comme dans le cas de la « *purchase tax* » au Royaume-Uni (abrogée en 1973) et l'impôt japonais sur les biens marchands (abrogé en 1988). Conformément aux options nationales, la « *purchase tax* » britannique est classée impôt général (5112) et l'impôt japonais dans les accises (5121).

5111 — Taxes sur la valeur ajoutée

61. Sont classés dans ce sous-groupe tous les impôts généraux sur la consommation prélevée sur la valeur ajoutée, quels que soient le mode de déduction et les stades auxquels ils sont perçus. En pratique, tous les pays de l'OCDE où existe une taxe sur la valeur ajoutée autorisent normalement la déduction immédiate des taxes sur les achats par tous les redevables, à l'exception du consommateur final, et imposent la taxe à tous les stades. Dans certains pays, le poste peut inclure aussi certains impôts, comme les taxes sur les activités financières et les assurances, soit parce que les recettes correspondantes ne peuvent être dissociées de celles de la taxe sur la valeur ajoutée, soit parce qu'elles sont considérées comme faisant partie intégrante de la taxe sur la valeur ajoutée, même si les taxes similaires qui existent dans d'autres pays peuvent être classées autrement (par exemple, sous le poste 5126 comme impôts sur les services ou sous le poste 4400 comme impôts sur les transactions mobilières et immobilières).

5112 — Impôts sur les ventes

62. Sont classés ici tous les impôts perçus à un stade unique, que ce soit celui de la fabrication, de la production, du gros ou du détail.

5113 — Impôts sur le chiffre d'affaires et autres impôts généraux sur les biens et services

63. Il s'agit des taxes cumulatives en cascade et des taxes qui combinent des éléments de taxe sur la consommation et des taxes en cascade. Ces impôts sont prélevés sur chaque transaction sans déduction des taxes acquittées en amont. Les taxes en cascade peuvent être combinées avec des éléments de taxe sur la valeur ajoutée ou d'impôts sur les ventes.

5120 — Impôts sur des biens et des services déterminés

64. Ce sous-groupe couvre les accises, les bénéfices engendrés et transférés par les monopoles fiscaux, et les droits de douane et à l'importation, ainsi que les taxes à l'exportation, les opérations de change, les biens d'équipement et les paris, et aussi les impôts spéciaux sur les services qui ne font pas partie d'un impôt général du sous-groupe 5110.

5121 — Accises

65. Les accises sont des impôts spécifiques perçus par unité produite sur une gamme limitée de biens prédéfinie. Les accises sont généralement prélevées à des taux différenciés sur des biens non essentiels ou de luxe, les boissons alcoolisées, les produits à base de tabac et l'énergie. Les accises peuvent être

perçues à un stade quelconque de la production ou de la distribution et sont calculées généralement sur la base d'un prélèvement spécifique par unité correspondant aux caractéristiques du produit considéré, par référence à sa valeur, son poids, son degré ou son volume. Cette subdivision couvre ainsi les impôts spéciaux sur certains produits tels que le sucre, la betterave, les allumettes et le chocolat ; les impôts prélevés à des taux variables sur une gamme déterminée de produits ; ainsi que les impôts perçus sur les produits à base de tabac, les boissons alcoolisées, les combustibles et les hydrocarbures. Si un impôt frappant principalement des produits importés doit ou devrait également être perçu sur des produits nationaux comparables, suivant la même législation, les recettes de cet impôt doivent alors être classées dans la catégorie des accises et non dans celle des droits à l'importation. Ce principe vaut également même s'il n'existe pas, ou ne peut exister, de production nationale comparable. Les impôts prélevés sur la consommation de services d'utilité publique (eau, électricité, gaz et autres formes d'énergie) sont considérés comme des accises, et non comme des impôts sur des services déterminés (5126). Ne sont pas inclus dans les accises les prélèvements entrant dans les catégories des impôts généraux sur les biens et services (5110), des bénéfices des monopoles fiscaux (5122), des droits de douane et autres droits à l'importation (5123) ou des taxes à l'exportation (5124).

5122 — Bénéfices des monopoles fiscaux

66. Ce sous-groupe couvre la fraction des bénéfices des monopoles fiscaux qui est transférée aux administrations publiques ou qui sert à financer des dépenses considérées comme dépenses publiques (voir § 24). Les montants sont comptabilisés lorsqu'ils sont transférés aux administrations publiques ou utilisés pour effectuer des dépenses considérées comme des dépenses publiques.

67. Les monopoles fiscaux reflètent l'exercice du pouvoir d'imposition de l'État par l'intermédiaire du monopole. Les monopoles fiscaux sont des entreprises publiques non financières, qui exercent dans la plupart des cas un monopole sur la production ou la distribution du tabac, des boissons alcoolisées, du sel, des allumettes, des cartes à jouer et des produits pétroliers ou agricoles (c'est-à-dire, sur le genre de produits qui peuvent être soumis, principalement ou accessoirement, aux accises du poste 5121), pour procurer des recettes publiques qui, dans d'autres pays, sont obtenues par le biais d'impôts frappant les transactions sur ces produits d'entreprises privées. Le monopole d'État peut être exercé au stade de la production, ou au stade de la distribution comme dans le cas des magasins de vente de boissons alcoolisées qui appartiennent à l'État et sont contrôlés par lui.

68. Les monopoles fiscaux sont différents des services publics, comme les chemins de fer, l'électricité, les postes et autres moyens de communication, qui peuvent avoir une position de monopole ou de quasi-monopole, mais dont l'objet principal est, normalement, de fournir des services essentiels et non pas de procurer des recettes à l'État. Les transferts à l'administration de ces autres entreprises publiques sont considérés comme des recettes non fiscales. La notion traditionnelle de monopole fiscal n'a généralement pas été élargie pour inclure les loteries nationales, dont les bénéfices sont habituellement considérés comme des recettes non fiscales. Cependant, ces bénéfices peuvent être considérés comme des recettes fiscales quand la raison principale de la mise en œuvre de ces loteries est l'augmentation des recettes pour financer les dépenses publiques. On distingue les bénéfices des monopoles fiscaux des bénéfices des monopoles d'exportation et d'importation (5127), qui sont transférés des offices de commercialisation ou d'autres entreprises s'occupant du commerce international.

5123 — Droits de douane et autres droits à l'importation

69. Figurent ici les taxes, droits de timbre et surtaxes qui, selon la loi sont perçus exclusivement sur des produits importés. Sont aussi inclus dans ce poste les droits perçus sur l'importation de denrées agricoles dans les pays Membres de l'Union Européenne et les montants acquittés par certains de ces pays en vertu du Système de Montants Compensatoires[16]. Les droits de douane collectés par les États membres de l'Union européenne pour le compte de l'Union européenne sont reportés sous cette rubrique

au niveau de l'autorité supranationale dans les tableaux par pays (chapitre 5 de ce Rapport). Sont exclues ici les taxes perçues sur les importations au titre d'un impôt général sur les biens et les services ou d'une accise applicable aussi bien aux produits importés qu'aux produits fabriqués dans le pays.

5124 — Taxes à l'exportation

70. Pendant les années 70, les droits à l'exportation étaient perçus normalement en Australie, au Canada et au Portugal, et ils étaient utilisés en Finlande à des fins conjoncturelles. Certains pays Membres de l'Union Européenne acquittent, dans le cadre du système des montants compensatoires, une taxe sur les exportations (voir la note 16 du § 69). Lorsque ces montants sont identifiables, ils sont inclus dans ce poste. Ce dernier ne comprend pas les remboursements effectués au titre d'impôts généraux sur la consommation d'accises ou de droits de douane sur des biens exportés, qui doivent être déduits des recettes brutes comptabilisées, selon le cas, sous le poste 5110, 5121 ou 5123.

5125 — Impôts sur les biens d'équipement

71. Ce sous-groupe comprend les impôts perçus sur les biens d'équipement, comme les machines. Ils peuvent exister depuis un certain nombre d'années ou avoir un caractère temporaire et être prélevés à des fins conjoncturelles. Ne sont pas inclus les impôts sur les 'inputs' industriels qui frappent aussi les consommateurs (comme l'impôt suédois sur l'énergie qui est classé sous le poste 5121).

5126 — Impôts sur des services déterminés

72. Sous ce poste figurent tous les impôts calculés sur la rémunération de services spécifiques, comme les taxes sur les primes d'assurance, les taxes sur les services bancaires, sur les jeux et paris (par exemple : courses de chevaux, pronostics de football, billets de loterie nationale), les transports, les spectacles, les restaurants et la publicité. Les impôts prélevés à l'entrée dans un casino, sur un champ de courses ou lors d'événements ou dans des lieux similaires, ainsi que les droits de timbre sur des services déterminés sont également classés sous ce poste. Les impôts prélevés sur le revenu brut des sociétés prestataires d'un service déterminé (exemple : transports [y compris les taxes d'aéroport et autres taxes d'embarquement], assurance, banque, spectacles, restaurants et publicité) sont eux aussi classés sous ce poste.

73. Les recettes fiscales provenant des prélèvements sur les banques et des contributions aux mécanismes de garantie des dépôts et de stabilité financière sont également classés ici :

- Les redevances de stabilité, les prélèvements sur les banques et les contributions à la garantie des dépôts, qu'il est obligatoire d'acquitter, doivent généralement être traitées comme des recettes fiscales lorsque les versements sont effectués au profit de l'administration publique ou d'une autorité supranationale et affectés au budget consolidé ou général des administrations de sorte que les pouvoirs publics soient libres d'utiliser les fonds sans délai aux fins qu'ils jugent opportunes. Ce principe s'appliquerait indépendamment du fait que l'administration promette ou non d'effectuer des versements pour garantir les dépôts des clients des établissements bancaires si la situation l'exigeait à l'avenir.
- Si les paiements obligatoires sont effectués au profit de l'administration publique et imputés à des budgets dont les ressources doivent être entièrement réaffectées au secteur de l'économie qui englobe les entreprises assujetties à ces paiements, ceux-ci seront toujours traités, en règle générale, comme des recettes fiscales étant donné que les fonds seraient disponibles pour l'administration et réduiraient son déficit budgétaire, que la redevance est sans contrepartie pour les entités individuelles et que les montants collectés pourraient être dissociés de tout versement en faveur des déposants ou de toute dépense visant à soutenir plus largement le secteur financier.

- Les contributions aux mécanismes traditionnels de moindre envergure destinés à garantir les dépôts de détail, contributions dont le montant est aligné sur le coût de la garantie, doivent être classées en tant que redevances pour services rendus.
- Tout versement au titre de la réalisation par une administration des actifs d'un établissement en faillite ou du recouvrement par cette administration d'une créance prioritaire sur les actifs de l'établissement en cours de liquidation, effectué en vue de financer l'indemnisation des clients ayant perdu leurs dépôts, serait traité comme une redevance par opposition aux recettes fiscales.
- Les versements obligatoires effectués à des fonds gérés en dehors du secteur public et à des institutions non étatiques soutenues par les déposants, ainsi que tous les versements à des régimes volontaires, ne doivent pas être traités comme des recettes fiscales.
- Les contributions au Fonds de résolution unique de l'UE sont également incluses ici et attribuées à l'autorité supranationale dans les tableaux par pays.

74. Ne figurent pas sous ce poste :

a) les impôts sur les services qui font partie d'un impôt général sur les biens et services et sont classés sous le poste 5110 ;

b) les taxes sur l'électricité, le gaz et l'énergie (classées sous le poste 5121 en tant qu'accises) ;

c) les taxes sur les gains personnels tirés de jeux et paris (qui sont classées sous le poste 1120, en tant qu'impôts sur les gains en capital des personnes physiques et entreprises individuelles) et les montants forfaitaires perçus sur le transfert de loteries privées ou sur l'autorisation de créer des loteries (5200)[17] ;

d) les impôts sur les chèques et sur l'émission, le transfert ou le remboursement de valeurs mobilières, (qui sont classés sous le poste 4400, en tant qu'impôts sur les transactions mobilières et immobilières) ;

e) les impôts généraux sur le chiffre d'affaires (5113).

5127 — Autres impôts sur les transactions et les échanges internationaux

75. Ce sous-groupe couvre les recettes perçues par l'État sur l'achat et la vente de monnaies étrangères à des taux différents. Lorsque l'État exerce le privilège exclusif dont il dispose pour s'assurer une marge entre le prix d'achat et le prix de vente de devises qui ne se réduit pas à la simple couverture des frais administratifs, ce bénéfice représente un prélèvement obligatoire imposé dans des proportions indéterminées à l'acheteur et au vendeur des monnaies étrangères. Il équivaut normalement au droit à l'importation et au droit à l'exportation perçus dans un système de taux de change unique, ou à une taxe sur la vente ou l'achat de monnaies étrangères. Comme les bénéfices des monopoles fiscaux et des monopoles d'importation ou d'exportation transférés à l'État, il représente l'exercice d'un monopole aux fins d'imposition et est inclus dans les recettes fiscales.

76. Ce sous-groupe comprend aussi les bénéfices des monopoles d'exportation ou d'importation, bien qu'il n'en existe pas dans les pays de l'OCDE, les impôts sur l'achat ou la vente de devises et tous les autres impôts perçus spécifiquement sur les opérations ou les échanges internationaux.

5128 — Autres impôts sur des biens et services déterminés

77. Cette rubrique comprend les impôts sur l'extraction de minéraux, combustibles fossiles et autres ressources non renouvelables provenant de gisements privés ou détenus par une autre administration, ainsi que toute autre recette non ventilable provenant des impôts sur des biens et services déterminés. Les impôts sur l'extraction de ressources non renouvelables correspondent généralement à un montant forfaitaire par unité de qualité ou de poids, mais peuvent être calculés ad valorem. Les impôts sont

comptabilisés à la date d'extraction des ressources. Les versements tirés de l'extraction de ressources non renouvelables issues de gisements appartenant à l'administration publique qui perçoit ces versements sont classés en tant que loyers.

5200 — Impôts sur l'utilisation des biens ou l'autorisation d'utiliser des biens ou d'exercer des activités

78. Ce sous-groupe comprend les taxes prélevées en raison de l'utilisation de biens, indépendamment des impôts frappant les biens eux-mêmes. Contrairement à ceux-ci (5100), les impôts du sous-groupe 5200 ne sont pas calculés d'après la valeur des biens, mais ordinairement d'après un montant forfaitaire. Sont aussi couverts les impôts perçus au titre du droit d'utiliser des biens ou d'exercer des activités, comme les taxes sur la pollution qui ne reposent pas sur la valeur de biens déterminés. Il est parfois difficile de distinguer les taxes d'utilisation et droits de licence obligatoires, qui sont considérés comme des impôts, de ceux qui ne le sont pas parce qu'ils sont assimilés à des recettes non fiscales ; les critères appliqués sont ceux indiqués aux § 12 et 13.

79. Bien que le sous-groupe se réfère à l'utilisation des biens, le fait générateur de l'impôt peut être aussi bien l'enregistrement de la propriété, de sorte que les impôts relevant de ce sous-groupe peuvent viser la possession d'animaux ou de biens plutôt que leur utilisation (par exemple, les chevaux de course, les chiens, les véhicules à moteur) et même s'appliquer à des biens inutilisables (comme les véhicules à moteur ou les fusils inutilisables).

80. Les cas limites concernent :

a) les impôts sur l'autorisation d'exercer des activités commerciales, qui sont classés selon les règles exposées au § 84 lorsqu'ils ont une assiette mixte associant le revenu, les salaires versés ou le chiffre d'affaires ;

b) les impôts sur la propriété ou l'utilisation de la propriété de biens visés par les postes 4100, 4200 et 4600. Le poste 4100 ne vise que les impôts sur la propriété ou la location de biens immobiliers et, contrairement aux impôts du sous-groupe 5200, ils sont fonction de la valeur du bien. Les impôts sur l'actif net et les impôts sur les biens meubles des sous-groupes 4200 et 4600 visent la propriété et non pas l'utilisation des biens, couvrent un groupe d'actifs et non pas de biens particuliers et sont aussi fonction de la valeur du bien.

5210 — Impôts périodiques sur l'utilisation de biens ou sur l'autorisation d'utiliser des biens ou d'exercer certaines activités

81. Ces impôts ont pour principale caractéristique d'être perçus à intervalles réguliers et de représenter ordinairement des montants forfaitaires. Le poste le plus important, du point de vue du volume des recettes, est constitué par les permis de circulation des véhicules. Ce sous-groupe inclut aussi les taxes perçues lors de la délivrance de permis de chasse, de tir ou de pêche, ou l'autorisation de vendre certains produits, ainsi que les taxes sur la possession de chiens, les redevances de radiodiffusion et les impôts sur la prestation de certains services à condition qu'elles répondent aux critères définis aux § 12 et 13. Les subdivisions du poste 5210 comprennent :

- les taxes d'utilisation de véhicules à moteur à la charge des ménages (5211) ;
- les taxes d'utilisation de véhicules à moteur à la charge d'autres agents (5212) ; et
- les autres impôts périodiques (5213). Ce poste couvre les licences commerciales et professionnelles achetées par des entreprises pour obtenir le droit d'exercer un type déterminé d'activité ou de profession lorsque ces droits sont perçus sur une base périodique. Il englobe aussi les licences de taxi et de casino. Enfin, ce poste inclut les plaques de chiens et permis généraux de chasse, de port d'armes et de pêche, lorsque

le droit d'exercer ces activités n'est pas accordé au titre d'une opération commerciale normale. Les redevances de radiodiffusion sont incluses lorsque le payeur de la redevance ne peut pas s'abstenir de payer pour les services de radiodiffusion publique s'il ne souhaite pas les regarder ou les (par exemple, en déclarant qu'il n'utilise pas de services de radiodiffusion publique). Les exonérations spécifiques (par exemple, pour les personnes âgées) ne changent pas le caractère obligatoire du paiement.

82. Le poste 5213 exclut :

a) les permis lorsque le droit d'exercer ces activités est accordé au titre d'une opération commerciale normale (par exemple, la délivrance du permis s'accompagne du droit d'utiliser une parcelle déterminée de terrain appartenant à l'État) ;

b) les paiements liés aux contrôles effectués par l'État pour vérifier l'adéquation et/ou la sécurité des locaux ou des équipements professionnels, ou la qualité ou la norme de biens ou de services produits en contrepartie de l'octroi de ce permis. Ces paiements ne sont pas sans contrepartie et doivent être considérés comme des paiements au titre de services rendus, sauf si les montants facturés pour les permis sont disproportionnés par rapport aux coûts des contrôles effectués par l'État.

c) les redevances de radiodiffusion publique si les utilisateurs peuvent choisir de ne pas payer ces redevances lorsqu'ils ne souhaitent pas utiliser ces services, sans que cela n'affecte leur capacité à consommer des services de radiodiffusion privés.

5220 — Impôts non périodiques sur l'utilisation de biens ou sur l'autorisation d'utiliser des biens ou d'exercer certaines activités

83. Cette rubrique recouvre les taxes non périodiques perçues sur l'utilisation de biens ou sur l'autorisation d'utiliser des biens ou d'exercer certaines activités et celles qui sont prélevées chaque fois que des biens sont utilisés. Les impôts prélevés sur l'émission ou le rejet dans l'environnement de gaz toxiques, liquides nocifs ou autres substances dangereuses figurent ici.

- Les paiements au titre des permis d'émission négociables délivrés par les administrations publiques dans le cadre des dispositifs de plafonnement et d'échange doivent également être comptabilisés sous cette rubrique au moment où les émissions sont produites. Les permis délivrés gratuitement par les administrations ne donnent lieu à aucun enregistrement comptable de recettes. La comptabilisation en droits constatés implique un éventuel délai entre la date à laquelle l'administration perçoit le règlement des permis et la date à laquelle les émissions sont produites. Dans les comptes nationaux, ce délai se traduit pour l'administration par un engagement financier sur la période.
- Il convient d'exclure les paiements effectués au titre de la collecte et de l'élimination de déchets ou de substances nocives par les autorités publiques, étant donné qu'il s'agit là de vente de services aux entreprises.

84. D'autres impôts non périodiques qui relèvent du poste 5200 sont aussi classés dans cette rubrique. Ainsi figurent les paiements uniques effectués au titre de l'autorisation de vendre des boissons alcoolisées ou des tabacs ou d'ouvrir des guichets de « paris mutuels », à condition qu'ils répondent aux critères définis aux § 12 et 13.

6000 — Autres impôts

85. Ce groupe couvre les impôts prélevés sur une ou plusieurs assiettes différentes de celles qui sont indiquées pour les groupes 1000, 3000, 4000 et 5000, ou sur des assiettes qui ne peuvent être considérées comme liées à l'une de celles afférentes à ces groupes. Lorsque des impôts sont perçus sur plusieurs

assiettes différentes, et qu'il est possible d'évaluer les recettes liées à chaque assiette, les montants correspondants sont inclus dans le groupe approprié. S'il est impossible d'évaluer le montant correspondant à chaque assiette, et si l'on sait que l'essentiel des recettes provient des impôts perçus sur une assiette donnée, la totalité des recettes est classée en fonction de cette assiette. Sinon, les impôts sont classés dans le présent groupe. Sont également inclus dans ce groupe les impôts forfaitaires non inclus ailleurs dans le système de classification, les impôts prélevés sur les personnes physiques sous la forme de taxe civique ou d'impôt de capitation, les droits de timbre qui ne sont pas liés à des transactions mobilières ou immobilières et qui n'entrent pas exclusivement dans une catégorie de transactions, les impôts sur les dépenses dès lors qu'ils s'accompagnent d'abattements et d'exonérations individuels, ainsi que les recettes fiscales non identifiables. Ce poste est divisé en impôts exclusivement ou principalement à la charge des entreprises (6100) et en impôts à la charge d'autres contribuables (6200).

A6. Conciliation avec les comptes nationaux

86. Cette section des tableaux permet de concilier les calculs des recettes fiscales totales de l'OCDE et l'ensemble des impôts et cotisations sociales versés aux administrations publiques qui sont enregistrés dans les comptes nationaux par pays. Lorsque le pays en question est membre de l'Union européenne (UE), la comparaison est effectuée entre les calculs des recettes fiscales totales des pays de l'OCDE et la somme des recettes fiscales et cotisations de sécurité sociale perçues par les administrations publiques et les institutions des secteurs de l'Union européenne des comptes nationaux.

A7. Poste pour mémoire relatif au financement des prestations de sécurité sociale

87. Le rapport entre les impôts et les cotisations de sécurité sociale étant variable, et en raison des problèmes évoqués aux § 40 à 46, on a réuni dans un poste pour mémoire l'ensemble des versements affectés à des prestations du type sécurité sociale, en dehors des versements facultatifs au secteur privé. Les données sont présentées de la façon suivante (voir le Tableau 5.39 du Rapport) :

a) impôts du groupe 2000 ;

b) impôts affectés aux prestations de sécurité sociale ;

c) cotisations facultatives à l'administration ;

d) cotisations obligatoires au secteur privé.

Les § 40 à 46 ci-dessus contiennent des directives pour la ventilation entre ces quatre catégories.

A8. Poste pour mémoire relatif aux impôts identifiables payés par les administrations

88. Les impôts effectivement payés par les administrations elles-mêmes et que l'on peut identifier sont indiqués dans un poste pour mémoire et classés suivant les grandes rubriques de la classification des impôts de l'OCDE. Dans la très grande majorité des pays, seuls peuvent être identifiées en l'occurrence les cotisations de sécurité sociale et les impôts sur les salaires, mais il s'agit là en général des impôts les plus importants acquittés par les administrations (voir le Tableau 5.40 du Rapport).

A9. Rapport de la classification des impôts de l'OCDE avec les systèmes nationaux de comptabilité nationale

89. Un système de comptabilité nationale (SCN) tend à fournir un cadre cohérent pour enregistrer et présenter les principaux flux relatifs à la production, à la consommation, à l'accumulation et aux transactions extérieures d'une zone économique donnée, d'ordinaire un pays ou une grande région d'un pays. Les recettes publiques sont une partie importante des transactions enregistrées dans le SCN. La version finale du SCN 2008 a été diffusée conjointement par cinq organisations internationales : les Nations Unies, le Fonds Monétaire International, l'Union européenne, l'Organisation de Coopération et de Développement Économiques et la Banque Mondiale, en août 2009. Le *Système* est un ensemble complet, cohérent et souple de comptes macro-économiques. Il est élaboré pour être utilisé dans les pays à économie de marché quel que soit leur niveau de développement économique ainsi que dans les pays en transition vers l'économie de marché. De larges extraits du cadre théorique ainsi que les définitions des divers secteurs de l'économie du SCN figurent dans la classification des impôts de l'OCDE.

90. Il existe cependant un certain nombre de différences entre la classification des impôts de l'OCDE et les concepts du SCN qui sont indiqués ci-dessous. Ils proviennent du fait que l'objectif de cette classification est de permettre une ventilation aussi large que possible des données statistiques pour ce que les administrations fiscales conviennent de considérer de manière générale comme des impôts.

a) l'OCDE inclut les cotisations obligatoires de sécurité sociale payées aux administrations publiques dans les recettes fiscales totales. Les cotisations sociales facultatives et imputées ainsi que celles versées aux caisses privées ne sont pas considérées comme des impôts (§ 9 et 11 ci-dessus) ;

b) les avis diffèrent sur la question de savoir s'il y a lieu de classer certains prélèvements et redevances dans les impôts (§ 12 et 13 ci-dessus) ;

c) l'OCDE exclut les impôts imputés ou les subventions résultant d'opérations de taux de change officiels multiples et ceux résultant du fait que la banque centrale paye un taux d'intérêt sur les réserves obligatoires différent des autres taux du marché ;

d) il existe des différences dans le traitement des crédits d'impôt récupérables.

91. Comme on l'a noté aux § 1 et 2, les groupes 1000 à 6000 de la classification de l'OCDE comprennent tous les versements sans contrepartie aux administrations publiques ou à une autorité supranationale, à l'exclusion des prêts obligatoires et des amendes. On peut obtenir le total de ces versements sans contrepartie, amendes incluses, mais prêts obligatoires exclus, en additionnant les postes suivants du SCN 2008 :

- impôts du type valeur ajoutée (D.211) ;
- droits et taxes sur les importations à l'exclusion de la TVA (D.212) ;
- droits sur les exportations (D.213) ;
- taxes sur les produits, à l'exclusion de la TVA, des droits sur les importations et les exportations (D.214) ;
- autres impôts sur la production (D.29) ;
- impôts sur le revenu (D.51) ;
- autres impôts périodiques (D.59) ;
- cotisations de sécurité sociale effectives (D.611 et D613), à l'exclusion des cotisations volontaires et des versements à des régimes d'assurance sociale liés à l'emploi qui ne sont pas des régimes de sécurité sociale ;
- impôts sur le capital (D.91).

A10. La classification des impôts de l'OCDE et le système du Fonds monétaire international (SFP)

92. Le périmètre et l'évaluation des recettes fiscales dans le système de statistiques de finances publiques (SFP) et dans le système de comptabilité nationale de 2008 (SCN 2008) sont très proches. Par conséquent, les différences entre la classification de l'OCDE et celle du SCN 2008 (voir § 90 ci-dessus) sont également valables pour les SFP. En outre, le Fonds monétaire international subdivise le groupe 5000 de la classification de l'OCDE en une section iv (Taxes intérieures sur les biens et services) et une section v (Taxes sur les transactions et les échanges internationaux). Cela tient à ce que le rendement de ces dernières taxes représente généralement des sommes infimes dans les pays de l'OCDE ce qui n'est pas le cas dans beaucoup de pays non membres.

A11. Comparaison de la classification des impôts de l'OCDE et des autres classifications internationales des recettes publiques

93. Le tableau ci-dessous décrit point par point la comparaison entre la classification des impôts de l'OCDE et les classifications suivantes :

a) Système des comptes nationaux (SCN 2008) ;

b) Système européen des comptes (SEC 2010) ;

c) Manuel de statistiques des finances publiques du Fonds monétaire international (MSFP 2014).

94. Ces comparaisons correspondent à celles qui devraient s'appliquer dans la majorité des cas. Toutefois, en pratique il faut faire preuve d'une certaine souplesse dans leur application. En effet, dans certains cas, les pays peuvent adopter des méthodes diverses de classification des recettes dans les comptes nationaux.

			Classification de l'OCDE	SCN 2008	SEC 2010	MSFP 2014
1000			Impôts sur le revenu, les bénéfices et les gains en capital			
	1100		Personnes physiques			
		1110	Sur le revenu et les bénéfices	D51-8.61a	D51A	1111
		1120	Sur les gains en capital	D51-8.61c, d	D51C, D	1111
	1200		Sociétés			
		1210	Sur le revenu et les bénéfices	D51-8.61b	D51B	1112
		1220	Sur les gains en capital	D51-8.61c	D51C	1112
	1300		Non ventilables entre les rubriques 1100 et 1200			1113
2000			Cotisations de sécurité sociale			
	2100		Salariés	D613-8.85	D613	1211
	2200		Employeurs	D611-8.83	D611	1212
	2300		A la charge des travailleurs indépendants ou des personnes sans occupation	D613-8.85	D613	1213
	2400		Non ventilables entre les rubriques 2100, 2200 et 2300			1214
3000			Impôts sur les salaires et la main-d'œuvre	D29-7.97a	D29C	112
4000			Impôts sur le patrimoine			
	4100		Impôts périodiques sur la propriété immobilière			
		4110	Ménages	D59-8.63a	D59A	1131
		4120	Autres agents	D29-7.97b	D29A	1131
	4200		Impôts périodiques sur l'actif net			
		4210	Personnes physiques	D59-8.63b	D59A	1132
		4220	Sociétés	D59-8.63b	D59A	1132
	4300		Impôts sur les mutations par décès, les successions et les donations			
		4310	Impôts sur les mutations par décès et les successions	D91-10.207b	D91A	1133

		4320		Impôts sur les donations	D91-10.207b	D91A	1133
	4400			Impôts sur les transactions mobilières et immobilières	D59-7.96d; D29-7.97e	D214B, C	11414; 1161
	4500			Autres impôts non périodiques sur le patrimoine	D91-10.207a	D91B	1135
	4600			Autres impôts périodiques sur le patrimoine	D59-8.63c	D59A	1136
5000				Impôts sur les biens et services			
	5100			Impôts sur les biens et services			
		5110		Impôts généraux sur les biens et services			
			5111	Taxes sur la valeur ajoutée	D211-7.89	D211; D29G	11411
			5112	Impôts sur les ventes	D2122-7.94a; D214-7.96a	D21224; D214I	11412
			5113	Impôts sur le chiffre d'affaires et autres impôts généraux sur les biens et services	D214-7.96a	D214I	11413
		5120		Impôts sur des biens et services déterminés			
			5121	Accises	D2122-7.94b; D214-7.96b	D21223; D214A, B, D	1142
			5122	Bénéfices des monopoles fiscaux	D214-7.96e	D214J	1143
			5123	Droits de douane et autres droits à l'importation	D2121-7.93	D2121; D21221, 2	1151
			5124	Taxes à l'exportation	D213-7.95a	D214K	1152-4
			5125	Impôts sur les biens d'équipements			
			5126	Impôts sur les services déterminés	D2122-7.94c; D214-7.96c	D21225; D214E, F, G, H; D29F	1144; 1156
			5127	Autres impôts sur les transactions et les échanges internationaux	D2122-7.94d D29-7.95b D29-7.97g D59-8.64d	D21226; D29D; D59E	1153; 1155-6
			5128	Autres impôts sur des et services déterminés			1146
		5130		Non ventilable entre les rubriques 5110 et 5120			
	5200			Impôts sur l'utilisation des biens ou l'autorisation d'utiliser des biens ou d'exercer des activités			
		5210		Impôts périodiques sur l'utilisation des biens ou l'autorisation d'utiliser des biens ou d'exercer des activités			
			5211	A la charge des ménages au titre de véhicules à moteurs	D59-8.64c	D59D	11451
			5212	A la charge d'autres agents au titre de véhicules à moteurs	D29-7.97d	D214D; D29B	11451
			5213	Autres impôts périodiques sur l'utilisation des biens u l'autorisation d'utiliser des biens ou d'exercer des activités	D29-7.97c, d, f D59-8.64c	D29B, E, F; D59D	11452
		5220		Impôts non périodiques			11452
	5300			Non ventilable entre les rubriques 5100 et 5200			
6000				Autres impôts			
	6100			A la charge exclusive des entreprises			1161
	6200			A la charge d'autres agents que les entreprises ou non identifiables	D59-8.64a, b	D59B, C	1162

A12. Répartition des recettes fiscales par sous-secteurs d'administration publique

95. La classification de l'OCDE appelle une ventilation des recettes fiscales par sous-secteurs d'administration. On trouvera ci-après la définition de chaque sous-secteur et les critères à utiliser pour répartir entre eux les recettes fiscales. Ces définitions et critères suivent les orientations qui figurent dans le SCN 2008 et le MSFP 2014.

Sous-secteurs des administrations publiques à identifier

Administration centrale

96. Le sous-secteur des administrations centrales groupe tous les ministères, bureaux, établissements et autres organismes qui sont des services ou des moyens d'action du pouvoir central et dont la compétence s'étend à la totalité du territoire, à l'exception de l'administration des caisses de sécurité sociale. L'administration centrale a donc le pouvoir de prélever des impôts sur toutes les unités résidentes et non résidentes exerçant des activités économiques à l'intérieur du pays.

Administration d'un État fédéré, d'une province ou d'une région

97. Ce sous-secteur comprend les unités administratives intermédiaires et inclut toutes les unités administratives dont la compétence s'exerce indépendamment de l'Administration centrale sur une partie du territoire englobant un certain nombre de petites localités, à l'exception des caisses de sécurité sociale. Dans les pays unitaires, les administrations régionales peuvent être considérées comme dotées d'une existence distincte lorsqu'elles disposent d'une autonomie substantielle pour percevoir une part importante de leurs recettes de sources placées sous leur contrôle et lorsque leurs agents ne sont pas soumis à un contrôle administratif externe dans l'exercice des activités de l'unité.

98. Actuellement, les pays à structure fédérale représentent la majorité des cas dans lesquels les recettes attribuées aux unités administratives intermédiaires sont identifiées séparément. La Colombie et l'Espagne sont les deux seuls pays à structure unitaire qui se trouvent dans cette situation. Dans les autres pays unitaires, les recettes des administrations régionales sont incluses dans celles des administrations locales.

Collectivités locales

99. Ce sous-secteur comprend toutes les autres unités administratives exerçant une compétence indépendante sur une partie du territoire d'un pays, à l'exception des administrations des caisses de sécurité sociale. Il englobe les diverses circonscriptions urbaines et/ou rurales (par exemple les collectivités locales, les municipalités, les villes, les bourgs ou les districts).

Caisses de sécurité sociale

100. Les caisses de sécurité sociale constituent un sous-secteur distinct des administrations publiques. Le sous-secteur de la sécurité sociale est défini dans le SCN de 2008 par les extraits suivants des paragraphes 4.124 à 4.126 et 4.147 :

> « Les systèmes de sécurité sociale sont des systèmes d'assurance sociale qui couvrent l'ensemble de la collectivité ou d'importants sous-ensembles de la collectivité : ces systèmes sont imposés et contrôlés par les administrations publiques. Ces systèmes couvrent une grande variété de programmes qui consistent à fournir des prestations, en espèces ou en nature, au titre des circonstances suivantes : vieillesse, invalidité ou décès, survie, maladie et maternité, accident du travail, chômage, allocations familiales, soins de santé etc. Il n'existe pas nécessairement de lien direct entre le montant de la cotisation versée par un particulier et les prestations qu'il est susceptible de recevoir » (paragraphe 4.124).

> « Lorsque les systèmes de sécurité sociale ont une organisation distincte des autres activités des administrations publiques et détiennent des actifs et des engagements indépendamment de ces dernières et effectuent des opérations financières pour leur propre compte, ils peuvent être considérés comme des unités institutionnelles désignées sous le nom de caisses de sécurité sociale » (paragraphe 4.125).

« Il est possible de faire varier de façon discrétionnaire les montants prélevés et versés sous forme de cotisations de sécurité sociale et de prestations afin d'atteindre des objectifs de politique publique qui n'ont pas de lien direct avec la notion de sécurité sociale en tant que système visant à fournir des prestations à des membres de la collectivité. Ainsi, ces cotisations ou prestations peuvent être augmentées ou diminuées afin d'influer sur le niveau de la demande globale au sein de l'économie. Néanmoins, tant que ces caisses restent indépendantes, elles doivent être traitées comme des unités institutionnelles distinctes dans le SCN ». (paragraphe 4.126).

« Le sous-secteur des administrations de sécurité sociale comprend les administrations de sécurité sociale opérant à tous les niveaux des administrations publiques. Les administrations de sécurité sociale sont des systèmes couvrant l'ensemble de la collectivité ou d'importants sous-ensembles de la collectivité qui sont rendus obligatoires et contrôlés par des administrations publiques » (paragraphe 4.147).

101. Cette définition des administrations de sécurité sociale est suivie dans la classification de l'OCDE à l'exception des régimes suivants :

- Les régimes imposés par l'administration et exploités par des organismes extérieurs au secteur des administrations publiques, tel qu'il est défini au § 3 de ce manuel et
- Les régimes qui perçoivent des cotisations facultatives.

Autorités supranationales

102. Ce sous-secteur s'applique aux activités de collecte de recettes publiques des autorités supranationales sur le territoire d'un pays. En pratique, le seul cas d'autorité supranationale dans les pays de l'OCDE est celui des institutions de l'Union européenne (UE). Les recettes fiscales collectées par les pays membres et versées à l'UE sont incluses dans les statistiques des recettes publiques au niveau de l'autorité supranationale. Les impôts sur le revenu et les cotisations de sécurité sociale perçus par les institutions européennes et payés par les fonctionnaires européens qui résident dans les pays membres de l'UE ne doivent pas être inclus.

Critères à utiliser pour l'attribution des recettes fiscales

103. Lorsqu'une administration collecte l'impôt et le reverse, en totalité ou en partie, à d'autres administrations, il est nécessaire de déterminer si ces recettes doivent être considérées comme étant celles de l'administration qui les perçoit et les répartit entre d'autres administrations ou celles des administrations bénéficiaires auxquelles l'administration qui les a perçues les a transférées en simple qualité d'agent. Les critères à utiliser dans l'attribution des recettes sont indiqués aux § 104 à 107, qui reprennent les paragraphes 3.70 à 3.73 du SCN 2008.

104. En général, un impôt est attribué à l'Unité administrative qui :

a) exerce le pouvoir de percevoir l'impôt (soit en tant que détenteur de ce pouvoir soit par délégation de l'autorité qui le détient),

b) dispose du pouvoir discrétionnaire final de fixer et de faire varier le taux de l'impôt.

105. Lorsqu'une somme est collectée par une administration au profit d'une autre administration et en son nom, et que cette dernière a le pouvoir de percevoir l'impôt et de fixer et de faire varier son taux, la première intervient comme agent pour le compte de la dernière et l'impôt est réaffecté. Toute somme retenue par l'administration collectrice au titre des frais de recouvrement doit être considérée comme la rémunération d'un service rendu. Toute autre somme conservée par l'administration collectrice, notamment dans le cadre d'un accord de partage d'impôt, doit être considérée comme une subvention courante. Si l'administration collectrice s'est vu déléguer le pouvoir de fixer et de faire varier le taux, le montant recouvré doit être considéré comme une recette fiscale de cette administration.

106. Lorsque des administrations différentes fixent conjointement et sur un pied d'égalité la répartition du produit de cet impôt, aucune administration ne disposant d'un pouvoir prépondérant en dernier ressort, les recettes fiscales sont attribuées à chaque administration en fonction de sa part respective du produit de l'impôt. Si un accord permet à une unité administrative d'exercer un pouvoir prépondérant en dernier ressort, la totalité des recettes fiscales est attribuée à cette unité.

107. Dans certains cas aussi, un impôt est perçu dans le cadre des compétences d'une administration qui résulte de la constitution ou d'autres dispositions mais d'autres administrations fixent individuellement le taux d'imposition sur leurs territoires. Le produit de l'impôt généré sur les territoires respectifs de chaque administration est attribué à l'administration en question comme constituant ses recettes fiscales.

108. Les versements effectués par les États membres de l'Union européenne prennent la forme de prélèvements spécifiques qui comprennent :

a) les droits de douane et les prélèvements agricoles (5123),

b) les montants compensatoires monétaires bruts (5123 si relatifs aux importations et 5124 si relatifs aux exportations),

c) les contributions au Fonds de résolution unique (5126), et

d) les prélèvements de la CECA, les cotisations sucre et les taxes de coresponsabilité sur le lait (5128).

109. Les droits de douane collectés par les États membres pour le compte de l'Union européenne sont comptabilisés :

- sur une base qui ne tient pas compte des droits d'encaissement,
- en utilisant des chiffres corrigés de manière à exprimer les droits sur la base de la « destination finale » et non du « pays de première entrée » lorsque de telles corrections sont possibles. Ces corrections concernent en particulier les droits prélevés dans des ports (maritimes) importants. Bien que les droits de l'UE soient prélevés par les autorités du pays de première entrée, ces droits doivent être dans la mesure du possible déduits des recettes du pays qui les recouvre et inclus dans les recettes du pays de destination finale.

110. Ce sont les prélèvements spécifiques de l'UE qui se conforment le plus clairement au critère d'attribution décrit au § 102 ci-dessus. Par conséquent, ces montants sont indiqués en note de bas de page dans les tableaux par pays des États membres de l'UE (au chapitre 5) et figurent en tant que recettes supranationales dans chacune des rubriques fiscales identifiées au § 108.

Notes

1. Toutes les références au SCN concernent l'édition de 2008.

2. Se reporter à la section A.12 de ce manuel pour l'examen de cette notion.

3. Il est en général possible d'identifier les montants des cotisations de sécurité sociale et les impôts sur les salaires, mais pas les autres impôts payés par les administrations.

4. En revanche, si un ou plusieurs pays considèrent comme un impôt un droit que la plupart des pays font entrer dans les recettes non fiscales ou qui procure des recettes substantielles, les montants ainsi perçus figureront dans une note de renvoi à la fin des tableaux par pays correspondants, même s'ils ne sont pas inclus dans le total des recettes fiscales.

5. Les appellations peuvent cependant être souvent trompeuses. Ainsi, une redevance de passeport sera normalement considérée comme une recette non fiscale, alors qu'un prélèvement additionnel sur les passeports (comme c'est le cas au Portugal), qui a pour but de procurer un montant substantiel de recettes eu égard au coût de délivrance du passeport, sera considéré comme un impôt du sous-groupe 5200.

6. On trouvera des précisions sur cette distinction dans l'étude spéciale intitulée « L'information sur les recettes fiscales : problèmes actuels », de l'édition de 2001 des *Statistiques des recettes publiques*.

7. On utilise parfois les expressions « non remboursable » et « remboursable » mais il peut paraître illogique de parler de « remboursement » lorsque rien n'a été versé.

8. Toutefois, dans les systèmes d'imputation de l'impôt sur les sociétés, les crédits d'impôts récupérables sont traités différemment (§ 37 à 39).

9. Il ne s'agit pas d'une véritable dépense fiscale au sens strict. De telles dépenses fiscales supposent que l'on identifie un système fiscal de référence pour chaque pays ou, de préférence, une norme internationale commune. En pratique, il n'a pas été possible de parvenir à un accord sur une norme internationale commune.

10. Sauf s'ils sont calculés sur le bénéfice résultant de la vente, auquel cas ils seraient classés parmi les impôts sur les gains en capital dans le sous-groupe 1120 ou 1220.

11. Dans certains pays, la même législation est applicable aux personnes physiques et aux entreprises dans le cas d'impôts sur le revenu particulier. Cependant, les recettes procurées par ces impôts peuvent, en général, être ventilées et figurent donc dans les deux sous-groupes appropriés.

12. Ainsi, « celles qui sont suffisamment autonomes et indépendantes pour que leur fonctionnement soit comparable à celui d'une société… (y compris) la tenue de comptes complets » (2008 SCN section 4.44).

13 Au Canada - un pays également désigné comme ayant un système d'imputation - le crédit d'impôt (récupérable) pour l'actionnaire concerne l'impôt sur les sociétés national considéré comme payé, qu'un impôt sur les sociétés ait été créé ou non. Comme il n'existe pas de lien essentiel entre l'impôt

sur les sociétés à payer et le crédit imputé sur l'impôt sur le revenu selon ces systèmes, ces crédits pour dividendes sont traités, avec d'autres crédits d'impôt, selon les lignes décrites au § 26.

14. Il peut en être ainsi lorsqu'un régime en faveur des administrations existait avant l'instauration d'un régime général de sécurité sociale.

15 Dans le SCN 2008, ces transferts sont considérés comme des transferts de capital et non comme des impôts (voir section A.8).

16. Système selon lequel l'Union Européenne ajuste les effets des différences entre les taux de change utilisés pour fixer les prix des produits agricoles dans le cadre de la politique agricole commune, et le taux de change réel. Les paiements effectués selon ce système portent sur les importations ou les exportations; lorsqu'ils sont identifiables, ces montants figurent dans la rubrique appropriée (5123 ou 5124). Dans ce guide, sont inclus les montants bruts, c'est-à-dire sans déduction d'aucune prime payée dans le cadre du système des montants compensatoires.

17. Les transferts de bénéfices de loteries d'État sont considérés comme des recettes non fiscales (voir aussi § 68).

www.ingramcontent.com/pod-product-compliance
Lightning Source LLC
LaVergne TN
LVHW062155171026
850499LV00044B/1764
* 9 7 8 9 2 6 4 3 1 8 7 7 9 *